三論宗の基礎的研究

伊藤隆壽［著］

大蔵出版

弥勒上下経遊意十重　均[illegible]撰

第一序王　第二明釈名　第三弁経宗[illegible]経出　第四論因果　第五明出世久遠　第六論成道遅促　第七弁三会度人多少　第八論与釈迦同時涅槃　第九明教大小　第十弁雑料簡

序王

諸仏出世為大事因縁故居初発心不已之地尊学無可得大乗於諸法方行故或上兜率為諸天子説般若波羅蜜或五十六億七千万歳時下閻浮提成等覚故前仏後仏八相成道紹位紹尊皆是一生補処故前記釈迦次授弥勒明此菩薩功十地之最高行踰三悪之上方当成識斯並焉彼浄国人寿即八万四千田即一種七穫現乃名華軟草浮空満地宝蔵神珠盈羅遶陌三会説法道樹天人一切名字悟无生忍也

第二釈名　此経名具存胡音応言仏陀般

[illegible]

『弥勒上下経遊意十重』巻頭（大須文庫所蔵）

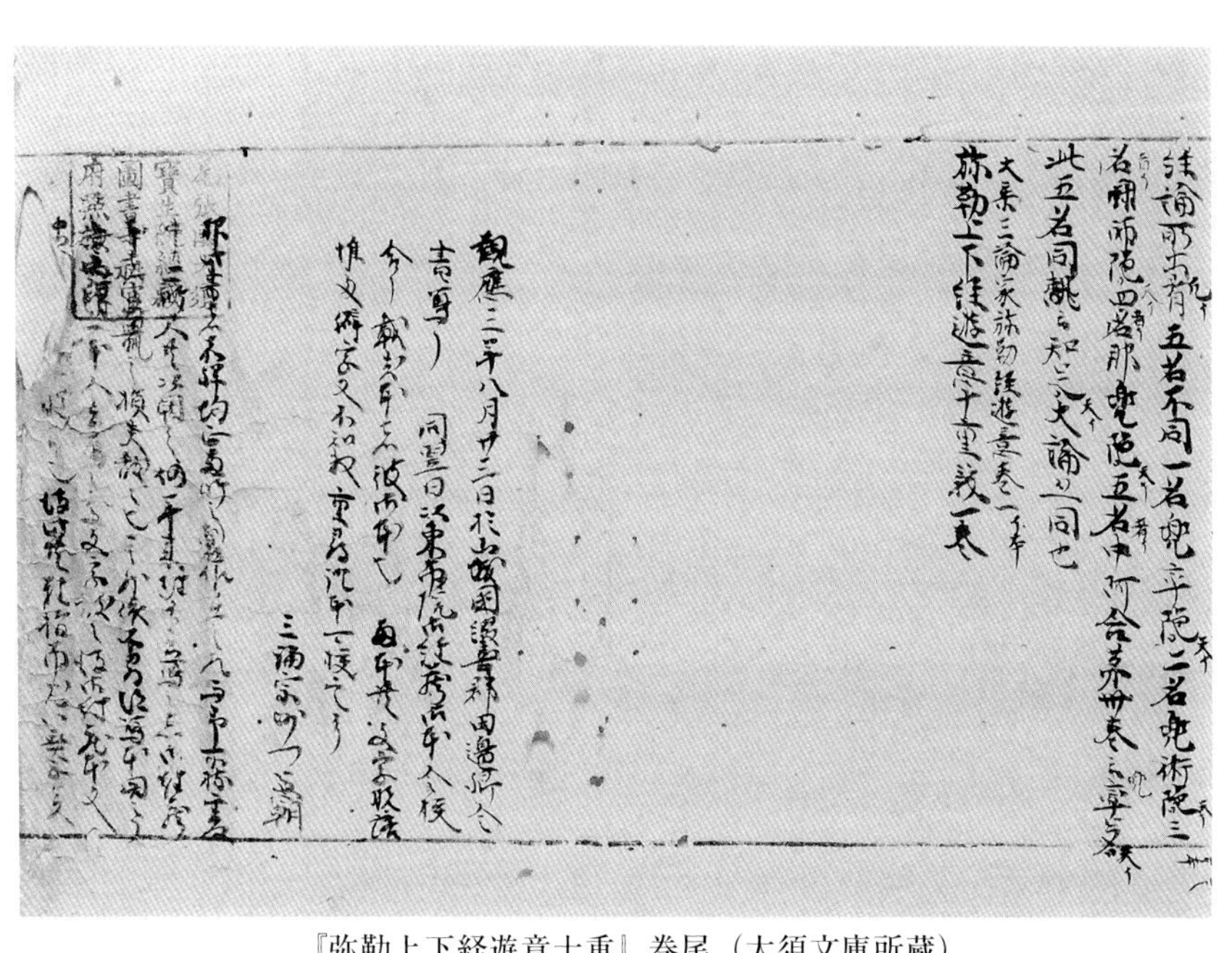

『弥勒上下経遊意十重』巻尾（大須文庫所蔵）

大乘三論師資傳

香山宗撰

夫佛法傳來必有緣由諸宗分流非无依憑且就

三論亦其菓　初起天竺文殊淨名次爲祖師馬

鳴龍樹提婆无着世親青目清弁護法如此大士

次爲聖師　故頌曰

文殊淨名爲高祖　馬鳴龍樹与聖天

无着天親及青目　清弁護法爲聖師

『大乘三論師資伝』（大須文庫所蔵）

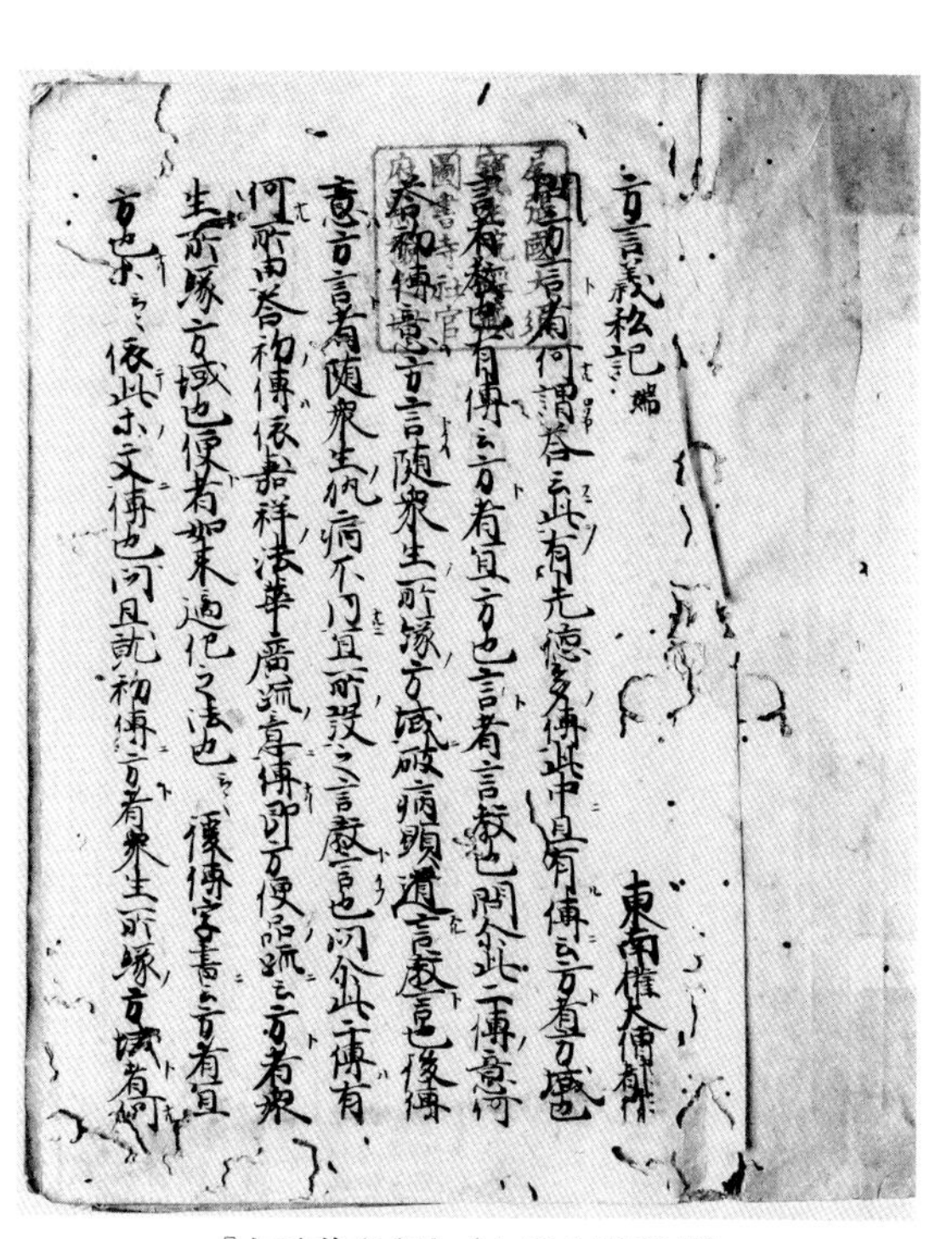

『方言義私記』（大須文庫所蔵）

本書を謹んで

恩師

平井俊榮先生の

御真前に捧げます

まえがき

本書は、筆者が一九七一年から一九八一年に発表した三論宗に関する論文に新稿を加え、一書として刊行するものである。書名を「基礎的研究」としたのは、一部を除き三論宗の文献についての研究であり、思想教学の問題には及んでいないからである。

各章節の内容は、原則として旧稿をそのまま収録したのであるが、発表後から時間の経過があり、その間に研究が進展した問題や、筆者自身の見解の変化もあって、加筆訂正を要するところについては、文章の補足や註記の追加を行った。従って、旧稿のままではない論考もあることを諒としていただきたい。また、一九八一年以降現在に至るまでの研究成果について、充分反映できていない点は、ご容赦いただきたいと思う。なお、一書としてまとめる上で、当然ながら表記や註記の統一を図り、誤字脱字等の訂正を行った。以下に、本書の内容について説明しておきたい。

序説は、中国三論学派と日本三論宗の研究状況と研究課題について、一九八一年の時点でまとめたものである。そこに掲げた課題の一部については研究が進んだものがあり、本書で解明を試みた問題もある。しかし、未だに研究されていない課題が多い。

第一部には、日本三論宗に関する論考を収録した。第一章は、日本への三論宗の伝来と受容について、従来は凝然の『三国仏法伝通縁起』等によって説明されて来たが、新たに発見した元興寺円宗の『大乗三論師資伝』を加えて考察した。また、三論教学の大成者とされる中国三論学派の吉蔵に至る、摂山三論学派の第一祖は「道朗」であるというのが日本三論宗の伝統説であるが、その根拠は慧均の『大乗四論玄義記』の記述に依ることを指摘し、近代学者の主張した「僧朗」説は誤りで、伝統説である「道朗」が正しいことを論証した。第二章は、興福寺維摩会の講師の所属寺院・所属宗派、その時代による人数の変化などの分析により、南都諸宗の盛衰の一端を明らかにし、特に三論宗の状況について考察を加えた。第三章は、元興寺智光の撰述書について、特に散佚したものについて考察を加え、奈良時代の仏教学の一端を明らかにした。第四章は、奈良から平安時代初頭の大安寺安澄の『中論疏記』(吉蔵『中観論疏』の註釈書)に引用される文献の整理を行い、安澄が学問僧として優れた存在であったことを示し、現在は散佚して伝わらない多数の文献を引用する点において、資料的価値が高いことを明らかにした。

第二部は、三論宗の四点の文献について、その著者や成立の問題を考察したものである。第一章は、慧均『大乗四論玄義記』の著者及び思想教学について考察した。大日本続蔵経などでは、「唐　慧均」の作とされていて、近年に至るまでそのように扱われている。筆者は、中国僧の作とするには疑問に思われる点が多いのに気付き、一九七〇年代より新羅撰述ではないかと考えていたが、二〇〇六年になって、当時韓国木浦大学校教授で現在は東国大学校の崔鈆植教授が、「百済撰述説」を発表された。筆者は、崔教授の新説を検討し、また自身の考えも再考した上で、新たに百済撰述説に有利な根拠を見出したので、それを加えて崔教授の学説を追認した。この章の第一節「問題の所在――特に作者について」と、第七節「百済撰述説と課題」は新稿である。第二章は、大正新脩大蔵経等で、吉蔵撰とされている『弥勒経遊意』は、実は慧均の『弥勒上下経遊意』が、日本において、それも近代になってから吉蔵の作として誤り伝えられたことを明らかにした。第三章は、右と同様に吉蔵撰とされて来た『大品遊意』は、慧均の『四論玄義』の「般若義」が抜き出されて、現行本のような名前が付され、当初は胡吉蔵撰とか隋吉蔵撰などの撰号が付されることなく流布されたものであろうと推察した。第四章は、吉蔵の作として重んじられ学習された『大乗玄論』についての論考である。『大乗玄論』は、吉蔵の真撰とするにはあまりにも問題が多すぎる。本書では、第四節「『大乗玄論』全義科の疑問点」、及び第五節「結論――仮説としての日本編纂説」の二つの新稿を加えて論じた。

第三部は、名古屋市の大須文庫(真福寺文庫とも称される。大須観音宝生院内)の調査によって発見した三論宗文献のうち、特に重要と思われる文献四点の解題と全文の紹介をしたものである。第一は、慧均『弥勒上下経遊意十重』である。従来、吉蔵撰とされてきた『弥勒経遊意』(大正蔵三八巻所収)には、吉蔵の撰とするには多くの問題点がある。第二部第二章で述べた通りである。本文献の発見により、大正蔵経所収本は、慧均の書が吉蔵の撰述書として誤り伝えられたものであることが決定的となった。第二は、香山宗『大乗三論師資伝』である。香山宗は、平安時代初期の元興寺円宗のことで、鎌倉時代初期の成立と考えられる『三論祖師伝集』や凝然が参照していた。しかし、散佚したものと思われていた。三論宗の日本への伝来や師承などについて記述する現存最古の文献である。第三は、実敏『二諦義私記』である。実敏は平安初期の西大寺の学僧であるが、大安寺安澄に受学した人である。平安時代には各種の法会や講会が盛んで、各宗の学僧が「私記」という名称で自宗の教学についての見解を述べていた。本文献は、そのような時代に三論宗の二諦義について私見をまとめたものである。中国で成立した三論教学が、日本でどのように受容され解釈されたかを知る上で重要な文献である。第四は、観理『方言義私記』である。観理は、平安初期に東大寺東南院に住した。第三の実敏の書と同様に、三論宗の教学において二諦義と共に重んじられた「方言義」について自己の見解を述べたものである。しかも、「方言義」は他宗にはない三論教学独自の内容で、吉蔵等の教学がいかに解釈され、議論され、そして展開されたのかを知る上で重要である。本文献は、本書において初めて全文が明らかにされる。

最後に、付録として、一九九六年に作成した「三論宗関係典籍目録」を収録した。多少補足した文献もあるが、近年の各寺の調査によって存在が明らかになった文献は網羅することが出来ていない点を、お断りしておきたい。

振り返ってみると、筆者が中国仏教を専攻し、主に吉蔵を中心とする三論学派の研究に従事することになった契機は、恩師である平井俊榮先生のご指導を仰いだことによる。筆者が駒澤大学仏教学部三年の後半頃、卒業論文のご指導をお願いするために先生の研究室を訪ねた。卒論のテーマは漢訳『中論』の研究であったが、小川弘貫先生のご紹介もあって、平井先生はご指導を快諾して下さった。その時先生が、課外ゼミで吉蔵の『中観論疏』を読んでいるから君も参加しなさい、とおっしゃられた。筆者はその頃漢文を満足に読むことが出来なかったが、先生のお言葉に従い先輩諸氏の末席に加えていただいた。この時点で筆者の研究領域は中国仏教となり、吉蔵の著書に取り組むことになった。吉蔵の書を読むにつれて、批判対象となっている『成実論』や成実論師にも関心をもつに至り、『四論玄義』にも注目した。また、日本三論宗にも興味を抱いたのである。本書に収録した諸論考は、大学院博士課程の後半と、その後の九年間に書かれたものである。研究者として駒澤大学に奉職するに至ったのも、ひとえに平井先生のご恩師である小川弘貫先生と平井先生のお蔭である。両先生との出会いがなければ、研究者としての自分はあり得なかった。ここに改めて衷心より感謝の誠を捧げたい。

本書は、学者としては未だ駆けだしの頃の論考を集めて一書としたものであり、その内容は拙く恥ずかしい限りであるが、平井先生のご指導なくしてはあり得ないもので、そのご学恩に報いるには不充分であるが、謹んで奉呈させていただきたいと思い、昨年の四月十二日に目次をお送りして、ご了承をお願い申し上げた。ところが、今年夏、校正の最中の八月五日に御遷化されたのである。痛惜の極み、衷心より哀悼の意を捧げたい。

筆者が、駒澤大学を二〇一〇年三月末で退職し、五年を経過してから、三論宗に関する旧稿を一書にまとめようと決断するについては、いくつかの動機・理由があった。一番大きな動機は、退職に際して、在職中に親しくして下さった方々から、論文集の刊行を期待している、と激励を受けたことである。しかし、体調不良で退職した身にはその意欲はなく、期待に応えるべくすぐ作業に取り掛かることは出来なかった。また体調の他に、前著『中国仏教の批判的研究』（一九九二年、大蔵出版）を刊行した時点で、過去の自分の論文は価値なきもの、捨てるべきもの、と考えるに至っていたことも意欲を削いだ。二つ目の理由は、論集の出版を、と言われた当初は、右のごとくであったが、改めて旧稿を見ると、本書に収録した初期の論考は、文献研究・書誌的研究が多く、自身の研究上の立場や時間的経過にもかかわらず、参考論文・研究資料として幾分なりとも利用でき役立つのではないか、と考えるに至り、またそのことを周囲から教えられるところもあって、一書にまとめようか、と考えるようになった。そして三つ目の理由になるが、二〇一四年後半頃より幸いに体調が少し落ち着いてきて、ようやく旧稿を整理しようという気持ちになり、その年の十一月より着手したのである。退職時より筆者を何度も励まして下さったのは、創価大学教授の菅野博史先生であった。若い人達のためにも、分散して発表された論文を一冊にまとめて欲しいと。また、当時の大蔵出版編集部の井上敏光氏も声を掛けて下さった。御両人に感謝申し上げたい。

また、大須文庫の調査は、一九七六年三月に初回の調査をし、以後一九八五年三月までの十年間、都合十一回の調査を実施した。この内、一九八二年と一九八三年の二回は、駒澤大学特別研究助成金の交付を受けた。さらに、この調査を許可して下さった大須文庫を管理されている宝生院様、調査に同行し協力して下さった、当時駒澤大学大学院生で現在は愛知県長久手町、前熊寺住職である鶴見良道師と駒澤大学教授、奥野光賢氏の両名、そして妻、良子に心より感謝申し上げる。

最後になるが、本書の出版を快諾して下さった大蔵出版の石原大道社長に深く感謝申し上げると共に、一書としての体裁を整え、出典の確認・表記の統一など筆者の至らぬところを補って下さり、大変お世話になった編集長の上田鉄也氏と編集部の岡村成美氏に心より感謝申し上げたい。

二〇一七年十一月十日

高畠町　自性院にて

著　者

目次

三論宗の基礎的研究

序　説——三論学派と三論宗

はじめに、右の副題について一言しておきたいと思う。この題目で意図したことは、学派と宗の名を云々しようとするものではなくて、「学派」の名によって、中国の三論教学とそれを学んだ人々を、「宗」の名によって、日本の三論教学とそれを専攻した人々の集団を示そうとしたものである。古くから、中国、日本を通して三論宗と呼んでいたが、中国に関しては「宗」ではなく、「学派」とするのが適切であるとの指摘がなされたわけで、これは厳密にはその通りである。また、日本については、当初「衆」が用いられていた。この「衆」は、恐らく中国の隋代の十地衆、大論衆などの五衆や二十五衆に範を取る呼称であろう。つまり特定の経論を専攻する研究グループを「衆」と称したわけで、日本では修多羅衆・三論衆・律衆・摂論衆・成実衆などがあった。これらは、奈良の各寺に設置されて一定の保護を受けていた。それが東大寺の造営を契機として、いわゆる南都六宗が成立する。この「宗」は、現在の宗派とは性質を異にし、やはり中国の学派的性格をもつが、しかし、独立した学衆・学団として認められ、財政上の国家的保護のもと、年分度者、学習内容等が定められていたことを考えれば、日本の場合は、三論宗としてもよいであろう。副題は、このような点を考えてのことと理解していただきたい。

一、三論学のとらえ方

「三論学」ということは、昭和四十年代（一九六五年頃より）になって、ようやく言われるようになったことで、天台学や禅学、あるいは禅宗史などと同列には行かない。つまり、一般に学界において、三論学と称して一応通じるようになったのは一九七〇年代以降のことだと思われる。これは、駒澤大学の平井俊榮先生の功績であり、学問領域としての基盤が築かれたのである。(1)

三論学は、中国・日本における三論に関する研究全般を指すものとして、現在では一般に認められているが、三論の学であるから、『中論』『十二門論』『百論』の学ということで、インド仏教の領域も入る表現である。しかし、「三論」の称が中国で成立したという点において、今は「三論の学」を、三論の原典研究の意味ではなく、中国仏教の領域として、歴史学及び思想史の立場からの研究分野として考えたいと思う。従来の研究は、中国仏教史の一コマとして、「三論宗」「三論・四論の研究」「三論の講究者」などのテーマのもとで関説されるというのがほとんどであった。これは、歴史学的研究の立場から、中国における三論研究の歴史をたどり、その発展・展開をあとづけ、その中国仏教史上における意義を明らかにするものである。つまり三論の研究史である。これは、鳩摩羅什の翻訳から始まるわけで、三論研究の展開ということは、研究者をたどる、ということになり、三論研究者の系譜を明らかにすることが第一となる。この点に関する研究が、過去の研究における主要なるものであった。宇井伯寿・伊藤義賢・境野黄洋などの中国仏教史における言及が代表的なものであろう。(2) このような研究史をふまえ、さらに三論の研究者が、その時々において、三論をいかに理解し、いかに思索したかを考察し、その連関を明らかにして行くことになれば、それは思想史として位置づけることが出来るであろう。つまり三論思想史としての研究である。現時点における諸分野の研究方向は、この思想史を指向するものが多いと思われる。たとえば、華厳学の研究と言っても、それは華厳思想史の研究を目差すものであろう。このように考えると、中国仏教思想史研究の一環としての、三論思想史の研究が、今後に課せられたものであり、三論学というのは、漢訳三論そのものの研究を基礎出発点として、三論思想史の研究をめざすものである、と一応考えておきたいと思う。

以上のように、思想史という視点に立つと、三論学の研究領域は、中国のみではなく日本にも及ばざるを得なくなる。中国における三論研究の伝統は、冒頭にて一言したごとく、三論宗として、日本に伝えられ、南都古宗の第一を占めたからである。しかも、日本の古代から中世においては、明らかに中国文化圏の一国として最も顕著に大陸からの影響を朝鮮半島経由で、あるいは直接的に受けていたことは周知の通りである。特に三論宗は、吉蔵の三論学の直接的移植と言って良く、中国においては、吉蔵後の三論研究は明らかでなく、禅宗などの隣接する思想系統の中に、発展的解消を遂げたとされるならば、なおのこと、日本における三論研究の意義を考える必要があろうかと思う。詳細なる研究考察は、今後に課せられたものであるが、思想史の流れとしては、中国から日本へと連続する面を持ち、三論の研究は、吉蔵ののち数代で断絶する、というようなことではないと考えられる。つまり三論研究の舞台が、中国から朝鮮半島・日本へと移され、新たな展開を遂げたと思われるのである。次に、少し具体的な点について、中国三論学派と日本三論宗に大別して言及しておきたい。

二、中国三論学派の研究

吉蔵を大成者とする中国三論学派の研究は、平井先生により『中国般若思想史研究』として基本的問題は、ほとんど明らかにされている。今は、その成果をも含めて三論学の主要テーマを挙げるならば、

1　羅什の仏教学
2　羅什門下　特に僧肇の研究
3　吉蔵の研究

の三つの大きな課題が考えられる。第一の羅什については、翻訳論、訳語、中国仏教史上の位置づけなど、多くの研究がなされ成果も出されている。横超慧日・塚本善隆両博士による一連の研究[3]が代表的なものであるが、それにもかかわらず、羅什の仏教思想については、なお明確でない。資料の限定もあって、翻訳経論による間接的な推察という

ことが、もう一つ明確さを欠いているのかも知れないが、やはり具体的な問題追究が必要であると思われる。その点、これまでの研究は横超先生の法身義など、わずかである。そこで、やはり『大乗大義章』及び『註維摩』の読解を中心とする研究が要請されるであろう。(4)

第二に関しては、塚本善隆編『肇論研究』（一九五五年、法蔵館）という画期的研究がある。これは、本文の読解と、専門分野を異にする研究者による総合研究という点で、大変な成果であった。近年、漢文の国訳化という作業が多く行なわれているが、その先駆的業績であり、本書を承けて『慧遠研究』が出されたのである。『肇論』そのものの内容が難解であることもあってか、この『肇論研究』は、僧肇の研究に対する、一つの到達点を示したことは確かであろう。その後現在まで数十年を経過するが、僧肇に対する研究成果は、あまり出されていない。改めて『肇論』を読んでみると、『肇論研究』の読み方に対しても、多少の疑問点が出てくるのである。つまり三論学あるいは中国仏教思想史の立場から、もう一度精読し、彼の思想の特色をさぐり、後代への影響ということを考えてみなければならないと思う。後の禅宗における『肇論』の評価の意味についても、必ずしも明解な答が出されているとは言えないように思われる。特に、三論学の視点からは、僧肇の三論理解と、その『肇論』への反映・影響を明らかにすることと、吉蔵との対比は重要であろう。やはり、一つ一つ丁寧にトレースしてみる必要を感じる。従って、僧肇の思想及びその影響についての研究は、『肇論』に対する註釈書の研究へと展開して行かなければならない。(5)

第三の吉蔵の研究については、イ伝記・行実に関して、ロ著書に対する文献学的研究、ハ教学・思想の研究、の三点にしぼってみたい。

イの伝記資料は『続高僧伝』が唯一であり、詳細な点は不明といって良い。従って時代・社会及び仏教界の状況を加味した生きた吉蔵像が得られるならば、伝記の研究は一応の成功と言えるであろう。吉蔵の経歴及び足跡の追求、そして、その時々において、いかなる社会状況のもと、何を感じ何を考え、どのように行動したかを追究することが、伝記研究の課題であろうが、それが果たして、どれだけ可能か。それには、思想的研究も不可欠であろうし、吉蔵の足跡をなるべく具体的に明らかにするためには、その土地を踏むことも大切となる。地図による想像は可能である。しかし実際の人々の動きと、地理的条件は、その土地を踏んでみなければ実感としてはつかめない。吉蔵が幼年時代から青年時代に修学した場であった興皇寺のあった鐘山（紫金山）と、三論学発祥の地である摂山（棲霞山）、そして牛頭山や茅山などの位置関係を知ることは、文献のみでは明瞭でない点も出てこよう。会稽の嘉祥寺などは、会稽山（系）なのか、紹興の地なのか全くつかめていないのである。望むらくは、いつでも歴史的状況を復元させ、その人の行動を跡づけ、構成出来る、考証と蓄積を目差したいものと思う。

ロの文献的研究は、これまで全くなされていない部分と言えよう。従来は、続蔵経及び大正蔵に収録され、吉蔵の撰述と伝えられているものを無批判に使用しているに過ぎない。この点は早急に改めなければならないと思う。しかし、吉蔵の著書の文献批判的研究は、その厖大さ故に大変な作業と時間を要すると予想される。現存の書は二十六部百十二巻とされる。このすべてに対して検討考察を加えるということになるが、地道な仕事だけに中々手が着けられない。文献的研究には、第一に真偽の問題がある。これまで『弥勒経遊意』や『大乗玄論』『大品遊意』それに『無量寿経義疏』が疑われている。しかし真偽の問題は、『起信論』の問題のように、決定的な証拠が出ない限りは、中々困難な課題である。また、日本における伝承の問題も関係している。右の四部についても、『弥勒経遊意』と『大乗玄論』の「八不義」に関しては、決定的に近い新資料が発見されたが、他は若干の疑問を呈するに留まる。これ以外については、本文の存欠や文字の正誤に関しても、国訳されているものを除き、ほとんど検討されていない現状である。これは結局、一つ一つを取り上げて、他と比較しながら丁寧に読む以外に方法はないのであるが、その精読の過程において、書誌的な面に意を用いるならば、当然テキストの校訂が必要となろう。三論学にとって、基礎資料の整備は急務である。

このテキストの校訂ということになると、現在一般に使用している続蔵経の底本、あるいは、それ以外の刊本・写本の蒐集ということが要請されよう。続蔵経の底本（印刷原稿）は京大の図書館に保管されているが、その原本の所

在は、ほとんど不明である。現在、写本の存在が知られている主要なものは、

三論の疏、法華義疏（欠アリ）、法華統略（上中）、法華玄論（第三・四・五）、法華論疏（上中下）、仁王般若疏（上中下）、金剛般若疏（第四）、勝鬘宝窟（上中下）、華厳遊意、維摩経遊意、大品経義疏（第二、四欠）、二諦章（上中下）、大乗玄論（第一）

などがあり、これらは、いずれも東大寺所蔵のもので、貞観時代（八五九—八七七）から江戸時代の写本であるが、鎌倉期のものが多い。また刊本として有名なものは、

三論玄義（建長八年、東大寺版）、法華義疏（永仁元年）、大乗玄論（永仁三年、醍醐寺版）、二諦章（江戸時代）

があり、この他には、大谷大学・高野山大学・龍谷大学などの図書館に刊写本が所蔵されている。また、名古屋の大須文庫にも、右の内の数種が保存されている。[6] さらに注目すべきは、敦煌写本の存在であろう。これは、大正大学の平井宥慶氏によって紹介されたもので、スタイン本に三種の法華関係の註疏があることが判明した。S四一三六、S六七八九、S六八九一であるが、いずれも現行本と全同でない、ということが注意されよう。前二者は、『義疏』に類似とされ、第三のものは、『法華経義疏開題幷玄義十門』とされるが、『遊意』に大体類似するという。[7] いずれも七世紀の写本と見られており、その他にも存在する可能性もあって、現行本との異同は、吉蔵の撰述書を考える上で、重要な視点を提供するであろう。

ハの教学・思想の問題は、種々の角度からの研究があろうが、やはり第一は、三論教学の問題、つまり吉蔵の思想の根源を極めることであり、他は、その根源的立場から展開される吉蔵の思想に関する諸問題である。第一点を解明する基本は、三論の疏及び三論玄義、二諦章が中心となり、従来の研究では、泰本融博士による、八不中道観という根本思想の解明があり、これは『中観論疏』巻一・二の読解によるものであった。また平井先生による二諦思想の研究が特筆されよう。これらの成果を拝見して感じることは、資料の精読・分析による、所謂正確な読解の必要性である。そして、吉蔵の思想形成を考える上で是非共検討しなければならないのは、吉蔵の師、法朗の三論学であろう。

この問題は、吉蔵の研究が進むにつれて必ずや取り上げられる課題であると思われる。かつて、佐々木憲徳氏により法朗の師、僧詮の二諦義について論じられたことがあるが、法朗については、吉蔵に及ぼした多大の影響は言われるが、そのことを具体的に論じることはなされていない。これは、法朗の思想を知る直接資料がなく、吉蔵や慧均の著書の中から、法朗の三論学を抽出するという作業であって、大変困難なことと思われる。しかし、そのような詳細な点まで論じる時が、いずれ訪れるであろう。法朗には、日本において「山門玄義」と称された『中論』の註釈書が存在していたことが知られており、天台の人々にも名の知られた人物である。何とか吉蔵との思想的関係を明らかにしたいものである。

吉蔵の思想についても、今後見ておくべき問題は多く残されている。経典観としては、法華思想について多くの言及があり、涅槃・華厳・維摩・浄土の思想についても関説検討された。しかし、従来は、吉蔵の思想解明の一環としてではなく、法華・華厳・浄土思想などの解明の一環として関心が持たれたものである。したがって、三論学の立場から、当然見直す必要があろう。さらに、本来理論と表裏一体であるはずの実践修道の問題に至っては、これまでの研究は皆無の状況である。しかし、三論の思想は、インド以来、その中心は空観であり中観である。それが吉蔵の根本的立場であり、彼はさらに無得正観といい、二諦並観といった。これらの表現の意味するところは、結局実践の核心を言うものに他ならないのではないか。そして、三論学派の人々が、定慧双修の立場を取り、禅観を重んじ、禅者との交流も伝えられる、と言うことは、当然そこには、精緻な理論を支える実践・体験による確信があったのではないだろうか。また逆に、論理の実践具体化があったと考えることは出来ないであろうか。このことの研究解明も、今後に課せられた大切な点であるが、吉蔵の無得正観や二諦並観、そして八不中道観の論述の様相は、吉蔵の思索のあらわれと同時に、具体的体験の叙述ではないか、と思われて来るのである。実際、これに関連するものとして、非常に具体的な「観法」の説示が見られることを一例として提示しておこう。それは、「中と仮との相即相入」を述べたものであり、『大乗玄論』の二諦義や八不義及び『大乗四論玄義記』に見られる「二諦について中道を明かす」（二諦義）あるいは「単複中仮の義を弁ずる」（八不義）という一段である。ここは、空観を中心として、さらに仮と中との「三観」を示したもので、所謂体験としての観法ではないか、と思えるのである。この単複中仮の義という、特異な説を明らかにする理由として、一に衆生の執実の病を破り、計に随って遣る、二に大士の観行融通自在にして滞礙あることなきを明かす、という。そして『菩薩地持経』『華厳経』『大品経』の文を引いて「廻転惣持入出無礙の方便なり」と明言する。これは、華厳思想の影響を受けながら空・仮・中の相即相入を示したものと解釈できるように思う。具体的説示は省略するが、三論学派の実践的側面は、仏性を自覚する（見仏性）という問題にも現われており、それは、インドのナーガールジュナ（龍樹）の二諦説を、宗教体験に裏づけられたもの、と見るとき、それを継承し、さらに中国独自の現実肯定の伝統の上に、新たに展開したもの、という大よその推察が可能と思う。この現実肯定の立場は、吉蔵の尊敬する僧肇の思想の上にも明瞭であり、「仮の思想の展開」という面からも注目すべきであろう。吉蔵の三観は、言うまでもなく『中論』観四諦品の第八・九・一八偈に基づく。その点は、天台の三観も同じである。この両者の異同も、もう一度問われなければならない。

以上、中国三論学派について、一、二述べた。その他、他教学との対応、吉蔵以後の思想的展開についても様々な問題があろうと思われるが、一応の区切りとして、次に移りたい。(8)

三、日本三論宗の研究

日本における三論の研究については、従来単独に論じられることはほとんどなく、日本仏教史の一部として、南都六宗の一つとして、凝然などによって伝えられる伝来の歴史や研究状況が語られていたに過ぎない。まして、中国から日本へという思想の展開として捉えることなど全く試みられたことがなかった。ただ、前田慧雲の『三論宗綱要』は、インド・中国・日本を総括して述べたものとして看過できない。しかし、日本三論宗の研究は、全くの基礎的研究から出発しなければならない状態である。その際、中国・朝鮮半島・日本を、同一の文化圏として捉え、もう一度日本の歴史を見直そうという最近の動きを考える時、三論宗に限らず、法相・華厳・浄土などをも含めた、古代の日本仏教については、再検討の必要があるように思う。特に凝然や平安から鎌倉にかけての人々の伝承に関しては、その説の考証を一つ一つ行ない、やはり生きた仏教史を解明しなければならないと思う。そして可能ならば、史学の立場と仏教学の立場からの総合的研究が、今後望まれるのではないか。

日本三論宗の研究において、史実の解明という点で、先ず着手しなければならないのは、基礎資料の整備である。中国仏教の研究は、これまで公刊された資料に限定して研究を進めることが可能であり、それが一般である。中国における新資料の発掘ということは容易ではなく、むしろ不可能に近い。敦煌本の発見は特例であって、新たな資料が存在したとしても、それは日本においてであろう。しかし、日本仏教の研究においては、資料の調査発掘ということは不可欠であり、それだけ研究対象となる文献も多く、基礎作業も大変であるということになる。三論宗の実態を知ろうとする場合も例外ではない。現在公刊されている三論宗関係の文献を参考までに示すと次のようになる。

目録　　三論宗章疏（安遠録）他に謙順等の三論録
僧伝　　三論祖師伝集　三論祖師伝など
註釈書類
　智光　心経述義　浄名玄論略述
　安澄　中論疏記
　快憲　中観論二十七品別釈
　蔵海　十二門論疏聞思記　大乗玄聞思記
　観理　因明四種相違私記
　玄叡　大乗三論大義鈔

円宗　一乗仏性慧日抄
珍海　大乗正観略私記　大乗玄問答　一乗義私記　三論玄疏文義要　八識義章研習抄　三論名教抄
澄禅　三論玄義検幽集
貞海　三論玄義鈔
聞証　三論玄義誘蒙
鳳潭　三論玄義首書
尊祐　科註三論玄義
聖守　三論興縁
？　三論宗濫觴
実慶　三論宗初心初学鈔
頼超　（三論）玄疏問答
願暁　大乗法門章第二・三
聖然　十二門論抄出
光太　三論真如縁起事
？　八幡宮勧学講一問答抄
慧雲　三論玄義懸談

など、以上で三二部あり、他に三論宗に関係した人物の書が数種公刊されているにすぎない。これらは、飛鳥・白鳳時代からの長い三論研究の歴史から見れば、ほんの一部にすぎないであろう。ところが諸目録を調べると、未公刊の写本の類が、右の筆写本を除いても、数百点以上は存在することが知られる。それらは、現在、東大寺図書館所蔵のものが大部分で、他に大学の図書館や寺院などに散在している。そして、未公刊のものを大別してみると、目録・経論の註釈、伝記類、吉蔵の著書に対する註釈及び講義録、吉蔵などの著書からの抜書、三論学上の特定の問題を論述したもの、年中行事などに関わる論義問答集などとなる。この他にも多く存在する可能性があるわけで、これらの資料の調査研究が将来なされなければならない(9)。

次に三論宗内の資料に限らず、日本史並びに日本仏教史上の諸文献における三論宗乃至三論宗にかかわる人々についての記述を調べ整理分析する作業があろう。これは、日本仏教史上における三論宗の位置づけを行なうことに連なり、その果たした役割を明らかにすることである。この問題を解明するには、資料操作や分析において日本史や古文書に対する素養を必要とし、筆者などの手に負えるものではない。基本文献は、正史や大日本古文書等に収められたものである。仏教史上の資料は、各種の伝記類と各寺の寺誌・縁起類及び法会など年中行事の記録、僧綱の記録など多くの文献が対象となる。そしてこれらの文献の調査研究において日本三論宗の人々の系譜、つまり人脈を明らかにすることも一つの課題であろう。三論宗の祖師伝に現われた人は、六〇名弱にすぎない。それらの人々が中心的活躍をしたと考えられるが、その他、右の諸資料の一部より、三論宗の人として伝えられる人々を数えると、これまで調べた範囲だけでも五五〇名を下らない。これは、飛鳥から鎌倉に至る約八百年間であるから、実際は、まだ多くの三論学者が存在したであろう。これは、南都古宗にあっては、法相宗と並ぶものと考えられ、三論宗の存在は、従来、法相宗の隆盛に対して、全く振るわなかった、というような画一的な表現は当たらないのである。

最後に、教学・思想の研究に一言しておきたい。この問題は、歴史的研究に対応して、個々の文献を読み、中国三論学派の継承・発展の姿を明らかにすることであろう。この教学史(思想史)という視点で従来述べられているのは、島地大等『日本仏教教学史』(一九三三年、明治書院)である。この書は、日本三論宗の思想史的研究に大いに示唆を与えるものとして注意されよう。三論宗については、まず智光の『心経述義』と『浄名玄論略述』を取り上げて、吉蔵等の三論学を承けつつも、自己のものとして組織せんとした跡が顕著であると指摘し、その後の教学史においては、安澄・玄叡・願暁・聖宝に触れ、さらに珍海を高く評価する。しかし、その思想内容にまでは言及しない。ただ鎌倉時代の三論教学については、多くの示唆を与えている。その中で注目されるのは、法相宗の良遍（観心覚夢鈔）の思想が、三論と唯識との調和にあった、ということ、それが華厳の影響であるという指摘である。三論教学に関しては、密教・浄土思想・律との交流・融会のあった点に触れている。これは、時代的な流れとして、三論思想史の問題としては、なお考察されなければならない。また、このような融合思想が大勢を占めていた時代に、三論の正統説を祖述した珍海の『三論玄義検幽集』の存在意義も評価され、最後に『八幡宮勧学講一問答抄』を取り上げて、その主要なる問題を最も詳しく紹介し、中国とも対比されて、その特質が指摘されている点は、今後の研究に指針を与えるものであろう。以上のように、三論宗教学史に関しては唯一の、しかも重要な指摘がなされている先駆的書と言って良いが、著者も自ら、教学史と名づけた理由を「理想は純粋なる思想中心にあるけれども、今は暫くそれに達する道程として止むを得ない」と述べるごとく、思想史としての解明は将来に託しているのである。

以上、中国・日本の三論学について、筆者が関心を寄せている点を中心に、思いつくままに述べて来たものである。三論思想史の研究は、問題・課題が山積しているのであり、宗派として現在まで相続された分野の研究段階・研究の深さ広がりとは残念ながら比較にならない。そして、ここに述べた事柄を解明していくには、到底一人のなし得ることではない。どうしても共同研究・共同作業を要することも多い。禅や天台や華厳などの研究と同様、一人でも多くの人達によって、一つずつ研究が前進することを期待したい。本書においては、上述の問題意識のもと、中国三論学派に関する若干の問題と日本三論宗についての諸問題を考察したいと思う。

（1）平井俊榮『中国般若思想史研究―吉蔵と三論学派―』（一九七六年、春秋社）。

（2）伊藤義賢『支那仏教正史』上巻（一九二三年、竹下学寮出版部）、境野黄洋『支那仏教史講和』上・下（一九二七年・一九二九年、共立社）、同『支那仏教精史』（一九三五年、境野黄洋博士遺稿刊行会）、宇井伯寿『支那仏教史』（一九三六年、岩波書店）など。その後の仏教史では、教理・思想も視野に入れた記述となっている湯用彤『漢魏両晋南北朝仏教史』（一九三八年、中華書局）、任継愈主編『中国仏教史』（第一巻は一九八一年刊、中国社会科学出版社）、鎌田茂雄『中国仏教史』（第一巻は一九八二年刊、東京大学出版会）など。

（3）横超慧日「鳩摩羅什の翻訳」（『大谷学報』第三七巻第四号、一九五八年）など『中国仏教の研究』第二（一九七一年、法蔵館）所収論文。塚本善隆「鳩摩羅什論―その仏教の江南拡大を中心として―」（結城教授頌寿記念『仏教思想史論集』一九六四年、大蔵出版）「鳩摩羅什論（二）」（『干潟博士古稀記念論文集』一九六四年、干潟博士古稀記念会）、横超慧日・諏訪義純『羅什』（一九八二年、大蔵出版）など。拙著『中国仏教の批判的研究』本論第二章鳩摩羅什の仏教思想―妙法と実相―（一九九二年、大蔵出版）参照。

（4）既刊の研究成果としては、木村英一編『慧遠研究』遺文篇・研究篇（一九六〇年・一九六二年、創文社）、大正大学綜合仏教研究所注維摩詰経研究会編著『対訳注維摩詰経』（二〇〇〇年、山喜房仏書林）がある。

（5）『肇論』『三論玄義』の新訳に、平井俊榮訳『肇論・三論玄義』（一九九〇年、中央公論社）がある。また、筆者が取り上げた『肇論』の註釈書についての研究は次のとおりである。「肇論をめぐる諸問題―特に慧達の註釈書について―」（『駒澤大学仏教学部研究紀要』第四〇号、一九八二年）、「夢庵和尚節釈肇論とその周辺」（同第四一号、一九八三年）、「宋代の華厳学と肇論」（『印度学仏教学研究』第三二巻一号、一九八三年）。上記二点は拙著『中国仏教の批判的研究』第八章教禅一致説と肇論に収録。「真福寺文庫蔵『肇論集解令模鈔』の翻刻」（『駒澤大学仏教学部研究紀要』第四二号、一九八四年）、共同研究「元康撰『肇論疏』の註釈的研究」㈠―㈥（『駒澤大学大学院仏教学研究会年報』第一九号―二四号、一九八六―一九九一年）、林鳴宇氏との共著『肇論集解令模鈔校釈』（二〇〇八年、上海古籍出版社）、これには註釈書類及び著者についての詳細な解題を付した。

（6）拙稿「三論宗関係典籍目録（稿）」（『駒澤大学仏教学部研究紀要』第五四号、一九九六年）参照。なお、本目録は本書の付録とした。

（7）平井宥慶氏の一九九〇年以前の論文は「三論教学関係著書論文目録」（平井俊榮監修『三論教学の研究』所収、一九九〇年、春秋社）参照。

（8）三論教学の展開及び三論宗の研究状況について概説したものに、平井俊榮「南都三論宗史の研究序説」（『駒澤大学仏教学部研究紀要』第四四号、一九八六年）、及び「三論教学の歴史的展開」（平井俊榮監修『三論教学の研究』所収）、奥野光賢氏の論述（岡部和雄・田中良昭編『中国仏教研究入門』の「三論宗」の項、二〇〇六年、大蔵出版）がある。

（9）これまでに知られている三論宗関係の文献については、前註（6）所掲の目録参照。なお、日本の三論宗の研究において、朝鮮半島すなわち、高句麗・百済・新羅における三論学についての研究は不可欠である。特に後述するごとく、『大乗四論玄義記』が中国書ではなく半島出身者の著書であることが判明したことは、半島における仏教学・三論学を解明する上で重要かつ大きな資料となるのみならず、日本三論宗と半島との関係を考える上でも大きな意味をもつであろう。朝鮮半島の三論学については、石井公成「朝鮮仏教における三論教学」（前掲『三論教学の研究』所収）がある。また、その後出版された論文集『平井博士古稀記念論集 三論教学と仏教諸思想』（二〇〇〇年、春秋社）は諸分野からの研究成果が示されている。本論稿は、元来講演録で註記はなかったため、右の註記は本書収録に際して新たに付したものである。

第一部　日本三論宗に関する研究

第一章　日本への三論宗の伝来と受容

第一節　三論宗の伝来について

一、仏教伝来と学派仏教

日本への仏教公伝の年時は、欽明天皇の第七年戊午（五三八）であるというのが、南都の古くからの伝承でもあり、また後の研究によっても証せられているが、[1] その後聖徳太子（五七四―六二二）に至って、明確な形で仏教の宗教性、倫理性が発揮され、また仏教研究の成果が現われたことは周知のことである。太子の仏教については、今日まで多くの研究が各方面よりなされ、詳細を極めているが、特に三経義疏に関する研究は、現在も重要な課題として取り組まれている。太子の仏教は、高句麗僧慧慈（?―六二三）と百済僧慧聡（―五九五―）に負うところが大きいとされ、彼らの指導によって三経義疏の成立を見た、というのが通説であろう。そして彼らの仏教学は、中国南北朝時代に隆盛を極めた成実学を中心とするものであったとされる。あるいは涅槃宗であるとも言われる。ただ成実宗と涅槃宗とは重なり合う性格のものであって、論を主とすれば成実宗と呼ばれ、経を中心として呼べば涅槃宗となるにすぎない。確かに、当時の中国は、隋代に入っており、成実学派は、徐々にその勢力を弱めつつあった時代であるが、高句麗や百済においては、いまだ前時代の仏教学の影響が顕著であったと考えられ、学派仏教としては、成実の学を中心として研究されていたことは充分予測出来る。また、日本の伝承では、慧慈等は三論学をも兼ね学んでいたともされるが、[2]この点も、吉蔵の活躍期に入っており、陳代より三論学は盛んになり、それを学ぶ者も増加の傾向にあった時代で、朝鮮半島出身の三論学者も、高僧伝に記録されているから、[3]これも可能性のある要素と見られる。従って、太子の仏教も、そのような影響を受けていたと見ることは、けだし否定出来ないことであろう。しかし、三論学の影響ということは、外的な状況よりの推測であって、今後具体的な確認が必要である。ただ推古十年（六〇二）に来朝し、日本に初めて中国の暦法等を伝えた人として有名な百済僧観勒（―六〇二―六二四―）も、やはり三論の学者であったとされるから、朝鮮半島においても、三論の学は盛んに研究されていたことが推察される。

以上のごとく、日本における学派仏教の最初は、成実学の伝来であったと見るのが妥当のようであるが、同時に、三論学も将来されていたと考えることも出来る。その後、日本に学派仏教として最初に、その宗派あらしめたものは、三論宗であったというのが、諸文献よりの一般的な見方である[4]という点からも推察し得る。中国の三論学は、吉蔵の滅後わずかに研究が継続されたものの、天台宗や玄奘仏教（法相宗）の成立、華厳経等の研究が盛んとなるに従い、その伝統は消滅して行ったのであるが、逆に日本においては、朝鮮半島もしくは唐より直接的に伝えられて、南都仏教の一中心を形成する。勿論、現在のような宗派を形成し、今日まで存続したということではないので、従来はあまり取り上げられることはなかったが、日本仏教史あるいは教学史という視点からは無視出来ない存在であり、また歴史的な役割もそれなりに担っていたと考えられる。従って、次には、三論宗伝来についての伝統説を窺い、さらに三論宗典籍の伝来について確認しておきたい。

二、三論宗の伝来説

右に述べたごとく、太子の頃に、すでに三論学の伝来を予想させるものがあるが、三論宗の日本への伝来については、古くから三伝説がある。これは凝然（一二四〇―一三二一）が『三国仏法伝通縁起』や『内典塵露章』で述べたものであり、最近に至るまで、三論学の伝来について語られる際には、必ずと言って良いほどに言及され、継承されている事柄である。『三国仏法伝通縁起』では、

百済仏法伝日域後、至推古天皇御宇三十三年乙酉、経七十四年、当大唐高祖武徳八年乙酉、此年高麗国王貢僧慧灌来朝、此乃三論学者、随大唐嘉祥大師、受学三論而来日本、是日域界三論始祖、而未講三論、裏玉而未開、従此前年、観勒法師自百済国来、此亦三論宗之法匠……慧灌僧正以三論宗授福亮僧正、福亮授智蔵僧正、智蔵越海入唐、重伝三論、遂乃帰朝弘通所伝、是第二伝也、智蔵授法道慈律師、道慈第四十二代聖主文武天皇御宇大宝元年辛丑、越海入唐総伝六宗、三論為本、在唐学法一十八年、第四十四代元正天皇御宇養老二年戊午道慈帰朝、……三論一宗、従唐土伝有三代伝、一云慧観僧正伝、二云智蔵僧正伝、三云道慈律師伝。（大日本仏教全書〈以下、「日仏全」と略す〉、史伝部一、一三上―中）

と述べ、『内典塵露章』でも、右の内容を略説して「是故三論即有三伝、日域仏法、最初伝三論、次伝法相、次弘華厳、次伝禅宗……」としている。つまり第一伝を慧灌（＝観）（―六二五―）、第二伝を智蔵（―六七三―）、第三伝を道慈（?―七四四）とするもので、現存の資料からは、これを否定することは出来ない。ただ凝然も関説するごとく、三論の学は不明確ながらも慧灌以前に将来されていたことは、観勒の来朝からも考えられる。しかし観勒は三論を講説することはなく、従ってその教えも未だ弘通していなかったことより、彼を第一伝とはせずに、次の慧灌を以て最初の伝来者と見ていたごとくである。これは孝徳天皇の大化二年（六四六）に初めて三論を講じたということに依る。しかも慧灌は来朝に先立ち入唐して嘉祥大師吉蔵（五四九―六二三）に三論を受学したという理由からである。慧灌の来朝は吉蔵遷化の翌々年であり、吉蔵受学のことは一応認められよう。次の第二伝の智蔵は、慧灌の孫弟子であるが、諸伝では、慧灌の弟子呉学生福亮（―六五八―）が在俗の時の子であるとされる。また、吉蔵に謁して三論を受学し日本に来朝す、とされる。[5] このように、三者共吉蔵に直接学んだとするのが日本における伝承である。慧灌以外

の二者については否定的見解が強い(6)。来朝の年時が明らかなのは慧灌のみであり、しかも最も早いと思われるが、他の二人も前後して来朝したものであろうし、福亮と智蔵が親子関係であれば、同時に日本に到ったとも考えられる。凝然によれば、智蔵は大化二年(六四六)に、慧師や慧輪等と共に僧正に任ぜられたとする。従って、それ以前の来日であることは明らかである。ただ従来は、諸伝共に福亮や智蔵を呉国人としているにもかかわらず、すべて入唐して吉蔵に受学と理解しているが、もともと中国の人であれば、来日前に、すでに吉蔵に三論を学んでいたということもあり得るであろう。そのように考えた場合は、吉蔵受学説も成立することになる。この辺のことについては、なお考察の必要性が認められる。次の第三伝は道慈であるが、彼は智蔵に三論を受学し、大宝二年(七〇一)に入唐し、養老二年(七一八)に帰朝した。この点については疑いのないことである。ただ入唐の師等については不明であり、彼の地で三論の学僧に受学したとすれば、吉蔵門下の時代は終り、その弟子の時代ということになろう。

右の人々は、当時の仏教界において、中心的な存在として活躍したことは疑いない。しかし、その主たる理由は、渡来僧や入唐生として重んじられたことは勿論、多くは政治的な力に預るところが大であって、政教一致の時代と評価されているごとくである(7)。確かに慧灌による三論の講説は、純粋に学問的興味から、それを行なわせたということではなくて、旱魃のために降雨を祈らせるのが目的であり(8)、慧灌はそれに因んで、自己の学問を披瀝したというのが真実であろう。また福亮は、斉明天皇四年(六五八)に、山科の陶原(すえはら)の家において、藤原鎌足の請により維摩経を講じ、記録に残る最初の維摩会講師となっているが、鎌足の維摩経信仰も、始めは病気平癒が理由である(9)。智蔵については、いかなる活躍をしたかは不明であるが、来朝して法隆寺において三論を説いたとされ、法隆寺三論衆は、智蔵の力に依るものであろう。道慈は周知のごとく、入唐帰朝後、大安寺の遷造に尽力し、正史(日本書紀)の編纂にも参画し、また天平九年(七三七)には大極殿における最勝会の講師となっている。この宮中の最勝会は、後に御斎会として定着するが、道慈はその初例と見得る。また大安寺の大般若会の恒例化も道慈の奏言によるものとされている(10)。従って天平時代以前においては、学派仏教として明確に伝えられ研究されていたのは三論宗が最も有力であり、道昭

（六二九—七〇〇）による玄奘仏教の将来はあるが、他の諸宗はいまだ定着していない時期で、三論学専攻の人々が、その活躍の中心をなすのは、自然の状勢であったかも知れない。

さて、以上の三論宗三伝説の成立について目を転じてみると、この凝然の伝述は、一応歴史的な状況より判断して承認し得るものと考えられる。しかし、凝然の記述の根拠については不明とされて来た。彼は日本仏教史上第一の博学であり著述家であることは衆目の認めるところであるが、その記述は、多くの資料を駆使して、それを集大成しようとしたものであり、歴史的な記述にしても、恐らくは先行する文献を参照して書かれたものであることは容易に推察される。そこで、右の三論宗の学系に関しても、単なる南都の伝承を記録したもの、と言うに留まらず、具体的な文献をさぐってみたいと思う。

これに関して、第一に考えられるのは、三論宗独自の学系史に関する記録の存在である。凝然の時代には、南都の各宗において、それぞれの伝統を記録したものが作成され、伝持されていたであろうことが推察される。三論宗として現在知られているものは、『三論祖師伝集』と『三論祖師伝』の二つである。後者は、室町時代後期の成立と考えられるので今は除かれるが、前者の『祖師伝集』は、鎌倉時代初期には成立していたと推定されるものであり、凝然も参照していた可能性がある。学系についての伝記類は、大体において書き継がれて保存される性質のものであるから、最初に書かれたのはいつであるのかは、中々はっきりしない。しかし『祖師伝集』の場合は、巻中に、正嘉二年（一二五八）十二月に、東大寺聖守（一二一九—一二九一）の書いた識語を有しており、凝然（一二四〇—一三二一）以前に、一応の成立を見ていたものとして良い。凝然は、聖守から灌頂を受けている。『祖師伝集』の成立については、なお問題がないとは言い切れないが、巻上がインドの祖師に関するもので、巻中が羅什伝、巻下が中国祖師と日本祖師の伝記となっている。ただ、中国祖師の伝記として、最後に吉蔵のことを述べた後に、「三論祖師伝下」という尾題とも見られるものが挿入されており、本来は、ここで終っていたものと考えられる。その次に「日本祖師」と書して、日本の三論宗の代表的人々の伝を記録している。従って日本祖師に関する部分は、後の付加であるかも知れないが、今注意したいのは、日本の部の冒頭で引用されている『三論師資伝』である。『祖師伝集』の引用文は次のごとくである。

人王第三十代磯島金刺宮欽明天皇治天下、天国押開広莛天皇之代、百済国献仏法、自爾以後経三十七代、過九十余歳、難有仏法未有弘宣、第三十七代難波長浦豊前宮孝徳天皇治天下、天万豊日天王乃請元興寺僧高麗恵観法師、令講三論、其講了日、天皇即拝任以僧正、……凡於此朝仏住持始由先任僧正恵観、従此以後福亮法師等九僧正、皆此元興寺三論宗也、……次入唐学生呉智蔵僧正、亦此元興、業渉内外学通三蔵、於法隆寺伝三論宗、……次遣唐留学道慈律師、学縁六宗三論為要、本是元興寺、自唐還来建大安寺、興三論旨……次桂畏八島聖皇時、降綸旨玄覚法師、遣唐請益、法師含忠訪道帰朝伝灯、今吾三代之祖師也、自古于今遍於諸寺、伝者既多、思繁不具。

（日仏全、史伝部四、一六三上―中）

右に依れば、日本に仏法が伝えられてから「九十余歳」後の孝徳天皇の代に、恵観（慧灌）が初めて三論を講じたことを述べている。凝然は、推古三十三年に慧灌が来朝したといい、それは仏法公伝より七十四年であるとしていた。これは、共に欽明天皇十三年（五五二）を仏教伝来の年とする説で、『日本書紀』を承けたものである。一方は、慧灌の三論講説の年（大化二年）までで九十余年と言い、他方は、慧灌の来朝までで七十四年と言ったに過ぎない。そして講了の日に僧正に任じ、日本僧正の第二であるという点も等しい。また慧灌の弟子福亮等の九僧正は、すべて元興寺三論宗の人々であるという。この九僧正は、孝徳天皇の代に、慧観を含めて「十師」として重んじられた人々を指し、凝然も『維摩経義疏菴羅記』[11]（日仏全、第一三、九二中）で、同様のことを述べている。これは恐らく、慧灌の講説の際に聴衆となったという伝説に基づいたものであろう。そして慧灌の門葉を記した後に、「次に入唐学生呉智蔵僧正」とし、同じくその門下を記した後に、「次に遣唐留学僧道慈律師」としている。つまり凝然の伝える三伝説と同様の記述をしていることが知られる。明確に第一伝、第二伝等とはしないけれども、三論宗の三流を明示している。そして注目されるのが、道慈の次に玄覚を挙げ、同じく入唐帰朝して灯を伝うとし、さらに「今吾三代の祖師なり」と言っている点である。玄覚は、今の『師資伝』によれば、第二伝の智蔵の系統に連なり、霊叡の弟子である。「三代」というのは、如何なる意味か明らかでないが、智光―霊叡―玄覚の三人を三代と称したものであろうか。ともかく『師資伝』は右の言葉によって、玄覚の弟子の作であることは間違いなかろう。玄覚については、今の記述以外に詳細は分からない。ただ『東大寺具書』にも、

東大寺玄覚、初受霊叡、後掛畏八島聖皇降綸旨、遣唐請益帰朝之後、於東大寺伝道当宗。（続群書類従第二七下、八四頁）

として『師資伝』と同様の記述が見られる。つまり元興寺霊叡の弟子で、東大寺に住した三論学僧である。しかるに玄覚から受学した人として文献に見えるのは、元興寺の円宗（?―八八三）のみである。同じく『東大寺具書』には、

本元興寺隆応、願暁、円宗、同受同寺薬宝幷東大寺玄覚。（同上）

としており、隆応、願暁、円宗の三人共、薬宝及び玄覚に受学したように見えるが、『本朝高僧伝』では、隆応と願暁は薬宝に受学とするのみで、玄覚に受学のことは言わない。また円宗の師承について記すのは、右の『東大寺具書』のみである。従って、玄覚を自己の師と表明する人物としては、現存の文献にては円宗であろうと言うより外はない。つまり『祖師伝集』で引用している『師資伝』は、元興寺円宗の著ではなかろうか、と推察される。記述内容からしても、年代的にそれ以後に下るものではなかろう。とすれば、凝然より三百五十年以上も前に、三論宗の三伝説が明らかに言われていたことになり、平安時代初期には成立していたということ、三論宗あるいは南都の人々にとっては自明のことであったと言えよう。

『三論師資伝』については、さらに研究しなければならないが、今は、凝然より、はるか以前において、三論宗の三伝ということが語られ、伝承されていたであろうことを指摘しておく。(12)

三、奈良時代の三論宗文献

奈良時代以前における三論の研究については、その具体的な記録が残されていないことにより、いかなる文献が将来され、いかなる研究がなされたのかは知ることが出来ない。しかし慧灌にしても、智蔵や道慈にしても、すべて中国において吉蔵に受学し、あるいはその門下等より三論学を学んで来たとするならば、当然、何らかの文献も共に将来したであろうということは考えられる。後の人々が右の三者を、三論伝来の祖師とするのは、単に彼の地で仏教を学んだ、ということのみではなくて、具体的に三論宗の文献なりを将来したことを以て評価し位置づけたと考えることも、あながち不当なことではないかも知れない。当時、あるいはその後の入唐生の多くは、必ずと言って良い程に経典等の文献を将来することが、一つの大きな目的であったと思われ、事実、多くの文献を日本に将来しているのである。この点から言えば、慧灌以下の人々も、多少なりとも三論の文献、時代的には吉蔵の撰述書等を中心として持ち来った可能性はあろう。しかし、今日残されている記録において、残念ながらそれを証する資料はない。ただ、一つだけ残されているとすれば、吉蔵の『浄名玄論』が、文武天皇の慶雲三年（七〇六）に筆写されている、ということである。これは、道慈の入唐中のことであり、道慈以前に三論の文献が将来されていたことを証する唯一の記録である。そして、明確な形で、記録の上に現われるのは、天平時代に入って公式に諸経論が筆写されるようになってからである。今、石田茂作博士の「奈良朝現在一切経疏目録」（『写経より見たる奈良朝仏教の研究』所収）より三論関係の典籍を抄出すると次のごとくである（表中の元号のうち、天平勝宝は勝宝に、天平宝字は宝字に、神護景雲は景雲に省略する）。

天平二年（七三〇）	智度論百巻	
六年（七三四）	註維摩経六巻	
八年（七三六）	百論疏三巻	吉蔵

九年（七三七）　中論四巻
百論二巻
般若灯論十五巻
順中論二巻
智度論百巻
十年（七三八）　般若灯論十五巻
広百論本一巻
十八空論一巻
大乗掌珍論二巻
二諦義一巻　吉蔵
十一年（七三九）　大智度論経一巻
十二年（七四〇）　均章（大乗四論玄義記）十二巻　慧均
肇論疏二巻　元康
十三年（七四一）　智度論証本百巻
十五年（七四三）　肇論（宝蔵論）一巻　僧肇
大乗四論玄義記第九　慧均
仁王般若経疏上　吉蔵
法華統略六巻　吉蔵
法華遊意二巻　吉蔵
十二門論疏二巻　吉蔵

十六年（七四四）	大乗四論第七	慧均
	大乗四論玄義記十二巻	慧均
	法華玄論十巻	吉蔵
十七年（七四五）	大乗三論玄義記一巻	慧均
十八年（七四六）	三論玄義一巻	吉蔵
	涅槃経疏十四巻	吉蔵
	中観論第一	
十九年（七四七）	勝鬘経疏（宝窟）三巻	吉蔵
	金剛般若経義疏四巻	吉蔵
	十二門論疏二巻	吉蔵
	中論義疏五巻	吉蔵
	法華玄論十巻	吉蔵（三回の筆写）
	大乗四論玄義記十二巻	慧均
	法華経疏十巻	慧蔵
	智度論疏五巻	侃法師
	大智度論疏十一巻	不明
	肇論疏三巻	元康
二十年（七四八）	涅槃無名論表一巻	僧肇
	勝鬘経疏（宝窟）六巻	吉蔵
	勝鬘宝窟三巻	吉蔵（二回の筆写）

年	書名	撰者
勝宝二年（七五〇）	法華論疏一巻	吉蔵
	中観論宗要一巻	不明
	大智度論章門六巻	不明
	大智度論釈一巻	不明
	大乗菩薩入道観文一巻	不明
	涅槃無名論表一巻	僧肇
	三論宗要一巻	元暁
	中観記一巻	不明
三年（七五一）	大乗入道三種観一巻	不明
	大乗菩薩入道三種観疏一巻	不明
	法華経疏七巻	道栄
	智度論疏	肇師
	中辺分別論疏四巻	吉蔵（?）
四年（七五二）	百論疏二巻	吉蔵
	十二門論一巻	
	中論疏六巻	元康
五年（七五三）	仁王般若経疏三巻	吉蔵
	無量義経統略六巻	吉蔵
	大智度論章門六巻	烋撰
	大智度論章門三巻	同

宝字七年（七六三）　中観論記玄一巻　不明
仁王般若経疏二巻　吉蔵
智度論疏十四巻　侃師
中観論記一巻　不明
三論宗要記一巻　不明
景雲元年（七六七）　二諦章三巻　吉蔵
二年（七六八）　無依無得大乗四論玄義記十二巻　慧均
無依無得大乗四論十二巻　慧均
三論広章（四論玄義）十二巻　慧均
三論略章三巻　不明
中論記四牒　不明
中論遊意抄略二牒　不明
法華経疏玄談　一巻　不明
筆写年時不明　大乗菩薩入道三種観一巻　羅什(13)
大乗四論玄義記十二巻　慧均
三論疏三巻　元康
大智度論抄十巻　不明

以上、天平二年（七三〇）を上限として神護景雲二年（七六八）までの三十九年間の記録に現われたものである。天平二年以前にも種々の筆写がなされたであろうことは予想されるが、記録には残っていない。右によれば、天平十五年以降は、ほぼ毎年書写されており、天平十五年、天平十九年、天平二十年、神護景雲二年の筆写部数が多いのが目につく。これらの筆写事業は、当時の仏教界等との対応ということも配慮して考えなければならず、天平八年から十年にかけての『般若灯論』や『広百論』『掌珍論』等の筆写は、玄昉の帰国（天平七年）と関係があると見られるし、天平十五年から二十年にかけての筆写は、東大寺造営に関係あるものと考えられる。つまり、三論宗の典籍に限らず、いわゆる南都六宗の典籍が、一様に筆写されて、各宗の基本文献として東大寺に所蔵されたと推察されるからであり、三論宗文献の筆写も、一連の公的事業であったと思われる。また、この筆写の時点において、初めて日本に将来されたということではなく、この当時、すでに将来され各処に所蔵されていた文献を集めて、順次に筆写したものと考えられる。その点は古文書の記録にも明記されており、その借出先や所蔵者等については、すでに明らかにされている。[14]しかし、各々の文献が、どのような経路で、いつ日本に将来されたものであるかは判然としない。三論関係の右の文献について考えてみると、前述の玄昉は、霊亀二年（七一六）に入唐し天平七年帰国したが、この人は、特に玄奘門下の法相宗を学んで帰国したとされており、この当時、中国においては、三論宗はほとんど研究されていない状況であるから、玄昉が三論の文献をも将来したとは考えられない。ただ、玄奘訳の『広百論』や『掌珍論』は彼の将来かも知れないが、それ以前に道昭が入唐して直接玄奘に受学しているから、この点も定かではない。とすると玄昉が入唐して二年後の養老二年（七一八）に帰国した道慈及びそれ以前に求められることになろう。

さて、右の諸文献が筆写された時期に活躍した三論宗の学僧としては、元興寺智光（七〇八―七八〇？）がある。現存する三論宗の著作としては、この智光の書が最古のものであり、彼は吉蔵の『中観論疏』『浄名玄論』『法華玄論』そして『肇論』『般若心経』に註釈を加えており、当時第一の著述家であった。[15]慧灌等によって将来された三論学が、彼に至って一応の成果を見たと言うことが出来る。そして、註釈を著わすについては、それなりの研讃を要し、かなりの年月を費やしたことが予想され、彼が註釈を加えた著書等は、筆写の記録よりも以前に、もたらされていたことは確かであろう。先に触れた『浄名玄論』は、右の筆写の記録にはないが、智光の誕生以前には伝えられていたものであり、その好例と言える。その他、智光の引用より推察すれば、次の五部は、すでに将来されていたと考えら

れる。すなわち、

吉蔵『維摩経疏』

慧賾（碩法師）『中論疏』

浄秀『中論疏』

慧達『肇論疏』

光泰『二諦捜玄論』

である。慧均にも言及するので『四論玄義』も伝えられていたと思われる。また吉蔵の門下として慧蔵師に関説するが、この人は、先掲の『法華経疏』十巻（天平十九年写）の作者であろう。右の慧賾師は、南都においては、碩法師と呼ばれ、吉蔵の弟子であるとされている人である。現存の『三論遊意義』一巻の著者で、『続高僧伝』巻三（大正五〇、四四〇下）に記されている。碩・磧・賾は呉音ジャクで音通であって、通用されたものである。中国の僧伝では、法朗の門下である智炬の弟子として扱われているが、吉蔵に会っていることも記しているから、智炬よりも、むしろ吉蔵に負うところがあったものとも考えられる。南都には、この人物の著書が存在しており、その記述するところに依って、智光等南都の人々は、彼を吉蔵の弟子と判断したと考えられるから、その伝承は間違いなかろう。この慧碩師に学んだのが元康であり、道慈は入唐して元康に三論を受学したと伝えられる。[16] 慧達の『肇論疏』は、現行本に神亀三年（七二六）に筆写した旨の記録がある。なお、右の筆写の記録に、後に重んじられる『大乗玄論』がないのは注意される。後述する成立の問題と関係するのかも知れない。

四、結　語

以上、日本への三論宗の伝来について概観した。さらに考察を加えるべき事柄も残されてはいるが、天平時代に至るまでの状況については、なお不明なところが多い。その受容と研究の状況についても述べなければならないが、奈良時代の研究については、智光の著書の検討によって、明らかにし得るであろう。また奈良時代以後については、安澄の著書や、三論宗の人々の著書、仏教界における三論宗の位置、役割等を考えてみなければならない。それらの事柄は、以下に考察を加えたいと思う。[17]

第二節　三論宗学系史に関する伝統説の成立——特に中国三論学派について

一、問題の所在

中国三論学派の学系については、日本の伝統説に対する批判的研究がなされ、現時点では、ほぼ論じ尽くされている観がある。早くは、江戸時代末期の慧雲（一七三〇—一七八二）が『三論玄義懸談』において、曇済—道朗の関係を疑い、曇済の代わりに法度を当て、[18]宜然房明道（一七六二—一八一七）は、『三論玄義玄談』にて、僧詮以前を古三論、以後を新三論とする説を出す等の検討がなされている。[19]以後、稲葉円成、前田慧雲、潮留真澄、境野黄洋、佐藤泰舜と続き、近年においては、結城令聞、平井俊榮両博士の研究が存する。[20]以上の諸研究は、要するに、三論学派の源流系譜を、現存資料を駆使して、いかに史実に接近し得るかの試みであり、いかなる系譜がより妥当性を有するか、の究明であった。しかし、文献の欠乏は決定的であり、特に羅什から摂嶺相承の第一祖たる摂山大師（大朗）に至る系譜は、現存資料からは規定出来ない、というのが客観的な事実のように思われる。

ところが、従来の諸研究を拝読して、一つだけ心に残る点がある。それは、日本の伝統説が、いかなる事情、過程によって成立したのであるかについては、何ら言及されていないことである。この点は、僧伝等に照らして伝統説を批判的に研究する場合には、不要のことかも知れない。あるいは、伝統説の吟味において、当初から誤りを前提として考察が加えられたのかも知れない。しかしながら、高僧伝等の客観的な、または外的な資料からの吟味による史実への接近が第一に重要なことは勿論であるが、一方、吉蔵等の三論宗内の諸資料を検討して、内的な方面よりの追求も必要であろう。この立場からの研究として、吉蔵の心証を確かめるという方法を取られたのが平井博士の研究である。日本において、伝統説として成立し定着して長い間信じられて来たということは、それなりに当初においては、何らかの根拠に基づいて形成されたものと考えられるのであり、全く荒唐無稽の説として、日本独自の単なる伝承に過ぎないと言って、直ちに否定されるべきものではないのではなかろうか。

このような考えより、右の二つの方法の中では、後者の立場から、主に日本の三論宗の著述を通して、伝統説の成立とその背景について検討したいと思う。このことは、当然、伝統説の当否如何の問題にも関わるが、それと同時に、日本における三論学の受容、研究の様相を明らかにする上においても、解明しておくべき事柄であろう。

二、羅什門下の八宿

日本における三論宗の学系に関する伝統説と言うのは、凝然（一二四〇—一三二一）が『八宗綱要』や『三国仏法伝通縁起』『内典塵露章』において示した、羅什—道生—曇済—道朗—僧詮—法朗—吉蔵と次第する系譜のことを指す。[21]この学系は、凝然以後鳳潭（一六六四—一七三八）の時代まで伝承されて来たものである。[22]従来の研究は、この系統説、中でも羅什—道生—曇済—道朗という次第についての批判的研究であり、修正が加えられたのである。また、右の学系に関連して、古くから羅什門下の八宿、法朗門下の二十五哲と言うことが伝えられており、これらの説について順次考察を加えたい。

(一) 中国の諸説

第一の鳩摩羅什の門徒については『高僧伝』巻二において、

漢境経律未備、新経及諸論等、多是什所伝出、三千徒衆、皆従什受法。（大正五〇、三三二下）

とされ、一般に門徒三千と称されている。その中でも、特に優れた人々を、十哲・八俊・四聖として数えられている。この名称は、後述のごとく、唐神清（―八〇六―）の『北山録』や宋智円（九七六―一〇二二）の『涅槃玄義発源機要』に出るもので、その具体的な人名について異説があることは、すでに指摘されている。[23] 今、それらの異説を次に列挙してみる。第一は、『鳩摩羅什法師大義』の冒頭に、

其甘雨所治者、融倫影肇淵生成叡八子也。（大正四五、一二二中）

とあるのが、最も古いもので、道融・倫・曇影・僧肇・淵・道生・曇無成・僧叡の八人を掲げて「八子」と称している。また僧祐（四四五―五一八）の『出三蔵記集』巻一四の羅什伝には、

于時四方義学沙門、不遠万里、名徳秀抜者、才暢二公乃至道恒僧摽（標）僧叡僧敦僧弼僧肇等、三千余僧、禀訪精研務窮幽旨。（大正五五、一〇一下）

と述べている。才暢の二公とは不明であるが、『国訳一切経』の脚註では、「道生と慧遠を指すものか」としている。[24] 次に『高僧伝』巻三の「論」においては、

時有生融影叡厳観恒肇、皆領悟言前、詞潤珠玉。（大正五〇、三四五下）

とし、同じく『高僧伝』巻二の羅什伝では、『大品般若』の翻訳に関してであるが、

於是興、使沙門増（僧）碧僧遷法欽道流道恒道標僧叡僧肇等八百余人、諮受什旨、更令出大品。（同、三三二中）

と述べて、八人の名を列する。右の諸説が、吉蔵等の以前において数えられる八人の代表者である。ただ最後の文は、『大品般若』の翻訳について言われたことであり、[25] 例外としても、前の三説は、各々羅什門下の俊才八名を挙げたものと考えられるが、相互に出入がある。右の総じて二十名の中で、すべてに名が見えるのは、僧肇と僧叡の二人である。

そして、右の人々の中で、さらに四人を選んだのが、『高僧伝』の慧観伝に見られる。

時人称之曰、通情則生融上首、精難則観肇第一。（大正五〇、三六八中）

というもので、道生・道融・慧観・僧肇の四人である。四人の代表者名についても、やはり異説が存する。吉蔵は『中論序疏』において、

門徒三千入室唯八、睿（叡）為首領、文云、老則融睿（叡）、少則生肇。（大正四二、一上）

として、羅什の門徒三千の中、入室は八人と言い、その中でも僧叡を首領と評価し、「文」を引いて、融・叡・生・肇を四人の代表者とする説を挙げている。入室唯八としながら、八人の具体名を数えないのは、あるいは、すでに異説があることを知ってのことかも知れない。陳代の慧達は『肇論疏』巻中で「生叡肇等、五百衆之上首也」（続蔵二・一・一、四三三左下）とだけ言う。しかるに、吉蔵は「文云」として四人を数えているから、これは、すでに成立していた何らかの文献を引いたものと考えられる。この点について思い合わされるのが、日本において編纂された『三論祖師伝集』の巻下に見られる『四論玄義』の引用である。そこでは、

四論玄記第十云、関中伝記云々、長則融叡、小則生肇、中則倫影成淵、羅什八子也。（日仏全、史伝部一、一五五中）

とされている。慧均は「関中伝記」と明示して引用し、吉蔵の言う「文」と同じであることが知られる。しかも、吉蔵の引用文に続く後文も記している。これに従えば、吉蔵の「文」と言うのは、「関中伝記」なるものの文であることになろう。そして、慧均の掲げる八人は、先に引用した『鳩摩羅什法師大義』と同名である。「関中伝記」とは、如何なる内容のものか知る由もないが、恐らく、羅什の翻訳あるいは門徒等の状況について述べたものではなかったかと思われる。

ところで、以上の段階においては、「八子」の称が用いられているのみであるが、後の時代になると、四聖等の名が使用されて来る。すなわち、先に触れた『北山録』巻四では、

或謂什門四聖生肇融叡上首、精難則観肇第一、或謂十哲、道恒道標加焉。（大正五二、五九七下）

とし、それを註した慧宝は「道生、僧肇、道融、僧叡、曇影、慧厳、慧観、本伝無名憑者、有南斉道憑、非什門下、有僧詔者、甚俊、恐是字誤」と述べている。この説は、吉蔵等の伝える代表者四人を四聖とするもので、次の文は前掲の『高僧伝』の文を引いたものである。八人については具体名を欠くが、その註によって、曇影・慧厳・慧観・道憑を加えたものであることが知られる。そして十哲は、さらに道恒・道標の二人を加えるとする。ただ註記者の慧宝は、道憑は僧詔の誤りであろうとしている。従って、この時代には、羅什門下の代表者を、四聖等の名で呼ぶ風潮が、一般となっていたものであろう。この『北山録』の説を承けたものかどうかは分からないが、『涅槃玄義発源機要』巻二で、

什公門下有十哲八俊四聖、肇皆預焉、生肇融叡為四聖、更加影厳憑観為八俊、兼常標名十哲、僧伝曰、通情則生融上首、精難則観肇第一。（大正三八、二三中）

と述べている。十哲の場合に「常」を入れるが、この人は不明である。四聖は、吉蔵等と同人を挙げており、同じ説は『仏祖統紀』巻三六でも「羅什弟子有生肇融叡、時号関中四聖」（大正四九、三四二上）と記している。この他、元の文才（一二四一—一三〇二）の『肇論新疏遊刃』や『仏祖歴代通載』があるが、この二書は、『高僧伝』の八人説を承けている。[26] 四聖については、吉蔵等の伝える説が、ほぼ一般的な評価として定着していたごとくであるが、八俊となると、諸説一致しないことが分かる。これらは、結局「人物の品隲は人各その立場によって異る」[27]ということに尽きるであろう。

(二) 日本の伝承

以上、煩を厭わず列挙したが、中国においては、「八子」「八俊」の称が用いられているが、日本においては、「八宿」の名で親しまれている。凝然は『三国仏法伝通縁起』巻上で、「三千門人皆悉鑚仰、八宿上首各互弘通」（日仏全、史伝部一、九下）と言っている。これは三論宗の伝統を述べるに際して言われることであるから、日本三論宗固有の

称であろうか。事実、三論宗関係の著述では、一貫してこの呼称が使用されている。鎌倉初期成立の『三論祖師伝集』巻下の冒頭では、

関中三蔵門徒三千、入室唯八、叡為首領　一竺道生、二釈道融、三曇影、四僧叡、五恵厳、六慧観、七道恒、八僧肇　生融影叡厳観恒肇略頌　八宿之子　融倫影肇　淵生成叡　出四論玄記。四論玄記第十云々、関中伝記云々……。（日仏全、史伝部一、一五五中、但し、東大寺本により誤字訂正）

と記している。『祖師伝集』は、インドから日本に至る三論祖師の伝記を、僧伝や自宗の文献に基づいて収録編纂したものであるが、右に依れば、「八宿」の語は『四論玄義』に従ったもののごとくである。しかし、八人の具体名は相違して、先述の『高僧伝』等の説を採用している。これは、どのような理由に依るのであろうか。そこで、「八宿」の典拠として『四論玄義』あるいは吉蔵の文を引きながら、具体名の典拠たるべき『高僧伝』を示さないのは、本書編集の時点において、八宿の具体名は、すでに定まっていたものと考えられる。珍海（一〇九二―一一五二）も『三論玄疏文義要』の最後に「口伝血脈」を記し、羅什の次に曇影・僧叡・道生・僧肇・道融・道恒・恵厳・恵観という右の『祖師伝集』と同人を列ね、「已上八宿並出」（大正七〇、三七八下）としている。このようなことから、『祖師伝集』では、すでに三論宗内において通説化していた伝承に従っただけのようである。先に引いた一文の割註に「略頌」と称していることからも察せられよう。しからば、この説は、誰に従ったのか、と言うと、智光（七〇八―七八〇?）や安澄（七六三―八一四）においては明らかでなく、注意されるのが、やはり『祖師伝集』で二度引用される『三論師資伝』である。この書については従来注意されたことがないが、最近、写本として現存することが判明している。[28]具名は『大乗三論師資伝』で、撰者は「香山宗」すなわち、前節で述べた円宗[29]（?―八八三）である。『祖師伝集』は、日本の部の後半を除いては、平安末期には成立していたと考えられるから、その巻上の馬鳴伝と日本祖師の冒頭で引かれる『三論師資伝』は、それ以前の成立であることは間違いなかろう。しかるに、現存の写本を見ると、羅什の伝記を述べた後で、「次羅什入室有八」として、竺道生以下僧肇に至る八名の人々を、右の『祖師伝集』と同

じ順序に掲げ、梁宝唱の『名僧伝』及び慧皎の『高僧伝』に依り、各々の伝記を述べている。[30]そして、中国の部の最後に頌して、

童寿真諦伝聖語、道生道融与曇影、僧叡恵厳及恵観、道恒僧肇為八宿、次斉幷宿子道朗　次子僧詮与法朗、後三十子及法琳、是四十五為人師。（一二丁左―一三丁右）

と言っているのである。先引の『祖師伝集』巻下の冒頭で八人の名を列挙したのは、恐らく、これに従ったものではなかろうか。ただ実際の立伝の順序は、「叡を首領とす」という吉蔵の言葉を承けたものか、第一に僧叡の伝記を述べ、竺道生を最後としている。道生を最後に位置させているのは、次にその資とされる曇済が立伝される理由からであろう。

ところで、右の香山宗の頌は、八宿のみならず、日本の伝統説の基本型が集約された形で示されている。特に八宿の次の句に「次斉幷宿子道朗」とあることと、「後の三十子」という点である。前者は、斉すなわち、曇済と道朗であり、後者の三十子と言うのは、法朗門下の二十五哲と吉蔵門下の五英を指す。これらの問題は次項以下に触れるとして、八宿について明示されているのは、本書が最初である。しかも、その呼称は、前述のごとく、慧均の『四論玄義』の用例を承けたものであろう。ただ、その具体名については、慧均等には従わず、僧伝に述べるところを、より妥当と考えたものと思われる。慧均における八宿の用例は、次の澄禅の『三論玄義検幽集』巻五に、

四論玄成壊義云、昔在什法師門下、有三千門徒、得業之者、只八子、即是八宿也。（大正七〇、四四二中）

と引用されることによって充分知り得る。従って、この呼称は、慧均のみではなく、吉蔵あるいは、その師法朗等、摂嶺相承の三論学派において、一般に用いられるようになっていたものではなかろうか。日本における伝統的な用例は、これを継承したものであると考えられる。

三、道朗（摂山大師）

吉蔵や慧均の主張する摂嶺相承の第一祖たる摂山大師・大朗法師は、道朗のことであるとするのが、日本における長い間の伝承である。近年に到って、道朗は誤りであり、僧朗が正しいとされている。その根拠は、『高僧伝』巻八の法度伝及び陳の江総持の『棲霞寺碑文』である。そして、日本における誤りは、僧と道との筆写の誤り[31]、あるいは、河西の道朗等との混同に依ると言われる。[32] また、南都の誤りではなく、すでに中国において、特に慧均の『四論玄義』が、すでに誤りを犯していたのではないか、という説も出されている。[33] 右のような諸点を考慮して、現存の文献を吟味してみよう。

(一) 安澄の説

今日まで、道朗等につき批判的研究の対象とされている中心的な文献は、安澄の『中論疏記』である。湯用彤教授は、安澄が、吉蔵の言う「関河旧説」等の語を、関中と河西との意味に解し、これと河西の道朗及び大朗法師とを結びつけて、吉蔵等の言う摂山大師・大朗法師を、河西の道朗と理解した、と言うのが、代表的な言及である。[34] しかし、果たして安澄は、そのような理解をしていたであろうか。また、摂山大師を、河西の道朗と見做す説は、南都の伝統説であろうか。この点から先に見てみたいと思う。

結論から言えば、安澄の『中論疏記』を見るに、右のごとき解釈は、どこにも見出せないのである。安澄は、確かに摂山大師を道朗としている。しかし、これを河西の道朗であるとは、一度も明言していない。そこで、今、摂山大師や僧詮等に関する記述を提示しておこう。

(1)疏云、自摂嶺相承等者、……述義云、高麗国遼東城大朗法師、遠去敦煌郡曇慶（ママ）師所受学三論、斉末梁始、来入摂嶺山也、大朗法師得業弟子、陳摂山止観寺僧詮師、如此次第得業弟子、興皇寺法朗師、法朗師得業弟子延興寺吉蔵師、吉蔵師得業弟子碩旻邃等、然処処云、山中者高麗国大朗師、山門者止観寺詮師、或言一師、或言大師、或直言師者、興皇寺法朗師（以上述義の引用）今謂不爾、二諦章下巻云、山中法師之師、本遼東人、従北地学三論、遠習什師之義、来入南呉住鍾山草堂寺……、大品疏第一巻云、止観師六年在山中、不講余経、唯講大品、准此章疏文、山中者詮法師、亦可山中者法朗師、故玄義第一巻云、山中興皇和上、述摂山大師言、涅槃疏第十一云、山中師、請止観師講涅槃不聴、准此等文、山中者通二師、山門者道朗師、然門有三解、一云初住山門故、二云一師之門故、三云釈法度上足弟子故、所以高僧伝云、斉瑯瑘摂山釈法度有四弟子、第一名僧朗、華厳三論最吉、本遼東人也。（巻一本、大正六五、二二上—中）

(2)言山中大師者、述義云、昔高麗国大朗法師、宋末斉始、往敦煌郡曇慶法師所、学三論、而遊化諸方、乃至度江住岡山寺、弘大乗義、乃入摂嶺、停止観寺行道坐禅、今謂、可是止観寺僧詮師、故大品疏第一巻云、摂山止観寺師六年内常住山中也、二諦章下巻云、山中法師之師、本遼東域（城）人、従北地学三論、遠習什師之義、来入南呉住鍾山草堂寺……。（巻二末、同四六中）

(3)疏問若爾摂山大師等者、述義云、楊州之南有摂嶺山、山内有止観寺、昔梁武帝初学成実毘曇、聞高麗国道朗法師従北地来、住摂山止観寺、善解三論、妙達大乗道、智寂等十師就山学之、而伝訓授梁武、因此遂改小従大、後摂山麗造栖（棲）霞寺、坐禅行道、故云摂山大師也、案、均正玄義第十云、道朗師、隠会稽山陰、懸少時説法処、諸法師請法師後来摂山、摂山去楊州七十里、止観寺行道乃至広説。（巻三本、同、七一中）

(4)言大朗法師教周顒等者、如二諦章下巻云、山中法師之師、本遼東人、従北地学三論、遠習什師之義、来入南呉住鍾山草堂寺、値隠士周顒、周顒因就受学……述義云、震旦国鍾山隠士姓周名顒、所謂天下無双者也、淡海記云、道朗師之檀越、名周顒也。（巻三末、同、八五中—下）

(5)言摂山大師者、指道朗師、是根本故也。（巻三末、同、九一下—九二上）

以上が、安澄の関説する内容である。安澄が述べているのは、摂山大師・大朗法師及び山門と言うのは、もと遼東城の道朗であると繰返し述べているに過ぎず、この道朗が、河西の道朗である、とは一言も触れない。それは、河西の道朗に関説するについても、河西とは河右、河東とは河左という説明や、[35]関内については、「従長安京、於西北角有玉門金城二関、指此中間、故云関内也」（大正六五、六三下）としているが、「関河」について、関中と河西を指すという分析的解釈は見られないのである。さらに、吉蔵が河西道朗の説を引用しているのに註釈して、法宝の『涅槃経疏』を引用し、曇無讖の訳場に列して筆受したことを述べるに過ぎない。[36]もし、摂山大師を河西の道朗であると見做していたなら、当然そのことに言及して然るべきであろう。それがない、と言うことは、すでに詳細なる検討がなされているごとく、[37]吉蔵において、羅什門下と河西の道朗とを明らかに区別していることを、安澄等は充分承知していたと言うことである。むしろ、摂山の三論の第一祖たる摂山大師を、河西の道朗であると見做すのは、後世の誤謬ではないか、と思われる。

そこで、注意されるのが、右の例文に引かれる「述義」である。この「述義」が、元興寺智光（七〇八―七八〇？）の『中論疏述義』であることは、すでに論証した。[38]従って、道朗とする説は、安澄より以前に、すでに明確に示されていたことになろう。それは「淡海記」（淡海三船〈七二二―七八五〉の『中論疏記』）も道朗としている(4)の文）ことによっても知られる。そして「述義」は、道朗のことを、敦煌郡の曇慶（実は曇済の誤写か誤読）について三論を学んだと言い（(1)の文）、その時期は、「宋末斉始」である（(2)の文）と言う。さらに、道朗は「斉末梁始」に摂山に入山して（(1)の文）、山内の止観寺に住した（(3)の文）と述べている。ただ、安澄も再度言及するごとく、智光は、山中師を道朗のことと誤解している。しかし、その述べる内容は、あくまで道朗のことである。右の智光の説は、現存する彼の『浄名玄論略述』とほぼ一致相応するものであるが、智光においても、河西道朗に言及しながら、摂山の道朗との関係は何も言わない。[39]もし、同一人物と見ていて、自明のことと考えていたなら、その呼び名において、区別して用いるはずはなく、吉蔵の引用について何らかのコメントがあるべきであろう。

しからば、智光や安澄等の道朗説は、何らかの根拠が存したと考えられよう。この点につき、示唆を与えるのが、右の例文の(3)に示される『四論玄義』の引用である。この引用文については、かつて境野黄洋博士も指摘されている。しかし、博士は、先に触れたごとく、慧均が誤りを犯したものと考えられている。このことは後述するが、ともかく、安澄の引用に従えば、慧均は、明らかに道朗と称していることになり、しかも、智光の言うごとく、摂山の止観寺にて行道す、と言っている。このようなことから判断して、『四論玄義』の巻一〇では、かなり詳しく述べているのではないか、と推察される。しかし、現行の『四論玄義』（続蔵経所収）の巻一〇は、三乗義・荘厳義・三位義が配当されていて、右に相応する内容は欠けている。ただ、本来の形態では、巻一〇は「成壊義」であり、その内容は、仏教の消長について述べたものであることが、大よそ窺われる。[40] ところが、先にも掲げた『三論祖師伝集』巻下では、『四論玄義』の巻一〇を再度引用しているのである。それは、道朗の伝記を述べるに際して、第一に引用されるものであり、第二に『大乗玄論』、第三に『略述』を引用抄出している。第一の『四論玄義』の引用は、大日本仏教全書本で、約一頁にわたる長文の引用であり、その中に、先に挙げた安澄の引用するものと同文も含まれる。『祖師伝集』における諸文献の引用は、現存の伝記類と比較して見ると、忠実になされていることが分かる。従って、右の道朗に関する引用も、各々の記述を、そのまま抄出提示したものと見て大過なかろう。その際、道朗の事蹟を述べるのに、第一に『四論玄義』を掲げている、ということは何を意味するか。それは、当時、というより日本において、道朗について述べる文献としては、本書が最も確かな、最も詳しい信頼すべきものとして、受容されていたことを暗示しているのではなかろうか。つまり、本書を措いて、他に依るべき文献がなかった、と言うことである。第二の『大乗玄論』の引用は、安澄が引くのと等しいものである。[41] そして第三の『略述』は、巻上の馬鳴伝中において「智光略述云」（日仏全、史伝部一、一四四下）として引くものと同じであり、智光の『法華玄論略述』からの引用と考えられる。[42] このような『祖師伝集』の引用態度から見ても、智光の記述の根拠が何であったか、ほぼ推察されるように思われる。つまり、智光は、『四論玄義』の説に従って、摂山大師を道朗とし、その伝記を述べたものではなかったかと言うことである。このことは、智光の文と、『祖師伝集』所引の『四論玄義』とを対照させることによって、より明瞭となるであろう。

(二)『四論玄義』の説

先ず、『祖師伝集』が引用する『四論玄義』の文を、関連するところのみ、次に示しておこう。

第一論大乗縁起、羅什法師、弘始三年十二月二十日来至長安、至四年正月五日翻経論也、伝云、弘始八年中滅度、有伝記之不定、今且一伝記之、肇師涅槃論云、什師門下十有二年、依此語未必八年中滅也、無依無依得四論盛行於世、具如大聖(経)遊意中説也、無珍(所)得四論来江左亦有縁起、斉時有高麗国僧釈道朗法師、遊於黄龍諸国、八宿之子、学弟子所聴学、得無依無依得大乗法門、度江来至陽(揚)州、于時斉敬(竟)陵王学士、姓周名顒、即是周弘正之祖、与道朗法師周旋、即校(授)其義宗、故周氏悟解大意、仍作四宗論、爾時不見其文、道朗師云、所造四宗論、言味可領後(復)恐是未善其意也、敬(竟)陵王請諸法師等五山寺竪義、周顒竪四論義宗、仍請道朗法師於彼寺、通大乗義、五山寺者、即是今栖霞寺也、……周氏請法師還草堂寺、講説授学、無所得大乗已進悟解、謂為天下無双人也、周氏既衰老已己(亡)化也、朗法師、既先周氏往会稽山陰県、小時講説、後時斉嘯所職(滅)、後諸法師請法師、復来摂山、摂山去楊州七十里、停止観寺行道、果武天子登位、欲学無所得大乗、請出楊州、然法師為人、恒欲晏居不欲出也、天子勅請十大徳、令入摂山聴学大乗要、道朗法師請出、而法師為人静居、決不欲出也、十法師並是成論弟子、能穎悟聡明者、雖聡明而各々有師嘱、致不軽後着小乗、執着不改都不信受、十人中九人雖後宣伝勅令聴学、一山講竟乃往杉樹山、櫛博戯咲不専聴学、唯一荘厳法師学士名詮法師、神悟大異諸人、専聴学得悟無依無得法門、道朗師知此得悟改常心、法師一々教授、得斯論義字旨、栖霞法師既得此法門、諸等知此人得大乗意旨、便景将来陳初治化之時、四方遊学之士仍入山稟承論旨、諸法師雖聴習而学者如牛毛成者如牛角、唯朗弁勇三師出楊都講説、弘通大乗無所得論……。(日仏全、史伝部一、一五九―一六〇上、カッコ内は東大寺本、句点筆者)

右が、慧均の伝える道朗に関する記述の一部である。これを『大乗玄論』や智光の説と比較すれば、ほぼ相応する内容であることが知られ、より詳細に述べていることも分かる。

『大乗玄論』の述べるところに関しては、すでに論じられているが[43]、要点のみを一応対比しながら慧均の説を窺っておくと、『大乗玄論』巻一にて、摂山高麗朗大師は、(1)「従北土遠習羅什師義」とし、(2)「来入南土住鍾山草堂寺」とし、さらに(3)「値隠士周顒、周顒因就師学」と記し、続いて梁武帝が智寂等十師を遣わして受学せしめたと言う。また『中観論疏』巻第二末(大正四二、二九下)では、「大朗法師、関内得此義、授周氏、周氏因著三宗論也」とも述べている。これらのことに対応するのが、前掲の『四論玄義』では、(1)については、「遊於黄龍諸国、八宿之子、学弟子所聴学」と、『大乗玄論』等よりも、ややはっきりした表現を取っている。「北地より遠く羅什師の義を習う」とか「関内に此の義を得」と言うのを、羅什門下の八宿の弟子となって三論を学んだ、と述べている。「学弟子所聴学」の「学」は「為」の写誤であろう。この点は後に再び触れる。次の(2)では、南土に入り草堂寺に住した、とだけ言っているが、慧均は、南土に到って、間もなく周顒(五世紀)と邂逅し、共に諸方を周旋したと言い、斉の竟陵王の請により五山寺で講論が行なわれた際に、道朗も請われて大乗義を明らかにしたという。この五山寺というのが、今の栖(棲)霞寺であるとされる[44]。そして、この講論のあと、周顒は、道朗を請うて、草堂寺に還る、としている。

右のような道朗と周顒との出合いの時期や交渉に関しては、従来、全く知られていなかったことである。しかし、摂山に入る以前に、すでに道朗は周顒と邂逅していたということは、周顒の行実からしても、充分にあり得ることである。周顒による草堂寺の開創は、四八〇年代とされるから、この頃には、明らかに道朗と周顒はすでに交渉があったと言うことであり、(3)の言葉とも一致する。右の慧均の記述で注意されるのは、草堂寺に入る前に、五山寺における竟陵王の請による講論に参加したという点である。竟陵王の活躍期間を、武帝の在位年間(四八二―四九三)とすれば、その頃すでに道朗は南渡し、周顒とも交流を深めつつあったことになろう。そして、その頃、後の棲霞寺は、五山寺と呼ばれていた、と言うのである。これは、摂山棲霞寺の開創は斉の永明七年(四八九)正月のことであるから、右の言葉に従えば、道朗は、それ以前に、一度摂山を訪れたということになる。さらに、道朗は、摂山に止住するようになる前に、会稽山において、少時講説していたという。その会稽山に移ったのは、周顒が遷化する前である。そして、摂山に止住して、本格的に三論の学を宣揚するようになったのは、「周氏衰老、已亡化也」とするごとく、周顒滅後のことであり、それは、「後時斉嘯所職後」とされる。この意味は、文字の上からは明確ではないが、恐らく、斉の滅亡を言ったものと思われる。もし梁初（五〇二頃）とすると、摂山棲霞寺の開創以来綱領していた法度（四三七―五〇〇）は、すでに遷化の後である。あるいは、法度の遷化を機縁として、法度の後継者として、当時の住僧によって道朗が請われたものであったかも知れない。慧均が「後諸法師請法師、復来摂山」と言っているところに示されている。『高僧伝』では道朗（僧朗）を、法度の弟子とするが[45]、道朗は、決して法度から三論や華厳の学を受けたものでないことは、法度伝等の検討によっても知られるところであり、右のような慧均の記述から判断するも、恐らくは受学の弟子ではなく、むしろ、法度の滅後、摂山を綱領した点を指して、弟子と記したものとも考えられよう。

以上、慧均の記述を多少補って理解したのであるが、竟陵王が、禹穴を鎮守して、仏教を被護していたことや、周顒が剡令として浙江省に住し交流を深めていたこと、及びその時期等の客観的な歴史的状況からも、右の慧均の伝える内容は、充分に可能性のあることとして認め得る。このことは、吉蔵の述べるところと相応するもので、それを、さらに補うものである。吉蔵一人あるいは慧均一人の説ではない、という点において、根拠ある伝承と考えられる。

この点は、前掲の引用文の最初に記される、羅什の入関及び遷化の内容によっても証し得る。入関を弘始三年（四〇一）十二月二十日とする説は、僧叡の『大品経序』（前出）等に従ったもので、一般に認められている説であり、次の弘始四年より翻経を開始したと言うことも、『出三蔵記集』巻一〇所収の『大智論記』（大正五五、七五中）等に依り間違いない。ただ、その年の正月五日と言う点は、他に記録がないようであるが、右の慧均の説と、全く同様の記述が、吉蔵の『法華遊意』に見られる。すなわち、『法華経』の翻訳を弘始十年とする説を批評して、

今謂十年翻訳字之誤也、羅什以秦弘始三年二（ママ）月二十日至長安、弘始四年正月五日即就翻経、弘始八年八月二十日

終於長安、不応十年更翻訳也。（大正三四、六四九下）

と述べている。これに依って、弘始四年正月五日より翻訳に着手したという説は、吉蔵・慧均の当時においては、一般的に認められていたものと考えられよう。さらに羅什の遷化について、慧均は「伝云」として弘始八年（四〇六）説を出すも、諸伝不同を言い、今は且く一伝に依るとし、僧肇の「涅槃無名論」に、什師門下十有二年とあることより、必ずしも弘始八年中に遷化したものではないとしている。これに対し吉蔵の場合は、右の『法華遊意』では弘始八年八月遷化説を採用しているが、『百論序疏』では、

問肇値什得幾年而秤累年、答什以弘始三年十二月至長安、弘始七年十二月亡、首尾五年、而肇公涅槃論云、在什公門下十有余年、亦云十有二年者、正言十二年是一紀之員数、故用之耳。（大正四二、二三五下）

として、弘始七年説を出し、また慧均が引用する「涅槃論」の文と同文も紹介している。吉蔵も諸説不同は承知であったと思われるが、弘始七年又は八年説を採用していたごとくで、慧均は八年説を出すも、「涅槃論」に依れば、必ずしも八年中滅ではない、と言ったところが、両者の見解の相違と見得よう。遷化に関しては『高僧伝』にも異説を出しており、[46] 慧均の記述には、客観的な態度が見られる。右の羅什のことに限らず、道朗に関しても、少なくとも、当時の摂山三論学派の人々によって語られ、考えられていた伝承を述べたものと見て良いであろう。と言うことは、僧伝等と何ら変らない、同等の資料的価値を有するものであると言うことになる。

ただし、慧均の言葉の中には、後に日本の三論宗の人々を惑わしたと思われる点も存する。その一つは、道朗が摂山に来て、止観寺に停まる、と言っていること。また現存の『四論玄義』中には、僧詮のことを「摂嶺西霞寺無所得三論大意大師詮法師」「止観詮法師」「山中師」と言い、前掲の後文に「栖霞法師」「栖霞詮法師」と種々に呼んでいることである。この点、吉蔵は、止観師あるいは山中師と呼ぶのみである。しかし、慧均においては、道朗や僧詮を混同したものではなく、むしろ、歴史的事実を反映しているものではないか、と考えられる。それは、道朗についでは、「高麗朗法師」「摂山棲霞寺大朗法師」等と言って、明確に区別しているからである。ただ、摂山に止観寺という

独立した寺が存したのか否かは明らかでない。また棲霞寺を止観寺とも称したものか、棲霞寺中の一宇を、通称止観寺ともされたものかどうか。道宣も『続高僧伝』巻七の慧布伝で、摂山止観寺僧詮法師と称しているから、止観寺と呼ばれる場所もしくは堂舎はあったのであろう。(47) 吉蔵には、右のような併用は見られないが、慧均の用例から判断すると、道朗が止観寺に停まると言ったのは、棲霞寺のことであり、慧均当時の通称を用いたものではなかろうか。呼称が相違するからと言って、道朗と僧詮が全く別の所に住していたということではなかろう。両者を区別するために、特に吉蔵において意識的に使い分けられたものではなかったか、と思われる。

そこで問題となるのが、右の『四論玄義』では、「道朗」と称していることである。これは一再ならず、五回程出て来る。この件に関し、境野黄洋博士は、先に掲げた安澄の引用する『四論玄義』の文を指摘し、『四論玄義』が、僧朗を道朗と誤り伝えているものとされた。(48) しかし、これは承認しにくい。なぜなら、自己の学系に直接連なる祖師名を、たとえ、その間に僧詮・法朗の二代の隔りがあろうとも、摂嶺相承を強調し、師説を絶対的な拠所として論述する態度を観察する時、到底考えられないことだからである。梁武帝の命による十師の受学は、『棲霞寺碑文』に依れば、天監十一年（五一二）であり、吉蔵は、梁の承聖四年（五五五）に七歳で法朗に従って出家し、陳の光大元年（五六七）には、十九歳で法朗に代わって講じている。(49) また慧均は、陳の太建六年（五七四）には、法朗の講説を聴学し、その時の説示を伝えている。(50) これらのことは、天監十一年から数えても六、七十年後のことであるが、その間、親しく受学し相承されたことを配慮すれば、師の名を誤伝することは、まずあり得ない。通常の関説において、師の二字名を伏せて、「大朗師」「摂山師」「摂嶺師」と称するのは、祖師に対する尊称であるが、だからと言って、具名を知らず、まして誤認されていたとは思えない。そこで改めて続蔵経本『四論玄義』を調べると、一箇所のみであるが「道朗」と記されている文章が存在する。それは「三乗義」の第四釈五乗義の冒頭の文で次のとおりである。

第四釈五乗義。一家関河相伝至摂嶺高句麗道朗法師等云、不二而二明之、五乗並是正法。（続蔵一・七四・一、一〇〇左上）

右において付点をした二つの文字について言えば、「至」は続蔵では「屋」となっているが、原本は草書体のようであり、屋と至との草体の類似と文章から推察して「屋」ではなく「至」であろうと判断する。また「道」と判読した文字は、続蔵では原本の草体を写して「え」と印刷されているが、「釈五乗義」の一段に同じ書体が七つあり、その一例を示すと「於般若波羅蜜中開三乗え」「若遠与近弁菩薩え」とあり、文意から考えて「三乗道」「菩薩道」と推察され、「え」は「道」のくずし字と判断できるであろう。[51]

以上によって『四論玄義』においては、摂山大師を「道朗」としていることが確認され、『祖師伝集』における引用は正しくなされていると思われる。[52]

(三) 智光の説との対比

次に、智光の記述を、以上の『四論玄義』と対比してみると、明らかに、『大乗玄論』や慧均の説をふまえた上で、発展的に述べたものであることが知られよう。先に示した安澄の引用する「述義」を見ると、(1)「高麗国遼東城大朗法師」「高麗国大朗法師」「高麗国道朗法師」と言って、その師を、敦煌郡の曇済であるとし、(2)三論の受学を宋末斉始（四七九前後）のこととする。さらに(3)摂山への来至を斉末梁始（五〇二前後）のことと規定し、(4)山中師を道朗のこととし、山門を僧詮のこととしている。第一の敦煌の曇済を、道朗の師とすることは、全く根拠不明である。吉蔵は『中観論疏』（大正四二、二九中）において、宋大荘厳寺の曇済に関説するが、この人を指すものではないであろう。第二第三の点は、すでに考察した『四論玄義』の記述をもとに、周顒や竟陵王等との関係及び動向を、僧伝等を検討することによって導き出したことであろうと考えられ、一応、認められる見解である。第四に、山中師を道朗のことと理解している点は、安澄が訂正するごとく、智光の誤解である。これは、先に一言したごとく、慧均の用例に左右されたのではないか、と考えられる。そのことは僧詮が、摂山の麓に栖（棲）霞寺を造って行道坐禅した、と言っていることにも窺われよう。『浄名玄論略述』巻三末に、

言山門者、止観寺僧詮法師、楊州之南有摂嶺山、山内有止観寺、昔梁武帝初学成実毘曇、聞高麗土道朗法師、従北土来住摂山止観寺、善解三論妙達大乗、造智寂等十人就山学之、……然十人中唯詮法師、神悟異倫改摻受宗、従朗止於山内、或時出世弘通大乗、後摂山麓造栖霞寺坐禅行道、而今挙初住処号耳、道朗法師即名山中、僧詮法師名曰山門。（日本大蔵経〈以下、「日大蔵」と略す〉第一五巻、一八上）

と述べる。右の文中で、付点の「初住の処を挙げて号するのみ」と言うのが、山門という称を指すのか、止観寺を指すかが明瞭でないが、文面からすれば、僧詮は初め、道朗に従って山内の止観寺に住し、後に棲霞寺を造って、そこに住したと言うことであるから、「初住処」とは止観寺と言うことになり、止観寺僧詮と言ったことを指したもののようである。そして、山門の称は、後に摂山の麓に造られた棲霞寺に住したことを指す、という意味であろう。従って道朗を山中といい、僧詮を山門としたと考えられる。そうしないと文意は通じない。ともかく、智光の説明は明瞭さを欠くが、これは、慧均が、道朗は止観寺に住したと言うことや、僧詮を棲霞法師とも言い、止観師ともしていることから、それを会通せんとした結果であろう。吉蔵の用例からすれば、山中師というのは僧詮のことで安澄が正しい。また僧詮が棲霞寺を造るということは、どこにも語られていない。智光が慧均の説に準拠していることは、『祖師伝集』で引用する「略述」の文によって、一層明らかとなろう。すなわち、

略述云、斉時有高麗国釈道朗者、聡明超倫、道徳至泰、容顔長大、威徳無敵、既於本土遍閑諸典、次就燉（煌）曇済法師、是竺道生法師之学士也、聴習無得大乗法門、既而遊化諸方、乃至度江来至楊州、与海陵王学士姓周名顒周旋遊行、授其義宗、王請諸法師等、於亦五山寺竪義、周顒乃竪四論義宗、時海陵王聞之熙怡、勧請道朗法師、住於彼寺弘大乗義、周顒更請於草堂寺講説、学無所得大乗、已進悟解謂為天下無双者也、周顒既耄亡矣、法師至於摂山、極奥停止観寺行道坐禅、梁武天子登位、楽修無得大乗、請出楊州、法師為人恒慕寂静、不欲俗法、天子勅之選十法師、令入摂山聴習大乗、並是成論之門人也、各有属不敢改操信崇大乗、唯有荘厳学士僧詮法師、神悟異倫、専心聴習無得法門、法師遂知此人獲悟已改其操、更以一一教授論旨、然後詮法師者、近摂山麓造栖霞寺行

道坐禅、干時四方遊学之士、仍於山閑承三論、学者衆多猶如牛毛、成者甚少、唯朗弁勇三人、学習已成出於揚州、弘宣大乗無所得法云云。（日仏全、史伝部一、一六〇下―一六一上）

と述べているのである。道朗の動向について、多少の表現の相違はあっても、全く、先の『四論玄義』の文と一致相応することが知られるであろう。ところが、学系史の上で、重大な点が、さらに付加されていることに気づく。それは、付点の部分であり、先のごとく道朗の師を、敦煌の曇済であるとしているのみならず、その曇済は、竺道生の弟子である、としていることである。安澄の引用文では、曇慶となっているのを、曇済の誤りであろうと言ったのは、今の「略述」の文に依る。それは、後に道朗の師を曇済とする伝統説が成立していることも考慮してのことである。この智光の記述は、全面的に依拠したであろう、吉蔵や慧均の文中には見出せないことである。つまり、吉蔵は、単に「大朗法師、関内得此義[53]」とするのみである。また慧均も「八宿之子、為弟子所聴学」と言うのみである。智光の説は、後世の伝統説そのものを述べているのであるが、これは、少なくとも吉蔵や慧均の書には明示されていないことである。もし、すでに、かくのごとき伝承が中国においてあった、とするなら、当然、吉蔵や慧均は言及すべきはずである。あるいは、智光や安澄の当時、他に三論宗関係の文献としては、慧賾や元康の疏が存在していた。しかし、智光を始め、後の三論宗の人々は、一様に、この点に言及し、あるいは証すべき資料を提示するものはない。すでに安澄においてさえ、「述義」の説を掲げるのみである。さらに、先に触れた『大乗三論師資伝』でも、八宿を挙げた後に、「次呉崇山草堂寺曇済、次摂山西霞寺道朗、於八宿以成業也」と記し、後文には「宿子道朗」としている[54]。後の珍海も、八宿を列挙した後、曇済を除き、道朗・僧詮・法朗・嘉祥と記し「已上四師次第」とするのみである。その後の文献においても、南北朝の『三論玄義肝要抄』では「摂嶺道朗師、受八宿之義[55]」とし、東大寺所蔵写本の『三論伝来由来』では「曇済道朗ノ両師、普ク八宿ニ随ヒテ三論ヲ受ク」（三紙右）と述べ、いずれも、竺道生を直接的に連なる人としないことは勿論、曇済―道朗の師資関係も明示してはいない。つまり、智光の説は、摂山大師を道朗とする点は慧均の伝えるところに従ったことは確かであるが、竺道生と曇済を系列に加えることは、彼独自の見解か、あるいは師説によるものと考えられ、日本において成立したもの、と言わざるを得ない。

右の曇済について多少気になるのが、智光は「敦煌の曇済」としているのに、香山宗になると「呉崇山草堂寺の曇済」とし、『祖師伝集』は、両方並記していることである。『祖師伝集』は、当時の伝承、すなわち二通りの記載を、そのまま書いたものであろうから一応措くとして、智光と香山宗の間に、さらに発展した跡が窺える。草堂寺の曇済とする説は、安澄において、すでに見られる。『中論疏記』巻三末に、

疏云、至宋大荘厳寺等者、……高僧伝第六（ママ）巻曇斌伝末云、……済述七宗論、宗著経目及数林、准此、故知非是呉国嵩山草堂寺曇斉師也。（大正六五、九四下）

と述べている。ところが注意されるのは、吉蔵が関説する六家七宗論の著者である大荘厳寺の曇済は、三論宗の学系史上の曇済にはあらず、としていることである。従来、曇済について吟味する際には、例外なく荘厳寺曇済を指したものと見て、『名僧伝』等よりして、竺道生の弟子ではなく、三論の学系に連なる人物ではないから、除かれるべきである、という風に取り扱われている。しかし、今、安澄の言うごとく、道朗の師とされる曇済と、荘厳寺の曇済とは別人と考えられていたと言うことである。それは、止住の寺名の相違からも知り得よう。しかし、従来、些少の誤謬があったとしても、呉郡に崇山、嵩山のいずれも存在せず、[56] また崇（嵩）山に草堂寺があったことも聞かない。呉郡にあったのは、慧均や吉蔵の言う鍾山の草堂寺で、周顒が、慧約のために建立した寺である。そこで考えられることは、智光が道朗の師を曇済としたことと、道朗が一時草堂寺に住したこと、及びその年代等より構築した説ではなかったか、と言うことである。このような事情を反映して、香山宗も、その名を列するのみであり、『祖師伝集』では、始めに「敦煌曇済大師、道生之資、道朗之師也」とし、次に「呉崇山草堂寺曇済法師、可考」としている。これは明らかに、智光の伝えるところと、香山宗等の記載とを並出したものであり、その伝記については何ら知り得ず、『名僧伝』の宋荘厳寺釈曇済の伝を引いて、その説明に代えているのである。

(四) 伝統説の成立と根拠

以上の考察によって、智光や安澄が、摂山大師を道朗としたのは、慧均の『四論玄義』に基づいたものであること。ただ、後の伝統説のごとく、羅什と道朗の間に、道生と曇済を入れる説は、現存資料に依る限り智光において初めて明示されたものであることが明らかであろう。安澄が、彼の説の不都合を批評し、是正する部分があるにもかかわらず、この点に関して沈黙しているのは、是非を判定すべき資料が無かったものと見得るであろう。このように見て来ると、『祖師伝集』所引の『四論玄義』の説に関して、再び考えてみる必要が生じる。先に記したごとく、智光が、全面的に『四論玄義』に依拠して述べていることからすれば、『祖師伝集』所引の文は、その抄出の原本において、すでに道朗となっていた、と言うことになろう。すなわち、『祖師伝集』編纂の際の抄出において改変がなされた可能性は否定される。そうすると、もし誤伝誤写があったとするならば、『四論玄義』が、日本に将来され、写経所等で筆写された時点まで遡るであろう。本書の日本への伝来は古く、天平十六年（七四四）前後に七回筆写されている。[57] この筆写の回数は、吉蔵の三論の疏が、一、二回のみであるに比して、随分多いことになるが、他の註釈書の筆写回数を見ても、最も多いものである。これは、明らかに、当時の三論研究が盛んであったことを物語ると共に、本書の需要が、それだけ多大であったと言えるのではなかろうか。そして、当時の筆写の状況は、第一に経疏を写す者、第二に校正をする者、第三に装潢をする者と分かれて進められ、その従事者も厳選され、各々専門化されていた。校正も、厳密を期すために、少なくとも二校まで行なわれ、しかも第一校と第二校は別人に校正させている。さらに、校正の結果を報告させて、筆写人の誤写の数を計上している程である。[58] 従って、経疏を写す者は、かなりの能筆家であり、筆写に際しては、細心の注意を払っていたごとくであって、写経所等、公的な場における筆写においては、ほとんど、誤写や脱字はなかったと考えられる。このような天平年間の筆写事業の状況から判断して、『四論玄義』においては、当初から「道朗」とされていたと判断して良いであろう。もし、かくの如き推論が許されるならば、吉蔵等の言う摂山大師あるいは大朗法師は、中国においても、道朗とされていたもの、ということになり、少なくとも、三論学派の伝承では、そのようになっていた、と考えざるを得ない。さすれば、近代の僧朗説の根拠である『棲霞寺碑文』や『高僧伝』について再考の余地も出て来よう。

『四論玄義』において、すでに右のごとくであったとするなら、日本における伝承の正統性を裏づけることとなり、摂嶺相承の系譜に連なる人物の伝えるところとして、日本三論宗の人々に受容され、信頼されたことも首肯出来よう。智光や安澄にとって、吉蔵や慧均の書は、第一に資料的価値を有するものであり、それは、中国の僧伝や碑文以上に重みを有するはずの性質のものであったと考えられる。『高僧伝』の類にも人名の混乱は認められ、特に『続高僧伝』において、法朗を道朗とする混乱が見られることは、すでに指摘されている。[59]とすれば現行の『高僧伝』巻八の法度伝付載の「僧朗」は、あるいは「道朗」の誤りであったかも知れない。吉蔵等においても、日本の人々にとっても、『高僧伝』の記事は承知のことであったはずである。安澄は、先に引用した文中において、「山門」の解釈に三説を出し、その第三の説は、『高僧伝』の法度伝を指摘している。従って、摂山第一祖たる道朗と、法度伝付記の僧朗とは同一人物であることを認めていたことになろう。しかし、僧と道との相違については、何らコメントしない。それは、道朗が正しいという見解を、すでに持っていたからであり、一般に認められていたことを暗示しているであろう。[60]三論宗内の伝述を重視する立場を取れば、右のようになる。以上によって、日本における伝統説の根拠を提示し、それが慧均の説に依ることが判明した。したがって伝統説通り、道朗を正しいとみてよいと思われる。

最後に、道朗を、河西の道朗であるとする見解が、いつ頃から出て来たものであるかについて一言しておきたい。智光や安澄及び『祖師伝集』等に至るまで、右の見解は全く存しない。凝然についても同じである。そして明確に、道朗を河西としているのが、享保三年（一七一八）に開版された『諸嗣宗脈記』と鳳潭（一六六四―一七三八）の『首書三論玄義』（一七〇一撰）の系図である。これ以前に、かかる見解があったのかも知れないが、江戸時代以前の三論宗所属の人々の著には、筆者の見た限りにおいてはなかった。しかし、鳳潭の書は、高く評価され、『三論玄義』を読む際には、必ずと言って良いほどに参照されるに到り、この書の冒頭に付された系図は、三論宗の伝統説として認められるようになったものであろう。そのような事情に依るものか、『日本大蔵経』の三論章疏に収載されている「新撰三論源流系譜」においても、新撰としているにもかかわらず、道朗の下に「河西」と註記しているのである。右のような江戸末期以来の三論研究の趨勢に影響されたかどうかは分からないけれども、前田慧雲博士や境野黄洋博士、湯用彤教授等は、道朗を河西の道朗とする説を念頭において論じられていることが拝察される。先に一言した安澄に対する湯用彤教授の見解は、そのような先入観に基づくものではあるまいか、と思われるのである。

四、法朗門下二十五哲

法朗門下の代表者として、古来、日本では二十五哲として言い伝えられており[61]、前田博士の『三論宗綱要』等で言及されている[62]。しかし、二十五哲の具体名は、従来不明とされていて、道宣の『続高僧伝』に収録され、法朗の門下と見られる人は十三名である[63]。ところが、最近になって、東大寺図書館に『大乗三論宗嗣資記』[64]なる写本が存し、これを調査したところ、二十五人の具体的な名を列挙していることが判明した。そこで、この写本の存在に因み、二十五哲とする伝承の淵源を尋ねておきたいと思う。

右の『嗣資記』は、東大寺三論宗の崇憲[65]（一七五一―一七八八）が、東大寺に伝えられていた系譜を筆写し、多少の註記を加えたものである。本書で掲げる二十五師は、次のごとくである。

璀・恵・智寂・知怖・抜・明・哲・持・盛・亘・満・開・旻・恵均・吉蔵・恵学・恵衡・晶・短・仲・実・羅・修・宝・複

の二十五人であり、二字名を記すのは六名にすぎず、他は一字のみである。これは南都の伝承を、そのまま書き連ねたことが明らかである。右の人々の伝記の有無等は後に触れることとし、次に、本書に先行する資料の有無を調べると、先にも言及した香山宗の『大乗三論師資伝』がある。この書の記述は、道朗・僧詮・法朗と名を挙げ、「次有二十五師」として列挙するもので、右と異なるのは、すべて一字名のみで、短師を矩とし、複師を復とするのみで、他は全同である。そして次に、

於中蔵公、広製章疏盛伝於世、故碩及伝等云、仏涅槃後像法之末、有一応真大士、厥号吉蔵、誕生震旦、独歩一人、斯乃四依之一士也。（八丁左）

として、続いて吉蔵の伝記を述べる。そして、

具如碑及伝幷仙光浄名玄、法花玄記等、有五入室、大惣持寺釈智凱、智命、智実、寂法師、慧遠師也、具如大乗四論玄等。（一一丁右）

と言っているのである。前の引用文で、「碩」と言うのは、安澄も頻繁に引用する碩（慧賾）法師である。「伝」というのは、日本における伝承の意であろう。それは右と同文が智光の『浄名玄論略述』巻一本にあるからである[66]。後者の引用文中の「碑」は、安澄の引用する「嘉祥寺碑文」であろうし、仙光は智光のことで、彼の二つの著書を挙げたものである。そして、最後に慧均の『大乗四論玄義記』を指示することが、再び注意されるのである。智光の現存書には、法朗門下について言及するところはない。『浄名玄論略述』では、師資相承の本末因縁についての詳細は『法華玄論略述』に譲っているが、残念ながら現存せず、わずかに、先掲の『祖師伝集』所引の一文のみが知られる[67]。そこで『祖師伝集』で引用する、前述の『四論玄義』を見ると、右の伝承と、全く相応する記述が含まれているのである。すなわち、法朗の伝記の最後に、次のように述べている。

法師正二十一年在興皇寺講説、学士初成者、嵟（璀）恵二師、次知寂知怖（ママ）二法師、次抜明感三師、次亘哲持満開腹宝修羅宝仲短（矩）晶十四法師（ママ）、最後成就恵衡恵覚吉蔵三人、論之十七師、衡覚蔵此三法師、陳正時未領人講説、陳滅後復諸講説大乗師、並還入長安、又在者不敢講、隠在山中、脱（ママ）有者入恵日道場、衡覚蔵三法師、既年少

法師、未入陳正時講説、法師限類猶在不講、後時覚師在新揚州講説、衡亦在光錫講説、蔵公入東山蘇州、後入東州大盛講説、最後亦入京也、興皇大師講説時、有七百余人、直地摂両論成毘二家諸人、有七十許法師、並領人講説者、椨摩尼伏聴学無依無得大乗、余親眼所見聞也。（日仏全、史伝部一、一六〇中―下）

右において、法朗は、二十一年間興皇寺に在って講説すというが、これは史実に照らして正しいと言えよう。『続高僧伝』巻七の法朗伝（大正五〇、四七七中）によれば、陳の永定二年（五五八）に勅を奉じて摂山から興皇寺に移る。そして、遷化したのは、陳の太建十三年（五八一）であるから、その間二十三年、遷化前の数年は講説を停止したとすれば、『四論玄義』の言葉は承認し得る。また恵衡・恵覚・吉蔵の三人を、最後に成就せる者とし、年少の法師としているが、恵衡は不明ながら、慧覚は六〇六年に卒してはいるが、五五四年の生れであり[68]、吉蔵は五四九年の生れで、僧伝によって法朗の門下であったことが知られる人々の中で、確かに最も若年である。さらに、隋代に入って、法朗の門下は各々四散したようであるが、慧覚は後に揚州で講説したという。これは恐らく、揚州の慧日道場に入ったことを指したものであろうし、吉蔵については、初め東山・蘇州に入り、のち東州に移り[69]、最後は京に入ると言う。この辺は、僧伝では明らかではないが、隋になって会稽嘉祥寺に住したことや、それ以前の陳末隋初の頃に諸寺に赴き、所蔵の文疏を収集したこと、また揚州の慧日道場に入り、さらに長安日厳寺に住したことを考えると、充分認め得る記述である。このような慧均の伝述する内容が、他の歴史的な記述に照らして、ほぼ承認されるということは、先の道朗のことを述べた際にも触れたごとくである。この点は、『四論玄義』全般の学説等を、吉蔵の記載するところと対比することによって、ほぼ一致を見るということからも知り得ることであり、吉蔵や慧均の伝える歴史的事柄は、確かな伝承に基づくものであって、彼らの虚構ではないと考えられる。右の『四論玄義』の中には、法朗の伝記に関して、道宣の『続高僧伝』に述べることと同じ内容の記述が見られることは[70]、それを示すものと考えられる。そして最後に「余親眼所見聞也」としていることは、道朗・僧詮・法朗、そして右の法朗門下の記述の具体的内容からして、信憑性あるものと見て良いのではなかろうか。吉蔵と同門にして、親しく法朗から受学した人物でなければ書き得ない事柄ではないか、と思われる。

しかるに、法朗門下として数えるのは、右に依れば総計二十三人である。ただ、「次亘哲持……」と数えて「十四師」としているが、実際は十三人の名が挙げられるのみで、一人脱落があると思われる。つまり原文にては、総計二十四人が数えられていたはずである。これを崇憲の列挙するところと対照すると、「旻師」が欠けていることが分かる。その他、相違する点を挙げると、盛を感とし、恵学を恵覚とし、複を腹としていることである。名前については『祖師伝集』所引の文を正しいものと見たいが、短師と言うのは、香山宗が矩としていることと僧伝との対比において、矩が正しいと思われる。右の中で、僧伝によって、法朗の門下であったことが確認されるのは、明法師（大明）、哲（慧哲）法師、矩（智矩）法師、羅（羅雲）法師、吉蔵、慧覚の六人である。これに慧均を加えて、七人は確実に証し得る。他の十八名は不明ながら、僧伝に収録された人々は、ほんの一部に過ぎないこと、その経歴も要約されているであろうことは言を俟たない。従って法朗門下と明示されない人でも、実際は、受学していた可能性のある人が、一、二数えられる。例えば、感法師は、智矩の門人とされる慧感と考えられるが[71]、法朗にも受学したかも知れず、また亘法師は、羅雲伝に関説される福縁寺の亘法師であるとすれば[72]、羅雲がこの人にも従ったとされるから、同門でしかも先輩の関係であったかも知れない。また、智寂と言うのは、隋京師沙門釈弁寂[73]のことか、とも思われる。この人は北周武帝の廃仏に遭い、南下して江蘇省に行き三論を学んだとされるから、法朗の晩年にはなるが、これは、恐らく法朗から三論を受学したものと見れなくもない。これらは、あくまで推察の域を出ないが、法朗の会下にあって、親しく見聞していた人の伝えるところであるとするならば、より真実を述べたものとして、無下に否定し去ることは出来ない。

以上によって、法朗門下二十五哲とは、慧均の『四論玄義』の記述に基づき、右の二十四人に慧均その人を加え、二十五師と数えたものであることは明らかであろう。これが凝然の時代に、二十五哲と呼ばれていたと言うことである。

五、結　語

以上、日本における中国三論学派の学系についての伝統説の成立とその背景について考察した。すでに明らかなごとく、従来は、八宿を除いては、単なる南都の伝承として、日本独自の説として、その成立過程や根拠を追求することはなされなかった。しかし、南都の伝承は、それなりの根拠に基づいて成立したものである。それは、慧均の『大乗四論玄義記』の説を承けたものであり、三論宗の人々にとっては、中国人の、しかも法朗門下の伝えるところとして、信頼され受容されたものである。日本における仏教受容のあり方は、中国の文献、学説を絶対的な権威として認めることから始まっていると考えられるが、それは初期において特に顕著であったと思われる。後の天台宗における唐決の例は、その端的な表われであろう。この点から、三論学派の学系史に関することについては、慧均の書は、多大な影響を及ぼしたと言えよう。吉蔵の書には、歴史的記述はごく僅かであるが、慧均には割合多く見られる。その最も顕著な例が、『祖師伝集』に引用された部分であったと言うことになろう。ただし、八宿の呼称や、道朗、二十五哲等は、確かに慧均の影響であると見られるが、羅什—道生—曇済—道朗という系譜は、慧均にも見られなかったものと考えられ、智光に到って明示されているものである。それ以前の文献は現存しないから、智光が先行する説を継承したのか、あるいは智光の創説にかかるものかは判然としない。しかし、この説は、必ずしも後の三論宗の人々に全的に認められていたか否かは疑問である。先に述べたごとく、凝然や鳳潭、崇憲等は、それを踏襲したのであるが、香山宗は、必ずしも明確にはしておらず、珍海、聖守及び[74]『三論玄義肝要抄』等でも、やはり明言せず、あるいは道生・曇済については何ら言及していない。この点は、智光の記述以外に、信頼すべき明証がなかったことを示すものではあるまいか。そのように考えると、日本における成立であることは間違いなく、あるいは智光が、慧均、吉蔵及び僧伝等により推察し、自己の学系の源流を規定しようとした試みであったのかも知れない。

第一章註記

（1）辻善之助『日本仏教史』第一巻（一九四四年、岩波書店、三四頁以下）等。
（2）凝然『三国仏法伝通縁起』巻中（日仏全、史伝部一、一七中）等参照。最新の聖徳太子研究として、石井公成『聖徳太子 実像と伝説の間』（二〇一六、春秋社）があり、有益である。
（3）中国摂山三論学派の第一祖たる道朗（僧朗）は高句麗（遼東城）の出身者であり、その後の人としては、『続高僧伝』巻一五の法敏伝には高麗の「実公」と「印師」の名が見え、同じく霊睿伝でも「高麗の印公は蜀に入りて三論を講ず」（大正五〇、五三八下及び五三九下）としている。
（4）宇井伯寿『日本仏教概史』（一九五一年、岩波書店）六頁等。
（5）智蔵及び福亮については、『元亨釈書』（日仏全、史伝部一）、及び『本朝高僧伝』（同、史伝部二）参照。
（6）境野黄洋『日本仏教史講話』（一九三一年、森江書店）第一巻、三五一頁及び田村圓澄『飛鳥・白鳳仏教論』（一九七五年、雄山閣出版）一四七頁等。
（7）島地大等『日本仏教教学史』（一九三三年、明治書院、二〇頁）参照。
（8）『元亨釈書』巻一（日仏全、史伝部一、七〇中）、及び『本朝高僧伝』巻一（同、史伝部二、一一八下）参照。
（9）『僧綱補任抄出』（日仏全、史伝部三、一一〇中）等。
（10）堀一郎『上代日本仏教文化史』上巻（一九四三年、大東出版社）一八六頁参照。
（11）『日本書紀』大化元年八月条。十師とは狛大法師（慧灌）、恵隣（輪）、恵妙、僧旻、道登、福亮、常安、恵雲、恵至（師・資）、霊雲である。
（12）『三論師資伝』については、本書第三部第二章参照。
（13）この文献は、撰者が「三蔵鳩摩羅什」とされていて、従来は散逸したと考えられていたが、名古屋の七寺に所蔵されていることが判明した。内容上、羅什の真撰か否か、三論系の文献か天台系のものか、さらに研究の必要がある。落合俊典「七寺蔵大乗菩薩入道三種観について」（『印度学仏教学研究』第四〇巻第二号、一九九二年所収）参照。
（14）石田茂作『写経より見たる奈良朝仏教の研究』（一九三〇年、東洋文庫）参照。
（15）智光の著書については、拙稿「智光の撰述書について」（『駒澤大学仏教学部論集』第七号、一九七六年所収）本書第一部第三章参照。

(16)『東大寺具書』（続群書類従第二七下、八四頁）参照。
(17) 日本への仏教伝来初期における朝鮮半島との関係、慧慈・慧聡・観勒など到来僧の役割・目的など広い視野から分析解明しようとした研究に、新川登亀男『日本古代文化史の構想』（一九九四年、名著刊行会）がある。
(18) 前田慧雲『三論宗綱要』（一九二〇年、丙午出版社、五五頁）参照。
(19) 境野黄洋『支那仏教史講話』下巻（一九二九年、共立社、七九頁）参照。
(20) 稲葉円成「三論学派の教系に就て」（『無尽灯』第一八巻第二号、一九一三年所収）、前田慧雲前掲『三論宗綱要』五四頁以下。潮留真澄「三論宗の教系について」（『東洋哲学』第二八第七号、一九二二年所収）、境野前掲書、三三二頁以下、及び『支那仏教史の研究』第一三章三論の摂嶺相承（一九三〇年、共立社、二九六頁以下）、佐藤泰舜「原始三論宗の系統説」（『第一義』第二八巻第一号、一九二四年、和融社刊、『支那仏教思想論』一九六〇年、古径荘再録）、結城令聞「三論源流考」（『印度学仏教学研究』第一巻第二号、一九五三年所収）、平井俊榮『中国般若思想史研究』第一章三論学派の源流系譜（一九七六年、春秋社、六〇頁以下）。
(21) 凝然『八宗綱要』及び『内典塵露章』の「三論宗」の項（日仏全、第二九巻所収）と『三国仏法伝通縁起』巻上の「三論宗」の項（日仏全、第六二巻所収）参照。
(22) 鳳潭『首書三論玄義』（元禄十四〈一七〇一〉年刊）の巻頭付載の「三論略系図」参照。
(23) 前田前掲書五三頁や高雄義堅『三論玄義解説』（一九三六年、興教書院）六―七頁等。
(24)『国訳一切経』和漢撰述、史伝部一、三八八頁参照。
(25) 僧祐『出三蔵記集』巻一四の羅什伝には「於是興、使沙門僧肇僧䂮僧邈等八百余人、諮受什旨、更令出大品」（大正五五、一〇一中）とし、同じく巻八所収の僧叡「大品経序」には「与諸宿旧義業沙門、釈慧恭僧䂮僧遷宝度慧精法欽道流僧叡道恢道標道恒道悰等五百余人、詳其義旨、審其文中、然後書之、以其年十二月十五日出尽」（大正五五、五三中）としている。
(26) 文才『肇論新疏遊刃』巻中では「八俊者、生也肇也融也叡也影也厳也恒也観也、有説無恒而有憑公、然憑公無伝、似悞也、西河照公意謂䂮公為一、亦有云、恒者、北山録説什門十哲、八俊之上又加道恒道標、此等皆有正伝」（続蔵二・一・三、二六五左下）とし、また「北山録宗師議篇云、或説什門四聖、即生也肇也融也叡也」（同、二八八右下）と異説を紹介する。『仏祖歴代通載』巻七に「資学三千抜萃有八、曰道生僧肇道融僧叡道恒僧影恵観恵厳等、各有著述、知別伝明」（大正四九、五二八下）とある。
(27) 高雄前掲書、七頁参照。
(28) 最近の調査によって、名古屋大須文庫所蔵の写本『大乗三論師資伝』が、『祖師伝集』に引かれるものと同本であることが判明した。本書第三部第二章参照。

(29) 前掲の佐藤禅師論文及び『大日本仏教全書』(日仏全 鈴木学術財団本〈以下、鈴木本〉とする。)の「解題」参照。

(30) 八宿のうち、恵厳・恵観・道恒・僧肇の伝記は省略し「具美高法並如両伝」(八丁左)とする。

(31) 佐藤禅師前掲書、四六頁。

(32) 境野『支那仏教史講話』下巻、三六頁及び『支那仏教史の研究』三〇一頁、そして湯用彤『漢魏両晋南北朝仏教史』下冊に「至謂僧朗得三論之学於関中、則有可疑、而後人誤以河西道朗遼東僧朗為一人、日本僧人所述三論宗伝授史有此誤解」(二三四頁)とする。

(33) 境野前掲書の三八頁。

(34) 湯用彤教授は、右に掲げた文に続いて「或且謂此学得之於敦煌郡之曇慶法師、日人安澄中論疏記、因謂関河者、乃関中与河西、亦安澄説」(右同頁)と記す。

(35) 安澄『中論疏記』巻三本に「今案、唐図芳州西方、吐香国北有崐崘山、是黄河上源、従崐崙山東辺下、黄河涌出、直向東流、至臨洮郡、向於東北方、当於此処西、名河西、即河右、是以向東而流下、以至銀川郡、向南方而流下、彼処名河東是河左也」(大正六五、六二上)とする。

(36) 東大寺図書館所蔵の『中観論疏記六末』写本に依る。なお平井俊榮「安澄撰『中観論疏記』校註」(『南都仏教』第三八号、一九七七年、八七頁)参照。

(37) 前註(20)の平井前掲書、六四頁以下参照。

(38) 拙稿「智光の撰述書について」(『駒澤大学仏教学部論集』第七号、一九七六年所収)、及び本書第一部第三章参照。

(39) 智光『浄名玄論略述』巻三末に「言山門者止観寺僧詮法師……昔梁武帝初学成実毘曇、聞高麗土道朗法師、従北土来住摂山止観寺……道朗法師即名山中、僧詮法師名曰山門、……具明如法華玄略述」(日大蔵一五、一八上)とし、巻三本では、吉蔵が『浄名玄論』にて「涅槃云、倶羅婆夷名為食油」と記しているのを釈して、「梵語低羅婆夷、此云食油、是器名也、亦是鳥名、所謂鵜也、如沐油故乃以名焉、河西道朗云、低羅婆夷此云鸜雀也」(同第一四巻、三五九下)とする。

(40) 拙稿「大乗四論玄義の構成と基本的立場」(『駒澤大学仏教学部論集』第二号、一九七一年所収)、及び「大乗四論玄義逸文の整理」(同第五号、一九七四年)、本書第二部第一章参照。

(41) 『祖師伝集』巻下「大乗玄云、摂山高麗朗(大)師、本是遼東城人也、従北土遠習羅什師義、来入南土住鍾山草堂寺、値隠士周顒、周顒因就師学、次梁武帝敬信三宝、聞大師来、遣僧正智寂(等)十師往山受学、梁武天子得師意、捨本成論、依大乗作章疏」(日仏全、

史伝部一、一六〇下、但し東大寺本に依る）『大乗玄論』巻一（大正四五、一九中）の原文は、カッコ内の字があるのみで全同。

(42) 現存の『浄名玄論略述』では、師資相承の本末因縁は、『法華玄論略述』に詳しく明かすとして、何度も指示することより判断する。

(43) 前註（20）の平井前掲書、二五三頁以下。

(44)「五山寺」のことは他に記録がなく不明であるが、斉の永明七年（七八九）に棲霞精舎が建立される前に、明僧紹が草庵を結んでおり、その舎宅に法度を居らしめていることや、道士が館を建てて住したことなどから、棲霞寺の建立以前に、かなり知られた場所であり、一寺が建立されていたか否かは不明ながら、何らかの建物が存した可能性はあろう。「五山」というのは、あるいは摂山には、その山頂の他に、中峰、紗帽峰、西峰、東峰と呼ばれる場所があり、合わせて「五山」と呼ばれたことに依るものかも知れない。『金陵梵刹志』巻四、二一三頁及び『南朝寺考』巻四、九頁以下参照。

(45)『高僧伝』巻八、法度伝（大正五〇、三八〇下）。法度は黄龍人、僧（道）朗は遼東人とされる。黄龍は今の吉林省の地域で、遼東城の北方であり両者は中国北方地域の出身者で共通性がある。棲霞寺の裏山には「千仏巌」があり最も大きな本尊は無量寿仏である。伽藍の中心は毘盧宝殿で本尊は毘盧舎那仏である。これらのことは法度の浄土信仰と道朗が三論と華厳を最も重要視したということに由来するであろう。また棲霞寺は彼らの時代東方沿海地域と結びつきがあったことは注意されよう。吉川忠夫「五、六世紀東方沿海地域と仏教―摂山棲霞寺の歴史によせて―」（『東洋史研究』四二の三、一九八三年所収）参照。

(46)『高僧伝』巻二、鳩摩羅什伝の最後に、弘始七年、八年、十一年の三説があることを言い、慧皎は、十一年説を採用し、現在においても、これが正しいものとされている。塚本善隆「仏教史上における肇論の意義」（『肇論研究』一三〇頁以下、一九五五年、法蔵館所収）参照。

(47)『金陵梵刹志』や『南朝寺考』には、止観寺という独立の寺名は見られず、棲霞寺内に、そのような一院があったことも、また棲霞寺の別称であったことも、何ら記されていない。ただ慧布が建立したとされる禅堂は、棲霞寺の中心的建造的となっており、あるいは、慧布の建立以後に出来た名称ではなかろうか。僧詮から三論を受学したとされる慧峯伝には「住栖霞寺、聴詮公三論」（大正五〇、六五一下）としており、摂山止観寺僧詮という呼称は、すべて摂山三論学派の中心的人物の伝記において言われていることである。このようなことから、僧詮が坐禅三昧の人であったこと、慧布の禅堂建立による棲霞寺の禅的傾向の強化等により、棲霞寺を、また止観寺とも称するようになったのではなかったか、また、それが僧詮を指す場合、特に用いられていた可能性があろう。道宣の記述からすると、別に止観寺があったごとくにも考えられるが、これは、摂山三論学派の人々、特に吉蔵等の用例に影響されたものとも見得る。

(48) 前註（33）参照。ただし、安澄の引用では「道朗師」としているが、『祖師伝集』では「朗師」となっている。

(49)『続高僧伝』巻一一、吉蔵伝（大正五〇、五一三下―五一四上）に「諒恒将蔵聴興皇寺道（ママ）朗法師講、随聞領解悟若天真、

年至七歳投朗出家、……至年十九処衆覆述、精弁鋒遊」とある。

(50) 慧均『大乗四論玄義記』の第一巻に当たる「初章中仮義」(写本)に「興皇師太建六年五月房内亦開六章、一破異明中、二成仮不成仮明中……」(二九紙右)とあることによる。

(51) 龍谷大学所蔵の写本においても、右の箇所は、何とも判読出来ない書体となっている。波多野幸彦監修『くずし字辞典』(二〇〇〇年、思文閣出版)参照。

(52) 通常の草書体において、僧と道とを混同する可能性は少ないであろう。

(53) 吉蔵『中観論疏』巻二末に「大朗法師、関内得此義、授周氏、周氏因著三宗論也」(大正四二、二九下)とある。

(54) 珍海『三論玄疏文義要』巻一〇の最後に掲げる「口伝血脈」(大正七〇、三七八下)に依る。

(55) 龍谷大学蔵写本『三論玄義肝要抄』上冊、一紙左に「什公来後秦朝、授生肇融叡等八宿、摂嶺道朗師、受八宿之義」とある。

(56)『中国古今地名大辞典』(一九三一年、台湾商務印書館)に依れば、「崇山」は、江西崇義県北半里にある山と、湖南大庸県西南の山を出すが、前者は、旧名旗山とされる。また「嵩山」は、河南登封県の北にある、嵩高山が有名であり、他に山東臨朐県西南四十里にある山等が知られるのみである。

(57) 石田前註(14)掲書所収の「奈良朝現在一切経疏目録」参照。

(58) 右同書、二〇二頁以下参照。

(59) 前註(49)に掲げた文が、その一例であるが、多少注意されるのは、ここで、法朗のことを道朗と混同している事実は、三論学系史上に、「道朗」なる人物が存在していた、ということを暗に物語ることかも知れない。これは穿った見方であるが、道宣は、それを知っていたがための過誤とも見られないことはない。この混乱の指摘は、境野前掲書『支那仏教史講話』下巻、三六頁及び『支那仏教の研究』三〇一頁になされている。

(60)『棲霞寺碑文』の該当文は次のようである。「先有名徳僧朗法師者。去郷遼水問道京華。清規挺出碩学精詣。早成波若之性、夙植尸羅之本、闡方等旨帰、弘中道之宗教」(『金陵梵刹志』巻四)。この冒頭の部分を、境野黄洋博士等は「先に名徳、僧朗法師なる者有り」と読まれたのであるが、これを「先に名徳の僧、朗法師なる者有り」と読むことも可能である。

(61) 凝然『内典塵露章』に「法朗大師訓生二十五哲、蔵公其一」(日仏全、第二九巻、三二上)とある。

(62) 前田前掲書、五八頁、及び境野前註(19)掲書の七〇頁参照。

(63) 平井博士前掲書、二九一―二九二頁参照。

(64) 東大寺図書館所蔵整理番号、函一一二三号八、一冊。

(65) 崇憲は、東大寺龍松院の第六代に当たり、三論を第四代庸訓と同門の実芸より承けている。龍松院では、代々華厳と三論とを兼学していたごとくである。なお筒井寛秀「龍松院師資相承について」（『南都仏教』第三六号、一九七六年）参照。

(66) 智光『浄名玄論略述』巻一本に「然即仏涅槃後末法之初、有一応真大士、厥号吉蔵、誕生震旦、独歩一人、斯乃四依菩薩之一士也」（日大蔵一四、二二六上）とある。多少字句が相違する。智光は、恐らく慧賾師の書に依ったものと考えられよう。

(67) 智光の『法華玄論略述』は、安澄や珍海が引用する。註(38)の拙稿を参照されたい。

(68) 『続高僧伝』巻一一、慧覚伝（大正五〇、五一六中）に「大業二年従駕入京於路見疾……至三月二十二日遷化於泗州之宿預県、春秋五十有三」とあることによる。なお恵衡は、巻一三（同、五二二中）の慧暠（五四七—六三三）のことと思われる。

(69) 「東山」と言うのは、『中国古今地名大辞典』によれば、「浙江省上虞県西南四十五里」とされる所かとも思われるが、『四論玄義』に、開善寺智蔵の学説につき、次のように述べていることが参考となる。すなわち、「法師在東山時釈云、並縁虚仮理也、中出揚州時云、縁真不称縁」（続蔵一・七四・一、四左下）としている。智蔵は、『続高僧伝』巻五（大正五〇、四六六上以下）によると、永元二年（五〇〇）に禹穴（浙江省紹興府、すなわち会稽）に遊び法華山に居す、とされるが、慧均は、これを指して「東山」と言ったとも考えられ、『建康志』には「会稽東山」の称もあるから（『中国古今地名大辞典』「東山」の項参照）、慧均は、吉蔵が会稽に行き、嘉祥寺に住したことを指して「東山」と言ったと思われる。「蘇州」は江蘇呉県であるが、「東州」というのは不明である。

(70) 慧均は、前掲の法朗門下についての記述の前に「又興皇大師未出揚州講時、聖人志公時々来興皇寺、向諸老僧云、此寺青衣菩薩出世、広弘大乗、諸僧相共語此、志公語底言説爾時都不知也、梁末時志公時々走来、向寺諸僧云、青衣菩薩出弘大乗、寺家須料理房舎、諸僧亦驚恠是何言也、陳天子登位、即勅令出於興皇寺講説、法師初出時、着青衲袈裟講説」としているが、これは『続高僧伝』巻七の法朗伝（大正五〇、四七七下）に「昔梁天監十六年六月七日、神僧宝誌記興皇寺云、此寺当有青衣開士広弘大乗、及朗遊学之時、初服青納、及登元席乃与符同」と述べることに相応する。

(71) 『続高僧伝』巻一一、智矩伝付記（大正五〇、五〇九下）。

(72) 同、巻九、羅雲伝に「又従福縁寺亘法師、採酌遺逸、亘縦解無遺任其鑽仰」（大正五〇、四九三上）とある。

(73) 同、巻二六、弁寂伝に「会武平末歳、国破道亡、南適江陰、復師三論、神気所属鏡其新理、開皇更始復返旧郷、……西入京室、復尋昔論龍樹之風」（大正五〇、六七五上）とある。

(74) 聖守『三論興縁』（大正七〇、八三三上以下）参照。

第二章　興福寺維摩会と諸宗

第一節　序

維摩会は、藤原鎌足の故事に因み、毎年十月十日より、その忌日に当たる十六日までの七日間、興福寺の講堂で維摩経の講説、論義を行なう法会である。『類聚三代格』巻二によれば、承和元年（八三四）正月二十九日の太政官符により、維摩会竪義得第僧は、諸寺の安居講師の資格を得ることが定められ、『続日本後紀』巻八では、承和六年（八三九）十二月十五日の勅により、維摩会の講師を以て翌年正月の宮中最勝会（御斎会）の講師とすることが恒例となり、更に貞観元年（八五九）正月八日には、

凡毎年十月興福寺維摩会、屈諸宗僧学業優長果五階者為講師、明年正月大極殿御斎会、以此僧為講師、三月薬師寺最勝会講師、亦同請之、経此三会講師者、依次任僧綱。（三代実録巻二）

と定められて、三会制度が確立し、その最初に位置する維摩会は、正に僧界昇進の登龍門となった。

さて、この維摩会に関する第一の資料は、宮内庁書陵部所蔵の『維摩講師研学竪義次第』と京都大学所蔵の『維摩講師研学竪義次第（自養和元年至寛元二年）釈文』の二つである。[1] 前者は斉衡二年（八五五）より治承四年（一一八〇）に至る三二六年分を収録するが、貞観十一年（八六九）より同十七年までの七年分を欠く。後者は、元来は前者と一体のものであって、巻子本三巻の下巻に相当し、養和元年（一一八一）より寛元二年（一二四四）までの六四年分を収録し欠はない。

そして、この二書は、維摩会における講師・探題・研学竪義・精義等の補任の次第を中心とし、毎年の当会に関する出来事を記録したものであり、講師や研学竪義の年齢・所属寺院・専攻・師承等を記載しており、平安時代より鎌倉時代までの各宗・各寺院の代表的学僧の活躍を知ることが出来る。[2]その他、一般に公刊されている文献として『三会定一記』(大日本仏教全書所収)があるが、上記二書に比して、講師・研学竪義の経歴の記載において全体的に簡略で、殊に、大日本仏教全書本は、誤脱が多いと指摘されている。[3]しかし斉衡二年以前と寛元二年以後のことを知る上では貴重な文献である。

そこで、ここでは初めに掲げた二書を中心に用いて、欠けた部分を『三会定一記』で補い、斉明四年(六五八)より元弘二年(一三三二)まで、最も確実に記録されている講師について、その所属寺院と宗派等より、維摩会と南都諸宗との関係を分析し、その実状を明らかにし、各寺院及び諸宗の状勢・推移を知る一助としたい。

第二節　講師の所属寺院と宗派

前項でも触れたのであるが、年齢・宗派・寺院を漏らさず記録しているのは講師についてのみであり、研学竪義についていては、必ずしもそのすべてを録しているわけではない。従って、ここで行なう寺院及び宗派を中心とする統計分析の対象としては、講師のみに限定される。しかし、研学と講師とは密接に結びついており、すでに分析の例もあるごとく、[4]講師の中で、研学を経た者の割合は記録された全講師の六〇%を越えている。そのことから、本来的には、研学と講師とを併せて考察の対象とすれば、統計的にも、より確実な実状に近いものとなることが予想されるが、今の場合研学を除いたとしても、その分析の確実性は、さほど相違したものではない、と見てよいかと思う。

以下、所属の寺院・宗派毎の統計によって順次述べて行きたい。(表一・二参照)

一、所属寺院

講師の所属寺院については、すでに橋本博士によって、時代毎の集計がなされている。ただ、博士の集計は、斉明四年（六五八）から治承四年（一一八〇、上記二書の前者に相当）に至る記載されている実数三六四年分についてであるが、今は、養和元年（一一八一）から寛元二年（一二四四）に至る京大所蔵本の六四年分と、さらに『三会定一記』により、寛元三年（一二四五）から元弘二年（一三三二）までの八八年分を加え、奈良時代より鎌倉時代までに拡大するので、記載の実数は五一六年、五一六人の講師を対象とする。それによって、平安後期以後の維摩会の実状が明瞭となるからである。

さて、維摩会講師の所属寺院として掲げられているのは、興福寺・東大寺・元興寺・薬師寺・延暦寺・大安寺・西大寺・法隆寺の八箇寺である。つまり南都七大寺に延暦寺が加わって、それらの寺院に所属する各宗の学僧が維摩会の講師となっているということであるが、逆に、右以外の寺院を本寺としている僧侶は講師となることは出来なかった、ということでもある。右の中で、講師の数において最も多いのが興福寺であることは論を俟たない。全体の五一六人中、三三五人、六五%が興福寺僧で占められ、第二の東大寺は九二人で歴然たる相違となっている。ただし、この数字は、奈良から鎌倉末までの総体的な割合であるが、維摩会が恒例となり、三会制度が確立されて間もなくの頃、つまり平安初期[5]には、全講師に占める興福寺僧は三一%であり、これは、一連の、朝廷の仏教政策、すなわち、南都諸宗諸寺の融和と、その円満なる研鑽発達をうながす[6]、という趣旨が良く反映されて、各寺の優秀なる学僧が公平に選ばれていたことを示しているであろう。しかし平安中期になると六二%となり、後期には興福寺と東大寺に限定されてしまい、興福寺僧は八一%となっている。この興福寺僧優位の状況は、藤原一門の氏寺であること、鎌足の故事に因む法会ということから生じたのであるが、もう少し具体的に述べるならば、講師となる条件として、研学竪義者となり得第しなければならず、さらに、それに先んじて、維摩会の聴衆となることが必要であった。そしてこの聴衆は宣旨聴衆の意味であり、講師・研学と同様前もって任ぜられることが定められ、その決定に当たっては、僧綱が候補者を選定し、最終決定権は、藤原氏の長者が握っていた、(7)という事情が一つの背景となっている。また、平安後期には、興福・東大の二寺のみとなっている理由としては、院政期に入って、新たに三講(8)の制度が設けられ、東大・興福・延暦・園城の四大寺の僧を以て講師等に任ずることとなり、三講を経た者が、三会の講師となる資格を得る要素となったことや、同時期に、北京三会あるいは天台三会と称される、法勝寺大乗会、円宗寺法華会、同最勝会が、南都の三会に代わる僧綱昇進への道となったことが考えられる。前者によって、南都においては、興福・東大両寺以外の学僧が講師となる道は事実上閉ざされたと言って良く、後者の場合は、延暦寺僧が維摩会から姿を消すこととなった第一の理由である。その他、南都教学の衰退ということもあった。この点は後に触れることにするが、以上の諸状況が、講師の所属寺院の推移の上に現われていると考えられよう。

二、各寺の教学系統

次に、各寺では、いかなる教学系統が伝承され、どのように推移したかについて考察したいと思う。

南都の教学系統は、一般に、南都六宗と称されているが、それ以前は、天平年間に、すでに修多羅衆(9)・三論衆・律衆・摂論衆・成実衆等の研究グループが大安寺・元興寺・法隆寺に存在したことは周知のごとくである。そして「宗」の呼称が用いられ定着したのは、東大寺造立の頃であったとされる。しかし、平安時代に入ると、南都仏教界の様相はかなり変化して、僧侶の学問系統も、諸経論を広く学ぶ、ということではなくて、専門化して行く傾向となった。つまり特定の教学系統、従って特定の経論がより多く学習されることとなる。その事情は、先に述べた朝廷の仏教政策の勅にも示されており、特に法相宗が南都を風靡し、かつて南都仏教界の指導的立場にあった三論宗の形勢が衰えたために両宗相争う状態となったことは、よく言及されるところである。そして維摩会等の法会には、六宗の僧侶を請い学業を広くすべし、との勅にもかかわらず、時代が下るに従い、法相宗一辺倒的な傾向は益々拡大されたと考えられる。そのことが、維摩会講師の所属宗派にも顕れて来るのである。後に掲げてある表一によって知られるであろう。

今、多少の補足をするならば、興福寺は、勿論法相宗のみであるが、中に三名、真言宗を兼学している者がある。しかし、それは平安中期に限られる。東大寺は、三論・華厳・法相の三宗であるが、三論宗の中に、真言を兼学した者が二名と法相宗で真言を兼学した者が一名ある。元興寺は、法相・三論が主で、兼学として真言と律が各一名ある。薬師寺は、法相・三論・華厳の三宗、大安・西大・法隆の三寺は共に法相と三論の二宗で、延暦寺は当然ながら天台宗のみである。このように、各寺において、一応、天平期以来の諸宗兼学の学風は維持されていたと考えられるものの、各宗の年分度者が定められ、それぞれ本業の宗派に、ある程度制約される状況であるから、実際に右以外のいかなる教学系統が各寺に存在し研究がなされていたかは、講師の所属宗派のみでは知り得ない。つまり各人の学問の内容が、どの範囲のものであったかは他に依らなければならないということである。しかし、各寺で中心となっていた教学系統は何か、ということは、ほぼ知り得るであろう。

三、教学系統の推移

以上に関連して、さらに宗派を視点として考察を加えるならば、右に示したごとく、南都における中心の公的宗派は、法相・三論・華厳の三宗で、それに律・真言の二宗の名がわずかに見られる。しかし、これが必ずしも南都仏教界の実状を示すものではない。真言宗は、当初はともかく、徐々に南都に浸透していることが、兼学者の明示によって示されており、改めて指摘するまでもあるまい。そして次第に南都仏教から独立した形で、東寺や高野山を中心に教線を拡大し、南都の大会という場には顔を出さないというに過ぎない。この点は、後で更に触れたい。そして、律宗にしても、唐招提寺や東大寺戒壇院等において、その学統は連綿と維持されており[10]、また律は、必須の科目であり遵守すべき事項でもあった。従って右の真言・律の二宗を本業としていた者が講師となった例が少ない、ということのみである。天台宗は、最澄の力により、南都仏教界と正面から対決し、それを御するという形で、堂々と大会に参加していたことは、真言宗のあり方とは対照的で、実に良く両者の性格、教線拡大の方法が顕れていると思われる。後に述べるように、三論宗は、法相宗に次ぐ実勢を有していたごとくではあるが、平安中期以後は、三論のみを専ら修学するということではなく、特に密教（真言）を兼学したり、浄土信仰を持つということにおいて、その命脈を保っていた。そこで、今しばらく、法相と華厳の両宗について、その推移を窺っておきたい。

法相宗は、言うまでもなく興福寺が本拠であり、終始一貫した研究の伝統を維持している。興福寺以外の法相宗について見るならば、統計上、興福寺に次いで数の多いのが元興寺であり、以下薬師寺、東大寺、大安寺、西大寺、法隆寺となる。元興寺の法相宗は、平安初期に最も盛んであり、三論宗をしのぎ第一の勢力を持っていたと推察される。道昭（六二九―七〇〇）や智通・智達の伝来した唯識学の伝統が充分に発揮されていたことを物語り、護命（七五〇―八三四）・仲継・泰縁・明詮等の代表的学者を輩出したことは諸書に詳しい。しかし、平安中期になると、興福寺勢力の増大と共に元興寺は衰退し、講師に任ぜられた人も、二名のみとなる。そして、元興寺法相宗として最後の講師となったのは、天慶四年（九四一）の泰幽であり、それ以後止絶えた。このような傾向は、他の諸寺においても同様であり、法相宗は、北寺伝の興福寺に集約されて行く様子が、講師の数の上にも、はっきり現われている。薬師寺で最後の講師となったのは、天仁元年（一一〇八）の隆信で、その前は天喜四年（一〇五六）の道静であるが、その間五二年を有する。東大寺では、寛徳元年（一〇四四）の長範が最後であり、大安寺では寛仁元年（一〇一七）の胤香が最後で、その前は彼の師である仁覚が、天元三年（九八〇）に講師となり、その間三七年、さらに仁覚は大安寺として五八年ぶりで宣旨が降ったものであった。また西大寺では、貞元元年（九七六）の浄珍が最後となり、彼も五九年ぶりのことであった。このような状況から判断すると、平安中期以後は、これら寺院の法相宗徒は、まず講師となること希有に属していたことになる。あるいは、興福寺以外での法相研究は、細々と継続されていたに過ぎず、講師となるべき人材もなかった、ということであろう。

次に華厳宗について見ると、講師は東大寺と薬師寺から出ている。薬師寺の講師は、平安初期に明哲・長朗・義聖の三人である。この三名は、薬師寺系の華厳と称される人々であり、明哲は審祥に華厳を学んだ慈訓（—七七七）の弟子であり、長朗は、同じく慈訓の弟子正義を継ぐ人で、義聖はその弟子である。従って師資関係にある三人が講師となった後は止絶えている。一方、東大寺の華厳宗は、その中心たる教学系統として伝承され、今日に至っているが、平安初期に一一名の講師を出し、東大寺第一の教学系統として、その勢力を維持していたことが推察される。しかし維摩会に限って言えば、平安中期からは、三論宗が講師の数においてしのぐこととなり、それは鎌倉末期まで変らない。この点については、それなりの理由が考えられねばならないが、次項で触れることにする。

表一　維摩会講師の内訳

寺・宗名		奈良	平安初	平安中	平安後	鎌倉	計
興福寺	(法)	一	三三	九七	七九	一一五	三二五
	(真)			兼法（三）			（三）
元興寺	(法)	二	一三	二			一七
	(三)	一	九	三			一三
	(真)		兼法（二）				（二）
	(律)		兼法（一）				（一）

薬師寺	(法)	一	八	四	一		一四
	(三)			四			四
	(花)		三				三
東大寺	(三)		二	一九	一四	一七	五二
	(花)		一一	八	四	五	二八
	(法)	一	五	六			一二
	(真)		兼三（一）	兼三・法（二）			（三）
大安寺	(法)		四	二			六
	(三)		五				五
西大寺	(法)		五	一			六
	(三)		二				二
延暦寺	(天)		四	一〇			一四
法隆寺	(三)		二				二
	(法)		一				一
不明	(三)	一					一
	不明					一	一
計		七	一〇七	一五六	九八	一四八	五一六

以上により、各宗の状勢がある程度推察されると思われ、維摩会が興福・東大の二寺に集約されたことは、宗派の上では法相・三論・華厳の三宗に集約されたということになる。平安後期からは、天台・真言二宗が消えたことも、維摩会の質的変容を物語っているであろうし、南都古宗の推移と新興二宗の関係対応が、象徴的に顕れているとも言

えよう。さらに興福寺が独占的に行なうに至ることも推測される。その中にあって東大寺の三論と華厳の僧が時折講師に任ぜられる状態であった。

表二　宗別の統計

宗名	奈良	平安初	平安中	平安後	鎌倉	計
法相宗	五	六九（六二・七%）	一一二（六九・六%）	八〇（八一・六%）	一二五（八四・五%）	三九〇（七四・四%）
三論宗	二	二〇（一八・二%）	二六（一六・一%）	一四（一四・三%）	一七（一一・五%）	八〇（一五・三%）
華厳宗		一四（一二・七%）	八（五・〇%）	四（四・一%）	五（三・四%）	三一（五・九%）
天台宗		四（三・六%）	一〇（六・二%）			一四（二・七%）
真言宗		（二）（一・八%）	（五）（三・一%）			（七）（一・三%）
律宗		（一）（〇・九%）				（一）（〇・二%）
不明					一	一（〇・二%）

第三節　維摩会と三論宗

一、各時代の梗概

以上述べたことにより、維摩会講師の所属寺院及び宗派の構成と推移について、ほぼ判明したと思われる。従って、ここで繰返し云々する要もないが、右に触れなかった事柄を抽出して各時代の特色に言及し、最後に、三論宗の位置について述べておきたい。

斉明天皇四年（六五八）に鎌足の請によって山科の陶原（すえはら）の家において、元興寺三論宗の呉僧福亮が維摩経を講じたことが、当会の最初であることは、諸記録の一致して伝えるところである。その後中絶していたが、慶雲三年（七〇六）に藤原不比等が、入唐学生智宝（元興寺法相宗の智鳳）を請して、鎌足の忌日を以て維摩会を実施し、同四年には厩坂寺において新羅僧で三論宗の観智を講師とした。(11) そして和銅七年（七一四）に初めて興福寺で実施された。恒例となったのは延暦二十年（八〇一）からである。従って奈良時代は、その講師も明らかなのは七名であり、しかも未だ国家的行事でもなく、まして僧綱への道でもなかった。ただ、鎌足と『維摩経』信仰が因縁となり、最初の講師が三論宗の学僧であったということは、後の維摩会における法相宗と三論宗の位置、換言すれば、興福寺と東大寺の関係を、すでに示唆していたと言えるかも知れない。

平安時代に入ってからも、しばらくは記録が定かでなく、天長九年（八三二）より欠けることなく記されるに至る。そして次第に南都仏教界の一大行事としての位置が確立され、それは藤原一門の勢力の増大とも相応するものであった。つまり講師は、当時の各寺の代表的学僧が請われたであろうことと、講師となることは、自己の研鑽の成果を示し、仏教界における自己の立場を確立する場となり機会ともなったであろうことは容易に推察されよう。その点は、先にも触れたのであるが、講師の勅任と共に、維摩経義を中心に出題される問題に対して、義を立てて答える研学竪義が設定されるに至り、この維摩会は、僧界への登龍門としての役割と同時に、南都仏教学の振興に対しても、大きな意義を有するものであったと考えられる。先の承和元年（八三四）の太政官符により、研学竪義の得第僧は、諸寺の安居講師の資格が与えられることが定められた。従って研学の設置は、それ以前から行なわれていたと思われるが、記録が残っている最初は、貞観五年（八六三）の講師となった元興寺法相宗の賢応が、承和八年（八四一）に竪義者であったということであり、正式に制定されたのは仁和二年（八八六）である。その研学竪義となり、それに及第することが、講師となる資格を得る第一の条件となるに及び、一層仏教学の研究を推進させることになったと推察される。勿論、南都教学の興隆は、当会のみに依るものではないが、当会と並ぶ御斎会、最勝会を加えた南都の三大会を始めとして宮中や諸寺で実施された諸種の法会は、経の講義と論義を伴うものであり、各宗教義の研究とその深化及び立場の明確化ということに対して大きく作用したであろうし、それが各人の専門化及び諸宗の集約化にも影響を及ぼさなかったであろうか。後代になって、論義は多分に形式化し、法会そのものも単なる儀式あるいは資格を得るためという形骸化は予想されるにしても、鎌倉時代に至って成立する日本独自の仏教を成立させる基礎的作業を推進する一翼を担ったに相違なかろう。公的な年中行事の中で、講説・論義を伴う主要なるものは、右の三会であるが、五月に宮中の清涼殿で五日間修行された「最勝講」も重要なる行事であり、それを含む三講も、三会と同様の意義を有するものであった。また春秋に行なわれた「季ノ御読経会」もあった。[12] その他、諸寺で盛んに営まれた法会に「法華会」がある。これは、天平十八年（七四六）三月に良弁が東大寺羂索堂において初めて修したとされ、[13] 後「法華八講」の名で修された、法華経八巻を八座に分けて講読する事は、三論宗の勤操が、石淵寺で創設したものである。[14]

以上のような公的な法会の他に、各寺を中心にして、近隣の関係寺院の学僧が会衆となって行なわれた法会も多くあった。一例として東大寺の場合を見ると、[15] 二月二十日から四日間修された「八幡宮御八講（春季談義）」があり、その会には東大寺僧を始めとして諸宗の学徒七十人と所司等が参会した。三月には、十四日の華厳会、十六日の法華会があり、四月十五日に夏講、八月には春と同じく八幡宮御八講（秋季談義）があり、十一月に三十講[16]が修され、十二月には「方広会」があって、やはり諸宗の学徒が参加した。そしてこれらの会には、竪義があって、これは学徒が初めて修すべきものであったとされる。これらは東大寺全体の行事として、諸宗の学僧が共に修行したものであったが、この他に、各宗毎の行事もあった。たとえば、華厳宗のみで行なう「華厳講」や、三論宗のみで行なう「大乗義章三十講」等[17]である。このようにして見ると、宮中での法会や各寺の法会、さらに各宗毎の法会と、年間を通じて、なにがしかの法会が毎月一度、三月は四種の法会が行なわれるといった状況であり、学僧にとっては、大変な慌しさであったことが窺われよう。そのすべてに参加するということではないにしても、いずれも自己の研鑽の場であったと思われる。したがって、そのような法会の場に臨み聴衆となり、さらに問者となり竪義者となるには、日頃の研究精進を欠かすことが出来ない。まして講師となるには、それ相応の実力を要したであろう。

　このような気運に醸成されて著わされた書も恐らく多く存するであろうし、また将来に備えて、諸種の文献を筆写するということも大切な仕事であったはずである。たとえば、永観二年（九八四）の維摩会で研学竪義を勤めた興福寺法相宗の清範（九六二―九九九）は、その時、七巻章の第一巻を立てたとされる。これは、慈恩大師の『法苑義林章』（七巻）の第一巻に含まれる問題をテーマとして竪義したということであるが、その準備として著わされたのが、彼の『五心義略記』である。その奥書には、明らかに、

　　永観二年六月十三日大略抄之、是則為允当年研学立義也、興福寺釈清範（春秋廿三 夏臘十二）。（大正七一、一九七上―中）

と述べている。講師・研学等は、大体前年の維摩会の際か、その年の春には宣旨が降るから、清範は宣旨を受諾して、六月の時点で、その準備の書を著わしていたということになる。また、三論宗の珍海（一〇九二―一一五二）の『八識義章研習抄』三巻（大正七〇所収）は、保安元年（一一二〇）十二月から翌正月にかけて添削整理されて成ったものであるが、その巻上の奥書によると、「去年の御堂の竪義のために抄するところなり」と述べ、巻中には「元永二年

（一一一九）月日、記持せんがために之を録す」としている。御堂というのが東大寺かあるいは維摩会か不明であるが、ともかく珍海は元永二年の法会で竪義者となり、その時『大乗義章』の「八識義」をテーマとしたことが知られる。そのことは、また彼の『三論玄疏文義要』巻五の八識義を述べるところにも言及している。すなわち、

予勧乎勧学竪義日、立浄影八識義、得七法不住題、題者興福寺永縁権僧正、頻責取捨、予答云、修多羅含五義、謂顕示義、涌泉義、出生義、縄墨義、及結鬘義也、若爾、一文之中具含多義、浄影意契顕示義、金陵釈当縄墨義破邪顕正、云縄墨義、凡於一文出衆義、猶如涌泉、何必執相破、言遂捨異釈云云。（大正七〇、二七四上）

と回顧している。この文からすると、勧学竪義という呼称と、興福寺永縁が探題であったことからすると、東大寺八幡宮御八講か維摩会であったように思われる。しかし『三会定一記』第一に依ると、珍海は、永久三年（一一一五）に東大寺分の竪義者となっていて、確定は出来ない。とにかく珍海は、清範と同様、竪義のために八識義についての論文を準備し、竪義を勤めた後、旧稿に手を入れて現存の形としたことが明らかである。このような例は、恐らく他にも多くあったことが推察され、現に東大寺図書館に存在する多くの写本の中にも、法会のために著わされ筆写され、筆録された「論義書」や「問答抄」「聴聞抄」の類が多数を占めることは、それを証するものであろう。

さて、維摩会の実際のことに戻ると、平安時代の初中期が名実共に最も隆盛を極め、諸宗の学僧が競って維摩会に参加する状況であった。と同時に、内部的には多少の変化も見られるようになる。その一として、講師の年齢が時代と共に若年化するという傾向と、二には研学竪義者や聴衆等の数が増加されるということである。第一点は、平安初期の講師の平均年齢は、六七・七歳であるが、中期には六一・六歳から五〇歳台に、そして後期には四八・九歳というように下がって来る。このことは、僧綱の定数の増加とも相応するごとくであり、三会が僧綱への登龍門という性格が定着するにつれ、各寺各宗の政治的動きも活発化し、講師任用が早まると共に、僧綱の任用も増加するという現象となって現われている。それが、鎌倉時代ともなると一層顕著となり、平均年齢は三〇歳台となり、極端な場合は、一九、二〇歳で講師となる例も見られ、そのような特殊な血縁・権門勢家による任命にからんだトラブルも発生する

ようになる。[18] これは、最早、維摩会が仏教界の公的な、本来の趣旨に添った行事というよりは、むしろ興福寺と東大寺との私的な、特殊な法会ということに変質して行ったことを示している。そのことはさらに、僧綱への登龍門という性格も次第に薄れて行くということでもあった。つまり、権威の失墜である。すなわち、平安中期までは、講師の時に、すでに僧綱に補任されていた者は非常に少なかったが、後期から鎌倉時代になると急激に僧綱補任者が増加するというところに表われている。[19] 第二点は、正式に研学が定められた仁和二年から寛和元年（九八五）までは一人に限られていたが、寛和二年に准研学が置かれ、永祚元年（九八九）からは二人が研学として宣旨が降ることとなる。また『三会定一記』によれば、長保元年（九九九）頃より正規の研学の他に、東大寺・薬師寺等から各一人の竪義者を出すこととなり、さらに時代が下ると各寺から一人乃至三人の竪義者が立つこととなった。このような数の増加は、同席聴講し、研学竪義の候補である聴衆についても見られ、本来宣旨聴衆は三〇人と定まっていたが、貞観十八年（八七六）に九人増加されて竪義者一人を含めて四〇名とされ、以後恒例となっている。

以上のような内的推移は、各寺各宗の要請に基づき、公平化を計るという方策でもあったと思われるが、それとは裏腹に、藤原一門の隆盛に応じて興福寺中心の運営が強められ、平安後期には事実上興福寺のみの法会という様相となったことは、表向きは律令制の導入による公平なる任用というあり方を採用しながら、結局は、特殊な血縁関係や出身の良否によって動かされるという、日本的なあり方となったことが明瞭に示されているであろう。

二、三論宗の位置

先にも述べたごとく、最初の講師として福亮が勤めたことは、その頃の南都仏教の主流が三論宗であったことを反映しているが、それが、維摩会と三論宗との関係を浅からぬものとした、と見ることも可能であろう。先に示した宗別の統計（表二）によると、数の上では絶対的に法相宗が多数を占めるものの、三論宗は各時代共平均して講師の任命があったことが知られる。華厳宗が、平安初期を最高に以下極端に減少して行くのとは異なっている。これは、法相宗の優位はゆるがぬものではあるが、平安初期から鎌倉時代に至るまで、三論宗の学統は失なわれることなく、一応その面目を保持していた、と見なくてはならない。内的変容は、また別の問題として、表向きの三論宗の形勢は、従来一般に、法相宗の隆盛と共に衰退し、そのまま消滅して行った、と言うような見方は、少しく修正の必要があろう。このことは、法相宗の教学の振興についても、平安時代に入って暗黒時代とか衰頽時代とか呼ばれていたことが見直されていることと相応する。大勢として、先の表一に示したごとく、元興・薬師・大安・西大・法隆等の各寺で盛んに研究されていた三論学が、平安中期以後絶えてしまったことは否定出来ない。しかし、それは独り三論宗のみではなく、法相宗もやはりそれらの寺々ではその学統を維持することが困難であった。その点は、教学系統の推移のところで指摘したごとくである。今、三論宗の場合を示すならば、元興寺の三論宗は応和元年（九六一）の安進が最後の講師であり、薬師寺は正暦五年（九九四）の平超、大安寺は寛平九年（八九七）の寿令、西大寺は貞観七年（八六五）の平恩、法隆寺は斉衡元年（八五四）の道詮が各々最後である。つまり興福寺と東大寺に集約されたことは、南都諸宗も、この二寺に集約されたことを意味する。そして興福寺に対抗し得る存在は、諸種の方面において東大寺となった。その東大寺の中心は何か、と言えば、各宗兼学・諸宗の振興を基本とするも、華厳宗を第一の教学系統とする。従って一般に、華厳宗が各時代を通じて中心に位置し、東大寺の勢力を掌握していたと見られがちであるが、実情は、先に触れたごとく、平安初期はその通りの状況ながら、必ずしも安定したものではなかった。

再び講師数を持出すと、平安中期には、東大寺三論宗が一九人に対し、華厳宗は八人と半数以下となり、その状勢は以後も変らない。これは、明らかに、東大寺華厳宗の不振を物語ると共に、三論宗の台頭があったと考えられよう。このことを、つまり東大寺における三論宗の位置、ひいては南都における位置を別の観点から窺っておこう。

一つは、東大寺の一山を総括統御した最高の僧職である別当の補任の次第である。『東大寺別当次第』には諸本あるが、今は大日本仏教全書本に依る。この書は、天平勝宝四年（七五二）の第一代別当良弁より第一六七代寛宝（安永三年、一一七四まで）に至る一〇二三年間の記録であるが、上述の維摩会の分析範囲と同じく、鎌倉時代末まで、すなわち、第一二〇代の教寛（元弘元年任）、再任もあるので人員にして一〇六名を対象とし、別当の所属宗派等を調査すると次のごとくである。

(1)奈良時代　第一代―第九代華厳宗のみ。

(2)平安初期（第一〇―第四二、三三代三〇人）

華厳宗　一八人　三論宗　一人

真言宗　六人　法相宗　三人

律　宗　二人

(3)平安中期（第四三―第七一、二九代二五人）

華厳宗　三人　三論宗　一〇人

真言宗　一〇人　法相宗　二人

(4)平安後期（第七二―第八四、一三代一二人）

華厳宗　〇人　三論宗　四人

真言宗　八人

(5)鎌倉時代（第八五―第一二〇、三六代三〇人）

華厳宗　三人　三論宗　一五人

真言宗　一二人

以上の結果からも、先の維摩会講師の分析結果と同様の状態が示されて来る。平安中期から三論と真言の台頭があったことが歴然としている。真言宗の東大寺への進出は、弘仁元年に空海が別当（第一四代）に就任したことに依るが、三論宗の進出に拍車をかけたのは、何と言っても貞観十七年（八七五）の聖宝による東南院の開創である。

聖宝（八三二―九〇九）は、承和十四年（八四七）一六歳で貞観寺の真雅僧正（空海の舎弟）に随って出家得度し、それ以来東大寺に止住して仏教学を学んだ。元興寺の願暁と円宗から三論学を、東大寺の平仁と玄栄から各々法相と華厳を学んだ。そして貞観十一年（八六九）三八歳の時に、円宗が維摩会の講師となり、彼は研学竪義を勤め、三論宗賢聖義と二空比量を立てたとされる。この頃には、三論学者としての頭角を顕していた。他方、真雅から密教の受法も行ない、南都諸宗の教学を究め、また寛平二年（八九〇）五九歳の時、貞観寺座主になると同時に七大寺検校に任ぜられたから、南都仏教界の趨勢ということも見極めていたのであろう。それが、東南院の開創となり翌貞観十八年の醍醐寺の創建になったと考えられる。

東南院の開創の目的、詳細な事情は記録上定かでないが[20]、恐らく法相宗の隆盛に対して、三論の復興を意図したものではなかったか、と思われる。東大寺には、すでに空海による灌頂道場としての真言院（南院）があり、二一人の定額僧があった。したがって南都における密教の位置は、一応確保されており、あえて更に密教の道場を置くことはないであろう。彼は顕密一致の理想を実現すべく、顕教は三論と定めて、東大寺にその本拠を設け、一方醍醐寺の開創によって密教の拡大を計ったと見られる。その際、一つの大きな質的変容が伴ったことは否定出来ない。それは三論と密教の兼学融合である。この点は、淵源をたどれば、「求聞持法」の伝承からすれば、道慈に認められることになり、勤操―空海と次第することになるが、その史実はともかく、三論と真言との接近は、かなり早くから見受けられ、それら伝承の成立は[21]、三論と真言の兼学が盛んとなった実状を反映したものとも理解される。そして、聖宝においては、すでに、その自覚・認識が深められ、一体化した形で具現化されていたことは、彼の経歴が物語っている。三論・真言の親近性、兼学の歴史、その思想的背景については、諸方面からの検討を要し、また日本仏教史上、一つの重要な問題であると思われるが、聖宝の創建にかかる東南院は、その出発の時点から密教兼学の三論宗という性格づけがなされたことは、大きな歴史的意義を担ったと言えよう。聖宝の意図を象徴的に表わすものとして、彼の愛用した「如意」の存在がある。種々の伝承によれば、彼が七大寺の総検校になった際、顕密兼学の旨を表示せんがために作ったとされ、「五獅子の如意」と称した。それは、如意の表（頭の部分）に白銀で彫刻した五つの獅子を付し、それを以て顕宗のシンボルとし、裏に三鈷を三つ付して密宗のシンボルにしたとされる。[22] そして代々東南院に襲蔵されることとなり、現在東大寺に所蔵されている。[23] しかも、この如意は維摩会においても欠かせぬ法具となった。それは、聖宝の弟子である延敒（八六一—九二九）が、延喜十一年（九一一）に講師となった時、この如意を所持して勤仕して以来、維摩会の講師は、必ずこの如意を持って提撕することとなったからである。[24] その後、この如意をめぐる興福・東大すなわち、法相・三論の主導権争いも演じられることになるが、[25] 聖宝の顕密兼学の学風を継承し、それを仏教界に顕示し定着させた延敒の役割も見逃すことは出来ない。延敒が、東南院として初めて東大寺別当（第四〇代）になって以来、二九名の三論宗所属の別当が輩出するが、その中で真言宗との兼学者は二一名に及ぶ。聖宝の意図は、彼の体験に裏づけられた信念により、真言との兼学において三論の存続を考え、逆に、三論との兼学によって南都における密教の拡大浸透を一段と飛躍させたとも推察される。学解仏教的性格の強い三論学が、密教の事相・観法の導入・融合によって、宗教的生命を吹き込まれたということになろう。三論の無所得・無住・八不中道等の思想が、観法の場で一つになる可能性は充分考えられる。

聖宝は、醍醐天皇の信任を得て、延喜五年（九〇五）に至って、大安寺の佐伯院を東南院に移建して拡大充実させ、後三条天皇（一〇六八—一〇七二在位）の時に、院主には三論宗の長者を充てることとなり、これに依って東南院は三論宗の本拠たる地位を与えられた。[26] 大安寺の三論宗は佐伯院の移建によって廃絶する結果になったであろうし、大安寺そのものも、延喜十一年（九一一）の講堂焼失や寛仁元年（一〇一七）の諸堂焼失によって学統を断絶させた。また元興寺は、伽藍の存続はあるにしても破損が著しく、先にも述べたごとく維摩会講師は応和元年（九六一）以後止絶え、さらに西大寺も承和十三年（八四六）に講堂を焼失し、[27] 貞観七年（八六五）以後講師は出なかった。かくの如き状況から、法相宗は法隆寺と薬師寺でその命脈を保ちつつも、事実上は興福寺が本拠として栄え、三論宗は東大寺東南院に集約されたのである。

さて、以上が東南院の開創に関連する概略であるが、その設置によって、東大寺における三論の地位は急激に高まったのである。そして華厳の学問道場である尊勝院[28]と共に、その権勢を振るったが、先に示した別当の状勢から判断すると、平安中期以後尊勝院をしのぐ存在であったことは明白である。従って、東大寺の実質的な総括権は長期にわたり、かなりの部分が東南院に委ねられていたと考えられる。現存する厖大な東南院文書は、それを如実に物語っていると言えよう。このような東大寺における三論宗の地位は、興福寺に対し得る唯一の存在となったと考えられる。それが、平安中期以後の維摩会における立場として現われたと見ることが出来よう。

東南院の三論宗は、真言の鎧を纏った姿となり、良家の子弟の入寺ということも有力にはたらいたと思われるが、南都第一の伝統教学として、その面目を保持し続けたのである。

第四節　結び

興福寺維摩会の講師を中心にして、維摩会をめぐる南都仏教界の状勢・推移の一端を考察した。当初、この維摩会を取り上げようとした動機は、南都において平安時代を中心に重要な役割を果たした法会の具体的な姿を通して、当時の南都各寺・各宗の様子、学僧の動き、その背景にある政治状況等に、より現実的な、鮮明なるイメージを与えることは出来ないだろうか、という素朴な願望からであった。結果は上記のごとく掛け離れたものとなったが、その理由の第一は、分析の不充分さと、その裏づけ、論証の不備である。この点は、大いに反省しているのであるが、その他、講師や研学竪義の補任ということの裏に潜む人々の動き、確執の事実を述べる余裕がなかったことにも依る。維摩会をめぐる東大寺と興福寺の関係及び交渉については、多くの事柄が記録され、それは、教学上の論争を超えて、実にリアルな、感情、利害の衝突を内容とする。そのような事は、何も維摩会に限ったことではなかったと思われるが、その具体例については触れ得なかった。また、維摩会やその他の法会における講説や竪義・論義の内容も、維摩会等の実際を語る重要な側面であるが、これも省略した。さらに、三論宗については、最後に少し触れたのであるが、なお人脈、活動、諸宗との対応、論争等より、総体的な研究を要すると考えている。

従来、南都仏教は、日本仏教の全体的な流れの中で位置づけがなされ、総体的な推移として把握され説明づけられることが多い。それは、南都諸宗の興隆と、それに対する天台・真言両宗の台頭による衰微、そして鎌倉初期の復興あるいは復古という図式である。しかし、そのような捉え方では、平安時代の南都仏教を正しく評価し位置づけることは困難であろう。鎌倉仏教成立に果たした平安仏教の意義は、未だ充分に究明されているとは言えない。特に南都の伝統教学である三論宗の研究は、ほとんどなされていない。先に指摘した聖宝に依る密教との兼学の傾向は、三論教学にいかなる影響を与えたのか。日本の三論学と中国の三論学は同じなのか異なるのか。異なるとすれば、どのように相違したものとなったか。この点を解明するのに、三論と真言との融合、三論と浄土教との一体化は、重要な問題となろう。これらは、すべて今後の課題としたい。

第二章註記

（1）前者は、宮内庁書陵部により、一九七三年に、巻子本の複製が発行され、その「解題」に附録として、京大本の翻刻がなされている。その他の資料については、高山有紀『中世興福寺維摩会の研究』（一九九七年、勉誠社）参照。ただし、第一の資料とすべき宮内庁書陵部所蔵文献は参照していないようである。

（2）各々の役割は、講師は言うまでもなく維摩経を講説する人で、三会を遂講すると已講と称し、講師に補された人を擬講という。探題は、経義を中心に論題を選定して出題する役で、普通は已講以上の者が勅任される。研学竪義は、探題の出題に対して義を立てて答える役である。また精義は証義とも記され、論義の可否を評価する役である。出題は、必ずしも維摩経義に限られたものではなかったようで、研学竪義は、前もって竪義のテーマを決めて準備し、その竪義について質問応答がなされた。さらに出題もされたようである。従って、竪者の他に問者もあった。後代の形式化した時代のことと思われるが、問答は十則で、半分は華厳から、他は因明論から選定する例であったとされる。研学竪義者は、そのうち五題以上を説答すれば合格となり、遂業、つまり、得業となり、講師になる資格を得ることとなる。なお堀一郎『上代日本仏教文化史』上巻、一九七頁参照。

（3）前註（1）の「解題」一一頁参照。

（4）一九七四年七月二十七日東洋大学における印度学仏教学会で橋本契博士が「維摩会の規模と実際—その思想史的一考察—」と題して発表され、その際、宮内庁書陵部蔵の先掲資料に関する統計表三枚がプリント配布された。それは、第一・講師の所属する寺院、第二・講師の年齢並びに人数、第三・研学を経験して講師に進んだ者が講師全体において占める率の三つから成る。

（5）ここで用いる時代区分は、一応政治的な区分とし、次のように設定する。

1 奈良時代——延暦一二年（七九三）まで。
2 平安初期——延暦一三年（七九四）から延長八年（九三〇）まで、一三七年間。
3 平安中期——承平元年（九三一）から応徳三年（一〇八六）まで、一五六年間。
4 平安後期——寛治元年（一〇八七）から寿永三年（一一八四）まで、九八年間。
5 鎌倉時代——文治元年（一一八五）から元弘二年（一三三二）まで、一四八年間。

（6）『類聚国史』巻一七七の延暦二十一年正月庚午（十三日）の条に、「勅、今聞、三論法相二宗、相争各専一門、彼此長短、若偏被抑、恐有衰微、自今以後、正月最勝王経、幷十月維摩会、宜請六宗、以広学業」とあり、『類聚三代格』巻二にもこの時の太政官符、すなわち「応正月御斎会及維摩会等会均請六宗学僧事」を掲げている。

(7)『延喜式』巻二一、玄蕃寮（国史大系本、六六一頁）参照。

(8)官中最勝講、仙洞最勝講、法勝寺御八講の三。

(9)修多羅衆については、従来種々の見解が出され、いずれを是とするか定まらない状況であったが、近年、その実態が、かなり明瞭にされた。新川登亀男「修多羅衆論」（『続律令国家と貴族社会』一九七八年、吉川弘文館、一七五頁—二一四頁）参照。

(10)慧堅の『律宛僧宝伝』一五巻や、義澄の『招提千歳伝記』九巻（共に日仏全一〇五所収）は、それを詳細に記したものである。

(11)『七大寺年表』（日仏全、寺誌部一）、慶雲三年の条に「始自十月十日終十六日、前内大臣藤原不比等卿、於宮城東庭設維摩会、講師入唐学生智宝法師」とあり、同四年の条に「淡海公在厩坂寺、請新羅遊学僧観智、講維摩詰新古両本経」とある。また、建保六年（一二一八）の講師となった東大寺三論宗の光恵が書いた、維摩会開講の弁の中で、その時までの当会の沿革を詳しく述べている。『維摩会記』（続群書類従第二五輯下所収）参照。

(12)この法会は、和銅年間より始まり、貞観年間に二月と八月に宮中で盧舎那仏を本尊として、大般若経等の護国・除災招福の経典を読誦させ、論義も行なわれた。

(13)『東大寺要録』（筒井英俊校訂本）の諸会章第五（一九七一年、国書刊行会、一二三頁）参照。

(14)『元亨釈書』巻二、勤操伝（日仏全、史伝部一）、及び『僧綱補任抄出』上（同、史伝部三）参照。

(15)以下の東大寺の法会については、『東大寺要録』巻四の諸会章、巻五の諸会章之余参照。

(16)この三十講は、何の三十講か明示されないが、法華経については、法華会と法華八講とあるから、十一月の三十講は、倶舎論のそれか、と思われる。

(17)『東大寺続要録』（続々群書類従第五六所収）に依れば、保延二年（一一三六）始行とされる。また鎌倉時代には「三論三十講」も行なわれた。

(18)このようなトラブルは、興福・東大両寺の勢力争いに依るものが多く、また良家の子弟優先に対する一般大衆の反撥に基づく。今、一例を掲げると、嘉応二年（一一七〇）には大衆より、良家の子弟は毎年一人に限り研学竪義とすることを求める訴が出され、安元二年（一一七六）の講師貞敏（東大寺三論宗、年齢二十四、臘十）について次のような訴訟があった。「今年講師、大衆訴申云、東大寺之者、一年之中三人賜講師請之条、古今無其例、就中浅臘貞敏応請無其謂事也、早可被請専寺也云々、仰云、所申非無其謂、貞然大会已以近々不能改請之由依被仰下、大衆承諾、貞敏遂畢」（『維摩講師研学竪義次第』宮内庁書陵部蔵、安元二年条）。

(19)平安初期には、護命が律師に任ぜられていたのみで、中期には三綱の補任者は全く見られない。後期になって法橋が二人、法眼が三人、権少僧都が一人となり、鎌倉に入ると、権少僧都が四十名を数える。

(20)なお、堀池春峰氏の『東南院務次第』の「解題」(日仏全〈鈴木本〉)によると、京都山科の随心院所蔵東大寺文書を参照することによって、より一層当院の沿革が明らかにされるはずである、と述べられる。

(21)空海の『御遺告』や『故贈僧正勤操大徳影讃』の成立及び、凝然が『三国仏法伝通縁起』の「真言宗」の条に「道慈以真言法授善議慶俊、議公授之于勤操僧正、勤操授求聞持法于弘法大師」と述べるごとき伝承等。

(22)「五獅子如意之由来」(日仏全、寺誌二所収の『諸集』の中の一文)等参照。

(23)筒井英俊『東大寺論叢』図版篇(一九七三年、国書刊行会)参照。

(24)『維摩講師研学竪義次第』延喜十一年の条。『東南院務次第』の延僘伝(日仏全、史伝部四)、及び『元亨釈書』巻四、聖宝伝等参照。

(25)維摩会の記録上は、鎌倉時代に入ってから三回の記載があり、東大寺側が、興福寺の訴訟を不服として、如意を出さなかったこと、そのために大会が延引したこと等が述べられている。また『維摩会方例考』(日仏全、威儀部一)では、長治二年(一一〇五)にも、東大寺別当勝覚(第七四代、醍醐寺)と東南院院主覚樹との間に争論があって、やはり如意が興福寺に渡らず、十二日になって初めて如意を受け取ったという。つまり維摩会において、この如意が非常に重んじられたことを物語る。

(26)『東南院務次第』及び『東大寺要録』巻四「諸院章」参照。

(27)大安寺・元興寺・西大寺の伽藍の沿革については、大岡実『南都七大寺の研究』(一九六六年、中央公論美術出版)、太田博太郎『南都七大寺の歴史と年表』(一九七九年、岩波書店)参照。

(28)尊勝院の設置は、東大寺第四五代別当光智が天暦元年(九四七)に建立したものとされる。『東大寺要録』巻四、「諸院章」参照。ただ設置については、天徳四年(九六〇)という説もある。『東大寺尊勝院院主次第』の「解題」(日仏全〈鈴木本〉)参照。

第三章　智光の撰述書について

第一節　問題の所在

元興寺智光（七〇八―七八〇?）については、古くより種々の論稿が存するけれども、いずれも、浄土思想に関するものであって、智光の崇拝し敬慕する嘉祥大師吉蔵[1]の思想教学を相承する方面、すなわち、三論思想の方面から、彼の思想教学を論究したものは皆無である。これは、甚だ遺憾なことである。と言うのも、彼の基本教学、立脚する思想は、明らかに吉蔵の三論学に依っており、後述する撰述書を見るも、その内容よりして、首肯し得ることだからである。また現存の著書も、『般若心経』の註釈と、吉蔵の『浄名玄論』の註釈との二つであって、これらの著書に依って闡明せんとする主意も、やはり三論の思想教学にあると理解して良かろうと思う。しかしながら、従来は、歴史的な諸事情に影響されて、著作全体の考察は勿論のこと、彼の三論学の方面よりの思想教学の解明はなされずに到っている。彼の浄土思想に関しては、かの有名なる智光曼荼羅の存在、各種往生伝の記載等により、極楽浄土の思想信仰を持ち、恐らくは、晩年に至ってのことと思われるが、浄土思想関係の註釈書も著わし、断片的ながら伝えられている。従って、彼の思想を把握解明するには、三論と浄土との両方面よりの究明を要するものであり、筆者は、従来閑却されていた三論の方角より彼の思想に照明を当てたいと考えている。また、彼は、時代的に奈良時代にあって、奈良朝仏教の最も華やかなりし時期に位置し、しかも、日本仏教史上においても、彼の著書は、古代仏教思想解明に貴重なる資料を提供するものと言うべく、現存の文献としては、聖徳太子の三経義疏に続くものである。奈良朝の仏教思想、哲学的思惟、中国・朝鮮仏教の受容等の状況を知る上において、三論学としては、彼の信奉する吉蔵の思想教学の受容、理解の状態、特に、その異同を明確にさせ、彼の思想教学の背景と独自性等、今後解明すべき問題は多く存する。また彼以後の三論宗における位置、及ぼした影響も、これまでの研究では明らかにされていない。

以上のようなことから、智光の思想の解明は重要な意義を有すると思われる。そこで今回は、多くの問題が山積する中において、特に、最近関心が寄せられている安澄の引用する「述義」の作者の問題に関連して、まず智光の撰述書について整理しておきたいと考えた。この問題につき、結論を先に述べれば、「述義」は、智光の著書である。この点について、特に、その理由、根拠を提示して、その論証を試みたいと思う。

第二節　智光の住処と呼称

智光の伝記については、すでに述べられているが[2]、彼の著書について論じるに際して、その住処と、後代の人々の智光に対する呼称との関連につき、一言しておきたい。

彼が、元興寺に住したことは、『般若心経述義』（日仏全、経疏部一所収）に日東元興教寺沙門智光撰と明記し、また凝然は『三国仏法伝通縁起』巻中において、

智光礼光奈良新元興寺住侶、立仙光院、弘通法宗、荘厳極楽房、図安養依正、安置彼房、是智光法師所建立也。

（日仏全、史伝部一、一三中）

と述べて、平城遷都後、新元興寺に住していたことを言い、また仙光院を建立して、そこに居住したことを伝えることに依って知られる。しかし、すでに指摘されているごとく[3]、元興寺に所属していたことは確かであろうが、必ずしも、元興寺を一生の所住処と定めていたごとくではない。『日本霊異記』[4]では、河内の鋤田寺の沙門と言い、また天

平勝宝七年（七五五）の「紫微中台請経文」[5]に八田智光師の所より経を借用したことを記している。八田とは、今の堺市八田寺町である。これに依って、彼は常に元興寺の仙光院に住していたものとは考えられず、しかも、所持の経論等も、多くは元興寺ではなく、八田寺等に置いていたごとく推察される。恐らくは、自らも記すごとく「専ら松林に憩い、身を練り神を研ぐ」（心経述義序文）というような生活態度から、学問の研讃等は、多く地方の寺においてなされたことは確かであろう。しかし、当時の状況としては、必ず、いずれかの中央寺院に所属し、その中の一宗を専攻して、智光の場合は、元興寺所属の三論宗の学僧という形を取っていたことは間違いなかろう。したがって、自著においても、元興寺僧なることを明記し、後の伝記、目録も、それに従って記していると見て良い。

ところで、元興寺所属の僧であったことは確かであるが、その仙光院については、従来いかなる性格のものか述べられていない。凝然の記述によれば、元興寺内の一処に智光が建立したものであるとされるが、それが、元興寺のいずれに在ったのか、等は不明であった。しかし『東域伝灯目録』においても、仙光院智光と言い、特に、三論宗関係の著述においても、智光を指して、単に仙光院または仙光と呼んでいる。つまり、智光以後の著述において、仙光または仙光院と言う場合は、ことごとく智光のことである。この点は特に注意しておきたい。そこで、仙光院のことであるが、先の凝然の伝えるところでは、仙光院と極楽房とが同じなのか別なのか。またその先後も定かでなく、むしろ極楽房が先にあって、仙光院が後に建立されたごとき感も抱かせる。しかし、極楽房は、現在も形を変えて存するが、この名称の由来は、言うまでもなく、智光の発願によって描かせたとされる、いわゆる智光曼荼羅を安置することに依る。従って、極楽房は、元興寺の発掘調査等により、三面僧坊の北室の一角を占めることが明らかにされ、その後は、東室南階大坊の一部であったことが明らかとなっている[6]。また諸縁起によって、極楽堂とも極楽院とも称されたことが知られ、しかも、その呼称は、恐らく、智光滅後に、彼の曼荼羅の信仰が盛んになって来るに従って、一般の通称として用いられたことに起因すると考えられる。しかるに、現在の元興寺極楽房所蔵の『極楽坊記』には、

就中、極楽坊者、元興艮角乃為附庸、嘗名仙光院、上宮太子之権輿也、元正御字移院於奈良、爾来智光礼光之二

沙門、養老神亀之比、修練之場也。(7)

と述べていることである。これに依れば、極楽房と仙光院とは同じものであって、古くは仙光院と呼ばれていたものが、後に、極楽房と称されるようになったということになろう。しかも、仙光院は、上宮太子の権興なりとし、本元興寺に、すでに存在していたこと、また、養老、神亀の頃（七一七―七二八頃）に、智光及び礼光の修学の場所であったという。この時期は、智光の出家が『般若心経述義』の序文（後出）より養老元年（七一七）と推定されるから、出家後の十年間に相当し、智光が九歳から二十歳の頃である。正に修練の場というに相応しい時期である。さらに、凝然は、仙光院は智光の建立とするが、右の縁起に従えば、智光の出世以前より、つまり元興寺の建立当初より存していたとも見られる。智光の建立とするのは、凝然の記述のみであり、これが、果たして当を得たものかどうか疑問である。その名称からして、智光、礼光の名より起因して、あるいは、凝然が推定したものであるか、当時一般に行なわれていたものか、いずれにしても、住処の院名と、智光等の名とは深い関係があるように思われる。縁起の記述に従えば、出家の場所、及びその後の修学の住処の名に因んで、その一字を取って、智光、礼光の名前が与えられたとの推察も可能であり、むしろ、この方が妥当かも知れない。右の縁起は、永正十二年（一五一五）の撰であるが、「当寺之秘書也、必必他見他聞堅可慎者也」と表紙に記され、筆者及び所持者も明確なものであって、時の住持の請に依る撰述であり、元興寺に代々伝えられた由来に基づくものである。この仙光院すなわち、極楽房の由来記には、もう一つ、『極楽院記』一巻があり、これにも、上宮太子の草創と伝え、奈良に移転した後に、智光等が住して、三論の宗義を弘めたと述べている。(8)また、『本朝仏法最初南都元興寺由来』には、

中院極楽房　曼陀羅堂太子堂

智光法師頼(ママ)光法師の住房、浄土曼陀羅を安置せらる、其後大破に及ひしを、西行法師勧進して修造ありし也、

北室　南室　東室　仙光院

……

南光院　西光院　……。（日仏全、寺誌二）

と記され、極楽房と仙光院とは別の建物のごとく見られるが、しかし、仙光院の他に、南光院、西光院の名があって、光の字を付す建物が一つではなく、従って、仙光院の名が、必ずしも、智光礼光の二師の名に由来するものではないことが窺われる。また、前記『極楽院記』には、智光が、浄土変相感得の後に、九間四面の曼荼羅堂を造営して、その曼荼羅図を安置したことを述べ、その堂の北に五間に七間の室があり、ここに礼光が住し、南の七間に十八間の室に智光が住したという。さらに『荘厳極楽院記』にも「夫仙光院極楽坊は元興寺の別院なり……」とあって、仙光院と極楽坊とが同じものであることを示唆している。極楽坊が、元興寺の別院となったのは、鎌倉時代になってからのことである。これらが、何によって書かれたかは分からないが、平城遷都による新元興寺の造営、さらに鎌倉時代の修造等、何度かの移建修造があったごとくであり、仙光院も、もとは独立のものであったのが、後に廃されるに至ったかも知れず、また三面僧坊の一つとして修造されたかも分からない。智光が、僧坊の一角を曼荼羅堂として修造したことは、一応考えられることである。しかし、それが、先の仙光院と同じ建物または地域内であったのかどうかは知る由もない。また智光、礼光が住した因縁によって、仙光院と極楽房とが結びつけられたとも考え得る。ともかく、明確なことは全く分からないけれども、智光が先に仙光院に住し、後に極楽房と称される場所に住したことは間違いなく、智光の建立したのは、仙光院ではなく、極楽堂であろうということ、それが、後代に至って、平安末期から鎌倉期において、元興寺そのものが極楽房を中心とする状況となるに及び、種々の伝説が錯綜するに至ったと見るべきであろう。凝然の記述は、以上のような事情に依るものと推察される。一方、三論宗の伝統としては、鎌倉、南北朝に至るまで、一貫して、智光を称するのに、仙光院としているのである。(9)

第三節　撰述書の整理

智光の撰述書については、処々に関説され、また、まとまった記述としては、戸松憲千代氏の論文がある（後出）。しかし、充分でない点も存するので、改めて整理し、また従来その内容に触れられていない著書を中心にして、その解説を加えておきたいと思う。

第一に、諸目録を調べてみたい。智光の著を記載する目録は、「奈良朝現在一切経疏目録」（略称奈良）、安遠の『三論宗章疏録』（安遠）、『東域伝灯目録』（東域）、『浄土依憑経論章疏目録』（長西）、『釈教諸師製作目録』（釈教）、謙順の『諸宗章疏録』（謙順）、『仏典疏鈔目録』（興隆）、『蓮門類聚経籍録』（蓮門）の八部が数えられる。これらの中には、直接、著書を見ずに、古録等に従っている場合も存し、確実性を欠く記載もあるが、一応、これらの記載するものをまとめると次のようになる。

(1)浄名玄論略述　七巻（奈良）、四巻（安遠・東域・釈教・謙順）、巻数不記（興隆）
(2)般若心経述義　一巻（奈良・謙順・興隆）
(3)法華玄論略述　五巻（東域・謙順・興隆）
(4)無量寿経論釈　五巻（東域・長西・謙順・蓮門）
(5)中論疏記（述義）　六巻（謙順・興隆）
(6)大般若経疏　二十巻（東域・謙順）
(7)盂蘭盆経述義　一巻（東域・謙順）
(8)正観論　一巻（東域・謙順）
(9)初学三論標宗義　一巻（謙順）

⑽安養賦　一巻（長西・蓮門）
⑾四十八願釈　一巻（興隆）
⑿観無量寿経疏　不明（興隆）

以上のように、諸録の記載に依れば、十二部四十余巻の著書があったということになり、奈良朝においては、随一の著述家であったことが窺われよう。しかしながら、現存するものは、右の中で⑴の『浄名玄論略述』と⑵の『般若心経述義』のみであり、他は、後代の著作に引用される数部の断片を除き、そのほとんどは散逸に帰していることは、非常に惜しまれることである。諸録の記載は右のごとくであるが、現存の『浄名玄論略述』を見ると、次の二部が、さらに追加される。

⒀玄音論　巻数不明
⒁肇論述義　五巻（？）

従って、彼に帰せられる著書は、全部で十四部ということになる。右のすべての著書の内容は、到底分からないけれども、知られる限りにおいて一言しておきたいと思う。

⑴浄名玄論略述

本書は、目録により巻数が異なる。七巻とするものと、四巻と記すものとの二種である。しかし、現存の『日本大蔵経』第一四巻に収録されるものは、巻一の本末・巻二本末・巻三本末・巻五本を存し、その序文には、

仍永磨鉉、庶能一截、堅念無爽、遂延居諸、式述玆論、勒為五軸。（日大蔵一四、二〇八下）

とあって、吉蔵の『浄名玄論』八巻を略述して五軸とする、とあるから、現存の巻数に一致し、従って、全五巻より成っていたことが知られる。吉蔵の『玄論』の巻数と、『略述』の相当する巻次を対照させると、巻一の部分は、『略述』では、序文を含めて第一巻と二巻の本末が当てられ、巻二以下巻六までの五巻分は、各々第三巻本・末・第四

本・末・第五本が相当し、巻七と八の略述は、第五末が相当することが推察される。これによって、目録記載の巻数は不正確となるが、四巻と記入するものが安遠録以下三部存するが、安遠の見たものは、巻数の分け方が異なっていたものであろうか。

本書は、幾つかの注意すべき問題を提起する点で貴重な文献である。一つは、当時の学問の傾向を示唆すること。それは、本書の引用書目を調べることによって、ある程度の輪郭が得られるであろう。中でも、仏書以外のもの、つまり漢籍の引用が割合に多く、[10]後の註釈の傾向と対比することにおいて、また当時の学僧の修学の状況を知る上で注目されることである。次に上宮王の義疏を明示して引用することも注意され、これは、すでに知られるごとく、本邦初見である。[11]また、すでに述べたごとく、自著に関説することである。『玄音論』と『肇論述義』は上に記したが、さらに『法華玄論略述』にも触れる。これに依って、撰述の先後も、幾分見当がつこう。これらの引用については後述したい。そこで、本書の後代における引用についてであるが、安澄（七六三―八一四）の『中論疏記』では、六回程の引用が見られるが、呼称が注意される。それは、「浄名玄述義」あるいは単に「名記」と呼んでいることで、これは、智光の著書には他にも、何々述義という書名が存するから、安澄は、かく称していたものか、あるいは、当時の大安寺系では、この名称が使用されていたのかのいずれかであろう。安澄の引用文を現存本と対照すると一致するから、[12]安澄の言う「浄名玄述義」というのが、智光のものであることは間違いない。さらに後代の澄禅（一二二七―一三〇七）の『三論玄義検幽集』では、「名玄略述」と称して引用する。つまり安澄の頃より、すでに、吉蔵の著書に対して、略称を用いていたことが知られ、『浄名玄論』を「浄名玄」あるいは「名玄」と呼んでいた。また『法華玄論』は「法華玄」とか「華玄」と称す。さらに目録によって「浄名玄記」と称するものもあり、安澄は、これを略して「名記」と称したものであろう。後述のごとく智光自身も「名記」と呼んでいる。

本書の内容については、別に考察を加える必要があるが、科門につき、日本大蔵経の解題に示されており参考となる。

(2) 般若心経述義

本書は、彼の著書の中で、完存する唯一のものである。また撰述年時がはっきりしているのも、本書のみである。それは、序文に、

智光、従生九歳避憒肉処、遊止伽藍、然自志学、至于天平勝宝四年、三十箇年中、専憩松林、練身研神。（日仏全、経疏部一、一六九中）

と記することによる。右に依って、天平勝宝四年（七五二）の撰であることが分かり、前後の文脈より、彼の生年及び出家の年も推定されるのである。大日本仏教全書の解題にては、「自志学」を「学問に志してより」としているが[13]、これは、すでに日本大蔵経の『浄名玄論略述』の解題等で指摘されている通り[14]、志学すなわち、十五歳よりとの意味に見るべきで、これは、同『略述』の序文にも、

智光生自日本、守朴成逸、徒以面墻、元崇修学、爰属冠年方知慕業。（日大蔵一四、二〇八下）

と、冠年の用例があり、また、外典に相当詳しいことよりして、恐らくは、当時一般に、このような用例がなされていたと見られる。従って、彼が四十四歳の時の作である。『心経』に対する日本の註釈書としては最古のものであり、前後の註釈書との比較研究が今後の課題である。すなわち、慈恩大師や円測の疏及び真興の解釈との対比である。また吉蔵等三論学の般若や空に対する理解と智光の解釈との異同等、彼の般若空観を知る好資料である。また短編でありながら、多くの経論を引用して、的確な解釈を加えている。前書と同様、彼の学識を窺うに足る文献である。ただし、自著に関説することは全くなく、序文に見られる履歴及び『心経』に対する見解、というのは、仏典中の最も重要なるものとの考え等よりして、本書は、智光の最初の著書であったかも知れない。

(3) 法華玄論略述

東域録では「法華玄述記」と称しているが、割註にて、「玄論略述」といっている。吉蔵の『法華玄論』に対する

註釈である。本書は現存しないが、第一に『浄名玄論略述』にて、吉蔵の伝記を述べ終って、

古旧如此相伝久矣、尚有此語、何非欣崇、略録縁起、示于童蒙、委申元由、如法華玄略述。（日大蔵一四、二一七上）

と言っており、自ら「略述」と称しており、具名は『法華玄論略述』であることは明らかであろう。『浄名玄論略述』では六回関説される。その関説の内容、つまり説明を譲るという、その内容について注意されるのが、六回中三回見られるのであるが、上記の例文を含めて、中国三論宗の師資相承の因縁、すなわち、歴代の祖師の伝記等についての記述に関することである。つまり道朗（僧朗）や僧詮等の伝記、呼称等につき、『法華玄論略述』では相当詳細に解説しているごとき推察がなされるからである。『浄名玄論略述』においても、かなりの説明が見られ、しかも、その内容は、現在の僧伝等では分からないものも含まれ、果たして史実かどうか不明のものも存するが、当時の伝承を裏づけるものとして注目される。そこで、本書の内容を知る手がかりとなるのは、後代の註釈書の引用に見るより外はない。安澄の引用は定かでないが、珍海（一〇九二—一一五二）の『三論玄疏文義要』や澄禅の『三論玄義検幽集』には多数引用され、復元とまでは行かなくとも、かなり内容を知ることが可能である。それらは、ほとんど「華玄略述」と略称され、時には単に「略述」とするから、『浄名玄論略述』との区別に注意を要する。これらの引用によって、鎌倉時代までは伝承されていたことが明らかである。また巻数であるが、目録は五巻としており、末註の引用も、巻五まで存し、それ以上は出ないようであるから、全五巻と見てよかろう。ただし、『浄名玄論略述』と同様に、本末に分かれていたようである。

(4) 無量寿経論釈

本書については、すでに浄土宗関係の人々によって、詳細な研究がなされており、説明は要しない。今、それらの論文を次に掲げておきたい。

高西賢正「智光の浄土論疏に就いて」『仏教研究』第七巻第一号、一九二六年。

戸松憲千代「智光の浄土教思想に就いて(上)」『大谷学報』第一八巻第一号、一九三七年。

戸松憲千代「元興寺智光無量寿経論釈抄」『宗学研究』第二四号、一九四二年。

恵谷隆戒「智光の無量寿経論釈の復元について」『仏教大学研究紀要』第三四号、一九五八年。

恵谷隆戒「元興寺智光の無量寿経論釈の研究」『干潟博士古稀記念論文集』五六一―五七六頁、一九六四年。

瓜生津隆雄「智光の論釈と論註」『真宗学』第二七号・第二八号、一九六二年。

明山安雄「智光の浄土教思想研究序説」『仏教論叢』第九号、一九六二年。

普賢晃寿「智光の浄土教思想」『真宗学』第三五号・第三六号、一九六七年。


等があり、智光以後の浄土宗関係註釈書に見られる引用に依って、その復元もなされ、智光の浄土思想の研究も、かなり進んでいる。ただ、本書の後代における引用は、三論関係の著書には全く見られないようであり、浄土関係書とは対照的である。

(5)中論疏述義

本書は、謙順録と興隆録に出るが、両者共に実際に披見したとは思われない。謙順録では「出古録」と註記しているし、興隆は巻数を記さないからである。従って、目録からは、その存在が不明確であるが、三論の末註には明確な引用が見られ、その存在が確認される。すなわち、珍海の『文義要』にて、

中論疏記上云、方広道人、即一説部宗、諸法但名、都無体相。(大正七〇、二二七下)

仙光疏記中云(疏第三巻処)点同破者、就一異事、其執並同悉破之、故点者就也。(同、二二八中)

等として引用するのがそれである。『文義要』では十八回の引用が見られる。また『検幽集』では、『中論疏述義』として盛んに引用する。これらのことから、安澄が最も多く引用する「述義」が、智光を指すことが推察されて来るこ

とになる。従って、本書については、次項に述べることにしたい。

(6)の『大般若経疏』以下(12)の『観無量寿経疏』までの七部は、目録に出るのみにて、その内容等は全く不明である。

⒀玄音論

本書は、目録には記載されていない。しかし、現存の『浄名玄論略述』にて六回の関説が見られ、安澄の『中論疏記』に一度だけであるが引用されており、確実に智光の著書と認められる。しかし巻数は不明である。その内容は、引用に依って、わずかに窺われる程度であるが、まず『浄名玄論略述』から見て行くと、巻一末にて、法・応・化の三身について釈し、それを、名・体・問答の三門を以て説明し、その第三の問答においては、三身を、体用、本末、常無常、説不説等の義に依って、問答形式で解釈するが、その最後において、「自余問答如玄音論」としている。[15] また、巻二本にて、不二法門を釈するのに、やはり釈名、弁体、問答の三門を設け、その第三の問答にて、二不二、理教、体用等の義を以て解釈し、最後に「余細問答如玄音論」とする。[16] さらに、巻三末では、二諦の開合を論じ、五門分別して二諦義を明かすが、その五門とは、開合、体用、境智、因果、理教の五であり、その第五理教門の最後にて、やはり「自余問答如玄音論」としている。[17] そして、巻五の本でも、権実二智に触れて「具明問答如玄音論」とする。[18]

これらのことより、『玄音論』では、体用、本末、理教、二不二、常無常、説不説等、三論伝統の相対的な基本的概念についての解釈を行っていることが推察され、また問答形式で述べられていたごとくにも考えられる。これらの諸概念あるいは用例は、吉蔵の著書にも頻繁に出てくるものであり、また慧均の著書にても同様であって、特に二諦的趣旨の闡明において多用され、慧均は、中仮の解釈において、基本的な用例を提示する。従って、智光の三論学の受用、理解が如何なるものであったか、また彼の思想教学の背景を考える上で、示唆を与えるものである。その他、巻二本では、

無名相者、謂無因縁名相、強名相者、仮於因縁名相、所言強者、説仮之義、以無名相不滞於無名相、恒名相義言

強名相説、具如玄音論等。（日大蔵一四、二九三下）

と述べて、吉蔵の『浄名玄論』の中の「無名相中強名相説[19]」についての見解を示す。これらの事についても、『玄音論』にて述べたと言うものである。

ところで、安澄の引用文は注意されるのであるが、『中論疏記』巻一本の解釈本文の冒頭にて長文が引用される。その内容は『中論』の「中」と「論」の解釈であり、吉蔵の解釈を敷衍して述べている[20]。吉蔵の疏に見られるような「観」の字についての釈がないのは、安澄も同じであって、吉蔵の疏名も『中論疏』とされており、これは、日本での筆写の当初より、そのように書かれてあったことに起因するものであろう[21]。

以上によって、『玄音論』の大よその内容は推察されるかと思われる。しかし、その書名の由来、意味は明らかでない[22]。

⒁肇論述義

本書もまた、目録には見えないが、智光自らの関説と末註の引用によって、その存在が裏づけられる。『名玄略述』には五回関説され、安澄及び澄禅等が引用している[23]。本書については、かつて安澄の作と推定されたこともあるが[24]、安澄のものでないことは以下によって明らかとなろう。『肇論』の日本への伝来の年号は明確でない。筆写の初見は天平十六年（七四四）であるが、それ以前に学習すべき経論の一に数えられているし、元康の『肇論疏』は天平十二年（七四〇）に筆写され、恵達疏は神亀二年（七二五）には写されたようであり[25]、『肇論』も恐らく、この頃には一般に流布していたと思われる。従って、智光の本書は、日本最初の註釈書であったと考えられ、しかも、まとまったものとしては唯一のものであろう。そこで、『名玄略述』を見ると、巻一本では、

言長安者、王都之号、而有二処、京城東京謂洛陽、西京謂長安……漢帝改咸陽曰長安都焉、具如肇論述義。（日大蔵一四、二二〇上）

として、長安の説明をして詳細を譲るが、これは恐らく、慧達の序文[26]についての解釈を指すものであろう。智光が慧達疏を多用しているとの指摘もある。[27]また巻二末では、竺法温の心無論に触れて、「貝如肇論述義」とし、巻五本では、「十四宗等者、貝如肇論述義」として、六家七宗に僧肇の不真空義を加えた十四宗につき、詳細なる説明を譲り、ただ十四宗の名のみを列挙している。[28]

以上によって、『肇論述義』が智光の作たるは明白となるが、安澄も十回以上引用しており、時として、その解釈に対して、「今謂不爾」[29]としていることから、これが安澄の作でないことも、また自ずと明らかとなる。そこで、巻数であるが、安澄には巻四の引用があり、澄禅の『検幽集』には巻五の引用が見られるが、正確には分からない。五巻かそれ以上ということであるから、かなり詳細な解釈を加えていることが推察されよう。内容は、引用文の整理によって、かなり知り得ると考えられる。

以上、主要な著書について、注意される点のみを記した。各々の考察は、不可欠のことであるが、今ここで触れる余裕はなく、また引用文の整理収集も大変な作業であって、容易なことではない。しかし、復元は無理としても、主要なる著書については、大よそのことは推察可能と思われる。それらの研究は、今後の課題である。

第四節　安澄の引用する「述義」の検討

安澄が『中論疏記』において、最も頻繁に引用する「述義」が誰の著書であるかについては、従来明確な論証はなく、近年においても、大体の見当がつけられ、推測されているといった状況である。しかし、論証はなされていないながらも、境野黄洋博士は、その著『支那仏教史の研究』にて、[30]これを智光のものと認めておられたようであり、また寺崎修一氏[31]も同様に智光のものとして扱われている。従って、大分以前より、これを智光の著とする見解はあったもので、全く不明とされて来たわけではない。特に近年になって、中国、日本の『中論』註釈書の研究及び日本仏教思想史の立場、あるいは観点より、再び注目されて来たということで、そこで作者は誰かということも問題となっているわけである。[32]

安澄は、周知のごとく、多くの経論章疏を引用して、吉蔵の『中観論疏』を註釈しており、その中でも、安澄以前の吉蔵疏に対する註釈を引用する点で注目される。それには「述義」を始めとして「別記」「淡海記」「有解」等の呼称を以て関説引用し、安澄以前に吉蔵疏に対する日本の註釈書が数種存在していたことが知られる。その中でも、特に引用の多いのが「述義」であり、現存の『疏記』のみでも、六百八十六回の引用が見られ、この数は、吉蔵の疏文を挙げてコメントを加える場合、毎回に近いほど引用していることになり、いかに安澄が「述義」を重視し、また自己の註釈に際し依拠としていたかが如実に知られよう。また引用の態度は、客観的であり、多くの場合は、「述義」の説明等を以て、自己の註釈に代えるか、それを承認して「准之可悉」との言葉で結ぶ。しかし、時として「今不爾」として、批評を加え、自己の見解を提示する。[33] これは、「述義」に限らず、「淡海記」に対しても、また「別記」に対しても同様であって、公平な立場で、客観的に註釈を加えていることが看取される。従って、必ずしも「述義」との立場を異にするものではなく、むしろ、その全面的な依用を注意すべきである。このような安澄の態度は、後に一般に認識される大安寺流と元興寺流との対立が存していた、というような見方に対し、反省の余地があるかも知れない。恐らく安澄の時代にあっては、法相宗と三論宗のごとき対立論争はなかったのではないかと思われる。[34]

さて、「述義」の問題であるが、これが智光の著書であることを証するには、第一に、智光の現存書との一致性を指摘することを要するであろう。第二には、安澄以後の註釈書における引用との一致性の指摘。そこで第三には、安澄の言う「述義」と珍海の言う「仙光中論疏記」と澄禅の言う「中論疏述義」との同異が明らかにされなければならない。そこで第一の点については、『浄名玄論略述』との対比を行ない、末註との比較は、珍海の『三論玄疏文義要』と澄禅の『三論玄義検幽集』に限定して考察を加えることにしたい。三論の末註としては他にも引用が見られるが、この二書が顕著だからである。

第一の点についてであるが、先に注意を要するのは、安澄は、少なくとも三種の「述義」を引用することである。これは、単に「述義」と称する場合は、今問題としている吉蔵の『中観論疏』の註釈であるが、他に『浄名玄論述義』と『肇論述義』があり、これらも、単に「述義云」として引く場合があって注意しなければならない。後の二種が智光の著書であることは、すでに明らかとなっている。そこで「述義」の引用文と『浄名玄論略述』との一致性であるが、すべての例文を挙げることは紙数の関係で不可能なので、一、二の例に留めたい。一つは歴史的記述が一致するもので、次のようである。

述義

述義云、胡者是姓、取父本国之号、即為姓也、其胡族颯末建国輔相之子。（大正六五、二下）

述義云、日厳精舎亦言慧日道場、何者、纔挙日光、内外奕映、若有見者、発心捨俗、故言日厳、大師妙慧転大法輪、若有聞者、趣向大道、故言慧日者、恐謬伝焉。

又云、大師生于梁末、長於陳代、及乎陳滅、以隋開皇十八年、至于長安、長安陳朝相去三千三百里。（同、三上）

述義云、高麗国遼東城大朗法師……然処処云、山中者、高麗国大朗師、山門者、止観寺詮法師、或言一師、或言大師、或直言師者、興皇寺法朗師、（同、一二上）

述義云、楊州之南、有摂嶺山、山内有止観寺、昔梁武帝初学成実毘曇、聞高麗国道朗法師従北地来、住摂山止観寺、

略述

俗姓胡氏、是颯末建国輔相之子、粤自齠齔之年、夙渉文徳、（日大蔵一四、二一六上）

日厳精舎亦言慧日道場、其極奇製、隅楼四起、重閣両属……纔挙日光、内外奕映、若有見者、発心捨俗、故言日厳、大師妙慧転大法輪、若有聞者、趣向大道、故言慧日。（同、二二〇下）

大師生于梁末、長於陳代、乃于陳滅、以隋開皇十八年、至于長安、長安陳朝相去凡三千三百里。（同、二一八下―二一九上）

言山門者、止観寺僧詮法師、楊州之南有摂嶺山、山内有止観寺、昔梁武帝初学成実毘曇、聞高麗土道朗法師、従北土来、住摂山止観寺、善解三論、妙達大乗造（ママ）、智寂等十人就

善解三論、妙達大乗道、智寂等十師就山学之、而伝訓授梁武、因此遂改小従大、後摂山麓造栖霞寺、坐禅行道、故云摂山大師也。（同、七一中）

山学之、而伝訓授梁武、因此遂改小従大、……後摂山麓造栖霞寺、坐禅行道、而今挙初住処号耳、道朗法師即名山中、僧詮法師名曰山門、玄疏処処或言一師、或言大師、即興皇寺法朗、法師是栖霞寺詮法師之学士秀者。（同、一五、一八上）

右に依って、摂嶺相承の人々に対する見解等、歴史的記述に関しては、全く一致することが明らかであろう。これらの「述義」の説明に対し、安澄は異議を唱えている。吉蔵の先祖が、颯末建国の人という説は、僧伝等いずれの記載にもなく、従って安澄は、『続高僧伝』『嘉祥碑文』により、安息国人なることを述べている。また吉蔵が言う山中と山門とが誰を指すものであるかについては、見解を異にする。「述義」の著者は、多分僧伝等も見ていると思われるが、現在の我々の見解とは異にして、独自の説を提示するが、これは、恐らく、彼の学系もしくは以前の日本三論宗の人々の相伝説に従ったものと受け取られる。史的記述は、かなり詳しい。しかし、それは必ずしも客観的に妥当とは認められない場合が多く、人名の混同も見られるのである。ただ摂山第一祖を道朗とする点は、安澄以下南都の伝承では一貫しており、近代の学説では僧朗とされるが、この道朗、僧朗いずれが正しいのかは、智光の史的知識のソースを考えた場合、再考の要素も存する。[35] すべて根拠のない旧伝として、退けて良いかどうか。こと自宗の祖師に関することであり、また朝鮮半島、中国との交渉も盛んな時期であり、同時代の道慈は入唐生でもある。その道朗や僧詮の事跡についての記述については、一考を要するであろう。上掲の他にも、吉蔵等に関することで「述義」と「略述」の一致は指摘出来る。

次に「述義」の文中において、しばしば、自著に言及する場合がある。それは、『肇論述義』と「名記」と「別抄」であるが、「別抄」は不明ながら、『肇論述義』と「名記」すなわち『浄名玄論略述』は、まぎれもなく智光のものである。『肇論述義』は検証の仕様がないが、「名記」については、現存の『浄名玄論略述』との相応が見られ、それを証することが出来る。次に例示する。

述義云、原夫三世如来、四依大士、出世之大意者、為息衆生執見愚惑之病、雖復宣説恒沙経教……然則息患者、無執不破、謂破病義、開道者、無義不摂、謂顕道義、具明如名記第二巻也。（大正六五、二一〇下） 述義云、如阿含云、二乗不知赤塩……麁細等者、若就教法、小乗教麁、大乗教細、大小例之、大乗所説之理大故、能顕教法亦大、小乗及此、浅深亦例、小乗法浅、大乗法深、若就事法、四微是細、柱等是麁、広明如名記第三巻也。（同、七〇上）
原夫三世如来、四依大士、出世之大意者、為息衆生執見患惑之病、雖復宣恒沙経教……然即息患者、無執不破、謂破病義、開道者、無義不摂、謂顕道義、言生心動念者、如如豪末有所依着、乃為執着。（日大蔵一四、二七九上） 二乗不能別相知法、但経相知、如阿含云、二乗不知赤塩白塩……麁細等者、若就教法、小乗教麁、大乗法細、大小例之、大乗所説之理大故、能顕教法亦大、小乗反此、浅深亦例、小乗法浅、大乗法深、若就事法、四微是細、柱等是麁、修羅是大、人等是小、大海是深、河等是浅。（同、一五、二一五下—二六上）

右二例を提示したのであるが、これに依って、両者の相応一致性は明確となり、「述義」は、智光の著書であることは間違いなかろうと思う。

そこで、第二点になるが、安澄の引用と、珍海等の引用文が相応するかどうかである。つまり、「述義」と珍海の言う「中論疏記」及び澄禅の言う「中論疏述義」とに、共通の引用文が見られないかどうか。結果は、共に数箇所、同文を引用していることが指摘される。一々の対比は略して、各々一例ずつ次に掲げてみよう。

中論疏記上云、方広道人、即一説部宗、諸法但名、都無体相。（文義要、大正七〇、二二七下）

中論疏述義中云、譬喩者、梵語鳩摩羅多、此云日出亦譬喩、此経部中一人也。（検幽集、大正七〇、四一七中）

述義云、此二十部中、是一説部、彼部執言、一切我法唯有仮名、都無体性、名為空見、方広方等猶是大乗之異名也、……。（大正六五、一八下）

述義云、梵語鳩摩羅陀、此云日出、亦云譬喩、此二或是人号、或是論名、此経部宗中一人也。（大正六五、一一〇中）

右により、珍海及び澄禅の書に見られる『中論疏』の記と述義が、共に安澄の言う「述義」に相応することが知られ、前二者の引用文は略抄であることも分かる。しかも、右の二文は、共に『浄名玄論略述』の説明とも一致するものである。(36)

以上の数条の指摘によって、「述義」が智光の著書であり、それが吉蔵の『中観論疏』に対する註釈書であることも自明となったであろう。しかるに、その書名と巻数が次に問題となる。吉蔵疏の原題が『中観論疏』であるべき理由は、彼の疏文を見れば容易に首肯されるが、すでに触れたごとく、日本における筆写の記録では、「中論義疏」又は「中論疏」とされており、安澄も註釈するのに、「疏曰、中論疏巻第一、此下第二解釈題目」（大正六五、一中）として、「中論疏」と称し、その題名に従って解釈している。従って、奈良朝以来、少なくとも安澄の頃までは、「中論疏」なる表題を記したものが用いられていたことは間違いなく、智光においても、『玄音論』の文に見られるごとく、同様であったと考えられる。ただ智光も安澄も『中論』に広略の名があることをいい、略が「中論」で、広が「中観論」であると説明している（『中論疏記』巻一本、大正六五、二上）。安澄の『疏記』も、諸写本共すべて『中論疏記』としており、(36)日本大蔵経本のみ『中観論疏記』となっている。よって、吉蔵の書名と解釈の内容よりすれば「中観論疏記」であるべきだが、安澄疏記の原名は、『中論疏記』であったと考えられよう。そこで智光の「述義」であるが、前の目録や珍海、澄禅等、異なった名称を伝え、安澄と澄禅は「述義」を用い、目録と珍海は「疏記」としている。

しかし、安澄の用例が最も古く、もし智光の書名が、「中論疏記」であったなら、恐らく、安澄は自著に同名を付すことはないのではあるまいか。自著に同名を付し、智光の他の書に、何々述義という例が多いために、自著と区別するために、わざわざ述義と改めて用いたとも考えられない。ただし、『浄名玄論略述』を「浄名玄論述義」としていることもあり、名称が一定しなかったことも考えられる。疏記の名を付すのは、智光自身、「名記」なる用法をしていた。「何々の記」という用例は一般に用いられていたようでもあるし、筆写伝承の相違により、名称に不統一を来したものと思われる。因みに珍海は醍醐寺禅那院の住僧であり、東大寺東南院系の人、澄禅もやはり東南院の智舜に学んだ人で、広隆寺桂宮院に住した。年代的に、両者には百年以上の開きがある。今は、どちらが元来の名称であったかの判断は困難であるが安澄と澄禅の引用に従って『中論疏述義』が、その撰述当初の具名であると推定しておきたい。

次に巻数であるが、謙順は六巻と記す。そして、安澄は巻数をほとんど示さない。中に述義第五とか第四等の例があるが、これは、必ずしも『中論疏述義』かどうか分からない。また澄禅自身も、巻数は示さず「述義曰」として一貫する。ただ、その裏書者は、多く、上中下の巻数を示し、また珍海も上中下巻を示して引用する。このことから、上中下の三巻であったと思われるが、『浄名玄論略述』も『法華玄論略述』も共に、一巻が本末に分かれており、したがって、『中論疏述義』も、上中下の本末でなかったかと推察され、写本系統の相違、巻数の数え方から謙順が六巻と記したこととも矛盾しないであろう。

第五節　結　語

以上、詳細なる論証、例示は充分出来なかったが、智光の撰述書についての一応の整理を試みた。全く散逸して、その断片すら不明の書は別として、主要なる著書は現存するものを含めて、その断片も見られ、智光の思想教学を解明する資料として、不充分ながらも提供されていると見てよい。特に『中論疏述義』は、安澄等の頻繁な引用により、かなり復元出来るものと思う。また、『法華玄論略述』や『肇論述義』についても、ある程度の内容把握は可能と考えられ、新たなる視点を提供してくれるであろう。したがって、それらの逸文の整理が必要で、その上で、当時の仏教学の状況、智光の教学、及び後代への影響や、他宗との関連等を考察しなければならないが、これらは、今後、解明されなければならない課題である。(38)

第三章註記

（1）『浄名玄論略述』の序文（日大蔵一四、二〇七下等）によって、智光が吉蔵を大師と呼んで尊崇していたことが知られる。一例を示すと「然惟解此経者、十有余家、唯見宗詣理者、大師吉蔵、如大師者、威徳厳然、順大道之至極、理万法之性相、其所出言、如反而順、似去而来、体質而骨密、文藻而理詣、其所行事、壮宏周備、曲修照遺、形潔而神清、業大而願遠」とある。

（2）戸松憲千代「智光の浄土教思想に就いて（上）」（『大谷学報』第一八巻第一号、一九三七年）参照。

（3）寺崎修一「元興寺智光の事ども」（『現代仏教』第六巻六月号、一九二九年）参照。

（4）『日本霊異記』中巻（日本古典文学大系七〇、岩波書店、一九七七年、一九二頁）に「釈智光者、河内国人、其安宿村鋤田寺之沙門、俗姓鋤田連、後改姓上村主也」とある。

（5）『正倉院文書』紫微中台請経文（大日本古文書一三所収）に「奉請陀羅尼集経十二巻　如意輪陀羅尼経一巻　右、奉請八田智光師所、如件、天平勝宝七歳八月二十一日付舎人江野韎鞨」等とある。

（6）大岡実『南都七大寺の研究』（中央公論美術出版、一九六六年、一一一頁以下）参照。

（7）岩城隆利『元興寺編年資料上』（吉川弘文館、一九六三年）の「縁起」所収（同書三八頁）参照。

（8）前註同書五八頁参照。

（9）智光を仙光と称する初見は、現存資料としては安澄より五十年程後の元興寺僧円宗（?—八八三）の『大乗三論師資伝』に見られる。珍海（一〇九二—一一五二）の時代になると普通に用いられる。

（10）気が付いたものを捨うと、『周礼』『周礼注』『荘子』『荘子郭璞註』『説文』『字書』『礼記』『鄭玄注』『毛詩』『爾雅』『広雅』『左氏伝』『左伝注』『杜預注』『公羊伝』『劉非注』『論語』『苞氏注』『白虎通』『尚書』『安国注』『尚書伝』『玉篇』『漢書』等が引用・援引されている。

（11）本書での引用は、「上宮御製維摩疏云」等として、しばしば引用する。これ以外に『勝鬘経義疏』『法華経義疏』の三経疏をすべて引用する。

（12）『中論疏記』巻一本の「浄名玄述義云、如有伝云、象兎二人共度大海、即此海中黄金甚多、象徹踰底截流而度、黄金著脚出岸而行、脚底黄金随歩堕落於地、貧人拾取能破貧乏、兎浮而度、不知有何等物、彼何利人也」（大正六五、九中）の文は、『浄名玄論略述』巻三末の次の文に一致する。「如有伝云、象兎二獣共度大海、海中黄金甚多、象即徹底喩截流而度、黄金着脚出岸而行、脚底黄金随歩堕地、貧人拾取能破貧乏、兎即浮而度、不知海中有何物、彼即以何等利人」(日大蔵一五、二二六上)。
(13)『大日本仏教全書』「解題」一(鈴木本)一一頁参照。
(14)他に前註(3)の寺崎、前註(2)の戸松論文参照。
(15)『浄名玄論略述』巻一末(日大蔵一四、二二四上―二三五下)に「後問答者、問、三身就体用云何、答、二義、一法身非体非用、応身為体、化身為用……問、就本末云何、答、亦有二義、一法身非本非末、応身為本、化身為末……問、就常無常云何、答、法身非常無常、応身為常、化身為無常……問、就説不説云何、答、二義、一法身非説不説、応身為説、有起説義故、化身為不説、推功帰本故、如言応化非真仏、亦非説法者、……自余問答如玄音論」とある。
(16)『浄名玄論略述』巻二本(同、二六四上―二六五上)に「第三問答者、問、如色心等一切法無二故言不二者、為色即是心耶、答、言色心不二者、非謂色成心故不二、但以非色非心、故曰不二……問、不二為具理教之義為不具耶、答、二義、一者既称不二、即非理教、若有理教、是即二見、以理教無二故為不二耳、二者具理教義、謂以不二之教、詮不二之理也……問、何因縁故言不二耶、答、因縁之法而有三義、一就体用者、用依体起、即体之用故用無別、即体成用故体無別、名為不二、……余細問答如玄音論」とある。
(17)同じく巻三末(同、一五、八下―一〇下)参照。
(18)同じく巻五本(同、一五、八二下―八三上)に「反照智者、此有二解、一智還自知為反照智、二別有反照智、然以後義為正、若自知故為反照智者、実智反知(ママ)実智、権智反知権智、若爾雖成権智之義而実知、義応無差別、何以故、知諸法空為実智故、若此実智還自知者、以自知義是応権智、而言別有知能照智反照之智、是故無過、譬如眼識不能自見為他所見、権実二智与無二智反照之智、皆是権智、具明問答如玄音論」とある。
(19)この言葉は、『浄名玄論』巻一(大正三八、八五六中)に「後就仮名相二以摂三門、経云、無名相中、強名相説、欲令因此名相悟無名相」と述べられるもので、智光は、この経は、『仏蔵経』であると註記している。
(20)『中論疏記』巻一本(大正六五、一中―二上)に「玄音論云、所言中者、不得有辺、所以云中、何者、若無中者、何得名辺、此以中遣辺、又無中与辺、是妙中、何者、中与辺相対是病故、又中義者正義、以二諦為体故、又是仮義……所言論者、尽言為論、此即尽一異等邪言、故云尽言為論、又主客交言而尽語言、故云尽言為論……然今云中者、非多非一、随義対縁、得説一多、一道清浄更無二道、一道即是一中道也、若約二諦、即得二中、以世諦不偏故名為中、真諦亦爾、若約三諦亦得三中、亦得四中……」とある。
(21)石田茂作「奈良朝現在一切経疏目録」参照。なお安澄疏記等の呼称については後述する。
(22)ただ『浄名玄論略述』巻一本にて、論の題名を釈するところで、玄・論・音の説明をしており、智光が、各々に対して、いかなる

見解を持っていたかが知られ、従って、玄音論の書名を付した趣意も、推察されるように思う。「就釈此論題名、乃有通別二義、通義就諸仏菩薩言、別義就維摩一人言、通義云何、言浄名者能証之智、玄者所証之理、論者能証所証相応説教、若論能証所証、但取正観正境、如以二智縁二諦境、唯名為照、不得言証、以無二智契不二理、唯名為証、不得言照、故大論云、汝証我法時、汝爾時自唖、言我法者不二之理、以離分別之義名唖、又其照名通於体用、如経中言、慧照三諦、但以無二之智、相応不二之理、照後従理起二諦用及二智用、此是論義故以為名、所以然者、不二正観離諸執見義為浄、絶相四句義為名、如般若論、理名而言一音、以無万有差別之義曰一、以絶相四句義曰音、音即名義、既其曰音、即知非相、所証之理名為玄者、絶心言路極寂静故、以用為論、即二諦教、何者、有所照境必有能照智、故由二諦境発生二智、而為化縁以智説教、故正言二諦教、傍言二智」（日大蔵一四、二一四上以下）。また、「所明之法名為玄者、此経所説不二法門幷不思議因果法等、若体若用皆離執見之義為玄、玄即中道之異名也」等と述べている。

（23）光太『三論真如縁起事』（日大蔵所収）では「仙光院肇論略述云」として引く。

（24）牧田諦亮「肇論の流伝について」（『肇論研究』二九二頁）参照。

（25）慧達『肇論疏』巻中の跋文（続蔵二・乙二三・四、四四四左下）に「東南院写本奥記云　神亀三年歳次乙丑十一月　宝亀二年歳次辛亥四月三十日沙弥慈晋云云」とあるによる。神亀三年は、丙寅で、乙丑は神亀二年である。今は乙丑を採用した。

（26）慧達『肇論序』（大正四五、一五〇上）に「慧達率愚、通序長安釈僧肇法師所作宗本物不遷等四論」とある、長安の釈を言うものではなかろうか。

（27）前註（25）及び巻上の跋文に「而述義中引恵達釈、皆符此書（以下欠字）」とか「仙光院肇論述義中多引恵達言、其文悉合此疏、恵達撰無疑者哉」（続蔵二・乙二三、四三一右下）とある。

（28）『浄名玄論略述』巻二末に「捜玄論云、晋竺法温為深法師弟子也、其製心無論曰、夫有有形者也、無無象者也、然即有象不可謂無、無形不可謂有、是故有為実有、色為真色……故知心空由照空境、境空由心而顕、境智相成猶函蓋相応也、具如肇論述義」（日大蔵一四、三〇六下）とか「問、羅什嘆肇公、此皆出於何処、答、出羅什所製二諦義第一巻、慧達所引即此文也、十四宗等者、具如肇論述義、今列名者、本無第一道安法師、本無異宗第二琛法師、即包第三支道林、識含第四于法開、幻化第五壱法師、心無第六蘊(ママ)法師、縁会第七于道邃、令同幻化第八済法師、性論第九遠法師、因縁真諦第十生法師、令空真諦第十一曇斌法師、質疑童子論第十二僧(ママ)高法師、不空仮名第十三顕(ママ)高法師、幷肇公不真空義為十四宗、具明宗義如捜玄論」（同、一五、八九上―下）とある。

（29）『中論疏記』巻一本「肇論述義云、如世親等初依菩薩、如龍樹等二依菩薩。如馬鳴等三依菩薩、如提婆四依菩薩、故玄奘伝云、慈氏告唱羅阿羅漢曰、彼提婆者、曠劫修行……故知是第十地菩薩、此就本論四依、今謂不爾、若就本者、龍樹亦是往古如来、摩訶衍論云、妙雲相如来故也、……約此義不判四依……」（大正六五、二三中）。

（30）境野黄洋『支那仏教史の研究』（一九三〇年、二九七頁）参照。

（31）寺崎前掲論文参照。

（32）平井俊榮博士は、その著『中国般若思想史研究』（春秋社、一九七六年）の三五〇―三五一頁において、安澄の引用する「述義」の一文と『浄名玄論略述』とが一致することを指摘され、「述義」の著者は智光であることを示唆された。

（33）この批評を加えて見解を異にするのは、全部で三十五回存する。引用の全体からみれば一割に満たない。

（34）この点は、前掲の寺崎論文にて問題提起をされ、智光の学系（師）についての従来の伝統である智蔵説を否定され、道慈受学説を出された。それとの関連において、大安、元興の対立は、智光より安澄の時代にはなかったことを主張している。これらの問題については、更に吟味の必要があろう。

（35）道朗・僧朗については、本書第一部第一章第二節参照。

（36）『浄名玄論略述』巻二末に「言方広道者、二十部中一説部是、彼言、一切我法誰有仮名、都無体、故名為空見、方広方等是大乗之異名」（日大蔵一四、三〇四下）とあり、また同巻に「十一修多蘭婆提那部、此云経量、経量部中亦有一師、梵語鳩摩多（ママ）、此云日出、亦云譬喩、此二或是人号、或是論名、如有処云日出論者、亦云譬喩部師、即是人也」（同、三一一上）とある。

（37）東大寺図書館蔵の鎌倉時代写の一本（疏記六末）のみ、表紙に『中観論疏記』と記されるが、これは後に付加されたものである。

（38）なお、本論考が発表された（一九七六年十月）後の研究として、末木文美士「元興寺智光の生涯と著述」（『仏教学』第一四号、一九八二年）がある。

第四章　安澄の引用する諸註釈書の研究

第一節　はじめに

安澄（七六三―八一四）は、[1] 現存する日本最古の三論註疏である『中論疏記』七巻[2]（本末）の著者である。安澄には、他に『三論名教抄』という書もあったとされるが、[3] これは現存しない。『中論疏記』は、周知のごとく、嘉祥大師吉蔵（五四九―六二三）の『中観論疏』に対して、詳細な註解と考証を行ったものであり、特に精緻な文献考証にその特色を発揮した書であると評価されている。その文献考証には、安澄の当時、日本に伝承されていた限りの厖大な資料を駆使している。その意味において、極めて貴重なる文献的価値を有すると言えよう。

安澄の時代は、奈良時代末から平安朝初期に位置するが、この時代は、東大寺の造営を契機として、所謂南都六宗が公式に認められ成立する。[4] また天台や真言という二つの新興の宗派が京都を中心として重んじられ、隆盛に向わんとする気運にあり、また三論宗と法相宗との抗争も、激しさを増していた。それらの大勢から判断しても、三論宗は、その勢力を弱めていた時期である。[5] 法相と三論との対立及びそれに対する処置などについては、すでに指摘されている通りである。[6]

このような時代にあって、学問的立場から、吉蔵の『中観論疏』に対する註疏を撰したことは、画期的と称され得るであろう。

従来、安澄の引用する諸文献については、日本大蔵経の解題においても、その主要なるものが指摘され、最近においては、国訳一切経の『中観論疏』の解題において、泰本博士によって、文献名が紹介されている。そして特に、現在伝えられていない多くの文献を引用していることが注目されている。このことは、単に、安澄当時、あるいは安澄以前の三論研究を考える上での資料を提供するに留まらず、中国仏教に関する諸学説・問題を理解する上でも、多くの示唆を与える。さらに、奈良時代の仏教学の状況、対外的な関係との対応等を考える上でも、種々の事柄を教えてくれるものと察せられる。

そのようなことから、安澄、すなわち『中論疏記』に引用される諸註釈書について、改めて整理をし、分析を加えておくことは決して無益なことではないであろう。安澄の引用書は経・律・論及び中国・日本の撰述書、さらに漢籍であるが、経律論については、吉蔵の引用に対する考証を主とするために、特に注目される要素は少ない。ただ、玄奘によって翻訳された新訳の経論も自由に用いていることが指摘出来る。従って、安澄の引用書の特色は、中国・日本撰述の諸註釈書に見出されるので、当面の整理の対象としては、それに限定したいと思う。当時の学問という観点から漢籍の引用状況も見逃がせないが、ここでは省略したい。[7]

第二節　安澄の周辺

安澄の時代の現存経典・註疏は、『開元録』所載及びそれ以後翻訳された経典、その他中国・朝鮮・日本の撰述書等であったとされ、現在蔵経との対比も石田茂作博士によってなされている通りである。[8] しかし、石田博士の整理集計は、古文書に現われた限りのものであって、いわば、写経所等で公式に書写された記録に基づく。従って、他にも多くの文献が私蔵されていたことは充分予測される。現在蔵経が分量において多大であることは自明であるが、博士も注意されているごとく、奈良朝に現存し、現在欠本となっているものが、特に中国撰述書に著しいとされる。この点は、後述の安澄の引用書によって明らかに知り得るところである。その意味において、中国仏教の研究においては、現在の我々よりは、はるかに研究の資料が豊富に提供されていたことは間違いない。

古くは、百済・高句麗からの渡来僧によって朝鮮半島経由で中国仏教の諸文献が将来され、また、遣唐使の開始と共に、入唐学問僧により、唐から直接将来された。さらに白鳳時代に入って、新羅との交渉が緊密となり、再び朝鮮半島の仏教が直接的に、そして唐の仏教が間接的に伝えられる。[9] 後述のごとく、新羅仏教の影響は、安澄においても顕著に見られるところである。安澄の誕生以前、天平年間には、大安寺に、修多羅衆、三論衆、律衆、摂論衆、別三論衆の五衆、法隆寺に、律、三論、唯識、別三論の四衆が設置されていたことや、元興寺にも、三論、摂論、成実の三衆が存在していたことは、[10] つとに述べられるところである。これらの各衆について、修多羅衆や別三論衆とは何か、と言ったことについては異説が存し、[11] また修多羅衆でも、大修多羅衆と常修多羅衆は同じなのか、別なのか。別とすれば、如何なる相違があるのか等、なお検討の余地が認められるが、ともかく、一つの学団として成立していたことは疑い得ない。

そこで、安澄に至る三論宗について一言するならば、古来伝統説として、必ず言及されるのが凝然（一二四〇—一三二一）の三伝説である。[12] この説が、そのまま事実として承認して良いものかどうかであるが、これを否定する積極的材料は存しないことも、また事実である。この凝然の記述については、従来、それを傍証する確たる文献もなく、当時の南都で凝然の言う如き三論宗三伝説が行なわれていたものとして理解されている。[13] 従って、凝然に先行する文献、つまり凝然がその記述に際し、考慮したであろう文献等も、何ら指摘されることはなく、不明とされている。しかし私見によれば、凝然は何らかの三論宗の伝承に関する文献に基づいて述べたものであろうと考える。法相宗には『法相宗相承血脈次第』[14] と言ったものが作成伝承されている事実から三論宗においても、何らかの文献が、存在していたとしても不思議はなかろう。そこで、従来関説されることのない、『三論祖師伝集』（日仏全所収）に注意したいと思う。この書は、作者等は不明であるが、日仏全本の底本には、正嘉二年（一二五八）十二月の東大寺聖守の識語を有する。また内容上、東大寺の東南院に伝承されていたものであることは、その院主次第を付加している点からも明らかである。聖守は凝然と同時代であるが、先輩である。東大寺の真言院に住し、三論と真言を兼学し、当時活躍した人物である。しかるに、この『祖師伝集』には、時代の経過と共に、多少の追加等があったことは認められるが、その原形は少なくとも聖守以前に形成されていた。つまり凝然以前に成立していたことは間違いなかろう。日仏全の解題にては、鎌倉初期のもの、もう少し明確に言うならば、東南院主の記述より見て、第一二代の道慶（一一六九―）までの記述が本書の原初形態であろうと推定されている。これを凝然が見ていたか否かはともかくとして、筆者が注意したいのは、本書で引用している『三論師資伝』である。これは、日本祖師の伝記を述べる冒頭において、「三論師資伝云」として長文が引用される。[15] この文中において、凝然の言う三伝説の原形と思われるもの、むしろ、そのままの記述が見られるのである。但し、凝然のごとく、明確に第一伝、第二伝等という述べ方はしない。また慧灌―福亮―智蔵―道慈という縦の繋がりも明確には述べない。しかしながら、日本三論宗が慧灌に始まること、次に智蔵、その次に道慈という入唐生が続き、いわゆる三論の三流を示している点は注目されて良い。それを承けて『祖師伝集』では、第一慧灌、第二智蔵、第三道慈として伝を述べる。また『師資伝』では、智蔵の系統を述べ、智蔵―智光―霊叡と次第し、霊叡の門下に東大寺の漸安、玄覚、元興寺の薬宝があり、その玄覚は入唐生であるといい、「今吾三代之祖師也」という。[16] つまり玄覚の系列に連なる人物の作にかかるものであることが明らかである。玄覚は安澄とほぼ同時代の人と考えられるから、『師資伝』は、平安の中期には成立していたのではなかろうか。しかも、本書に述べられる日本三論宗の初期から安澄の時代までの系譜は、以後の三論関係の文献に踏襲されていることが窺われる。

『祖師伝集』等、現存する三論系譜に関する資料及び右の『師資伝』については、さらに吟味しなければならないが、凝然は、何らかの具体的な文献に基づいて、先の伝統説を評価し、位置づけたであろうことを指摘しておきたい。[17]

三論学の日本伝来については、聖徳太子の師とされる慧慈（?―六二三）や慧聡（―五九五―）は、成実の学者であると同時に、三論の学者であったともされるが、もし、そうであったとしても、時代的には、吉蔵の三論学は承けていないと考えられるし、また、太子の三経義疏が、彼らの指導に負うとすれば、この中にも、三論学の影響は認められない。従って、彼らは、恐らく成実を主とする人々であったと見るのが妥当であろう。但し『維摩義疏』については、僧肇の『註維摩』を依拠としている点で、三論の系統に連なるものとも考え得る。[18] 従って、日本への三論宗の伝来は、やはり凝然のいう第一伝たる慧灌（―六二五―）によるということになろう。年代的には、伝のごとく、[19] 入唐して、吉蔵から受学した可能性は認められる。彼は、孝徳天皇の代に元興寺の僧として、天皇に三論を講じたという。この時の聴衆として恵隣（輪）、恵妙、僧旻、道登、常安、恵雲、恵至（資・師）、霊雲、福亮があり、講が竟る日に、その勧賞にあずかり、僧正に任ぜられた。[20] この因縁により、三論宗の伝統では、これら九僧正をすべて慧灌の弟子に数える。[21] 右の九人のうち、慧灌から三論を相承した者として一致して挙げられるのが元興寺の福亮（―六五八―）である。福亮に受学した者としては、元興寺の神泰と法隆寺の智蔵（―六七三―）があり、智蔵も入唐し、法隆寺において三論を広め、第二伝とされる。智蔵の入唐による師承は不明である。伝記類では、やはり吉蔵に受学とするが、これは年代的に不可能である。前田慧雲博士は、『三論宗綱要』（七二頁）において、「均正（恵均）或は磧法師と何等関係あるか」とされるが、なお再考の必要があろう。この智蔵の次が、第三伝とされる道慈（？―七四四）であり、善議（七二九―八一二）―安澄と続く。神泰の系統は元興寺に相続されて存し、宣融―玄耀等と続く。右のうち、道慈は、三論宗としてのみでなく、日本仏教史上、種々の点で重要な位置を占める人物であることは、従来述べられるところである。伝統説では、道慈と共に智蔵の弟子として、元興寺の智光（七〇八―七八〇?）と礼光が数えられるが、否定的見解も早くから存する。[22] 安澄は、道慈の正系を継承するものである点は間違いなかろう。安澄の同門に勤操（七五四―八二七）がおり、安澄の滅後、平安仏教界で重きをなす。[23]

以上のごとく、安澄の時代には、元興寺、大安寺、法隆寺において三論の研究が行なわれ、一つの学団を形成し、各々の伝統を有していたことが知られ、他にも、多くの三論学者を数えることが出来る。[24] また安澄以前において、前述のごとく三論衆と別三論衆が存在していたことである。[25]安澄の頃は、この両者が一つにまとめられて、三論宗と呼ばれるようになっているが、[26]この別三論衆を田村博士の言われるごとく元康の教系とすれば、道慈は入唐して元康に学んだ、というのが三論宗の伝統説[27]であり、道慈によって別三論衆が設置されたものとなる。とすれば、安澄は、この系統を正しく相続していることになるが、後述のごとく、安澄は、元康の『中論疏』やその師とする碩法師の『中論疏』を頻繁に引用することは、右の見解を傍証することとなるであろう。しかし、安澄には、三論衆と別三論衆との識別が存していたかどうか。すでに表面的には、その区別は取り除かれていたはずであるが、しかし内部においてはなお前時代の影響が残っていたとも考えられる。あるいは、三論宗の大安寺流と元興寺流の識別は、その辺に由来するのであろうか。なお、成実衆が、恐らくは、最も早く存在しても良いと考えられる法隆寺に設置されていないように見受けられ、また大安寺にも見えないことと考え合わせると、別三論衆の意味するところについては、問題が残されているように思う。

第三節　引用書の概要と形態

『中論疏記』は、現在完本として伝えられておらず、大正新脩大蔵経及び日本大蔵経本共に巻一末、巻四本・末、巻六本・末が一致して欠けている。このうち、巻六の末は、東大寺所蔵の古写本中に存することが泰本融博士によって確認された。[28]そこで、本稿の引用書の整理に際しては、現行の大正蔵本に東大寺所蔵の巻六末の部分を加えた。

なお引用書の文献名、作者、存否等の比定確認について一言するならば、安澄は、吉蔵の『中観論疏』の一節を掲げて、次に「今案」「案」の言を付して考証し、諸文献を引用する。従って、単に人名のみを出す場合も、それが、吉蔵疏に対する註釈であるのか、他の経論等の註釈であるのか、経論の場合も、特定の経論を引用し、続いて、その註釈書を引用するから、誰の何に対する註疏であるかの推定が、ほとんど可能である。また三論宗関係以外の場合は、人名と文献名を共に示して引用することが多い。大方の場合は、安澄の引用状況のみで判別がついた。その上で、第一には、石田博士の「奈良朝現在一切経疏目録」（以下、「奈良録」と略す）との照合を行ない、文献名、作者、当時の存否を確認し、そこにおいて見出せないもの、不明のものは、『東域伝灯目録』（『東域録』）や『諸宗章疏録』（『諸宗録』）を参照し、最後に、現在における存否を確認した。現存本については、引用文の所在を確認し、文献名と作者を確定したものである。勿論、不明のものも数部存する。

一、引用部数

初めに、安澄の引用する仏教関係文献の部数を調べると、中国撰述書（翻訳書も含む）が一二六部、日本撰述書が一八部で、合計一四四部である。この中には、中国か日本か明確に判別しかねるものもあるが、一応、引用の形態、引用文の内容より、いずれかに分類し、部数を計上したものである。また日本撰述の中には、「有人云」「有人伝云」等として関説するものも一部として含めてある。中国撰述書の中で、『肇論』の引用は、それに含まれる五章の各々の名前を出して引用し、「肇論云」という引用の仕方は一度も出て来ない。この場合は、現在の形態に従って、一部として数えた。

右の中国撰述書を、釈経、釈律、釈論、雑部の四種に分類してみると、釈経三八部、釈律五部、釈論四〇部、雑部四三部となる。次に日本撰述書は、釈経が六部、吉蔵書の末註が七部、その他五部となる。

次に引用文献の内容から、三論関係、唯識法相関係等に分類し、部数の多いものを掲げると次のごとくである。

一、三論関係　　五九部
二、唯識法相関係　　二三部
三、華厳関係　　九部

四、成実毘曇関係　七部
五、律関係　六部
右の三論関係には羅什の門下たる僧肇や僧叡、曇影、又、慧影も含めた。
次に著者別に、二部以上の著書が引用されている人々を調べると次のようになる。
一、三論関係者

1吉蔵	二二部	2僧肇	四部
3僧叡	三部	4曇影	二部
5慧蹟	二部	6元康	二部（以上中国）
7智光	五部		

二、その他の人々

1窺基	五部	2真諦	三部
3普光	三部	4法宝	二部
5玄範	二部	6玄応	二部
7法蔵	四部	8元暁（新羅）	三部
9慧遠（浄影）	二部	10道宣	三部（以上中国）
11上宮王	三部	12信行（行信）	三部

右のうち、吉蔵の書として現在伝えられているものは、二八部を数えるが、安澄が引用しないものは、『華厳遊意』『維摩経遊意』『維摩経略疏』『金光明経疏』『観無量寿経疏』『大品遊意』の六部である。これより判断すれば、吉蔵の主要なる著書は、すべて将来され、安澄の元に揃えられてあったことが分かる。また慧蹟と表記した人物は、安澄の言う「磧法師」であるが、最後の信行と共に後に触れるであろう。

二、引用回数

次に文献毎に、引用回数を調べてみると次のような結果となった。今は、一〇回以上関説引用する文献のみを参考に掲げてみよう。

一、中国撰述書

1	碩法師『中論疏』	二六二回
2	琳法師『中論疏』	一六五回
3	元康『中論疏』	一四二回
4	慧影『大智度論疏』	七一回
5	智蔵『成実論大義記』	四七回
6	曇影『中論疏』	四〇回
7	聡法師『成実論章』	三九回
8	道基『阿毘曇章』	二九回
9	法宝『大般涅槃経疏』	二七回
10	曇捷『法華字釈』	二三回
11	法魏『雑阿毘曇心論疏』	二三回
12	僧肇『肇論』	二一回
13	慧皎『高僧伝』	一九回
14	元康『肇論疏』	一七回
15	不明『中論疏』	一六回

16慧均『大乗四論玄義記』　一五回
17法朗『中論玄義』　一〇回

二、日本撰述書

1智光『中論疏述義』（述義）　七八五回
2不明『中論疏別記』（別記）　九七回
3元開『中論疏記』（淡海記）　五三回
4智光『肇論述義』（述義）　二四回
5智光『浄名玄論略述』（述義）　一六回
6不明『中論疏記』（有記・有一巻記）　一六回

三、吉蔵の撰述書（中観論疏を除く）

1大般涅槃経疏　八八回
2浄名玄論　五二回
3法華経義疏　四九回
4百論疏　四五回
5維摩経義疏　三八回
6大乗玄論（大乗玄義含む）　二八回
7三論玄義　二〇回
8二諦章　一七回
9勝鬘経宝窟　一六回
10法華玄論　一四回

右の集計に依って、安澄が、考証註釈を加えるに際し、如何なる文献を重視し、依拠として行っているか、一目瞭然たるものがあろう。吉蔵の『中論』解釈の背景、その前提となった思想学説については、すでに指摘されているごとく、[29]南斉智琳（四〇九—四八七）の『中論疏』や曇影（—四〇四—）の『中論疏』、僧肇（三七四—四一四）の『肇論』及び法朗（五〇七—五八一）の『中論玄義』に、その典拠を求めていることが知られ、それは逆に、吉蔵が、それら先行する文献を踏まえて註釈を著わしたことをも示唆するであろう。また、中国南北朝から、陳・隋に至るまで隆盛を究めた『成実論』の研究、その学説に関しては、吉蔵の著書によっても、その中心となるのが、梁の三大法師であることは明白であるが、その中心的人物たる開善寺智蔵（四五八—五二二）の『成実論大義記』の引用は注目に値する。さらに吉蔵の後に続く碩法師や元康（—六二七—）の疏を頻繁に引用することは、安澄の学系及びそれらの書の日本伝来を考える上で注意される。日本撰述の文献に関しては、絶対的な依用頻度を示す智光の『中論疏述義』が最も注目される存在であろう。安澄は、時として、見解を異にする場面もあるが、当時の『中論』研究乃至吉蔵の『中観論疏』の研究において、智光の「述義」が、如何に重んじられ、当時の権威とされていたかを物語る顕著な例を示すものではないかと思う。智光には、他にも多くの著書があった。[30]その主要なるものを、安澄はすべて引用する点において、当時の三論研究、あるいは三論宗にとって、智光の占める位置、果たした役割の大きさを知ることが出来る。吉蔵の著書の引用に関しては、『涅槃経疏』の存在が、すでに注意され研究がなされている。[31]

以上が、安澄の引用状況の大要である。『中論疏記』の性格については、先に一言したが、安澄の引用態度は、学問的な立場を失うことなく、諸文献を公平に扱い正確に引用することを基本的な姿勢としていることが察知される。この点は、本書の冒頭、表題の下に「集衆異説、不敢和会」と記されていることによって充分窺われるところである。しかし、自己の見解を提示することも屢みられるが、全体としては、右の原則を守っていると言えよう。経律論の引用に際しては、ほとんど巻数を明示して引用する。註疏について、中国撰述に係るものは、書名・人名を明示する。その点文献存否の確認、比定は割合容易であった。但し、日本撰述に関しては、二、三の著書を除いて人名を出すことはせず、しかも略称を用いるがために、誰の著書か確認不可能のものが多い。年代の接近するもの程、その名を伏せる傾向は、中国書においても同様であろう。それに関連して、自己の師承に関する事柄についても何ら言及するところはない。その点、吉蔵等の著書とは、大きな相違が見られる。

第四節　古逸書について

右に掲げた安澄の引用書中、半数以上は、現在欠本となっている、所謂古逸書である。現存本は、特に問題とすることもあるまいが、古逸書については看過出来ないものがあろう。現存書についても、安澄の時代の学問的傾向、中国・朝鮮との関係を論じる場合、重要な要素を含んでいるのであるが、今は、特に古逸書について、判明する限りにおいて次に述べたいと思う。但し、ここでは、特に説明を要するもののみ言及したい。

先に古逸書を、吉蔵書、中国、日本撰述書等に分類して、その文献を掲げよう。

一、吉蔵の撰述書

吉蔵の著書は、二二部引用する中で、現存書が十八部、古逸書が四部である（現存書については付表参照）。

1大般涅槃経疏　　2法華経玄談
3弥勒成仏経疏　　4大品経略疏

『大般涅槃経疏』については、註の（31）に示したごとく平井俊榮博士によって研究が進められ、復元化が試みられているが、次の『法華経玄談』については、「奈良録」に、『法華経疏玄談』一巻という作者不明の書があり、石田博士は、これを『東域録』記載の『法華経玄談』一巻、隋吉公とあるものに比定されている。『諸宗録』には、『法華経玄談』一巻、吉蔵述としており、今、安澄の引用する「玄談」と言うのは、恐らく、これを指すものであると考えたい。[32]「玄談」という名称からすれば、日本の書との印象も受けるが、南都には吉蔵の書として有本であったことは確かであるし、他に「玄談」と名のつくものは記載されていないので、一応吉蔵の著書として数えておく。次の『弥勒成仏経疏』は、現行本の『弥勒経遊意』一巻がそれであろうと考えられるのであるが、現行本には、その相当文が見出せないのである。さらに、長らく吉蔵の著と考えられて来た現行の『遊意』は、実は、慧均の書が、誤り伝えられていた事実が、最近になって判明している。[33]「奈良録」では、作者不明として、二種の「疏」(共に一巻)が伝えられており、『東域録』には、吉蔵の書と慧均の書との二つを掲げる。従って、安澄の引用するのは、吉蔵の疏であり、これは、古く散逸したものと考えられる。現行の『遊意』は吉蔵のものでないことは注意を換起したい。

『大品経略疏』というのは、『東域録』及び『安遠録』に記載されるものであるが、他に「広疏十巻」を伝える。これについて『東域録』では註記して、「大品般若略疏、広疏、二部共古昔流伝、古師著述中、数引用之、今時未伝」とする。また「広疏」の下に「南都本六巻疏可見、東寺」と註記する。現行本の『大品経義疏』は十巻本(欠落がある)となっているが、これが恐らく「広疏」に相当すると考えられ、南都本は六巻であったことも知られる。現行本に関しても、冒頭に「大品玄意」の題が付されており、巻数の不同があった事実と考え合わせると、いずれかの時点で、多少手が加えられている可能性が認められる。安澄の引用は三回見られるが、そのうち、二つは「疏第一」として、現行本の巻一「大品玄意」に相当する文を引くが、[34]もう一つは『大品般若』巻二〇無尽品の釈で、現行本には相当文が見出せない。[35]そこで、恐らく、『東域録』等で言うところの「略疏」からの引用であろうと推察したのである。

二、中国撰述書

中国撰述書は、右の吉蔵書二二部を除いた一〇四部中、五〇部が現存する。但し、現行本が完本でないために、引用文と相当するものが見出せない書が六部存する。逸書（全欠）は五四部で、次のごとくである。

一、中国三論関係

1曇影『中論疏』　2法瑶『中論疏』
3智琳『中論疏』　4道荘『中論文句』
5法朗『中論玄義』　6慧賾『中論疏』
7同　『中論遊意』　8浄秀『中論疏』
9元康『中論疏』　10不明『中論疏』
11不明『百論記』（以上全欠）
12慧影『大智度論疏』　13慧均『大乗四論玄義記』
14不明『三論略章』（以上一部欠）

右の中国三論関係の古逸書については、1の曇影疏、2法瑶疏、3智琳疏、4道荘の文句、5法朗の玄義の五については、すでに詳細な研究がなされており、安澄の引用書に対する作者の比定等において、それを承認するものである。(36) この中で、曇影疏、智琳疏は『東域録』に記され、法朗の玄義は『諸宗録』に記載される。しかし、いずれも「奈良録」には見出せない。6、7の慧賾の疏と遊意については、一言を要する。第一に作者についてであるが、安澄は「碩法師疏」「碩疏」又「碩法師遊意」として引用するものであり、両者は同一人物であることは間違いない。しかも安澄は、この人を、吉蔵から受学した人としている。この点は、智光の『浄名玄論略述』巻一本において、吉蔵の講説の状況を述べて、

於是大師興隆大法、仍製浄名玄等、稟法之徒百千万衆、而善知法、唯慧賾法師及一音慧蔵等焉。（日大蔵一四、二二〇上）

と述べており、智光の言う慧賾と、安澄の引く碩法師とは同一人物を指すと考えられるのである。安澄が、『中論疏記』巻一本において「吉蔵師得業弟子碩、旻、邃等」（大正六五、二二上）と言うのは、何に依ったものか不明ではあるが、恐らく、智光等の伝えるところに従ったものと考えられる。そこで、智光の言う慧賾師は、中国の僧伝においては、吉蔵と同門の智矩（五三五―六〇六）に受学した人と伝えられ、また吉蔵との交渉も伝えられる唐京師清禅寺沙門釈慧賾[37]（五八〇―六三六）をおいて他にないのである。南都においては、彼の著書か僧伝で言う吉蔵との因縁を重視して、吉蔵の門下として伝承されたものと考えられる。彼の『中論疏』については、『東域録』『諸宗録』に記載される。7の『中論遊意』については、従来、現行本として存在する『三論遊意義』一巻に比定されている。しかし、安澄の引用文と、現行本とを比較対照してみると、相応しないことが判明する。[38]吉蔵の『三論玄義』を安澄等は『中論玄義』と称することなどから考えると、現行本と同一なるものとの推測が出てくるのであるが、実際の引用文が相違しているとなれば、少なくとも、安澄の引用する文献は、現行の『遊意』ではないと言うべきであろう。この「遊意」については、『安遠録』も『東域録』も共に「三論遊意一巻」とし『東域録』では十五紙とする。この紙数から考えると、目録で言うものと現行本とは一致するように思う。異同等についての結論は留保したい。

8の浄秀師の疏は、七回の引用が見られるが、現行の『疏記』では「浄義寺疏」とか「浄義等疏」となっており、義は秀の誤写又は誤読と思われる。これが浄秀の疏の引用であろうことは、「述義」（智光）が曇影の疏にコメントしたことを批評して、

然述義云、此師製述中論義疏、凡有四巻、流行於世者非也、彼四巻疏無作者名、疑浄秀師疏也。（大正六五、六三中）

としていることによって知られる。これに依れば智光の言う四巻疏とは、曇影のものではなく、浄秀の疏であろうと言うのであるが、それには作者名がない、という。しかし、安澄は、この四巻疏を浄秀のものと判断していたごとくである。しかし確たる根拠が見出せなかったようにも理解される。引用に際し「浄秀等疏」として、「等」の字を付

すのは、その辺の事情によるものとも言えよう。右の安澄の言及にも明らかなごとく、智光も、すでに浄秀師の疏の存在は知っていたことが予測されるが、彼の『浄名玄論略述』巻一末では、浄秀法師として、その釈を引用することによって、確実となろう[39]。この浄秀疏については、奈良、東域、安遠等の目録には見えず、『東域録』では別に「三論略章三巻浄秀」と記載している。これとの同異は不明である。

9の元康疏は、諸目録に依って六巻であったことが知られる。慧賾の疏と並んで、安澄が頻繁に引用することは注目される。僧伝では元康の師承は明確ではないが[40]、日本の伝承では、慧賾に三論を学んだものとし、道慈が入唐して、吉蔵の孫弟子たる元康に学んだことを伝える[41]。この点は、従来の研究においても、充分可能性のあることとして認められている[42]。安澄が道慈の正系を相承する人である点において、右の事柄との関連上、その引用についても充分考える契機が存する。慧賾及び元康の疏が伝えられていたという事実、右の師承に関する日本の伝承も、それらの著書を参照することによって成立したものであることが推察可能だからである。従って、それら文献を有しない者としては、南都の伝承を即座に否定し去ることも出来ない。元康には多くの著書があった。目録では八部を数える[43]。その中で、安澄は今の『中論疏』と現存する『肇論疏』の二部を引用する。10の亡名の『中論疏』は、十六回の引用が見られるが、11の『百論記』と共に不詳である。

13の慧均の書については、筆者も言及したところがあり、多言を要すまい。ただ、この書が南都においてかなり影響を与えてはいるものの、吉蔵ほど重要視されなかった節がある。それは智光が、慧均や浄秀のことに触れて、「浅学之徒」[44]と評価することに端的に表われていると思う。早くから、吉蔵との見解の相違が指摘されていたものと考えられる。ただ筆者は、本書に述べられていたと考えられる三論の師資相承に関する事柄については、法朗門下の直伝ということで、日本の伝統説の成立に有力な根拠として影響を及ぼしたのではないかと考えている[45]。

14の『三論略章』は、目録では三巻とされ、作者も不明である。現行の『略章』との関係において、すでに考察が加えられている[46]。安澄は二回のみの引用なので、不明な点が多いが、一箇所は、確かに現行本に相当文が存するが、もう一箇所の引用文は一致しない。[47] 目録の三巻と現行の一巻というのも相違する。従って本来三巻本であったものが、後に略抄されたのが、現行本であろうとの見解も出て来る。ただ、従来注意されていないのは、現行本の奥書に、

三論略章造　道蔵為七世父母現在父母及一切六道四生衆生。（続蔵二・二・三、二九六左上）

と記されていることである。つまり付点の「造道蔵」を如何に理解するか。これは明らかに道蔵という人物が、これを造ったとの意味に受け取られるのではあるまいか。しかし、現行本の表題下には「胡嘉祥法師導義之要」とされる。とすれば、道蔵が、吉蔵の著書よりその要義を抄録して『三論略章』を作ったということになろうか。安澄は、吉蔵の著書として引用する。しからば、安澄の用いたものには右の奥書が付されていなかったのであろうか。あったとしても、その内容上、吉蔵の言を伝えるものとして引用したものとも考えられる。後代、現行本のように簡略化される過程において付加されたものであろうか。道蔵を人物として理解するならば、吉蔵以後の人としては、天武十二年（六八三）、百済より渡来したとされる道蔵のみである。この人は『成実論疏』十巻又は十六巻を作ったとされ、『東域録』は十巻として「元興五師」とし、『諸宗録』は十六巻とし「道蔵等五師」とする。[48] つまり元興寺の住僧と共に疏を作ったということであろう。従って、この道蔵は、成実の学者である。しかし年代的には、すでに吉蔵の三論学をも学んでいたとしても不思議はない。しかし、先の奥書に記される道蔵が、百済の道蔵であるか否か、他に証すべき資料が見当たらない。もし同一人物とするならば、道蔵は来朝の際に持ち来ったものか、あるいは右の『成実論疏』のごとく、元興寺の人々と協力して、『略章』を作成したかのいずれかであろう。『続日本紀』によれば、養老五年（七二一）には、齢八十を越えていたと言う。しかも法門の袖領、釈道の棟梁と称され、重きをなしていたことを伝える。また古文書に見える筆写は、景雲二年（七六八）であり、安澄が生れて間もなくの頃である。この時作者名が記されていないのは、吉蔵の自著でないことを物語ると共に、右の事情を反映しているものかも知れない。後に安澄が、これを吉蔵の言を伝えるものとして、吉蔵の釈として引用する可能性は充分考えられるであろう。

ところで、右の三論関係の書、特に『中論』の註釈書について言えることは、元康の疏を除いて、他はすべて古文

書の筆写の記録には現われていないことである。つまり、これらの文献の伝来について、いつ、誰によって将来されたのであるか、という問題が生じる。境野博士は、慧賾や元康の疏は、道慈の所伝であるとされる。[49]しかしながら、吉蔵の『浄名玄論』は、道慈の帰国（七一八）以前の慶雲三年（七〇六）に筆写されており、[50]吉蔵の書及び、それ以前の註釈書は、すでに慧灌や智蔵によって将来されていたことは考えられよう。道慈の将来ということに関連して、智光が道慈から三論を受学した、という説が多少問題になるところである。智光の著書は、わずか『心経述義』と『浄名玄論略述』しか残っていないので断言は出来ないが、安澄ほどに、慧賾や元康の影響が顕著には見られないからである。少なくとも、現存の書中、元康については何ら言及しない。もし道慈が帰国するや、元興寺に赴いて師事したとするなら、当然、道慈の将来した新たな文献にはいち早く注目したであろうと考えられるからである。従って、慧賾や元康の疏が道慈の将来にかかるものであるか否か、また智光が道慈に受学したという推測が妥当か否かは、さらに検討の要があると思われる。

次に経律論の古逸書は左のごとくである。

二、経律論の註疏

1 劉虬『注法華経』
2 曇捷『法華字釈』
3 曇延『涅槃経疏』[51]
4 玄範『無垢称経疏』
5 真諦『金剛般若経疏』[52]
6 道証『大般若籍目』
7 僧馥『注勝鬘経』
8 元暁『金光明経疏』
9 勝荘『最勝王経疏』
10 憬興『最勝王経疏』
11 煕師『最勝王経疏』[53]
12 円測『無量義経疏』
13 不明『文殊問経注』
14 玄応『四分律音義』

15智蔵『成実論大義記』　16聡法師『成実論章』[54]
17嵩法師『成実論疏』[55]　18宗法師『成実論疏』
19不明『成実論疏』[56]　20法魏『雑阿毘曇心論疏』
21道基『阿毘曇章』[57]　22道基『摂大乗論章』
23真諦『摂大乗論疏』　24不明『仏性論疏』[58]
25玄範『弁中辺論疏』　26文備『広百論疏』
27義斌『大毘婆沙抄』？　28真諦『金七十論釈』？
29不明『摩訶衍論記』（以上全欠）
30法宝『涅槃経疏』[59]　31元暁『瓔珞本業経疏』
32文軌『因明入正理論疏』（以上一部存）

右の経律論の註釈書に関し、最も注目されるのが、唯識法相関係の人々の著書が多く引用されている点である。日本への唯識法相学の伝来については、特に摂論宗に関して田村圓澄博士（前掲書）の詳細な研究がある。今は、それらの事情については立ち入らないが、『摂大乗論』を中心とする唯識学は、道昭（六二九―七〇〇）等によって将来され、慈恩大師（六三二―六八二）によって成立した法相宗は、玄昉（―七四六）や神叡（―七一七―）によって、唐及び新羅から伝来される。従って、安澄の時代は、摂論衆から法相宗へ移行し、南都においては、法相宗全盛の時代である。同時代の法相宗の代表的人物として、護命（七五〇―八三四）や善珠（七二三―七九七）、玄賓（―八一八）、行賀（七二九―八〇三）等が興福寺を中心に活躍していた。しかもその研究の中心は、玄奘門下の唯識法相宗の人々の著書を依拠としていたことは言うまでもない。安澄の引用は、このような当時の学界の状況を正に反映していると言えるであろう。右に掲げた人々では、摂論宗としては、真諦、道基があり、玄奘門下に連なる人としては玄範、勝荘、文備、憬興、円測であり、道証は円測の弟子である。これらは、唐における法相宗の興隆と共に新羅の影響と見ることも出来よう。また現存する文献としては、慈恩の諸著作や普光、法宝、文軌、靖邁及び元暁の書が引用されている。吉蔵の著書を解釈考証するに際し、真諦や道基を除いては、すべて吉蔵より後代の人々の、しかも他宗の人師の説を多用することは、安澄の当時において、如何に法相宗の学問が無視出来ない存在となっていたかを示すものと言える。さらに、元暁の『金光明経疏』や勝荘等の『金光明最勝王経』に対する三部の疏を引用することは、日本における旧訳の『金光明経』と新訳の『金光明最勝王経』の読誦依用の状況を暗示するものと考えられる。つまり旧訳の重視から新訳の重視へと変化し、天平六年（七三四）頃には、新訳の『最勝王経』が主に用いられるようになった。[60]この傾向は、最勝会として定着することに具体的に示されている。[61]しかし、註釈書の多くは、新羅の学僧によって著わされていることから、[62]新羅学問僧の影響に依ると考えて良い。安澄は、これら中国・朝鮮・日本の学界の状況を、そのまま反映していることが知られる。

これに反し、華厳宗も、天平八年（七三六）の道璿の来朝や、大安寺僧審詳（—七四五—）を講師とする『華厳経』の講説の開始（天平十二年）や東大寺盧舎那仏の造立等により、南都仏教の一中心を形成しているのであるが、この影響は、慧遠、法蔵、元暁の三人に留まる。これが、即座に、当時の華厳学の傾向を示すものとは言えないが、奈良時代の華厳学の中心が、法蔵と元暁の書であったこと、しかも新羅の影響に依るところであろうことは、審詳の蔵書の内容によって知られる。[63]また東大寺の造営と共に、六宗の絵厨子が設置され、各々の必要とする経論疏を納めてあった。[64]その中で、華厳宗のものとしては、法蔵の著が十三部三十九巻、元暁の著が十部三十巻と最も多く、他に慧遠、智儼、慧苑、表員等の書が納めてあったとされる。[65]安澄の引用は、このような事情を示唆しているとも見得るであろう。

なお、右には掲げなかったのであるが、安澄は「宣律師一切経要集」を一度引用する。これは東大寺本に見られ、言十月処於胎獄等者、案、宣律師一切経要集八苦縁引五王経云、仏為五王説言、人生在後常有無量衆苦切身、……諸人咸言、此是大苦」（『南都仏教』第二八号、九三頁参照）

右の如く記すのであるが、この文は、現在、道世（―六六一―）の撰とされる『諸経要集』二十巻の文と一致することが判明した。巻二〇の「八苦縁第三」（大正五四、一八五中―下）の冒頭の文である。道世には『法苑珠林』一百巻の大著があり、『諸経要集』の撰述との前後について異説が存するごとくである。[66]『東域録』では、玄惲とするが、『諸宗録』巻一では、道宣述とし「按、南山録云、今蔵題云玄惲、隋函音云道世、或云道集道訳等、皆誤也、今依巻首、祖師自序云云」（日仏全、第九五、七二下）と述べている。安澄は、道宣の著と考えていたことは確かで、道宣と道世の名前の相似及び共に西明寺僧なること等より混同したものとも思われるが、この点については、なお一考すべきであろう。

三、その他

1釈道安『五失三不易』　2僧弼『丈六即真論』
3梁武帝『発菩提心論序』[67]　4光泰『二諦捜玄論』
5元暁『二障章』　6不明『大乗義林聖義』
7不明『文義聚章』[68]　8不明『五重遊意』[69]
9僧祐『薩婆多部師資記』　10宝唱『続法論』
11『馬鳴菩薩伝』[70]？　12『伝法図賛』
13『大唐図』　14『嘉祥碑文』（以上全欠）

右の2僧弼（三六五―四四二）の『丈六即真論』は、吉蔵が、「彭城笠僧弼作丈六即真論」として引用するのに対して、「彼論云」として長文を引用している。[71]『出三蔵記集』巻一二の陸澄（四二五―四九四）の『法論目録』では、僧肇の作としている。陸澄が、僧肇や僧弼と同時の後輩であることからすれば、陸澄の伝えるところが正しいものとも見られるが、吉蔵が、これを引用して批判することからすれば、僧肇の作ではあり得ない。しかも、安澄はこの点について何ら言及していない。つまり吉蔵の見ていたものと、安澄が引用し、南都に伝えられていたものとは同一書であり、しかも僧弼の書であったと考えられる。

4の光泰の『二諦捜玄論』は、吉蔵も引用し、『二諦章』では野城寺光太とする。[72] しかし如何なる人物か不明である。智光も引用するし、[73]『東域録』『安遠録』共に記載するから、南都において有本であったことは確かである。いわゆる二諦義に関する古来の説を十四宗にまとめて記述していることが知られる。

三、日本撰述書

日本撰述書の引用部数は一八部であるが、その中、現存するものが四部、逸書が十四部である。現存中、智光の『浄名玄論略述』には、欠落部分があることは周知のごとくである。逸書の十四部は次のようである。

1智光『中論疏述義』　2元開『中論疏記』[74]
3不明『中論疏別記』　4同『中論疏略記』
5同『中論疏記』(一巻記)　6安澄「別抄」
7信行『大般若経音義』　8同『最勝王経音義』
9同『涅槃経音義』　10智光『玄音論』
11同『法華玄論略述』　12同『肇論述義』
13不明『三論名教抄』?　14有人云、有人伝云等

右の日本撰述の古逸書については、7、8、9の信行について言及しなければならない。安澄は、「大般若信行音義」「最勝王経信行音義」として引用する。前者は、『大日本古文書』巻五(六五九頁)及び『諸宗録』に三巻、信行として伝えるものがそれであろう。ところが後者は、『諸宗録』では「最勝王経音義一巻、行信」として伝える。つ

まり信行というものと行信と言うものとの二種が存在するということである。

そこで、両者について諸記録を調査すると、信行とするものとしては、『東域録』に飛鳥寺（元興寺）の僧とし、『大般涅槃経音義』六巻、『大智度論音義』二巻、『瑜伽論音義』四巻、『仁王般若経略抄』三巻、『仁王般若経抄』三巻、『月蔵分依義立名』一巻、の七部を伝える。その他にも『法華経音義』二巻、『法華玄賛音義』等数部の著書があったことが知られるのである。[75]また『類聚名義抄』（図書寮本）には、「信云」「信行云」として多く引用される。安澄の引用する『涅槃経音義』は単に「音義云」として引くが、その前に『涅槃経』を引いていることから、恐らく『東域録』で言う信行の書であろうと推察される。

一方、行信については、これまた諸文献に名前が記録されているが、法相宗の所属とされ、元興寺の僧である行信と、薬師寺の僧である行信との二人の名が出て来る。この二人については、同一人物か否かについて従来異説があって一致しない。[76]当面の問題に関係する人は、言うまでもなく、元興寺の行信である。彼は天平九年（七三七）に御製の『法華経疏』や太子御持物の鉄鉢等を探し求めて法隆寺に施入したことや、[77]法隆寺の夢殿を建立したこと。[78]また天平十九年（七四七）の法隆寺、元興寺、大安寺の『伽藍縁起幷流記資財帳』に各々大僧都として署名している。さらに写経所における筆写のために『法華玄賛』を奉請されたり等、[79]多くの事蹟が伝えられているのである。著書として行信の名を記すのは、上に述べた『最勝王経』の音義の他に、『諸宗録』では、『仁王経疏』三巻を載せる。また『東域録』では『略集諸経律論等中翻梵語』一巻が見える。

そこで、以上の諸記録より判断すると、信行と行信は住処が共に元興寺で、しかも法相宗の人であること。[80]両者の著書の性格を見ると、共に音韻の学に勝れていたことが明らかであり、『東域録』の『仁王般若経略抄』三巻または『仁王般若経抄』三巻は、『諸宗録』の『仁王経疏』三巻であると考えられること。さらに信行に『法華玄賛音義』があり、行信は『法華玄賛』を奉請されていること等を考え合わせる時、両人は同一人物であると推察される。そして、大日本古文書や資財帳、『七大寺年表』『僧綱補任』等には、行信の名が一致して見え、信行の名は、古文書において、その著書に関してのみ見出せるものであること。そのことは、諸目録に顕著であって、このような状況から行信が本来の名前で、信行は通称ではなかったか、と推察される。[81]

そこで、安澄も当然、中央の政界あるいは仏教界で活躍したのは行信であることは充分知っていたはずであるが、その著に関して、なぜ信行とするものが多く見られるのか、という問題が起る。この疑問を解く上で想起されるのが、薬師寺僧行信の存在である。薬師寺行信は、『続日本紀』によれば、勝宝六年（七五四）十一月に、八幡宮主神大神朝臣多麻呂らと意を同じくして厭魅したため罰せられ、下野の薬師寺に流された人である。この人は、かなり社会的地位も高い人であったとされ、右の事件は、当時、大きな話題となったであろうと考えられる。同名の別人が居た場合、どちらかが改名もしくは呼ぶ時に区別出来るように表現するのが一般であったとするなら[82]、以上の安澄やその他の信行という呼称は、正に、それに相当するのではなかろうか。つまり薬師寺僧行信と区別するために、信行という呼び方をしたのではないか、ということである。それが、同一人物の著書を列挙しながら一方は信行とし、他方は行信とする例が見られる理由であろう。もし、右の推察が可能とするなら、信行という呼称は、薬師寺行信の事件（七五四年）の後でなければならない。このことを証する例として、古文書中最初に信行として著書を記載するのが、宝字四年（七六〇）の『法華経音義』である。つまり薬師寺行信が流罪となった四年後の記録である。その後神護景雲二年（七六七）には『信行師音義』が筆写されている[83]。これに対して、「奈良録」記載の『仁王経疏』は、勝宝年中の筆写とされており、彼の事件の起る少し前か、直後であり、これには行信と記されている。つまり、この時は、まだ区別することが例となってはいなかったと見られよう。従って、安澄の頃には、これが通例となり、特に著書の引用の場合には、混同を避けるために、信行の呼称を用いていたのではなかったかと思う。この観点からすれば、元興寺の行信と薬師寺の行信とは別人であるということになる。

第五節　おわりに

安澄の引用する諸註釈書の概要は以上のごとくである。古逸書の比定等については、各々考察、解説を加える必要性があるが、紙数の関係で割愛せざるを得なかった。すでに明らかなごとく、安澄の引用は、その部数、内容の豊富さから見て、奈良時代末から平安初期の文献としては、右に出るものはないであろう。特に多くの古逸書の引用は、種々の点で貴重な資料を提供している。それは、吉蔵の博引旁証の学風に相通ずる一面を有すると同時に、安澄の学問の背景を如実に物語るものと言えよう。安澄の『中論疏記』をめぐる問題は非常に多い。

冒頭にても一言したごとく、ここでは、中国・朝鮮・日本の仏教関係の註釈書に限定したのであるが、経律論及び漢籍の依用状況をも含めて、全体的な把握をし、その上に立って、彼の学問なり、当時の仏教研究の具体的状況を理解すべきであることは論を俟たない。それは、安澄自身の見解が如何に表明されているか。その当否如何を分析することによって、吉蔵の思想学説の継承あるいは展開等を解明して行くことが必要となろう。幸い、安澄に先行する智光の著書も残されている。それとの比較も当然課題となって来る。その他、奈良時代前後の三論研究に関する問題点を列挙するならば、

一、三論源流系譜についての、伝統説成立の背景。これに関連して、
二、凝然の三伝説成立の問題[84]。
三、三論関係書の日本伝来について。
四、三論衆と別三論衆の相違、その内容は何か。
五、朝鮮半島との関係、出身者、影響について。
六、法相宗等他宗との関係交渉の具体的状況。

等、解明すべき事柄が指摘される。これらの問題は、安澄の引用書の分析研究の過程において、直接間接に関わりを持って浮かび上がった問題である。その点、今回の整理は、その基礎的研究の一端となると同時に、多くの示唆を与えてくれたものと言えるであろう。

最後に安澄の引用書一覧を掲げておく。

付表　安澄の引用書一覧（仏教関係註釈書に限る）

A　中国撰述書

	引用名	目録・現行名	巻	撰者	奈	東	諸	存否	備考
一	劉虬注法花	注法華経	七	劉虬	○	○	○	欠	吉蔵・智光引用
二	法華疏・疏主釈・疏等	法華経義疏	一二	吉蔵	○	○	○	存	
三	法華玄	法華経玄論	一〇	同	○	○	○	存	
四	統略	法華経統略	六	同	○	○	○	存	
五	法華遊意	法華経遊意	一	同	○	○	○	存	
六	玄談	法華経（疏）玄談	一	同	○	○	○	欠	
七	曇捷師法華字釈	法華字釈	一	曇捷	○	○	○	欠	
八	灌頂法師法華玄	法華玄義	一〇	智顗説灌頂記		○	○	存	
九	基師法華疏	法華経玄賛	一〇	窺基	○	○	○	存	
一〇	遠法師	涅槃経義記	一〇	慧遠	○	○	○	存	

一一	注経	涅槃経集解	七一	宝亮等	○	○	○	存	
一二	涅槃疏等	大般涅槃経疏	二○	吉蔵	○	○	○	欠	
一三	涅槃遊意	涅槃経遊意	一	同		○	○	存	
一四	延法師	涅槃経疏？	？	曇延				欠	孫引か
一五	法宝師涅槃疏・法宝師	大般涅槃経疏	一五	法宝	○	○	○	存	巻九・一○のみ存、刊本
一六	注浄名経等	註維摩詰経	一○	僧肇	○	○	○	存	智光引用
一七	浄名疏等	維摩経義疏	六	吉蔵	不詳	○	○	存	智光引用
一八	浄名玄等	浄名玄論	八	同		○	○	存	智光註釈す
一九	無垢称経慈恩疏	説無垢称経疏	一二	窺基	○	○	○	存	
二○	範法師無垢称経疏	無垢称経疏	六	玄範		○	○	欠	
二一	法蔵師疏	華厳経探玄記	二○	法蔵	○	○	○	存	
二二	花厳綱目	花厳経文義綱目	一	同	○	○	○	存	
二三	真諦金剛般若疏	金剛般若経記	二	真諦	○	○	○	欠	
二四	金剛般若疏	金剛般若経疏	四	吉蔵	○	○	○	存	
二五	仁王経疏	仁王般若経疏	六	同	○	○	○	存	
二六	大品疏等	大品経義疏（広疏）	一○	同		○	○	存	
		大品経略疏	四	同		○	○	欠	
二七	道証般若集	大般若籍目	一	道証	○	○	○	欠	
二八	勝鬘注	注勝鬘経	二	僧馥	○	○	○	欠	
二九	勝鬘宝窟	勝鬘経宝窟	六	吉蔵	○	○	○	存	
三○	暁法師金光明経疏	金光明経疏	八	元暁	○	○	○	欠	
三一	勝荘師	最勝王経疏	八	勝荘	○	○	○	欠	

三二	興法師	最勝王経疏	五	憬興	○	○	○	欠	
三三	熙法師	最勝王経疏	？	同？				欠	
三四	成仏経疏	弥勒成仏経遊意	一	吉蔵	不詳	○	○	欠	
三五	測法師疏	無量義経疏	三	円測	○	○	○	欠	
三六	暁法師瓔珞経疏	瓔珞本業経疏	二	元暁	○	○	○	存	下巻のみ存
三七	文殊問経注	文殊師利経疏？	三	？		○		欠	
三八	宣律師注戒本	四分律含注戒本	二	道宣	○	○	○	存	
三九	玄応師四分律音義	四分律音義	？	玄応				欠	
四〇	玄惲師（道世）	毘尼討要	六	玄惲		○	○	存	
四一	賓律師四分律疏	四分律飾宗義記	九	定賓	○	○	○	存	
四二	太覚師四分律鈔批	四分律行事鈔批	二八	太覚	○	○	○	存	
四三	曇影中論疏等	中論疏	二	曇影		○	○	欠	
四四	琛法師疏等	中論疏	？	法瑤				欠	
四五	琳法師疏等	中論疏	五	智琳		○	○	欠	
四六	山門玄義等	中論玄義	？	法朗			○	欠	
四七	荘法師中論文句	中論文句	二	道荘				欠	
四八	中論疏等	中観論疏	一〇	吉蔵	○	○	○	存	智光註釈す
四九	中論玄等	三論玄義	一	同	○	○	○	存	
五〇	碩疏等	中論疏	一二	慧賾		○	○	欠	
五一	碩法師遊意	中論遊意	？	同				欠	
五二	浄秀等疏	中論義疏	四	浄秀				欠	智光引用
五三	元康師疏等	中論疏	六	元康	○	○	○	欠	

五四	有疏	中論疏？	？	？				欠	
五五	百論疏	百論疏	三	吉蔵	○	○	○	存	
五六	十二門論疏	十二門論疏	三	同	○	○	○	存	
五七	百論記	百論記	？	？					欠
五八	慧影師疏等	大智度論疏	二四	慧影		○	○	存	一部存
五九	成実論大義記等	成実論大義記	？	智蔵				欠	
六〇	聡法師章等	成実論章	？	慧聡？				欠	
六一	嵩法師成論疏等	成実論疏	？	靖嵩？				欠	
六二	宗法師成実論章	成実論疏	一六	？	○		○	欠	諸宗録は四巻
六三	疏	成実論疏？							右のいずれか？
六四	法魏師雑心疏	雑阿毘曇心論疏	？	法魏				欠	
六五	道基師阿毘曇章	阿毘曇章	五	道基	○	○	○	欠	
六六	真諦三蔵	摂大乗論疏	二五	真諦			○	欠	
六七	摂論章	摂大乗論義章	一四	道基	○	○	○	欠	
六八	慈恩唯識疏	成唯識論述記	一〇	窺基	○	○	○	存	
六九	慈恩部執論疏	異部宗輪論述記	一	同	○	○	○	存	
七〇	光法師疏	倶舎論記	一五	普光	○	○	○	存	現行三〇巻
七一	法宝師倶舎疏	倶舎論疏	一五	法宝	○	○	○	存	同
七二	法華論疏	法華論疏	三	吉蔵	○	○	○	存	
七三	仏性論疏	仏性論疏	？	？	不詳	不詳	不詳	欠	
七四	基法師弁中辺論疏	弁中辺論述記	三	窺基	○	○	○	存	
七五	玄範師弁中辺論疏	弁中辺論疏	三	玄範	○	○	○	欠	

七六	備法師広百論疏	広百論疏	一〇	文備	○	○	○	欠	
七七	菀法師十地経論疏	十地経論義記	一四	慧遠	○	○	○	存	九—一四巻欠
七八	法蔵師起信疏	大乗起信論義記	五	法蔵	○	○	○	存	
七九	文軌師因明疏	因明入正理論疏	三	文軌	○	○	○	存	巻上のみ存
八〇	婆沙記	大毘婆沙抄？	五	義斌	○		○	欠	
八一	金七十論注	金七十論釈？	三	真諦				欠	浄土真宗教典志一
八二	摩訶衍論記	釈摩訶衍論記	一	聖法		○	○	存	
八三	大義章	大乗大義章	一	羅什	○	○	○	存	
八四	釈道安五失三不易	五失三不易	？	道安				欠	
八五	丈六即真論	丈六即真論	？	僧弼				欠	
八六	宗本義	肇論	一	僧肇		○	○	存	智光註釈す
	物不遷論	同	同	同		○	○	存	同
	不真空論	同	同	同		○	○	存	同
	般若無知論	同	同	同		○	○	存	同
	涅槃無名論	同	同	同	○	○	○	存	同
八七	慧達疏	肇論疏	三	慧達				存	智光依用
八八	元康師肇論疏	肇論疏	三	元康	○	○	○	存	
八九	二諦捜玄論	二諦捜玄論	？	光泰		○	○	欠	吉蔵関説智光引用
九〇	二諦章	二諦章	三	吉蔵	○	○	○	存	
九一	大乗玄論・大乗玄義等	大乗玄論	五	吉蔵？		○	○	存	
九二	十二巻章・均正玄義	大乗四論玄義記	一二	慧均	○	○	○	存	一部欠
九三	三論略章	三論略章	三	？	○	○	○	存	智光関説一巻本存

九四	暁法師二障義	二障章	一	元暁	○	○	○	存	
九五	文義聚章	不詳							
九六	賢聖義	大乗義林賢聖義	一	?	○			欠	
九七	五重遊意	不詳						欠	
九八	法門名義集	法門名義集	一	李師政	○	○	○	存	
九九	法宗原	法宗原	一	普光		○	○	存	
一〇〇	宣律師一切経要集	諸経要集	二〇	道宣?		○	○	存	現行は道世
一〇一	応師一切経音義	一切経音義	二五	玄応	○	○	○	存	
一〇二	靖邁師翻経図記	古今訳経図記	四	靖邁	○	○	○	存	智光引用
一〇三	弁正論	弁正論	八	法琳	○	○	○	存	
一〇四	高僧伝	高僧伝	一四	慧皎	○			存	智光引用
一〇五	続高僧伝	続高僧伝	三〇	道宣	○			存	智光引用
一〇六	馬鳴伝	馬鳴菩薩伝						存	写本存、註(70)参照
一〇七	婆蘇伝	婆藪槃豆法師伝	一	真諦	○			存	
一〇八	祐律師薩婆多伝	薩婆多部師資記	五	僧祐				欠	目録のみ存
一〇九	西域記	大唐西域記	一二	玄奘	○			存	智光引用
一一〇	法琳伝	唐護法沙門法琳別伝	一	彦琮				存	
一一一	華厳伝	華厳経伝記	五	法蔵	○	○	○	存	
一一二	義浄三蔵	不詳							
一一三	浄名経序	維摩詰経序		僧肇				存	
一一四	僧叡中論序	中論序		僧叡				存	
一一五	曇影中論序	中論序		曇影				存	

	引用名	目録・現行名	巻	撰者	奈	東	諸	存否	備考
一一六	百論序	百論序		僧肇				存	
一一七	十二門論序	十二門論序		僧叡				存	
一一八	肇論序	肇論序		慧達				存	
一一九	梁武帝発菩提心序	不詳							
一二〇	梁武皇帝捨道詔文	捨道詔文		梁武帝				存	集古今仏道論衡巻中
一二一	伝法図賛	不詳							
一二二	大唐図	不詳							
一二三	梁釈宝唱続法論	続法論目録？	？	宝唱	○	○		欠	
一二四	開元録	開元釈教録	二〇	智昇		○		存	
一二五	嘉祥碑文	不詳							

B　日本撰述書

	引用名	目録・現行名	巻	撰者	奈	東	諸	存否	備考
一二六	法華御製	法華義疏	四	上宮王	○	○	○	存	智光引用
一二七	御製	維摩経義疏	五	同	○	○	○	存	同
一二八	勝鬘御製	勝鬘経義疏	一	同	○	○	○	存	同
一二九	大般若信行音義	大般若経音義	三	行信			○	欠	
一三〇	最勝王経信行音義	最勝王経音義	一	同		○	○	欠	
一三一	音義	涅槃経音義	六	同		○	○	欠	
一三二	述義	中論疏述義	六	智光			○	欠	

一三三	淡海記	中論疏記	?	元開				欠	
一三四	別記	中論疏（別）記	?	?				欠	
一三五	略記	中論疏略記	?	?				欠	
一三六	有記・有一巻記	中論疏記	一	?				欠	
一三七	述義	法華玄論略述	五	智光		○	○	欠	
一三八	浄名玄述義・述義	浄名玄論略述	五	同	○	○	○	存	一部欠
一三九	述義・肇論述義	肇論述義	五?	同				欠	
一四〇	玄音論	玄音論	?	同				欠	
一四一	三論名教	三論名教抄	?	?				欠	
一四二	別抄	不詳	?	安澄				欠	右と同本か
一四三	有人・有人伝・有人解	不詳							

【註】

(1)引用名の欄で「疏等」「浄名玄等」として「等」の字を付したのは、他の呼称も用いられていることを示す。

(2)目録の略称は次のごとくである。

「奈」——奈良朝現在一切経疏目録

「東」——東域伝灯目録

「諸」——謙順の諸宗章疏録

(3)目録記載の有無の欄で「不詳」としたのは、同名註釈書が数種記されるも、相当するものが不明であることを示す。

第四章註記

（1）安澄の伝記は『元亨釈書』巻二（『大日本仏教全書』〈以下、日仏全と略称〉第六二巻、七九中）、『本朝高僧伝』巻五（同、第六三巻、四五中）、『東国高僧伝』巻三（同第六二巻、二五〇下）、『三論祖師伝集』巻下（同第六五巻、一六四上）、『三論祖師伝』（同、一六七下）に記載される。さらに、『三国仏法伝通縁起』『内典塵露章』『東大寺具書』に関説され、寿遠伝、智光伝、善議伝、泰演伝、実敏伝にその名が出ている。

（2）『日本大蔵経』本は、十巻に分けているが、これは、吉蔵の『中観論疏』十巻本末に合わせたためであり、本来は、七巻の本末である。

（3）羽渓了諦「三論解題」（『国訳一切経』中観部一、五頁）に依る。後述のごとく、安澄は「如別抄」として、自著に関説し、『三論名教抄』を引用する。これを指して言ったものか。

（4）井上光貞「南都六宗の成立」（『日本歴史』第一五六号、一九六一年）参照。

（5）石田茂作『写経より見たる奈良朝仏教の研究』において分析された宗別の書写の部数、傾向によっても知り得る。法相宗との関連については、次註参照。

（6）寺崎修一「奈良朝三論宗衰因考」（『宗教学紀要』創設廿五周年記念号、一九三一年）、及び池田源太「石淵寺勤操と平安仏教」（『南都仏教』第五号、一九五八年）等参照。

（7）参考までに引用の多いものを挙げると、『玉篇』『説文』『広雅』『爾雅』『字林』『荘子』『老子道徳経』『三蒼』『論語』『字書』等である。

（8）前註（5）の一〇頁以下参照。

（9）田村圓澄博士は、その著『飛鳥・白鳳仏教論』（古代史選書2、雄山閣、一九七五年）において、飛鳥・白鳳仏教の展開を、百済・高句麗僧の時代（第一期）、大唐学問僧の時代（第二期）、新羅学問僧の時代（第三期）の三期に分けられた。

（10）『大安寺伽藍縁起幷流記資財帳』『法隆寺伽藍縁起幷流記資財帳』及び『元興寺伽藍縁起幷流記資財帳』（日仏全、第八五巻所収）参照。

（11）修多羅衆については、田村圓澄『飛鳥仏教史研究』（一九六九年、塙書房）の第Ⅰ部第五章で論じ、異説を紹介されている。博士によれば、修多羅衆は、道慈の設置にかかり、『大般若経』六百巻を所依とする学衆であったとされる。しかし、同じく文献に並記されている、大修多羅衆と常修多羅衆との同異については明言されていない。また別三論衆については、前註（4）の井上博士の論文にて、清弁系の三論を別三論とされる。これに対し、田村博士は、前註（9）の著書（一五二頁）にて「元康の教系の三論を意味するとも考えられる」とされる。この考えも、道慈との関連において言われるのであるが、吉蔵の孫弟子たる元康の三論学が、吉蔵の三論学と一線を画するだけの、明確な違いがあったのか否か。つまり、既成の三論衆と一線を画して、別三論衆として設置されるだけの、内容上の差違及び根拠が存するか否かは、吟味の要があろう。道慈が帰国して、自己の将来した元康等の三論学を、既成の学衆に同化させることなく、新たなる三論学として、別に学団を形成し創置して公認されたものとすれば理解出来なくもない。修多羅衆についての新たな見解については、新川登亀男「修多羅衆論」（『続律令国家と貴族社会』一九七八年、吉川弘文館所収）参照。

（12）凝然『三国仏法伝通縁起』巻中（日仏全、第六二巻、一三上）にて三論宗の伝来を、慧灌僧正を第一伝とし、智蔵を第二伝、道慈を第三伝とする。

（13）境野黄洋『日本仏教史講話』（第一巻）、三四二頁以下。及び前註（4）の井上論文、前註（9）の田村書等参照。

（14）簗瀬一雄「法相宗相承血脉次第」（『南都仏教』第二六号、一九七一年）参照。また華厳宗にも付法の次第を記したものがあったごとくである。普機『華厳宗一乗開心論』（大正七二、一三下）参照。

（15）『三論祖師伝集』巻下（日仏全、第六五巻、一六三上―中）に「日本祖師　三論師資伝云　人王第三〇代磯島金刺宮欽明天皇治下天国押開広延天皇之代百済国献仏法、……孝徳天皇治天下天万豊日天王乃請元興寺僧高麗恵観法師令講三論、其講了日、天皇即拝任以僧正、是則日本僧正第一……次入唐学生呉智蔵僧正、亦此元興、……次遣唐留学道慈律師、学縁六宗三論為要、本是元興寺……」とあるのを参照。また『三論祖師伝』（同書、一六七上）の序文も、右の『師資伝』に依拠して書かれたものであろう。

（16）凝然と同時の頃に成立したと考えられる『東大寺具書』（続群書類従二七下所収）も、右と同様の記述をしており、今の玄覚についても『師資伝』の記述と全く同じである。『師資伝』では「次桂畏八島聖皇時、降綸旨玄覚法師、遣唐請益、法師含忠訪道、帰朝伝灯、今吾三代之祖師也」としており、『東大寺具書』では「東大寺玄覚、初受霊叡、後掛畏八島聖皇降綸旨、遣唐請益帰朝之後、於東大寺伝通当宗」とする。『東大寺具書』も、三論宗の系譜に関しては、『師資伝』を参照していると考えられる。

（17）『三論師資伝』は、元興寺円宗（？―八八三）の著である。本書第一部第二章及び第三部第二章参照。

（18）福井康順『東洋思想史研究』（一九六〇年、書籍文物流通会）所収の「聖徳太子の維摩経義疏についての疑」参照。この中で、太子の『維摩経義疏』は海外からの伝本ではなかろうか、とし、さらに道慈が将来したものではないか、とする。三経義疏については、井上光貞「三経義疏成立の研究」（『続日本古代史論集』中巻所収、一九七二年）参照。

(19)『三論祖師伝集』においては、吉蔵に受学とはしない。しかし『三論祖師伝』や凝然、『元亨釈書』等は、すべて吉蔵に受学したと述べる。

(20)『日本書紀』大化元年（六四五）八月条。なお、前註（11）の田村書、六三頁以下参照。

(21)前述の『三論師資伝』が最初かと思われる。凝然も『維摩経義疏菴羅記』（日仏全、第一三、九二中）において、太子の師僧を三論宗の人とし、また、本元興寺の九僧正も、すべて三論宗と述べている。『東大寺具書』も同じ。

(22)寺崎修一「元興寺智光の事ども」（『現代仏教』第六巻六月号、一九二九年）等。

(23)前註（6）の池田論文参照。

(24)安澄以前または同時の人として、元興寺円興（―七六六―）、観成（―七一二―）、新羅僧観智（―七一六）、百済僧観勒（―六二四―）、道慈の弟子慶俊（―七八一―）、淡海真人元開（七二二―七八五）、東大寺弁正（―七三六）、法隆寺品恵（七四四―八一八）等が挙げられる。

(25)別三論衆は、大安寺と法隆寺の他に、弘福寺（川原寺）にも設置されていたことが、延暦十三年（七九四）の「大和国弘福寺文書目録」（『平安遺文』一二号）に見える。

(26)衆から宗への呼称の変化は、養老二年（七一八）の太政官布告に「五宗」の語があることにより、養老から天平期に、政府による宗組織の画一化が試みられたとされる。註（4）の井上論文参照。

(27)『東大寺具書』に「道慈律師初於本元興寺、受智蔵僧正、後大宝元年入唐謁嘉祥孫弟元康法師、精三論」とある。

(28)東大寺写本の校註が平井俊榮博士によってなされ、「安澄撰『中観論疏記』校註―東大寺古写本巻六末―」（『南都仏教』第三八号、一九七七年）として発表された。

(29)平井俊榮『中国般若思想史研究』（一九七六年、春秋社）の第二章第二節羅什門下の三論研究（九三頁以下）、及び第三章三論教学成立史上の諸問題（一七一頁以下）参照。

(30)智光の著書については、拙稿「智光の撰述書について」（『駒澤大学仏教学部論集』第七号、一九七六年）参照。本書第一部第三章に収録。

(31)平井俊榮「吉蔵著『大般涅槃経疏』逸文の研究」（『南都仏教』第二七、二九号、一九七一年及び一九七二年）参照。

(32)安澄の引用文は次のごとくである。「玄談云、先依四部大経、華厳大品涅槃大集、四部小経、維摩思益仏蔵無行、方入文門」（大正六五、四五下）。

(33) 拙稿「『弥勒経遊意』の疑問点」(『駒澤大学仏教学部論集』第四号、一九七三年)、及び「慧均撰『弥勒上下経遊意』の出現をめぐって―付、宝生院本の翻印―」(『駒澤大学仏教学部紀要』第三五号、一九七七年)等参照。本書第二部第二章、第三部第一に収録。

(34) 安澄の引用文は次のごとくである。「大品疏第一巻云、止観師六年在山中、不講余経、唯講大品」(大正六五、二二上及四六中)これは、現行『大品経義疏』巻一(続蔵一・三八・一、九左上)に同文がある。

(35) 安澄は、『大品般若』の文を引用し、続いて「疏主釈云」として、不可尽という経文の釈を引用している。この釈文は、必ずしも『大品義疏』のものではないとも考えられるので、なお他書の検索を要する。

(36) 平井博士前掲書及び同「中論疏記引用の中論注釈書」(『印度学仏教学研究』第二一巻第二号、一九七三年)参照。

(37) 『続高僧伝』巻三(大正五〇、四四〇下)参照。

(38) 安澄の引用は三回見られるが、いずれも一致しない。ただ次の文は、現行の文と相通ずるものである。安澄の引用は「碩法師遊意云、中発観者、此由中道発生正観也。観発中者、由論主観解発顕中道也」(大正六五、五下)であるが、現行の『三論遊意義』では「所言中発観者、由諸法不生不滅無来無去、是故能発菩薩正観、故理乗云、十二因縁不生不滅、非因非果、故能生観者、猶如胡苽能発熱病、是中発於観義也、観発中者、以観正故、能了達諸法皆無生滅、是観発於中也」(大正四五、一一〇中―下)である。他の二文(大正六五、八八下と一〇三下)は相当文なし。

(39) 智光『浄名玄論略述』巻一末(日大蔵一四、二三三下)に「浄秀法師、亦依楞伽約義云、正法法身、修成法身、応化身」とある。

(40) 『宋高僧伝』巻四、釈元康伝(大正五〇、七二七中―下)参照。

(41) 前註(27)参照。碩法師が元康の師であることは、境野博士も認めている。前註(13)の同博士書、三六二頁―三六三頁も参照。

(42) 前註(18)の福井書、二五六頁以下参照。

(43) 諸目録によると『肇論疏』三巻(現存)、『肇論夾科』一巻、『中論三十六門勢疏』一巻、『十二門論疏』二巻、『百論疏』三巻、『三論玄意』一巻、『三論玄枢』二巻、『三論玄記』一巻がある。

(44) 『大乗四論玄義記』については、拙稿「大乗四論玄義の構成と基本的立場」(『駒澤大学仏教学部論集』第二号、一九七一年)、本書第二部第一章参照。智光『浄名玄論略述』巻五本(日大蔵一五、一一三下)に「而浅学之徒存二見、故嘉失宗義、即慧均、浄秀等諸旧師、乃至今代為名利故膚微似学禿居士等」と言う。

(45) これは、『三論祖師伝集』で引用する『大乗四論玄義記』の一文と、智光、安澄の伝承とが相応一致することが知られるからである。本書第一部第一章参照。

(46) 前註(28)の平井博士書、三九一頁以下参照。

(47) 安澄の引用は、大正六五、一五五上―中と二三一上に見られるが、後者の文は不明。

(48) 道蔵の『成実論疏』は、蔵海(―一二八七―)の『大乗玄聞思記』(日大蔵宗典部、三論宗章疏、一二一上)に引用される。道蔵の伝は、『元亨釈書』巻九(日仏全、第六二巻、一一二中)、『本朝高僧伝』巻一(同書第六三巻、二八下―二九上)に記される。

(49) 前註(13)の境野博士書、三六七―八頁参照。

(50) 日本大蔵経所収の『浄名玄論』の奥書に「慶雲参年十二月八日記」とある。

(51) 安澄の引用は、東大寺の写本中に一回見られるのみである。吉蔵が「涅槃経云、功徳天喩生、生秤為姉故生在前……」(大正四二、一〇二上)と述べるのに対し、『涅槃経』の聖行品の文を指示し、続いて、「言功徳天喩生者、延法師云、功徳大天者喩生、是出相功徳報主、具六識光明照六塵境界、名功徳天……」(『南都仏教』第三八号、八九頁参照)とするものである。この延法師とは恐らく隋延興寺の曇延(五一六―五八八)であろうと考えられ、彼の『涅槃経疏』からの引用であろう。しかし、一度のみの引用であることと、他の引用形態と異なり、書名も、巻数も示さないこと、また法宝の『涅槃経疏』を多く引用し、その中でしばしば曇延の釈を引くことを考慮すると、あるいは孫引とも考えられる。諸目録等も、曇延の疏が日本に伝えられたことを言わない。

(52) 真諦の疏は、南都に有本であったことは間違いない。「奈良録」は『金剛般若経記』とし『義天録』『諸宗録』では、『金剛般若経文記』と称する。安澄の引用は一回のみであるが、次のごとくである。「真諦三蔵金剛般若疏云、五条在弥帝羅国、七条在半戸国、大衣与錫杖在罽賓国、尼師壇在迦毘羅国、由此仏三衣、至今在世間」(大正六五、一九九下)なお、敦煌本の『金剛般若経疏』(大正八五所収、№二七四一)は、慈恩、智顗、興皇師等に関説し、『真諦記』を多く引用する。恐らく法相宗所属の唐代の学僧の書と考えられるが、右の安澄の引用に相当する一文が見られるので次に示しておこう。「如来三衣、一者安多会、五条衣、是下品服、亦名行道作務衣、亦名僟身衣、真諦云、今在弥提羅国、二者欝多羅僧、七条、是中品服、又名入衆衣、亦名説法服、今在半遮羅国、三者僧伽梨、謂九条十五条二十五条、……鉢錫杖、在罽賓国」(大正八五、一五二下)。

(53) 大正蔵本は凞法師(大正六五、五二上)とするが、諸目録にはその名が見えない。あるいは興法師の写誤か誤読とも考えられるが、その場合は、10の憬興の疏である。今は、一応別出しておいた。

(54) 成実論の学者で聡法師と称される人は、北魏の成実論師である道記の弟子とされる慧聡のみである。『続高僧伝』巻六の法貞(四六一―五二一)伝(大正五〇、四七四中)に付記されるのみで、生卒年及び著書の有無は不明である。

(55) 成実を学んだ人としては、『続高僧伝』巻七所載(大正五〇、四八二下―四八三上)の北斉彭城沙門慧嵩(―五六二―)と、同巻一〇所載（大正五〇、五〇一中―五〇二上）の隋彭城崇聖道場釈靖嵩（五三七―六一四）の二人が挙げられる。前者は、特に毘曇を得意としたごとくであり、著書があったか否か不詳。後者は、博学で、涅槃、地論、成実、毘曇を学び、さらに摂論等を研究している。伝には、摂論疏六巻、雑心疏五巻、その他玄義を撰したという。成実の疏は記さないが、安澄の引用は、靖嵩である可能性が強い。

(56) 安澄は、単に「疏云」として引くものであるが、『成実論』の疏であることは、前後の状況、内容より判断したものである。八回の引用が見られるが、前掲のいずれを指すものか否か不詳。

(57) 道基（―六三七）の伝は『続高僧伝』巻一四（大正五〇、五三二中―下）に存する。伝では「雑心玄章幷抄八巻」を撰すとする。「奈良録」は五巻とし、『東域録』は十巻とするが、分巻の相違であろう。安澄は巻五を引用する。次に掲げた22の『摂大乗論章』は、安澄は単に「摂論章云」として引用し、人師を示さないが、その内容は、真諦訳に依っており、諸目録では、道基の書が相応する。四巻本と十巻本の存在を伝えるが、「奈良録」で作者不明の『摂大乗論義章』十四巻というのは、道基のものではなかろうか。このことは、凝然の『維摩経義疏菴羅記』巻七に「福成寺道基法師、是摂論宗、弘通祖師、製造摂大乗義章十四巻、陳諸法相、彼第十四立浄土義」（日仏全、第一三巻、九六中）と述べることによって証される。右の凝然の記述に従えば、浄土義等の義科を立てていることが知られるが、安澄の引用によっても、変易生死義、十地義、凡夫伏惑義、涅槃義の存在が知られる。

(58) 安澄の引用は一回のみで、世親の『仏性論』を引用し、次に「疏云」（大正六五、二二九上）として引く。「奈良録」では、誓空、神泰、勝荘のものを伝える。そのいずれかであろう。

(59) 法宝（―七一〇―）の疏は、朝鮮刊本として巻九と巻一〇のみ現存する。「奈良録」『義天録』では二巻本を伝えており、不完全な形で伝えられていたことを証する。朝鮮本は、義天の校勘に係るものである。しかし『東域録』では一五巻とし、安澄も巻一四を引用していることから、本来十五巻であったと考えられる。安澄の巻一〇の引用（大正六五、一一三下）は現行本（巻一〇、二一右）と一致する。本書の日本伝来については、大屋徳城『日本仏教史の研究』（一九二八年、東方文献刊行会、一一六頁以下）で考察され、法宝疏に関して、「奈良録」に収録されなかった多くの古文書の記録が存することを提示され、天平七年（七三五）帰朝の玄昉の将来であろうとされる。

(60) 前註（9）の田村博士書、九六頁参照。

(61) 『金光明最勝王経』を宮中において最初に講じたのは、道慈であったとされる。天平九年（七三七）十月である（続日本紀等）。最勝講は、それ以前に成立していた（堀一郎『上代日本仏教文化史』（上）、一四六頁以下参照）。後に興福寺の維摩会、宮中御斎会と共に薬師寺最勝会が三会として定着する。安澄の頃は、三会としてはまだ定着していないが、その講師となることは、僧界昇進の登龍門となりつつあったと考えられる。安澄と同輩の勤操は弘仁四年（八一三）に大安寺三論宗として維摩会の講師となっている（三会定一記第一）。

(62)『金光明経』の註釈には、元暁、憬興、太賢の書があり、『最勝王経』には、勝荘、憬興、太賢が疏を作っている。

(63) 堀池春峰「華厳経講説より見た良弁と審詳」（『南都仏教』第三一号、一九七三年）参照。

(64) 前註（5）の石田書、七〇頁以下参照。

(65) 前註（63）の堀池論文参照。

(66) 川口義照「法苑珠林と諸経要集との関係」（『駒澤大学大学院仏教学研究会年報』第九号、一九七五年）参照。

(67)『発菩提心経論』の序文と考えられるが、現行本には付されておらず不明である。ただ、安澄は、この序文に関説する前に、『梁武帝捨道詔文』を引いており、「梁武帝発菩提心序文亦同」（大正六五、七上）と言う。実際見ていたものと思われる。『捨道詔文』は、道宣の『集古今仏道論衡』巻甲（大正五二、三七〇上）に記載する。その中で、「伏見経云、発菩提心即是仏心」とか「于時帝与道俗二万人、於重雲殿重閣上、手書此文、発菩提心」等とあり、梁武帝に本書の序文が存したことは充分考えられる。

(68) 安澄は、「文義聚章第二巻仮名義中云」（大正六五、一六下―一七上）として引用する。内容が成実論師の三仮説を述べることより、『成実論』の註釈書ではないかと考えられるが、不明の書である。

(69) 四回の引用があるが、二回は同文の引用である。内容は、『十地経論』及び『摂大乗論』の趣旨を述べたもので、「十地論以八識為宗、不及第九識……」（大正六五、二三四上）とか「摂大乗論者、以九識者、六識名毘婆伽識、翻為分別事識……」（大正六五、一八六上）というものである。唯識法相関係の綱要書と見られるが、作者、具名は不詳。

(70) 現在、羅什訳の『馬鳴菩薩伝』（大正五〇所収）があるが、引用文と一致しない。安澄の引用文は、「馬鳴伝云、龍樹菩薩南方之照、韋羅法師西方之槩、鳩摩羅羅陀法師北方之善、馬鳴菩薩兼三方於東方、又云、鳩摩羅陀、章羅二法師、善業三蔵、不信大乗也」（大正六五、二四八上）と言うものである。これに似た伝説として、玄奘の『大唐西域記』巻一二（大正五一、九四二上）に「当此之時、東有馬鳴、南有提婆、西有龍猛、北有童受、号為四日照世」というのがある。近年、大蔵経本と異なる別本の存在が、落合俊典師によって明らかにされた。それは、名古屋の七寺所蔵写本と京都の興聖寺（臨済宗）所蔵写本である。安澄の引用文と一致する部分を興聖寺本によって示すと次のようである。「龍樹菩南方之照、若朗月之燭幽夜、韋羅法師西方之宗、太白之在衆星、鳩摩羅陀法師北方之美、馬鳴菩薩兼三方於東、……鳩摩羅陀、韋羅二法師善業三蔵、不信大乗」。落合俊典「興聖寺本『馬鳴菩薩伝』について」（『印度学仏教学研究』第四一巻第一号、一九九二年、二九七頁）参照。

(71) 大正六六五、四八下。

(72) 吉蔵『二諦章』巻下（大正四五、一一五上）。ただし野城寺は、冶城寺の誤りであろう。また『浄名玄論』巻六（大正三八、八九二上）では「光秦法師撰捜玄論、十四宗二諦、用肇公為本、故是旧宗不名新義、宜可信之」と評価している。右の光秦は泰の写誤か。諸文献中、泰と秦の混同が多い。

(73) 智光『浄名玄論略述』巻二末（日大蔵一四、三〇六下）、及び巻五本（同第一五、八九下）参照。

(74) 淡海三船（七二二―七八五）の著として注目される。

(75)『法華経音義』は、「奈良録」では支那撰述部に入れてあるが、今の信行の書と考えられる。その他『略明法界衆生根機浅深法』一巻（『大日本古文書』巻二、七〇九頁記載）がある。

(76) 鶴岡静夫『古代仏教史研究』（一九六五年、文雅堂、一六八頁以下）参照。

(77)『寧楽遺文』上巻、三九一頁―三九三頁。

(78) 前註（76）の鶴岡書、一六八頁以下参照。

(79)『法華玄賛』の奉請は、大日本古文書巻八、一八六頁及び一九四頁。また行信は『七大寺年表』（日仏全、第八三巻所収）によれば、法相宗元興寺の僧として、天平一〇年（七三八）に律師となり、天平二〇年（七四八）に大僧正となり、勝宝二年（七五〇）に入滅したとされる。

(80) 信行が法相宗の学僧というのは、『東域録』で『仁王般若経抄』三巻、釈信行抄とし、註記して「題下云、多着測疏、少加余疏、此抄統師義、可尋之」としていることによって知られる。測疏は、円測の疏である。

(81) 境野博士は、諸目録記載の著書に関しては、信行が正しいと見られている（『日本仏教史講話』上巻六〇一頁）。

(82) 前註（76）の鶴岡書、一七二頁参照。

(83) 大日本古文書巻五、六五九頁参照。

(84) 一と二の問題については、すでに第一部第一章第二節で論じた。なお、大安寺の三論学について論じたものに、松本信道「大安寺三論学の特質」（渡辺直彦編『古代史論叢』一九九四年、続群書類従完成会所収）がある。

第二部　三論宗の文献研究

第一章　慧均『大乗四論玄義記』の研究

第一節　問題の所在――特に作者について

本文献が三論学派、三論宗の研究のみならず、中国仏教の研究、なかでも南北朝から隋唐代の仏教研究において資料的価値が大きいことは従来指摘されており、本書における以下の考察によっても明らかになるであろう。ここでは、本文献について幾つかの問題点を指摘しておきたい。

一、テキストの問題

現在公刊されている『大乗四論玄義記』は、大日本続蔵経第一輯第一編第七四套第一冊（台湾での復刻本は第七四冊）所収のテキストのみである。そのテキストは披見すれば説明を要しない程に、底本となった写本の保存状態が悪かったことが分かる。目次（目録）は編纂者の作成であるが、全十巻とされているものの、巻第一、第三、第四は全欠で、第五に置かれる「二諦義」の後半、第八の冒頭にも欠文がある。

また、本文献の題名も一定せず、目次では「無依無得大乗四論玄義記」とされるが、底本に記載されていたと思われる題名は次の通りである。

大乗三論玄義記巻第五（続蔵巻五、二諦義）

大乗三論感応義第四（続蔵巻六、感応義尾題）

無依無得大乗四論玄義記　均正撰（続蔵巻一〇の巻頭）

右により続蔵編纂者は三番目のタイトルを本書の具名と判断して目次や巻首・巻末に挿入したのであろう。安遠『三論宗章疏』では「四論玄義十二巻均正述」（大正五五、一一三八上）とし、『東域伝灯目録』では「四論玄義記十二巻」とし、割註に「均正、又云均僧正十四巻、又云無依無得大乗四論玄義記」（大正五五、一一五九下）とある。

本文献が日本に伝えられた正確な年時は不明であるが、「奈良朝現在一切経疏目録」（石田茂作『写経より見たる奈良朝仏教の研究』所収）によると日本における公の記録は次の通りである。

1	均章	十二巻	天平十二年（七四〇）
2	大乗四論玄義記第九	一巻	天平十三年（七四一）
3	大乗四論玄義記	十二巻均僧正撰	天平十六年（七四四）
4	大乗四論第七	一巻	天平十六年（七四四）
5	大乗三論玄義記	一巻	天平十七年（七四五）
6	大乗四論義記	十二巻	天平十九年（七四七）
7	十二均章	十二巻	天平十九年（七四七）
8	三論広章	十二巻均正撰	景雲二年（七六八）
9	無依無得大乗四論玄義記	十二巻	景雲二年（七六八）
10	無依無得大乗四論	十二巻	景雲二年（七六八）
11	大乗四論義記	十二巻均僧正	不詳

以上のように天平十二年（七四〇）から神護景雲二年（七六八）までの約三十年間に十一回の書写が見られることは、

他の文献の書写の状況に比して異例とも言える。たとえば吉蔵の著書で書写回数が多いのは『勝鬘宝窟』の四回、『法華義疏』の三回であり、論疏は一回から二回である。元暁の『二障義』が六回で目につく程度である。本書の書写の多さは何を意味しているのか。単純に考えれば三論宗の隆盛に応じて注目され、需要があったということであろう。また吉蔵とは相違する思想内容や歴史的記述の違いや引用文献等の相違にも注目されたかも知れない。また作者や伝来の由来も関係していると考えられる。後述のように、慧均が百済僧とすれば、日本仏教の初期において百済仏教の影響が大きかっただけに、百済僧の著書故に注目され、繰り返し書写された可能性もあろう。

そこで本文献の原題はいかに想定されるか。右のように現行本・目録・写経記録によってタイトルが相違し様々に呼ばれている。最も古い記録と言える天平写経に従って判断、推定すると、最も詳しい題名は「無依無得大乗四論玄義記」で、最も多く使用されたのは「大乗四論玄義記」である。四論ではなく三論としている場合も見えるが、筆者は作者自身「四論」を用いたものと考えたい。その場合の四論は中論・百論・十二門論・大智度論である。[1] なぜ四論としたかは「無依無得」が自己の立場を表明するものであるのと同様であったと思う。吉蔵の『三論玄義』は隋の開皇十七年（五九七）から十八年頃に成立しており、作者はそれを知っていたと推察される。また本文献では引用状況から『大智度論』も重視している。従って作者は自己の立場を示すために意識的に「四論」を用いたのではなかろうか。本章では『大乗四論玄義記』（略称として『四論玄義』を用い、また「本書」と称す）を使用したいと思う。

以上のように現行のテキストは不完全であり、続蔵経の底本には草書体もあるようで難読の文字も多い。ただ後代の三論宗の註釈書類を見ると本書を引用することが多く、現行本の欠を補い、元来の内容構成の推察も可能である。また、横超慧日博士によって元来本書の第一巻に収められるべき「初章中仮義」と第二巻の「八不義」（共に現行本に欠く）の写本の発見と紹介は大きな出来事であった。[2] 本書の内容構成等については第二節で考察したい。

二、作者と成立の問題

右の写経の記録や目録、現存写本では本文献の作者を「均僧正」「均正」としている。これらは「慧均僧正」の略称とされるが、伝記や経歴に関するものは残されておらず、僧名が「慧（恵）均」であることや僧正に任じられたことも文献上確認出来ない。しかし、日本三論宗の現存する文献としては最古（日本仏教の著述としても三経義疏に次ぐもの）となる元興寺智光（七〇八―七八〇？）『浄名玄論略述』巻一末に「恵均法師、依楞伽云、法仏報仏応仏[3]」とある。智光の活躍していた時期に『四論玄義』は写経所で筆写されていたのであるから、この智光の引用は、僧名「恵（慧）均」を証するものと言えよう。現代の学界において、この名が定着しているので、本書においても「慧均」と呼ぶことにしたい。

次に続蔵経の目録・表題では「唐 均正撰」とし、慧均を中国唐の人としている。この根拠も不明であるが、古くから唐の慧均と考えられて来た。後述のごとく慧均は三論学派の吉蔵と同門である。また本文献が唐から直接伝えられたとすれば、作者慧均を唐の人と考えた可能性はあろう。本文献の日本伝来についても不明であり、遣唐使によるのか、入唐学問僧によるのか、唐あるいは朝鮮半島からの渡来僧によるのか分からない。先に提示した写経の記録は写経所等における公的な記録であり、写経の原本は所蔵者・所蔵寺院から借用していると思われる。写経記録の最初の年時である天平十二年（七四〇）以前に日本に伝えられていたことは間違いなかろう。また題目が一定しないのは複数の筆写本が個人または寺院に所蔵されていたからであろう。

さて、本文献には各巻末（現行本で六箇所）に次のような識語が存在する。

顕慶三年歳次戊午年十二月六日興輪寺学問僧法安為　大皇帝及内殿故敬奉義章也。（続蔵一・七四・一、三〇左上等）

このような識語（献上語）を有する他の仏教文献を、筆者は寡聞にして知らない。大変注目される一文である。この識語をどのように解釈するかが大きな課題である。日本と中国及び朝鮮半島の高句麗・百済・新羅との政治的、文化的交流の盛んな時代のことであるから、様々な可能性が考えられるが、問題を一つずつ解決する必要があろう。ここでは右の識語が歴史的事実を記録したものと受け止めた上で考察を加えたい。はっきりしているのは「顕慶三年(六五八)」という年号で、これは唐の高宗の年号である。この年の十二月六日に献上されたことは確定できる。問題は、「興輪寺学問僧法安」と「大皇帝及内殿」である。興輪寺とはどこの寺であろうか。この時代の中国には存在が確認できない。学問僧という呼称は日本では「入唐学問僧」というような表現で使用されたが、古代日本における政治面及び仏教界の諸制度は、多くは朝鮮半島の制度や唐の制度(律令は百済経由である可能性が高い)に学び制定されたことを考えると、この「学問僧」という留学僧の制度も、半島に従った可能性はないであろうか。つまり、半島から中国への留学僧に使用していたということはなかったかどうか。韓国において歴史的資料が多く失なわれているので果たして確認出来るかどうか。次に学問僧法安という僧の記録があるかどうか。日本では確認できない。この法安が自身の著書を献上したようにも見えるが、しかし、著者は慧均僧正とされている。そして大皇帝及内殿は、唐か朝鮮半島か、あるいは日本か。顕慶三年という年号の使用からすると、日本と新羅は除かれるであろう。両国は唐の年号は使用せず、王朝名であった。百済は中国の年号を使用していた。大皇帝は主に中国で使用され、半島ではいずれも「王」である。日本では律令において皇帝の称号があるが、七世紀頃は天子が用いられ、のち天皇となる。また「内殿」は皇后を指すと思われるが、日本では内宮・中宮・皇后であり、内殿は使用されなかった。しかし半島では使用されたようである。[4] さらに、この識語はどこで書かれた(記入された)のかという問題がある。献上の際に記入したとは考えにくく、献上後に本文献を流布するに際して記入されたのではないか、と推察したい。それが中国であったのか、撰述地であったのか、あるいは日本に伝来した際であったのかは分からない。識語については謎が多いのであるが、本文献の撰述者は慧均僧正とされており、「僧正」という僧階の使用について考えると、後秦時代に僧官としての「僧正」が置かれ、それが南朝では踏襲されたようである。梁武帝の時代に南澗寺慧超が僧正に任ぜられ、光宅寺法雲は大僧正であった。唐代における仏教内部の僧官としては、僧統・僧録・僧正が置かれていたとされるが、唐初の数代の王朝では僧主を立てずに三綱（上座・寺主・都維那）によって統制され、僧正などの僧官の名称があらわれるのは唐玄宗の天宝年間（七四二―七五六）以後のこととされる。右の識語の年号の前年である顕慶二年（六五七）の西明寺では、上座は道宣、寺主は神泰、維那は懐素であった。[5] このことから、慧均が中国で僧正に任ぜられることはあり得ないであろう。

一方、朝鮮半島では新羅は真興王一一年（五四九）に大書省・小書省を置いて僧政を掌らしめたのが最初で、翌年にはこれを廃止して国統・州統・都統とし、総称して「僧統」と呼んだ。その後、聖徳王（七〇二―七三七）の代に国統の上に大国統を置いた。僧正は文聖王（八三九―八五七）になってからのようである。[6] そして百済の場合は、西暦六〇〇年頃には僧正の制があったとされる。

以上、識語についての一応の考察であるが、筆者は『大乗四論玄義記』の研究を始めた頃の一九七〇年代前半に、興輪寺をかの有名な新羅の寺と考え、その寺の僧法安が唐の皇帝に献上したものとして、本文献の著者は中国僧ではありえず、法安と同じ新羅僧ではないかと推察していたのである。しかし他の確実な根拠が見出せなかったために論文発表等はしなかった。右に確認した事柄、たとえば著者慧均は僧正とされているが、新羅には僧正の制はなかったという一事を以てしても、慧均を新羅僧と見ることは再考の必要が生じる。その後二〇〇〇年代になって、韓国の木浦大学校教授（現在、東国大学校教授）の崔鈆植氏が、韓国における考古学の発掘成果や本文献中に特有の文体や用語などに注目して、「百済撰述説」を提示したのである。[7] 崔氏の学説については本章の最後に論評したいと思うが、慧均が中国僧で本文献が中国撰述書であるという従来の通説は訂正されなければならない。

以上のように、『四論玄義』が中国撰述ではなく、作者慧均が朝鮮出身で中国に留学し、帰国後に撰述したとすれば、また中国での流布が右の顕慶三年（六五八）以降とすれば、それ以前に成立している『続高僧伝』等に記録され得ず、慧均の経歴が不詳であることも納得できよう。残念なことに韓国の資料にも慧均に関する記述は見られない。

従って作者慧均のことは、本文献で言及される僅かな記述によって推察する他はない。日本三論宗の文献における慧均への言及も『四論玄義』自身の記述に基づくものである。

まず現行続蔵経本に見える注意される文章を示すと次のようである。

(1)摂嶺西霞寺無所得三論大意大師詮法師。(続蔵一・七四・一、一八左下)

(2)一家関河相伝至摂嶺高句麗道朗法師。(同、一〇〇左上)

右によって『四論玄義』の作者が吉蔵と同じく摂山の三論学派に属し、その三論学を相承したことを示している。(2)の「道朗」は第一祖であり、すでに第一部で述べた通りである。(1)の「詮法師」は第二祖僧詮である。そして「興皇大師」(第三祖法朗)の語は多く使用され、山門義・山中旧などの用例もあって吉蔵と同様である。このことから、慧均は吉蔵と同じく興皇寺法朗の門下で三論学を学んだことに相違ない。また後述する本文献巻一の「初章中仮義」中には次のような一文が見られる[8]。

(3)吾聴成論玄義五十遍、論文四十余遍、毘曇文義各四遍、摂論三遍、方聴無依無得、始聴大乗。初聞見初章中仮語、往往大快咲也。学之得意、真可謂是入道之龍津、得理之眼目。(写本、一右)

(4)興皇師太建六年五月、房内亦開六章。一破異明中、二成仮不成仮明中、三単複明中、四体用明中、五一二明中、六絶不絶明中也。(同、二九右)

(5)作何意此疎密之義者、栖霞大朗法師、止観詮法師、興皇朗法師、三代三論師中語横竪疎密双隻単複義宗。(同、三九左)

右の(3)の一文は、慧均が三論学を学ぶ以前の習学の経歴を語ったものと思われる。これによれば、成実学を最も深く学んだようであり、毘曇学、摂論学も学習している。南北朝時代に最も盛んに研究学習されたのが『成実論』であるから、朝鮮出身の慧均が中国に入って真先に『成実論』の講説を聴き、本論を学び、また同時期に多くの学僧達に学習された毘曇学を学ぶということは自然である。また『摂大乗論』は真諦三蔵によって陳文帝の天嘉四年(五六二）に訳出されてから南地において摂論学が行なわれ、北周の破仏によって北地の地論学の人々が南下して摂論学と接触し、のち隋代に入って北地にも流伝して摂論・地論の両学派は交流し北地で盛んとなる。慧均が摂論学を学んだのは南地においてであったかも知れない。右の一文に地論学を学んだとは言っていないが、本文献には「十地義」も存在し、「地摂両論成毘二家」という表現が定形句となってしばしば使用されて批判されており、慧均は地論も学んでいたであろう。慧均が半島から中国へ留学するに際し、陸路であったのか海路であったのかは不明であるが、いずれにしても北地の教学も学んでいたと思われる。『起信論』が中国で造論されたという説を「北諸論師云」として述べることは、[9]北地における伝聞に基づくものではないであろうか。

(4)の文は、陳の太建六年（五七四）には興皇寺法朗の門下にあったことを示す。吉蔵二十六歳である。法朗は太建十三年（五八一）九月に七十五歳で示寂しているから、少なくとも八年以上は法朗の門下として三論学を学んだと思われる。[10]吉蔵は梁末、敬帝の時代頃に七歳にして法朗について出家したとされ、十九歳で講説を行ったとされるから、慧均が法朗門下に入った頃には吉蔵は門下生を代表する存在になっていたと思われる。慧均と吉蔵との関係は後述（本章第二節）したい。

(5)の文は、(1)・(2)の文と共に摂山栖霞寺を中心とする三論学を学んだことを語るものである。

以上の他に、現行本では欠けている巻一〇の「成壊義」の文を『三論祖師伝集』巻下（日仏全、史伝部一、一五九下―一六〇下）において引用しているが、その内容は第一部第一章第二節で取り上げたように、羅什に始まり摂山三論学派に至る人々の経歴を述べたもので、特に師である法朗のことと、その門下生のことを名前を挙げて動向を記し、吉蔵のことにも言及し、慧暠（五四七―六三三）や慧覚（五五四―六〇六）と共に年少の法師に入れている。[11]慧均が年長であったかも知れない。そして最後に「余親しく眼にし見聞する所なり」と言っていることは注目に値し、慧均の記述は信頼できると思われる。また法朗示寂（五八一）後の門下生の動向まで述べているので、慧均は隋代まで建康に留まっていたように考えられる。同門の人々が多く『続高僧伝』に立伝されているにもかかわらず、慧均が名を留めていないのは、やはり中国出身僧ではないことと、帰国した後に『四論玄義』等の著述がなされたためであろうと推察される。

三、その他の問題点

『四論玄義』と吉蔵の著書との関係において、古くから指摘されたのは吉蔵の著として流布している『大乗玄論』「八不義」との一致である。すでに珍海（一〇九二―一一五二）が『大乗正観略私記』において「故八不義云、故相伝云、中論是釈論骨髄也。四論玄義文亦同之」（大正七〇、一九七中）と言っている。現行の『四論玄義』には「八不義」は全欠であるが、本来巻二に収録されていたものである。それが横超慧日博士によって写本の存在が明らかにされ、三桐慈海氏によって両者の比較研究がなされて、『大乗玄論』の「八不義」は、本文献の「八不義」と一致し、本文献の「八不義」が『大乗玄論』に編入されたことが示唆されている。[12] この点についてはなお検証が必要である。

次に、吉蔵の撰として扱われて来たものに『弥勒経遊意』と『大品遊意』があるが、この二書も本文献の研究が進むにつれて吉蔵自身の著であるか否かの疑問が生じたのである。前者は後述するごとく、新発見の写本の存在により慧均の著であることが明らかとなった。後者は、内題に「般若義」とあって本文献との比較研究が課題となる。いずれも第二章以降で検討したい。

文献上の問題は右のようであるが、本文献の思想研究と他への影響についての研究が必要である。日本古代仏教への影響については第一部で三論宗の学系に関して述べたのであるが、中国及び朝鮮半島の仏教への影響についての検討も必要である。本書ではそれらの課題については一、二の指摘に留まり、充分に論じることが出来なかった。今後の研究課題である。

第二節　『大乗四論玄義記』の構成と基本的立場

一、序

中国三論学派の資料として本文献がすこぶる重要な意義を有することは、前節で述べた横超慧日博士が明言されたところである。隋から初唐頃の一資料としてのみならず、従来は吉蔵（五四九―六二三）の著書のみによって研究されてきた三論教学に対しても新たな視点を提供するものとして貴重である。

本文献の問題点、研究課題は前節で述べた通りであり、本節では本文献の原形態の推定と吉蔵説の引用、思想面での基本的立場について考察したい。

二、原形態の推定

現行の大日本続蔵経所収本が、その巻数を十巻とし、甚だ不完全なテキストであることはすでに述べた。目録や写経の記録によって、本来十二巻であることは相違ない。そのことは三論宗の諸文献が引用していることからも判断されるし、内容構成や義科の順序も推察されるので、以下に考察を試みたいと思う。

まず本文献を引用する主な三論宗章疏を列挙すれば、

(1)安澄『中論疏記』
(2)珍海『大乗正観略私記』
(3)同『三論玄疏文義要』

(4)同『大乗玄問答』
(5)同『三論名教抄』
(6)『三論祖師伝集』
(7)澄禅『三論玄義検幽集』
(8)貞海『三論玄義鈔』

が挙げられる。この中で最も多く本書を引用しているのが、(7)の中観澄禅の『検幽集』及び(3)珍海の『文義要』である。前者は、弘安三年（一二八〇）の撰であり、古来『三論玄義』の多数の註釈書中でも権威あるものとして認められ依用されているもので、本書の引用は、ほとんど裏書となっている。裏書は教誉寂心の説で、もと巻子本の紙背に裏書されていたものを、永享四年（一四三二）に延海が筆写した際に、本文と並べて表書とし、「裏書曰」の言を標して一字下げに書いたものであろうとされている[13]。また後者の『文義要』の作者珍海（一一五二寂）は、著述も多く信頼すべき碩学である。したがって、『検幽集』における初巻から十二巻にわたる引用と考え合わせて、当時伝持されていた本書の形態は、一応日本に将来された時のものとして認めてよいと思われる。

現行本の構成については、続蔵経編纂の際に用いた底本が、すでに原形態を留めていなかったとも考えられ、また編纂に際して巻数の順序等を新たに変更決定したようにも思われる。その理由は底本の保存状態が良くなかったからと考えられる。まず現行本に含まれる諸義科の篇名を、その順序に従って記せば、断伏義、金剛心義、二諦義、感応義、仏性義、二智義、三乗義、荘厳義、三位義の九篇である。しかしながら、現行本では、現在失なわれているが、もとは存したと思われる諸義科に少なからず関説している。繁をいとわず次に記せば、巻二の「断伏義」の冒頭において、

第二明断伏義有両、一明断伏、二論雑問答。第一明断伏有三、一明断伏、二論修行、三弁得失。第一明断伏義、略如夢覚義中釈也。（続蔵一・七四・一、二右上）

とされており、「夢覚義」なる義科がすでに論じられているごとくである。しかるに、『検幽集』巻五では、

四論玄第四夢覚義云、問夢覚之名在㆑聖在㆑凡耶。答夢覚之名正在㆓於凡㆒、今借㆓凡夢覚之名㆒譬㆓迷悟㆒也。（大正七〇、四四六中）

として、現行本では欠巻となっている第四巻所収なることを示している。さらに珍海の『三論名教抄』巻一二の、

四論玄義第四巻有㆓夢覚㆒、一科四重明㆑義、即云一家相伝立㆓夢覚義㆒。（大正七〇、八〇六中）

なる文によって「夢覚義」は四重の科門によって論じられ、さらに一家相伝、つまり三論一家の相承説であることがわかる。そのほか巻九の二智義、巻十の三乗義中にも「如夢覚義中説」の文がある。[15]

次の「金剛心義」中には、

問仏果所断或滅時、即是仏在時、若尓是或滅時解生時不。

答成論師解不同、如十地義中説。一云解在時当仏果、所断或滅当金心時、仏果与金心不同……此義於十地義中已破竟也。（続蔵一・七四・一、一六左下）

とあって、「十地義」を指示し、しかも「金剛心義」に先行するごとくである。『検幽集』巻七では、

四論玄第五十地義云、若無方仮論㆑之、無㆓柱不㆑是者㆒、故一微塵中有㆓無量法㆒。（大正七〇、四八九下）

として「十地義」の第五巻所収を示す。現行本では、断伏義と金剛心義は巻を分かたずに論じられているから、この両者とも、もとは巻五 十地義に後続するものと考えてよいであろう。内容から言っても、十地断伏義、十地金剛心義を明かす点、妥当と思われる。他には巻七 仏性義、巻九 二智義等で「十地義」に触れ、諸義科中最も関説が多い。[16]

次に巻五「二諦義」中では、

問他有三種中道応是三諦、今真俗表非真非俗道者、亦応三諦耶。答三種中道如八不義中説。（続蔵一・七四・一、三〇右上）

として、「八不義」の存在を示す。しかし『検幽集』では「均正師十二巻章八不義曰……」[17]とするのみで巻数は不明

であるが、横超博士の紹介された写本には、「大乗玄義八不義巻第二」と尾題に記されているようであり、これに従えば「八不義」は第二巻所収となる。他に二智義及び三乗義で触れる。[18]

先に、巻五には「十地義」が入ることを示したが、現行本では「二諦義」となっている。『検幽集』では、単に「四論玄二諦義曰」[19]とするのみで不明であるが、安澄の『中論疏記』巻三本の、

均正玄義第三巻云、不空二諦者、即周顒義、引二大品経一云不レ壊二仮名一、而説二諸法実相一……山門等諂二不空二諦一、作二鼠嘍栗義一。（大正六五、九五下）

や、同巻三本の、

彼玄義第三巻云、成実師執両家、説二二諦一不レ同、広州僧亮法師云、法本自無因縁成二諸称一之為レ俗……河涼顕亮法師云、因縁即体不レ可レ得即空……此之二師十五家中、初即第一名為二仮名空一、次是第十二名為二不空仮名一。（大正六五、八一上）

等の文によると、第三巻には二諦について評論されているごとくであり、空仮名、不空仮名、仮名空を始めとする二諦義の異説十五家について論じているとも考えられる。これより、第三巻は「二諦義」に相当すると思われる。ただ現行本には、いまの文に相応する箇所が見当たらず、欠文の第八絶名、第九明摂法、第十明同異のいずれかの文であろう。

巻六の「感応義」中には、「如法身義中釈也」（続蔵一・七四・一、四〇右下）と「此義具如浄土科中広明両本迹也」（同、三九右下）の文があり、巻七の「仏性義」中には「太渉如涅槃義中説也」（同、五五右上）とあるが、これらの所収巻数は不明である。現行本では「仏性義」が巻七と巻八にわたるが、『文義要』巻十によると第六巻所収とされ、[20]また同じく巻一の裏書に、

四論玄七云、一魯国師。立半満両教。呉国師。判頓漸偏三種教也。（大正七〇、二一一下）

とあり、この魯、呉両国師について、現行本「仏性義」の巻七と巻八に各々一度関説しており、他の義科中に見当たらないことから、この一文は「仏性義」中のものかとも考えられる。そして『検幽集』巻三によると第八巻には「五

種菩提義」が配当されるごとくであるから、[21]「仏性義」は、もと第六巻と第七巻所収ではなかったかと思われる。
巻九の「二智義」は、『検幽集』も同じである。次の巻十の「三乗義」等は、『検幽集』巻一の文では第十二巻所収とされ、[22]続蔵経の目次においても「或巻十二欠」としていることから、ここに配当するのが妥当のようである。そして第十巻には「成壊義」が配当される。[23]
以上、現行本の記述をもとにして、各巻所収の義科の原型に関して論じてみたのであるが、このほか抄出文によって加えるならば、第一巻には「初章中仮義」[24]、第十一巻には「開路義」「十四音義」「四悉檀義」[25]が、さらに第十二巻には「三宝義」[26]が配当される。現行本目次との対象を示すと次のようである。

	現行本	三論宗章疏類の引用
巻一	十地義（欠）	初章中仮義（存）
二	断伏義　金剛心義	八不義（存）
三	欠	二諦義
四	欠	夢覚義　感応義
五	二諦義（後半欠）	十地義　断伏義　金剛心義
六	感応義	仏性義
七	仏性義	仏性義
八	仏性義（前半欠）	五種菩提義
九	二智義	二智義
十	三乗義　荘厳義　三位義	成壊義

十一	欠	開路義　十四音義　四悉檀義
十二	欠	三乗義　荘厳義　三位義　三宝義

他に、全く所収巻数不明のものは、涅槃、法身、浄土、般若の各義科である。[27]これによると、本書の篇名科門の立て方は吉蔵の『大乗玄論』や慧遠の『大乗義章』に類似し、また吉蔵との共通の篇名、すなわち、二諦義、仏性義、涅槃義、二智義等は、三論宗にとって重要な課題であったことを示すものと思われ、また当時の仏教界における共通テーマであり、盛んに論じられ追求された問題であったことを知ると共に、両者主張の異同も知られる。

三、吉蔵説の引用

本文献の著者慧均が法朗の門下で、吉蔵とは同門の三論学者であることは、すでに述べたごとくである。あくまでも推察ではあるが、習学の経歴などを考慮し、吉蔵のことを法朗の門下生の中でも「年小法師」[28]と言っていることなどから、慧均が年齢的に吉蔵よりも上ではないかと思われる。しかし、法朗門下に連なったのは吉蔵が先であろう。二人は恐らく同門人として面識があり、互いに認めていた関係と思われる。しかるに、吉蔵の著書に慧均の名を見出すことはできない。しかし慧均の著である『大乗四論玄義記』には吉蔵の学説を引用していると思われる箇所がある。たとえば、巻七の仏性義中において、「問、仏性何法而名仏性耶」という質問に対し、その答として「大師」の言を述べ、続いて、

無差別中差別説二仏性一、蔵公開為二八種一、故説二於仏性一。（続蔵一・七四・一、四四右下）

としている。その八種というのが、「一為対昔三乗性故、二為対保自守之源故、三為発菩提心衆生故、四為下劣衆生、五為憍慢自高卑他之人故、六為好作罪衆生故、七厳観等法師皆云一闡提無仏性為破此等計故、八為三修比丘封執無常、

修三法印定謂有為法無常、一切法無我、唯涅槃寂滅、為破此執故」というものであり、慧均は「今謂大意亦不出前八種説」として、これを承認しているのである。文中では、ただ「蔵公」というのみで明確に「吉蔵」とは呼んでいないから、あるいは開善寺智蔵や他の人とも考えられる。しかし智蔵の場合は、開善蔵法師とか開善と称するのがほとんどである。それに開善には最も多く関説し、しかも批判している慧均が、自己の立場を述べるに当たって、その説をそのまま依用するとは到底考えられない[29]。智蔵以外の人であるとしても同様のことが言えるし、この蔵公とは吉蔵を指すと思われる。この場合、吉蔵の著作からの引用であるかどうかは、これに相当する文が見当たらないので不明である。また、自説を述べるのに「蔵云」として代弁させている箇所も存する[30]。さらに『三論玄疏文義要』巻七の裏書で、本書の十地義中の同文を二度引用しているが、それによると、一方は「蔵師云」とし、他方は「吉蔵師云」となっている。後者の引用文を示せば、

四論玄十地義云、一家自有二頓漸悟義一、吉蔵師云従レ凡入レ聖、必是漸入、無レ有二頓悟一、而経云二頓悟断一者、応迹引接論レ之也。諸師多云下有二漸頓悟義一、随二人意一捉上レ之、而大乗無所得宗意、応レ如二諸法師釈一但難レ明レ之、鈍根薄福学二有相善一比丘不レ信。（大正七〇、三二二中）

というもので、吉蔵は頓悟を許さずと慧均は判断したもののようであり、自らは諸法師説を取っている。註釈では、慧均と吉蔵との相見は事実として認めた上で、吉蔵説に種々の解釈を与えている[31]。元来は、単に蔵師となっていたものを、裏書者か筆写した者が、吉蔵と判断して、そのように書いたとも考えられる。いずれにせよ、南都の三論学者間では、慧均と吉蔵は互いにその存在を認めていたとの解釈であったようである。この吉蔵説の文も現存の著作中にはみえない。また『検幽集』巻七に引用する初章中仮義の文中には、

又蔵公云、論主破二外道一、外道心無二所安一成二断見一、求二〇覓法一論主将二仏二諦一接レ断、亦得二接断二諦一、是百論意也。（大正七〇、四九二中）

として関説している。やはり現存の吉蔵の著作中に、これと同文のものは見当たらないが、『三論玄義』に「次明百

論宗者、百論破邪申明二諦。具如空品末説」（大正四五、一一下）とあり、『百論疏』巻下之下の破空品第十の釈文に「又前破空有、外人便起断見、故次説二諦接其断心」（大正四二、三〇三上）とあるので「蔵公」説に相当するであろう。また『二諦章』[32]巻上に同趣意の文が見られる。しかし、慧均が吉蔵の著作を見た上でのことか、あるいは講説対論に依るものかは判然としないが、少なくとも、慧均の関説している「蔵公」が吉蔵であることは間違いなかろうと思う。

四、基本的立場

次に、慧均の基本的立場、あるいは慧均の依って立つところは何か、ということであるが、本文献において、初章及び中仮の説が頻繁に説かれ、非常に重視していることからして、これは、本来の第一巻に収められるべき、「初章中仮義」に注目しなければならないと思われる。しかしながら、前述のごとく、現行本では欠巻となっており、今のところ横超博士の紹介された写本を披見する機会も得ておらず、その独自性を明確にすることは不可能であるが、写本を見得た時には改めて論じることとして、今は、横超博士の註（2）所掲第一論文及び現行本等によって、初章及び中仮について少しく窺っておきたい。横超博士は、次のように紹介されている。

　初章中仮義の初章とは如何なる意味か。それは、仏教の根本義たる中道へ入るための基礎出発点となる文章という意であり、或は又三論宗教義の基本的立場を端的に示したものと理解してもよい。……あらゆる経は悉く初章におさめられ初説が根本である。と説く。然らばその初章は何であるかというに、中仮義がそれであるとせられる。

吉蔵も初章と中仮について、

　問、初章与中仮何異。答、若総詺㆓此一章㆒、為㆓初学之章門㆒、皆是初章。一切法不㆑離㆓中仮㆒、故皆是中仮、而師分㆑之一往異。[33]

としている。吉蔵によれば、初章は初学の章門に名づけたものであり、一切法は中仮におさめられるとするから、初章と中仮は不離不即なることを知る。大意は慧均と同じである。そこで中仮義とは何かというと、広略の二種があり、略の初章とは、

〔他〕有有レ可レ有有是有　故有、今有不レ可レ有有是不有有。（大正四二、二八上〔　〕は筆者補記）

とされ、現行本巻九の二智義では、

興皇大師常言、決得初章度レ之、初章之言、他有二有可レ有無可レ無、有有自有無無自無、故有住レ有無無住二無中一。（続蔵一・七四・一、八〇右下）

として興皇法朗の言葉を述べる。他者は、有無二辺に住するのみであるが、三論の立場は有の有なるべきなく無の無なるべきなしとして、非有非無を説く。しかるに吉蔵も、先引の文に続いて同じく法朗の言として、

初章者、[34]他有有レ可レ有即有二無可レ無、今無二有可レ有即無二無可レ無。（大正四二、二八上）

と述べ、四節の語を初章としている。恐らくこの四節の語が、慧均のいう広の初章に当たるのではないかと思う。さらに中仮については、

不有有則非有、不無無即非無、非有非無仮説有無、此是中仮義也。（同上）

としている。つまり、初章中仮義とは、これによって「中」に入らしめんがために他ならず、非有非無を「中」、有無は「仮」であると、その真意を習得することが必要とされるのである。

初章中仮義の大意は以上のごとくであるが、さらに進んで中仮義を立てるその根拠と構造はどうかというと、まず、「中」義については、

問、中以レ何為レ義。答、中以レ実為レ義、亦言中以レ正為レ義、以レ正釈レ中、以レ実釈レ中也。[35]

とし、中の実義、正義なることを示し、続いて、

問、如レ斯釈出二何典語一耶。答、略出二三証一併以レ理明レ之、何者、一者関中、二者論文、三者引証也。（大正七〇、四八六下）

として、以下第一の関中については、僧叡の『中論序』、僧肇の『涅槃論』を典拠とし、第二の論文としては、『中論』観法品の文及び『大智度論』の文を挙げ、第三の引証では『涅槃経』の文を経証としている。[36] そして、「中」の構造については、やはり法朗からの相承説として、四種の中を説く、すなわち、

興皇大師弁二中仮一亦無量、但要者或開二三種中一、有時開二四種中一也、仮亦然也。[37]

として、①対偏中、②尽偏中（尽浄中）、③絶待中（実相中）、④成仮中（接断中）の四である。これについて次のように説明している。

対偏中者如二内学一禀二仏二諦教則空有、成二断常二見一迷二辟於中一、如二百論三外道中一、亦如下開善二諦義明二三種一等上、有所得家中故、論主説二不生不滅中道一、対二破彼偏執一則為レ説二正中義一故、対レ偏明レ中也。尽偏中者尽二浄於偏一名レ之為二尽浄中一也。何者明二唯直弁ㆾ中、対レ偏而已、復須下洗二除此偏一尽浄乃得ㆾ名レ中、故言二尽偏明中一也。

絶待中者亦名二実相中一也。不下従二対偏一為ㆾ名、亦不下従二尽浄一為ㆾ目、言語道断心行処滅、四句五句所レ不レ可レ得、強称嘆立二中名一、以顕二正法実相義一也。又中本対レ偏、偏病既去、中亦不レ留、非レ偏非レ中、不レ知二何以美ㆾ之、強名為レ中、故名為二絶待中一也。

成仮中亦名二接断中一也。成仮中者絶本対二不絶一、不絶是仮、所以第四明二成仮中一也。明二中道実非有非無一、因二此非有非無一得二起有無一、以レ中成レ仮故名二成仮中一也。仏於二無名相中一仮二名相一説、説二有無一為レ顕二非有非無一、非有非無是中、因二此中一起レ仮也。接断中者中偏既去謂二絶断一、作レ解レ沈空、故接二起仮名中一故名二接断中一也。此即治レ病中也。[38]

また「仮」については、上の四中に対し、①対性仮、②尽性仮、③因縁仮、④表理仮（接断仮）の四仮を説く。この説明は残念ながら欠文となっていて不明であるが、因縁仮は二諦の摂であるという。「中」の説明に照らして大略推察出来よう。ただし、上説とは幾分趣を異にするが、他所においてやはり法朗の説として四仮を説いている。[39] それ

によれば、①就縁仮、②随縁仮、③対縁仮、④因縁仮（相成仮）の四である。以下に説明を記せば、

一就縁仮者解不同、一云外人計有生有滅等相、今論主就生滅責覓生滅相不得令其不立、名為就縁仮。二云就縁仮以凡聖相去遼遠、為欲化故同彼、就是同義将欲化前縁且先同前縁、如四摂同利、故法花経譬喩品云捨珍御服著垢膩衣、得近窮子、又如王宮生一化始終随入六道同之、為就縁仮也。

二随縁仮者既同前縁之説、今欲化之故随根性種種方便為其説、応聞有得悟即為説有、応聞空得悟即為説空、応非有非無悟即為説非有非無、応聞三乗法即為説、如三十三身化也。

三対縁仮者対破也。前縁執有将空対破、執無亦爾、此是薬病対敵相破也。

四因縁仮者是仏正因縁説、明一切法並頼因縁、如有不自有因空故有、亦是有不自有因不有故有、如人不自人因法故人等、但教言有所住住則礙而不通、今因縁教言無所住虚通無礙、故此第四名相成仮。[40]

とある。しかるに吉蔵は、『二諦章』巻下において、

大師約四悉檀明四仮義、四仮者、因縁仮、対縁仮、就縁仮、随縁仮。（大正四五、一〇六上）

として法朗が、この四仮を四悉檀に配当して説いたことを言うが、上記の文に続いて慧均は、他者の言葉として、

又云又三論師四悉檀与四仮結会、彼云世界悉檀即是就縁仮、各各為人悉檀是随縁仮、対治悉檀即是対縁仮、第一義悉檀即是因縁仮。（大正七〇、四八一下―四八二上）

と述べている。

以上のように四中四仮を説くのであるが、さらに中仮義の構造を示したものとして、本来巻二に収められるべき八不義[41]に説かれる単複中仮義が挙げられる。これは、慧均自ら「単複中仮出入無定」[42]というように、単義と複義に約して、中仮義を展開したものに他ならない。つまり、単複中仮義を弁じるのに、一明単義論単複、二明複義論単複、三弁二諦単複義の三意を以てし、各々単仮単中、複仮複中を明かし、互相入出するを説いている。そして、これを説く理由は、「有破病意、有無窮転勢、有挙浅深門入中道正法義也」[43]ということに尽くされるようである。[44]今、

これを詳論するのは繁雑になるので、次に図示するにとどめたい。

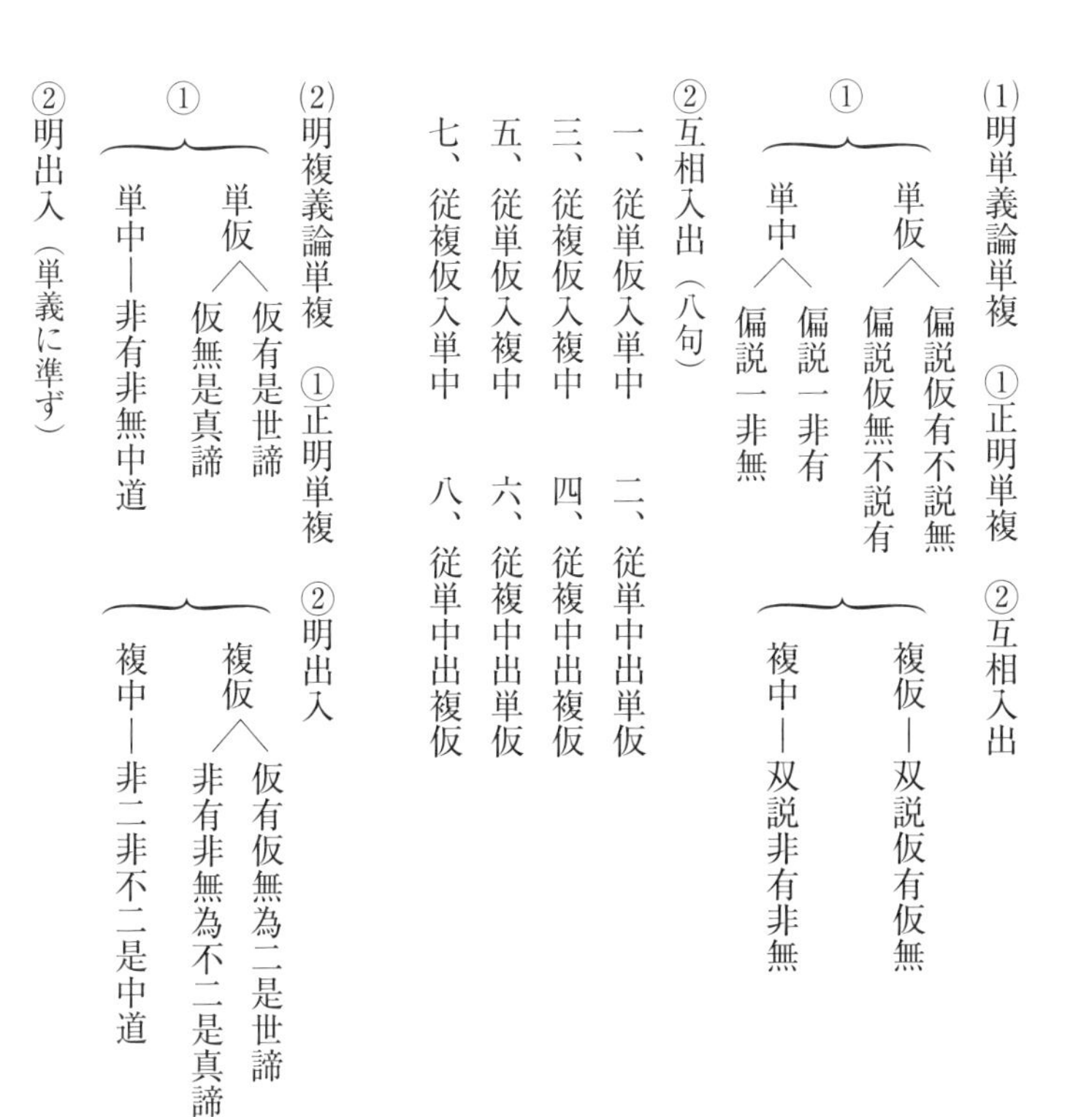

(3)就二諦論単複　①正明単複　②論出入義

①
a 俗単複：単仮―仮有／単中―非有中道　複仮―仮有仮不有／複中―非有非不有
b 真単複：単仮―仮無／単中―非無中道　複仮―仮無仮不無／複中―非無非不無

②論出入義
a 約世諦八句　b 約真諦八句
c 約二諦交絡十二句
一、単仮単中相対四句　二、複仮複中相対四句
三、単仮複中相対四句　（四、単中複仮相対四句）[45]

このように、単複中仮義は、分析的、発展的な構成を示しているのであるが、この根本となる命題は、やはり、先に示した初章の語に基づいているといえる。しかも、三論教学における、特に吉蔵にみられる二諦説の展開を考えるとき、約教の二諦説の基本構造として、「初章」があったことはすでに指摘されているが[46]、この中仮義の教学的意義も認めることが出来るのではないかと思われる。つまり、吉蔵二諦説の背景として、このような中仮義の教学的展開があったということであり、伝統的三論教学としての初章中仮義を、独自の教学的思想に基づいて、さらに発展せしめたのが吉蔵の二諦説ではなかったか、と思うのである。三論教学における初章とは、中仮義に他ならない。それは、前述の慧均、吉蔵両者の説明によっても明らかである。したがって、初章を、吉蔵は二諦義において把握し強調したことは確かであって、元来初章中仮義の理論的展開の中に存する二諦的趣意の面及び、その構造に基づいて、約教二諦説を展開したのが吉蔵であり、それが彼の独自性であると思われる。それに対し慧均は、むしろ三論教学の伝統説

を忠実に学び、祖述しているのだと考えられる。慧均における初章中仮義の重視は彼の学風あるいは独自性というよりは、三論学派の根本的教学として、伝承され宣説されていたものではなかったかと思うのである。そのことは、初章中仮の説は、法朗の説なるがごとく、慧均、吉蔵共に師の言として述べていることにより知られる。そして、道宣が『続高僧伝』巻三〇の智凱伝において次のように述べていることによっても明白である。すなわち、

承下沙門吉蔵振二宗禹穴一往者談レ之光聞中遠邇上。便辞レ親詣レ焉従受二三論一偏工二領畳一。所以初章中仮複詞遣レ滞、学人苦二其煩拏一、而凱統レ之冷然釈頓。（大正五〇、七〇五上）

とある。智凱は、吉蔵より三論を学んだ人であるが、この記述によると、当時の三論学者間において初章中仮義が講究され、しかも、その構造が、わずらわしく入り組んでいるがために、理解に苦しんだようであるが、智凱は、その要旨を速やかに会得したという。吉蔵の講説においても勿論宣説されたであろう。また同じく『続高僧伝』巻十四の慧稜伝には、

常於二暠房一叙二経大意一。外有二側聴一皆為二漫語一白レ暠曰、稜於二初章一全若レ不レ解、明日上講請為定レ之。及レ時告曰、欲レ定二初章一者出来。時門侶蓋レ衆者二十五人、一一誦呈。皆云二不レ是。稜最後述レ句、句雖レ異皆云レ得レ意。由レ是靡伏莫二敢軽者一。（大正五〇、五三六下）

とされる。慧稜（五七六—六四〇）は、はじめ茅山の大明法師に従って三論を学び、後に慧暠（五四七—六三三）に従った人で、慧暠も大明法師より三論を受けている。それに大明法師は興皇寺法朗の弟子である。これによっても、初章が、三論教学における根本的立場として宣説され、継承されていることが明確に知れよう。道宣は、慧稜が、よくその真意を習得していたことを述べ、時の人は得意稜と呼んだとも言っている。僧詮の四友の一人慧布を、得意布と称したことに擬したものであろうか。しかも、それが法朗に始まったものではなく、道朗、僧詮以来の伝統説なることは、次の文によっても明らかである。すなわち、

所レ言疎密者由二中仮而生也。但須レ知二此起意一、何意作二此疎密之義一者、栖霞寺大朗法師、止観詮法師、興皇朗

法師、三代四論師中疎密横竪双隻単複義宗起也。(47)と慧均は述べている。先に挙げた単複に約して展開するのみならず、疎密横竪等に約して中仮義を宣説したようであり、さらに続いて、

摂山栖霞寺大朗法師云、長安融法師注二維摩一中云什法師云若不レ識二横竪疎密双隻単複義一者、終是不レ解二大乗経論意一。故止観法師云、大経云鬼非鬼非非鬼等、如二大品経相行品云一、行亦不レ受、不行亦不レ受、行不行亦不レ受、非行非不行亦不レ受、不受亦不レ受等。(大正七〇、四九三上)

として、中仮義の淵源を羅什及び涅槃、大品に求め、その正統性を強調している。恐らく先述のごとき中仮義の構成展開は、徐々になされたものであり、道朗によって、その原形が提示され、僧詮、法朗と次第して、より一層深められ発展せしめられたものであろう。また中仮義が盛んに宣説されたことも、中仮師と呼ばれる人々の存在によっても知られる。法朗と共に僧詮門下の四友とされる長干寺智弁や禅衆寺慧勇(五一五—五八二)は、盛んに中仮義を説いたようであり、その義体が法朗説と異なることから、吉蔵を始めとする興皇の座中の者は、それを排斥したようである。(48)しかしながら、中仮義の解釈をめぐって三論学派内での論争対立がみられるほどに盛んに論じられ講説された事実は、この中仮義が、三論教学における根本的かつ重要なる教義であったことを示すものに他ならない。また当時としては、三論独自のユニークな説であったとも言える。それは慧均が「初章中仮義」で、

若成論等師見二聞初章中仮義一、必不レ解レ意是何物語致レ咲之也。(写本、一右)

と述べていることによっても知られる。そして慧均自身、当初この初章中仮義を聴いた時には、大いにあやしみ笑ったとも言う。しかし、これを学んで意を習得したならば、これこそ入道の龍律、得理の眼目と言えるもので、二諦、境智、仏性、二河、感応等の諸問題も容易に理解し得るであろうとも言っているのである。(49)しかしながら、これを理解し習得することは先引の智凱伝によっても分かるように、容易でなかったようであり、中仮義を聴いてそれに固執している人々を、吉蔵は中仮師と呼んで批判しているのである。吉蔵は中仮師について、

初章中仮為レ破二性病一、性病若去此語亦不レ留、若守二初章中仮一者是中仮師耳。[50]

として初章中仮の語に固執すべきでないことをいい、さらに、

中仮師聞レ仮作二仮解一、亦須レ破二此仮一。師云中仮師罪重、永不レ見レ仏。[51]

と、師法朗の言葉を引いて中仮師を批判している。[52] また次のようにも言う。

又須レ破二中仮一者人未レ学二三論一、已懐二数論之解一。今聴二三論一又作レ解以安二於心一。既同安二於心一即倶是有所得、与レ旧何異。又過甚二他人一。所以然者昔既得二数論旧解一、今復得二三論新智一、即更加二一見一。師云、此是足レ載耳。可レ謂、学弥広倒弥多。而経論意在三息レ心達二本源一。故号為二沙門一。又息レ之以至二於無息一矣。（大正四二、二七中—下）

したがって、吉蔵と同学の慧均が、初章中仮義を重要視して、それを力説する限りは、慧均自身、師法朗や吉蔵の中仮師批判を知っていたであろうし、また同学とは言っても、法朗門下に入る以前に数・論、すなわち、毘曇や成実等を久しく学んでおり、ともすると吉蔵の破斥の対象となることを充分考えてのことであったと思われる。慧均は、一家ある時中仮義の人を破して、長干、禅衆を中仮師だと言って非難するが、必ずしも一概にそうとばかりは言えない。ただ今時同聴の者の中で意を解らない者が中仮の義をなすそれがいけないのであって、若し意を解らぬ限りは、中仮義だけでなく中義を成ずるものであっても破すべきではないか。

と述べているのである。[53] これによって、慧均は長干、禅衆等の説を全的ではなくとも認めようとする立場が窺える。それは、現行本の本書を見る限りは、中仮師の呼称は全く見られないし、また中仮師批判の文もない。これは、同じ法朗門下ではあるが、両者の立場の相違、性格の違いを示している。しかし、慧均には、初章中仮義の真意を習得しているという自負の念が感じられるし、吉蔵が『三論玄義』の最後で、

又中仮師云、非有非無為レ中、而有而無為レ仮也。（岩波本一八八頁）

として、これを排しているごとくであるが、慧均もこれについては、

非有非無即両去即是断、而有而無両来只是常、此是断常二見、何謂㆓中仮㆒也。故一家旧云両去不㆑名㆑中、両来不㆑成㆑仮也。[54]

と一家の旧言を引いて破しているのである。また、先に挙げた就縁仮、随縁仮等の四仮を説く最後においても、

此四仮義若了教之者不㆑須㆓四仮㆒、未得悟之者用㆑之也。[55]

と言っている。さらに積極的に初章中仮義の得失を述べて次のように言う。

若迷㆓中或仮㆒即有㆓五失㆒。一失㆓諸法不二㆒成㆓二義㆒、二失㆓諸仮名㆒成㆓性実㆒、三失㆓諸法相待㆒成㆓自性㆒、四失㆓諸法皆空㆒成㆓性有㆒、五失㆓中道㆒成㆓辺見㆒。若人久修㆓方便㆒了㆓非有非無之道㆒、六識所行処知㆓有是不有、無是不無、非有非無㆓不二㆒、始是至道。……即解㆑中識㆑仮還有㆓五得㆒対㆓前失㆒、一解㆓諸法不二㆒也、二知㆓諸法仮名㆒也、三解㆓諸法相待㆒也、四悟㆓諸法皆空㆒、五見㆓於中道㆒也。[56]

以上のように、同学の慧均と吉蔵には明確な主張の相違が見出されるのであるが、それが、何に起因したものであったか。

まず両者の習学の過程の相違が考えられる。慧均は、先に述べたように、法朗に受学する以前に、久しく『成実論』等を研讃し、その後に中観仏教を学んだのであり、興皇門下に入るまでには、当時の学界の事情や三論以外の教学をも充分に理解していたであろうし、広い視野を有していたと思われる。したがって、法朗の講説を聴いた当初は、これまで学んで来たものとは全く異なる学説に触れ、驚きかつ疑問を拘いたようではあるが、しかし慧均には公平な立場でもって素直にその説を聴き、理解することが可能であったとも考えられる。後に、三論の伝統説を理解し習得したという、その自負の念をもって力説している根幹は、初章中仮義を始めとして、すべて師法朗の言として述べるのであるが、吉蔵にみられるような独自の理論的展開はみられない。慧均にすれば、あくまで法朗の真意を、三論の伝統説を誤りなく伝えようとしているとも受け取れる。

一方、吉蔵は七歳の時に法朗について出家して以来、三論の教学を専らとしており、その意味で興皇門下の正統派と言えるものである。それだけに、吉蔵の意識としては、三論学の伝統を重んじると共に、その正統性を強調する面がかなり強く、それは彼の学風にも良く現われている。他教学との対抗上、常に学説の理論的不備を補う努力をし、伝統説を発展、展開していることは、それを物語るものであろう。同じ三論学派内における中仮義解釈をめぐって、師法朗の説と異なった、いわゆる中仮師と呼ばれる人々に対する批判、また先引の「已に数・論を学び、そして今三論の新智を得て、更に一見を加う云云」として、三論学出身外の人々に対する批判、さらに「異三論師」[57]として、摂嶺相承以外の三論学者に対する破斥など、その意識と自負が明らかに窺われる。吉蔵が三論教学における伝統説であり、最も根本的立場とも言える初章中仮義を、著作の前面に押し出してあまり宣説しなかったのは[58]、当時の学派内外において盛んに中仮義が説かれていた事情、また長干や禅衆と法朗の説が相違していたことなどに依るとも考えられ、自己の正統性及び独自性を発揮する上において、また彼の博学才智を以てすれば、恐らく初章中仮義を、伝統説そのままの形で祖述することは出来得なかったとも思われる。それが、初章中仮義の根本構造、すなわち、初章に立脚した、その発展的学説としての初章二諦義とも言うべき約教二諦説の展開となったのではなかったかと推察されるのである。吉蔵独自の思想的展開とされる於教二諦や四重の二諦等の重層的構造は、単複中仮義の複義に単複中仮義を論じるに対比しても明瞭である[59]。そこに、吉蔵の独自性が見出されるであろうし、根本的に慧均の立場と相違する点でもあろう。学説上は、両者共ほとんど近似していながら、微妙なところで差違が見られるのは、三論学派内における両者の立場の相違を示すものであると考えられる[60]。慧均の説く「初章中仮義」の詳細は、次節で論述する。

五、結　語

以上、『大乗四論玄義記』の構成と、作者及び本書の基本的立場を、吉蔵との対比において論じたのであるが、特に道宣の伝述によって、三論教学における初章中仮義が、単に慧均、吉蔵のみに留まらず、伝統的かつ基本的な教理学説として、法朗の門下及びそれに続く人々によって継承され講究されたということを、客観的に知り得たと思う。また従来、吉蔵の著作によって研究され、解明されて来た三論教学というものに対しても、幾分なりとも、新しい視座と内容とを加え得たのではなかろうか。本書に説かれる各義科についても、吉蔵との比較研究によって、一層明確になるであろう。また本書における経論学説の引用や特殊な用語例、また『大乗玄論』との関係等は、稿を改めて論じたい。

第三節　三論教学における初章中仮義

一、問題の所在

三論教学の特色は、嘉祥大師吉蔵の著作を通して種々に論じられ指摘されているが、その思想及び教学成立上の第一の特徴は、南北朝の諸学説、主として成実学派の考え方の批判を媒介として、三論学派の伝統的解釈を敷衍徹底せしめることにおいて果たされたこと。他学派の批判超克を媒介とした故に、その展開は重層性を有し、それが空観の融通無礙なる性格を遺憾なく発揮していることである。このような性格は、彼の主著『中観論疏』にみられる八不中道の解釈において最も端的に、しかも精細に示されている。(61)八不各々の解釈から八不による三種中道の釈明は、他学派に対しても、また三論学説としても、最も徹底した理論と趣旨とを闡明しているが、それは吉蔵自らの言を借りずとも、長年月にわたる研鑽と思索によって成されたものであることは論を俟たない。特に他学派、中でも成実学派に対しては、於教の二諦をはじめとして種々に言及されるごとく、実体観を否定して空観の上に見直したこと、あくまで因縁相待に立脚地を置いたことが従来指摘され、それは終始一貫する立場である。また三論学説の歴史的展開の中において培われた面も見逃すことは出来ない。それは、いわゆる摂嶺相承の伝統的解釈、及び三論学派内における論義の継承発展ないし吸収活用の面である。その点で最も注目されるのは中・仮の概念である。従来は、ややもすると八不中道、二諦中道等と言われて、「中」が強調される傾向にあるが、他面「仮」の思想を巧みに活用して論理の正確を期したことを見落してはなるまい。成実学派によって追求されて来た中・仮の考え方を継承しながらも、因縁相待の基本的立場からの転換を行ない、三論独自の論理的基盤をなしたのが「初章」であり「中仮義」である。従来は四重の二諦や三種中道等の成果の面に特色を探る主眼が置かれ、この初章中仮義が論じられることもなく、従って三論教学の特色として数えられることもなかった。ただし、早くは常盤大定博士の「大乗世界観の基調としての仮」[62]において注目され、また最近では横超慧日博士が『大乗四論玄義』の「初章中仮義」の発見紹介をされるに及んで、その三論教学における重要性が示唆された。[63]そして平井俊榮博士によって、吉蔵の約教二諦説の基本構造として「初章」が重要な意義を有していることが指摘されるに至った。[64]この点につき従来あまり注意されることもなかった第一の理由は、資料の欠如であり、また吉蔵においては、自家薬籠中のものとして、ことさら解釈しなかったことにも依る。それは吉蔵や師である法朗が、中仮義に滞る人々を中仮師と称して批判したことにも関係があろう。しかし客観的に見た場合、この批判が逆に注意されるべき点である。三論教学が他学派の批判超克に依って成立していることからして、中仮師も例外ではない。特に中仮師は三論学派内で問題となったわけで、吉蔵は成実学派等のごとく明確な形で批判し釈明することはないが、それだけに批判の言鋒は鋭い。常盤博士は前掲論文において「三論家の論理の頗る明細を極むるに至ったのは、この中仮師との間の論議が重要な機縁を作して居るのである」と言われる。確かに三種中道や二諦説等にみられる重層的発展的構造釈明は、後述する中仮義の発展的性格、その追求に依るところが大きいと思われる。法朗や吉蔵が批判したのは、中仮に滞る中仮師を批判したのであって、中仮義を全く否定し去ったのではない。その意義を充分に認め、それを深化し徹底して、自己の論理の中に活用して、三論教学を体系的に樹立する方法としたのが吉蔵である。

以上の視点から、三論教学における初章中仮義の意義を採ろうとするのが本論の目的である。前節では慧均の『四論玄義』について論じ、初章中仮義の問題にも触れた。[65]しかし資料の欠如もあって充分な論証も出来ず、従って初章中仮義の内容についても意を尽くすことが出来なかった。最近、現行本において欠巻となっている『四論玄義』の「初章中仮義」を、大谷大学の三桐慈海氏の好意により提供を受けて披見する機会を得た。[66]これに因み、前節の不備を補う意味からも、この資料を中心として論じることにしたいと思う。また、この初章中仮義は三論教学の基本理論であり、本節はそれを初めて開示する意味もあるので、慧均の論述を忠実に解釈することに努めたい。

二、三論教学における意義

三論教学の中心的教義として破邪顕正、真俗二諦論、八不中道観などが挙げられるが、結局のところ空観を実証せしめ無名相の世界に悟入せしめることを目的とする。つまり、無所得に通達せしめ、中道を開顕することにある。しかるに無名相の世界、諸法実相は言忘慮絶であり、空即中道の深義を解明するには、何らかの手段、媒介を必要とする。そこにおいて着目されたのが「仮」の概念である。仮の思想はインド及び中国仏教における重要な概念であり諸経論に言及されるが、因縁仮和合等の用法のごとく、仮に立てられた存在を、その活らきの側面から捉えた用法が多いようであり、主としてこの用法が中国に伝えられたものとされる。[67]中国においては、特に『成実論』の翻訳以来、いわゆる成実学派の人々によって南北朝時代に論義され追求されたことは周知のことである。しかし代表的な因成・相続・相待の三仮説にみられるごとく、具象界が因縁仮和合によって成り立ち、一時的かつ相待的なもので実体でないことを意味しながらも、現前の存在物たる何ものかが存するという立場である。つまり、実体観を脱し切っていなかった。当時の仮説が詳細に分類されて論じられ、しかも具象界の分析に意を用いていたことは慧遠の『大乗義章』の仮名義を見ても明らかである。[68]成実学派の人々による三仮説、それと二諦との関連において展開された三種中道説は、三論教学成立に大きな影響を与えたが、それらは実体観の上に立てられたものであり、それを空観の上に意義づけ、定性なきも名を仮りて立てた諸法、との仮の意味を、仮の原初的意味である「教説」の意に転じて、空の活らき（用）を仮と見て縦横に活用したのが三論である。それは『中論』の偈を、吉蔵は「次に中仮義に就いて釈さば、因縁所生法は此れ世諦を牒するなり。我説即是空は第一義諦を明かすなり。亦為是仮名は、上の二諦は並に皆是れ仮なるを釈す。……亦是中道義は、空有は仮名なるを説くは中道を表わさんが為なり[69]」と釈明することに依って明らかであり、中道を開顕せんがための方便仮説として二諦も展開されることを示す。しかも、この解釈を吉蔵は「中仮の義に就いて釈せば」と言っている。つまり、二諦は「仮」の活用として把握されよう。このことは、八不偈の解釈において、八不を「教説」として解釈し、その教の体を二諦と定める点にも端的に示される。また八不を釈すのに二段に分けて講釈し、第一段を初牒の八不とし、後段を重牒の八不とするが、この次第と再出につき、次のように説明しているのが注意される。

初標八不明中実義。次牒八不明中仮義。初明中実者、域一切大小内外、有所得人心之所行、皆是生滅断常一異来出、障中道正観、故当命初宜須洗之、……所以名之為中実者、計有如此生滅断常悉是虚妄、実無此顛倒横謂生滅断常、故名為実。以横謂有此生滅断常、故是偏邪。無如此生滅断常故名為中。所以初牒八不明中実義。次重牒八不明中仮者、既破洗有所得生滅断常、畢竟無遺、始得弁仮名因縁二諦、此仮名因縁二諦、能通不二中道、故是中仮義具足。（『中観論疏』巻二末、大正四二、三二上―中）

これを要約すると、縦列的に生滅断常等の八計ありとする顛倒横謂の破洗を「実」といい、並列的に生滅断常等の八計ありとする偏邪の破洗を「中」と名づくというもので、この中実の義によって生滅断常等の有所得が破洗されて、初めて仮名因縁の二諦（仮）について弁じ得るが、この仮名因縁の二諦の建立こそが三論の意とするところ、基本となる点である。それが不二中道（中）につながり、ここに中仮としての意義が成立するというものである。これをさらに敷衍して、

前標八不、即是仮前中義、未弁於仮前、破此性生滅有無不可得、故言非有非無称為中道。次重牒八不得弁而有而無、而有而無即是仮説有無、名中後仮。仮有無豈是有無、仮有無非有非無、名為中道、謂仮後中。故再牒八不義乃円備、又初牒八不是破無不円、後重牒八不中無不備。（同巻二末、大正四二、三二中）

と八不解釈の次第構成に対して教学上よりの意義づけをしている。ここに示される仮前中とは、前引の中実の義に相当し、中後仮は、仮名因縁の二諦の建立を意味する。そして仮後中は、仮名因縁の二諦を媒介とする不二中道の開示である。生滅断常等の八計に対して非有非無と説き、中道であるとするのは、空性の徹底である。その上で而有而無と弁じることは、空に立脚した方便仮説である。その方便仮説の有無なれば、有にも非ず無にも非ず中道なりという。仮の巧みな活用を明瞭に見る。仮前中等の語によって示される「中」「仮」は、名は同じであるが、その内容を異にするものであり、空と仮と中との関係交渉、特に中と仮との相互交渉が追求され、理論上の根本に据えられて、自説の構成展開に活かされていることを示す。

このように『中論』四諦品の十八偈を契機として三論学派において中と仮との詳細な論義が展開される。各々の意義については、四中・四仮として中仮の種々相が示され、両者の関係交渉については、疎密、横竪、単複、双隻等に約して論じられる。それは成実学派による三仮、三中説を批判超克する必要性にも依るが、また三論の根本義にかかわるものであり、教学形成の基盤となる事柄であったからとも言えよう。その根幹となる空性、すなわち、因縁法無性の趣旨を最も端的に表現し、また他学派との相違を弁明する標準としたのが「初章の語」と呼ばれるものである。それはまた「中仮の語」と称されるのは、因縁仮説の有無を明らかにし、中道を開顕するものに他ならないからである。また他学派を対破する意味も含められる。したがって二諦説とも直接的に結びつくが、「初章」を根本として三論教学における中と仮とが明瞭になされ、二諦中道や三種中道を成立せしめる理論的標準となるものである。さらに教説としての二諦論や三種中道説の展開のみならず、すでに見たごとく一論の構成や諸義の解釈においても、中と仮との具足成立が根底に据えられていることを知る。それは吉蔵が八不中道を釈明する最後において、結局は「一中一

仮」を成立せんがためであると結論していることによっても知り得る。すなわち、

次結束之、雖有四種中仮、合但成一中一仮、非真俗為体、故名為中、真俗為用、故称為仮。（同巻二上、大正四二、二七上）

と言うのがそれである。ただ注意されるべきは、因縁仮名の二諦のごとく、仮の原初的意味の活用の面、つまり、仮の思想的活用の場合と而有而無を仮とし、非有非無を中と規定した場合とは、その中・仮の意義内容は相違してくる。というのは、一旦説示された中と仮とは、共に教説の範疇に入ってしまうからである。したがってその場合の中と仮とは、あくまで方便仮説の中仮であって、二諦説と同様、究極のところは破せられねばならない。その辺のところが微妙であり、歴史的にはいわゆる中仮師との論争の発端ではなかろうか。以下は『四論玄義』巻一「初章中仮義」の内容に入る。

三、初章及び中仮の概念

（一）第一明初章

(1) 総論

初章については従来論じられたところもあり、筆者もかつて触れたのであるが[70]、吉蔵、慧均の説明を取りまとめておきたい。

初章につき慧均は次のように言う。

夫初章者、総撮経論始終大意、弾斥古今成論（毘地摂）等有得之失、顕三（四）論無得大乗之得也。（写本、一右、カッコ内は傍註、以下同）

つまり、初章とは諸経論の根本主旨をしめくくったものであり、それはまた直接的には成実をはじめとする毘曇、地論、摂論等の学派の有所得の過失を破斥し、同時に三論無所得の立場を顕示せんとするものである。初章が自（三論）と他（成実等）との相異を示す標準とされる所以である。したがってまた、

学之得意、真可謂是入道之龍津、得理之眼目、……若明了初章、則二諦・境智・仏性・二河・感応等衆義、易可解也。（同）

とも言われる。初章の真意を明瞭に了解するならば、それは仏教の根本義、すなわち、中道に入るための最大かつ最善の方法であり、理、すなわち、諸法実相、無所得空観を習得する要諦であるというのである。それゆえに吉蔵も『二諦章』において、

初章者学者章門之初、故云初章。（大正四五、八九中）

と説明する。初章を以て三論教学の根本とし、また仏法の真義に悟入せんがための基礎出発点であるとの意味である。

初章の語には広略二種が存する。まず「略の初章」とは次のようである。

若言有非有故有、有是不有有也。

亦言他有有可有、有是有故有、今有不可有、有是不有有也。（一左）

（若し有は有に非ざるが故の有と言わば、有は是れ不有が有なり。亦た他は有の有なるべき有れば、有は是れ有なるが故の有、今は有は有なるべからず、有は是れ不有が有と言うなり。）

というものであるが、略とは要するに、最も基本的な、との意味で、有についてのみ表現したものである。有無の相対を論じるに先立ち、物事あるいは存在のあり方の本質的な理解を端的に示したものであり、最初の「有は是れ不有が有」というのが三論の立場である。これを基準として次に他（成実学派等）との相違を言う。この略の初章が、三論学派の立場を表示し、そして他との相違を弁じる基本である。これを敷衍展開して「広の初章」が弁じられる。

(1)イ、若有是可有、無是可無、無是可無則不由有故無、有是可有則不由無故有也。

ロ、若有不可有、若無不可無、無不可無、由有故無、有不可有、由無故有也。
(2)イ、若不由無故有、不由有故無、不由有故無、無是自無、不由無故有、有是自有也。
ロ、若由無故有、由有故無、由有故無、無不自無、由無故有、有不自有也。
(3)イ、若有是自有、無是自無、無是自無、無非有無、有是自有、有非無有也。
ロ、若有非自有、無非自無、無非自無、無是有無、有非自有、有是無有也。
(4)イ、若有非無有、無非有無、無非有無、無是無故無、有非無有、有是有故有也。
ロ、若有是無有、無是有無、無是有無、無是不無無、有是無有、有是不有有也。（一右―二右）

これは、始めの略語を順次に解きほぐして釈明したものであり、イに相当するのが、有無を因縁相待の上に理解せずに、これを独立した有無とする立場を示したもので、この有無は自有自無である。つまり本性として有であり無であるとの意味となり、すなわち、性実の見であり実体観である。これに対しロに示されるのが、因縁相待の上に有無を把握して無自性なることを示す。この場合の有無は自有自無に対し仮有仮無という意味が内在する。つまり仮名観である。したがってここでは他と今との語は用いられていないが、前者は成実学派等の立場を指し、後者は三論学派の立場である。この点を慧均は「具に性と仮とを明かす、故に是れ複なり」といい、略の初章において「今は有の有なるべからず、有は是れ不有が有なり」と直接的に結語を出したのを指して、「直に仮辺に約す、故に是れ単なり」と説明する。そして「今亦た人問うも、人は何物の語を是れ初章と為し、当に是れ中仮と為すかを知らず」と述べて[71]、問答の形式を以て釈明する。

(2) 初章の典拠

先ず、初章なる言葉がいずれの経文に由来するものであるかにつき、慧均は『華厳経』の文を挙げている。

華厳経第十九、十地品、歓喜地、解脱月菩薩、請説十地文言、譬如（諸文字、皆摂在初章、諸仏功徳智、十地為根本、故一家相伝云〕所有経尽皆入初章所摂、初章為本、無有一字不入初章者、如是仏子、十地者一切仏法之根本、菩薩具足行是十地、得一切智慧。（二右―二左）

引用の経文は、仏駄跋陀羅訳の六十巻華厳の文であり、[72]大正蔵経では巻第二三であるが宮内庁本は巻一九に相当している。カッコ内の文は、行間に書き込まれているもので、解脱月菩薩の偈の一文である。一家相伝に云くの文は、「所有経尽皆入初章所摂」であろう。それ以下は、偈説の前の経文に一致する。これに対し吉蔵は『二諦章』において、

此語出十地経第一巻、明一切文字皆初章所摂、今亦爾、初章通一切法、何者、有無作既然、一切法亦例此作、故知、初章通一切法也。（大正四五、八九中）

として菩提流支訳の『十地経論』（大正二六、一二九下）を指示している。『華厳経』において、一切の文字は初章に摂せられるとの譬のごとく、十地を以て一切仏法の根本となし、菩薩は具足して是の十地を行じて、能く一切の智慧を得るのであるとするごとく、前出の命題を初章と名づけ、三論教学の基礎出発点とするとの意味を表わし、さらには一切法に通じるものとなした。それゆえに、三論を学ぶ者は、まず須らくこの語を得べしとされる。[73]そして諸文字は初章を根本とするというにつき、さらに経文を引いて説明する。

（別釈初章意、又）大経文字品、迦葉問、云何如来説字根本、仏言、初説半字以為根本、持諸讖記異論呪術文章諸陰界入実法、凡夫之人学是字本、然後能知是法非法。以此元初根本呪術文章、類此以為初章。（二左）

というもので、経文は南本『涅槃経』巻八の文字品（大正一二、六五三下）の一文である。その元初根本の呪術文章の意に類して初章というのであるとする。しかるにその字の根本は十四音であり、十四音の最初の阿字に寄せて初章の意義を釈明する。すなわち、

此根本即是十四、十四音名以阿字為初、阿字義即是不壊不流無作。（同）

というのは、『涅槃経』に基づく説明である。『涅槃経』においては、十四音各々につき諸義を含ましめて説明をしているが、その最初の短阿の説明に依ったものである。[74]この十四音の経説に基づき、南北朝から隋唐にかけて、種々の

解釈がなされたことは、『四論玄義』に「十四音義[75]」が存することによって知られる。また『大品経[76]』を引いて、四十二字門の最初が阿字であること、その義は初不生にして一切言義の根本であり、出生方等の言句、大小乗無量無辺の義も、終にはただこの一字に帰せられるとする。さらに『般若経』の「菩薩句義名為無句義」の文を引いて、これが無得無住の語であることを言って、自己の立場に次第に導いて行く。そして最後に関中の旧語である「不住表其始、無得結其終也」を引いて、諸経論の根本趣旨を不住無得に求め、初章の意義も、畢竟不住無得の語であるとの帰結を出す。つまり、初章の語で言うところの不有が有、不無が無は、無生の生の観に入ることに他ならず、すなわち、阿字の義たる一切法無生を顕すものであり、以上の意味から初章と名づけることが出来るとする（三右―左の要約）。初章とは初学者の章門の意味であり、また初命の章との意味でもある。

初章の語の直接的な典拠は、『華厳経』十地品あるいは『十地経論』であるが、そこでは諸文字の根本を初章とするにつき、『涅槃経』『大品経』等に依って、さらにその意味を明確にさせ、三論の立場に導いて行ったものと言える。

(3) 初章と中仮

以上が初章の基本的内容と出処に関する説明であるが、『涅槃経』における十四音を以て字の根本とする説は半字の義によるものであり、煩悩言説の本とする意味である[77]。したがって十四音の阿字の義に寄せて初章を釈明しているから、初章とは半字にして小乗なるべしとの批難が予想される。これに対して本書では次のように釈明している。

若明初止（心）初住、不明其出生具足、可是半字小乗、今成中仮故、具足半之与満、大小両乗、故八重之意開、釈大小乗経宗也。（三左）

つまり、広の初章において(1)から(4)にわたる四つの相対によって、有と無とに対するイとロとの二つの見方、考え方を示している故に八重の意を開くと言ったもので、イの立場のみであるならば初止初住の半字小乗と言えるが、ロの立場、無得無住の三論大乗の立場をも明かすが故に、大小乗の経宗を釈すと言うものである。しかも「今は中仮を成ずるが故に半満、大小両乗を具足す」というが、初章の語によって言わんとするところ、すなわち、中と仮との成立を意味する。先にも述べたごとく、初章の語は、先に実体観による有無の理解を提示し、それに対し無所得空観の立場を端的に表現したものであり、その意味するところは、実体観を転じて、因縁相待の立場を理解せしめんとすることにある。そしてそれを根本として究極は中道正観に導入せんとするものである。換言すれば、自性を転じて無自性に帰するにある。この点を本書では次のごとく説明する。

今初章之説、本欲令入中也、何者他有有自有、此有是有有、有則守其自性、無亦始如斯、以其住自性故、則不転、不転故則不変、不変故則不達、不達故不通、不通故不得入中道也。(三左―四右)

この説明によっても、初章語のねらいは中道の開示悟入にあることが明白である。しかるに他者の言うところの有なるが有とは自有であり、それは自性の有、本性として有との意味であり、無も同様である。自性有なるが故に、転変、通達の義は成就せず、よって中道に入ることも不可能となる。しかも有無の相即による中道の成立は、仮を媒介として可能である。というのは、不可言不可思惟の無名相の世界であるから、向下的に仮の施設が要請され、それによって中道の開示も成就されるからである。前説の他の立場とは全く逆に、本書の立場は次のようである。

今明、有不可有、有是不有有、無不可無、無是不無無、不有有則不自、不無無亦不自、以不自故則転、転故則変、変故達、達故則通、通故則得入於中道、故言非有非無入於中道。(四右)

初章の語そのものには中の思想も仮の思想も表面に示されてはいない。しかるに、ここに到って、ようやく初章と中仮との関係が明示される。次のごとくである。

既言従初章入中者、亦従中復出仮、従非有非無之中、起而有而無是仮、此是初章中仮語、即是本末体用之説。(同)

初章の語は、縁生法無性を示すものであり、その徹底具体化が中道である。その中より仮を出すとは、非有非無の中道に裏づけられた有無の仮説を意味する。また縁生法無性とは換言すれば空性であるから、空性に裏づけられた中いる。[78]

と仮との定立である。それは、『中論』における空・仮・中の相即に還元されよう。中が本・体であり仮が末・用である。不有が有―不自有―非有が有―非有となり無も同様に推考される。この中と仮との成立において最も肝心なところは、空性を基盤として論じられる点であろう。つまり、言語的表現は、成実等の所立と相違はないが、その根本的立場が異なるということである。したがって本書においても、仮説の有無も、畢竟空の有無であることが注意されている。[78]

以上において、初章と中・仮との基本的な相関が明らかとなったが、さらに初章中仮を立てる意義につき釈明する。まず一家の旧語を引いて、中と仮との意味を明らかにする。

一家有時云、中者尽性也、仮者釈仏経。(五左)

尽性とは、他が明かすところの有は塊然の有であり、無は誾虚の無であるから、これがために非有非無と言って、有を除き無を除く。この場合の有無は、有無と名づけることも出来ないから、強いて名づけて中となすというものである。[79] つまり、非有非無と説いて、彼らの有無の見を除き、仮に中と説くもので、自性の有無を尽くすとの意味である。[79] また仮名は経を釈すとは、人が経を疑って邪に有無を説くことに対し、この疑を釈せんが為に、仏経の有無は、すなわち、而有而無にして仮説の有無であることを言わんとする。[80] つまり、仮は、経の本旨を釈すものとの意味である。この中と仮との説明は、初章の根本義、その目的を展開させたものであり、初章を離れるものではない。よって上述の初章と中仮の意義を要約したものとして「動執生疑」と「破執除疑」なる言葉が挙げられる。動執生疑とは、性の有無への執着を揺動せしめて、性の有無を疑わしむる、というものであり、これが初章のねらいである。次の破執除疑とは、その上に立って性の有無を否定して非有非無となし、仮に中と説き、その執着を破し、有無は畢竟仮有仮無なることを言って、その疑を除くというものである。これが中・仮のねらいである。[81] これによって初章の意義が充分に果たされることになる。これを次のように言う。

前須通□作初章、揺動其迷執、令生疑、若其動執不定心、則因此得説中仮除浄也。(七右)

そして、動執生疑の具体的な対象として成実学派の考え方そのものを挙げてさらに釈明する。

成実論等明十一〔二〕仮十一実法為有、[82]四句絶真理為無、故開善云、俗諦非有非無而是有也、真諦非有非無而無也、如斯執鏗然、如漆染難除、如抜木直抜終不出、必須揺動方乃得抜出、故前説不有有等句、揺動彼執、亦動彼執即為説中仮令生疑、因此故重説中仮、破其執除疑浄、故一家云初章亦是開路義、如大王欲遊行、則前開路、必令清浄、然後大王方得出遊、今明義亦然、前破除壅塞、然後始得申摩訶衍正義也。（七右—左）

この説明によって明らかなごとく、直接的には成実学派の有無説の批判を媒介として三論学派の立場が明らかにされるが、成実学派に止まらず、周到な配慮のもとに初章中仮義が立てられていることを知る。それは、すべての迷執を破洗して、大小乗を貫通する仏法の根源的基礎を闡明せんとするものであり、初章と名づけられた所以が理解されよう。[83]したがって初章中仮の本来的意義を徹底させるならば、初章による中仮の定立は、あくまで他に対して、つまり、対縁の仮説であって、究極の目的ではないから、その中仮を聞いて中仮の解をなし、中仮に執着するならば、結局は繫縛に陥ってしまい、そのような中仮はさらに破せられねばならない。吉蔵や師法朗の中仮師批判は、このことを意味する。本書においても、

一家有時破中仮義人、謂破長干禅衆等為中仮師、未必一向、爾只今時同聴者、不解意即作中仮義、成中義、亦須破洗也。（七左）

と警告を発している。一家が中仮義を宣説する人を破すのは、単に長干寺智弁や禅衆寺慧勇のみならずして、現に自分と同聴の者であっても、その真意を理解せずに初章中仮義を説いて、中道の義を成立させるならば、それもまた破洗の対象としなければならないとの意である。

以上によって、初章についての総括的な釈明は終る。次には、その根本的な理論構造、初章の真意を前提として、中と仮との意義をさらに明らかにする。

(二) 第二弁中仮

(1) 従来説と中仮語

先に触れたごとく、三論教学としての八不中道や二諦中道説が、直接的には成実学派の所説を批判し、それを媒介としたごとく、初章中仮の宣説も、従来説に対する明確な差違を示し、その上で三論としての中・仮を成立せんとする歴史的な要請があったことは否定出来ない。初章の語の設定も、元来三論の主旨を、根本的立場を示すものとして考究されたものであろうが、具体的には、他の中・仮に対して、自の中・仮を成立せしめんがためであったと思われる。その事情を物語るごとく、中仮義を弁じるに際して、始めに成実学派等の中・仮の説を論述している。第二弁中仮義の冒頭では、

中仮者、且前出成論等中仮也、但彼大小乗説不同、小乗明三中、真・俗・合三中也、三仮者、因成・相続・相待仮、如八不義中説也。大乗則名・受・法三仮也。(八右)

としている。成実学派の三中・三仮については、「八不義中に説くが如し」として再説を避けているが、この八不義とは、現在『大乗玄論』巻第二に収められている「八不義」であることは、第一部第四章第一節で論証したごとくである。またこの三中・三仮の所説についても、すでに論じられているので[84]、ここでは省略し、大乗で説くところの名・受・法の三仮について述べたい。

この三仮説は、『大品般若』[85]『仁王般若』[86]『大智度論』[87]に説かれるものであり、『智度論』に依れば、色等の法を法波羅聶提、五衆和合の故に衆生あり、根茎和合を樹と名づくるごときを受波羅聶提、これらの名字を用いて二の法相を取るを名波羅聶提というものである。波羅聶提は prajñapti の音写語であり、仮施説と説明されている。この三仮説についても南北朝の仏教学者間で解釈の不同があったごとくであり、本書では六家の解釈を挙げている。このことは、『成実論』に基づく三仮説と共に、『大品経』等の仮名義もまた種々に論じられ追求されたことを示している。

第一家は、北方師の説とされるもので次のごとくである。

一北方師云、受仮者、総含多法、故名為受、受仮名法聚集、而成故曰受仮也。自体名法、法体虚集、故言法仮也。顕法曰名仮、依法依想、仮以施設、故曰名仮也。（八左）

この説の特徴は、法を自体成就のものと理解している点で、その立場より三仮を説明することにある。しかし色等の法を自体と見ることは、実体観に立脚しており、法のあり様を分類して三仮としたに過ぎない。

第二家は、冶城寺通（あるいは道か）法師の説である。

二冶城寺通法師云、非衆生数外法、名為法仮、衆生数内法、名為受仮、名字通内外二法、無不有名字、是名為名仮也。以衆生数有領受之義故、是受其体不実、故称仮。非衆生数外法、直是外法物、無領受義故、是法其体無実、故是仮也。名不内外中間、故是名仮也。（八左—九右）

前説に比して、法を衆生数の内外に分かち、仮とする理由づけを行なっている点が注目されるが、名受二仮はともかくとして、外法物は領受の義なきも、その法は無実として仮とする点は不明確である。

第三家は、慧暢法師の説である。

三慧暢法師云、凡是因法為法仮、果法為受仮、因果有其名字、是名仮。因法者、凡一切因、如梁椽為因、舎為果、受因成故是受仮、因果名字不実、故是名仮也。（九右）

法仮受仮を因と果に配当しているが、因法を凡そ一切の因と説明し、梁椽を因とすれば舎を果とするが如しとは、存在物の因果関係を明かし、仮和合の一時的、相待的なることを示すが、結局は現前の存在物を認めた上での所論である。

第四家は招提寺慧琰の説である。

四招提琰法師云、依第一復次、五陰是法仮、人是受仮、人法是復有名字、呼為名仮。五陰対人故是法、其体是虚而不実、故是仮、人受五陰所成、故称受、其体不実故是仮、人法通有名字、故云名仮、此不内外中間、故是仮也。（九右—左）

この説は、先の第二家の説を受けたごとくである。第一の復次に依るとは先述の『智度論』巻四一の所説中の最初の説明を指す。この説明は明確であり、人法二空の立場によるものであるが、五陰によって人ありということに明らかなごとく、具象界の分析による、いわゆる析空観によるものである。

第五家は開善寺智蔵の説である。

五開善依釈論有人言後復次、解三仮義云、取細色成麁色、以為法仮、法以自体為義、既其同類相成、似有自体、故名為法仮。以四〔五〕塵成大、名為受仮、〔受〕以含受為義、此仮含受異、其所成故曰受仮、以四大成根、二大成橘梨等、名為名仮、以名字為義、既以成仮重、虚偽過甚、但有名字為名仮也。（九左）

これは、『釈論』の第二の説明に依る解釈であり、成実学派の考え方が最もよく顕れている。つまり、法を自体と解することは第一説と同様であり、五塵を以て大を成ず等の説は、五陰によって人を成ず、とするに同じく、実法とされる何ものかが存することを認めた上で、存在物のあり方を仮と見るものであって、以上の所説は、大乗経論の仮説を釈すものではあるが、『成実論』等に依る三仮説中、因成仮を根本とする考え方を前提としている。その点は特に受仮の考え方に表われている。総じて実体観の域を脱していないものである。したがって、因縁仮和合に依って成立し、何らの永遠性がないというところに仮としての意義を認めるのであるが、仮とされる諸法は、現前の存在物として認めている立場である。

次の第六家の説は、名受法の三仮説は、因成等の三仮説に含まれるものであって、特に別説する要はないというものであり、この二説に依らずして『成実論』の滅定品による二仮説を主張するものである。

六報恩傍〔謗〕大乗、依仁王大品等経云、諸法皆頼名成、故言名仮、諸法皆頼受得成、故言受仮、諸法悉頼法成、故言法仮。此亦何異前三仮、頼因続待三種成、故言三仮也。若爾三仮同体、所以然者、如一念色、籍名方顕成、此則名仮、無非頼心方有、故言受仮、除此二力、所余四縁力所成、皆名法仮也。……若是名受二仮並法仮、之多分即是前三仮中待仮、若是法仮、之二分即是前因続両仮也、還反此可知耳。故成実滅定品云、仮名有二種、一因

昭合、二法和合、旧云因合仮称名受二仮、法和合仮即法仮也、報恩云、二仮随一、一仮具三仮也。(九左—一〇左)

報恩の所説はさらに続くのであるが、前の五家の所説を否定して、仮名義は因成・相続・相待以上に出るものではないとし、その三仮も、因和合、法和合の二種に要約されるとするものである。三仮を同体と指摘しているが、名受法にせよ、因続待にせよ、諸法の存在の様相を各々の方面より分析分類したものであって、別に異体があるわけではない。したがって、その存在性を追求し、仮名義を考察したものとしては、やはり因成等の三仮説が勝れていると言える。しかし、その三仮も因仮と法仮の二仮に収摂され、しかも各々に三仮を具すと言うのは、具象界はすべて因縁仮和合であること、また一切法は法にあらざるは無しとの立場から言えるものであるが、やはり本来的には仮の存在としながらも、現前の存在物たる何ものかがある、という点を脱却していない。ただ『菩薩持地経』を引用して、法体は名相を離るることを言うのは、前説に比して一歩前進して仮の意味を考察していると言える[88]。

以上が成実学派を中心とする六家の異説である。次に三論の立場から解釈するが、前説の非なることは明白であり、一一に対する論難は加えず、結局のところ上来の説は有無断常の二見を離れざるものであり、経論の意を得ずと批判する[89]。第七家が本書の弁明である。

今第七無得大乗明義、無名故仮名、名是強名、強名即是名仮。無受故明受、但受是強受、強受即是受仮。無法故弁法、法是強法、強法即是法仮。三種仮名、名名仮名仮名、受仮名仮名、法仮名仮名、名受法仮畢竟求之不可得。如求覔内身頭、只見有名字不見有法、既無法即是無名、故経云、是字不住亦非不住、不内外中間、是則名受法畢竟浄也。(一一右)

強名、強受、強法なる表現によく意とするところが現われているように思う。諸法の実相は無名相にして、畢竟不可得なるも、名相を仮りて、強いて名とし受とし法と説くものであり、決して実法としての何ものかが存するのではないとの趣旨であろう。前説の析空観に対し体空観に立つ。しかるに三仮を説くのは、第一には空を理解せしめんがために、その理解の難易に従って三仮を説くというものであり、第二には邪正二門を簡除せんがためであるという。邪正二門とは、邪心は神我、空花等を見て、名受二仮のみを理解する故に邪境とし、名受法三仮具足するを正境とするものである。したがって難易（遠近）、具不具、正邪等の両門を開くも、これは一往のことであって、終には不二に帰すとされる。(90) それは「仮なるが故に空であり、空なるが故に仮」だからである。仮を、存在のあり方としての方面に加えて、方便仮説としての方面に力点を置いていることが知られる。この仮に対する立場の相違、転換は、先の初章に示された基本的な考え方に連なるものである。それ故に本書において、初章の意を再説して徹底せしめ、初章に立脚した中・仮を展開して行く。

故一家相伝説、初章章者有三義、一是明義、雖開一切法、而無有纎蒙之相也。二是押義、押領諸法、如甲是押義甲領収也。三是収摂義、如序説段序事、収摂序章、正説段収摂正説章也。故一往開中仮、並収摂在初章也。（一二右）

先ず一家相伝説として、初章の章についての三義――明義・押義・収摂義――を挙げて、一往中仮を開くも、それらは並びに初章に収摂されるものであることを前置の形で述べる。この三義は、一切法の無相、無性の明、諸法を一様に領収せる押、初説は初章に収摂されるとの意で、初章の語の根本義を要約したものと言えよう。しかるに初章の語によって開示される中仮は、三論の立場を宣説すると共に、傍ら地摂両論の宗及び成毘二家の義を破すためであるとされる。それは初章の三義を知らずして、有所得に落ちる故に、今重ねて明かすというものである。そして「故に一家相伝説の中仮とは」として、他と今との相対によって、先述の初章の語を敷衍して延べる。先の初章の語として説くと、今の中仮の語として説くとは、重要な点で意義を異にするので、ほとんど同文ではあるが掲げることにする。

(1)他有是可有、他無是可無、無是可無、不由有故無、有是可有、不由無故有。
今無不可無、無不可無、由有故無、有不可有、由無故有、非有非無也。

(2)他不由有故無、不由無故有、不由無故有、有是自有、不由有故無、無是自無也。

今由有故無、無不自無、由無故有、有不自有、故非有無也。

(3)他有是自有、無是自無、無非有無、有是自有、有非無有也。

今有不自有、無不自無、無是有無、有不自有、有是無有也。

(4)他有非無有、無非有無、無非有無、有非無有、有是有故有也。

今有是無有、無是有無、無是有無、無是無故無、有是無有、有是不有有。

不有有故非有、不無無故非無、非有非無為中、而有而無為仮、仮有不名有、仮無不名無、故是不有有、不無無也。(一二左—一三右)

以上が、中仮の語である。そして初章語との相違は、先には単に有無の了解に対する二つの立場として四種の対句を作したが、今度は、他今相対の四対をなしている点と、付点部分が付加された点である。この相違点は、初章と中仮との意義の違いを示したものであり、それは、初章の解釈で述べたところの、「動執生疑」と「破執除疑」の相違である。つまり、中仮は、対破を主とするものであり、それ故に、他に対して今を明かす対句として、その意とするところを明確にして、初章の語を述べたのである。そして最後の付点部分において、初章義に基づく中・仮を開顕して、破執除疑の基盤を設定したと言えよう。この意義と表現の上から初章と中仮とを使い分けている点は、本書の特色であり、吉蔵にあっては、意義上の相違点は明解に示しているが、表現上は、初章として述べる場合も、他今相対によっている。

(2) 中仮の典拠

以上によって、初章中仮の語が示されたが、三論教学において、中・仮を論じる場合に典拠となったのは、本書によれば、次の四種が挙げられる。

(1)『涅槃経』

①我為衆生師、初無衆生、師想非師非弟子、是中道。
②我常治衆生生死病、而無所破、非破非不破、是名中道。
③非内非外、亦内亦外、是名中道。
④非有非無、亦有亦無、是名中道。[91]

(2)『二夜経』

従得道夜至泥洹夜、常説中道。[92]

(3)『仁王般若』(趣意)

真諦俗諦、中道第一義諦。

(4)『中論』

①諸法雖無生、而有二諦也。
②因縁所生法、我説即是無、亦為是仮名、即是中道也。[93](以上、一三右―左要約)

一応、この四種の経論が挙げられているが、いずれも中道を言うものであり、その中でも『涅槃経』の③と④に仮の思想を読み取っていることと、(3)の『仁王経』の文に、中と仮とを見ている点が注意される。しかし、思想教学形成上、最も重視し、直接的な典拠としたのは、やはり『中論』四諦品の文である。本書の釈明は次のごとくである。

経中明中者、是一種単明中道義、故有無非有無明中仮也。亦是一往明中仮相対故、作此言章、而実無異相、只是釈成経意、明中即是仮也。(一三左―一四右)

『涅槃経』においても、『二夜経』及び『仁王経』においても、これらは、一様に中道の義を明かすものであって、表面的に仮の思想は表われていない。しかしながら、有無断常等の二見を離れることを中道とする向上的な立場から亦有亦無等の向下的な面の存することを観取して、そこに仮としての活らきを見いだし、「一往中仮相対に明かす」

ものとする点、つまり「経意を釈成して」先のごとき中仮の言章を作したのである。しかるに『仁王経』の一文を中仮の典拠としたのはなぜかというと、

仁王経明真諦俗諦中道第一義諦者、真俗既非中道、第一義諦是中道者、対中明仮、真俗有無、自是仮、中道第一義、自是中、則中仮言章、自復宛然也。(一四右)

と釈明している。ここで中に対して仮を明かす、つまり、中道第一義の中に対して、真俗有無の仮を明かすというところが注意される。特に真諦と俗諦との二諦を仮とおさえ、真俗を一まとめにして扱っている点、吉蔵の中仮の弁釈と考え合わせ、三論二諦説を考える場合に注意されよう。それは、根本的に中・仮の思想の上に、仮の活用として二諦説が展開されることを示唆しているからである。次には『中論』の文について、

中論云因縁法即仮名、仮名即是中道、雖無異相、而不妨即中義明仮義、故有無是仮、非有非無為中、言章分明、何時道異也。又云諸法雖無生、而有二諦、即是中仮、無生是中、二諦是仮、亦是義異而無異体也。又持地云、有無方便入非有非無、有無方便是仮、非有非無是中也。(一四右―左)

と釈明している。これによって、中と仮との相対によって弁じることの可能なること、しかも、それは経論の趣旨に矛盾せず、仏道に違わざることが弁明された。ただし忘れてはならないのは、仮を教説として把握し、その活用の意味で、一往中仮を開くという点であろう。したがって次には、なぜに中仮を明かすのであるかと問うて、

答、中仮意、亦是正釈経教、何故然、明仏赴縁説有無之仮、即是教、教得詮理、故詮非有非無中為理也。但縁執有無、住有無成病、故不知有無表非有非無理、故作此不仮破病、即得顕釈此経教表理也。(一四左)

と述べている。これは初章中仮を宣説する意を要約して説明したものであり、大意は、これに尽くされるであろう。以下は問答の形式を重ねて、諸種の疑問に答えながら中仮の義を釈明し、中仮義の展開へと導いて行く。

四、中仮の諸相

(一) 仮法について

(1) 仮実義

仮法と実法とに関して、中国南北朝を通じ様々に論じられ、考究されたことは、前にも少しく触れたところであるが、この二法を立てて存在のあり方、様相を把握しようとする考え方は、実体観あるいは析空観を前提としている。つまり、諸法はすべて因縁仮和合の存在ではあるが、現前の存在物は実有として認め、また、諸法を構成する実体としての要素が存するという立場である。したがって特に成実学派の人々においては、実法とは何か、仮法とは何かという問題提起がなされ、具体的に数え上げることがなされた。それが十二仮十一実法とか三仮七実とか称されるもので、前者はアビダルマ的な単なる分類ではあるが、仮法を四大・五根・衆生・井・河の十二とし、実法を五塵・四無為・心・無作の十一とした。仮法とされ実法とされる存在は、これに限られるものではないと思われるが、この十二仮十一実法を有なる存在として代表せしめたのである。つまり、仮法としての有と実法としての有である。また三仮七実は、開善寺智蔵の説とされるが、三仮は、因成・相続・相待の三であり、諸法は因縁より成り立っており、前後の相続から時間的にその存在が知られ、また彼此の相待によって空間的にもその存在が知られるが、すべて実体的な永遠性はないという意味である。つまり、仮法としての有を、この三種にまとめたものである。これに対して、五塵と心と無作とは実法として立て、三仮の範疇から除いている。この二説共に『成実論』の所説に依拠したものであるが、その三仮説の出発点は因成仮であり、その説明を見るに、「四微を以て柱を成じ、五陰は人を成ず」(94)等のごとく、実法としての基本的存在を認めた上での所論であることは明らかであり、それ故に、第三に相待仮を立てながらも、七種の実法を数えている。このことは、空観の徹底ということから言えば、なお至らざる点を残していると言えよう。

しかし、仮実相対の考え方は、当時、大方の認めるところであり、二諦説にしても、また八不の問題、体の有無等にしても、仮実相対において論じられていたことは事実であり、[95]『成実論』に依る開善等の説に対して、すでに述べたところの『般若経』等に依る名・受・法の三仮説が説かれたことも理解される。したがって、あくまでも因縁相待の立場にあり、体空観を取る三論としては、根底から成実論師等の考え方を覆す必要があった。その基本となり標準とされたのが、自己の立場を明らかにし、一方成実論師等を破すところの初章中仮の語である。

初章語にみられる四段階の説明は、順次に三論の立場を釈明したものであり、有と言うも無と言うも、それは相待の上に成立するものであって、各々無に裏づけられた有であり、有に裏づけられた無であること、したがってそれは自性としての有無ではないこと等を示しているが、最後の帰結において「無は是れ不無が無」「有は是れ不有が有」と表現していることは、有無の二法による説明を、有もしくは無の一法上において、その相待性、無自性性を言わんとしたものである。あくまで畢竟空の立場を徹底させ、より直接的な表現を取ったものと言える。しかるにこの表現の意味するものは、仮の有無を言わんとすることにある。つまり「有の有」あるいは「有なるが故の有」は性実の見であり、これに対して、その執を破し病を除くのが「不有が有」の意とするところであるという。[96]しからば仮と性との相違点をいかに表現しているのか。本書に見られる用例を摘示すれば次のようになる。

性――自性・不転・不変・不達・不通・無本・不正・住

仮――不自・転・変・達・通・有本・正・不住

前者は自性に住するが故に転変通達の義なく、非有非無の本が無い故に正しからず、還って有無に住著す、というもので、後者は、自性としての有無にあらざるが故に、転変通達の義を得、非有非無の本を基盤とする故に、正しく、有無に住著することはないということである。用いられた語によって、その意趣が窺い得よう。

これに対して、成実家の人々は、仮実相対の考え方を以て、不有有と有有は仮と実との相待関係より還って仮を成立せしめる（相待仮）ではないかと反論する。[97]しかし、成実家の考え方は、前述のごとく三仮説によって仮法を成立させるが、その因成仮においては、所成の存在物は仮として把握されるが、その能成の因は実法として認める立場であるから、結局徹底した仮名観とは言い得ないし、仮実相待とは言っても、彼らの相待仮というのは、単に君臣父子や大小のごとく、名字不定にして、皆相随待するという考え方であって、[98]三論家の相待観とは本質的に異なる。以上のことを本書においては次のように述べる。

如成論因成義為仮、但所成之仮、仮因之実法、則是実何得因成、復是仮耶。今謂、因成仮有仮有実者、何妨相待仮、有仮有実須弾也。故自有皆仮相待、故並是仮、而有仮実相待義、有仮有実、此是理内望理外遠乖相待、非因縁相待義也。(一五右)

あくまでも、一切諸法は仮の相待関係であって、実法として認め得る何ものもない。しかるに成実家は、二物対待の見を固執するが故に、諸法が悉く仮名にして相対すべき実が無いならば、仮の一辺となり、仮は独自の存在となり、性実を成すことになりはしないか、と反論する。その点は当然のこととして注意されねばならないことである。これに関して、

但今欲破性故言仮、何処有仮可論、畢竟清浄、但仮名為仮、如空中織羅虚中織綾、何処有成性実也。(一五左)

と、性実の見を破せんが為に一往仮と言うに過ぎないとする。仮と実との相対ではなく、強いて言えば仮と性との相対であり、[99]それは、対縁の仮説である。これは二諦説においても、両者の相違は明確に現われて来る。すなわち、成実家は、三仮等を世諦とし、四絶を真諦として、真俗相待して仮を成立せしめるというもので、二諦説は一往相待仮の範疇に入るというものである。さらに、世諦虚仮を有とし、真諦無相を無とするから、有無各々両理を存する。これは、上来の仮実相待の考え方を押し進めたものであり、真理の形式としての二諦説と評価されるに至る。この二諦説の釈明と反論は、吉蔵の『二諦章』『中観論疏』等において詳細に述べられるが、成実家の立場が、以上のごとき仮法と実法とを立てる考え方を基本として、すべて展開されていることは注意される。[100]

(2) 不有有の意義

上来のごとき基本的な理解の仕方を背景として、初章中仮の語が形成され、結語において不有有、不無無と表現するのは、有は有、無は無と両者各別の立場に対して、その執を動じて疑を生ぜしめることに尽くされる。その後に非有非無の中を説くことは、前述のごとくであり、縁の為の故に両種の語を作すとは再度強調されるところである。したがって、すべてを教として、方便随縁説とする上は、極論すれば、不有有不無無を中とし、非有非無を仮と言うことも妨げない。これを、

無方為語亦得之、又如大経是無所有為宗、大品経是有所無為宗、亦得也。又如有言無、畢竟無為仮有、亦是中。此名字説、非有非無為仮等得也。但一方、仏説縁故非有等為中、有為仮等也。(一七右―左)

と言っている。しかるに、「八不義」の第六節において不有有について、その意を詳釈しているので、ここに取り上げ、さらにその意義を窺ってみたい。[101]

「八不義」の第六節は不有有を料簡す、という最後の一節である。今は『大乗玄論』所収の文に依ることとするが、その最初に、

若了単複諸句、則解不有有義、若不了単複、不有有亦難解、故須広弁也。此意望両大経宗明之。一経無所有為宗、故経云、正法宝城善有。一経有所無為宗、故大品第三巻相行品云、身子白仏云、諸法実相云何、仏言、諸法無所有如是有、如是無所有、是事不知名為無明也。(大正四五、三三下)

と述べている。[102] 単複諸句とは、この前節において論じている単複中仮義のことであり、これについては後述する。付点部分の「此の意は両の大経の宗に望めて之を明かす」以下は、前掲の「中仮義」の文と一致するものであり、両大経とは慧均独得の用語であって『涅槃経』と『大品経』を指す。このことは両経の無所有と有所無の宗旨を以て、不有有と不無無の義を弁じようというものであり、また両経に依拠して不有有等の立場が成就されたとの意味にも受け取れよう。不有が有の義には十六意あるが、不有有について論じれば、不無無の義も同様であるから、一方について

のみ論じる。

第一不有有者、明其道非有非無、而結為有故言不有有也。然只結正道為有、不論其用、体無二相故。若結為有、不得結為無、結為無、不得結為有、此是結独義、只道非有復非無、非是有而結為有故言不有有也。約不無無類然也。（大正四五、三三下）

第一の意は、仏道あるいは中道は非有非無であるが、それを結束して有と為すことを明かすが故に、不有が有と言うのである。つまり、ただ正道を体の上から結論づけて有にはあらざれども有となし、または無にはあらざれども無とするが故に、不有が有または不無が無と言うもので、有と無とのいずれか一法に結束させる。したがって、有と言えば有のみ、無と言えば無の一法のみ、「体に二相無きが故に」である。これを結独の義とする。この考え方は以下第七意までの基本である。

第二不有有、就仮上明之。[103]仮有是不有有也。他仮有是有故有、今仮有是不有有也。（同上）

第二の意は、仮の上から明かすもので、仮有のことを言う。先に述べたごとく、他家は仮有とは言っても有なるが故の有であるが、今の仮有は不有が有である。

第三不有有者、道非有非無、而側出有一用、故言不有有。然道非有非無、而起用応双起、而但起一用、故言側出也。不無無亦然也。（同上）

第三の意は、正道は有に非ず無に非ざるも、用として起す時は（而有而無）、有無双つながら起るべきであるが、今は但だ有の一用のみを出す故に不有が有と言うのである。これを側に出すと表現している。無の一用を起すを不無が無と言う。これは用（はたらき）の上から明かしたものである。

第四不有有者、明用仮有非是有、故言不有。結用帰体、体是有故今言不有有也。此異前約体上言不有有、亦異第三体不有是有、而起一有用。此但以不特名用、用不是有而体是有、故言不有有也。不無無類之、（同、三三下―三四上）

第四の意は、第一と第三の意を体用の関係より合弁したもので、用は仮有にして是れ有に非ざるを不有とし、体は結独の義によって有とするが故に、今は用を結して体に帰す意味において不有が有と言うのである。付点の不特とは、不独と同義とみてよかろう。この場合は用は体を離れて独り存することはないとの意である。

第五不有有者、為破有執故。執者謂有是有、不知不有為有、故今破者明有非有故有、乃是不有有。此是以有破有。但能破是不有有、所破是有有也。約不無無類也。（同、三四上）

第五の意は、有に対する執着を破せんがためである。つまり、有は是れ有なりと執する者は、有は有に非ざるを有とする意を知らざるが故に、不有が有と明かす。能破は不有有、所破は有有である。これは有を以て有を破すの意である。

第六不有有者、為破無執。執〔者執〕法是無、今以不有有破之。若以有有破無、此乃是敵義故執不去、今以不有有破無、無而得去、故言不有有也。不無無亦爾也。（同上）

第六の意は、無執を破せんがためである。無を破すのに有といい、有を破すのに無となすとは当然のことであるが、その能破たる有が、有が故の有であるならば、これは執者（敵）の義であるから、執を去ることにはならない。故に不有が有を以て破す。これは有を以て無を破す意である。

第七不有有者、破一切有。若有有若不有有、皆以不特不之、故言不有。而起一切有用、若有有若不有有為用故、合言不有有也。不無無亦類也。[104]（同上）

第七の意は、有が有にせよ不有が有にせよ、すべて不特の有であるから、これを否定して不有と言う。つまり、一切有を破す意である。しかるに有が有もしくは不有が有は用として存し得るから、合して不有が有と言うものである。以上第五から第七は破の意味上より明かす。

第八不有有者、重進明義。明不有則不一切有一切無、合空故言不有、而起一切有一切無為用、故合言不有有。不無無亦爾也。[105]（同上）

第八の意は、如上の趣旨を重ね、押し進めて義を明かすものであり、不有を明かせば、一切の有無を否定し、有無合して空となす意を言う。しかも一切の有無を起すことを用とするから、合して不有が有と言う。第一の一法究尽の考えと第七の意とを合わせて、本体論に約して言ったものである。以上の八意は、有の一法上において義を明かし、不有を無に還さざるが故に竪門に義を明かしたものと説明される[106]。

第九不有有者、横門明義。不有自有、以無為有故言不有有。然以無為有故、是以不有為有、故言不有有。不無無亦類也[107]。（同上）

第九の意は、竪門に義を明かすことに対して、不有を無に還して明かすが故に、横門に義を明かすとする。つまり、有は自ら有にはあらずして、無との相待によって成立するから、有を否定するところの無、すなわち、不有の裏づけによる有との意味で、不有が有と言う。これは初章語において、不有有あるいは不無無と帰結する直前に「無が有」「有が無」と表現していることにより、当然導き出されることであるが、それは十六意の中の一つに過ぎないけれども、最も基本的な考え方であろう。

第十不有有者、只以不特不此有有之〔有〕、故言不有有。異前合用不有有破有有、亦異前以不特〔不於〕一切有合無、以起一切有無故言不有有。今但単用一不特、不此有有之執令尽、而不令起、故言不有有也。不無無亦爾也。（同、三四上―中）

第十の意は、第七の趣意から、有が有及び不有が有の一切有を否定する。而も一切有の用を起して不有が有と言い、また第八には、一切有無の否定と一切有無の用を起して不有が有と言ったが、今は、不特なるが故に、ではあるが、単に有有の執着を否定して尽くさしめ、而も用を起さしめない。したがってこの場合は、「不有が有」ではなく「不有有」の意である。不は有有にかかる。

第十一不有有者、合明具八意。何者為八意、一不有有属非有。一不有有属非無。一不有有属非亦有亦無。一不有有属非非有非非無。一不有有属有。一不有有属無。一不有有属亦有亦無。一不有有属非有非無[108]。（同、三四中）

第十一の意は、四句に配属したものであり、掲出した文に続いて釈明しているが、上来の宗旨より意とするところはすでに明らかなことで、改めて説明する必要もなかろうと思う。ただ第十一意として、一門中に八意をまとめて掲げたことは、理由と結論がAなるが故にBである式に各々次第するが為に、煩を嫌い合説したものであるとする。

第十二明不有有兼用者、不有有故離断過。何者、若不有不復有可是断、而今不有有故離断過。亦離常過者、若以有為有可是常過、而今只不有為有、故離常過。如是一異有無是非即離等過皆勉也。不無無亦爾也。（同上）

第十二の意は、不有が有が兼ね備える功用（利益）を明かすもので、第一に断常の見、その過失を離れることである。もし決定して不有なれば断見なるべきも不有が有とするが故に断過を離れ、また有を以て決定して有とすれば常見となるも、今はただ不有を有とするが故に常過もまた離れる。かくのごとく、一異・有無・是非・即離等についても、その一辺に堕する過は免れ得る。

第十三不有有若摂諸法者、不有有摂得因得果一切法等、故言不有有也。不無無亦然也。（同上）

第十三の意は、不有が有の出発点は、諸法実相としての因縁相待の世界観を基盤としている。したがって、その存在のあり様を表現した不有有に、一切法を摂すということは可能であろう。これが相摂の義である。

第十四不有有類諸法者、不有有既具上十意八意及相益相摂等。不因因不果果如是。不常常不生生等、雖一法皆具上意。故可謂、是一中解無量、無量中解一。如是展転生非実、智者即無所畏也。（同、三四中―下）

第十四の意は、不有が有は上述のごとく第一から第十までの十意と第十一の八意及び相益の義、相摂の義を具足しており、これは一往、有無の有を借りて表現し、述べ来たったものであり、因果を借りて不因が因、不果が果と言うも同義である。また不常が常にしても不生が生にしても、すべて一法上のこととは言え、上来の意を具することは変らず、すべてに妥当するというものである。一中解無量等は『華厳経』[109]の文であり、慧均がしばしば用いる文句である。

第十五不有有得失意者、如経試問答言諸法不有有即為得、即具五義。一得不二義、二得不自仮名義、三得相待義、四得無所得空義、五得中道義也。若答者言諸法是有為有者、即失五義。故不有有判道非道義也。不無無亦類也。

（同、三四下）

第十五の意は、不有が有は得であり有が有は失と判じる。不有が有の真意を得るならば、不二の義、仮名義、相待義、無所得空義、中道義の五義を得る。このことは「二諦義」にも述べており、そこでは、

若迷中或仮、即有五失、一失諸法不二成二義、二失諸法仮名成性実、三失諸法相待成自性、四失諸法皆空成性有、五失中道成辺見。……既解中識仮、還有五得、対前失……。（続蔵一・七四・一、二六右下―左上）

として、ここでは中を解し仮を識らばとしているが、全く一致する。

第十六不有有離門明義者、向合言不有有、今有時復須単言不有、有時応須単言有也。今此中単言不有者、此為欲明有義。何者、我以不不此有、不以不此無、故不有得是有也。若以不不於無、可令是無、而今以不不有故、只不有是有。[10]（大正四五、三四下）

第十六の意は、離門に義を明かすとされ、上来は不有と有とは合して不有が有として論じたが、今は、単に不有と言い、ある時は有というべきことについて述べる。その第一の単に不有と言うことについては、かえって有の義を明かさんとするためである。というのは、否定詞の不を以て単に有を否定して不有と言うのであって、有の否定を以てこれを無とするわけではない。つまり「あらず」というのは「あり」を意味するごとくである。故に不有は是れ有なるの義を得る。次に、単に有ということについては、

次得言有反成破有義。何者、我本破有故言有。如世人不耐悪而言悪、此悪之言豈不令除此悪。今有亦然。我不耐此有故言有、豈不破此耶。又直言有、不説有因縁故、是破有義。単言無亦然。（同上）

とあり、第二に単に有というについての一は、有と言ってかえって有を破す義を得る。それは譬のごとく、他者のいう有、すなわち、有なるが故の有に耐えずして、今直言して有と言い、他者の有を破さんとするのである。それは、理由如何を問わず悪は悪だというがごとく、有の因縁相由には説き及ばず、直截に有だと決めつけて毫も許さざるが故に破有の義である。

次単言有則是中道、不得言有非方是中道也。何者、直言有此非是非有亦是有有、此有既非是是有復非非有、豈非是中道乎。又有上自有是非、我直言有不言其是復不言非、故此有即離是非、故是中道。(同上)

次に単に有という第二は、これ中道を表わす。何となれば、直接的に有を指して有、無を指して無と言うもので、そこには是非の計らいもないし、ましてや有の有というものでもない。ありのままの姿を真直ぐに見て、有と言った。是是非非を離れた境涯であるから中道に他ならないと言うのである。また直に有と言って、この有ありとは言わない。[三]故に自性としての有とか、実なる有というものは無く、言亡慮絶の中道を直観的に表現したものであると言うことが出来よう。

次単明有具足一切諸法。何者、此有是無所有故、若有所無即失一切法。今是無所有名有、故具足一切法也。単言無亦然。但是無所得故言無、此無豈不具足一切法耶。(同、三四下—三五上)

次に単に有を明かす第三は、一切諸法を具足するという意である。それは、この有は、無の所有なるところを言うからである。もし有の所無を指して有と言うなら、それは一切法を失してしまう。しかし今は、無所有を有と名づけて、直に有と言ったのであるから、一切法を具足することになる。一法上に万法を証す意となろう。単に無と言うも、如上に照らして明らかであろう。ただ無所得の故に、直截に無というのみである。

以上が「八不義」において解釈される「不有有」についての大要である。誠に周到なる配慮のもと、甚深なる考察がなされていることを知り得る。不有が有と表現した、この単純なる言葉の上に、このような意義を含ましめ得たということは、一日にして成されたことではなかろう。恐らくは慧均自身と言うよりは、三論研究の伝統、その積重ねによる成果であろうと思う。しかも、最後の第十六に述べる趣旨は、後の禅宗に見られる単純なる表現の内に、事物に対する的確なる洞察と体験に裏打された直観のひらめきが生きているということと、非常に接近した次元に達している内容であろうと思う。ここにおいては、有という存在の基本的なあり方を表現する言葉を以て、理論的に究明しているが、これが、自然観と宗教的体験とに結びつくならば、禅宗における表現の自由無礙なる世界へと展開する可能性を含んでいるのではなかろうか。

(3) 性空について

初章語及び中・仮とを理解するには、まず第一に空に対する解釈を見るのが順序であり、前後することになるが、以上の不有が有について十六意の解釈をしたあとで、性空について説明しているので、参考までにその説明を掲げておきたい。性空には多意あるも、ただ八意のみを弁ぜんとして、次のごとく述べる。


一には、本性是れ空なりと明かす。ただ縁に遇うが故に有なり、有止めば本性に還る、故に性空と言う。

二には、本性是れ空なりと明かすも、而も末は是れ仮有なり、是の如き意なるが故に性空なり。

三には、本性常に空にして、不空の時あること無きが故に性空と言う。

四には、只だ因縁の諸法は是れ空なりと明かす、故に性空と言う。

五には、性有を破して此の空を得るが故に性空と言う。

六には、無性の法を破して、此の法は止だ空のみの性有りと明かす、故に性空と言う。

七には、無所有の法は、性是れ空なりと明かすが故に性空と言う。

八には、有所無の法は、性〔是れ〕空なるが故に性空と言う。（大正四五、三五上）

以上が、慧均の言う性空の八意である。そして最後に、

今略して八意の異相を明かすも、而も大意は異なること無し。但だ是れ一の性空なり。是の如き諸法の性空は義に随って便ち用う。一を用いて即ち之を度して須らく意を得べし。空中に羅紋を織るが如し。性空既に然り、畢竟も亦然り。（同上）

と結んでいる。八意あるも大意は異ならず、ただ一の性空というのは、本体論としては、「本性自ら是れ空」ということであろう。従って八意を開くは、その活用の異相を示したものであって、だから「義に随って便ち用う」と言っ

ている。また吉蔵も『中観論疏』巻二（大正四二、二三中）において性空を説明し、四種を開く。


性空を論ずるに四種あり。

一には、空の性ありと計するを名づけて性空と為す。此れは所執に従って名を立つ。

二には、外人の性実を破するが故に性空と名づく。

三には、此の性執本より自ら空なれば本性空と名づく。

四には、因縁の本性自ら空なれば、名づけて性空と為す。此の性空は、即ち是れ仏性と波若と実相との異名なるのみ。


このような種々の解釈は、慧均にしても吉蔵にしても、中国における仏教研究の長年月にわたる展開をふまえ、それを総括的に包摂し、空観、あるいは中観の自在性に向わしめ得せしめんとするものであろう。この性空を徹底させ、徹見して、はじめて「不有有」の解釈に見られる融通無礙なるところが得られるのである。

(二) 中・仮の分類

(1) 前後の異

前後の異というのは、初章語と中仮語との説の次第による相異を発端とする。すなわち、先にも述べたごとく、初章と中仮とは言語的表現においては、直に有無の了解に対する二種の立場を明かすか、他今相対として論じるかの相違であり、その違いが、意義上の相違点となっていた。しかるに前に明かすところの初章においても、後に明かす中仮語においても、その帰結は共に「不有有」もしくは「不無無」の表現を取る。このような前後の相違は如何なる理由によるのであろうか。これに対して慧均は、「初章に義を明かすは、且らく未だ去取を指すにはあらずして、猶是れ一往通じて言を漫ね、中仮の由漸と為す。故に直に以て義を明かし他解には対さず。中仮は則ち、正しく対する所の来去取捨有りて、他に対して今を明かす」といい、「四種の相対で明かすところの前説（他の立場）は非するとこ

ろであり、後説（自の立場）は取るべし」という。[112] そして、

前三是従仮入中、是中前仮。後従中出仮、是中後故仮。第四還結成前仮、故言不無無等也。（一八右）

と説明する。「前三」とは、四の相対の⑴から⑶までを指し、これは、仮より中に入る意であり、中の前に仮を明かすので中前仮という。「後に中より仮を出す」とは、中仮語において、「非有非無を中と為し、而有而無を仮と為す」ということを指し、この而有而無を中後仮と言った。「第四に還って結して前仮を成ず」とは、「仮有なれば有と名づけず、仮無なれば無と名づけず、故に是れ不有が有、不無が無なり」と結んだことを言う。さらに、中前仮、中後仮に対して、仮前中、仮後中はどうかという質問に答えて、

亦得。只此非有無之中、此中即是前仮之後、後仮之前也。此義八不義中具説也。（同上）

と言っている。ここで「八不義」を指示しているので、次にその説明を見ておく。「八不義」における第三節の三種中道を明かす最後に言及されているもので、「摂嶺師（道朗）の云く」として引かれる。

又摂嶺師云、仮前明中是体中。仮後明中是用中。中前明仮是用仮。中後明仮是体仮。故非有非無而有而無是体中。仮有不名有、仮無不名無、故非有非無是用中。非有非無而有而無是体仮。仮有不名有、仮無不名無是用仮。故用中仮皆属能表之教、無仮無中乃是所表之理也。（大正四五、二八下—二九上）

ここにおいて、仮前中、仮後中、中前仮、中後仮の基本的理解が示され、また体用の概念を以て説明されるが、これは後に述べるごとく一往のことである。次に説明を加えれば、

⑴仮前中とは、仮の前に明かす中であり、すなわち、性の有無を否定して非有非無を中となすもの。（体中）

⑵仮後中とは、仮の後に明かす中で、仮有なれば有と名づけず、仮無なれば無と名づけず、すなわち、非有非無の中とするもの。（用中）

⑶中前仮とは、中の前に明かす仮で、未だ中を説かずして、仮有仮無を言い、その有無は、性の有無に同じから

ざることを明かす。（用仮）

(4)中後仮とは、中の後に明かす仮で、非有非無なれば而有而無なりという、その而有而無をいう。（体仮）

ということで、右引用文の最後に「中仮を用いるは、皆能表の教に属し、仮なき中なきは、乃ち是れ所表の理なり」と言明していることが肝要のことと思う。しかるに、説の前後により中仮の意義上の相違を明確にさせたのが、この仮前中等の語であるが、これは、慧均も摂嶺師（道朗）の言葉として述べるごとく、摂嶺第一祖に始まる三論教学の伝統的解釈であったことは疑いないし、さらに、中仮語を基本とした、中と仮との相関を論じ、その意義を追求したものであることも理解され得ると思われる。吉蔵も、『中観論疏』巻一本（大正四二、一一下）において摂嶺より興皇に相承された三種方言の中に関説するが、より明解に説明しているので次に掲げたい。

又た初めに性の有無を非するを以て中と為すは、此れは是れ仮前中の義なり。次に而有而無を名づけて二諦と為すは、是れ中後仮の義なり。次に仮有なれば有に非ず、仮無なれば無に非ず、二諦合明の中道というは、此れは是れ仮後中の義なり。……又中前仮とは、未だ体中を説かずして、而も前に仮を明かす、則ち上の而有而無是れなり。中後仮とは、体中を説き竟って方に而有而無を説く是れなり。又、中前仮は即ち有無より非有非無に入り、用より体に入る。中後仮は、非有非無を仮に有無と説く、体より用を起すなり。

と述べる。これは、八不と三種中道について解釈する第二の方言に説かれるものであり、この前に四重の階級を設けて、三論学派が従来の説（成実家）に対して、いかに徹底的な批判を試みたかを明らかにしている。その四重の階級とは、如上の中仮体用の意を理解する助けとなるので次に示す。

一には、性の有無を求むるに不可得なり。故に非有非無を言って名づけて中道と為す。〔二には〕外人既に非有非無を聞いて、即ち復た真俗二諦なしと謂って、便ち断見を起す。是の故に次に而有而無を説き、以て二諦と為して其の断心を接ぐ。〔三には〕次に而有而無を顕すこと、其れ是れ中道の有無にして、性の有無の義に同じからざることを明かさんと欲う。故に次に二諦の用中を明かして、双べて両性を弾ず。〔四には〕次に仮の有無の

二を転じて、中道不二を明かさんと欲う。故に体中を明かす。(大正四二、一一中)

というもので、先に挙げた吉蔵の中前仮等の説明は、これを前提として広釈したものである。この説明によっても明らかなごとく、初章及び中仮の語を背景として、それの活用展開という形を取っていることが知られる。吉蔵が如何に伝統的解釈の真意を釈明せんがために、苦心したかが知られるであろう。それ故に、

此れは是れ摂嶺興皇の始末、由来の義に対して此の四重の階級あり。此の意を得れば、一師の中と仮と体と用とを立つる意を解するなり。(同、一一中—下)

と言っている。そしてさらに「中仮義の内に具足して之を明かす」と言うのは、「一師の中仮義」を指すか、あるいは自身の一章を指すか。いずれにしても、四重の二諦、二諦中道、三種中道、八不中道等の釈明において、初章中仮義は縦横に活用され、展開されるのである。慧均は「八不義」や「二諦義」に詳細は譲っているが、その要点を述べて次のごとく言う。

若約二諦中道者、則有階級不同。若依此名目明之、以有無為二諦、則此非有無是二諦理中。従前仮入中、従教悟理、則是従用表体。従中出後仮、則是従体起用、従理出教。(一八右)

ここで言う階級の不同と言うのは、先述の四重の階級や、俗諦、真諦、真俗合の中道等の不同を指すと見てよいと思われる。言うところは、若し有無を以て二諦となし、それを教とするならば、非有無は二諦の理中となる。有無の仮より中に入る意、教によって理を悟る意となる。すなわち、用(仮)より体(中)を表わす。また非有無の中より而有而無の仮を出すならば、これは体より用を起すことで、理より教を出す意となる。このような仮から中に、中から仮へという出入の義は、単復中仮義において詳細に論じられるに至る。

さて、説の次第による中仮の相違は以上のごとくであるが、その最初が仮前中であることについて、説明を加えている。すなわち、

何者、如破外道性有無故空、此性有無処名為中。而此中未是仮後之中、但就彼破性有無故言中。於後仏為縁説仮

有無、始是正教。即此教名為仮、故前即破性之中、仮前中也。（一九右）

という。つまり、外道の執する性の有無を破せんがために、その破処を中とするもので、これは、未だ有無は仮であるとして中と説くものではない。したがって破性の中とも言う。これが仮前中である。その上で仮の有無を明かすのが正教である。言ってみれば中後仮である。この意は、前に触れたのであるが、吉蔵が八不を解釈するに際し、初牒と重牒の二段に分ける、その理由を説明する内容と一致する。すなわち、初牒の八不は、仮前中の義であり、有所得人の顚倒の計を破する意であり、重牒の八不は、その上で而有而無を弁じ（中後仮）、さらに中道を開示する（仮後中）という趣旨である。

(2) 中仮の開合

次に中仮の開合について少しく触れておきたい。これは、不有が有の意義を釈すところにも底触することであるが、性空の立場を徹底させるならば、有は有の一法にて究尽し、無は無の一法にて一切究尽するということで、今、中と言い仮と言うも同様ではないか、ということである。したがって何故に有無を仮とし非有非無を中とするか。しかもすでに中は即ち是れ仮であると称しているではないか、との疑問である。これについて、

理応如此、……故一切諸法並是仮、一切諸法悉是中、但諸仏菩薩善巧方便、仮名名開為中仮、令悟入非中非仮、故言有無是仮、非有非無是中。（一九左）

と述べる。言うまでもなく、本質的な理の立場からすれば確かにその通りであるが、諸仏菩薩は、善巧方便を以て、仮名の名を開いて中仮とする。それは、実には非中非仮を悟らしめんがためであると。そして、その「中」には二義あるという。

但此中有二義。一是中当浄亦浄之中、有無是当二之仮、雖開中仮、無仮異中、無中異仮、亦仮亦中、如開虚空也。二是不二之中、是開中仮両義、有無則当仮。理而論之、中亦是仮、但中美名、美名強諮非中非仮。之絶絶与浄浄

之処也。（一九左—二〇右）

一義は、浄亦浄の中であり、有無は是れ二の仮なるべし。この場合は、一応中仮を開くけれども、仮に異なる中は無く、中に異なる仮もない、つまり、亦仮亦中の意。一義は不二の中であり、是れまた中仮の両義を開くも、不二の中の上に成立させるから、その中仮は、中また是れ仮であって、中は美名に過ぎない。したがってこの場合は非中非仮を中とする意。これは絶絶の処である。さらに、

有二義。一則弁中仮、只為顕非中仮、故言中仮。二明之中仮、猶是疎義。復密義中更密明中仮。若有不有、只是非有為有、有為非有。只是有不有、中仮相因待更不得異也。亦是只仮即是中、只名仮為中、何処離仮有中。（二〇右—左）

と述べる。これは、不有が有の意義に照らして明らかなことであろう。第一の中仮を弁じるは、非中仮を顕さんがためなりとは、直に有と言いて有を破す義である。第二は、有無を仮とし非有無を中となすは疎義である。密義にては、有が不有（あるいは不有が有）の真意は、非有を有とし、有を非有とするごとくで、中仮相い因待して異なるところがない。したがって仮は即ち是れ中とも言い得る。

また「中仮」と言うのに対し「仮中」と言い得るかどうか。

亦得之。而中仮仮中、此二言異者、若依語論之為便者、応言中仮。若破病語則応仮中也。言中仮為便者、中仮是本末語、中則為本、仮則為末。従非有非無之本、起有無之用、有無末故言中仮。於言方就義理為便也。仮中是破病語者、人聞中則作中解、有此平等中道之理、為破此見故、言仮名為中。何曾有此中之可得。是故仮中為破病也。（二〇左—二一右）

これに依れば、「中仮」と言うのは、論じるに便利であるからという。すなわち、中仮は本末の関係であり、非有非無の本（体）より有無の末（用）を起す。故に中を先として中仮と言う。前の説の次第に約すれば、仮前中と中後仮の意である。これに対し「仮中」は、破病の語とする。人が中を聞いて中の解をなし、中道の理に執するが故に、

仮と言い、その後に中となす。したがってこれは、中前仮と仮後中の意となる。

(3) 四種の中・仮

四種の中仮とは、中と仮とを、対縁、主眼等によって四種に分類したものであり、慧均は興皇寺法朗の義として述べるものである。吉蔵も『三論玄義』において説明しているので、対照しながら述べたい[113]。ただし仮については、名称のみにて説明は見られない。慧均は「興皇大師は、中仮を弁じるのに亦た無量なるも、但だ要をいわば、或いは三種の中を開き、有る時は四種の中を開くなり。仮も亦た然り」(二二右)と述べている。その四種とは、①対偏中、②尽偏中、③絶待中、④成仮中である。①の対偏中とは、下記の通り。

如内学禀仏二諦教則空有、成断常二見、迷僻於中、如百論三外道中。亦如開善二諦義明三種等、有所得家中故、論主説不生不滅中道、対破彼偏執、則為説正中義故、言対偏明中也。(二二左)

これは、仏教を学ぶ者が、仏が二諦の教を以て空有を説くことを禀けて、有無断常の二見を成して、中に迷うが故に、彼の偏執を対破せんが為に正中の義を説くを言う。つまり、偏に対して中を明かすが故に、対偏明中という。吉蔵の説明は「対大小学人、断常偏病、是故説対偏中也」(大正四五、一四中)である。

②の尽偏中とは、下記の通り。

尽浄於偏、名之為尽浄中也。何者、明非唯直弁中対偏而已。復須洗除此偏、尽浄乃得名中、故言尽偏明中也。(二二左)

これは、第一のごとく、「唯だ直に中を弁じて偏に対せるのみに非ず」して、その偏を洗除して、尽く浄なれば、中の名を得べし。故に偏を尽くして中を明かす、あるいは、尽く浄ならしむるの意から尽偏中、又は尽浄中という。吉蔵は「大小学人、有於断常偏病、則不成中。偏病若尽、則名為中」(大正四五、一四中)という。

③の絶待中とは、下記の通り。

亦名実相中也。不従対偏為名、亦不従尽浄目之、言語道断心行処滅、四句五句所不可得、強称嘆立中名、以顕正法実相義也。又中本対偏、偏病既去、中亦不留、非偏非中、不知何以美之、強名為中、故名絶待中也。（二二左）

絶待中はまた実相中とも言われる。これは、前述の二者と異なり、言語道断心行処滅等のところを強いて称嘆して、中の名を立て、以て、正法実相の義を顕さんとしたものである。また中は元来偏に対する。したがって偏病が既に去れば、中もまた留まるものではない。偏でも中でもなく、何を以てこれを美むるかを知らない。強いて名づけて中となすのである。不可得不可言のところを言うから絶待中という。吉蔵は「本対偏病、是故有中。偏病既除、中亦不立、非中非偏、為出処衆生、強名為中」（大正四五、一四中）とする。最初「或いは三種を開く」とは以上の三種を指す。

この「対偏」「尽偏」「絶待」の三種は、「中」を明かす際に用いられるのみならず、『三論玄義』では「正」を分けるのにも用いられ、対偏正等を言い、同様の説明をしている。[114] このことは、相対的に論じる場合の一往の型であったとも見られ、「他に対して今を明かす」という考え方を基本としている。後の「仮」の分類も軌を一にする。

④の成仮中とは、下記の通り。

成仮中亦名接断中也。成仮中者、絶本対不絶、不絶是仮、所以第四明成仮中也。明中道実非有非無、因此非有非無得起有無、以中成仮故名成仮中也。仏於無名相中、仮名相説、説有無為顕非有非無、非有非無是中、因此中起仮也。接断中者、中偏既去謂絶断、作解沈空、故接起仮名中、故接断中也。此即治病中也。（二三右）

これは、③の絶待中を承けている。故に絶は本と不絶に対すといい、その不絶とは仮を意味する。ゆえに第四に仮を成立させる中を説くというものである。これで中仮語、不有有の意に照らして趣意は理解できよう。これをまた接断中とするのは、中を成立させて、その中の解をなし、それに著すれば、中偏であり、その中偏既に去らば、絶断と謂い、さらに解を作して空に沈没する。故にこの断心を接ぐために、仮名の中を接起させる意味より接断中とも言ったのである。絶待中に没在する危険性を、この成仮中を以て除いていると言えよう。吉蔵は「有無為仮、非有非無為中、由非有非無故、説有無、如此之中為成於仮、謂成仮中也。所以然者、良由正道未曾有無、為化衆生仮説有無、故以非有無為中、有無為仮也」（大正四五、一四下）としている。この成仮中の意は、直接的に中仮語の義に結びつくものである。

次に四種の仮であるが、①対性仮、②尽性仮、③因縁仮、④表理仮（接断仮）の四である。説明はなされておらず、吉蔵も、この四仮については触れていない。しかし、以上の四中の説明及び先に述べた性と仮との理解等に依って、大略の推察は可能と思う。あくまで推測の域を出ないが、試みに述べるならば、①の対性仮とは、仏の有無の教を聞いて性の有無を成して、顚倒横謂の計をなすが故に、その性実の見に対して、有無はこれ仮なりと明かすことを、対性仮と言ったものであろう。②の尽性仮とは、性実の見、その執着を尽くす、洗除する意から尽性仮というのであろう。③の因縁仮とは、有は自ら有にあらずして、無に因るが故の有、無は自ら無にあらずして有に因るが故の無のごとく、因縁相待の義を明かして、一切法の仮なることを言う。これを因縁仮と言ったものと思われる。④の表理仮というのは、因縁相待の義を理解し、有無はすなわち、仮の有無であることを了解すれば、仮有なれば有にあらず、仮無なれば無にあらず、還って非有非無なることを知る。つまり、而有而無の仮を説いて、非有非無の中道の理を表わす。この意味で表理仮と言ったものではなかろうか。これを接断仮と言うのは、非有非無を聞いて、有無断常の見に堕することに対し、而有而無の仮を説いて、その断心を接するという意であろうか。

また、以上の四仮とは多少異なるが、「四悉檀義」の中に、[115] ①就縁仮、②随縁仮、③対縁仮、④因縁仮の四種を説く。吉蔵も『三論玄義』（大正四五、一三上）において説明し、また『二諦章』巻下（大正四五、一〇六上）にも関説する。今、これを要約すれば次のごとくである。

①就縁仮には二義があり、一には、外人が生滅等の相ありと計すれば、論主（龍樹等）はその生滅に就いて推求し、生滅の相を覓むるも得ざることを示す。これを就縁仮という。二には、凡聖は相い去ること遼遠なるも、凡を化せんと欲するがために、彼に同じる。前縁を化せんが為に、且く先ず前縁に同じる。四摂同利の如きである。これを就縁仮という。

②随縁仮とは、既に前縁の説に同じたならば、今その根性に随って、種々方便して其の説をなす。有を聞いて悟を得べくんば、即ち為に有を説くが如きである。

③対縁仮とは、対破を意とする。前縁が有に執しておれば、空を以て対破するが如きである。

④因縁仮とは、是れ仏の正しき因縁の説をいう。すなわち、有は自有にあらずして、空に因るが故の有、亦たこれ有は自有にあらずして、不有に因るが故の有と説くが如きである。しかも今の因縁の教は所住なきことを言うから、無礙である。これはまた相成仮とも名づく。

以上が大要である。吉蔵によれば、この四仮は四悉檀に約して明かしたものともされ、慧均も、四悉檀に配当する説を紹介している。すなわち、就縁仮を世界悉檀に、随縁仮を各々為人悉檀に、対縁仮は対治悉檀、因縁仮は第一義悉檀である。吉蔵は『二諦章』で「大師は」と言って述べ、慧均も「四悉檀義」の中において「朗師立四仮義」としているから、恐らく法朗に始まるものであろう。

(三) 中の解釈

(1) 中観論の中に関して

前項(二)のごとく、中と仮とに諸種あることを弁じ来たって、次に中観論の三字の次第等につき言及している。その理由は、上来の中仮義は、一つには、成実論師等の従来の解釈に対して起ったものと考えられるが、それと同時に、『中論』の解釈をする上において、またその解釈論義の過程において考察し展開され成立したものと推察され、特に「中」については、直接的な動機であろうと思われる。その点は、先に触れた『三論玄義』における説明が、『中論』の名題を釈すことについて論じられていることによっても知り得る。したがって、ここにおいても、その関連性を注意したものであろう。ただ『三論玄義』にも同趣旨の解釈が見られることは注意を要するが、対照すると、問題の項目と趣意は全く同一であり、解釈の次第と内容の広略において相違が見られる。本書は問答体で、第一に中観論の次第、第二に中の義と名、第三に三字互いに名を得ること、第四に三字が互いに発し互いに尽きることを明かす順序で、その要点を述べているのに対し、『三論玄義』（大正四五、一三中）では、中論の名題を釈する門のなかで、第一に名を立てるについて広略あること、第二に三字の次第、第三に三字に制限させる理由、第四に通別、第五に互発互尽、第六に三字を釈する門を設けて、中の一字を釈し、各々詳細に説明を加えている。次に本書の説明をみよう。

第一の中観論三字の次第については、「中は是れ十方諸仏の正道にして、衆聖共に此の道を行じ、更に二趣無きが故に」前に中を標するのであるとし、しからば、経に何が故に三乗各道と云うのであるか、との問を発して、

答、道未曾是三、但随縁説三耳。如大経云、観中道者有三種、下智観者、得声聞菩提、中智観者、得縁覚菩提、上智観者、得仏無上菩提。此是同観一中道、而得悟自有浅深、菩提未曾是多種、……因此中実之道、発生菩薩正観、正観故所以作論破迷申教、故三字次第意也。（二四右―左）

と答えている。諸仏菩薩所行の正道たる「中道」に因るが故に諸仏菩薩の正観を発生する。故に次に「観」を明かす。また正観あることによって、菩薩は「論」を作って、迷を破し正教を申べるが故に中観論の次第となるとの意である。この説明は、『三論玄義』では能化の次第とされる。[116]

第二の「中」の義と名については、「問う、中は何を以て義と為すや」との問を発し、

答、中以実為義。亦言、中以正為義。以正釈中、以実釈中也。（二四左）

として、「中」は実と正とを義とすることを言う。これは、『三論玄義』においては、依名釈、理教釈、互相釈、無方釈の四種の釈義を以て解釈するが、その第一の依名釈義の説明である。[117]次に、それを証明するのに、一に関中、二に論文、三に引（経）証の三を出し、次のごとく述べる。

関中者、叡法師序中論意云、以中為名、照其実也。此是以実釈中、中是実義也。問、照其実者、似釈観耶。答、照是顕義、顕其実録也。又肇法師作涅槃論云、如正観論説、故以正釈中、中是正義也。（二四左―二五右）

関中の証の一は僧叡の『中論序』（大正三〇、一上）の文であり、二は僧肇の『涅槃無名論』（大正四五、一五八中）

位体第三の「子独不聞正観之説歟」とあることを指したものと考えられる。しかし、『肇論』で言う「正観の説」とは次に出す『維摩経』と『放光般若経』の説を指すもののごとくであり、必ずしも『中論』の説を示すものではないように思われる。ただ「維摩詰言」として引用する文は、

我観如来無始無終、六入已過、三界已出。不在方、不離方。非有為非無為、不可以識識、不可以智知。無言無説、心行処滅、以此観者、乃名正観、以他観者、非見仏也。（大正四五、一五八中）

というものであり、これは羅計訳『維摩経』巻下、見阿閦仏品（大正一四、五五四下—五五五上）の趣意要略であるが、「無言無説、心行処滅」の観を正観とする点に着目し、その前の開宗第一にて「論曰、涅槃非有亦復非無。言語道断、心行処滅」（大正四五、一五七下）として『中論』（大正三〇、三五中及び二四上）の文を引用していることも考慮し、ここで言う「正観之説」は『中論』を指すと解し、「中」は「正」とも言われ得ることを示し、引用したものと推察される。しかるに吉蔵は『三論玄義』で、同じく僧叡の序を引用し、『肇論』は「物不遷論」の一文を引用する。すなわち、「正観論曰、観方知彼去、去者不至方」（大正四五、一四中）とするが、『肇論』の本文は「中観云」（同、一五一上）としており、他所においても『中論』の引用はすべて「中観云」か「論曰」と称している。したがって、この引用が単に中は正とも言わるることを示すためなりとするなら、「中観云」は、古く「正観論曰」となっていたのであろう、とは国訳者の見解である。[118] 内容上から言っても迂遠の感はまぬがれない。次の論文とは、

論文者、論観法品云、諸法実相云何入、答曰、息我我所諸見故、得入実相。実相是中、故以実釈中、中是実義。又大論至難指云、如正観論中説也。（二五五右）

といい、『中論』観法品（大正三〇、二三下）の趣意にて、[119] 諸法実相に入るは中道に依り、その実相とは中であるからとの意で、次の『大智度論』（大正二五、三六上等）の引用は『中観論』を指して「正観論」と言っているからというもので、吉蔵が『肇論』を引いた意味に等しい。吉蔵は論文は引用していない。次の経証は、

引証者、大経云、無相之相、乃名実相、如是無相亦名第一義空、亦名中道也。以理明之者、中是中実、故以実為

義也。（二五右）

として『涅槃経』（大正一二、三五四上）を引くが、これは実義の経証のみであり、正の義の経証はない。吉蔵は『涅槃経』を引いて中道実義を証し『華厳経』を引いて正の義を証している（大正四五、一四上）。

さて、「中」は実を義とし、実を顕す意があることは理解されたが、その「実」は、いかなる意味にて実と称するかにつき、さらに説明を加える。その意は、生滅断常等の解は「虚妄」であり、その虚妄に対し実を弁じる。したがって、生滅等は畢竟不生不滅等であることを了ずれば、これを「実」と名づくるのであると言う[120]。また次のようにも述べている。

彼所見有無、皆是性、是偏。今責其有、不得彼有成非有、責無、不得彼無成非無、責彼有無成非有非無、既無有無、亦無非有非無、有無非有非無皆尽、不知何以名之、強名為中、即是実義也。（二二右）

これに依って、言語道断、心行処滅の諸法実相の「実」を以て義とすることが明らかである。

次に「中」の名であるが、異名として正法、正性、実相、実際の名を挙げ、「具には諸経中に述ぶる所の如し。並に是れ一の正道中に処に随って名を異にして説くなり」（二五左）と言っている。けだし、吉蔵が性空の義を弁じて、「因縁の本性自ら空」なることを徹見し、その真実義に達した立場から「仏性・般若・実相の異名なり」としたこと[121]と軌を一にするであろう。

第三の中観論の三字が互いに名を得ることについては、

何者、只中名観、亦只観名中、只論名中。何者、三字皆得観者、若対三観義、中是義相観、観是心行観、論是名字観也、亦得三中三論也。（二五左）

とし、三字皆観であると言い得るについてのみ述べ、他は省略している。三観義とは、当時一般的に用いられていたごとくであり、吉蔵も同様に記している。趣意を述べれば、中は正しき相（すがた）のあらわれ（観）であり、観は心のはたらきのあらわれであり、論は名字のあらわれであるということになろう。他の三字皆中、三字皆論は、吉蔵の解釈を出せば次のごとくである。

所言皆中者、理実不偏、故理名為中。因中理発観、観非偏観、観亦名中、因中観宣論、論非偏論、論亦名中。……三種皆論者、論是能論、故名為論。余二所論、亦名為論也。（大正四五、一三下）

以上は三字通じて論じたものであるが、吉蔵は別の立場からも説明している。[122]第四の三字互いに発し互いに尽きることを述べる一文は、次のごとくである。

若以中之与観相対、別是一種相発義。若観与論相対者、此名如説而行義。説即論、観行即観也。若論与中相対者、亦得言正説、正是中也。説是論、対邪説也。亦得言実説、実是中、説論対虚説相発也。（二五左―二六右）

この一段は、中と観、観と論、論と中と相対して、相発する義を述べたものであるが、二字の相対釈は『三論玄義』においては、中観論の三字のみに制限して名題とした理由を述べるのに（制立門）先ず用いられ、相発の義は別に論じられている。右の引用文に中と観との相対は、一種相発の義とすることは後に説明している。観と論との相対は、説の如く行ずるの義、すなわち、説と行との名となり、論と中とは、その論は正説・実説なるが故に中と言い得る、との意となろう。そこで中観相発の義とは、

言中観相発者、不生不滅之中、能発菩薩之観、故名中発観。観発中者、顚倒之迷謂是生滅、所以失此不生不滅之中、故菩薩以正観、求此生滅両計、畢竟不可得、既生滅不可得、故則顕不生不滅之中、名為観発中也。亦得言前是自行、後是化他行也。（二六右）

と説明される。中発観とは、不生不滅の中は、能く菩薩の正観を発生する意。不生不滅なる中実の境に依って観智を生じるということである。観発中とは、衆生は顚倒の迷により因縁はこれ生滅なりと謂い、不生不滅の中を失っている。しかるに菩薩は正観を以て生滅を求むるも畢竟得べからず、そこではじめて不生不滅の中を顕す、つまり観に因って中を発する意である。最後の、前は是れ自行とは中と観を指し、後は是れ化他行とは論のことを言う。以上によって、名字はただ三名あるのみということと、互いに相発する義を併せ述べたことになる。

次に縁は観を発し、観は縁を発す、また縁は観に尽き、観は縁に尽きるということを釈す。

縁有二種。若能所之縁、此是境智、明境智相、称因縁相発義也。若顚倒之縁、此縁亦発菩薩正観。然此両種縁発義雖同、而有疎密之殊、前是密論相発縁、後是疎弁相発也。（二六右）

この説明に依って、縁というのは、因縁と言う場合の縁の義と、随縁仮説と言うような場合の縁との二つの意味があることが知られる。後者の場合は、化縁・衆生とも言い得る。したがって前者の場合は能所境智の関係であり、先述の中と観との相発に当たり、縁は観を発すとは、十二因縁の不生不滅を知れば、その中道実相の境は能く観智を発生する意である。観は縁を発すというのは、前述の観は中を発すとの意に相当する。ゆえに因縁相発の義と称している。後者は、顚倒の縁、つまり、凡夫二乗等の有所得の邪縁に由るが故に菩薩の正観を開顕し得るとの意（縁は観を発す）であり、逆に正観に因るが故に縁は邪なりと顕し得る（観は縁を発す意）。これをまた疎と密に分けるのは、前者は、因縁相待の義に約して論じるが故に密（こまやか）と言ったものと考えられ、後者は、正邪相対の上で論じたものなるが故に、疎（あらい）と言ったものであろう。また互いに尽きるということは、

縁尽於観、観尽於縁者、此語応言、菩薩正観能尽顚倒縁、故名縁尽於観也。本有縁故有観、縁既尽、観亦浄、故名観尽於縁也。亦有相由明尽義也。境智相対類可尋也矣。（二六右―左）

と述べられる。顚倒の縁は、菩薩の正観に尽くされてしまうが故に縁は観に尽きると言い、正観あることは邪縁あっての故であるから、すでに邪縁が尽きれば、観もまた尽くし浄められる。故に観は縁に尽きると言ったもので、この場合の尽は、息と同義と見做される。(123)

(2) 中仮中と中実中

以上のごとく中観論の三字に関連して解釈をしたが、次には中道実相と言うように、中実の中と、中仮相対に約して弁じるところの中との相違について述べる。前者は、先に述べた中は実を以て義と為す等にも関連することであり、

後者は、中と仮との前後によって四種に分類したことと関連する問題である。先ず本書の解釈を見ると、

釈異者、若中実中者、是論所弁中也。中仮中者、是経所弁中也。中仮中、前仮後中。中実中、是前中後仮也。何者、如経中先有無、為表非有非無之中也。若是論意、洗断常二見、顕中実令悟中実方便也。経中仮名、是則因中実中、方悟中仮中也。（二六左）

とあり、中仮の中とは、経が弁じるところの中であり、中実の中とは、論が弁じるところの中であるという。理由は、諸経は先に有無、生滅等を明かすのは、実は非有非無の中を表わさんがためであるから、中と仮と相対して明かす中なるが故に「中仮中」という。したがってまた前に仮を明かし後に中を明かすとも言い得る。またこの仮と中とは、中前仮と仮後中に相当する。論が弁じるところの中は、生滅断常等の見を破洗して中実の義を開顕するが故に、「中実中」という。中実の義は、すでに、述べたごとく、虚妄に対して実となし、偏邪に対して中と名づく。その中実を顕すのは、実には中実の方便（仮）を悟らしめんがために他ならない。換言すれば、生滅断常等の見を破洗して初めて因縁仮名の義が示され得るとの意で、この場合は、前に中を明かし後に仮を明かすことになる。この中と仮は、仮前中と中後仮に相当する。このような理解を、さらに敷衍するならば、経と論とは、中仮中と中実中で中と中との相対関係（中中相対）になり、その各々に中と仮との相対（中仮相対）が成立する。[124] ただし、中仮の前後によって意義を異にすると同様、両者の中と仮も、その内容において相違した意味を有していることを注意しなければなるまい。

次には、さらに論を進めて、経と論との関係において互いに出入する義を述べている。すなわち、

若論宗、破断常顕中実、即是従経入論。因中実識仮名、即是従論入経。何者、其相如有経故作論、明衆生執断常有無、還従経中得今論、洗除如斯断常見、顕中実、令物従経中悟入論中之中実、故言従経入論也。従論入経者、国論了悟論中之中実、方悟経中之仮名、従論入経也。（二六左—二七右）

とする。さらに以上の宗旨を論じれば、断常を破して中実を顕すとは、衆生は経中に説くところの断常有無等に執するが故に、論を作って、そのような顚倒の見を洗除し、衆生をして論中に説くところの中実の義に悟入せしめるもの

であるから、経より論に入ると称する。逆に論中の中実の義を了悟すれば、還って経中の生滅断常有無等は仮名なることを悟るから、論より経に入ると称し得る。これは経論相対において論じたものであり、次には経と論との各々に中と仮との相待が成立し、互いに出入することを明かす。先ず「経」については、以下のごとくである。

又経中従中出仮、故経仏自云、我常行中道、為衆生説有説無。〔二〕諦即是証中道竟、方為衆生説有無二諦也。（二七右）

経説は中より仮を出すものにして、向下的に有無等を施設する。二諦にしても、中道を証明し竟って、衆生のために説法するものに他ならない。体用関係で言えば、体より用を出すことになる。さらに、中の根本立場より方便して有無等を施設することは、畢竟、中に悟入せしめんがために他ならないから、「経」はまた、仮を説いて中に入らしむる義が存する。つまり、経に、中仮・仮中出入の義が具足する。次に「論」の方は、以下のごとくである。

諸論従仮入中、何者、仏為物説有無、而去聖人久遠、衆生迷仮為性、故論主等出世破性、従仮入中也。又論則折却偏邪令悟中、後識仮是従中入仮義。（二七右）

論説は、仮より中に入る関係である。衆生は経中の有無に迷い性実の見を為しているために、龍樹等が出世して、その性を破し、偏邪を折却して中を悟らしむ。性を破すは仮を説くに依るからして、従仮入中となる。また中を悟って、先の有無は仮であることを識るのは、中より仮に入る義となる。つまり、諸論は、仮中・中仮互いに入る義を主旨とする。これらを要約すれば、先にも触れた中仮と仮中の相違である。すなわち、中仮と言うのは因縁の次第にして、本末体用の関係で、仮中と言うのは破病の語となる。

以上、諸種の角度から「中」及び「仮」について論じ、その相互関係、そこに含まれる諸問題が考察された。それは、初章語を基本として展開されたもの、展開し得るものとして把握してよかろうと思う。これは、本書、すなわち、慧均一人の解釈にとどまらず、三論の教学における「空」「仮」「中」の考え方、基本的理解として受け止めて良いと思われ、問題点はおよそ尽くされていると言えよう。そして、これらの事柄を前提として、最後に「中道」が如何にして釈明され得るかが残された課題である。

五、中道釈明の類型

三論学派の中道説は、八不中道を以て、その代表とし、吉蔵の『中観論疏』の解釈を以て、その頂点に位置するものとして良かろうと思う。慧均にも、その「八不義」において説明が見られるが、吉蔵による三論学派の基本的な考え方から出発して、八不に基づく三種中道の釈明における詳細かつ具体的な説明は、論述の構成展開においても、周到なる配慮に基づいていることにおいても、慧均の及ぶところではない。それは、吉蔵晩年の最も円熟した時期に撰述されたこと、また吉蔵自身も、心血を注いで解釈をしたであろうことからも首肯される。しかしながら、吉蔵の、完成の域に達した解釈は、勿論長年の研究に裏づけられたものであり、一方は、他学派を背景とし、他方摂嶺相承の伝統的解釈を徹底敷衍せしめることにおいて果たされたと考え得る。この歴史的、あるいは思想的な背景を探り、脈絡を追求するという観点から吉蔵の所説を見た場合は、なお充分なる根拠を見出し得ないと言い得る面も存する。それは、成実学派の三種中道を批判する場合も、その詳細な理由づけは省略されているし、三論学派の伝統的解釈を述べるにおいても、師法朗の説を述べるのに終始する。この点、慧均は、成実学派の三種中道説の具体的内容に対する批判を詳しく展開したり、師法朗の説のみに止まらず、僧詮や、他の三論学派の人々の説をも紹介するなど、吉蔵の説明を補い、理解を助ける面が多い。むしろ歴史的な記述における資料としては、優れた価値を有していると思われるのである。

そこで、中道説としては、八不中道、あるいは二諦中道を以て、その趣旨は尽くされ得るが、三論学派の伝統的解釈は、吉蔵が論述する内容のみではなかったことが、すでに述べて来た慧均の「初章中仮義」に依って知られる。それは、中道釈明の類型が種々存したということであり、従来知られなかった新たな一面を提供する。以下、慧均の記述に従って、前項に述べたところを継承して考察を加えたいと思う。

㈠ 成実師の中道説

成実論師の中道説は、二諦中道の展開としての三種中道が代表されること、吉蔵、慧均両者の著述によって知られ、従来しばしば論じられ、周知のことである。しかし、以前にも述べたのであるが、吉蔵の説明は、『中観論疏』（大正四二、一一上）『二諦章』（大正四五、一〇八上）共に簡略な説明に終っており、その詳細な説明は、慧均の「八不義」（『大乗玄論』所収）に依って知られる。[125] その中で、世諦中道の解釈は、三仮による中道の釈明である。この点は、特に慧均の注意するところであって、吉蔵は『二諦章』においても略述するに過ぎない。また、それら各々に対する批判論述もしていない。『中観論疏』においても同様である。これに対し、慧均は、「八不義」において、成実論師の世諦中道を述べるに際して「世諦の中道とは、世諦は三仮を出でず、故に三仮に依って中道を明かす」と言って詳釈を加え、また各々についても批判論難をして自己の立場を釈明しているのである。今、本書、すなわち「初章中仮義」を見ると次のように述べている。

成実師説中有二種、一者三仮明中、二者二諦明中、三仮明中具如八不、二諦中説、二諦明中亦如二諦八不義中説。（二八右）

これは、すでに「八不義」及び「二諦義」にて、成実師の説を明らかにしたことを言うものであり、詳細はそれに譲ると言うものである。この中の「三仮に中を明かす」というのは、所謂三種中道のうちの俗諦中道において、因成・相続・相待の三仮各々に中道を成立せしめることを指している。つまり、三種中道の一つとして含まれ得るものであり、独立の形として三仮に中道を明かすことはなかったであろうと考えられるのであるが、特に、ここで、三仮明中を数えたのは、それなりの理由があったと思われる。その一つとして、三仮説は、成実師の仮名観の代表として、学説を特色づける重要な概念であったこと。また三種中道の中で、他の二種、つまり、真諦中道と真俗合の中道とは、学者に依って多少の説相の違いはあるものの、特に異論はなかったごとくであるが、俗諦中道を三仮にて明かし、その中の相続仮に中道を明かすことは、困難な問題として、成実師間でも論義の題目となり異説が存したからである。これは、慧均が特に興味を持った点であったと思われる。吉蔵は、『二諦章』において成実師の三種中道を紹介し、俗諦中道に、三種存することを述べるが、『中観論疏』では二種のみである。しかも、その説明は、必ずしも三仮に中道を明かすものとは明示しないし、説明も簡略である。[126] それに対し慧均の解釈は詳しい。今「八不義」に依って略述するならば、俗諦中道を明かす第一は、因成仮の不一不異なることに中道を明かすもので、次のように説明される。

何となれば、一柱は四微を攬って一と為れば、是れ不一にして一、四微は同じく一仮を成ずれば不異なるも、仮と実と殊なるが故に異なり。故に不一の一なるが故に、不異の異なるが故に不一不異なりとは、因成に中道を明かす。（大正四五、二五下）

と言うものである。これは前項四で述べた仮実義による不一不異の釈成である。色香味触等は実法として有なる存在であり、柱等は四微等の実法が和合して成り立つ存在であるから、仮法としての有である。このような実法と仮法とを分別して、その一異の論を立てることは成実師の定説であったごとくで、四微を実、柱を仮とする説明は、その代表である。[127] そこで、一仮は諸種の実法の和合によるから一なるも不一、不一なるも一となり、四微各別なるも同じく一仮を成ずるから異なるも不異、しかも、仮と実とは殊なるから不異にして異とするのである。

第二は、相続仮の不常不断なるに中道を明かすものであるが、これは仮実義を前提として論じている。相続仮を説明するのに異説が存し、三説あるいは四説があった。「八不義」では第一に光宅寺法雲の説で、「補処に続仮を明かすもの」とされ、補処とは前念の滅する当処に後念が代補するとの意味である。つまり、前後の念の断続するところに仮が成り立つとするもので、水滴補続仮とも言われる。第二は、招提寺慧琰の説とされ、「前の玄と後の一とに続仮を明かすものにして、識心の終り想心の初めとの中央に当たって仮となるが如し」とされる。註釈に依れば、[128] 前念已に滅するが故に前玄といい、後の一とは、後に一念を起す意とされる。一を「はじめ」と読むとすれば、前念が滅して、後の初めに起る念との意味ともなろう。つまり、前念は所続、後念は能続となり、これは実法の三世に約して説いたものとされる。これを鼻続仮とも称される。第三説は、開善寺智蔵（龍光寺僧綽も同様）の説で、「後起って前に接し、前転じて後と作る。即ち是れ生と至と共じて仮を成ずるなり」と言う。ここの生とは後起って前に接する義で、至は、前転じて後と作る義とされる。つまり、前念は滅しても、しかし不滅のものがあって後念に続くと言うもので、そこに仮が成り立つと言うものである。これは、第二説に相似の説であるが、前説は実法についてのみの所説であるのに対し、今の説は、実法と仮法とを合して相続仮を明かしたものである。不滅のものがあって後に続くということは、仮法の存続を意味する。これは灯担仮とも呼ばれる。以上三説が「八不義」で説明する相続仮の解釈である。これに荘厳寺僧旻の説を加えると四種となる。僧旻は、「続とは言うが、前念が転じて後念となるのであって、前念と後念とその実異なるものでは無い」という説明である。これは、仮法の三世に約して相続を明かすものであろう。[129]各々異なった説明をしているが、共に実法と仮法とに約して、仮法としての前後の相続を明かすものであるから不断であり、しかし実法は念々滅するが故に不常であるとして、不断不常にして相続の中道なりと言うものである。吉蔵は、これを要約して、

実法滅するが故に不常なり、仮名相続するが故に不断なり。不常不断を世諦の中道と名づく。（『中観論疏』巻一本、大正四二、一一上）

と説明したのである。

第三は、相待仮に中道を明かすもので、相待を二種に分ける。一つは、開遮の相待と言われるもので、色心相待のごとく、両者の始終、出没の異なりなきがごとくである。これを通待とも定待とも言う。一つは、相奪の相待で、長短君臣父子等のごとく、「短も自ら短ならず、長に形るが故に短、長も自ら長ならずして短に形るが故に長なり」と説明される。これを別待とも不定待とも言われる。[130]このように相待仮に二種あることを明かすが、共に仮にして真にあらず、しかも理に称当するが故に虚にもあらず、不真不虚に中道を見るものである。

次に真諦中道は、真諦は無相なるが故に有に非ず無に非ず、故に中道なりとするのが一応の型である。吉蔵は、「四絶の故に名づけて中と為す」（『中観論疏』巻一本、大正四二、一一上）とも言うが、「八不義」では、

名無く相無きも、名に寄せて相待す。真は真無に待するが故に、無は非無を表わす。また有に非ざれば、非有非無を真諦の中道と名づく。（大正四五、二六上）

と述べる。「真は真無に待す」という句は難解であるが、真諦は本来、その体無相なるも、仮に無とし、俗諦は本来空なるも、仮に有とするのが成実師の考え方であるから、[131]真諦を無と名づけても、それは、仮名の説だから真諦の体に正当するものではない。つまり、今、真と言うのは真の体を意味し、真無と言うのは、真諦の仮無なることを意味する。従って、その無は非無を表わすとされる。

次に真俗合の中道であるが、これは非真非俗に中道を明かすものである。前述のごとく、俗諦を有と言うが如き、その有は実有にあらず、真諦を無と名づくるも、その無は空無ではない。故に非有非無を名づけて両合の中道とするのである。

以上、本書の指示するに従って、成実師の三種中道説を概説したのであるが、「八不義」に見られる解釈は、開善寺智蔵説を継承した龍光寺僧綽の説明を掲げたものとされ、従来説をまとめて、しかも詳しく説明している点、これに過ぎるものは他に見ない。梁代成実師の代表説と見て良いと思われる。これらを背景として、本書では、上説を要約して次のように再説する。

今重出両家説中、一云、俗諦中者、仮有故非無〔有か〕、不住無故非無、非有非無俗諦中道也、真諦中道者、真無故非有、不住無故非無、非有非無真諦中道也、二諦中者、非真非俗也、若是定俗、則無有可空、若是定真、則無縁会仮有、今俗不定故可空、真不定故復須有縁会有、故真俗不定為二諦中道、二云、俗不即不離因果明中、真不有不無明中、二諦不真不俗明中也。（二八右―左）

ここで両家を出すとして二説を出すが、前者は荘厳の説で、後者は開善の説を指すものと考えられ、[132]両者が主張す

る要点を簡潔に述べたものである。このような成実師の三種中道説に対し、次のごとく批判をする。

今略破之、二諦明中者、二諦既有二中、亦応二仮也、仮彼云、世諦三仮収仮尽、故真諦非仮、真諦是仮、還是世諦也、今責、真諦無可為仮、真無物可非、故不得称中也。（二八左）

これを要約すれば、「二中あれば、また二仮なるべし」というのは、三論の考え方としては、二諦を教説として、共に仮名方便説とするから、一応俗諦は仮有であり真諦は仮無とする。ところが、前説のごとく成実師は、俗諦の仮有を明かすも、真諦は無相無名として、仮名は俗諦に摂し尽くすものとする。とすれば、無相無名なるも、名に寄せて真無と言ったところで、真諦においては一切の仮なる存在を否定することになろう。だから中とは称し得ないという。さらに、続けて次のようにある。

又真諦雖非有無、而不妨真諦理、故即是有、故非中道、無真諦〔理〕、即是断見、故亦非中也。（同）

次に真諦は有無にかかわらず、すなわち、四句を絶するとするも、その四絶の理あることを妨げないならば、これ有とすることになろう。また、四絶の理なしとすれば、すなわち、真諦は無きこととなり、これは断見に堕する。つまり、共に中道は成立しない[133]。次に、

彼云、不定無、非定有、故明中也、今謂不然、有箇真理不定属二、定者即是有、故非中也、又汝云二諦中非真非俗、為出二諦外、為不出、若中道出二諦外、開善義即壊、若不出即是二諦也、荘厳乃云、仏果出二諦外、亦不云中道出、故非彼義宗也、非真非俗不出二諦者、猶是二諦、中道出何在也、故荘厳義壊也。（二八左―二九右）

と述べる。成実師は、定無にあらず定有にあらず、故に中道なりと明かすが、二諦各々に二理が存するとの立場、所謂約理、約境の二諦説であるから、不定といえども、その根底には俗の理、真の理があって、結局二理に帰属する。逆に定有、定無と言えば、これは偏有、偏無、断常の二見にして中とはなり得ない。さらに、二諦合論の中道において、非真非俗とすれば、この中道は二諦の外に出づとするのか、出でざるのであるか。もし、二諦の外に出づるものであれば、開善が、二諦を一真不二の極理とし、二諦に法を摂し尽くすと言う立場は成立しない。また荘厳は、仏果

は二諦の外に出づとするも、[134]中道を出づとは言わない。つまり、仏果＝中道ということとなろう。とすれば、荘厳の義は開善の義と相違するから、そこで、開善の言うごとく、二諦を出でざるものとすれば、非真非俗というも、なお二諦に摂せられることになり、荘厳の言う仏果＝中道というその中道は、何れを出でて存するであろうか。つまり、荘厳が二諦の外に出づ、ということは破壊されるに至る。

以上のごとく、記述は簡略であり、論理的な精密さを欠くけれども、「八不義」等で、すでに述べたことを背景として、今はその要点を記し、成実師の考えの不徹底なるところを指摘し、批判を加えたものと言える。次に三論学派の中道説を紹介釈明していく。

(二) 三論諸師の中道説

三論学派としての中道説は、上述の成実学派を主とする他学派の解釈を背景として、それを批判超克することにおいて、種々の展開が見られた。なかでも、八不中道説が、最も詳細かつ中心的な存在である。二諦中道については、『二諦章』では、その釈明の部分が欠けているごとくであり、二諦のみに関する単独の中道の解釈としては、『四論玄義』の「二諦義」に見られるものが唯一である。[135]『大乗玄論』の「二諦義」における説明も、八不との関連において論じられ、『中観論疏』の釈明とほぼ同様の説相を示す。つまり、従来一般に知られている中道説としては、八不を基盤とした俗、真、合の三種中道と、八不の四対の各々について中道を明かすこととの二種である。あるいは、八不中道に二諦中道を含めて論じていることからすれば、総じて八不中道と言い得る。

しかるに、本書においては、従来知られなかった中道釈明の諸型を紹介していて、注目に値する。一つは、山中師、すなわち、止観寺僧詮の例で、次のように記す。

中道多種、但山中師、要者三種、一八不明中、二二諦明中、三単複明中也。(二九右)

僧詮は、摂山三論学派の第二祖であるが、彼の中道釈明においては、右の三種が代表されると言うものであろう。

八不と二諦についての中道釈明の全体像は明確に出来ないが、慧均は『四論玄義』の「八不義」（『大乗玄論』所収）において、彼の三種中道の解釈を述べていることで、大よそ知り得る。次に示すと、

山中師、寂正に対して之を作る。語は不語に待し、不語は語に待す。語と不語と並に是れ相待の仮名なり。故に仮の語なれば語と名づけず、仮の不語なれば不語と名づけず、不語と名づけざれば無と為さず、語と名づけざれば有と為さず、即ち是れ不有不無世諦の中道なり。但だ、相待仮なるが故に、有るべきを生と説き、無かるべきを滅と説く、故に生と滅とを以て合して世諦と為す。真諦も亦然り。仮の不語なれば不語と名づけず、仮の非不語なれば非不語と名づけず、非不語と名づけざれば不無と為さず、不語と名づけざれば不有[136]と為さず、則ち是れ非不有非不無、真諦の中道なり。相待仮なるが故に、有るべきを不滅と説き、無かるべきを不生と説く、即ち是れ不生と不滅なるが故に合して真諦と為す。

二諦合明の中道とは、仮の語なれば語と名づけず、仮の不語なれば不語と名づけず、非語非不語、即ち非有非不有非無非不無、二諦合明の中道なり。生滅と不生滅とを合して明かすこと此れに類して尋ぬべし。（大正四五、二七中—下）

とある。これが、僧詮の八不に約して三種中道を明かす言葉である。この文の前で、慧均は「今、大乗無所得の義は、八不に約して三種中道を明かす。方言は新旧同じからざるも、而も意に異趣なし」と述べるから、八不に約して三種中道を明かす伝統は、すでに僧詮において明確に提示されていたことが知られる。しかも、その解釈の方法、表現は新旧同じからずと言うことは、僧詮、法朗等、各々、種々の説き方をしていたことを指す。右の僧詮の解釈中、特に注意されるのは、世諦、真諦共に「相待仮なるが故に」と言っていることである。というのは成実師は、三仮説を立て、その第一の因成仮をもって入道の門戸とし、三論学派は、相待仮をもってしたと後に評される[137]が、その転換が、すでに僧詮によって打出され、摂山三論学派としての指針が示されている点である。あるいは僧詮の師である道朗においてなされていたのかも知れないが、しかし、文献上に明確な立場を示す例としては、前引の僧詮の説が最初であ

ろう。後の法朗や吉蔵、慧均の釈明を見る時、僧詮の果たした役割は大きいことが分かる。第三の単複明中についての僧詮の解釈は不明である。但し、慧均は後述のごとく、法朗の釈明を伝えている。

次に、禅衆師、すなわち、慧勇（五一五―五八二）の釈明を略述する。

禅衆師、六種明中、三如前、四対異明中、何者、有人言常無常異、対此明常無常不異、明中也、五仮名弁中、何者、則是有無、有不有、無不無、明中也、六絶不絶明中也。（二九右）

慧勇は、僧詮門下の一人であるが、法朗や吉蔵が、彼を中仮師として批判したことは、すでに触れたごとくである。彼は、僧詮の三種に加えて、第四に他学派が常無常の異とすることに対して、不異なることを明らかにして、そこにおいて中道を釈成し、第五に、仮名なる相待の名に寄せて中を明かし、第六には、絶と不絶とについて中道を明かしたと言う。最後のものは、後述の法朗の解釈中にも含まれるので、説明を略したのであろう。吉蔵の著作においては、慧勇の説を引用することはなく、本書においても、上説が唯一である。

三人目は、法朗（五〇七―五八一）の説であるが、次のごとく述べる。

興皇師、太建六年五月、房内亦開六章、一破異明中、二成仮不成仮明中、三単複明中、四体用明中、五一二明中、六絶不絶明中也。（同）

これに依れば、陳の太建六年は西暦五七四年に当たり、法朗六十八歳の時である。すでに興皇寺に住して十七年になる。七十五歳で寂しているから、講説等において円熟期に入り、最も活躍した時期と推察される。また吉蔵は二十六歳である。恐らくは同席していたであろう。その年の五月、興皇寺の房内での講席において、右のごとく六章を立てて中道を釈明したと言うのである。この六種の中で、第三の単複明中を除いて、全くの新資料である。[138] 単複明中は、本書の「八不義」にて詳釈しているが、従来は、あまり注意されていない。[139] この六種の他に中道を明かすものが、従来から取り上げられる、八不明中であり、吉蔵は『中観論疏』において法朗の三種の方言を伝え、慧均は「八不義」において一種を伝える。これは、吉蔵の言う第二の方言に当たる。従って、今掲げた法朗の六章は、太建六年五月の講席におけるものであって、この他にも諸種の講説がなされたことが知られる。八不明中は、すでに述べたところがあるので、今は、他の解釈例を紹介したものであろう。次に、この法朗の釈明の一一について論述するのである。

㈢　中道釈明の六種

以上のごとく、成実師の中道説及び三論学派の人々の中道釈明に種々の弁釈があったことを概観して、それらをふまえ、また上来の初章中仮の考え方を基礎として、次に法朗の中道解釈の諸例が示されるのである。前出のように六種を挙げるが、それらは、すべて成実師の説を媒介として、三論の意図するところを明らかにせんとするものである。

⑴　尽（破）異明中

前の項目を列挙したところでは、「異を破して中を明かす」とするが、今は「異を尽くして中を明かす」としている。破斥することは、すなわち、相手の所立を空しくする、空ずるの意にて、「つくす」とも称したのであろう。先ず、次のように説明される。

第一尽異明中者、亦対他明之、只尽彼異法故明中、何者、是尽異法人執有中有仮、故責中不成、破仮不立、無彼中無彼仮、此中仮畢竟尽浄、故目此為中也。（二九右）

ここで言う「他」とは、すでに述べたごとく、他学派の意にて、主として成実師を指す。成実師は、三仮を仮とし、三仮に各々中を明かすこと等、上述の通りであるが、それは形式的なものであって、中あり仮ありと、その中、仮に執着していることを破斥し、有所得心を撥無するために、中を明かすと言うものである。それが、具体的に如何なる理由に依るかと言えば、

為其計中仮並不成、成断常故、経云、声聞縁覚、不見第一空、故不行中道也、彼云、不一只是異、不異只是一、作断常為中道想、故須破也、故中論八不不一不異明中也。（二九左）

とされる。つまり、成実師の中・仮の釈成は、結局、断常・一異の見に堕在するというもので、一例を挙げれば、成実師の説明は「実法滅するが故に不常なり、仮名相続するが故に不断なり」（『中観論疏』巻一本、大正四二、一一上）とか「相続を以ての故に常、念々生滅して自ら顧かざれば断と為す」（「八不義」、大正四五、二八上）等の説明によって示されるごとく、不常は断、不断は常と言う意味に他ならず、不一不異についても上文のごとくであって、三論の立場からする因縁相待の中・仮とは、その基本的な考え方からして異なる。いわゆる性実の見を脱し得ないということである。そこで、彼らの中・仮の考え方そのものを破斥し尽くして、畢竟清浄ならしめたところを、中道と名づくと言う。したがって、彼らの中仮を尽浄ならしめることに依って、還って三論一家の立場からの中仮が釈成され得るとも言う[140]。

この尽異明中は、中仮の立・破に関することであり、一応は成実師に対するものではあるが、一歩を進めれば、三論を学ぶ者であっても、中の解をなし、仮の解を作せば、また破の対象となることを暗に示すとも考えられよう。今は、八不中道、二諦中道、三種中道等を総括するものとして述べたものと受け取れる。中仮の立・破については、吉蔵の次の説明が参考になろう。吉蔵は、師法朗の意を闡明して次のごとく述べている。

> 対由来性義、是故立仮、治学教偏病、所以明中、令捨偏不著中、性去不留仮、即須知、偏捨無所捨、性去無所去、……而遂捨偏著中、除性立仮、以此安心、即畢竟不見仏、所以然者、仏心無所依、汝心有所寄、乃与仏隔、何由見仏、為此義故須破之。（『中観論疏』巻二本、大正四二、二七中）

この吉蔵の説明は、八不中道の釈明を終って、結束して中仮を弁じるところで述べるものであるが、後述のごとく、本書においても中道釈明の最後において、この立・破に言及する。

⑵ 成仮不成仮明中

ここでは、成実師の相待仮の考えを媒介として、中・仮を釈明している。まず、通論すれば一切法は、ことごとく仮なる存在であるが、仮の成立のあり様を一応分類すれば、二種存するという。

通而為語、一切法尽是仮、而通中制別、有切相成、有不切相成也、何者、切成如因果長短仮也、余瓶衣等、非切成仮也。(二九左)

この「相(すがた)を切りて成ずる」仮と「相を切らずして成ずる」仮とは、成実師の言う、相奪の相待仮と開遮の相待仮とを言うもので、これが表現を変えて述べることについては、それなりの理由があったと思われる。[141] そこで、この二種の仮の成不成について、中道を明かすものである。

初めに次のように言う。

就切成中、自有相成故仮、相尽故是中也、既不切相成故非仮、不相尽故非中。(三〇右)

これは、成実師の言う因果長短の切相成仮は、相待仮を成立するものとして容認し得るが、人瓶衣柱のごとき不切相成の仮は、仮を成立し得ないとの見解である。その理由はどうしてか。第一については、

何者、如因長有短、因短有長、故是相成為仮、因長故短則非短、因短有長故非長、非長非短故長短両尽、不二而是中也。(三〇右)

と述べる。これは、三論初章の語に示される三論の基本的な考え方に照らして明らかであろう。ここの相成、相尽の相は、「すがた」の意ではなく、「たがいに」の意味と取った方が良いように思われる。註(130)に示したごとく、吉蔵は、種々の相待を挙げるが、成実師が、相奪(長短)待を別待とし、開遮(色心)待を通待としたが、吉蔵は、別待は長短相待の如しとするも、師法朗は、これを疎待としたこと、そして、通待は、長不長相待のごとしとし、これを密待としたことを伝える。山中旧語は僧詮の説を言うかと思われるが、これは、成実師の説明と表現は同じである。通待の説明は、恐らく三論独自と言えよう。

第二については、

不切相成者、由瓶故衣猶是衣、因衣故瓶猶是瓶、故非仮也、不得言由瓶故衣、則非衣、由衣故瓶、則非瓶、非衣

非瓶不二、両尽為中、故非是中也。（三〇右）

と述べる。この場合、瓶衣の二物は、必ずしも相依相待の関係で成立しているものではなく、有無、因果、長短等のような相待性は有しておらず、二物各別の法である。したがって、各々の存在性を是非し合う相対する概念ではなく、各々独自に仮なる存在としてある。それを、不切相成の仮と言ったものであろう。このような二法を取り出した場合は、その二法の相待関係に依る仮の成立はなされず、従って中を釈成することも不可能である。これは、前の成仮に対し、不成仮の方である。

以上、両種の仮について、中仮の成不成を論じ、次には、切相成仮について、さらに説明を加える。

然切相成仮、不出二種、一相成故是仮、二相尽故是仮也、相成者、如因長故短等也、相尽明仮者、如因生死有涅槃、因有故無等。（同）

すなわち、相成の仮と相尽の仮との二つの場合である。前者は、長・短、君・臣、父・子等の相待仮、後者は、生・死、生死・涅槃、有・無等の相待仮である。前には、相成なるが故に「仮」と言い、相尽の故に中であると言ったが、今の場合の相尽の意味は、前の意味とは異なることが知られる。前は、二法の関係は、互いに肯定的なあり方として存在することを仮とし、その仮を媒介として、二法の実在性を否定することに依って、中であるとした。ところが、今の相尽（両尽）は、互いに否定的な関係において成り立つことを言う。つまり、生死に因りて涅槃ありと言うことは、生死を尽くさば涅槃ありという意味である。有無等の関係も同様に推考できよう。つまり、相成と相尽との二義において、仮としての存在性を見ようというものである。そこで、今の相成の場合に中が成立することは、前に述べたので、相尽の場合の中を次のように説明する。

亦得明中、生死故非生、生死故非死、非死非生為中也、生死涅槃亦然、尽生死故有涅槃、尽涅槃故有生死也。（三〇左）

以上において、成仮不成仮について中を明かすことの釈明は一応終る。そこで、生死涅槃を両果とし、定んで、異とする他者（成実師）の質問を設定して、『涅槃経』『華厳経』それに僧肇の言葉を引用して、生死涅槃は因縁相待の仮説であることを言明している。[142]

⑶ 単複明中

この場合も、単複について中道を明かすというが、中のみでなく仮も明かすこと、前来と同じである。いわゆる単複中仮義と称するもので、「八不義」及び『大乗玄論』の「二諦義」において詳論される。本書においても、「八不義」にて詳述したことを次のように言う。

第三明単複明中道、具如八不義中説也、但単複所以有此章来者、初一往尽異法明中也、復明因縁明中仮、而因縁中仮、自有転勢無窮、有浅有深、有単有複、如八不義説也。（三二右）

これに依れば、第三に単複に中道を明かす理由次第に触れ、第一は、尽異明中、第二の成仮不成仮明中は、因縁相待の義を明らかにして、中仮を論じたものとされ、その因縁の中仮には、無窮の転勢があり、浅深があり、単複があるとされる。依って、第三に今の命題が置かれた、との説明である。詳論は「八不義」に譲るが、単複に約して中仮を明かすと言うのは、一に単の義、二に複の義、三に二諦について各々単複を論じ、順列組み合わせの方法で、中仮の次第を詳細に分類し、仮より中へ、中より仮への出入交絡を明かして、中道を二諦との関連のうちに把握せんとするものである。これによって示される次第と類型は、三論二諦説の重層的、発展的構造を理解する上で、重要な意義を有するものである。具体的な内容については、「八不義」及び前節、また早島鏡正「三論教学の論理と思想」（宮本教授還暦記念『印度学仏教学論集』三九七頁）を参照していただきたい。

そこで、本書では、次のごとく略述する。

自有初門三仮三中、三仮者、[1]就因縁二諦釈之、因縁空有為俗、因縁有空為真、是初転仮也、[2]第二明世諦、何但有是俗、空復是俗、若空若有並是世諦、非有非空始是第一義也、[3]又空有為二、非空非有為不二、二与不二並是世諦、故説非二非不二為第一義也、三中者、初[1]是空有非有、有空非空、非空非有名為初重中也、第[2]二是非有非空、非非空非非有、名為第二中也、第[3]三是非二非不二、非不二非非不二、是第三中也、初重即是単、第二去是複、但第二是単複、第三重複也。（三二右―左）

この説明に依って明らかなごとく、初章の語に示された、因縁相待の仮名観に基づく展開であり、二諦説は仮として把握されていることが一貫している。しかも、今は、三仮三中として、二諦を媒介としながらも、三重の中仮を明かすが、この構造は、吉蔵の『二諦章』『中観論疏』等に見られる三重乃至四重の二諦説と全く軌を一にするものである。今、右の説明に依って図示して参考に供したい。

三種の中と仮とを合して図示すると次のごとくになるが、これを二諦説として考えた場合は、第二重の中仮説で、三重の二諦説が示され、第三重の仮を俗とし、中を真とすれば、四重の二諦が成立する。しかるに、「八不義」で示される、複義に単複を論ず、というのが、第一重（単仮単中）と第二重（複仮複中）に相当するから[143]、今示された三仮三中は、その上に、もう一重加えたものとなる。慧均は、「二諦義」において、三重の二諦を説くが、吉蔵は『中観論疏』に至って四重とする。その基本構造と趣意は、すでに提示されていたことが知られよう。

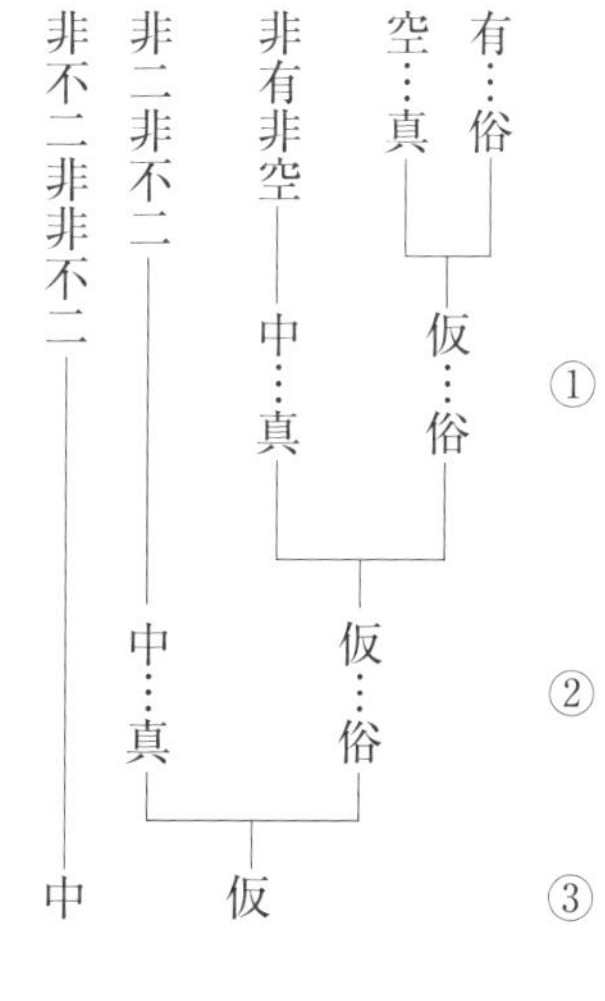

そこで、このような単複中仮義が説かれる理由は、本書の初めに言及されるごとくであるが、さらに「八不義」によって補うならば、次のごとくである。

問、何れの意にて単複の句を説くや。答、凡そ二義あり。一には、一往は利根人の為に単仮を説き、鈍根人の為に複仮を説く。利根人ならば、一を聞いて十を修行すれば、若し仮有を説くを聞かば則ち仮無を悟解し、乃至非有を説くを聞いて則ち非無を解す。ゆえに労わしく具に二義あることを明かさず。鈍根人は、言に随って解を得るが為に、若し具に説かずんば懸かに悟ること能わざるが故に、双べて二義を明かす。二には、鈍根人の為に単仮を説き、利根人の為に複仮を説く。鈍根人は、円教に堪えざるを以て、ゆえに単の義を説いて其の病執を破す、若し利根人ならば、円旨を聞くに堪える。ゆえに複仮の義を説いて、便ち能く領持すればなり。（大正四五、二八中）

これによって、意とするところは領解出来るであろう。前に、浅深ありといい、無窮の転勢ありといったことも首肯出来よう。本書では、また次のようにも述べる。

所以明中者、有両意、一者、明仏説空有、此有表非有、此無表非無、故仏説有無、即是中義也、二者、明外人聞仏説空有、即執為性故成偏、今欲尽其所計有無偏執、故明非有無是中、余二不二、非不二非非不二例也。（三一左）

ここに述べられる両意は、すでに前項でも触れた仮前中と仮後中等、中道を開示するに両重の意があることを言う。今の三重の中仮義に従えば、その中、仮の文字は同じであるが、各々その内容と意義を異にすることが知られよう。従って階級の不同とも言われ、説の次第に依るとも言える。このような趣旨は、首尾一貫するものである。

(4) 体用明中

体用の概念が、対挙されて用いられるようになったのは、五、六世紀の頃に、主として仏教関係の著作に明白に現われたものとされ[144]、梁代の仏教者以来、特に二諦的な趣意を闡明する上で、盛んに用いられている。三論学派としては、その初祖たる道朗において明確に使用されている。それは、中仮義を釈明するに際してであり、これは、摂嶺相承の伝統として、吉蔵、慧均においても、これを駆使して理論の徹底を期しているのである。道朗の用例は、前項に述べた仮前中等の四種の釈明において関説される、体中・用中・体仮・用仮等のごとくである（二二九頁参照）。梁武帝の時代に当たるから、それ以前において、体用概念の表現論法は存したと見るべきであろう。今、体用に約して中道を明かすとするも、この体用中仮の義を釈明することに他ならない。

最初に体と用との基本的用例を示す。

以非有非無体、有無為用、不同常云別有一体、今明、只本為体、何因明有有無、則言猶非有非無故得有無、有無則有本也、非有非無則是中、有無有是仮、中為仮本也。（三二左―三二右）

従来は、二諦の体について、いずれを体とし用とするかに関し、諸種の解釈がなされた。『二諦章』『四論玄義』の「二諦義」にも都合五説を紹介する。しかし結局は、二諦の体は一か異かの二説にしぼられ、龍光寺僧綽は二諦各々に体が存するとし、開善や荘厳は、二諦は一体であると主張した。特に開善は、中道を以て体としたが、それは二諦に摂せられるものとする。したがって、すでに述べて来たごとく今の三論の立場では、二諦は教説として扱い、その教説の起る基盤として中道を見るから、中道を体とすると言うも、二諦を理とする従来の考え方とは全く異なるのである。今の文に従えば、二諦は総じて用であり仮であり、中道を体とする。「ただ、本を体とす」というのが三論の基本的理解である。また用は教の異名、体は理の異名でもある。しかし、このような図式的な理解は一往のことであって、先の三重の中仮、あるいは二諦の構造を見ても明らかなごとく、浅から深へという階級の不同に依って、先に体とされたものが、後の用となるように、各々固定的なものではなく、融通自在なる性格のものである。それは、体は、用の体であり、用は、体の用に他ならないからである。

次には問答の形式を以て釈明するのであるが、体は中であるとして、用中を弁じ得るかどうか。また仮について体用の義が存するかどうかに触れる。共に「八不義」を指示して略述する[145]にとどまるが、用中も弁じ得ること、及び仮に体仮と用仮の存することは、前に述べたごとくである。しかし、究極の立場からは、用中及び体仮はあり得ないので次のように述べる。

不得、何者、以体明不二極、故不論仮、而名為中、用論二無窮、故是仮也。（三二右）

そこで、用中と体中の相違について触れ、用中は正仮を簡び、体中は仮を尽くすとする。つまり、仮を媒介として、中を明かすのを用中とし、直に性の有無を否定して中とするを体中と説くのである。[146] また、仮前中と仮後中とのいずれを体とするか、中前仮と中後仮とのいずれを用とするかについて述べ、通じて体用の義が得られるとする。本質論としては、仮前の中にしても、仮後の中にしても共に「体」であり、中前の仮にしても、中後の仮にしても「用」である。しかるに、一往、仮前中を体中とし仮後中を用中とするのは、仮を媒介とするか否かで異としたに過ぎない。また中前仮を体仮とし中後仮を用仮としたのは、中のはたらきとしての仮であるか否かの異である。従って、仮前中は「用を起す体」とし、仮後中は「用を収って体に入る」とされる。この意味より中前仮と中後仮を推考するなら、中前仮は「体に入る用」であり中後仮は「体が出す用」となろう。本書では、前者を「仮を収入す」といい、後者は「仮を出用す」としている。[147] 非常に煩瑣であるから、次に図示しておきたい。

中前仮─本来有無は仮有無──体仮…仮を収入…入体の用
仮前中─本来有無は非有無──体中…………起用の体
中後仮─非有無にして有無──用仮…仮を出用…出体の用
仮後中─仮有無なれば非有無─用中…………収用の体

しかるに、有無は有無に非ずと直接的に言った場合は、体用未分で、仮の義を破壊するのみである。有無がすでに壊せば、非有非無も尽きる。従って体用は立たない。しかし、非有非無なるが故に有無なりとすれば、正に体用の義が明かされ得るとされる。[148] 結局、根本的立場が提示され、初めて、その末用が弁じ得るということであろう。この場合の有無と非有無とに関して、多くの相待的な概念が設定されるとし、体用・中仮・二不二・理教の名目を挙げて、各々説明するが、これらは、吉蔵の著作においても三論の宗旨を闡明する上で随所に活用されているものである。次に中仮・体用等についての慧均の説明を示す。

(1)若是中仮、明諸法不自、因縁之義、故説仮也、以因縁有、不自有故、所以不有即是中也。

(2)体用者、只是本末義、明何因縁得有有無、由非有無故有無、是方便随縁之用也。

(3)理教者、明諸仏説法、無非教義、但教必有所表、故有理名也。

(4)二不二者、有無即是二、非有非無為不二、今明、以二従不二相与為不二、不二以約二相与皆是二、何者、是二如有非有、豈非是二耶、仮有不有、由無故有、有此無豈得異有、故有無不二也、但今正明非有非無為不二者、以非有不異非無、非無不異非有故、非有無如不二、有無方便弁用分別故明二也。(三三右―左)

右の説明に依って、それぞれの基本的な理解が明らかであろう。そして、多種の名目があるが、理教の語が、すべてに通じるものであると述べている。それは、右の説明にも見られると同様、「諸仏の説法は、並びに是れ教門なるも、所表あらんと欲するが故に、悉くこれ理なるを以てなり」(三三左)とされる。このような相関的な概念の活用が、すでに法朗において明確に提示されていたことは、注目に値しよう。そして、これらは、両者相俟って初めて、三論の主旨、中道の正観が得られるのである。

(5) 二不二明中

中道釈明の類型の第五は、二不二に就いて論じられる。これは、二諦の相即を、二と不二をテーマとして論じるもので、以上の諸項を通じて結ぶものであるといい、三段に分けて説明される。一は別して二不二を序ぶ、二は通じて二不二の意を結ぶ、三は料簡である。

第一は、成実師の二不二の釈を挙げ、それを批判する形で、三論における二不二の解釈を明示する。成実師の説としては、龍光の説と開善説を出す。今は龍光の説を「真即俗、俗即真、相即義、是即不二」(三三左)と言うが、これは不相離の即と称されるもので、二諦の体は異なるが、その間には不離の関係があるから、相即の義が立つと言う。また開善説は「非真非俗中道、是不二義」（三四右）であるが、彼も、俗即真、真即俗を言うが、二諦の体は中道であるとして、二諦と中道との間に、二而不二、不二而二の関係を見るものである。[149] これに対して、次のごとく批判の言を為す。

今謂不然、俗即真、為有俗在為無俗乎、若有俗在則応猶分、何謂是即、若無復在則失俗義、若爾二諦二体両理便壊也、若言非真非俗中是不二者、即言非真非俗、即是出真俗外、真俗亦壊也。[150]（三四右）

一応、従来説に対する批評を行って、次に、三論一家の二不二の義を提示する。

今明、因縁仮名有無非有無、是二不二、非有有、非無無、是不二二、故一家旧語非有非無、二不二是中、不二二是仮也。（同）

この説明は、何度も見られる三論一家の定型句である。因縁の仮説を基本として、有無は有無に非ずとするのは、二が不二の義であり、非有の有、非無の無は、不二が二の義であり、各々二もしくは不二に裏づけられた不二であり二であるとのことで、一貫する考え方である。これを一応結論づけて、不二を中とし二を仮とするとされる。これを基本とするが、二不二を作すのに、また多くの説き方があるとされ、中仮門、相即門、相待門、説作門の四種を挙げる。

(1)中仮門者、仮二、中不二也。

(2)相即門者、如経云[151]、色即是空、空即是色、離色無空、離空無色、是故相即不二義、即不二、不即是二也。

(3)相待門者、如待有故無、未待有時無有一無、未待無時無別一有、亦非是有一有、将以形無、非有一無、将以待有、故只是待有故無、待無故有、有是空有、無是空無、故無有二相、是不二義也。[152]

(4)説作門者、説空作色、説色作空、只指空為色、指色為空、故是不二、即言説空作色、寧非二耶、具如二諦義中説也。[153]（三四右—左）

右の四種もまた、前出の体用等の相対的、相関的概念と同じように、諸種の義を釈明するに際し、用いられる一つの範疇を提示していると見て差支ええなかろうと思う。これによって、二不二に関して、相即、相待等の考え方の基本が知られる。

第二は、通じて二不二の意を結ぶと言うものであるが、これは単に中道解釈の一段を結ぶのみにあらずして、これまで述べて来たところの中仮の義をしめくくるものであると言う。いわゆる、中は不二であり仮は二であるが、今また中は二であり仮は不二であることを明かして、二と不二との無礙なることを闡明せんとするものである。しかも、中仮の二不二に止まらず、体用・理教・本末の相関概念においても、同様であるとされる。[154]その理由は、始めに示した二不二の基本的理解に従って次のように説明される。

何者、明由二故不二、由不二故二、由二故不二、不二豈独是不二、故不二便是二、亦是於不二故二、二豈独在二耶、故亦還是不二耶。（三五右）

この釈明には、本書の当初に示された、初章語が、そのまま活かされている。さらに、

既言由不二故二、二非是二、則知不二由二故不二、非不二便是二耶、故相即門説、亦得言只指二為不二、指不二為二、故説二作不二、説不二作二、説二作不二、不二豈是不二、説不二作二、二豈独是二耶、故相即門、只二是不二、只不二是二、故通是意、非是通方無礙、復是出入観門。（三五右—左）

とあるが、右は、初章語の立場を押し進めて、前出の相即門と説作門をもって、さらに趣旨を徹底させ、二不二の通方無礙なることを弁じたのである。その無礙自在性を「出入の観門なり」とする点が注意されよう。また二即是不二・不二即是二等の相即をふたつながら観照することを「並観」とも称する。この義は、吉蔵の『二諦章』巻下（大正四五、一〇九中以下）で論じられ、慧均も「二諦義」の相即を論じるところ（続蔵一・七四・一、二六左下以下）で述べている。その中で、特に「出入」あるいは「相即相入」の意義を中心に、その自在性を説いたものとしては、「八不義」の単複中仮義にて、互相入出を明かすところが代表的であろう。今は、その出入観の義を言うのに、『瓔珞経』の従仮入空観と従空入仮観を例に出して、成実義を批判している。[155]また中観論の三字を釈するに際して、吉蔵・

慧均共に述べる、義相観、心行観、名字観の三観義は、他に例を見ないものであって、三論独自のものと見られるが、少なくとも、三諦あるいは三観に無関心でなかったことは明らかである。しかし、それが、天台のごとき独自の思想教学に発展しなかったことは、吉蔵・慧均を含めた三論学派の伝統的な立脚点に由るとも言え、また三論の限界を示すものとも考えられよう。

第三は料簡であるが、始めに、「今、事を安んじて論を為す」として、二種の二不二の型を示す。一つは、「二に待して不二を説けば、不二は還って二を成ず」というものと、一つは、「非二非不二の故に二と説く、此の二は便ち不二なり」という場合である。そこで、この両者の場合、これを中仮に結束させるについても、二つの立場が生じる。そのことを「二人ありて中仮を結び、共に碩争す」（以上、三六右）と言って、次にそれを述べている。先述のごとく、通論としては、不二を中、二を仮とすることを前提とする。

一は「有無は有無に非ざれば、即ち是れ中、而有而無なれば、即ち是れ仮なり」と言い、一は「非有非無と有無は不二なれば、方に是れ中なり」と言うものである。前者はさらに「彼云、只非有無は是れ中、但だ名に多対あり、二は自ら不二に対し、有無は自ら非有無に対す。何ぞ二を有無に結び、不二を非有非無に結ぶを用いんや」（三六右）と説かれる。この立場は、両非に寄せて有無の二見を息め、これを「中」とし、実には有無に非ざれども、衆生のために有無と説く、これを「仮」とするとの第一段階の釈明である。後者の場合は、さらに説明を加えて「彼云く、若し直に非有非無と言えば、乃ち有を尽くし或いは未だ是れ中ならず、今若し、非有非無と有無は不二なりと言わば、方に是れ中と名づく。不二を以て二に対す、故に二は是れ仮なり」（三六右）とされる。これには両用の意味が含まれている。一つは、前半の説明に相当し非有無と有無と悉くこれ中とする意で、有無と非有無とを具足して、初めて正義が得られ、両者の不二なることによって一中を成ずということと、もう一つは、後半の文に依って非有無と有無は共に皆な仮であるとの意味が導かれる。これは、有無と非有無とは自ら有無非有無に非ずして、各々非有無と有無に裏づけられているから、共に仮である。つまり「不二を以て二に対す、二はこれ仮なり」の文に示される。しかるに、この説明は、簡潔な説明であるが、中仮の弁釈においては、重要な契機を提示しているもので、吉蔵の解釈においては、これをさらに展開させて詳細に論じられるに至っている。[156] これら両説をしめくくって、本書では次のごとく述べる。

今明、若欲覓結、応是不二随縁方便説之、若直云非有無、亦得也、此是一節意也、若言二是因縁、不二非是因縁者、不二是夷有無、泯真俗、故尽因縁也、若是二中論因縁者、不二由二故明因縁者、別是一種意也、此不二猶是二、故非二非不二、方非是〔因〕縁也。(三六右―左)

そこで、右の最後で、不二は因縁に非ずと述べたことの意味を、さらに釈明し、一には、「絶待」の故に、二には「絶絶」の故にとして、その両概念を用いている。[157] そして、最後に問答往反して、不二を一と言うことを得るかどうか、逆に不一を二と称するを得べきか否かについて釈明している。この論は、従来説においては、相対的な観念を出づることはなく、開善の二諦説においても、非真は猶し俗、非俗は真を意味するごとくであったが、今は、因縁相待の立場より、両用の意味を含むことを明らかにし、単に不二は一の意ではなく、不一は二の意味ではないことを示す。そして、ただ単に不二を一と明かすごときは、「深義を転ずる」もので、不一を二とするのは「倒出」であると言っている。そして、「一が二の義」、「二が二、一が一」の義があることを、仮に就いて論じるのと絶待に就いて論じるとの相違において解釈し、成実師等の所論における「有が有」と言うごとき定性の有無等とは全く異なることを強調する。[158] 三論一家における「有が有」と言うことは、「無蹤跡の有が有」であって、すべて方便の教門であり、「我が、一が一は、不一が一に由るが故に説き、二が二は、猶し不二が二の故に生ずるなり」とし、「若し爾らば、豈に是れ仮名に非ざらんや」と明言している。[159] この言わんとするところは、先に述べた「不有が有」の釈明に照らして明らかになろうと思う。

(6) 絶不絶明中

第六の絶不絶について中道を明かすというのは、二諦の絶名を論じることについて釈明するということが以下の説明に依って明らかとなる。この段の冒頭に「具には二諦義の中に説くが如し」（三七左）と言って詳論を譲るけれども、現行本『四論玄義』の「二諦義」では、相当箇所を欠く。ただし、吉蔵の『二諦章』には二諦絶名を明かすところが存するから、比較の対象となろう。(160) 今、本書においては、略述する形を取り、先に成実師の釈を掲げ、それを批判して、絶不絶の四句を弁じ、最後に、初章語の基本的理解に立ち返って、その意義を再確認している。

初めに掲げる成実師の説は次のごとくである。

成論等家云、真諦無名、寄世諦故有名、名真諦真如実際等、皆是寄世諦説也、世諦以名求得物、真諦無名、以名求真、去真弥遠、故真諦言語道断心行処滅也。（三七左―三八右）

これは、真諦は絶名、俗諦は有名とする、当時の通説であるが、吉蔵に依れば、二諦の絶名に関しては、三大法師は別に解釈するところはなかったと言う。ただ、右の文中で「以レ名求レ真、去レ真弥遠」という句は、吉蔵も引用しており、本書の「二諦義」にて「立名」を論じるところでは、「仙師云」として述べられていることから、今の釈文は、南澗仙師のものであることが知られるが、(161) 慧均も、開善等三大法師の説明は全く述べないから、この絶名に関しては、三大法師の時点では、真絶、俗不絶とするのみであったことは確かであろう。それ以後に、諸種の解釈が説かれたと見られる。右の説は、成実師の大勢を占めていた主張であろう。

次には、真俗共に絶名とする説を挙げる。

復論師云、真諦乃断語言、而復心行真義、故以心是虚通法故也、然凡論二諦、有絶名義、如真無俗名、俗絶真名、故是互無義也、復云、世諦中絶名、如十六知見等絶名、有師云、非世諦摂也、通中制別、如長無短、短無長、亦互絶名也。（三八右）

右の諸説は、共に絶名なる義が成立すると言うのであるが、真は俗の名を絶し、俗は真の名を絶する故に、二諦共に絶名とする点はよいとして、俗諦中において単独に絶名の義が存する点は、二説に分かれ、一方は十六知見を俗諦の摂として、故に絶名の義ありとし、他方は、十六知見は俗諦の摂ではないが、俗諦中の三仮の一である相待仮の考えを以て、絶名の義を言ったものである。ともかく、右の諸説が三大法師以後に説かれたことは明らかである。これに対して、次のように批判している。

今経中直云、無名無相、亦未見名相是俗、無名相是真、直云、不見菩薩及菩薩字、何時云不見是真見俗耶、又真諦無名者、為有此真諦、無其名為無、無此真諦言其無名、若無真諦会何物、若有何無名名、若言真亦是世諦説会言、知亦是世諦故説、若爾終無見真成聖、会境改凡成聖、常是世諦故也、亦是二諦不得倶絶、亦不応相即也。（三八右―左）

右のごとき批評がなされる理由は、すでに触れたごとく、成実師等においては二諦を真理の形式とみる考え方に立脚した所論であるからである。そのような立場、考え方を指して、自性・不転・無本・住等と言った。そこで、三論の立場からする絶不絶は、どのように釈明されるのであろうか。

今明、中仮絶不絶、約二諦明之、自有絶不絶等四句、二諦倶絶、二倶不絶、真絶俗不絶、俗絶真不絶、成論等唯得一句、無有三句、以其二諦倶是理故、今明、二諦既是教門、教門多途、故随縁有四句也。（三八左）

右に依って、基本的な考えを端的に表明している。つまり、成実師等の二諦は理であり、三論の二諦は教である点である。そこで絶不絶に四句分別をする。従来は一句のみを得るというのは、俗不絶真絶の一句を言う。この四句の中で、特に二諦倶絶の義は、吉蔵に依れば「従来無きところ、唯だ今家のみあり」（大正四五、一一二上）と言われる。その理由は、真俗共に教門として仮設の二諦であることに特色を見出し、仮を媒介として倶絶を論じるからである。従って、本書においては、次のように説明される。

今明二諦既是教門、教門多途、故随縁有四句也。倶絶者、二諦倶是仮名、不名二義、同入中義、故倶是仮名方便故也。（三八左）

ここでは、簡潔にその結論を提示するのみであり、二諦が教門であり、仮名であるのが、なぜ、絶名になり得るかの論理的説明はなされていない。しかるに吉蔵の『二諦章』では、四種の解釈を挙げ、詳細に論じている。吉蔵もまた「師に従来四句あり」と言って詳論するから、師法朗の講説に基づいて述べていることは明らかであるが、その一、二を提示して右の説明を補うならば、次のようになる。

二諦絶即絶二諦、明二諦是教門、為表不二之道、諸法非是有、非是無、非是有為衆生故、強説有為表不有、非是無為衆生故、強説無為表不無、此即有無表不有不無、故有無絶也、正意者、不絶為表絶、故不絶即絶也。（大正四五、一一二中—下）

三論の二諦説において、俗諦を有とし真諦を無とするのは、各々不有、不無を表わさんがためであり、その有・無は、無が有（不有が有）・有が無（不無が無）であることが、上来すでに明らかとなっている。その釈明の様相は、初章語に示される通りである。また仮を媒介とした弁釈は次のようである。

俗不定俗、由真故俗、真不定真、由俗故真、由真故俗、俗是仮俗、由俗故真、真是仮真、即云仮俗、即四句皆絶、仮俗非俗、仮俗非不俗、仮俗非亦俗亦不俗、仮俗非非俗非不俗、仮真亦爾、（同、一一二中）

この説明表現は、先の初章及び中仮語の定型句を依用したものであることが明らかであろう。したがって二諦倶に四句絶百非と言うことは、二諦中道の成立に連なる。本文にて「同じく中の義に入る」と言った意味が明らかとなろう。この二諦倶絶の義は、最も特色的な、また基本的な立場を表明するものであることが知られる。

次に俗絶真不絶等について述べる。

俗絶真不絶者、俗体虚幻、故五眼所不見、故絶也、真諦真実、聖人所行、故是不絶也、真絶絶〔言〕語道断心行処滅故也、俗不絶者、名相故也、此句似同他、而与他亦異也、又作俗絶者、大師毎言、只一仮有、断言語絶心行也。（三八左）

右の説明も言葉は簡略ながら、その意味するところは深いと言わなければならない。俗絶・真不絶と俗不絶・真絶とは各々相関するものであり表裏をなす。第一の俗絶の説明において、「俗〔諦〕の体は虚幻にして、五眼の見ざるところ」というのは、諸法は畢竟、性実の生滅なしということを「虚幻」と言った。それは、仮の生滅であり、自性として存する何ものもないということであり、性実そのものが本来空寂であるとの意味であろう。故に五眼によっても見ることは出来ない。「故に絶なり」というのは、結局、五眼所見の性実の生滅も否定することであろう。吉蔵は、このことを「俗諦絶とは則ち実を絶す」と言っている。そこで真不絶の「真諦の真実は、聖人の所行」と言う意味が明らかになって来る。つまり、右の諸法は畢竟空寂なることが、いわゆる真諦の真実であるが、それを観じ、諸法の仮生仮滅なることを悟るのは、仏菩薩の所行となる。前文に例せば仏眼の所見である。従って、真諦は、世諦の仮生滅を絶するものであるが、真諦としての不生不滅を絶するものではない。仏菩薩の所見所行は、因縁の諸法として宛然なるものだからである。従って「不絶」とされる。次の「真絶」が言語道断心行処滅とされるのは、性実の生滅を絶することを俗絶としのたに対し、仮の生滅を絶することを言う。つまり、俗諦は性を絶し、真諦は仮を絶するというものである。しかし、今の真絶は、世諦の仮と実とを二つながら絶することから、言語道断心行処滅と言ったものであろう。この点を、吉蔵の釈明で補うならば、次のようになる。

真諦は仮を絶すとは、非が是はこれ仮の是なり、是が非はこれ仮の非なり、真諦は仮を絶するが故に、但だ是が是も是すること能わざるのみならず、非が是も亦た是せず、但だ非が非も非すること能わざるのみにあらず、是が非も亦た非せず、是是と非是と一切是すること能わず、非非と是非と一切非すること能わざるなり、真諦は双ら世諦の仮実を絶す、（『二諦章』巻下、大正四五、一一二中）

右の是是及び非非は性実の「是非」で、非是と是非は仮の「是非」を表わす。従って、先の二諦俱絶で言ったところの真絶とは内容が異なることが知られる。吉蔵の解釈を以て説明を補ったわけだが、二諦俱絶の場合と、別に俗絶・真絶を明かす場合と意義内容が同じであるなら、わざわざ四句分別して別立する要はなかろう。前は二諦教門の立場より俱絶を端的に示し、今は、それを展開させて、一歩進めた立場を示したものと受け取るべきと思われる。最後の「仮不絶」は、単に「名相の故に」と言うのみだが、これは真絶に対することが明らかである。俗諦は性実を絶するが、仮を絶せずとの意味である。従来説も、名相の故に俗不絶としたこととは異なるというのは、この点である。そして、「大師」の言の意味するのは、倶絶にて述べた仮を媒介とした四絶百非の成立を示唆するものであろう。

以上に依って絶不絶について、吉蔵の解釈を参考としながら概観したのであるが、説明文が簡潔であるだけに、真意を理解するのは容易でないが、太建六年の法朗の講説においては、右のごとく要約した形で説示されたものであろう。

ところで、絶不絶を二諦に約して述べたが、三論二諦の基本型は、初章に基づく仮説の二諦であり、空が有を世諦とし有が空を真諦とするというのが、出発点である。そこで、今、六種の中道釈明を終るに際し、この「空が有」と、「有が空」とするにつき、三つの意義があることを問答の形を以て述べる。

問、空有不名有、有空不名空、此是何言耶、答、此破性語、亦廃立名、亦是廃仮語也。(三九右)

この破性の語、廃立の名、廃仮の語の三義は、正に初章及び中仮語に示される趣旨を明瞭にせんとするものである。初章中仮語の基本は、実体観を転じて仮名観を打立てることにあった。つまり、性の有無を否定して、初めて仮有仮無を弁じ得るが、その因縁仮設の有無も、畢竟寂滅の性であるから、その仮説の有無に留まることがあってはならないというものである。このことを、右の三つの表現で示さんとする。先に俗諦について述べる。

何者、破性語者、空有不名有、空有不名無、空有不名有、即是不名性有、此是除性有也。空有不名無、則不名性無、除性無也、此語即是破義、則已兼廃立義。而今復言是廃立者、空有不名有、即是廃於性有、空有不名不有、則是立於仮有、故言廃立語也。廃仮語者、空有不名有、此廃於仮有、空有不名無、廃於仮無。(三九右)

この釈明は、俗諦に約して、つまり「空が有」について述べたものである。第一の破性語は、初章語のめざすところを端的に示したものであって、空に裏づけられた有は、自性としての有ではないということに多言を要すまい。これに廃立の義を兼ねるというのは、性の有無を廃(破)するからである。次の廃立の義とは、今の性有を廃するのと、仮有が立つことである。「空が有なれば、不有とも名づけず」ということが仮有なることの成立を意味する。つまり、「不有が有」である。中仮語では、「不有が有なるが故に有に非ず、不無が無なるが故に無に非ず、非有非無を中となす。而有而無を仮となす。仮有なれば有と名づけず、仮無なれば無と名づけず、故に是れ不有が有、不無が無なり」との釈明の次第であった。今は、これを逆に「不有が有なれば仮有なり」と言ったわけである。また第三に廃仮の語であるとは、仮名因縁の有無なれば、有とも無とも名づけ得ないとは、さらに仮の有無をも否定する意味である。従って仮を廃すと称したものである。以上は、空が有（真が俗）、の場合であり、逆に有が空の場合も、同様に三義が成立する。(162) したがって、破性、廃立、廃仮の三種の語は、初章中仮の意義を表現する上で、良くその特色を示したものと言うべきであろう。そして、このような基本的な考え方は、すでに見たごとく、初章中仮義の諸相、その展開の基調を成すものと理解される。

六、疎密・横竪等の要点

以上によって、慧均の「初章中仮義」の根幹を成す「第一明初章」と「第二弁中仮」の釈明の論述を終る。本書では以下に「第三弁疎密」など六重の義科があるが、基本の理論は初章と中仮で尽くされており、疎密等の語による釈明は、中仮を釈明するためのバリエーションである。従って、ここでは以下の義科の内容の要点のみをまとめておきたい。

(一) 第三弁疎密

この義科の冒頭にて次のように述べていることは注目に値する。(163)

所言疎密者、由中仮而生也。但須知此起意者、作何意此疎密之義者、栖霞大朗法師、止観詮法師、興皇朗法師、三代三論師中語横竪疎密双隻単複義宗。摂嶺栖霞大朗法師云、長安融法師注維摩経中云、羅什法師云、若不識横竪疎密双隻単複義、終不解大乗経意。故止観詮法師云、大経云鬼非鬼非非鬼等。又如大品経相行品云、行亦不受、非行亦不受、行不行亦不受、非行非行亦不受、不受亦不受等文。即是横竪等四句別文証成也。(三九左―四〇右)

右によれば疎密・横竪・単複・双隻の義は摂嶺相承の三論学派において形成されたものであり、しかも第一祖たる大朗(道朗)法師の言葉によれば、羅什門下の道融の『注維摩経』に羅什法師が述べたこととされているという。道融に『維摩経』の註釈があったことは相違ないが現在欠本であり、この真偽は確認できないが、摂山三論学派の伝承である。以下に道融の説を重んじており、道融によれば羅什がこの四句を作った意図は、法相は転々して無窮であることと、治病所悟は不同であることによるという。僧詮は、第一祖たる師の言葉を承けて、『涅槃経』と『大品般若』[164]を引いて経証したのであろう。三論一家としては、これらの語を用いるのは有所得(他学派)に対してであるといい、「対縁随情の説」といい、また「漸進の義」とも呼んでいる。上来の初章や中仮を説く趣旨と同じである。

そして疎密語の基本型は次のようである。

空有両法相由、由空故説有、因有故説空、此別為疎。若不有有、不無無、只於一法上更起、故為密也。(四一右)

右によれば、空有相対して説くのは「疎」、有または無(空)の一法上において説くのを「密」とする。これを基本的な説き方として以下に、初章語と中仮及び横竪との関係を述べて、空有相由の論を「疎の中仮」、一法上において中仮を説くことを「密の中仮」と呼んでいる。

(二) 第四論横竪

冒頭にて横竪の論は正しく中仮を釈するもので、傍ら初章を解釈するものであると、前の疎密と同様のことを繰返し述べる。以下の単複と双隻も同じである。

内容は第三の疎密義で述べたことと同類であるが、ここでは疎の中仮を竪論、密の中仮を横論とし、横竪も自在に用いることを述べる。従って、問者を設けて「繁にして無益」と批判させるが、それに対しては横竪を用いるのは疎密義を釈成せんがためと答えている。

確かに同趣旨のことを文字を変え説明を変えて煩瑣と思えるほどの釈明をしているが、それは他学派との対論や三論学派内での議論を反映しているものであろう。

三　第五明単複

単複義も同趣旨で使用されるもので、初章の語を示して単複と上来の語とを次のように配当する。すなわち、竪―単―疎、横―複―密である。前段の配当に同じである。

また、単複中仮による釈明は「八不義」に説いたとしており、確かに現在『大乗玄論』巻二に編入された「八不義」[165]に詳細な説明があり、本章第二節に紹介した通りである。

四　第六明双隻

この語の使用も趣旨は上来と同様である。各語の配当は、疎・竪・単―双、密・横・複―隻とする。有無両法相対で論じるのは「双」、有不有等一法上に論じるのは「隻」である。この段では問答八番を設けている。その中で、双隻の語の出典を問うのに対し、これは興皇大師（法朗）が諸経論を精読して、経中に無数に説かれる有無・去来などを双とし、不有有・不来来・聞不聞・至不至などを隻として論じたもので、解釈の無礙なることは『華厳経』巻五の「一中解無量、無量中解一」（大正九、四二三上）を根拠とする。この句は慧均、吉蔵共に好んで使用する。

五　第七通別

この語も上来と同趣旨で使用される。上来の諸語と異なるのは、通別は最も広義の語で一切経論に出るものであり、

「他」に対して立てられたものではないという。上来の諸義に対して言えば、有無・疎密・横竪・双・単の語にて釈明することを「通」とし、有不有無不無・密・横・隻の語にて釈明することを「別」としている。

㈥ 第八通簡平夷諸法

最後の義科であるが、初めに是非の論も相待的であることを述べ、次に成実師の境智各別を批判して境智不二相即を言う。また因果に約して他家は自因自果で理外の因果であり、それに対して三論家は不自果不自因で相待の因果であることを述べる。そして生死涅槃、能所諸法も類して尋ぬべしとし、これらを重ねて述べるのは、正に諸法を平夷(たいらか)にするためであるという。もしこの意味を理解しなければ、ついに無蹤跡の義宗を覓むるものだと述べて、「初章中仮義」の一巻を結んでいる。

七、結　語

以上、慧均の「初章中仮義」の根幹を成す、「初章」と「中仮」の釈明を中心として、その内容の全体を理解する方向で論述を進めた。それに依って知られることは、第一には、『四論玄義』における諸義の釈明、及び吉蔵の著作に見られる諸種の弁釈の様相を観察するとき、この「初章中仮義」にて明らかにされている、摂山三論学派としての基本的立場と、その釈明の論理的かつ具体的な内容とが、両者活用の形態様相に多少の相違はあるものの、遺憾なく発揮、展開されていることである。特に初章と中仮の根本義は、吉蔵においては、八不中道の弁釈に具体的に示されている。冒頭で触れたごとく、八不中道の釈明において、結局は一中一仮を成立させることをもって結びとするのは何故か。それは、中道観の確立は、同時に仮名観の確立であることに他ならない。つまり、三論学派としての中道釈明は、正しき仮名観を媒介とせずに、正しく弁釈し得ることが不可能だからである。その仮名観とは、すなわち、二諦観である。従って、道朗において、すでに非有非無を中として而有而無を仮とする一応の説示が見られ、体中・用中等の解釈があり、また吉蔵は、「一師の初章中仮の語」といい、「初学の章門は皆な是れ初章、一切法は中仮を離れざるが故に、皆な是中仮、而も師は之を分かちて一往の異とするなり」と言うごとく、伝統的に初章と中仮とは不離の関係を以て論じられて来たものである。先に「初章語」が単独に提示され、後にそれは「中仮語」であるとして説かれたものではないであろう。「初章語」は、三論学派における「本性空」の理解を端的に示すものであり、それを基盤として、仮名観中道観が展開される。その釈明は、「中仮の語」としての基本型が提示されることを契機として、初めて可能となる。その両者の具体的釈明の代表例として二諦中道があり八不中道がある。それは『中論』四諦品の第十八偈に帰趨するものであり、吉蔵も言うごとく（註156）、道朗における出発点でもあったのである。その正しき中道と仮名との成立具足において、初めて義として円正なることを得るのである。この点は、吉蔵自らも明確に断言する。[166] しかし、すでに明らかなごとく、初章に基づく中仮義の展開は、あくまで「他学派」に対しての仮説であり、自己の中道観、仮名観を釈明する方便説であるから、それに執することは避けなければならない。この点は、吉蔵が明言するごとくであり、慧均も随所で触れる。それにもかかわらず慧均が『四論玄義』の開巻劈頭に「初章中仮義」を置いた理由は、その内容が、三論教学として伝統的に説かれてあったことを前提として、重要なる意義を有することを充分認め、それを正しく活用する意味においてであったと見られる。吉蔵が初章及び中仮を説く理由もそこにある。このような、伝統的な初章及び中道・仮名の理解を背景とせずに、吉蔵の教学も成立しないであろうから、三論学派の根本義を言うに際し、このことを看過することは出来ない。

第二は、吉蔵、慧均の釈明において、しばしば用いられる術語、概念の基本的用法、または理解が、この「初章中仮義」中に、ほとんど含まれていることである。そして吉蔵においても慧均においても、経論の解釈や諸義の釈明において何程かの論理性と体系性を与えるのに活かされているのである。それらは、単に慧均が、師の講述中より取り来って、初章中仮義の釈明に依用したのではなく、元来、三論学派の相承説としての初章中仮義の弁釈に用いられていたものである。[167]つまり、三論学派としての伝統的理解、釈明の基本型といったものが、集約的に、この「初章中仮義」の中に盛り込まれていたことを意味する。従って、第三に、三論学派としての基本教学が成立し、もしくは存し得るとするなら、正にこの「初章中仮義」が代表として数え上げられるべきであろう。それは、教学としての最も特色ある理論的な体系性を有し、また付与し得る内容を備えているからである。また中国における「中道」釈明の最も詳細なものであり、それは中観思想の中国的展開である。

本書は、三論伝統の特色ある教学を提示するものであるが、勿論そこには慧均自身の理解と取捨選択等もなされていると考えられよう。したがって、この初章中仮義を慧均が基本的な理念とみなし、自説を結論づけるのに中・仮をもってしたとすれば、それは、吉蔵とは全く異なる一面である。ただし、自説に論理性と体系性を付与せしめんとすることについて、この初章中仮義を活用した点は吉蔵も同様ではなかったか。ともかく、本書は、資料的価値と、今後の三論学研究に多大の意義を有していることは、充分に認められて良いと思われる。ただ、中国仏教思想史上の意義とか、三論教学としての評価、位置づけは、新資料であるだけに慎重さと充分なる吟味検討の上になされるべきものと考えている。

第四節　仏性説の概要

中国仏教史上、隋から初唐における仏性説としては、その代表として智顗、慧遠、吉蔵の所説が挙げられ、そのうち吉蔵については、彼の五種仏性説などが、独創的な特質あるものとして認められている。そこで、同じ三論学派に属する『四論玄義』の所説を、特に『大乗玄論』との関連を考慮して概観したいと思うが、本書巻七の「仏性義」と『大乗玄論』「仏性義」とを比較する時、その構成や内容面、さらに文章において一致相似する箇所が少なくない。両者の詳細なる比較対照の必要性を感じるが、ここでは、本書主張の基本的立場と五種仏性説について考察する。[168]

第一大意門の壁頭において、師である興皇寺法朗及び羅什の弟子たる僧叡の言葉を引いて、三論学の根本的立場たる無依無得を標榜する。すなわち「無依無得（正観）所住を宗となす」とし、仏性とは非有非無非因非果等の四句を離れ、百非を絶した中道仏性であることを最初に断言している。これは、すでに指摘されている『涅槃経』師子吼品の文や『中論』の八不等に基づくものであり、吉蔵においても同様である。次に仏性を説く因縁につき、『法華経』方便品の「諸仏世尊は唯一大事因縁を以ての故にのみ世に出現す」の文を引いて、「大事とは仏知見を開くこと及び衆生をして仏知見の道に入らしめること」と具体的に説明し、「仏性も亦然り、知見即是仏性」という。そして法朗の言葉を借りて「仏性とは三世十方諸仏の源本なり」という。さらに仏性を説く理由を示すにあたり、吉蔵の所説として八種の理由を挙げ[169]、続いて自己の見解を加え、『涅槃経』及び『大智度論』に依って、般若と仏性とは同体異名とし、般若の意にて仏性を開くに十意を述べる。すなわち、1為三究竟至二菩薩行一故、2為二十方諸仏諸母一故、3為二大小両乗異一故、4為レ破二三乗三性別一故、5為丁二乗永究二竟四智一不丙復進求乙尊勝道甲故、6為下分二別生法二身一供養上故、7為下破二二辺一令上住二中道一故、8為レ破二一闡提不成仏一故、9為下二乗令上信二正法一故、10成就万行故の十種である。吉蔵の八種説は註記に示したが、比較すると、本書はその根本宗旨からして、より現実的に、明解に仏性義を立てる理由を示している。

仏性の体については、第三の体相門において述べられるが、南北朝の正因仏性に関する十家の異説を挙げたあと、中道を以て正因の体とするのが本書の主張であり、正因仏性これ正法とし、中道正法を正因仏性の体とするとも言っている。その根拠は、やはり『涅槃経』師子吼品の第一義空を仏性とし、中道を仏性とする立場の継承であり、吉蔵も同じであるが、その究極の立場からすれば、一切はすべて正因仏性となる理であり、前に挙げる諸家の異説もすべて正論として認めねばならない。したがって、この点を「若し前の十家の所執の如きは、並に須らく之を破すべし」としながらも、続いて「如上の所説は今則ち皆是仏性」とし、それは理仮の用について仏性義を明かす場合であるとする。つまり、理として理の上から仮の働きとして上来の諸説を認めるのであるということで、『涅槃経』に「正因とは所謂諸衆生」とある文を会通している。すなわち「衆生は実には是れ縁因の性なるも、ただ能御と所御に約してこれを明かす」ものであり「能御の故に正因とす」という。これを対偏明中つまり、偏執偏邪を対破せんがために中を明かすがごとくであると言い、実には正中にあらず、非偏非中非邪非正を正中となすがごとく、今も実論は能所を絶したところを正因性というとしている。また経に「凡そ心あるもの皆まさに成仏す」とある点も、同様に理仮の用を以てこれを明かすとし、進んで「仮中亦是仏性即是正因之体、中仮亦是仏性即正因之用」と自己の根本的立場から、その独自の論理でこれを結論づけている。前者は二而非二、後者は非二而二の立場であり、この論旨は、後の五種仏性説においても徹底一貫している。しかも、一の注意されるべきことは、悟を以てその体とする点である。「今悟を以て体と為す故に仏を名づけて覚と為す」とし、「勤めて悟心を自覚せしめ、若し悟心本来清浄なれば名づけて仏性と為す」とし、この悟とは、一切皆非、すなわち、四句百非を絶する中道を悟ることで、これは観解心つまり、観心であるとしている。ゆえに「悟時には、内外生死涅槃凡聖有無解惑等の二法を見ざるが故に、菩薩が般若を行ずる時は、一切皆非の行なり」とし、般若即是仏性さらに仏性、法性、法界、如如また正道なりとし、更に二の別なしと論ずる。この点は、『大乗玄論』で草木成仏を主張することに際し、観心の立場を重視していることと相通じるが、三論学派においては、伝統的に定慧双修の立場で実践を重んじていたことは史実によっても明らかで、悟性、悟心を重視し、論理的、抽象的に止まらず、具体的、実践的に説明していることは重要である。

　次に五種仏性であるが、第四の広料簡門の第一弁宗途の段において説かれる。初めに、三論一家においては、『涅槃経』師子吼品を以て仏性義の正意とすることについて、従来の諸説を紹介し、自己の見解を明かしているが、ここは、『涅槃経』に対する三論一家の解釈、立場を示したものと受け取られ、興味を引く。まず師子吼菩薩品は、正しく中道正法法身涅槃仏性について同じく正道不二を明かすとして、

　不二而二故非因而因、因有㆑二、一境界因、即是二諦、二了因、即是観智、観智即是般若、般若即是二智。非果而果、果有㆓別総㆒、総而名別為㆓菩提果㆒、別而用総涅槃為㆓果果㆒。此四明㆑傍、傍而非傍所以為㆑正、故正因非因非

果。（続蔵一・七四・一、五〇左下―五一右上）

と説く。一一の解釈説明はなされていないが、境界因を二諦とするのが本書の特徴であり、全体としては『大乗玄論』の五種仏性に比する時、相似の説となっている。これは経文に従った五種仏性として示されるが、諸家の四種、五種の説を紹介したあと、本書独自の解釈で以て五種仏性説を展開している。

今謂開二仏性一只応二二性一也、一正二縁。非因果名為レ正、是因果即是縁、是故縁正両性也。但就二縁性一更開立二因果一、就二正因一即成レ三也。復縁因中更開二因与因因一、縁果中更開二果与果果一、此則縁中有レ四、足二正因一則成二五種一。

（同、五二右下）

というもので、吉蔵の『中観論疏』、『浄名玄論』、それに『大乗玄論』等においては、いずれも『涅槃経』の因、因因、果、果果の四句に前四仏性を配し、それに正因を加えた形として説かれるが、本書では相違して、まず正性、縁性の二を示し、縁性について順次開いて四性とし、合して五性を成立している。これを次のようにも説明する。

一家言二方開レ性五種仏性一者、若論二根本一但有二縁正両性一、即是中仮。縁正者只是傍正相対明レ之。正性者正法之異因、正道之別名、正法未二曾因之与レ果、未二曾真之与レ俗、而於二無名相中一仮名説。（同、五二左下）

非因非果、非真非俗の無名相、つまり、皆非の根本的立場を基盤として方便仮名を以て展開するもので、因果、真俗等を建立するために、中の上に仮をうち立て、仮によって一切諸法を成立せしめるというものである。勿論、正因の体は中道であるが、正法仏性を根本に据えて、般若空観の立場より、方便の用として正縁両性を開き、さらに縁性について四性を開くわけで、これを中仮の体用と表現する。この点が本書の特色である。図示すると次のようである。

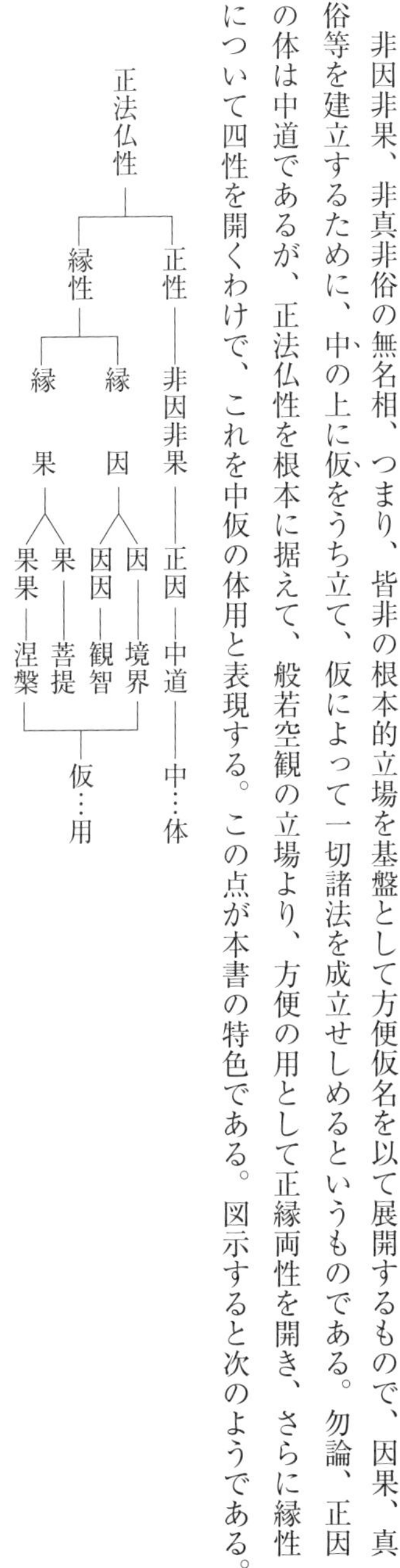

以上、概略ながら、本書の仏性説の特色と五種仏性について考察したが、種々の注意される問題も含まれており、吉蔵との関連や、他の諸家の仏性説との比較、また本書の所説についての歴史的、思想的な意義等については、さらに考察する必要があろう。

第五節 「仏性義」の考察

一、はじめに

隋から初唐における三論学派の仏性研究は、南北朝時代の仏教学者による『涅槃経』研究の伝統、彼らの仏性解釈のあとを承けてなされたものであり、その仏性説は、南北朝時代の研究成果の継承発展によって形成されたものであろうことは否定出来ない。しかも、吉蔵にみられるように、三論学派の『涅槃経』の重視からしても、仏性の問題は重要であったと思われるし、慧均も『四論玄義』において、八不義とか二諦義等と並べて論じ、それも「仏性義」のみで二巻にわたって説かれている点からしても、その占める位置の大きいことが窺われよう。[170]

ところで、『四論玄義』の「仏性義」は、従来吉蔵の仏性説を見る際の参考に資せられる程度で、大要は同じということで扱われて来たようであるし、本書に掲げる南北朝時代諸師の仏性説が、六朝の仏性思想を考察する上に用いられている位である。[171] しかし、吉蔵の仏性説というのは、従来は『大乗玄論』巻三所収の「仏性義」が、まとまったものとして取り扱われ、その他『中観論疏』や『浄名玄論』及び『涅槃経遊意』に散見する仏性説を以て考察理解されているが、後述のように『大乗玄論』の編集成立については疑問が提示されるので、[172] 南都をも含めた三論学派あるいは三論教学として考える場合は、思想の展開成立についての再検討の要が生じる。また吉蔵との比較や後代の仏教思想（特に禅関係）を考慮して詳細に検討すると、その違いや種々の注意される点が存するし、中国仏教思想史上の意義も認められるのではないかと思う。さらに南都における仏性研究を考える上でも示唆を与えるであろう。
本書の仏性説に関する概要は、前節に述べたが、「仏性義」について、さらに考察を加えたいと思う。

二、本書における涅槃経の扱い

『四論玄義』には吉蔵にみられるような教判論[173]は見られないのであるが、南北朝時代における五時教判や四宗判に対して批判的であったことは間違いなく、大乗経典はすべて一味のものとして、その価値を認めていたようである。「三乗義」では、成実、毘曇学派の人々の諸大乗経典に対する見解を述べたあと、

但し、馮、観二師は、四と五との異なるを執せるが為に、前の三と四とを説いて、猶し是れ無常半字の教なりと説く。夢覚義の中にて説くが如し。（続蔵一・七四・一、九〇右上）

として、道場寺慧観等が、『涅槃経』をして法身、仏性の常住を明かすものとみて、漸教五時の最後に位置せしめたことを批判する。文中の夢覚義とは、現行本では欠巻となっているので、慧均の詳しい説明批判は知ることが出来ないが、今の文に続いて次のように言う。

涅槃、大品及び夫人等の経に至るまで、一乗を明かすを以て其の事無二なり。涅槃も亦た半に非ず満に非ず。涅槃の非三非一に随って而も三一を明かす。般若も亦た半に非ず満に非ず、三一半満を明かす。猶し般若及び勝鬘に至るも亦た然るなり。涅槃も亦た常に非ず無常に非ず。般若も亦た常に非ず無常に非ず。及び法華、夫人に至るまで亦た然なり。是れ諸大乗（経）は、一乗義を明かすこと、一種に非ざれども斉し。今、満字の教、法として摩訶衍経に貫通せるを明かす。（同、九〇右上―下）

としている。明らかに般若空観の立場、著者の言葉で言えば、無依無得の立場から諸大乗経典を一仏乗に帰せしめ、その差違は仏の善巧方便による随宜説との見方である。したがって、

勝鬘経は正法を以て開いて三乗五教とし、法華経は則ち一乗を以て開いて三乗と為す。（同、九〇右下）

とするも、その理由は「縁に就いて論ず」としている。一般的な教相判釈による価値判断はしないということで、『涅槃経』についても、『般若経』と同様に依用重視している。それは『涅槃経』を多用していることからも言えるし、三論一家の相伝であるとして、

一乗とは只だ是れ仏性、只だ是れ般若なり。是の故に亦た名づけて第一義空とし、亦た名づけて般若とし、亦た仏性と名づけ、亦た涅槃と名づけ、亦た名づけて一乗と為す。（同、九〇右下―左上）

といい、般若、涅槃の宗致を明かさば、一であるとしている。

三、涅槃経各品に対する見解

そこで『涅槃経』の各品に対する見解はどうかというと、この点につき、わずかながら仏性義中に触れるところがある。現在、吉蔵の涅槃経疏は伝わっておらず、その断簡が南都の三論宗章疏類に見られるに過ぎないし、また慧均にも『涅槃経』に対する註釈書があったようであるが[174]、それは全く伝えられていない。吉蔵疏の逸文によって、ある程度の輪郭は理解出来るかとも考えられるが、今のところ、仏性義の第四広料簡門の第一弁宗途に示される見解は、『大乗玄論』の仏性義にも述べられないところであり、三論学派の立場からの理解として注意するに値しよう。

まず、一段の最初に「三論一家、涅槃の義宗を弁じることを得るなり」と宣言して、「徳王の文、亦た是れ具に仏性を論ずべくも、而も師子吼の文、正意乃ち顕る。亦た方に具足すると言うことを得るなり」（続蔵一・七四・一、四九左下）と、自己の立場を明示し、次に問を設けて次第にこれを釈明して行く。しかるに『涅槃経』は、その全体にわたって涅槃あるいは仏性を説くわけであるが、それをいかに理解、解釈するかで、南北朝の仏教学者は苦心したに相違なく、したがって各品の所説についても、各々異なった見解を生じたであろうし、どこに宗義の根本を求めるか

についても異論はあったものと思われるが、師子吼品を以て正意とすることは、三論の立場からの一つの結論であったと考えられる。よって涅槃学派からの反論が提示される。すなわち、当時の涅槃学派の人々は、第二巻の純陀品を以て、開宗の常弁としていたごとくであり、哀嘆品は三点四徳を明かすもの、金剛身品は百非を明かし、乃至如来性品も仏性中道を明かすとして各々涅槃義、仏性義を説くものとして重視し、講説においても、一つの形が定まっていたごとくであり、それを無視して師子吼品こそは、具足して仏性を明かし、涅槃義を明かすなりとするのは、自分に都合の良いようにした勝手な説であるというのである。これに対して、師子吼品以前の品にて多く涅槃仏性を明かしてはいるが、その来意は各々異なるのであって、結論からいえば、未だ正しく涅槃仏性等の義を釈したものとは言えず、したがって玄悟の人ならば、それで充分とも言えるが、そうでない場合は、文意宗途からして未だ充分ではない。師子吼品こそは正しく体と用とを兼ね備えて明かしており、この見解は、自分勝手な論ではなく、三論一家の相伝説であると明言する。[175] したがって従来の各品に対する批判の要点は次のようである。

純　陀　品――従来開宗の常弁とするも、文意は三修比丘を破せんが為の故に弁ずること常なるも正宗には非ず。
哀　嘆　品――三点四徳涅槃を明かすは、昔日の無法涅槃の意を破斥せんが故なり。
金剛身品――正しく中道仏性を明かすには非ずして、仮上の百非を絶とするなり。
四　相　品――三密中の身密にて秘蔵の義を開くのみ。
如来性品――仏性力に由るが故に善業を成就し、また難見の性を見得るを説き、仏性義を明かすを主眼とせず。

というもので、次に自説を展開する。始めに、一家相伝に云くとして、

師子吼品は正しく平正中道の義を明かす。経に涅槃と名づけ、而も具には仏性を論ず。仏性は即ち是れ涅槃の義なり。既に仏性を弁ぜば応に仏性品と云うべきも、能論の人に従って名と為すが故に師子吼品と言うなり。（続蔵一・七四・一、五〇左上）

として師子吼品が正しく仏性の体用因縁の正義を明かすことを主張するが、『涅槃経』の一部は、四大士の言ありて

涅槃仏性の正道を論ずとしているから、基本的には、諸大乗経典に対する立場と同様に、各品の価値の差別は立てておらず、等しく仏性、涅槃を説くものとして認めている。しかし特に後の四品を重要視し、その中でも師子吼品を正意として主張するのは、やはり従来の涅槃経解釈に対する批判、否定面の強調から来るものとも考えられる。したがって「若し異とせば」と断り、しかも一家相伝の説として純陀品と後の四品に対する見解を述べている。

①純陀品——但為開涅槃仏性之縁由方便、即是開路義也。
②迦葉品——正論因果常無常義。
③徳王品——正論涅槃体用常無常義。
④師子吼品——正論仏性縁正両性常無常義。
⑤陳如品——論生死涅槃常無常義。

さらに続いて、『涅槃経』中の五（六）大士を取り上げて、各々涅槃の一部を開説するに五種の異があるとして、能説能論の人に対して次のようにその差違を述べる。

①純陀・文殊——因献供為開密之端、即是因供約有為無為常無常、倒写更相治病、略開涅槃門。
②迦　葉——因問答約常無常、広開涅槃。
③徳　王——約体用、明常無常方便修成門。
④師子吼——約不思議、中道仏性縁正常無常門。
⑤陳　如——約生死涅槃、邪正不二常無常門。

とするもので、以上が「仏性義」中にみられる慧均の見解である。

四、五種仏性について

上説のごとく、無得正観の立場より『涅槃経』に対する三論一家の見解を述べ、続いて、『涅槃経』中に四句百非を明かすに三処ありとして、自己の仏性説を展開する基本的な諸条件を提示して行く。百非を明かす三処とは、云く、

一には金剛身品に法身は四句百非を離れ、一切皆非を明かす。而も仮の法身上に百非を論ずれば、正意は正法に望めて傍と為るなり。二には第十九巻徳王品も四句百非を離るるを明かす。亦た是れ仮上の百非を正とし、正法を傍とするなり。三には師子吼品に仏性は四句百非を離るるを明かす。正しく中道正法法身涅槃仏性に就いて同じく正道不二を明かすなり。（同、五〇左下）

として、師子吼品に明かすところこそが、般若空観の三論一家の根本的な立場に契った究極の説であることを言って、正道不二の立場から五種仏性説を展開して行くのである。

初めに説かれる五種仏性とは次のごときものである。

不二にして二なるが故に、非因にして因なり。因に二有り、一に境界因、即ち是れ二諦なり。二に了因、即ち是れ観智なり。観智は即ち是れ般若、般若は即ち是れ二智なり。非果にして果なり。果に別総有り。総にして名別なるを菩提果とし、別にして用総なるを涅槃にして果果とす。此の四は傍なるを明かす。傍にして非傍、所以に正とす。故に正因は非因非果なり。（同、五〇左下―五一右下）

というもので、これを図示するとつぎのようになる。

①境界因――二諦
②了　因――観智、般若、二智
③果　――菩提
④果　果――涅槃
⑤正　因――非因非果

ここにおいては、一一の説明はなされていないが、注意されるのは、境界因を二諦としている点であり、梁代以降

の仏性説においても、また自己の教学の根本に約教の二諦を据えた吉蔵においても、境界仏性は十二因縁の不生不滅とされている[176]。しかし、『中論』乃至八不を二諦を以て宗とし二諦を明かすものと捉える吉蔵の立場からは、当然境界性を二諦としても不合理ではない。しかるに『中観論疏』巻一本において二智二諦と涅槃の五性の関係を述べて、

問う、二智二諦皆な中道なれば、正性を顕すやいなや。答う、亦た得るなり。問う、涅槃の五性と何ぞ異なるや。答う、此の中には二智と二諦とを明かす、則ち二智は是れ果性なり。仏の二智を明かすを以ての故なり。二諦は是れ仏の所照の境なり。但し此の両性あり、此の境智は皆な正性を開発す。境に非ず智に非ず亦た正性の義あるなり。問う、何が故に彼は五性を明かし、今は両性を明かすや。答う、正しくは二智の能説、二諦の所説を明かして、正しく因果を明かさざるが故に但だ二性のみ有り。彼の経は正しく因果を明かして正性を開発す。故に五性の義を明かすなり。若し論主に就かば、二諦を悟って二智を発生す。亦た是れ因因なり。正性を開発するが故に、亦た五性を具することを得るなり。(大正四二、一二中)

と説明している。したがって、境界性を二諦とし、了因性を二智とする本書の説と、この吉蔵の説明は合致していると言える。この吉蔵の説明を参照する時、慧均が、

今、仏性を識らんと欲せば、則ち須らく境智を識るべし。境智を達せば則ち仏性を了ず。唯だ仏性は二因二果の為に本と為るのみなり。(続蔵一・七四・一、五一右上)

と言う理由も明らかとなる。したがって吉蔵の五種仏性説においては、未だ二諦、二智を表面に出して五性に配当していなかったものを、慧均において明示している点は、両者の、前後あるいは相違を考える上で注意されるところである。観智または二智を発生する根本に二諦を持ち出したことは、三論一家の立場をより明確に打出したものとも言える。この五種仏性説は、『涅槃経』師子吼品の生了及び正縁の二因や果と果果の二種等を組み合わせて成立されている[177]が、根本的な正因仏性を非因非果とし、境・了の二因及び果・果果の二果は、その非因非果の上に捉えられているることが明瞭である。しかも不二の立場から因果の二を開いて行く方法は、吉蔵の五種仏性においても明確には示さ

れておらず、彼においては『浄名玄論』において、不二の理と不二の観を、それぞれ因と因因性に配当しているにすぎない。[178]

以上の五種仏性を示したのち、古来の諸説を出し、特に開善寺智蔵の五種仏性及び共有四名、各有四名の仏性説を詳しく紹介し、その説を一応好しとして認めていることは、慧均あるいは三論学派の仏性説の成立が、開善等の学説を継承し、さらに自己の立場から発展させて組織大成されたものであることを暗に示している。[179] 本書独自の五種仏性説の大要は、前節に述べたので再説は避けるが、本書には吉蔵の『中観論疏』や『浄名玄論』に見られる十二因縁に約した五種仏性と相似する説明もみられる。すなわち、第七の雑料簡門において、

其の能く観智を発生せるを取らば是れ境界性なり。其の能観の義を取れば観智性と名づく。観行明浄なるを菩提智性と為す。断常の二見、畢竟永尽するを涅槃果果性とし、即ち此の十二因縁、未だ曾て是れ因果にあらざれば、即ち是れ正性なり。（続蔵一・七四・一、六二右上）

とするものである。したがって本書の仏性説を、吉蔵のものと比較すると、明らかに整理、体系化が一段と進み、整然とまとめられていることは一目瞭然である。本書の成立が、吉蔵よりも後代であろうとの一つの傍証ともなり得る。しかも、不二相即の論理及び中仮の概念で一貫され組織されている点は注目に値する。そこで問題となるのは、五種仏性の第五非因非果の正因仏性を、吉蔵、慧均共に正性としている点である。

五、正性の概念

元来、正性なる用例は、仏教ではあまり見られないものとされ、吉蔵や慧均の五種仏性の最後の究極の立場を示す、独特の用例であると見られている。[180] まず、経典中に、その用例を求めるならば、まず玄奘訳の『大毘婆娑論』巻三では、世第一法の説明として、

また次に是の如き心心所法を等無間とす。異生の性を捨てて聖性を得、邪性を捨てて正性を得るなり。能く正性離生に入るが故に、世第一法と名づく。……正性を得とは、此の心心所法、能く苦法智忍を得、以て能く一切正法を任持するを謂う。故に且らく彼を説いて以て正性とす。（大正二七、一二上以下）

と説かれ、また『倶舎論』巻二三でも、苦法智忍の説明として、

即ち此れを正性離生に入ると名づけ、また正性決定に入ると名づく。……故に経に正性とは、いわゆる涅槃なりと説く。（大正二九、一二一中）

などと説明される。しかしながら、この用例は、玄奘訳のみのものであって、六十巻毘婆娑や真諦訳の倶舎論では、正性に当たるところは、正決定とか正定聚と訳されており、その意味も、吉蔵等の正性とは異なるし、一般に、無漏智を生じて煩悩を断ずるを聖性という用例などとは全く相違する。[181] しかも、玄奘特有の訳語例を、彼以前の吉蔵等三論学派の人々が用いるはずはない。次に羅什訳の『思益梵天所問経』巻一では、次のように説く。

若し法に於て一異を作さずして問わば、名づけて正問とす。また綱明よ、一切法は正なり、一切法は邪なり。綱明の言く、梵天よ、何んが一切法は正なり、一切法は邪なりと謂うや。梵天言く、諸の法性に於て心無きが故に、一切法を名づけて正とするなり。若し無心法の中に於て、心に分別の観を以てせば、一切法を名づけて邪とするなり。一切法の相を離るるを名づけて正と為す。若し、是の離相を信解せざれば、是れ即ち諸法を分別するなり。若し諸法を分別せば、則ち増上慢に入るなり。分別に随う所を皆名づけて邪とす、と。綱明言く、何なるを謂いて諸法の正性と為るや。梵天言く、諸法の自性を離れ、欲際を離れる、是れを正性と名づくるなり、と。（大正一五、三六中—下）

ここで説かれる正性とは、無心、無分別の境地であり、無相、無自性なるところであって、言語思慮を絶した境界である。以上が諸経論にみられる正性の用例である。そこで振り返って、吉蔵及び慧均における正性の意味を考えてみると、吉蔵は『中観論疏』巻一の五種仏性の説明で、

然も十二因縁は、本性寂滅にして、未だ曾て境智ならず、亦た因果に非ず。何を以て之を目づくと知らざれども、強いて正性と名づく。（大正四二、六中）

とし、慧均も、

正性を至論せば、未だ曾て因果境智に非ず。非因非果非智非断なるが故に正性と名づく。前に説く正性の如きは、ただ是れ強いて名を仮るのみにして、正法、正道、正性、正因果等の無量の名を諮づく。（続蔵一・七四・一、六三右下及び五三右上）

と説明して、否定詞によってしか表現出来ない不可言、不可思惟の絶対のところを指したものである。したがって仏性をそのように理解すれば、「仏性と法性とは則ち一道清浄不二」とされ、「仏性、法性、法界、如如もまた是れ正道にして更に二の別無し」とも言われる。したがって、吉蔵等における正性の意味は、かなり拡大され、深められてはいるが、恐らくは『思益経』あたりに典拠を有したものであろうと考えられる。[180]それは、経文の「一切法正、一切法邪」を慧均、吉蔵共に数度引用してることからも言えよう。ただ、第五の非因非果の仏性を、正性と呼称したのは、師である法朗に始まるごとくであり、慧均は、「大師この時直に非因非果を正性、正法仏性とすると云う」と述べている。法朗が、一般的に正因仏性と呼ばずに正性と言ったことについては、天台灌頂（五六一―六三二）の『涅槃経疏』巻二四に、

興皇（法朗）は、但だ正法正性と名づけ、称して正因とするを許さざるなり。（大正三八、一七七上）

と述べていることからも明らかである。しかも続いて説明をして、

然るに此の五性は乃ち是れ開合の異なり。正性は不二にして縁性は則ち二なり。二とは是れ因果なり。因を開いて因因を出だし、果を開いて果果を出だす。四を合して二とす。いわゆる因果の二を合して一とす。縁を合して正とするなり。正は復数無し。（同、一七七上）

としているが、これは全く、慧均の五性開合の説明に合致するものである。ここでは、興皇の説として紹介している

から、あるいは法朗の著作を見てのこととも思われるが、吉蔵や慧均を含めた興皇門下を総称したものとも理解されるから、少なくとも、慧均の説は、三論一家の学説として対外的に認められ得る客観性は有しているし、再治者湛然（七一一―七八二）は、本書の存在を知っていたことも予想される[182]。ただ、開善寺智蔵の仏性説を述べるにも正性を用いる点は、三論の影響であろうか。いずれにせよ、三論一家の正性は、単に正因仏性の省略語では勿論ないし、特別の意味内容を付された言葉である。慧均は次のようにも言う。

> 正性とは正法の異因、正道の別名なり。正法は未だ曾て因の果とにあらず、未だ曾て真の俗とにはあらず。而も無名相中に名を仮りて説くなり。（続蔵一・七四・一、五二左下）

また、第二釈名門の最後のところで、

> 仏性を至論すれば、仏は四句百非を窮むるが故に仏なり。性は是れ正の義、正は是れ実の義、正実の性を窮むるなり。（同、四六右下）

ともいうから、仏性の根本は正実性であるということで、正性と表現したとも言える。しかし、五種仏性を展開するところで、

> 今、一往正法仏性は是れ正因性なりと明かすも、若し至論して之を明かさば、仏性は因果なるべからずして而も能く因果の用を起す。故に非因非果を正法仏性とす。（同、五二左上）

と説明していることからすれば、正性とは、正法仏性のことに他ならない。したがって、言うところの正法とは、

> 正しく中道を以て正因の体とす。故に正因仏性は是れ正法。（同、四八左上）

とされる、その中道正法である。四句百非を絶した不可言、不可思惟の絶対究極のところは、自己の体験、実践による以外に不可知なものであり、中道の具体化、自覚を要する。したがって正因の体あるいは正法仏性、正性の体を中道というが、それをより実践的具体的な表現として「仏性の体は悟を以て体とす」と言い、悟心、観心の重要性を言い、我々の心を重視して、主体的に説明している点は、後の仏性思想を考える上においても注意されるべきであろう。

「金剛心義」には心に関連して次のように説く。

唯だ心のみ是れ能く顚倒妄情を起す。横に心と謂うは、此の心は還って能く不二清浄を悟る。故に心ある者に就いて菩提を得るなり。悟時に至って内外の相無し。故に仏性と言うは、非内非外、非因非果等、一切は浄なることを得るなり。（同、四九左上）

心とは二意有り。一には正道を心とす。故に大経に、阿耨多羅三藐三菩提心と云うなり。二には心法を修せんと欲す。更に遠物には非ざるなり。心は是れ迷悟の主なるが故に、衆生は神明を研修して、此の心は心に非ざるを悟らば、入理の門を心とするなり。（同、一五左上）

と述べている。以上が、慧均の言う正性の大よその内容である。

そこで、『思益経』に依る正性の用例として、『大乗無生方便門』を見てみたい。「五方便」は北宗神秀（六〇六—七〇六）の作であると認められているから、時代的に吉蔵や慧均とは、それほど離れてはいない。正性を説くのは、五門中の第四に明諸法正性門として明かしている。まず最初に、

心に思わざれば心如なり、口に議せざれば身如なり、身心如如、即ち是れ不思議如如解脱なり。解脱とは即ち是れ諸法の正性なり。（『鈴木大拙全集』第三巻所収の第四号本）

と定義する。心不思、心不議とは、すなわち、言亡慮絶の境地であり、不可思議解脱と言う外はないが、それを正性であるという。

次に前述した『思益経』の梵天と綱明の問答を引用して、それを解釈している。

問う、云何なるか是れ自性。云何なるか是れ欲際なる。答う、心に見聞覚知を執すれば、五蔭に各の自性有り、これ自性なり。識縁じ眼見る、これ欲際なり。識は、耳に声を、鼻に香を、舌に味を、身に触を縁ず。是れ欲際なり。心起らざれば、常に無相にして清浄なり、是れを諸法の正性とするなり。問う、云何が是れ自性を離れ、欲際を離るるや。答う。達摩和尚解して云く、心起らざれば是れ自性を離れ、識生ぜざれば是れ欲際を離る。心識

倶に起らざれば、是れ諸法の正性なり。水の大いに流れ尽きて、波浪即ち起らざるが如きなり。是くの如く意識滅すれば、種々の識は生ぜざるなり。（同）

慧均における心の扱いに比すれば、一段と実践的、主体的に観察しており、単に心を迷悟の主体として悟心を重視する段階から、さらに心そのものの否定まで進んでいる。しかし正性として表現される境界、境地は、結局同一であると言えるのではなかろうか。そこに思想的な関連性を看取することが出来るように思う。「五方便」では、最後の総結において、

一切法の平等に由るが故に、一切法の正性を現ず。正性中に於いて心無く、意無く、識無し。心無きが故に動念無く、動念無きが故に思惟無し。識無きが故に分別も無し。（同）

としている。勿論、「五方便」の正性は、『思益経』によるものであり、直接的に三論の正法仏性としての正性に関連性を有するものではないが、その思想的な立場、根本概念において、連関が認められ、両者共に『思益経』に依拠している点も注意される。しかも、北宗系に見られる点は、注意されるべきで、特にそれは、吉蔵よりも慧均においてである。正性は、明らかに抽象名詞として用いられており、それは、仏性、法性、解脱、涅槃と同体異名である。したがって、仏性との関わりにおいて考えるとき、南宗における見性の問題と、当然底触して来る概念ではなかろうかと思う。つまり『歴代法宝記』等において、見性は、涅槃、第一義空等と同義に扱われるようになるからである。[183]

六、おわりに

『四論玄義』に関しては、従来の研究が少ないこともあって、中国仏教史上における位置づけとか、三論学派内では吉蔵との関係において、種々の解明すべき問題が非常に多い。今回論じた「仏性義」についても、資料論としては、吉蔵の撰述と伝えられる『大乗玄論』との比較対照や、思想史上の問題としては、天台や慧遠の涅槃経観なり仏性説

との関連、対比、内容的には、理内理外の概念と草木有仏性の問題及び見性の問題などが残されている。前述したところは「仏性義」の記述を要約したに過ぎなかったが、涅槃に対する三論一家の立場と正性の概念について、幾分なりとも明らかになったものと思う。

第六節　『大乗四論玄義記』逸文の整理

一、はじめに

本書は、吉蔵と同門である慧均（均正）の著作であるが、その伝承構成等については前に述べたごとく、[184]日本においては天平十二年（七四〇）に最初の書写がなされている。それ以来、吉蔵の著書と共に依用研究されたが、三論宗の研究講説の中心は、何と言っても吉蔵の著述を以てなされ、吉蔵は宗家として崇敬されている。したがって、慧均には本書の他にも著書があったごとくではあるが、[185]流布し伝えられたものは本書が唯一であり、本書は、吉蔵の教学、所論を理解する参考資料として用いられたようである。よって、鎌倉新仏教の成立以後、いわゆる南都八宗等の古宗の衰微と共に、本書の伝承は不明確となって、江戸時代に至ると、本書の存在あるいは伝持はごく一部の人々に限られたようである。それを物語るごとく、現在完本として伝えられたものはなく、続蔵本は量的に本来の半分に過ぎず、構成もかなり混乱したものとなっている。

しかるに本書の内容は、吉蔵と近似した説相を示しているものの、明確な相違点も指摘され、[186]客観的にみるならば、一つの重要な資料を提供するもので、三論宗の教学のみならず、中国南北朝から初唐における仏教の歴史的教理学説の記述においては、吉蔵の著書には見られない多くの事柄を含んでおり、軽視出来ないものがある。しかし、その半ば以上が散佚に帰していることは、非常に残念なことであるが、幸い、三論宗の諸註釈書には、多くの引用が見られ、しかも、その多くは現在散佚している部分であるだけに、資料的価値は充分認められ得ると思う。本節では、それらの逸文を抜出整理して、今後の研究に資せんとするものである。

二、閲覧資料

日本における三論研究は、奈良平安時代は、元興寺、大安寺、西大寺等を中心としてなされ、室町時代中期頃までは東大寺の東南院、京都広隆寺の桂宮院を中心として盛んに講説が続けられ、[187]主として吉蔵の著述に対する註釈書や講説論義の筆録等、かなりの資料が伝えられている。江戸時代になると、伝統的な講説研究の姿はなくなり、新たに加えられたのは『三論玄義』に対する註釈のみで、他は従来の文献の筆写がなされたに過ぎないようである。[188]

今回閲覧した資料もすべて室町時代末期までに成立したもので、年代順に列挙すると次のごとくである。丸数字の文献が、本書を引用している。

①浄名玄論略述　五巻（欠有）　智光（七〇八―七八〇?）
2般若心経述義　一巻　同
③中論疏記　十巻（欠有）　安澄（七六三―八一四）
4大乗三論大義鈔　四巻　玄叡（?―八四〇）
5一乗仏性慧日抄　一巻　円宗（?―八八三）
⑥大乗法門章　四巻（欠有）　願暁（?―八七四）
⑦三論玄疏文義要　十巻　珍海（一〇九二―一一五二）
⑧三論名教抄　十五巻　珍海
⑨大乗玄問答　十二巻　同

⑩大乗正観略私記　一巻　同
11一乗義私記　一巻　同
⑫玄疏問答　三巻　頼超（一一八四）
⑬三論祖師伝集　三巻　著者不明（一二〇四―）
⑭三論玄義検幽集　七巻　澄禅（一二八〇）
⑮大乗玄聞思記　一巻　蔵海（一二八七）
16十二門論疏聞思記　一巻　同　（一二九一）
17三論興縁　一巻　聖守（一二一八―一二九一）
⑱三論真如縁起事　一巻　慈光（一三二六）
⑲三論玄義鈔　三巻　貞海（一三四二）
⑳三論玄義肝要抄　五巻　著者不明（―一三四九）
㉑八幡宮勧学講問答抄　二巻　著者不明（―一四〇〇？）
22三論祖師伝　一巻　著者不明（一四九一―）

テキストは大正蔵（略号：大正）を主とし、他は大日本仏教全書（日仏全）、日本大蔵経（日大蔵）所収本を用いた。ただし⑳の『肝要抄』のみは龍谷大学蔵の写本（龍大・No. 2641-11）である。これは著者不明の文献ではあるが、文中、貞和五年（一三四九）に桂宮院の貞海に意見を乞うたことを記しており、(189) また「講云」「貞公云」等と処々に言及しているところから、貞海門下の一人によって著わされたものと考えられ、貞海講俊一記の⑲『三論玄義鈔』と同種の著作であるが、諸種の文献を参照し、私見を加える等、資料的には俊一記に勝る。また『四論玄義』の引用に関して言えば、俊一記は『検幽集』等の孫引の感があるが、この書は、直接引用したものと察せられる。以上列挙した他、『中観論疏』『大乗玄論』『三論玄義』等に対する講義録が写本として多数伝えられており、(190) さらに逸文を加え得ると思われる。

三、整理方法

上記の資料において、「四論玄云」等として、『四論玄義』の文を引用しているものを悉く抜出し、現行の続蔵本に存するものも含めて、諸資料の指示する巻数と章名（義科）に従って整理配列した。巻数と所収内容に関しては、続蔵本と相違するところもあるが、続蔵本は、その底本自体かなり錯綜欠文の多いもので、首尾の題目等も編纂の際に挿入したものがほとんどであり、原形態を留めていない。上記資料の引用は、一部の略抄や孫引を除いては忠実に記しており、本来の完本を見た上での依用と考えられる。しかし、巻数と所収内容は原本と相応しているにしても、逸文各々の配列の順は、現行続蔵本所在の部分を除き、必ずしも一致していないであろう。また巻数不明のものは、最後に掲出した。引用文が現行本に存する場合、二資料以上に引かれる場合等、それを対照し、頭註にて異同を示した。頭註にて使用した略号は次のごとくである。

㊑——中論疏記	㊈——三論玄疏文義要	㊋——大乗玄問答
㊕——大乗正観略私記	㊐——玄疏問答	㊓——三論玄義検幽集
㊖——大乗玄聞思記	㊒——三論玄義鈔	㊔——三論玄義肝要抄
㊗——三論祖師伝集	㊘——続蔵所収四論玄義	㊙——大正本大乗玄論八不義
㊚——大正蔵の甲本		

四、逸文集

第一　初章中仮義

○不住之初即貫前後也。故大品経初明以不住法住般若中。終訖乎無所得。故関中[1]旧影云。初章之義只是不住無得之語。其意包含。（『中論疏記』巻三末、大正六五、八九中）

○成論等明十二仮十一実法。此為有。十二仮者。四大五根衆生及井河也。十一実者。五塵四無為及心無作也。（『検幽集』巻四、大正七〇、四二四上）

○非有非無即両去。即是断。而有而無両来。只是常。此是断常二見。何謂中仮也。故一家旧云。両去不名中。両来亦不成仮也。（『中論疏記』巻三末、大正六五、九〇上）

○[2]興皇大師弁中仮[3]亦無量。但要者。或開三種中。有時開四種中也[4]。仮亦然也。三種者。一者対偏中。二尽偏中。三者絶待中。四種者三如前[5]。第四明[6]成仮中也。対偏中者。如内学禀仏二諦教則空有。成断常二見。迷僻於中。如百論三外道中。亦如開善二諦義明三種等。有所得家中故。論主説不生不滅中道。対破彼偏執。則為説正中義故対偏明中也。尽偏中者。尽浄於偏。名之為尽浄中也。何者。明唯直弁中対偏而已。復須洗除此偏。尽浄乃得名中。故言尽偏明中也。絶待中者。亦名実相中也。不従対偏為名。亦不従尽浄為目。言語道断心行処滅。四句五句所不可得。強称嘆立中名。以顕正法実相義也。又中本対偏。偏病既去。中亦不留。非偏非中。不知何以美之。強名為中。故名為絶待中也。問。若絶中名為中。亦応絶待名為待耶。答。待不待絶不絶是一例。絶中無復中名為絶中。絶待無復待名為絶待也。成仮中亦名接断中也。成仮中者。絶本対不絶。不絶是仮。所以

1 ㊙慧とする。

2 ㊔巻五（下冊三五丁左）にも出る。「…第四名成仮中也」まで引用。

3 ㊔義且とする。

4 ㊔欠。

5 ㊔先とする。

6 ㊔欠。

7 (肝)「……前二中浅也」まで引用。
8 (肝)之中の二字欠。
9 (肝)之を加える。
10 (肝)者を加える。

第四明成仮中也。明中道実非有非無。因此非有非無得起有無。以中成仮。故名成仮中也。仏於無名相中。仮名相説。説有無為顕非有非無。非有非無是中。因此中起仮也。接断中者。中偏既去謂絶断。作解沈空。故接起仮名中故名接断中也。此即治病中也。又蔵公云。論主破外道。外道心無所安。成断見求○覓法。論主将仏二諦接断。亦得接断二諦。是百論意也。中論直諍仏二諦。廻生滅心向無所得心故。不別二諦来接。故不名接断。若生滅心去。無所得心接。不無此義也。問。接断中之中。是能接為中。是所接為中耶。答。外人既被破心無所安。汎没在空。仏正教有無二諦能接之。二諦為中亦得。又実相之中没在。従所没中為中亦得。正意強名中也。[7]問。四中之中有浅深不。答。正法中望対偏中与尽偏[8]之中。並尽与対者一正法。望二中為開二中者。即無浅深也。若対断[9]常偏仮名立為[10]中。名対偏中。即此中能尽浄偏。故名尽偏中。偏即去中亦不留。非偏非中強名為中者。此中即深。前二中浅也。接断中亦浅。又亦病非病也。成仮中者。有二義。若正法体中能立有無二諦仮。故名成仮中者。此中即深。若仮名為中者即浅也。実相中者。能所倶寂。即是正法中。若心既汎没即病中也。仮亦有三四種。一者対性仮。二者尽性仮。三者因縁仮。四三如前。第四表理仮。亦得云接断仮。第三是二諦摂也。（『検幽集』巻七、大正七〇、四九二上―下）

○問。若一切衆生共行一道故無二者。経那云三乗各道耶。答。道未曾是三。但随縁説三耳。如大経云。観中道者有三種。下智観者。得声聞菩提。中智観者。得縁覚菩提。上智観者。得仏無上菩提。此是同観一中道。而得悟自有浅深。菩提未曾是多種。亦如十地。正道未曾十。但約三義説十地階差不同。（『検幽集』巻

七、大正七〇、四九〇下）

○問。中以何為義。答。中以実為義。亦言中以正為義。以正釈中。以実釈中也。問。如斯釈出何典語耶。答。略出三証併以理明之。何者。一者関中。二者論文。三者引証也。関中者。叡法師序中論意云。以中為名照其実也。此是以実釈中。中是実義也。問。照其実者。似釈観義耶。答。照是顕義。顕其実録也。[11]又肇法師作涅槃論云。如正観論中説。故以正釈中。中是正義也。論文者。論観法品云。諸法実相云何入。答云。息我我所諸見故得入実相。実相是中故。以実観中。中是実義也。又大論至難処。指云如正観論中説也。引証者。大経云。無相之相乃名実相。如是無相亦名第一義空。亦名中道也。以理明之者。中是中実故以実為義也。（『検幽集』巻七、大正七〇、四八六下—四八七上）

○問。縁発於観。観発於縁。縁尽於観。観尽於縁。此是何言耶。答。縁有二種。若能所之縁。此是境智。明境智相称因縁相発義也。若顚倒之縁。此縁亦発菩薩正観。然此両種縁発義雖同而有疎密之殊。前是密論相発。後是疎弁相発也。（『検幽集』巻七、大正七〇、四八四中）

○一家云。亦得言体用中仮。亦不得。爾言得者。如八不義中記。言不得者。以体明不二故不論仮。而名為中。用論二。二用無窮。故是仮也。（『中論疏記』巻三末、大正六五、八七中）

○相待門者。如待有故無。未待有無有一無。未待無時無別一有。亦非是有故無。一有将以形無非有。一無将以待無故。只是待有故無。無故有。有是空有。無是有無。故無有二相。是不二義也。問。既云相待。寧言不二乎。答。一家多勢。

11 (聞)（日大蔵、三論宗章疏、一三〇下—一三一上）「……中是正義也」まで同文引用。

若是一種門只是相即。是不二義。只因縁相待只是一因縁義。故是不二然也。又相待寧非是二乎。設作問者。説空非色。説色非空。唯指空為色指色為空。故是不二。既言空作色。寧非不二乎。具如二諦義中説也。(『真如縁起』、日大蔵、三論宗章疏、七六四下)

○所言疎密者。由中仮而生也。但須知此起意。何意作此疎密之義者。[12]栖霞寺[13]大朗法師。止観詮法師。興皇朗[14]法師。三代四論師中。疎密横竪双隻単複義宗起也。摂山栖霞寺大朗法師云。長安融法師注維摩中云。什法師云。若不識横竪疎密双隻単複義者。終是不解大乗経論意。故止観法師云。大経云。鬼非鬼非非鬼等。如大品経相行品云。行亦不受。不行亦不受。行不行亦不受。非行非不行亦不受。不受亦不受等。(『検幽集』巻七、大正七〇、四九三上)

○明由空故有。由有故空。此語為疎。若空不空。若有不有。此語為密。此則漸進之義也。問。何空有為疎。不有有不空空為密耶。答。空有両法相由。由空故説有。因有故説空。此則為疎。若不有有不無無。只於一法上更起。故為密也。(『検幽集』巻七、大正七〇、四九三上—中)

○[15]仏性非因非果。非因而因。因有二。一境界因。二縁因。非果而果。果二種。一果三菩提。二果果則大涅槃。今不論二果但明二因。一境界因則二諦。二縁因則二智。(『検幽集』巻七、大正七〇、四八四中)

巻第二　八不義

○[1]成[2]実師解八不不同。一云[3]。八不並是真諦中道。亦是真諦[4]。二云[5]。不生不滅是中

12 記巻一本（大正六五、二二中）三師の名引用。

13 記寺欠。

14 記法朗とする。

15 「四論玄第一初章中仮義云」として引くもあるいは仏性義の趣意か。続蔵所収仏性義には次のごとく記す。「不二而二。故非因而因。因有二。一境界因即是二諦。二了因即是観智。観智即是般若。般若即是二智。非果而果。果有別総。総而名別為菩提果。別而用総涅槃為果果」（続蔵一・七四・一、一五〇左下—一五一右上）。

1 記巻三（大正六五、七〇中）同文。

道。即是真諦不有不無中道。余六不是俗諦中道[6]。（『検幽集』巻七、大正七〇、四九五上）

○此則第一[7]善悪相対[8]。悪是堕墜。乖理無有出功[9]。故十悪為戯論也[10]。善是清昇。扶理有出之義。故十善非是[11]戯論。（『中論疏記』巻二本、大正六五、二二六下）

○此即[12]第二[13]有相無相対[14]。是分別為戯論也。無相即無分別。為非戯論。亦云漏無漏相対。謂有漏之善[15]。但得三有果報[16]。不[17]能出生死[18]。止[19]是不動不出。故名戯論。無漏之善[20]。破裂生死。故不名戯論也。（『中論疏記』巻二本、大正六五、二二六下—二二七上）

○是第三異相対。謂上雖言有相是戯論。無相非戯論。若[21]見有相異無相者[22]。是戯論也[23]。見相無相不異。乃名非戯論。乃至善之[24]与悪。生死涅槃。凡[25]聖解惑。万[26]義並類也[27]。（『中論疏記』巻二本、大正六五、二二七上）

○故[28]相伝云。中論是釈論之骨髄也。（『玄疏問答』巻二、日大蔵、三論宗章疏、六〇六上）

巻第三　二諦義

○安字[1]釈者[2]。真以実為義。即[3]有之無。体無虚偽故称為真諦。第一義理極莫過。謂之第一。旨趣実爾故称義。俗者以虚[4]為義。有非性実。頼衆縁成無自故俗称[5]。世者以有隔別。名相不同。故曰世也[6]。（『検幽集』巻七、大正七〇、四八五下）

○若[7]以義釈名有三種勢。一横論顕発。二竪論表理。三当体釈名。（『肝要抄』巻五、下冊三二丁左）

(鈔)巻下（大正七〇、五三一上）同文。
2 (大)論。 3 (鈔)欠。 4 (大)也を加える。
5 (鈔)欠。 6 (大)也を加える。
7 (大)此則第の三字欠。
8 (大)者を加える。 9 (大)欠。 10 (大)欠。
11 (大)欠。
12 (大)此即第の三字欠。
13 (大)者を加える。
14 (大)明之を加える。以下は「亦言有漏無漏相対也。有相是分別故為戯論。無相即無分別故非戯論」（大正四五、二九下）。
15 (大)欠。またこの前に一七二字の説明あり。 16 (大)唯。 17 (大)未。 18 (大)離を加える。
19 (大)正。 20 (大)法。 21 (大)是。 22 (大)便。
23 (大)欠。 24 (大)之与の二字欠。
25 (大)凡聖の二字欠。
26 (大)万義を等とする。 27 (大)欠。
28 (文)巻二（大正七〇、二二一中）同文。
(略)（大正七〇、一七九中）同文。

1 (続)同文存（続蔵一・七四・一、二〇左下）。
(肝)巻五「案字釈名。真以実為義。俗以虚為義」（下冊三二丁左）。
2 (続)名。 3 (続)則。 4 (続)偽を加える。
5 (続)也を加える。 6 (続)欠。
7 (続)同文存（続蔵一・七四・一、二〇左下）。

○[8]竪論表理者。真是不真為義。俗是不俗為義。故居士経云。五受陰洞達空是苦義。諸法畢竟不生不滅是無常義。此即[9]以非苦釈苦。不無常明無常也。大経聖行品云。知苦非苦。苦聖諦。知集非集。集聖諦等。故言竪論表理。(『検幽集』巻七、大正七〇、四八七下)

○[10]一家意。説真為俗。説俗為真。説境為智。説智為境。説黒為白。説白為黒等。如空織羅[11]空中織[12]紋等。無有蹤跡。故大品経句義品云。如鳥飛空跡不可尋。(『玄聞思記』、日大蔵、三論宗章疏、一四〇上)

○[13]成実師執両家説二諦不同。広州僧亮法師云。法本自無。因縁成諸。称之為俗。法本性無。名之為真。終是二法。両体不相関。即失仮名義。河涼顕亮法師云。因縁即体。不可得即空。即体不得之因縁因不空。此之二師。十五家中。初即第一名為仮名空。次是第十二名為不空仮名。(『中論疏記』巻三本、大正六五、八一上)

○不空二諦者。即周顒義。引大品経云。不壊仮名而説諸法実相。明諸法無自性故。所以是空。而自不無諸法仮名。可以為有。故言不壊仮名而説諸法実相也。山門等詺不空二諦。作鼠嘍栗義。只如鼠嘍栗内実尽空。外殻形有何異。仮名故有。無実故空。故旧曰名著不空仮名二諦也。(『中論疏記』巻三末、大正六五、九五下)

○但成実論亦各執両家説二諦不同。一云。空有二諦、一往是衆師同明之。二云。不空二明(諦)、即周顒義。(『中論疏記』巻三末、大正六五、九六上)

○山門等目名空有二諦。為案瓜二諦。明瓜没之時。挙体併没。瓜出之時。挙体併出。(出)時無没。没時無出。何異時空之時。無纎毫之有。明有之日。無毫之空。

8 ㊌同文存(続蔵一・七四・一、二〇左下—二一右上)。
9 ㊌則是。
10 ㊌同文存(続蔵一・七四・一、二三左下)。
11 ㊌虚。
12 ㊌絞。
13 この文以下続蔵本には欠文。

（同、大正六六五、九六上）

巻第四　夢覚義

○[1]一家相伝立夢覚義。（『名教抄』巻一二、大正七〇、八〇六中）

○問。夢覚之名。在聖在凡耶。答。夢覚之名。正在於凡。今借凡夢覚之名譬迷悟也。如夢中是有諸法。覚時都無。凡見有諸法。聖覚無所見也。（『検幽集』巻五、大正七〇、四四六中）

○第二釈名。亦有三種勢明之。一者当時釈名。夢是不了義。亦是迷濫失理為義。覚者了為義。亦是悟実得理為義。二者開発釈名。夢是覚為義。覚是夢為義。三者表理釈名。夢是不夢為義。覚是不覚為義也。（『検幽集』巻七、大正七〇、四八七上）

巻第五　十地（断伏）義

○理而論□十地以正法為体。故華厳経云。従仏智慧海出生於十地。般若能生諸法。無住為本能生一切法等也。開之即境智為用。約用明体即智為体。空有両智中。空智為主也。乃至海水本是一、因十山故十海名生。菩薩十地同一仏智。十障隔故十地名生也。（『法門章』巻二、日大蔵、三論宗章疏、六五一下―六五二上）

○対五種故。謂一対十行故。二対十障故。三対十法故。四対十果故。五対十譬故。

（同、六五二上）

○[*]〔言十障者〕一凡夫我相障。二邪行於衆生身等障。三暗相於聞思修三慧等説法

1この前に「一科四重明義」とする。

＊以下〔　〕は引用ではなく、『法門章』の句。

**（続）断伏義に同文存（続蔵一・七四・一、五右上―左上）。

忘障。四解法慢障。五身浄我慢障。六微煩悩習障。七細相習障。八於無相有行障。九不能善利益。十於諸法中不得自在障。〇〔言十法者〕初地中百法門。乃至第十地有無量不可数法門。如十地経中説也。〇〔言十果者〕鉄輪王銅輪王銀輪王金輪王四天王。乃至作第六天王。如華厳経説。〇〔言十譬者〕如因地有十宝山。即譬十地。依一種列者。須弥山。雪山。少障。大障山。香山。宝山。黒山。金山。鉄囲山。大鉄囲也。（『法門章』巻二、日大蔵、三論宗章疏、六五二下―六五三上）

〇**一家作十障者。初地断凡夫我相。二地断衆生身邪行障。三地断無明暗相障。四地断解法慢障。五地断身浄我慢障。六地断微煩悩障。七地断微細集障。八地除無相有行障。九地断不能利益一切衆生障。十地断一切諸法不自在障也。〇出相続解脱経。云断二十二愚心也。初地断二愚。乃至十地断二十愚。一地断二愚。則唯為十□。最後両愚即等覚地所断。（同、六五三上―下）

〇道種終心未離五怖畏。只猶計我気未脱尽故怖畏。今初地既同真空無我。悉不見有我可得故。離五怖畏。名為真菩薩。（同、六五三下）

〇一者善心地。謂布施持戒等善心地。二者聞慧地。三者思慧地。四者修慧地。此四種是欲界善心地。此三慧於三界分別之数而論釈不同。数明欲界有聞思両慧。色界有聞修二慧。無色界但修慧也。論意欲色二界具有三慧。無色界無有修故。成論三慧品云。欲色二界一切也。無色界中但有修慧也。五者有如定地。論四禅四無色定。六者無想定心□□論無想定不説滅尽定三地是凡夫定善心地故。七者声聞地。八者縁覚地。九者□□地。十者十住地。十一者十行地。十二者捨小乗向大乗地。十三者大乗十廻向地。十四者十地。十五者仏地如来智慧徳。十六者有余涅槃地。十七者無余涅槃地。二涅槃是□徳。(同、六五四下—六五五上)

○汎論経与[1]十信三十心十地名数出処不同也。今依華厳瓔珞両大経明之也。○次賢首品明実行之信。此両品中明菩薩十信行心意。如集善根之行。(『文義要』巻七、大正七〇、三一六中—下)

○第一明十信。亦名十発心也。瓔珞経云。一信心。二念(心)[2]。三精進心。四定心。五恵心。六不退心。七廻向心。八護心。九願心。十戒心也。○此十信行。一家判云。有二種十信。一約仮用明十信。二就中仮明十信。即是正入菩薩位明十信也。仮十信者。如法華経第一巻云。為声聞説四諦法。為縁覚説十二因縁。為菩薩説六波羅蜜乃至故一家相伝云。偏行六度即是仮用。明六波羅蜜亦得。是相善有所得行。○次三十心。花厳瓔珞。初十位[3]中十行後十廻向。仁王即此名十信十止十堅心也。(同、三一六下)

○〔釈瓔珞浄目天子。法才王子。舎利弗不能入七住云〕今謂十住[4]前得二諦空位中退也。又本業経云。退入外道起大邪見。及作五逆等。豈非初発心前具縛凡夫菩薩汎明之也。若得中仮十信位与三十心及初地已上。更造大邪見等無有是処。○今無得意。開則有六位。一学無得凡夫位乗。二仮十信位乗。三初発心中十信位乗。四相似乗位。即此心也。五従初地已上至金剛心真乗位。六仏果是果位乗。(『文義要』巻七、大正七〇、三一〇下—三一一上)

○[5]一家自有頓漸悟義。蔵[6]師云。従凡入聖必是漸入。無有頓悟。而経云頓断者。応迹引接論之也。諸師多云。有頓漸悟義。随人意提之。而大乗無所得宗意。応如

1 ㊙与論とする。
2 ㊙により加える。
3 ㊙住。
4 ㊙信か。
5 ㊒巻七(大正七〇、三二二中—下)にも同文を引く。
6 他処(大正七〇、三二二中)にては、「吉蔵」とする。

諸法師釈。但難明也。鈍根薄福学有相善比丘不信。（同、三一五中）

○故華厳経云。初発心菩薩。即三世如来等。菩薩頭陀経云。前念出家後念成道。

○直是最上利根[7]菩薩。一了悟解。初発心時便成正覚。不由次第。等覚妙覚。前念為因後[8]〔念〕為果。金剛聖体種智現前。涅槃城中証究竟果。○故知此菩薩無階差別十地也。○〔引大品二十二云〕一念相応慧。断無量煩悩及習成仏乃至但諸仏為縁。漸頓方便開耳。（同、三一五中―下）

○若無方仮論之。無柱不是者。故一微塵中有無量法。故一毛孔中有三千大千世界也。故花厳経云。一中解無量。無量中解一。如是展転生非真実。智者無所畏。（『検幽集』巻七、大正七〇、四八九下）

○二胡道人令人信。故好仮借天親菩薩名。安置[9]已作論中。起信是[10]虜魯人作。借馬鳴菩薩名。（『文義要』巻二、大正七〇、二二八下）

巻第六　仏性義

○[1]三論一宗。得弁涅槃宗。徳王之文。（『肝要抄』巻五、下冊二六丁右）

○[2]正法者。正因仏性也。（『検幽集』巻七、大正七〇、四八七上）

○[3]大経偈説本有今無本無今有。三世有法無有是処。釈偈者。本有者本有無量煩悩。今無者今無大涅槃。言本無者本無煩悩。今有者今有大涅槃。是則若説煩悩為無。則説涅槃為有。若説煩悩為有。則説涅槃為無。然此有無本非[4]有無。故言三世有法無有是処。則本始是[5]方便説無故。（同、四八六上）

○[6]今謂理外行心為外道。理内行心為内道。以扶理者為理内行心。乖理者為理外行

7 (甲)大正脚注では菩薩を第とするも、等の誤りか。
8 (甲)により加える。
9 (甲)也。
10 (甲)處。

1 (続)同文存（続蔵一・七四・一、四九左下）「三論一家。得弁涅槃義宗。故徳王文亦可是具論仏性……」。
2 (続)同文存（続蔵一・七四・一、五二左上）。
3 (続)同文存（同、五七右下）。
4 (続)非無。
5 (続)無定。
6 (続)同文存（同、五七左上）。

心。（『検幽集』巻一、大正七〇、三八九上）

○何[7]但是衆生数有[8]。依報草木[9]亦有仏性。如華厳[10]云。善財童子礼弥勒楼観。得爾許法門三昧。無量寿経云。宝樹説法。蓮華世界海水宝樹皆能説法。故[11]得云有仏性。是波若用故。（『文義要』巻六、大正七〇、二九九下）

○初[12]地見始不見終。後身十地菩薩。見終不見始。仏則見始見終。（『文義要』巻一〇、大正七〇、三七五上）

巻第七　仏性義

○龍[1]光伝開善。聖人陳言布教法門不同。大而経論不出三種。一頓教。二漸。三不言教。（『肝要抄』巻二、中冊六丁左）

○一魯国師。立半満両教。呉[2]国師。判頓漸偏三種教也。（『文義要』巻一、大正七〇、二一二下）

○頓教者。花厳大集経等也。（『肝要抄』巻二、下冊七丁右）

巻第八　五種菩提義

○増一阿含経第九巻云。善吉用法空悟道。中阿含経云。身子得空三昧[*]。又転法輪経云。憍陳如五人観八苦無生也。仏成道七日。二世因果経云。仏逆順十二因縁空得道也。（『肝要抄』巻二、上冊二四丁右）

○問。何故立四依。不列五三二依等。答。解不同。一旧云。対翻昔四依。故昔日今依法不依人等。故正立四依。今明。依人不依法故還而立四依。不列二三五等

7 (続)同文存（同、五八右上—下）。
8 (続)有仏性。
9 (続)等を加える。
10 (続)経を加える。
11 (続)亦を加える。
12 (続)同文存（続蔵一・七四・一、六〇右下）。(疏)巻三（日大蔵、三論宗章疏、六一四上）同文。

1 本来巻七に収められるべき仏性義の文は、現行本欠。
2 (肝)巻二（中冊六丁左）同文。

* (検)以上の同文を引く（大正七〇、四一二中）。

也。二云。諸仏菩薩応作多法。小乗法中只立四果。故還遂四果也。以弁四依位竟。(『肝要抄』巻一、上冊八丁右)

巻第九　二智義

○[1]一従無量生。無量従一生。故言展転生。一為無量故一非実。無量為一故無量非実。一無量非無量。無量一則非一。是則非一非無量。[2]智者解了故無所畏也。○[3]地摂両論等[4]。一是真如一也。無量者二義。一理起性万用無量。二於真如上起妄用也。論師云。一是真諦。無量是世諦。非一故也。今明。不一不多。而一而多。故一為多。多為一也。(『検幽集』巻七、大正七〇、四八九下)

○[5]一家云。雖言権実即是開波若。二諦[6]且然。開一実[7]故。(『検幽集』巻七、大正七〇、四九七上)

巻第十　成壊義

○第三三蔵律師名末田地。亦云末弾地。此云河中比丘。阿難欲入涅槃時。先令夜叉唱告。我和上今入水欲入涅槃也。諸阿羅漢聞唱告声。不見阿難。並在河水上坐。爾時阿難為末田地弟子。授与法宝蔵。因処為目云河水比丘也。第四三蔵律師名舎那婆斯阿羅漢。或言弥婆私。此云紵衣。或云衲衣。此人常著麻紵衣。因事立名也。第五三蔵律師名優婆掘多。或云鞠多。或云級多。或云屈多与及多也。漢云無相。或云大護。阿育王経云。此人身無三十二相。而能伏魔外道等。定功斉於仏。又有道術。以三尺瓔珞能伏外道魔等。時人呼為無相仏。(『検幽集』巻

1 (続)同文存(続蔵一・七四・一、八二右上)。
2 (続)知。
3 (続)この前に七十四字ある。
4 (続)等云。
5 (続)同文存(続蔵一・七四・一、八四右下)。
6 (甲)曰一、(続)亦。
7 (続)欠。

五、大正七〇、四七〇下）

○[1]第一明諸仏出世前後。復有二。第一明在世時造論。第二明仏滅度後造。仏在時造論有四人。第一大迦旃延。第二舎利弗。第三目連。第四比丘尼。明在已有人造論。即是大迦旃延造毘勒論。亦云鞞勒論[2]。[3]釈[4]注云秦為篋蔵也。若入此法門論義則無窮。明諸法並是仮施設。故[5]倶舎論引如[6]仮施設説成論。亦云仮施設経中説。即是彼経論也。[7]毘字論作蜫。即同音也。（『肝要抄』巻二、上冊二〇丁右—左、『文義要』巻二、大正七〇、二二八中）

○第二舎利弗造論名法蔵論。別時呼為舎利弗阿毘曇。有二十三巻。二十二巻云云。第三目連造論六巻阿毘曇也。第四曇摩陳那比丘尼亦造論。未釈其論。応不此土也。故成論主弘云。曇摩陳那比丘尼造論。仏尚許之。寧不恥我造論也。曇摩陳那此云妙色。亦名半迦尸女。此従因縁得名也。（『肝要抄』巻二、上冊二〇丁左）

○有迦旃延尼子即大迦旃延兄也。子彼云尼。此云女也。此女子従大外祖及母作名也。迦旃延子是三明六通大阿羅漢。自誓願五百仏所弘通無所得三蔵教也。故婆沙序云。迦旃延子於五百仏所深種善根。願於釈迦造法。弘通無所得三蔵教。故諸天道与六因義。（『肝要抄』巻二、上冊二一丁右）

○六十巻中。但釈前四度。初二十巻釈雑度。中二十巻釈使度。後十巻釈智度。十巻釈業門。余四十巻釈四度。不来此土也。（『肝要抄』巻二、上冊二一丁左）

○十八部論亦是諸阿羅漢所造也。（『肝要抄』巻四、下冊一〇丁右）

○[8]什法師云。僧祇出九部。上座生十一部。漫陀山云。上座出十二部。此是近代胡僧所説。今以十一為定。（『文義要』巻二、大正七〇、二二五中）

1 (肝)巻二（上冊二〇丁右—左）、(文)巻二（大正七〇、二二八中）、(検)巻四（大正七〇、四二六上）、(鈔)巻上（大正七〇、五〇九中）の四本と照合する。
2 以上(肝)による。
3 以下(文)による。
4 (検)(鈔)釈論註翻。
5 (玄)巻三（大正七〇、五八四上）「倶舎論……彼経論也」同文。
6 (検)仮以下七字欠。
7 (検)により補う。
8 (疏)巻二（日大蔵、三論宗章疏、六〇七上）。
(検)巻六（大正七〇、四六七上）。
(鈔)巻下（大正七〇、五二三上）。
(肝)巻四（下冊八丁左）。
以上四本も同文引用。

○所言同世五師者。相伝釈之。一薩婆多部。二弥沙塞部。三曇無徳部。四迦葉維部。五婆麁富羅部也。優婆掘多於八十誦中。簡繁存略留十誦律。有六十一巻。名為薩婆多。此云一切有。亦言三世有相。亦言一切言説也。弥沙塞。此云顚倒釈義。前解果後説因。亦名広解。広解篇聚也。所説三蔵律部名為五分。有三十五巻也。曇無徳。此云隠覆法相。亦云法鏡。招提云。此是古老諸師。反未知出何典告也。所出律名四分。有四十巻也。迦葉維。此云普逮。亦名輪煩悩。亦名普広。亦云解衆生空。所説律名。相伝云亦名五分。不知幾巻也。婆麁富羅。此云依。大集経言著犢子。旧相伝云。翻為衆首。所説律名摩訶僧祇也。摩訶者如般若義中説也。但僧祇此云衆。亦言和合。亦名説也。所説律名大衆律。有三十巻也。（『検幽集』巻六、大正七〇、四七二下）

○没犢子出薩婆多更有異世五師。謂迦葉阿難等也。（『文義要』巻二、大正七〇、二二五上）

○三百年中従薩婆多部又出一部。○亦名説経部。（『肝要抄』巻四、下冊一〇丁右）

○所諍事義雖多略出其要者。上座部自云。二世是有。見有成聖。仏是有為。双林滅度。大衆盛説二世是無。見空悟道。仏是無為。雖般涅槃不般涅槃。上座親居僧之首。有所陳説不可埋没。別銘一部。大衆亦是衆人同見。是不可抑没。別名一部也。（『検幽集』巻五、大正七〇、四五九上）

○什法師。分別論云仏滅度後一百一十年中。又増一阿含説仏滅度後一百一十年中。又求那跋摩云一百一十年中。善見毘婆沙説十八年中。雖復小小不同而大理是同。（『検幽集』巻五、大正七〇、四五五上）

○[9]四巻毘曇二百五十偈。法勝[10]。即引伝云[11]。青目作長行。（『文義要』巻二、大正七〇、二二四中）

○阿毘曇等四諦実有為宗。但明人空未明法空。見有得道。故釈論中引毘曇義。声聞不能証空也。（『検幽集』巻三、大正七〇、四〇九上）

○何故不付菩薩。但付声聞者。夫大士随機済物。形無定方。行無常准。唯有機必赴。不可強執一法。声聞形有定規。行有常准。有出家形飾。邪正可分。是故四依出世還依声聞出家儀。所以如来但付声聞也。（『検幽集』巻五、大正七〇、四五四上）

○成論至[12]仏滅度八百九十年。出世造論[13]。名師子鎧。初則師子鎧事薩婆多部達摩沙門。究摩羅陀弟子故。暢公序云究摩羅陀弟子。琳公序云鳩摩羅駄弟子。影公序云鳩摩羅和弟子。同云学薩婆多部論主。（『検幽集』巻三、大正七〇、四一七上）

○[14]成実論具存天竺之正音。応云闍迦[15]波楼侮優婆提舎也。闍那迦亦名毘留。此翻為成。[15]波楼侮亦名夜[16]陀跋。翻為実。優婆提舎翻為論[17]。問。得名云何。答。前出論師解不同。一山公招提炎公等云。実是体名。成是論用也。此論能成於実理。故称成実論也。南礀仙師引論色相品云。実名四諦。為成是法故造斯論也[18]。

○問[19]。若為成理故造論。何不就理弁成耶。答。就文弁成有三義。何者。一文能成壊。尋造論之本欲成理故。所以造論。二文有興廃故也。三文題名成実故也。瑛師云。今則具依仏命双題文理。以文為成。言其能成四諦以理為実。言其審諦不虚也。開善龍光云。通論成実論。実通文理。別則不爾。欲造論之意。本為成理。非是成文。所以直就所成以説成実義。故論云実名四諦。為成是法故造斯論也。

9 (検)巻三（大正七〇、四〇八上）同文。
10 (検)作を加える。
11 (検)曰。

12 (肝)主。
13 (肝)以上同文引用。

14 (検)巻三（大正七〇、四一七下）、巻五（同、四四一中―下）。(肝)巻二（上冊二五丁左）。以上三文照合する。
15 (肝)婆。以下同。
16 (肝)他。
17 以上(検)巻三による。
18 以上(検)巻五。
19 以下(検)巻三による。

今成与実是約理明之。但就理明成実義有異。実是理体。成則約用弁之。故論云欲造新実論。新是成之別目也。何者。理始顕曰新也。究尋理体実無成壊。約教興廃義言成壊也。十六文言銘成実論者。挙所成之実。以目能成之論也。(『検幽集』巻五及び巻三、大正七〇、四四一中—下及び四一七下)

○問。汝成実論題名成実者。為当有所承安耶。答。論師等云。遠承金口非専輒自造也。何者。増一阿含経第十一巻最初経解四諦竟。結言如是比丘有此四諦実有不虚。如来最初成此四諦。故名四諦。是故比丘当成四諦。此文証非自心題成実也。開善等相伝云。則此文亦証金口所授記也。又云。大付法蔵経所列。最後亦云師子鉀比丘。鉀是鎧之異名。即知訶梨論師也。(『検幽集』巻五、大正七〇、四四一中)

○問。経云是故比丘当成四諦者。犍度四巻雑心婆沙等。皆是比丘所造。悉明四諦。何故得亦的属訶梨論主耶。答。開善等旧云。犍度等論乃皆是比丘所造之論。悉明四諦。然彼論等題称不名成実。唯斯一論独称成実。故知的允嘱訶梨一人。今此両経足可安信也。問。経云当成四諦。何不名成諦論耶。答。並得。但旧云実名対虚。復欲示此理実有不虚。故称成実也。今次第斥破之。経云当成四諦者有義意。一通論仏説四諦。於未来世無所得。小乗四諦須行。故言当成之語。何時言的嘱汝。成実論主輒取此証金口所説。太不自知之。又成実論等是有所得。反覆仏説無所得。小乗宗何得当成耶。又罽賓小国之人。何時預記。又云。又付法蔵経云師子鎧比丘者論師。拠云即是師子鎧如前説。今故取彼経検覓無有此語。故不可信也。又鉀是有孔也。箭何時是鎧之甲也。(『検幽集』巻五、大正七〇、四

四一下）

◯論師釈論宗有二家義。一者法雲格法師。釈此論宗。雖弁四諦為宗。而四諦有二種。一方便仮名四諦。二正観平等四諦。今此論正用平等四諦為宗。類如涅槃経。雖双明因果而用果当其宗矣。今論亦爾。具明二種四諦。正用空平等四諦為其宗。故法師云。論主以四諦四等為本。言迹中不顕也。二者今諸大徳並云。方便仮有四諦為論宗也。故阿含経雖明弥勒成仏記。而未説菩薩行故。今此経広明菩薩行。故知初教未明大乗菩薩行。故方便四諦為宗也。問。此論見四諦平等得道。何不以空平等四諦為宗耶。答。彼旧云。非無此義。但非三蔵教意。論主正申初教也。故論主造論大意。自明言正解三蔵中実義。故正申初教。初教既以方便四諦為宗。故論宗還以方便四諦為宗。而論滅諦聚中云唯見一諦得道。此意破毘曇一枝義。非論之正宗也。略抄。（『検幽集』巻四、大正七〇、四二一中―下）

◯起信論。有云是北土地論師造也。而未知是非。◯北諸論師云。非馬鳴造論。昔日地論〔師〕造論。借菩薩名目之。故尋不見、翻経論目録中無有也。未知定是不。[20]◯婆沙六十巻伝来江左。余四十巻於西涼州為兵火焼。出祐律師目録也。[21]高唱嵩法師云。更有余処請将去。故翻不竟。六十巻中但釈前四度。余四十巻不来此土。（『文義要』巻二、大正七〇、二二八下）

◯今中観論具存彼音。応云田地阿那羅優婆提舎。田地亦云地翻為中。阿那羅此云観。論如上論。故名中観論也。（『検幽集』巻六、大正七〇、四七五上）

◯今無識人或言三論是偏明破相空論也。故今明人法。人法両明正顕究竟大乗論也。[22]所言人正者龍樹是也。法正者波若正法也。問。此三証並計[23]小乗顕勝。何必於大

20 以上(文)巻七（大正七〇、三二〇上）にも引用。

21 (文)巻二（大正七〇、二二四上―中）「高唱……不竟」同文。

22 以上(文)巻二（大正七〇、二一九下及び二三八上）。(肝)巻三（中冊二八丁右）同文。

23 (甲)許。

乗中為究竟而非偏空耶。答。偏空但是小乗。若於大乗本無浅深。何此論独為浅。又於大乗中為浅者。是余師難也。然今究竟無余之説者。総顕法深也。（『検幽集』巻五、大正七〇、四四二下）

◯又中論観[24]行品云。大聖説空法為離諸見故。若復見有空。諸仏所不化也。大論釈大品経嘱累品云。須菩提所得空。如毛孔之空。菩薩所得空。如十方之空也。大論第四十六巻云。諸摩訶衍中最大也。（『検幽集』巻五、大正七〇、四四二中）

◯此意聞三論此兼於道。◯聖人悟道亦無定。聞一諦即兼三諦悟解聞或。二諦与三諦即悟道。或聞俗諦即兼悟真。聞真即俗。有四句。（『肝要抄』巻二、上冊二五丁右—左）

◯昔在什法師門下有三千門徒。得業之者只八子。即是八宿也。人人即作序嘆此論。今略挹叡法師一序。証究竟大乗論也。其序云。夫百梁之構興等。（『検幽集』巻五、大正七〇、四四二中）

◯関中伝記云云。長則融叡。小則生肇。中則倫影。成淵羅什八子也。（『祖師伝集』巻下、日仏全、史伝一、一五五中）

◯第[25]一論大乗縁起。羅什法師弘始三年十二月二十日来至長安。至四年正月五日翻経論也。伝云。弘始八年中滅度。有伝記之不定。今且一伝記之。肇師涅槃論云。什師門下十有二年。依此語未必八年中滅也。無依無得四論盛行於世。具如大経遊意中説也。無珍得四論来江左亦有縁起。斉時有高麗国僧釈道朗法師。遊於黄龍諸国。八宿之子学[26]弟子所聴学。得無依無依得大乗法門。度江来至陽[27]州。于時斉敬[28]陵王学士。姓周名顒。即是周弘正之祖。与道朗法師周旋。即授其義宗。故

24　(甲)破。

25　(祖)この一文を四論玄義第十三として引用するも、巻十の誤りであろう。「三」あるいは「云」「曰」か。校註にて「底本草書甚難読。読者諒焉」とする。今、東大寺本に従う。

26　為か。

27　揚の誤り。以下同。

28　竟か。以下同。

29 (記)巻三本に「朗法師……行道」までほぼ同文引用（大正六五、七一中）。

30 止の誤り。

31 稟か。

32 詮の誤り。

周氏悟解大意。仍作四宗論。爾時不見其文。道朗師云。所造四宗論。言味可領。後恐是未善其意也。[28]敬陵王請諸法師等五山寺竪義。周顒竪四論義宗。仍請道朗法師於彼寺通大乗義。五山寺者。即是今栖霞寺也。于時[27]陽州諸大徳有所得心如深深竪難改都未敬信。如楚人。不別玉石謂為猥言人耳也。周師請法師還草堂寺講説授学。無所得大乗已進悟解。謂為天下無双人也。周師既衰老已化也。[29]朗法師既先周氏往会稽山陰県小時講説。後時斉嘯所滅後。諸法師請法師復来摂山。摂山去揚州七十里。[30]停山観寺行道梁。武天子登位欲学無所得大乗。請出揚州講法師。為人恒欲安居不欲出也。天子勅請十大徳。令入摂山聴学大乗要道。朗法師請出。而法師為人静居決不欲出也。十法師並是成論弟子。能顕悟聡明者。雖聡明而各各有師嘱。致不軽後著小乗。執著不改都不信受十人中九人。雖後宣伝勅令聴学。一山講竟乃往杉樹山槲博戯咲不専聴学。唯一荘厳法師学士名詮法師。神悟大異諸人。専聴学得悟無依無得法門。道朗師知此得悟改常心、法師一一教授。得斯論義字旨。栖霞法師既得此法門。諸等知此人得大乗意旨便景将来。陳初治化之時。四方遊之士。仍入山[31]京承論旨。諸法師雖聴習而学者如牛毛成者如牛角。唯朗弁勇三師。出陽都講説弘通大乗無所得論。至今遍非無根本由籍也。大朗師[32]論師不専講大涅槃経。直難処為諸人釈意而已。恒勧諸人欲得行道観行只大品。是如大明鏡。常勧諸人。唯朗法師弁勇両師。取山中師意。開講大涅槃経也。高麗朗法師初来揚州時。天子勅問。法師之講何経論。法師奉勅之講一切大経。仰問。能講花厳経不。復答之最便如大乗義疏。正是無所得意也。天子大歓喜。即為作八巻疏也。于時如講師等講花厳経。即得病不然則死。無有一人敢講説者也。天子復問。彼高麗国如法師聡明幾法師。答勅之推与一。道朗為第一人。道朗初授戒竟。往他借戒本。於行路開誦。至本寺道已誦竟。則還反送諸人。驚怖諸人。試誦即如水無有一句滞。故推道朗為第一聡明法師。為一日誦一巻。閑意得也。法不但聡明。復道徳好形容。至白長大也。栖霞詮法師。欲捨寿命之時運。知応死即呼芳[33]山大学士法朗[34]法師。法師講花厳経。諸事一一付属与興皇朗法師竟入涅槃也。法師正欲捨寿時。地動大瑞現。如別伝記也。爾時揚州司星漏師即判之。此当摂山聖人捨寿。星天出顕也。梁武即夜駅馬訪問摂山。彼等諸徳答。詮法師今縄床結跏坐席如咲。面容如眠気絶也。爾時山地大動也。国家人之二彼地動合時節。摂山動時与揚州地動。時漏刻合之。二処地動聖星出時。一一無有前後異。一時故。相伝験知詮師非凡人也。法師縄床結跏坐。葬入龕墓也。又興皇大師未出揚州講時。聖人志公時時来興皇寺。向諸老僧云。此寺青衣菩薩出世広弘大乗。諸僧相共語此。志公語低言説。爾時都不知也。梁末時。志公時時走来。向寺諸僧云。青衣菩薩出弘大乗。寺家須料理房舎。諸僧称驚怖是何言也。陳天子登位。即勅令出於興皇寺講説。法師初出時。着青被袈裟講説。成就無依無得者非復一二也。法師正二十一年在興皇寺講説。学士初成者。璀恵二法師。次知[35]寂知[36]怖二法師。次抜明盛三師。次亘哲持満開腹宝修羅実仲矩晶十四[37]法師。最後成就恵衡恵覚吉蔵三人。論之十七師。衡覚蔵此三法師。陳正時未領人講説。陳滅後復諸講説大乗師。並還入長安。又在者不敢講隠在山中。脱有者入恵日道場。衡覚蔵三法師既年小法師。未入陳正時講説。法師限類猶在不講。後時覚師在新揚州講説。衡亦在光錫講説。蔵公入東山蘇州。後入東州大盛講説。最後亦

33 茅か。
34 明か。
35 智か。
36 慧布か。
37 「旻」欠落。

入京也。興皇大師講説時有七百余人。直地摂両論成毘二家諸人。有七十許法師。並領人講説者擲麈尾。伏聴学無依無得大乗。余親眼所見聞也。(『祖師伝集』巻下、日仏全、史伝一、一五九下—一六〇下)

巻第十一　開路義

○数論雖殊同明四諦。雖復同明四諦復有異処。若数人明四諦是実有。論人明四諦虚仮有。四諦是実有故。所以見有得道。四諦是虚仮有故。所以見空得道。○有是生死。空是涅槃。見有得道只見生死得道。○今更約中道実顕。就理研検。汝数人云。見有得道。那得此有。道理之中若有此有。可言見有得道。道理之中無有此有。那得見有得道。(『検幽集』巻三、大正七〇、四〇九上)

○今検責三教五時有二意。一総検経論責三教五時。総検中復有三。一依経検。二依論検。三検関河相伝。今初経教有大小乗。初得道時説四含等経名為小乗。波若以上名為大乗。窮検大小二経中無有出処。二依論。論有大乗小乗。仏滅度後三百年中。旃延子造八犍度。解仏小乗教。就此小乗論検責五時三教。便無出処。次三百五十年馬鳴出世。五百三十年中龍樹出世。八百年中提婆出世。造諸大乗論。亦無此説。乃至千余年中法勝訶梨出世。造数論。復無出処。三者関河相伝。安師以前乃至羅什至長安門徒三千。入室二十。長則叡等。小則肇等。如此龍象大徳復無此説。豈非虚妄自称此義。故畢竟無有如汝説。出何経論也。(『検幽集』巻四、大正七〇、四三〇上—中)

○汝若言花厳前為諸大行菩薩。説因果之法明理具足故。如日初出前照山王。名為頓教者。三義不可。一者汝引経僻。日天子出時亦不前照山王次照平下。但山高前蒙日照。平下次被日光。此日天子曾無両念。以此譬仏。明如来大悲平等布教無量。但根縁取悟不同。若上根人早悟。下根之人後方得悟。譬事有異。那得輒引此文証頓教。所以不可。二者汝若言従浅至深名漸教者。華厳亦従浅至深。初即薄地凡夫。次至十信外凡夫。次至内凡三十心。即是十住十行十廻向。次至真聖従十地後方至仏。従浅至深。豈復過此。若是華厳是頓教者。五時亦是頓教。五時既是漸教。華厳亦是漸教。三者明華厳是舎那説。涅槃等釈迦説。此則法主異教門異住処異徒衆異。明得取舎那所説故為釈迦作頓教耶。又且問。華厳教時了未有漸。那得有頓。此亦不可。◯次弾頓教。若使初教是浅。従浅至深名漸教者。須問此初説四諦定浅為当定深。彼云決定是浅。既為下根人説。理当自浅。今難。若言四諦定浅者。此即不可。故大論云。説四諦時。六万諸天悟於初果。得法眼浄。五比丘等悟阿羅漢。八千菩薩得無生法忍。皆住一生補処。若爾豈定浅也。若八千菩薩聞説四諦。住一生補処。而四諦是浅者。仏為補処菩薩説摩訶般若。亦応是浅。波若既是深。四諦亦応是深。若言説四諦悟羅漢。而是浅者。説涅槃時亦悟羅漢。亦応是浅。何有此理。◯次明涅槃若是深者。亦不可。何故仏説涅槃。時引大品云。我昔於摩訶波若経中。説我無我無有二相。既説涅槃引大品成等者。故知大品不浅。涅槃不深。豈得言於五時中最深耶。◯四諦是小乗。亦不然。故必一物於彼為妙。於此為麁。至論此物何関妙麁耶。小乗亦爾。若聞四諦悟小乗果道。四諦是小。若聞四諦悟無生法忍道。四諦是大乗。何定小大。故涅槃云。或有服甘露傷命而早夭。或有服甘露寿命得長存。有縁服毒生。有縁服毒死。甘之与毒起自二縁。四諦亦爾。大之与小起自二縁。豈得定判四諦是小也。

○次斥偏方不定教者。彼云。金光明勝鬘。退不同漸教。進不同頓教。是随縁宜名不定教。今所不爾。欲論不定尽皆不定。故如大品。或説智慧為般若。或説実相為波若。或言波若者不愚不智。或言波若観苦無常相尽相無相。或言色不生故名波若。亦如涅槃。前為香山諸仙犳尸力士説涅槃是苦無常。○問。破他五時三教。一無所留。今解若為。答。有両意。一者破虚妄竟尽浄。我無別解。更有一釈与汝何異。今只破不立与汝為異耳。二者汝識破不。若未識破応更尋求。何労問立。若已識破即無復有。何須別責。一切諸法皆如此破。若能了達尽浄虚妄。一毫不留。然後識方便之道。随意得用。如此三教五時大小並今時随縁方便。無大小中作大小説。無漸頓中作漸頓説。無半満中作半満説。一多亦爾。実相道中何曾大小。為赴縁故。不大小中作大小説。無半満而説半満。是以方便随縁故悉皆得用。若偏執即成不可。（『検幽集』巻四、大正七〇、四三〇中―四三一中）

○問。他立引経論。今亦引経論。若為有異。答。不相開有三節不同。一者他家大小異。大小異故小非大因。小既非大品。即不因小得大。本因小為大方便。小既異大小。即非大方便。若爾学小終不能趣大。今所用大小不二。若是他就大小中学大小故。大小成二。今就波若中学大小。波若無異故。大小即是不二。不二故大不異小。小不異大。何者於一仏乗今別説三。大那得異小。汝等所行是菩薩道。小那得異大。故此大小因縁仮名。不大不小而説大小耳。二者他云三乗是権。所以須廃。一乗是実。所以須立。今明不爾。若使諸法之中有一乗道理。無三乗道理。可得廃三立一。而諸法実相中無二無一。既廃三亦廃一。若使立一亦応立三。

豈得廃三而立一耶。今明。三之与一悉是方便。非但廃三亦須廃一。非三非一始是実相也。三者他云大乗是実所以表道。小乗非実故非表道。今明不爾。何意説小為欲顕非小。何意説大為欲顕非大。故説大説小表非大非小。所以大小並是仮名。一往対他有此三節之異也。（『検幽集』巻四、大正七〇、四三四中）

○釈五味相生。五味中波若是第四教。但此間人用波若是第三時。此即不可。今且難。経言波若是第四時。汝為第三時者。経云涅槃是第五時。応用為第三時。経云涅槃是第五時。而今不為第三時者。経云波若是第四時。那得制為第三時。故成不可。問。釈五味与五時教成配既破不許。今解五味其相若為。答。且明五味之意。経何意作五味説。解。正為称歎涅槃。譬如従牛出乳。展転相生訖至醍醐。最為上味。涅槃亦爾。於諸経中最為殊勝。如歎経王各言第一。何関説五味即配五時教耶。故成不可。今依真諦三蔵解云。而言従仏出十二部経者。明十二部経即是言教音声為体。明仏八音七弁説此名味句。故成論云。是法音声性。既能出如此名味句言教。所以道仏出十二部経也。次従十二部経出修多羅者。此言法本。法本只是法句。法句治衆生病之良薬。如嗔恚多者教慈悲観。貪欲多者教不浄観。愚癡多者教因縁観。明十二部経只詮表此法本門。故言十二部経出修多羅也。次従修多羅出方等者。明方等即是行。既識治病之良薬。所以如法伏行。既其修於方等更導大行。故言従修多羅出方等。次従方等出波若者。在行既重。即能発生智慧。是故従方等出波若。智慧既生。即能断除煩悩。得常楽我浄。故言従波若出涅槃也。三蔵法師作如此解。極有意気也。次今一師相承解云。明如来能出此言教。故道従仏出十二部経。十二部経抽出修多羅。修多羅猶自通慢。方等於中最勝。是故従修多羅出方等。方等之言猶自通慢。智慧於中最勝。是故従方等抽出智慧。故言方等出波若。波若即是不生不滅之因。能得大涅槃不断不常之果。故言従波若出大涅槃也。若止観法師云。仏教有四種。一者毘尼。二老波若。三者法華。四者涅槃。若他弁定三乗別教既是小乗。今明不爾。此乃於一仏乗分別説三。菩薩無生法忍。分別二乗之智断。当知此三乗猶是大乗。那得言定小。雖有四教終不出因果二門。故波若与毘尼此即因。涅槃即名果。法華若為。解云。還摂在波若。何故爾。明波若則散説帯得。亦是法花束明菩薩行。雖復散束不同。同明菩薩行処不異。是故還摂波若。同是因〔果〕門。毘尼那得摂在波若。解云。此毘尼此乃一往摂於浅近根性。令其調伏身口七支。七支既浄即了無生。若了無生即是大乗故。経云毘尼学者即大乗。所以毘尼摂在波若。同為因位故。毘尼即是身戒。波若即是心慧。故身戒心慧二種荘厳。若是興皇師云。有三教。爾時為王。講華厳経云。初作此三教。一者根本教。二者方便教。三〔者〕帰宗教。根本教者即是花厳。華厳明正法之性非大非小。所以是根本。波若法華維摩思益等。此非大非小而能大小方便。故名方便教也。若是涅槃前雖方便説大説小。至涅槃教結還非大小。以是義故名帰宗教。仏教大意略如此。（『検幽集』巻四、大正七〇、四三四中―四三五中）

四悉檀義

○問。三論朗師[1]立四仮義。釈経論意。[2]何者。一就縁仮者解不同。一云。外人計有生有滅等相。今論主就生滅責覓生滅相。不得令其不立。名為就縁仮。二云。就

1 ㊊巻五（下冊二八丁左）論師。
2 以上㊊同文引用。

縁仮以凡聖相去遼遠。為欲化故同彼。就是同義将欲化前縁。且先同前縁。如四摂同利。故法花経譬喩品云。捨珍御服著垢膩衣。得近窮子。又如王宮生。一化始終随入六道同之。為就縁仮也。二随縁仮者。既同前縁之説。今欲化之故随根性種種方便為其説。応聞有得悟即為説有。応聞空得悟即為説空。応非有非無悟。即為説非有非無。応聞三乗法即為説如三十三身化也。三対縁仮者。対破也。前縁執有将空対破。執無亦爾。此是薬病対敵相破也。四因縁仮者。是仏正因縁説。明一切法並頼因縁。如有不自有因空故有。亦是有不自有因不有故有。如人不自人因法故人等。但教言有所住。住則礙而不通。今因縁教言無所住。虚通無礙。故此第四名相成仮。則是大経如来随自意説自在之也。此四仮義若了教之者。不須四仮。未得悟之者用之也。◯[3]三論師四悉檀与四仮結会。彼云。世界悉檀即是就縁仮。各各為人悉檀即是随縁仮。対治悉檀即是対縁仮。第一義悉檀即是因縁仮。通称仮者用法雲師語。不自為義也。（『検幽集』巻七、大正七〇、四八一下―四八二上）

十四音義

◯此中十四音即是十四字。即喩昔偏教半字之説。後三十八字即喩今日円教満字之説。◯又或以字義為譬。又復或以字名為譬。或以字形為譬也。字義如前解。是十四音名為字義者。用十四音喩昔半字。故云是十四音名曰字義。名曰半字之義也。字名者如十字。是語之尽。便取此尽処作義名。其中前語已尽後語復尽者。便以前者為小尽。後者為大究竟。此二尽之類是也。以字形為譬者。如半月者不

3　㊥巻五（下冊二八丁左）「……因縁仮」まで同文。

足。如満月者足。二種形之類也。涅槃経第八文字品云。吒者於閻浮提示現半身。而演説法。譬如半月。是故名吒。侘者法身具足。譬如満月。是故名侘。（『検幽集』巻四、大正七〇、四二八上—中）

巻第十二　三乗義

○[1]菩薩者。具足存[2]彼[3]音者。経論[4]所出不同。漸備経云。以為開士[5]。無量寿経上巻云。十六正士[6]。十住論[7]亦云。菩提[8]名上道。薩埵名深心。[9]彼深楽菩提。故名菩提薩埵也。弥天道安法師折疑論。亦云[10]開士。（『検幽集』巻一、大正七〇、三八五上）

○人以仁慈為義。（『検幽集』巻二、大正七〇、四〇六上）

1㊌同文存（続蔵一・七四・一、八七右上）。2㊙好。3㊌欠。4㊌所出の二字欠。5㊌道を加える。6㊌「……正士。即是十六菩薩数也」。7㊌云を加える。8㊌根。9㊌「彼釈云。報果菩提」。10㊌欠。

三宝義

○如来示生王宮。樹下成道。乃言在重昏之下朗然大悟。此為仏宝。為五比丘趣波羅捺。転四諦法。此乃為法宝。時有五羅漢。此為行法之人衆。則是僧宝也。（『検幽集』巻五、大正七〇、四五八下）

○問。本勝迹劣。本劣迹勝。迹本倶勝。迹本倶劣四句。答。有。何者本勝迹劣可解。本劣迹勝者。如諸菩薩八相成道也。本迹倶勝者。二種皆仏也。二種皆劣者。本迹皆菩薩等也。（『検幽集』巻二、大正七〇、四〇六上）

所収巻数不明

○〔依楞伽云〕法仏報仏応仏。（『浄名玄論略述』巻一末、日大蔵、方等部章疏五、

三九五下）

○故大品経釈論云。仏有二種身。一是父母生身。生身是相好仏。二法性身仏。即是常住仏。故経云。光明無量徒衆無量也。問。法性身仏。是（為）無常身仏為是常身仏耶。答。亦無常亦常。故大品経句義品云。一切種智有為也。亦如常住仏是常身。若至[1]而論之常住。亦是無常仏。故中論涅槃品云。由無常放明常。若無常去[2]常亦去。云何常耶。（『文義要』巻八、大正七〇、三四三上）

○龍樹菩薩造千部論。（『検幽集』巻五、大正七〇、四四〇中）

○〔経論能所義云〕問。無所得宗明義。色等生世諦滅復是不生不滅。亦復得言真諦与真如。是不生不滅。復得言真如与真諦。是生是滅耶。答。無為法中差別明之。随縁故説。即具通四句。非四論所引処。具如中論極意中説之也。（『真如縁起』、日大蔵、三論宗章疏、七六四下）

1 (甲)主。

2 云とするも(甲)により改める。

第七節　百済撰述説と課題

『大乗四論玄義記』と、それに関連する問題についての筆者の研究は、一九六八年から一九八〇年まで行なったのであるが、その後は中国仏教思想の研究に従事したために、本文献の研究は中断することとなった。それ以降本文献についての学界における研究発表は二〇〇〇年代に入るまで途断えたのである。二〇〇二年に菅野博史氏が本文献に注目されて、現在まで研究を継続している。[191] 二〇〇四年に諏訪隆茂氏の研究もあるが、[192] 何と言っても最も注目すべき研究は、韓国木浦大学校教授（現在は東国大学校教授）の崔鈆植氏の研究成果である。崔氏は二〇〇七年三月に「百済撰述文献としての『大乗四論玄義記』」（『韓国史研究』一三六、韓国史研究会、ソウル）を発表して、本文献の「百済撰述説」を提示し、二〇〇九年六月に『校勘大乗四論玄義記』（金剛学術叢書2、二〇〇九年、仏光社、ソウル）を出版された。この本の冒頭の解題にあたる「『大乗四論玄義記』と韓国古代仏教の再検討」に、崔氏の研究成果がまとめられているので、ここではその解題に従って少しく筆者の見解を述べておきたい(193)。

本文献が中国での撰述ではないとする崔氏の根拠の第一は、本文献において「耽羅」（済州島）に言及し、しかも礼楽等の中国文化の及ばないところとしている点である。

(1)問、前十師説並為誤過、故被破者、①今時此間、宝憙淵師、祇洹雲公、作真如為正因性、復云何耶。答、一往観述彼師義宗、似落治城素法師義宗并荘厳義及地論。無一而非正宗。亦是彼師不識大乗論中因中有果無果等被破。故私心卜著作義、不足及破耶。②如耽羅、刀□利等人、非礼楽所被也。（仏性義、続蔵一・七四・一、四八左上）

今該当する文は、②の部分である。耽羅は『隋書』巻八一の列伝四六に「聃牟羅」とあり、『日本書紀』巻一七の継体二年（五〇八）の条に「十二月、南海中耽羅人、初通百済国」とあり、巻九の神功皇后四十九年三月の条には「忱弥多礼（とむたれ）」とあり、日本では「とむら・たむら」「とむたれ」と呼んでいたようである。西暦五〇〇年代から済州島は百済に属していたようであるが、その存在は中国・日本そして百済は勿論のこと新羅、高句麗にも知られていたであろう。その中で最も関係が深いのが百済であり、百済では耽羅を未開な地域と認識していたという崔氏の見解に従えば、耽羅を例に出す本文献の作者は、中国や新羅の僧ではなく百済の僧と考えるのがやはり自然であると思われる。筆者は先に新羅の人も使用し得ると考えたが(194)、それは改めたいと思う。なお右の引用文②では、耽羅の次に「刀□利」とある。この三文字の内一字は続蔵経で判読不能であるが、耽羅と異なる別の地名のこととすると全く不明である。もし底本において耽羅の日本での読みを註記していたものが本文として書写された、あるいは判読されたとすれば、先の『日本書紀』の「忱弥多礼」から類推して「刀牟礼（とむら(れ)）」ではないかと推察しておきたい。

第二の根拠は、本文献において「呉魯師」「呉魯両国」「呉魯人」という表現で、中国の江南の地域あるいは国と北方の地域（国）を一括りにすることである。中国に江南を呉と呼ぶ例はあっても、江北あるいは河北地域を魯と呼ぶ例は崔氏によれば全く見られないという。確かに吉蔵の主要な著書にもこのような用例はない。これは本文献が中国の外部において撰述された可能性を示すものという。一例を示すと次のような文章が見られる。

⑵論師真諦即或下有可類摂也。但此間摂論師、偸誦三論義疏意、安置彼義中、軽毛之人信従之。非呉魯師意。所謂是章甫安短髪文身頭載也。（仏性義、同四五右上）

これは、呉魯師の用例を示すものではあるが、もう一つ重要な点がある。それは、「此間の摂論師」と対比され区別されていることである。「此間」を「ここ」とする崔氏の解釈は妥当であろう。つまり「此間」は撰者自身の所在地を指すとみるのである。

以上の二点によって『大乗四論玄義記』は中国で撰述されたものとは考えにくいというのが崔氏の見解である。

筆者は右の崔氏の見解を基本的に承認したいと思う。その上で第一節で問題点を指摘した顕慶三年の識語も重要な根拠としたい。さらに次の文章にも注意しておきたい。

⑶一家云、初章亦是開路義。如大王欲遊行、則前開路、必令清浄、然後大王方得出遊。今明、義亦然、前破除壅塞、然後始得申摩訶衍正義也。（初章中仮義、写本七右―七左、『校勘大乗四論玄義記』七九頁）

右の「一家云」は「三論一家では」という意味の用法で、師である法朗の説を承けて述べたものと考えられるが、吉蔵も同様の説明をしているところがある。『涅槃経遊意』に次のように述べる。

至興皇以来始大弘斯典。但開此経初形勢非一。或明開路義。如国家語有梗礙、偏隅未賓、開疆祐出先須斫伐、然後方得行師。今亦爾、為従来旧執擁（壅）塞正道、故須破洗、然後乃得講経。（大正三八、二三〇中）

右に明らかなように、両者共に開路義についての一家相伝の説を述べていて同趣旨であるが、喩えが相違していることに注意したい。特に慧均の方が理解しやすい喩えとなっていて、その文中に「大王」が使用されていることは注目されよう。大王号は一般的に古代東アジア（朝鮮半島と日本）で用いられた君主の称号とされる。(195)

中国では皇帝・帝王・天子が一般的で、本文献でも梁の武帝を「梁武天子」と称している。「大王」は中国では使用されなかった。それに対し高句麗・百済・新羅の三国はすべて「王」であり、高句麗の好太王（広開土王 三五一―四一二在位）は「永楽太王」で、次の長寿王や新羅の真興王（五四〇―五七五在位）なども大王と称されている。百済も聖王・威徳王等すべて王であり、本文献が唐に献上された時期は義慈王の時代である。日本の文献には例がないようであるが、五～六世紀の刀銘や鐘銘には「大王」の称が確認されている。いずれも、唐の時代には中国の皇帝から王に冊封された諸国の君主に対し、その支配圏内において行われた尊称であり、国内的に君主の称号として用いられたものと考えられている。日本では天皇号以前（七世紀末以前）の称号として大王が用いられたようであるが、しかもそれは百済からの影響ではないかという指摘もある。[196]

従って『四論玄義』が、吉蔵の文章にある「偏隅未賓」（辺境の人々は従がわず）というような語は不適切と考えて一般に分かり易い喩えに変えて、その中に「大王」遊行の例を用いたことは、著者慧均が中国僧ではないことを示しているのではなかろうか。

そこで次の大きな問題は、慧均が新羅僧なのか百済僧なのかという点である。これについての崔氏の見解は百済説であり、その根拠は先に引用した(1)の文章の付線部①と②である。②についてはすでに述べたので、ここでは①について取り上げたい。問題の文は「今時此間、宝憙淵師、祇洹雲公」であるが、祇洹寺は中国では各地に存在が確認されるが、宝憙寺は不詳である。それが崔氏によれば百済の古都であった扶余の陵山里の跡から二〇〇〇年四月に発見された二十余点の木簡の中の一つに「宝憙寺」と明記されていることが確認された。その木簡は陵山里の寺院で行なわれた四月八日の儀礼（仏生会であろうか）に参与した僧侶を確認するためのもので、しかも背面には塩を贈ったという記録があった。このことから宝憙寺は首都の扶余か扶余から遠く隔たっていない地域にあった寺と推定されている。この寺と本文献で言及される宝憙寺を同一の寺院と見るのである。そして「今時此間」を「いまここ」の意味に解して、撰者慧均が現在所在している場所と理解し、それは「百済」であると見て、『大乗四論玄義記』は百済の撰述文献とするのである。[197]

右の崔氏の見解について先に承認したように、筆者は説得力あるものとして評価したいと思う。ただし、すべての問題が解決されたわけではなく、また確実な根拠が示されたわけでもない。今ここでは崔氏が取り上げていない一、二の事柄を指摘して百済撰述説を補強したいと思う。

一つは、直前に言及した「今時此間」の学僧として宝憙寺の淵師とともに並記される「祇洹雲公」である。慧均の文章からすれば、「祇洹寺」も「今ここ」の寺と考えるべきであろう。中国には支遁や求那跋陀羅などが住した祇洹寺があるが、今の場合、中国の寺ではありえない。そこで権相老編『韓国寺刹全書』(一九七九年、東国大学校出版部発行)の上巻(二〇四頁)に次のような記述があるのに注意したい。[198]

祇園寺　在忠清南道舒川郡霊鷲山。東国輿地勝覧一九　○今廃。梵宇攷

祇園寺　未詳。○疑在慶州。大東禅教考

右の二つ目の寺は未詳とされ、疑問ながら慶州にあった寺か、となっている。慶州は古くは新羅の都であり今は除外される。一方最初の祇園寺の所在は、忠清南道舒川郡霊鷲山とされ、これは古の百済の地で、扶余にも近い。「洹」と「園」とで相違するが通用される文字であり、「祇洹雲公」の寺と想定できないであろうか。ただ現在は存在せず、その歴史も不明である。七世紀の百済に存在していたか否か分からないが、この祇園寺である可能性はあろう。ただし、淵師も雲公も不詳である。

次に、顕慶三年の皇帝へ献上をした旨の識語にある「興輪寺」を筆者は当初新羅の寺と予想していたが、それでは矛盾することとなる。百済僧の撰述文献を、当時対立していた新羅の学僧が唐に渡って皇帝に献上するということは到底考えにくいからである。そこで百済にも興輪寺がなかったのかどうかを調べたところ、右引用の同書下巻(一二一七—一二一八頁)に次のような記載がある。[199]

興輪寺　当在百済地、今未詳。○弥勒仏光寺

事蹟云、百済聖王四年丙午、沙門謙益矢心求律。航海以転至中印度常伽那大律寺。学梵文五載、洞暁竺語、深攻律部、荘厳戒体、与梵僧倍達多三蔵、齎梵本阿曇蔵五部律文帰国。百済王以羽葆鼓吹郊迎、安于興輪寺……。（朝鮮仏教通史上）

右に依れば、聖王四年（五二六）頃百済に興輪寺が存在していたことになる。この興輪寺が七世紀まで存続していたとすれば、そして顕慶三年の識語の興輪寺のこととすれば、多くの疑問点や矛盾点はほぼ解消される。しかし、あくまでもすべて推定によるものである。朝鮮半島の仏教に関する文献資料の欠如は如何ともしがたい。

以上によって推察したことをまとめるならば、『大乗四論玄義記』は、百済の中国留学僧である慧均によって、帰国後に百済で撰述され、それが顕慶三年に恐らくは遣唐使節団の一人として同行した百済の興輪寺の学問僧（入唐学問僧の意味か）法安によって、中国と百済の友好の証として唐高宗に献上された、ということになろうか。[200]もし「学問僧」という用語が日本特有のものであったとすれば、献上の識語は本文献が日本に伝えられた除に、伝承に基づき記入された可能性があろう。

次に本文献の流布は、顕慶三年（六五八）頃かそれ以降と考えてよいと思われる。現在判明している中国及び朝鮮半島での流布を示すものは、中国では唐代初期の成立とされる『道教義枢』巻八の五種道性説と巻一〇の感応義への影響が指摘される。道教の道性思想の形成過程についての詳細な研究は、鎌田茂雄博士によって行なわれ、『道教義枢』に見られる五種道性説は、三論教学の五種仏性説を改変して説かれたものであることが明らかにされた。[201]鎌田博士は吉蔵の五種仏性説との比較をされて、吉蔵の影響とされているが、すでに本書第四、五節で論述した慧均の仏性説との対比及び後述の「感応義」の影響を考えると、筆者は『大乗四論玄義記』も参照していたのではないかと思う。三者の説を列挙すると次のようである。

㈠『道教義枢』巻八道性義の説

(1)正中者、中是不偏之名、正是不邪之目、正道真性、不生不滅、非有非無、無名正中道。
(2)因縁性者、因是能生者、是由籍故、設境教、為悟解之因縁、由此因縁、生智成道。
(3)観照性者、因也、通名即有無二観、照有無二境、因有入無、明照真境、発生妙観。
(4)智慧性者、即是極果、冥寂玄通、大智慧源。
(5)無為性者、即是智慧、断除因果、二累神無之無為也。(鎌田博士書、七〇―七一頁)

㈡『中観論疏』巻第一本の説

大涅槃経明五種仏性、蓋是諸仏之秘蔵、万流之宗極、蘊在因縁之内、所以然者、十二因縁不生不滅、謂境界仏性。由十二因縁本無生滅、発生正観、即観智仏性。斯観明了、即名菩提果仏性。正観既彰、生死患累、畢竟空永滅、即大涅槃果果仏性。然十二因縁、本性寂滅、未曾境智、亦非因果、不知何以目之、強名正性、正性者五性之本也。

(大正四二、六中)

㈢『大乗四論玄義記』巻八(現行本)の説

問、若為十二因縁為五性。答、取其能発生観智、是境界性。取其能観義、名観智性。観行明浄、為菩提智性。断常二見、畢竟永尽、為涅槃果果性。即此十二因縁、未曾是因果、即是正性也。(続蔵一・七四・一、六三右上)

右の三説の五性の名称のみを対比すると次のようになる。

『道教義枢』	『中観論疏』	『四論玄義』
正中	正性	正性
因縁性	境界仏性	境界性

観照性	観智仏性	観智性
智慧性	菩提果仏性	菩提智性
無為性	大涅槃果果仏性	涅槃果果性

次に『道教義枢』巻一〇「感応義」と『四論玄義』「感応義」を対比すると次のようである。

道教義枢	四論玄義
又無情有情感応四句。一者有情感無情、二者無情感有情、三者無情感無情、四者有情感有情。有情感無情者、如哭笋柚莖射石飲羽。無情感有情者、如福地招賢名山集聖。無情感無情者、如銅山既崩、雄鍾便響。有情感有情者、此義可知也。（台湾版道蔵№七六三、三三二〇三頁）	通論感応、有情無情等四句。一者無情感有情、二者有情感無情、三者無情感無情、四者有情感有情也。何者、無情感有情者、如名山美水、必致勝人也。有情感無情者、如寡婦坐長城、頽寡婦哭深水開中也。如虎嘯長風起、人叫谷響応也。無情感無情者、如銅山崩、鍾鈴応也。此終取其類相関、鐘鈴已是銅故応、鉄石等終不応也。若有情感有情者、正是感応宗、如積善之家、至人必応也。（続蔵一・七四・一、三七右上）

両者を比較対照して見れば、『道教義枢』が『四論玄義』の説を参照して譬喩説を改変して述べたものであると思われる。

次に朝鮮半島における流布の例として、新羅元暁（六一七―六八六）の『涅槃宗要』第二明仏性義において本文献が参照されていることが明らかとなっている。[202] 一九八〇年代に、当時東京大学東洋文化研究所教授であった鎌田茂雄博士の研究会において、均如『釈華厳教分記円通鈔』の註釈的研究が行なわれていて、一九八三年に駒澤大学の吉津宜英博士が担当した部分に元暁の『涅槃宗要』仏性義の引用があり、その中で元暁は仏性の体について六種の異説を紹介しているのであるが、吉津博士は検討の結果『大乗四論玄義記』を参照して書かれていることを指摘されたのである。筆者が『四論玄義』の研究に従事していることを承知されていた吉津博士は、研究会での発表原稿のコピーを提供されて右の事実を教示して下さったのである。その内容は『東洋文化研究所紀要』第九五冊（一九八四年）に、鎌田茂雄「釈華厳教分記円通鈔の註釈的研究㈢之二」として収録され、その註記二一三に詳細な記述があり、『大乗玄論』『四論玄義』『涅槃宗要』の対比もなされているので、ここで再説するのは省略したい。

以上二つの事例のみではあるが、本文献が日本で流布しただけではなく、中国においても影響を与え、新羅にも流布していたことが知られる。その他にも影響を与えている可能性があり今後の精査が必要である。

『大乗四論玄義記』が百済僧による撰述であることがほぼ確実となった現状において、本文献の資料的価値はより一層高まったと言えよう。韓国古代の仏教文献は新羅僧の著書は多少残されているものの、高句麗・百済の文献は皆無であった。中国への留学僧である慧均の書いた本文献は、中国僧の著書とは相違する面が多い。その一つの特色は、自己の見聞に基づく歴史的記述があることと、留学によって得た知識を遺憾なく発揮しようという姿勢がうかがえることである。歴史的記述というのは、すでに論じた三論学派に関する記述のことであり、留学による学識の表明は、百済の摂論学に対する批判に顕著である。慧均には本文献の他に『弥勒経』に対する註釈書もあった。この問題は第二章で論じるが、従来は新羅の文献に依って論じられて来た弥勒信仰についての研究に、百済の文献が一つ加わることになる。本文献が百済撰述であるという根拠を、今後も諸文献の精査や新羅の文献との比較研究、国際交流の分析等によって見出す作業は欠かせない。新たな発見があることを期待したい。(203)

（1）本書では地論、摂論、成実、毘曇の四学派を「地摂両論成毘二家」というように一括して呼び、時にはそれらを「地摂等四論宗」などと呼ぶこともあるが、そこに矛盾や混乱はなく、中百等の四論とは明確に区別している。「有所得四論宗」「有得四論」「彼四論義宗」などの表現で批判を展開し、単に「如四論等」と言う場合も文脈上批判対象として四論であることは容易に判断できる。この批判対象である地摂等の四者を四論と呼ぶ例は現行本の巻一〇の「三乗義」（続蔵一・七四・一、八六左下―一〇〇右上）に十数例使用されるが、他の義科ではほとんど用いられていない。

（2）横超慧日「新出資料・四論玄義の初章中仮義」（『印度学仏教学研究』七―一、一九五八年）、同「四論玄義の初章中仮義」（『岩井博士古稀記念典籍論集』所収、一九六三年）。なお、写本の所蔵者は、一九五八年の横超博士によれば、大阪の潮留真澄氏とされる。現時点での存否は確認していない。また、大谷大学の三桐慈海氏が写本を筆写したもののコピーを一九七三年頃に提供を受けた。さらにその後、写本のコピーも入手できたが不鮮明なところが多く、三桐氏の筆写本が現在でも大変役に立っている。ここに御学恩に対し深く感謝申し上げたい。なお、崔鈆植『校勘大乗四論玄義記』（二〇〇九年、仏光社、ソウル）に「初章中仮義」の全文が収録された。

（3）智光『浄名玄論略述』巻一末（日大蔵一四、方等部章疏九、二三三頁下）参照。ただし、現行の『四論玄義』や『弥勒経遊意』、「初章中仮義」「八不義」、逸文中に該当文を見出すことができない。

（4）日本で「大皇帝」と呼ぶ例として、光定（七七九―八五八）『伝述一心戒文』巻中（大正七四、六四四上）がある。この「大皇帝」の用例及び百済や新羅で皇后のことを「内殿」と呼ぶことなどは、駒澤大学仏教学部教授石井公成氏のご教示による。ここに感謝したい。

（5）中国の僧制については、鎌田茂雄『中国仏教史』第五巻第三章第四節僧官制度の変遷（一九九四年、東京大学出版会）参照。

（6）高麗・一然『三国遺事』巻四「慈蔵定律」（大正四九、一〇〇五上以下）、李能和『朝鮮仏教通史』上編、新羅・真徳女王三年条（一九七四年、慶熙出版社）、中吉功編『海東の仏教』第一編第八章寺典と僧職（一九七三年、国書刊行会）参照。

（7）崔鈆植「百済撰述文献としての『大乗四論玄義記』」（『韓国史研究』一三六号、二〇〇七年）、同「『大乗四論玄義記』百済撰述説再論―金星喆教授の反論に対する批判―」（『韓国史研究』一三八号、二〇〇七年）。以上は韓国語であるが、二〇〇八年一月二六日（土）に駒澤大学において「『大乗四論玄義記』と百済仏教」というタイトルで講演をされ、その内容が『駒澤大学仏教学部論集』第三九号、二〇〇八年）に収録された。第七節で論述したい。

(8) 前註(2)で述べたように、三桐慈海氏の提供による。
(9) 本章第六節、三一五頁参照。
(10) 法朗(五〇七—五八一)の伝は『続高僧伝』巻七(大正五〇、四七七中以下)、吉蔵(五四九—六二三)の伝は同じく巻一一(大正五〇、五一三下以下)参照。
(11) 慧覚は『続高僧伝』巻一二(大正五〇、五一六上)、慧暠は同巻一三(大正五〇、五二二中)に立伝されている。
(12) 三桐慈海「慧均撰四論玄義八不義について(一)—大乗玄論八不義との比較対照—」(『仏教学セミナー』第一二号、一九七〇年)、及び「大乗玄論八不義—慧均撰八不義について—(二)」(『仏教学セミナー』第一七号、一九七三年)参照。
(13) 仏教大系『三論玄義』(一九七八年復刊、中山書房)の今津洪嶽による「解題」参照。
(14) 『検幽集』巻七によると「四論玄第四夢覚義云、第二釈名、亦有三種勢明之、一者当時釈名、夢是不了義、亦是迷濫失理為義、覚者了為義、亦是悟実得理為義。二者開発釈名、夢是覚為義、覚是夢為義。三者表理釈名、夢是不夢為義、覚是不覚為義」(大正七〇、四八七上)とあって、夢覚義四重の第二釈名門を示す。
(15) 『四論玄義』巻九(続蔵一・七四・一、七三左下)には、「今大乗明義、並不同四時五時三種説、非経説言、具如夢覚等義科中破也」とあり、巻一〇(同、九〇右上)には「問涅槃法華大品夫人等経、並明無三帰一、若為取耶異耶、答若成毗二家釈云、大宗明之、大品経正明空、明空蕩相、法華経無三帰一、明寿量果、夫人経偏方之説、即是説頓、弁一乗与大経斉、一此法故有如此異、但馮観二師為執四五之異、説前三与四説猶是無常半字教、如夢覚義中説」とする。
(16) 巻七仏性義(続蔵一・七四・一、五九右下)等全部で九箇所。
(17) 『検幽集』巻七(大正七〇、四九五上)に「均正師十二巻章八不義曰、成実師解八不不同、一云、八不並是真諦、中道亦是真諦、二云不生不滅是中道、即是真諦、不有不無中道、余六不是俗諦中道」とあり、これは『大乗玄論』巻二の八不義(大正四五、二五下)の文とほぼ同文である。八不義については、第四章で論じる。
(18) 『四論玄義』巻九(続蔵一・七四・一、六九右下)に「所言二智者、一者方便実智、二者実方便智也、如八不義中釈」とし、巻一〇(同、九七右下)に「今無依無得宗定之、嘍嘍別別生於分別心、於入道〇無益、如百草也。如八不義中破三任(仮)也」とある。
(19) 『検幽集』巻七(大正七〇、四八五下)には「四論玄二諦義曰、安字釈者真以実為義、即有之無、体無虚偽故称為真諦……」とし、同じく(同、四八七下)には「四論玄二諦義曰、竪論表理者、真是不真為義、俗是不俗為義、故居士経云……」として引用する。後者は、現行本の二諦義中に同文が存する。

(20)『三論玄疏文義要』巻一〇（大正七〇、三七五上）に「四論玄第六巻仏性義云、初地見始不見終、後身十地菩薩見終不見始、仏則見始見終」とある。これは現行本に同文が存する。

(21)『検幽集』巻三（大正七〇、四一二中）に「四論玄第八、五種菩提義云、増一阿含経第九巻云、善吉用法空悟道、中阿含経云、身子得空三昧」とある。

(22)同、巻一（大正七〇、三八五上）に「四論玄第十二、三乗義云、菩薩者具足存彼音者、経論所出不同、漸備経云……」とあり、現行本に同文が存する。

(23)同、巻三（大正七〇、四〇九上）に「四論玄第十成壊義云、阿毘曇等四諦実有為宗、但明人空未明法空、見有得道、故釈論中引毘曇義声聞不能証空也」とあるが、他所でも多く引用している。また巻一〇の文は『三論玄疏文義要』『三論玄義鈔』『大乗玄問答』にも引用されている。

(24)『検幽集』巻七（大正七〇、四八四中）では「四論玄第一初章中仮義云、仏性非因非果、非因而因、因有二、一境界因二縁因……」とし、横超博士の紹介された写本も第一巻初章中仮義とする。

(25)同、巻三（大正七〇、四〇九上）に「同玄第十一開路義云、数論雖殊同明四諦、雖復同明四諦復有異処、若数人明四諦是実有、論人明四諦虚仮有」とし、同、巻四（大正七〇、四二八上）に、「四論玄第十一、十四音義云、此中十四音即是十四字、即喩昔偏教半字之説、後三十八字即喩今日円教満字之説」同、巻七（大正七〇、四八一下）に「四論玄第十一、四悉檀義云、問三論朗師立四仮義釈経論意……」としている。

(26)同、巻五（大正七〇、四五八下）に「四論玄第十二、三宝義云、如来示生王宮、樹下成道乃言在重昏之下、朗然大悟、此為仏宝、為五比丘趣波羅捺転四諦法、此乃為法宝、時有五羅漢、此為行法之人衆、則是僧宝也」とする。

(27)『検幽集』所引の「四論玄第十」の文中に「摩訶者如般若義中説也」（大正七〇、四七二下）の語がある。

(28)『三論祖師伝集』巻下（日仏全、史伝一、一六〇下）の引用に「衡覚蔵三法師・既年小法師」とある。

(29)本書では、開善等いわゆる梁三大法師の学説を最も多く引用し、それを批判している。現行本では開善について百回以上関説する。

(30)『四論玄義』巻八（続蔵一・七四・一、六三左下―六四右上）「問既与其当分常浄、何不与其当分我楽、答蔵云通而明之皆得、此文互挙一辺也、而今此中無有我楽者、其猶有無常識謝、三苦之中猶為行苦所逼、故無我楽也」。

(31)『三論玄疏文義要』巻七（大正七〇、三二二下）に「若准此文、嘉祥意不許速疾成仏者也。然云此有二義、一云、均師面対嘉祥故、善得其義判之如此。二云彼師但得一時対論而不知深趣、及於余時申正意也。但可研尋自師釈文不労他人所伝也。又嘉祥意頓悟是応迹引

接、超於実修行此義殊勝也。可善研之」とある。

(32)『二諦章』巻上(大正四五、八三中—下)に「百論正対破外道、外道不知諸法性空、不識第一義諦、即不知諸法性空。亦不知諸法於顛倒因縁有、不識世諦。所以提婆菩薩、従初破諸法性有、畢竟無所有。……然後示如来因縁二諦、明諸法性空為真諦、随俗説故無過、即世諦、破彼空有示其二諦、百論作此用也」とある。

(33)『中観論疏』巻二末(大正四二、二八上)。また『二諦章』巻上(大正四五、八九中)でも、初章について、同趣旨のことを述べている。

(34)同、巻二末(大正四二、二八上)「初章者他有有可有即有無可無、今無有可有即無無可無(第一節)。他有有可有不由無故有、有無可無不由有故無、今無有可有由無故有、無無可無由有故無(第二節)。他不由無故有、有是自有、不由有故無、無是自無、今由無故有、有不自有、由有故無、無不自無(第三節)。他有是自有名有故有、無是自無名無故無、今有不自有名不有有、無不自無名不無無(第四節)。此四節語為初章也」。

(35)『検幽集』巻七(大正七〇、四八六下)所引の「初章中仮義」の文。

(36)同所に「関中者叡法師序中論意云以中為名、照其実也。此是以実釈中、中是実義也。問照其実者似釈観義耶、答照是顕義、顕其実録也。又肇法師作涅槃論云如正観論中説故以正釈中、中是正義也。論文者、論観法品云諸法実相云何入、答云息我我所諸見故得入実相、実相是中故以実観中、中是実義也。又大論至難処指云如正観論中説也。引証者、大経云無相之相乃名実相、如是無相亦名第一義空、亦名中道也。以理明之者中是中実、故以実為義也」とする。吉蔵は『三論玄義』(岩波文庫本一八〇頁)において、中観論の三字を釈する内の「中」について四種の釈義を挙げ、その第一依名釈義で次のように説いている。「依名釈義者、中以実為義、中以正為義。中以実為義者、如涅槃釈本有今無偈云、我昔本無中道実義、是故現在有無量煩悩。叡師中論序云、以中為名者、照其実也、照謂顕也。立於中名、為欲顕諸法実。故云照其実也。所言正者、華厳云、正法性遠離、一切言語道、一切趣非趣、悉皆寂滅相、此之正法、即是中道。離偏曰中、対邪名正。肇公物不遷論云、正観論曰、観方知彼去、去者不至方。故知中以正為義也」。

(37)『検幽集』巻七(大正七〇、四九二上)所引の「初章中仮義」の文。

(38)右に同じく『検幽集』の引用(同、四九二上—中)。吉蔵も、前註の『三論玄義』の文に続いて四中を次のように説明する。「所言四中者、謂対偏中、尽偏中、絶待中、成仮中也。対偏中者、対大小学人、断常偏病、是故説対偏中也。尽偏中者、大小学人、有於断常偏病、則不成中。偏病苦尽、則名為中。是故経云衆生起見、凡有二種。一断二常。如是二見、不名中道。無常無断、乃名中道。故名尽偏中也。絶待中者、本対偏病。是故有中。編病既除、中亦不立。非中非偏、為出処衆生、強名為中、謂絶待中。故此論云若無有始終、中当云何有。経亦云遠離二辺、不著中道。即其事也。成仮中者、有無為仮、非有非無為中。由非有非無故、説有無。如此之中、為成於仮、謂成仮中也」。(大正四五、一四中―下)

(39)『検幽集』巻七(大正七〇、四八一下)所引の本書巻一一「四悉檀義」の文。

(40)同上。本章第六節、三三三頁参照。『三論玄義』(岩波本、一六八頁)では次のように説明している。「一切諸法、雖並是仮、領其要用、凡有四門。一因縁仮、二随縁仮、三対縁仮、四就縁仮也。一因縁仮者、如空有二諦。有不自有、因空故有。空不自空、因有故空。故空有是因縁仮義也。二随縁仮者、如随三乗根性、説三乗教門也。三対縁仮者、如対治常説於無常、対治無常是故説常。四就縁仮者、外人執有諸法、諸仏菩薩、就彼推求、撿竟不得、名就縁仮」。

(41)本書巻二の八不義は、現行本では欠巻となっているが、横超博士が紹介された写本は、吉蔵『大乗玄論』所収の八不義と全同であり、三桐氏が前掲論文において対照を試みられている(註(12))。そこで、『大乗玄論』所収の八不義が、吉蔵の真撰か否かについて検討を加え、私見では、吉蔵の作ではなく慧均のものであるとの結論に至っている。以下の論は『大乗玄論』所収「八不義」の文に依る。拙稿「『大乗玄論』八不義の真偽問題」(『印度学仏教学研究』第一九巻第二号、一九七一年)参照。本書第四章参照。

(42)『四論玄義』巻二、断伏義(続蔵一・七四・一、六右上)。

(43)同、巻九、二智義(同、八九左上)。

(44)上記の三意各々について、理由を記しているが、いま第一の単義論単複の互相入出を説く理由を示せば、「次釈所以然者有二義、一者破衆生執実之病、随計遣所以遂成多句也。二者明大士観行融通自在無有滞礙、故地持云、従有無方便入非有非無也、華厳経云、或東方入正受三昧等、不復具出、又大品経云或散心中起入滅尽定、滅尽定起入散心中。則是迴転総持入出無礙方便也」(大正四五、三三二下)とあることによる。

(45)文中では十二句のみを明かすが、この四句、すなわち、従真諦複仮入俗諦単中、従俗諦単中出真諦複仮、従俗諦複仮入真諦単中、従真諦単中出俗諦複仮も、前に例して可能である。しかしこれは説かれておらず古来疑問とされている。珍海は『大乗玄問答』巻一(大正七〇、五七三上)で、この問題に触れ、興皇法朗の相伝説であろうとし、自己の見解を述べている。「然今存一会釈者、単仮複中者義便也。単者短、複者長也、中是体。故為入仮是用故為出。若尓於体明義可長、於用明義乃短、是義便也。若於仮用明複義、於中道弁単義者、義乃不便、若中仮倶単中仮、並複亦可然也。若有単複長短之不同時、不可云単中複仮也。至二諦各別明時者、彼依実義通具明之。今依非義便、又依義隠略不明之。若互相例者其義可斉等也」。

(46)平井俊榮「吉蔵『二諦章』の思想と構造」(『駒澤大学仏教学部研究紀要』第二七号、一九六九年)。

(47)『検幽集』巻七（大正七〇、四九三上）所引の本書初章中仮義の文。写本では三論師とある。第三節に再説する。

(48)『続高僧伝』巻七、法朗伝（大正五〇、四七七下）に「然弁公勝業清明、定慧両挙、故其講唱兼存禅衆、抑亦詮公之篤厲也。然其義体時与朗違、故使興皇座中排斥中仮之誚」とある。

(49)横超博士紹介の初章中仮義の文（前註（2）参照）に「初聞見初章中仮語、往往大恠咲也。学之得意真可謂是入道之龍律、得理之眼目、及観初底越示章甫之無異、楚人不別玉石之不殊也。若明了初章則二諦境智仏性二河感応等衆義易可解也」とある。

(50)『中観論疏』巻二末（大正四二、二八上）。

(51)同、巻二本（同、二五中—下）。

(52)同、巻二本（同、二七中）では、具体的に人名を挙げて批判している。「昔山中学士名慧静法師、云惑去論主去、此去無所去。而遂捨偏著中、除性立仮。以此安心即畢竟不見仏。所以然者仏心無所依、汝心有所寄、乃与仏隔。何由見仏。為此義故須破之」慧静について、国訳一切経『中観論疏』（一〇三頁）の脚註では、『高僧伝』巻七（大正五〇、三五九中及び三七二上）の姓王、河東生れの慧静であろうとしている。山中の学士といい、中仮義を立てたようであることから考えて、僧詮に学んだ人であろう。

(53)横超博士前掲論文（前註（2））。

(54)安澄『中観論疏記』巻三末（大正六五、九〇上）、及び『三論玄義鈔』巻下（大正七〇、五三一下）。

(55)『検幽集』巻七（大正七〇、四八一下）所引の文。

(56)『四論玄義』巻五（続蔵一・七四・一、二六右下—左上）。

(57)「異の三論師」批判は『中論疏』に多くみられるが、その一、二を示すと、巻六本（大正四二、九三中）では、『中論』本住品の第五偈について、「有異三論師謂此是人法相待破。蓋是不看長行文耳。所以作此破者、上明倶離今明倶不離。前明其倶離者、離破其離義。今合離者、不離破其離義、故進退屈也」とし、巻九末（同、一四〇下）の如来品を釈する中で、「又異三論師云、此中破如来者有二釈。一云、但遣著心実不破仏。二云、仮令破仏者破外道小乗之仏耳。今明不爾。若但破著心名破仏者、彼終謂有仏但不許著耳。……」とある。

(58)吉蔵の初章中仮義に関しては、別に論じたいと思うが、「中仮義」なる小論の存在したであろうことを推察せしめる記述が見られる。『中観論疏』巻一本（大正四二、一一下）で「問破性中此仮前中、二諦表中道是仮後中、云何是中前仮、中後仮耶。答中前仮者未説体中、而前明於仮、則上而有而無是也。中後仮者説体中、竟方説而有而無是也。又中前仮即従有無入非有非無、従用入体。中後仮非有非無仮説有無、従体起用也。中仮義内具足明之、今略示大宗也」としているが、これを単複中仮義にあてはめると、中前仮は単仮複仮及び従単仮入単中、従複仮入複中となり、中後仮は、単中複中及び従単中出単仮、従複中出複仮ということになり、この中前仮と中後仮の説明解釈で単複中仮義の要旨は尽くされることとなっている。ただ両者の表現が異なるのは、慧均と吉蔵の相違を示すものか、あるいは中仮義を説くのに種々存在したことによるものであろう。また『百論疏』巻中（大正四二、二七六上）に「中仮義云、他有長可長、不由短故長、此是長在長中。今無長可長由短故長」としているが、これは、すでに述べた法朗の初章の文を換言したものである。ここで、諸経論引用と同様の形で関説しており、「中仮義」は、法朗の説としても、具体的に法朗の著作としてあったものとの推察も可能である。ただ法朗には、大師とか師とかの呼称で関説することからすれば、吉蔵自身の著述中にあったことも充分考えられる。その場合、それは初期の成立であろうことは、揚州慧日道場時代の作とされる『三論玄義』（岩波本一八六頁）に、「就成仮中、有単複疎密横竪等義、具如中仮義説。如説有為単仮、非有為単中、無義亦尓。有無為複仮、非有非無為複中。有無為疎仮、非有非無為疎中。不有有為密仮、有不有為密中。疎即是横、密即是竪也」なる一文があることによって窺われる。ここの説明は、先述の単複中仮義中の単義について単複を論じる所を簡略に説いたもので、疎密に関して、慧均は次のように述べている。「明由空故有、由有故空、此語為疎。若空不空若有不有、此語為密。此則漸進之義也。問何空有為疎、不有有不空空為密耶。答空有両法相由、由空故説有、因有故説空、此則為疎。若不有有不無無、只於一法上更起故為密也」（大正七〇、四九三上—中）。

(59) 四重の二諦に例を取って対照すると、

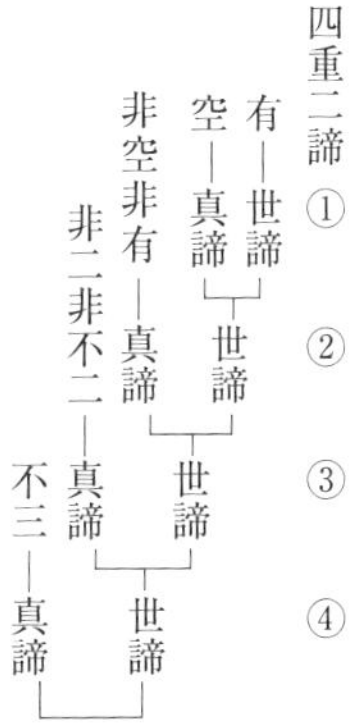

四重二諦 ① ② ③ ④

有—世諦
空—真諦 ┘—世諦
非空非有—真諦 ┘—世諦
非二非不二—真諦 ┘—世諦
不三—真諦 ┘

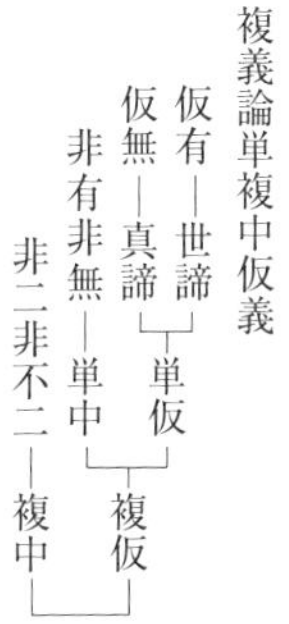

複義論単複中仮義

仮有—世諦
仮無—真諦 ┘—単仮
非有非無—単中 ┘—複仮
非二非不二—複中 ┘

となる。しかるに、吉蔵の四重の二諦は、三論学派における相承説としての三重の二諦説をさらに発展させたものであり、比較的晩年になってからのことである。右の対照において三重の二諦説まで完全にその構造を一にしていることが知れよう。有無を有空としている点も、吉蔵の思想的、中国的な変異である。右のものは、『中論疏』に依ったが、『二諦章』においては、有無の論理表式によって三重二諦を示している。

(60) 慧均と吉蔵について、特に二諦義を中心に比較された研究として、三桐慈海「慧均の三論学」(平井俊榮監修『三論教学の研究』一九九〇年、春秋社)がある。

(61)『中観論疏』巻一本及び巻二末。泰本融「吉蔵の八不中道観」(『東洋文化研究所紀要』第四六分冊)、及び「八不中道の根源的性格」(『南都仏教』第二四号)参照。

(62) 常盤大定『支那仏教の研究』第二(一九四一年、春秋社、三二七—三四九頁)。

(63) 横超慧日「新出資料・四論玄義の初章中仮義」(『印度学仏教学研究』第七巻第一号、一九五八年)同「四論玄義の初章中仮義」(『岩井博士古稀記念 典籍論集』、一九六三年)。

(64) 平井俊榮「吉蔵『二諦章』の思想と構造」(『駒澤大学仏教学部研究紀要』第二七号、一九六九年)。

(65) 拙稿「『大乗四論玄義』の構成と基本的立場」(『駒澤大学仏教学部論集』第二号、一九七一年)。及び本章第二節参照。

(66) 提供を受けたものは横超慧日博士発見の写本を筆記されたものの複写であるが、古写本の関係上、字体判読にも苦労された成果であり、それを提供して下さった御法愛に深く感謝の意を表するものである。なお、横超先生によれば、写本は大阪の潮留眞澄氏の所蔵とされ、摂泉堺威徳山常楽寺の旧蔵本である。内題は「大乗四論玄義記巻第一 均正撰記」となっている。本論文での引用文にはその丁数を示した。

(67) 塩入良道「三諦思想の基調としての仮」(『印度学仏教学研究』第一〇巻第一号、一九六一年)。

(68) 慧遠『大乗義章』巻五、仮名義(大正四四、四七七下—四七九中)参照。慧遠は従来説をまとめて、一仮乃至四仮に分類し、また同類異類、同時異時等に依って仮の意味を追求している。けだし「破法仮已、到法実相、法実相者、即是法空」とは慧遠の立場であろう。

(69)『中観論疏』巻一〇本(大正四二、一五二中)。

(70) 前註(62)—(65)参照。以下の引用文の該当箇所は写本の紙数を表示したが、註(2)所掲の崔氏の校勘本を参照されたい。

(71)「就略語中、有複単、若約略語、即是複語、具明性仮、故是複也。単者直言有不可有、有是不有有、直約仮辺、故是単也。今亦問人、人不知何物語為是初章為当是中仮」(二右)。

(72)『華厳経』巻二三（大正九、五四三下）「譬如一切文字、皆初章所摂、初章為本、無有一字不入初章者、如是仏子、十地者是一切仏法之根本、菩薩具足行是十地、能得一切智慧」及び「譬如諸文字、皆摂在初章、諸仏功徳智、十地為根本」。

(73)『二諦章』巻上（大正四五、八九中）。

(74)『涅槃経』巻八（大正一二、六五三下―六五四上）「短阿者不破壊故、不破壊者名曰三宝、喩如金剛、又復阿者不流故、不流者即是如来、如来九孔無所流故、是故不流、又無九孔是故不流、不流即常、常即如来、如来無作、是故不流」。

(75)現行本は欠文であるが『三論玄義検幽集』巻四（大正七〇、四二八上）において引用されていることによって知られる。前第二節参照。

(76)『大品般若』巻五（大正八、二五六上）。

(77)『涅槃経』巻八（大正一二、六五五上）。

(78)「空有無故是有無而非有無、故中論観法品云、空生空滅、涅槃論云、王宮生而不起、双林滅而不無、大品経三慧品云、虚妄生故般若生、又如不行行、不生生等也」（五右）。

(79)右に引用した文に続いて「中為尽性者、他明有是塊然之有、無則関虚之無、三有為定是有、三無為定無、無不開有、有不開無、今責三有、為之有不得有、非復是有責三無、為之無不得無、不復名無、有不得有故、有名非有、無不得無故、無名非無、除有除無、不知何以名之、強名為中也」（五左）とある。

(80)「仮名釈経者、人疑経邪説有無、為釈此疑故、言仏経説有無、此是而有而無、只曰是仮有仮無也」（五左―六右）。

(81)『中観論疏』巻二末（大正四二、二八上）における吉蔵の説明が明解である。「初章是動執生疑、謂動性有無之執、令疑性有無、中仮即破性執釈疑、中破性執、仮為釈疑」。

(82)『成実論』等の十二仮とは四大・五根・衆生・井・河を指し、十一実とは五塵・四無為・心・無作である。また開善等は三仮七実を説いた。三仮は因成・相続・相待であり、七実は五塵・心・無作である。『検幽集』巻四（大正七〇、四二四上）参照。

(83)初章義の最後において「不住之初、即貫前貫後、如阿字灌通初後也」（八右）と言う。

(84)拙稿「『大乗玄論』八不義の真偽問題」（『印度学仏教学研究』第一九巻第二号、一九七一年）、及び「『大乗玄論』八不義の真偽問題（二）」（『駒澤大学仏教学部論集』第三号、一九七二年）、三中三仮については、前出常盤、泰本論文及び平井俊榮「吉蔵『二諦章』の思想と構造（続）」（『駒澤大学仏教学部研究紀要』第二八号）参照。「八不義」については本書第四章参照。

(85)『大品般若』巻二、三仮品（大正八、二三一上）。

(86)『仁王般若』巻上、（大正八、八二五上）。
(87)『大智度論』巻四一（大正二五、三五八中）。
(88)「持地経云、色仮名乃至涅槃一切仮名也、復生死涅槃倶非仮名、此即廃名求法、法体離名相、故持地経云、一切諸法離名自性也、両意似是相食、而得意者不妨、何者以名名諸法、法随名転得、故悉仮名、廃言求旨、離於語言、故一切非仮名也」（一〇左）。
(89)「今観六家、作三種仮、雖種種明之、終不離断常、不得経論意也」（一〇左）。
(90)「今謂通強名、名中開立久近、名受法三仮者、為顕難易、空故開三種仮、亦是為簡除邪正二門、故開説三仮也。何者如十喩等法不久故易解空、余法久故難解空也。……簡除邪正者、一往明之、如邪心見神我空花等、但名受二仮故是邪非正境、具三仮法是正境非邪境也。一往開立遠近具不具正邪両門、終帰不二乎」（一一右―左）。
(91)『涅槃経』巻二六獅子吼品（大正一二、七七三中）と巻三二迦葉菩薩品（同、八一九中）の趣意。
(92)『大智度論』巻一に「仏二夜経中説、仏初得道夜至般涅槃夜、是二夜中間所説経教、一切皆実不顛倒」（大正二五、五九下）とある。
(93)『中論』巻四、四諦品（大正三〇、三三上及び三三中）。
(94)『大乗玄論』巻一「二諦義」（大正四五、一八中）に依る。
(95)仮法と実法とを相対して論じる成実学派の解釈は、吉蔵の著作中に頻繁に見られる。一例を挙げれば次のごとくである。「問一異是誰義。答荘厳云、有仮人体異実法体、是人染異義。開善云、別有人用異実用、亦是異義。数義無別有人、但有人名起於五陰上即一義、又仮有即実義、仮有異実義具通一異」（『中論疏』巻五本、大正四二、七五下）。また「八不義」（大正四五、二五下以下）も参照。
(96)「問不有有不無無是何言耶。答是仮有無、何者仏説有無仮、本以顕非有非無理、而縁著名相成性、故破執除病、顕釈仏教故、即知仏説有無、是仮有無也」（一四左）。
(97)「問不有有是仮、有有是性実者、有有与不有有、仮実相待、還成仮、何謂有有是性実耶」（一五右）。
(98)前註（94）に同じ。
(99)吉蔵は『中観論疏』巻二本における八不中道の解釈の最後において次のごとく述べている。「所言不破中仮者、体道之人達此性仮本来是道、不須破之。既欲破之豈非破於道耶。最須深見此意。……二者又須知、性即是仮、凡夫顛倒謂仮成性。諸仏観之性常是仮、故云一切世諦、若於如来常是第一義諦。三者体道之人、知此道未曾仮性、仮性出自両縁、亦如一道未曾真俗、真俗出自二縁。四者尋教之流、須識諸仏菩薩内得無礙之観、外有無方之弁、説仮為性、説性為仮、説性仮為非性仮、非性仮為性仮。若守片言便喪円意、非学三論者矣」（大正四二、二七下）。

（100）三論の実義と仮義の釈は次のようである。「彼所見有無、皆是性是偏、今責其有、不得彼有成非有、責無不得彼無成非無、責彼有無成非有非無、既無有無亦無非有非無、有無非有非無皆尽、不知何以名之、強名為中、即是実義也。仮者何義、仮是不自義、彼所計皆是成自義、今責彼自即不得自、即無自、無自只是不自、此即是仮義也」（一二一右）。

（101）第二節で述べたように、『四論玄義』の「八不義」は現行本に欠くが、写本が発見され、『大乗玄論』に編入されたことが明らかとなっている。

（102）碩法師の『三論遊意義』においても、不有有についての説明がみられる。「至理非有非無非因非果、而涅槃以無所有為宗、大品以有所無為宗故、依涅槃経弁不有有十種。無亦然。不有十種者、一就体明不有有、二就側明不有有、三就仮有明不有有、四就挙用結体明不有有、五就万法明不有有、六対病明不有有、七竪明不有有、八就有無明不有有、九者対無名有明不有有、十者還以諸用結明不有有也」（大正四五、一二一中）とし、以下説明を加える。

（103）大正本は「三仮」とするも、写本は三の字がない。その方が文意が通るので、それに従った。

（104）以下の説明は「以不特不一切無、故言不無、而起一切無為用、故合不無無也」（大正四五、三四上）。

（105）以下は「不無以不於一切有無、故言不無、而起一切有無、故言不無無。然起一切有無用、此用応是有、何得言是無、然今望本為言、此有無起不有無故此有無、故是無也。又従他所起皆無体、故是無也」（同上）。

（106）これは南都三論学者の解釈である。『国訳大乗玄論』一四一頁脚註参照。

（107）以下は「以有為無故言不無無也」（同上）。

（108）以下の説明は次のごとくである。「何者、初言不有有、豈可是有、非是有故属非有也。第二不有有、不是無故属非無。第三不有有、既不是有無故、不属亦有亦無、故言属非亦有亦無。第四不有有、不属非有無、故言属非非有非非無。然不有有廼当属有無二句、豈是非有無、故言非非有非非無也。第五不有有属有者、以不有為有、豈不是有耶。第六不有有属無者、只以不有為有、此望本故是無也。第七不有有属亦有亦無者、既双明不有有、豈不是亦有亦無耶。第八不有有属非有非無者、不有有不名有、不有有不名無、故名非有非無。故此一章門中合明八意、正為八意相次第故、不煩離明。而前十章不可合説、故離弁也。不無無亦如是也」（同、三四中）。

（109）『華厳経』（晋訳）巻五、如来光明覚品（大正九、四二三上）に「一中解無量、無量中解一、展転生非実、智者無所畏」とあることに依る。

（110）以下は「事如小乗明義、色即是好、不可此色非好也。故得不有是有義、得此義故、聞破不畏、得訶不瞋等也」（同、三四下）。

（111）上記の文に続いて次のごとく言う。「若有雖離是非、而有此有故非中道者、汝中道雖離有無、而有此中故得是中道者、何妨我有離

是非故得是中道耶。且自我直言有亦不言有此有。知無此有故言是中道。単無亦然」（大正四五、三四下）。

(112)「初章明義、且未的指去取、猶是一往通漫言、為中仮之由漸、故直以明義不対他解也。中仮則正有所対来去取捨、対他明今也。……前四相対明中仮、四意之中、前是所非、後是可取」（一七左―一八右）。

(113)『三論玄義』（大正四五、一三上及び一四中―下）、また『三論遊意義』（大正四五、一一八下及び一一九下―一二〇上）においても、対偏中、因縁中、絶待中の三種と因縁仮等の四種が述べられている。

(114)同（大正四五、七中）に「但正有三種、一対偏病目之為正、名対偏正。二尽浄於偏、名之為正、謂尽偏正也。三偏病既去正亦不留、非偏非正、不知何以美之、強嘆為正、謂絶待正也」とある。

(115)現行の続蔵本にては欠文であるが、澄禅の『三論玄義検幽集』巻七（大正七〇、四八一下）において引用する。本章第二節と第六節参照。

(116)『三論玄義』に「問此三字有何次第耶。答有二種次第、一者能化次第、二者所化次第。能化次第者、中謂三世十方諸仏菩薩所行之道、故前明中。由此道故発生諸仏菩薩正観、故次明観、由内有正観故、仏宣之於口、名之為経。四依菩薩宣之於口、目之為論也」（大正四五、一三下）とある。

(117)同（大正四五、一四上）に「依名釈義者、中以実為義、中以正為義……」とする。

(118)岩波文庫本『三論玄義』一八二頁参照。

(119)『中論』巻三（大正三〇、二三下）に「問曰、若諸法尽畢竟空無生無滅、是名諸法実相者、云何入。答曰、滅我我所著故、得一切法空」とある。

(120)「此生滅若実者、菩薩求応可得、而今求之不可得、了達無生滅者、豈非是虚妄也。今諸法実不生実不滅、故名実也」（二五右―左）。

(121)『中観論疏』巻二本に「四者因縁本性自空名為性空、此性空即是仏性波若実相之異名耳」（大正四二、二三中）。また、慧均も「仏性義」において「仏性法性法界真如等、並是一物種種名不同、亦名仏性如来性三宝性」（続蔵一・七四・一、四五左上）等と述べる。

(122)『三論玄義』に「就別而言、理実不偏、与其中名。智是達照、当其観称。論是言教、故目之為論」（大正四五、一三下）とある。

(123)『三論玄義』では「縁尽於観、観尽於縁者、凡夫二乗及有所得偏邪之縁、尽菩薩正観之内、故名縁尽於観。観尽於縁者、邪縁既尽、正観亦息、故名観尽於縁」（大正四五、一四上）とする。

(124)吉蔵は『中観論疏』巻二末（大正四二、三二上―中）における初牒の八不と重牒の八不の次第再出につき、六項目に分けて説明するが、その中で、中中相対と中仮相対、経論相対に約して釈明している点が注目されよう。中中相対に約する説明は、初牒の八不は中実の義（中実中）を闡明することに対し、重牒の八不は中仮の義（中仮中）を明らかにすることであるとされ、中仮相対に約すとは、初牒の八不は仮前中で、重牒の八不は中後仮であるとの説明である。これは慧均の説明と趣旨に一致する。

(125)『大乗玄論』巻二「八不義」（大正四五、二五下―二六上）。なお、本書第二部第二章参照。

(126)『二諦章』巻下（大正四五、一〇八上）「然彼有三種中道……三種中道者、一世諦中、二真諦中、三二諦合明中、世諦中道者有三種、一因中有果理、故非無、即無果事故非有、非有非無因果中道也、二者実法滅故不常、相続故不断、不常不断相続中道也、三者相待中道、後当弁之」及び『中論疏』巻一本（大正四二、一一上）「他云、実法滅故不常、仮名相続故不断、不常不断名世諦中道、……又言、因中未有果事、故言非有、有得果之理、故言非無、非有非無為世諦中道」。

(127)『二諦章』巻下（大正四五、一一一上）では「成論明有仮実両惑、有仮実二境、迷仮実境故、名仮実二惑、如柱是仮、四微是実」と述べる。

(128) この註釈は日本三論学者の解釈である。国訳『大乗玄論』一一五頁参照。また三仮説の説明としては、常盤大定「大乗世界観の基調としての仮」（『支那仏教の研究』第二、三三四頁）参照。

(129) 水滴補続仮等の名は、吉蔵の伝えるところである。荘厳の説は、巻荷仮と言われる。吉蔵の説明は、多少言字を異にする。『中観論疏』巻七本（大正四二、一〇五中）参照。

(130) 定待不定待等については、『中観論疏』巻六末（大正四二、九七中―下）の燃可燃品の釈中に三論の立場からの用例を挙げている。「但相待多門、有通別定不定一法二法、通待者、若長待不長、自長之外並是不長、別待者、如長待短、一師亦名此為疎密相待、若長短相待名為疎待、長待不長翻是密待、……故山中旧語云、成瓶之不瓶、成青之不青、即指瓶為不瓶、故不瓶成瓶也、定待者、如生死待涅槃、及色心相待、名為定待、不定待者、如五尺形一丈為短、待三尺為長、名不定待」。

(131)「八不義」（大正四五、二六上）にて開善の二諦中道の釈明を次のように示す。「二諦中道云何談物耶、以諸法起者、未契法性也、既未契故有有、則此有是妄有、以其空故是俗也、虚体即無相、無相即真也、真諦非有非無而無也、以其非妄有故、俗雖非有非無而有、以其仮有故也」。

(132) 前註の文に続いて、「与物挙体即真故非有、挙体即俗故非無、則非有非無、真俗一中道也、真諦無相故非有非無、真諦中道也、俗諦是因仮、即因非即果故非有、非不作果故非無、此非有非無俗諦中道也」として開善の三中説を述べる。両家の前者を荘厳の説と言うのは、後述のごとく両者を批判して、荘厳と開善の名を出すことに依る。

(133) 吉蔵は『中観論疏』巻一本（大正四二、一一上）で次のように批判する。「真諦四絶故名為中、今請問之、為有四絶之理、為無此

理耶、若有四絶之理、則名為有、不得称中、若無四絶之理、則無真諦、亦非中矣」。

(134)『二諦章』巻下（大正四五、一〇五上）に「開善明中道、為二諦体、故彼云、二諦是不二一真之極理、是故明中道也」とある。また『四論玄義』の「二諦義」（続蔵一・七四・一、一八左下）にて「開善寺蔵法師云、二諦者蓋是法性之旨帰、一真不二之極理也」。同じく「二諦義」（同、二七右上）に「荘厳家云、涅槃妙有、出二諦外」とし、『二諦章』巻下（大正四五、一一三上―中）では「開善云、二諦摂法尽、下至生死、上極涅槃、預名相所及者、故皆世諦、只此名相即体不可得為真諦、為是義故二諦摂法尽也、……荘厳明、二諦摂法不尽、二諦故自不摂涅槃、摂生死中法、亦復不尽……」とする。

(135)『四論玄義』巻五「二諦義」（続蔵一・七四・一、二五右上―二六左下）、釈明に際し、外道と成実師（延祚定法師、龍光、開善）の中道説を挙げ、それに批評を加えて、自説を展開する。

(136)現行本の「八不義」では、「非不有」とされるが、三桐慈海氏「慧均撰四論玄義八不義について（一）―大乗玄論八不義との比較対照―」（『仏教学セミナー』第一二号所収、一九七〇年）により訂正す。

(137)上掲常盤論文及び佐藤密雄「支那南北朝に於ける中道説の展開」（『仏教研究』第八巻第一号、一九四四年）参照。

(138)単独に中道釈明に用いられたものとしては、吉蔵の著作中には見られない。しかし、体用、二不二、絶不絶は、その趣旨を活用展開したところは存する。体用に関しては、『浄名玄論』巻一（大正三八、八六二下）の名題を釈するのに十門を開き、その第九を体用門として解釈する。また『中観論疏』巻二本（大正四二、二〇上―二七下）の八不中道の釈明において重用するのを始め、随所に見られる。二不二については、『浄名玄論』巻一に入不二法門を明かすのに多用される。絶不絶は、やはり『浄名玄論』巻六（大正三八、八九五下）にて二智を明かす第一一の得失門中に、「単複に就いて絶不絶を論ず」というところがある。また『二諦章』巻下（大正四五、一一一下―一一二下）の二諦絶名の段は、本書の所論に相応する内容で、絶不絶の義をより詳細に釈す。

(139)従来、単複中仮義を注意されたものとしては管見によれば、早島鏡正「三論教学の論理と思想」（宮本教授還暦記念『印度学仏教学論集』所収、一九五四年）のみである。特に二諦説を中心として論じられたもので、「八不義」の所説ではなく、『大乗玄論』の「二諦義」に含まれる一段を用いておられる。従って、単複中仮義を、二諦義の展開として把握された。

(140)上掲の文に続いて、次のごとく記す。「問、既云尽彼中仮、中仮畢竟浄、何物為中、答、如大品経云、四辺悉断名為洲、尽彼一異断常等畢竟浄、目此為中、問、既言尽中仮、而中名何処生、答曰、如言因流而倒、因流而起、尽彼中仮断常等、還因尽彼断常、故有中仮起也」（二九左）。

(141)「八不義」における成実論師の相待仮批判は次のごとくである。「……又若約長短明中者、亦不然、以五尺為短、一丈為長、長自在長不在於短、短自在短不在於長、只見長短両片、中名出何処耶、……如論品悉破相待、自現於文中、如燃可燃品中破也」（大正四五、二六下―二七上）。右にて、『中論』巻二燃可燃品の第七偈以下を指す。すなわち、第七偈は、「若謂燃可燃、二倶相離者、如是燃則能、至於彼可燃」である。これに対し青目は「若離燃有可燃、若離可燃有燃、各自成者、如是則応燃至可燃、而実不爾、何以故、離燃無可燃、離可燃無燃故……問曰、燃可燃相待而有、因可燃有燃、因燃有可燃、二法相待成」と釈す。これ以下を、相待門の破とするのが、三論学派の見解であり、吉蔵は、釈して次のように述べる。「問曰燃可燃相待下、第二相待門破、従論初已来多破因成仮義、此一章破相待仮也」（大正四二、九七中）。この後文に註（130）で引いた説明が続く。

(142) 上掲の文に続いて「問、生死涅槃是両果、云何是仮、如経言、八聖道為涅槃、五住惑為生死也、答、如他定有両異、故不得待仮、今謂、無生死即不得成涅槃、無涅槃不得説生死、要由生死過患故、聖人仮説涅槃、故是仮也、故大経梵行品云、涅槃之性、実非有也、因世間故説涅槃、如人無子名為有子、道等亦然、華厳経云、涅槃不可説、説之即有二也、肇師云、涅槃者、出処之方便、衆物之仮名也、故生死涅槃并是仮名、而復生死涅槃復有相尽義是仮、如二河相傾、生死河満、涅槃河傾、故是仮也」（三〇左―三一右）とある。

(143)『大乗玄論』巻二所収「八不義」（大正四五、三二下）の相当分を示すと、「第二就複義論単複、復有二、初正明単複、後明出入義、初正明単複中仮、仮有是世諦、仮無是真諦、此是単仮、非有非無是中道也、此是単中、仮有仮無為二、是俗諦複仮、非有非無不二（是俗諦複中二不二）是真諦、是複仮、非二非不二是中道、此是複中、正言非二非不二、尽有無非有非無、所以正中也」。右の文中カッコを付した八字は、前掲三桐氏紹介の写本にはない。また「二諦義」（大正四五、一〇下）中の文にも欠く。

(144) 島田虔次「体用の歴史に寄せて」（『塚本博士頌寿記念 仏教史学論集』所収、一九六一年）参照。

(145)「問、然体既明中、用亦得弁中以不、答、有也、如仮有不名有、不名不有、無亦然、即是用中、非有非無即是体中也、具如八不義中、不有有中説也、問、既言体中者、亦得言体用仮不、答、一家云、亦得不得、得如八不義中説」（三二右）。

(146)「問、用中体中云何異、答、有異也、若言用中、此簡正仮也、体中尽仮也、如言仮有、若是有、是不有、是不此、不成仮亦非体用故、今謂、仮有不名有、不名不有、故此有方是仮有、故大師恒云、仮有寧得言是有、仮言有寧得言非有耶、故言簡仮明中也、若是体中、則尽仮有、明非有非無、故是中也」（三二右―左）。

(147)「問、有仮前中、仮後中、何中為体、中前仮、中後仮、何仮為用、答、通得体用義、而今正取、仮前中為起用体、故仮後中為収用入体、何者、如非有非無故明有無、此是仮前中、為起用体、若是有無非有非無、為収用入体也」（三二左）。吉蔵は『中観論疏』巻二本において、三種中道を述べ、二諦合明の中道を釈するところで、仮後中の「収用入体」の義を活用して、次のように言っている。「次泯二諦、以帰不二明中道者、若作体用明之、上三種皆是用中、但用中有離有合、各明二諦中道為離、即是各正二諦義、合明二諦中道、即是合正二諦義、今次明体中者、即是収用帰体、所以須此一重者、禀教之流、聞説二諦、便作二解、即成二見」（大正四二、一二六下）。そこで、本書では仮前中は何物の有無を非するのであるかにつき、次のごとく述べる。「抛本明之、諸法本来不曾是有無、故仮説有無也、又若関接際為論、自有性空、因縁空、非性有無故明非有無、亦得非因縁有無、故明非有無也」（三二左）。これに依って仮前中は一往、性の有無を否定し中道とされるが、同時に因縁（仮）の有無をも非する意が含まれることが知られる。仮後中も同様となろう。さらに、「若是中前仮、為収入仮、如有無非有無也、中後仮為出用仮、如非有非無有無也」（三二左—三三右）と述べる。

(148)「今更明此、若言有無非有無、体用未分、但是壊仮義耳、明有無既壊、非有非無亦尽、故是無体無用、若是非有非無故有無、此方是体用義明也」（三三右）。

(149)『二諦章』巻下（大正四五、一〇五上—中）では、開善及び龍光の相即義を次のように記す。「次開善解云、仮無自体、生而非有、故俗即真、真無体可仮、故真即俗、俗即真、離無無有、真即俗、離有無無、故不二而二、中道即二諦、二而不二、二諦即中道、……次龍光解二諦相即義、此師是開善大学士、彼云、空色不相離、為空即色色即空、如浄名経云、我此土常浄、此明浄土即在穢土処、故言此土浄、非是浄穢混成一土、何者、浄土是浄報、穢土是穢報、浄土浄業感、穢土穢業感、既有浄報穢報浄業穢業、故不得一、但不相離為即也」。また『四論玄義』の「二諦義」（続蔵一・七四・一、二五左上）では「開善云、仮自無体、故生而非有、俗即是真、無体故可仮、真則是俗、真則是俗、離無無有、俗則是真、離有無無、故真俗不二、不二而二、二則不二、不二而二、二諦理明、二則不二、是一中道也」とする。

(150) 上記の文に続いて次のごとく述べる。「彼救云、相待有無是二、非有非無是不二也、亦無別理異真也、破此異如後破也」（三四右）。

(151)『大品般若』巻一奉鉢品に「仏告舎利弗、菩薩摩訶薩行般若波羅蜜時、不見菩薩不見菩薩字、……何以故、菩薩菩薩字性空、空中無色無受想行識、離色亦無空、離受想行識亦無空、色即是空、空即是色、受想行識即是空、空即是識」（大正八、二二一中—下）、及び巻三集散品に「世尊、色空不名為色、離空亦無色、色即是空、空即是色、受想行識、識空不名為識、離空亦無識」（同、二三五上）の趣意引用がある。

(152) 以下に次の問答がある。「問、既言相待、寧言不二耶、答、一家多勢、若是一種門、只是相即、是不二、只因縁相待、只是一因縁義、故是不二也、而復相待、寧非是二耶」（三四左）。

(153)『四論玄義』巻五「二諦義」（続蔵一・七四・一、三〇右下—左上）「……彼宗、真理是真、虚通理是俗、両理定処死故、今謂、説真為俗、説俗為真、説境為智、説智為境、彼宗有此無名無相理……」等参照。

(154)「二者、言通結二不二意、非只通結此段、遍結上章大明中不二仮二也、今明中亦是二、仮亦是不二、二不二無碍也、体用、理教、本末亦然、皆通」（三四左―三五右）。

(155)「故瓔珞経云、従仮入空、是二諦観、従空出仮、是平等観、如成実義、只応云従空出仮是二諦観、従仮入空是平等観、今明、無碍故随意得也、明空若定空、従仮入空、豈是二諦、今謂、二不二故不二即是二、故従仮入空是二諦観、仮若定仮、従空出仮、豈是平等、今明、此是不二二義、故二只是不二、故是平等観也」（三五左）。三論学派において『瓔珞経』（大正二四、一〇一四中）、及び『仁王経』（大正八、八二九中）に示される三観や三諦説に注意を払っていたことは、吉蔵も慧均もこれに言及するから確かなことであるが、これを否定的に見ていたことも明らかである。『四論玄義』の「二諦義」では、「師今約法明中道、明一切諸法仮名類、此既明真俗観、物随応有二諦中道観、今明俗真、尚自非真非不真、真俗尚非俗非不俗、真俗尚無、豈有二諦中道可得、故非真非俗、故実無三観義」（続蔵一・七四・一、二六左下）とあり、また「問、他有三種中道、応是三諦、今真俗表非真非俗道者、亦応三諦耶、答、三種中道如八不義中説、但彼有真俗二諦理、復有非真非俗中道理、義論有三諦、今明、真俗是教、以表非真非俗之道、無別二諦理、豈有三理、又二教称諦時、理猶未諦、此所表理受諦名時、二教諦名廃已、何事三諦、而随縁説、亦得三諦、故菩薩瓔珞本業経下巻云、慧有三縁、一照有諦、二照無諦、三照中道第一義也」（同、三〇右上―下）とある。吉蔵も『二諦章』巻中にて「仁王経、何故云三諦、有諦無諦中道第一義諦耶、解云、実唯一諦、無有三諦、但随順衆生、説有三諦、……真諦三蔵、明有三諦義、今明、此三諦並随衆生故説耳、二諦既是随衆生説、中道第一義諦亦是随衆生説」（大正四五、一〇一中）とか、巻下に「仁王経明三諦義、彼便曲解、如此等経、皆是他妨礙之処、今明無礙、或時為三諦、有諦無諦中道第一義諦、或時非真非俗為理、真俗為教、理教合論故有三諦也」（大正四五、一〇八下）とか述べる。共に『仁王経』や『瓔珞経』の説を、それは随縁方便の説であると会通し、成実師等の三理三諦説を批判しているものであることが知られる。

(156)『中観論疏』巻二本の世諦中道の釈中に「問、若爾摂山大師、云何非有非無名為中道、而有而無称為仮名、即体称為中、用即是仮、云何無別、答、此是一往開於体用、故体称為中、用名為仮、問、大師何故作是説、答論文如此、故大師用之、四諦品云、衆因縁生法、我説即是空、亦為是仮名、亦最（是）中道義、……中道為体、不可説其有無、用是有無、故可得仮説、故以非有非無為中、而有而無為仮、蓋是一途論耳、若弁三中三仮、即中仮常通、後当具説也」（大正四二、二二下―二三上）とし、三種中道の最後に到って「次結束之、雖有四種中仮、合但成一中一仮、非真俗為体、故名為中、真俗為用、故称為仮、問、何故以非真俗為中、真俗為仮、答、〔一者〕寄於両非、息二辺之見、故名為中、実非真俗、為衆生故強作真俗名説、故真俗名仮、二者、体用悉名為中、以中是正義、以具有非真俗及以真俗、此義始正、故悉名為中、三者、真俗非真俗皆是仮、所以皆称仮者、並是如来仮名字説、故皆悉是仮、所以然者、道門未曾真俗、仮説真俗、故真俗是仮、亦未曾非真俗、仮説非真俗、故非真俗亦是仮、……」（同、二七上―下）とする。

(157)「問、就因縁門明不二、仮中門明不二、相即、相待、説作、畢竟浄論不二、今寧言不二非因縁耶、答、若別而為論、二是待不二、今論不二、故是絶待、故非因縁、若通而為論、不二因二、論因縁、此別復是一途所説、不二因二、故不二猶是二也、今言不二非因縁者、別復是一種説、絶絶故明不二也、如不二若非是因縁、即是自性、豈得不二耶、今明、因有故無、因無故有、有是無有、故得非有、無是有無、故得非無、所以得因縁也」（三六左―三七右）。

(158)右の文に続いて「問、不二是中、二是仮、可得言不二是一以不、答、得不得、何者、如尽有無弁非有無、尽二論不二、亦是尽一論不一、各有所主、故不二非一也、而復有得義者、明不二強説一、一即是待絶、故得也、問、不二是一者、不一亦可得是二以不、答、亦得亦不得、得者、相対弁之、不一是二、不二是一、如言不空是有、不有是空也、不得者、不二明一、便是転深義、不一還是二者倒出、故不得也、復有一二義、如仮有不有、是一二、仮無不無、復是一二、故是二二、一一者、非有故説有、非無故説無、即是一一也、二二者、就仮為論、一一即是就絶待而明之也」（三七右―左）とある。

(159)続いて「問、既言一一与二二者、便応得有有与長長等耶、答、今明、有有者、無蹤跡有有、故一一与二二、並是方便教門、我一一由不一一故説、二二猶不二二故生也、若爾豈非是仮名、故大経云、不聞聞等四句、五性有因因与果果等、豈自性耶、又経中説不二不同、有言、諸有有、非道非果不二、是道是果、又類云、諸無無、非道非果不二、方是道是果、故結此二不二不同也」（三七左）。

(160)『二諦章』巻下の「次明二諦絶名第五」（大正四五、一一一下―一一二下）参照。

(161)『二諦章』巻下に「然此義三大法師無別釈、並云、世諦有名、真諦絶名」とし、「彼云、以名詺真、去真逾遠、所以真諦絶名也」（大正四五、一一三下）とする。また『四論玄義』には、南澗仙師と報恩師等の三説を出す。「一仙師云、世諦之名与所名法、有不一異義、故俗不絶名、将真覓真、去真弥遠、故真絶名也、……」（続蔵一・七四・一、一三右下）。

(162)上掲の文に続いて「真俗既爾、俗真亦然、有無不名無、有無不名有、即是破性無性有也、廃立者、有無不名無、則廃性無、有無不名不無、即是立仮無也、廃仮語者、有無不名無、有無不名有、則是廃仮無仮有也」（三九右―左）とある。

(163)ここに示す文章は、第二節において言及したもので『三論玄義検幽集』巻七に引用されている文とほぼ同文である。

(164)『涅槃経』の文は巻二〇高貴徳王品の文（大正一二、七三八上）で、『大品般若経』は巻三相行品の文（大正八、二三七下）である。

(165)『大乗玄論』巻二「八不義」（大正四五、三二中―三三下）参照。

(166)『中観論疏』巻二本に「問、俱中俱仮、復得合為一仮、合成一中以不、答、具足真俗非真俗、義乃円正、始成一円中、真俗非真俗不自、始是一円仮也」（大正四二、二七上）とある。

(167)吉蔵も『三論玄義』（大正四五、一四下）に「就成仮中、有単複疎密横竪等義、具如中仮義説」という。

(168) ここで使用する『大乗四論玄義記』は、大日本続蔵経第一輯第七四套第一冊所収本であり『大乗玄論』は大正蔵第四五巻所収本である。論文中の引用文の該当頁等は省略してあることを諒としていただきたい。

(169)『四論玄義』「仏性義」（続蔵一・七四・一、四四右下―左下）に「蔵公開為八種、故説於仏性」として、以下に「一為対昔三乗性、二者為対保自守之源、三者為発菩提心衆生、四者為下劣衆生、五者為憍慢自高卑他之人、六者為好作罪衆生、七者小乗人一闡提、八者為三修比丘」との八つの理由を示す。ここに引かれる「蔵公」は吉蔵を指すと思われる。

(170) 吉蔵の涅槃経研究については、平井俊榮「中観論疏における涅槃経の引用―その思想的背景―」（『駒澤大学仏教学部論集』第二号、一九七一年）に明らかにされている。

(171) 鎌田茂雄『中国仏教思想史研究』（一九六八年、春秋社、一三頁以下）参照。

(172) 宇井伯寿国訳『大乗玄論』（『国訳一切経』諸宗部一）、及び本書第二部第四章参照。

(173) 平井氏前掲論文及び村中祐生「嘉祥大師の教判思想」（大正大学研究紀要第五七輯、一九七二年）参照。

(174) 吉蔵の涅槃経疏の断簡については平井俊榮「吉蔵著涅槃経疏逸文の研究」（『南都仏教』第二七、二九号所収）参照。また慧均に涅槃経疏があったらしいことは、文中に「大経疏中に具に之を説く」（続蔵一・七四・一、五〇左下）と説明を譲っている。

(175)『四論玄義』巻七「問第二巻純陀品、正開宗弁常、可非涅槃義耶。哀嘆品、明円伊三点、豈非論涅槃耶。第三巻金剛身品、遣百非、非涅槃仏性耶。第四巻明顕納妃生子等、皆是涅槃義、何意非涅槃義。又如来性品明仏性、仏性亦是中道、如来三転明仏性、最後以中道結成弁如来性、豈非是明仏性。而師子吼文、方顕明仏性具足。此交明涅槃義、特是於汝義便故作此説也。答不然。未悉経之大宗、故作此語也。前多文雖明涅槃仏性、而来意各異。直是答問意、未是正釈涅槃仏性等義。若玄悟之人、於乃足之。而文意宗途猶是未足。……一家相伝云、彼仏性、師子吼文方具足也」（続蔵一・七四・一、四九左下―五〇右上）。

(176)『中観論疏』巻一本「大涅槃経明五種仏性、蓋是諸仏之秘蔵、万流之宗極、蘊在因縁之内。所以然者、十二因縁不生不滅、謂境界仏性。由十二因縁本無生滅、発生正観、即観智仏性。斯観明了即名菩提果仏性。正観既彰、生死患累、畢竟空永滅、即大涅槃果果仏性」（大正四二、六中）。

(177)『大般涅槃経』巻二七「善男子、因有二種、一者生因、二者了因。能生法者、是名生因。灯能了物、故名了因。煩悩諸結、是名生因、衆生父母、是名了因。如穀子等、是名生因、地水糞等、是名了因。復有生因、謂六波羅蜜阿耨多羅三藐三菩提、復有了因、謂仏性阿耨多羅三藐三菩提、復有了因、謂六波羅蜜仏性、復有生因、謂首楞厳三昧阿耨多羅三藐三菩提、復有了因、謂八正道阿耨多羅三藐三菩提、復有生因、所謂信心六波羅蜜」（大正一二、五三〇上）。また「善男子、因有二種、一者正因、二者縁因。正因者如乳生酪、縁因者如醪煖等。……世尊、如仏所説、有二因者正因縁因、衆生仏性為是何因、善男子、衆生仏性亦二種因、一者正因、二者縁因、正因者謂諸衆生、縁因者謂六波羅蜜」（同、五三〇中―下）、「善男子、仏性者、有因有因因、有果有果果、有因者即十二因縁、因因者即是智慧、有果者即是阿耨多羅三藐三菩提、果果者即是無上大般涅槃」（同、五二四上）とある。

(178)『浄名玄論』巻一「不二理即因仏性、不二観謂因因性、由不二境、発不二智、故是因因、但観智円満、即是菩提、菩提無累、即是涅槃、以此因果、顕非因果、即是正性、故五性不二理及不二観、既不立文字性故、不二教不摂之也」（大正三八、八六二中）。

(179)開善寺智蔵の仏性説については、太田久紀「開善寺智蔵法師の仏性説」（『駒澤女子短大研究紀要』第二号、一九六八年）に詳しい。

(180)正性については、鎌田博士前掲書四二頁や同博士「三論宗・牛頭禅・道教を結ぶ思想的系譜―草木成仏を手がかりとして―」（『駒澤大学仏教学部研究紀要』第二六号、一九六八年）に関説され、特に道教経典との関連を究明しておられる。また、平井俊榮博士は、当論文公表後に出版された『中国般若思想史研究』（一九七六年、春秋社）の第二篇第四章第三節の「三　中道仏性―正性」（六三一頁以下）において、「正性」の概念の典拠に『華厳経』性起品の〈正法性〉を指摘された。吉蔵の引用例を提示されて論証されたことは説得性があり妥当と思われる。摂山三論学派において『華厳経』を重んじたことも考慮される。恐らく吉蔵や慧均以前において『華厳経』や『思益経』を根拠として仏性論としての「正性」の概念が生れたといえよう。ただ吉蔵も慧均も正性や縁性の出典を示すことはない。南北朝において、縁因・正因などの語を用いて仏性説を説いたが、それらを総括する上位概念として縁性・正性という三論独自の思想語を考案したものと思われる。

(181)国訳『中観論疏』（『国訳一切経』論疏部六）四五頁の脚註にて、五種仏性の正性を、聖性に同じとし、倶舎論、唯識の用例を当はめているが、これは訂正を要する。

(182)『四論玄義』の巻末に、顕慶三年（六五八）に本書を唐の皇帝に献上したとの記録がある。従って、これによって本書が中国に広く流布したとすれば、年代的に灌頂は知らずとも、湛然は本書を参照していた可能性はあろう。

(183)鈴木哲雄「荷沢神会より壇経に至る見性の展開」（『印度学仏教学研究』第一七巻第一号、一九六八年）参照。

(184)本章第二節参照。

(185)『東域伝灯目録』によれば、『弥勒経』の遊意である「上下両経遊意」一巻を伝え、自身の言及によれば、『涅槃経』『大品経』に対する註疏があったごとくである。第三章及び第三部参照。

(186)平井俊榮「吉蔵と中仮および中仮師」（『印度学仏教学研究』第二二巻第二号、一九七四年）参照。

(187)日本三論宗の人脈、研究状況等は、改めて検討したいと考えているが、元興寺には、日本初伝の慧灌、第二伝の智蔵、及び智光、願暁、隆海等があり、大安寺には、道慈、善議、安澄等、西大寺には、実敏、玄叡等があった。また東南院は、願暁の弟子聖宝の建立とされ、観理等代々三論の本拠地として三論学者が輩出する。桂宮院は、その当初より三論を専ら講説し、澄禅、貞海等が住し、鎌倉、室町時代隆盛を極めたごとくである。

(188) 江戸時代における『三論玄義』の註釈者として、尊祐、聞証、鳳譚、庸性が代表される。

(189) 『肝要抄』上冊(七丁左)「貞和五年三月二十一日。奉尋貞海大徳之処。彼答趣同初義也」。

(190) 本書付録の目録参照。

(191) 菅野博史「慧均『大乗四論玄義記』に基づく中国南朝仏教学の再構築」(『平成十九年度〜二十一年度科学研究費補助金研究成果報告書』、二〇一〇年)にご自身の研究成果と共に従来の本文献に関する研究目録を掲載している。

(192) 諏訪隆茂「慧均『大乗四論玄義』にみえる感応思想」(『印度哲学仏教学』一九、二〇〇四年)。

(193) 崔鈆植氏の研究経過と研究成果については、『駒澤大学仏教学部論集』第三九号(二〇〇八年)に詳しいので参照されたい。また、『校勘大乗四論玄義記』の冒頭に掲載された「『大乗四論玄義記』と韓国古代仏教の再検討」は、当然韓国語であるが、それを山口弘江氏(現在駒澤大学仏教学部専任講師)が日本語訳したものが、『東アジア仏教研究』第八号(二〇一〇年)に収録されている。韓国語が分からない者にとって大変有益である。ここでは山口弘江氏の訳を参照した。

(194) 拙稿「『大乗四論玄義記』に関する諸問題」(『駒澤大学仏教学部論集』第四〇号、二〇〇九年)を参照されたい。

(195) 『国史大辞典』八「大王」の項参照。また、河内春人『日本古代君主号の研究』(二〇一五年、八木書店)一五頁以下参照。

(196) 前註の河内書所引の坂元義種「古代東アジアの日本と朝鮮」(『史林』五一—四、一九六八)、河内書一五頁及び四九頁参照。

(197) この結論は、崔氏とドイツの韓国仏教研究者であるプラッセン(Jörg Plassen)教授(ボッフム大学)との共同研究の結果であることが、崔氏の論文や今参照している著書の「解題」に述べられている。

(198) ここに引用する上巻の記事は、二〇一五年二月に駒澤大学仏教学部教授である奥野光賢氏に依頼して調べていただいたものである。ここに記して感謝したい。

(199) 興輪寺についての記事は、著者が本文献を研究していた時期(一九八〇年代)に確認していたものである。

(200) 顕慶三年(六五八)という時期は、唐と三国とが複雑な関係にあった。しかも六六〇年には唐が百済に遠征し、新羅軍と合流して攻め入った。百済は唐に降服している。百済は、六五二年に唐に朝貢して以降は記録がないが、高句麗と新羅は使者を送っており、特に新羅は頻繁に使者を送っている。このような緊張関係、逼迫した状況にあって、百済が唐に遣使したのか否か。あるいは逼迫していたが故に朝貢した可能性はあるが、国内事情が混乱していたとすれば、その記録が残されなかったと考えることはできよう。『三国史記』には六五七年と六五八年の百済に関する記録はないのである。

(201) 鎌田茂雄『中国仏教思想史研究』第一部第一章「道性思想の形成過程」(一九六八年、春秋社)参照。

(202) 崔氏は、著書の「解題」では、プラッセン教授が二〇〇七年の論文で指摘しているとあるが、以下に述べるように、元暁が慧均の著を参照したであろうことは、すでに一九八〇年代に判明していたことである。

(203) ここで主に参照した崔氏の「解題」に「4、『大乗四論玄義記』と韓国古代仏教」という項目があり、今後の研究課題について述べてあるので参照いただきたい。二〇〇〇年以降韓国における考古学的発掘調査の成果が著しく、扶余や益山などは古の百済の地である。古代日本における仏教伝来期は、高句麗や百済からの到来僧が活躍した。彼らは仏教のみならず、広く日本文化の形成に指導的役割を果たしたことに注目しなければならない。『四論玄義記』が他に例を見ないほど何度も筆写されたのは、入唐して法朗に学んだ百済僧の撰述書であることが、一つの理由であったかも知れない。

第二章　『弥勒経遊意』の疑問点

第一節　問題の所在

一般的に、教理思想を解明する上において、基礎資料の整理確認は不可欠の作業であり、伝承あるいは過去の判断を無批判に容認し依用することは注意を要する。特に、天台等の宗派として現在まで存立発展して来ている場合とは異なり、ごく限られた人々によって研究が継続され、伝承されて来た三論宗の場合は、研究の幅と深さにおいて、まだまだ不充分で未開拓の部分が多いと思われる。

ここに取り上げた『弥勒経遊意』は、嘉祥大師吉蔵の撰述と伝えられているものであるが[1]、吉蔵の著作としては、三論や法華等の註釈書に比すれば小部の付帯的なものとして、従来は詳細な研究がなされていない。しかし随文解釈の義疏と異なり、遊意は一経一論の大要を、自己の見識と立場で簡潔にまとめたものであるから、その点から言えば撰述者の見解、主張が最も端的に述べられているはずであり、決して軽視すべき存在ではない。吉蔵には『華厳遊意』『涅槃経遊意』『法華遊意』等があるが、法華を除きいずれも義疏は残されていないため、重要な資料となっている。

ところが、吉蔵の著作にはすべて、胡吉蔵撰とか沙門吉蔵撰とかの撰者名が題目のあとに付されているが、今取り上げる『弥勒経遊意』には不思議とそれが記されていない[2]。また華厳及び涅槃の遊意、その他にしても、本論に入る前に、科段を設ける場合は、その第一章に入る前に、必ずその経の由来と三論一家における伝承経緯を述べて、これ

から論述せんとする意義づけをしているが、これも見られない。目録を見ると、安遠の『三論宗章疏』（九一四年撰）には、

弥勒経遊意一巻吉蔵述（大正五五、一一三七下）

とあり、『東域伝灯目録』（一〇九四年撰）にも、

弥勒成仏経遊意一巻吉蔵（同、一一五二上）

と記されており、吉蔵に『弥勒経』に対する遊意一巻があったことは知られるが、ただ後者においては、上生経に対する註疏と成仏経（下生経）に対するもの、それに上下両経に対するものの三種に分けて列記しており、吉蔵のものは、恐らく羅什訳の『弥勒成仏経』に対する遊意であろうと推察される。

ところで『東域録』には注意すべきもう一つの遊意が記されている。つまり、均僧正撰『上下両経遊意』一巻がそれである。[3] 安遠録では慧均の『大乗四論玄義記』は記しているが、この遊意は列していない。両録には約百九十年の年代的な差があるが、安遠の時代までに伝わらず、その後に伝えられたとは考えられないから、書写伝持の相違に依るものかと思われる。ともかく吉蔵には成仏経の遊意が、慧均には上下両経に対する遊意があったことが知られる。

ところが、吉蔵と慧均との比較研究を進めている間に、現在吉蔵の著として大蔵経に収録されている遊意について、二、三の疑問が提示されるに至った。すなわち、吉蔵の著作としては問題となる点が見出されたのである。

翻って、『弥勒経』は晋太安二年（三〇三）に竺法護によって訳出された『観弥勒下生経』一巻を始めとして、[4] 羅什に『弥勒下生経』と『弥勒成仏経』とがあり、また沮渠京声訳と伝えられる『観弥勒上生兜率天経』もあって異訳経が多いが、[5] 釈道安の兜率往生の信仰等、弥勒に対する信仰は中国仏教界において根深い。しかし南北朝における本経の研究講説の方は、僧伝に表われている限り散見する程度である。むしろ本経は、教理学説上の面ではなく、信仰の対称として、それを支えるものとして受容され訳出されたものである。したがって僧伝の記述も、弥勒像の造立とか念誦とか信仰上の記述がほとんどである。釈道安を始めとする門下の人々の信仰はもとより、[6] 劉宋では慧玉、[7] 梁に

おいては宝亮は下生経を講じたとされ[8]、僧旻、法上、曇衍、僧護[9]などは弥勒信仰の人として伝えられている。隋代には霊裕、霊幹、善胄[10]が挙げられ、霊裕には上下両経の疏記があったとされるが伝わっていない。また天台大師智顗に『弥勒成仏経疏』五巻があったことが目録に見えるが[11]、現存のものとしては、この『弥勒経遊意』が最も古いものである。隋唐代には急速に阿弥陀浄土信仰が盛んになり、弥勒信仰は下火の観を呈するが、この時代にあって本書が著わされていることは注目されよう。

本書は、羅什訳の二経と京声訳の三経、つまり、上下両経の遊意であり、以下若干の問題につき考察を加えたい。

第二節　全体の構成と主眼

本書は、第一序王、第二釈名、第三弁宗体、第四論因果、第五明出世時節久近、第六弁成道、第七明三会度多少不同、第八弁弥勒釈迦同時涅槃不同滅度、第九簡教大小乗、第十明雑料簡の十章に分けられている。

第一序王では、「諸仏の出世は大事因縁の故に」として「初発心不足の地に居し、専ら無所得大乗を覚り諸万行を修するが故に。或いは兜率に上りて諸天子の為に般若波羅蜜を説き、或いは五十六億七千万歳時に閻浮提に下りて乃ち種覚を成ず云云」と大意を述べ、弥勒については、「功は十地に等しく、徳は高行を成じ、三忍の上忍を逾え、まさに斯の穢土を改め彼の浄国と為す」(大正三八、二六三上)とする。

第二釈名では、「此の経、若し胡音を存すれば、応に仏陀般遮阿那羅弥勒菩薩耨多羅修摩兜率陀提婆修多羅と言うべし。漢には覚者説観慈氏大心衆生上生知足天経と言うなり」(二六三上)としている。しかるにこの音写と漢名は、恐らく京声訳とされる『仏説観弥勒上生兜率天経』に依拠して梵音を推定したものであろうと思われる。これと同様の例を他に求めると、吉蔵の『観無量寿経疏』の序文では、仏陀槃遮阿梨耶阿弥陀仏陀修多羅といい[12]、これを覚者説観無量寿覚者経と訳している。しかし本文中の経題釈では、阿梨耶ではなく阿耶羅としておりこれを観の梵音とする[13]。

この観の原語が梵語の何に当たるかについては不明であり、阿那羅にしても阿耶羅にしても相当するものはないとされる。(14)那と耶の違いは、あるいは誤写かも知れないが、慧均の『四論玄義』で、中観論の梵音を述べて、田地阿那羅優婆提舎としているから、(15)一概に誤写とも言えない。また憬興の『弥勒上生経疏』においては、阿那羅とする。(16)また説に当たる梵音としては前出の他に『金光明経疏』の冒頭で記しており、(17)『観無量寿経疏』と同じく槃遮としている。ともかく遊意と他の著作では、観及び説の梵音を言うのに相違が見られる点を指摘しておく。

次に「今異名を簡ぶに同じからず」として「一に毘留と名づけ亦た闍那迦と名づく。此に成と云う」とするのは、成仏経の成を言ったものであろう。吉蔵の著作中、これに対比できる記述はないが、慧均は『成実論』の梵音を述べるのに、闍那迦波楼侮優婆提舎とし、「闍那迦亦た毘留と名づけ、此に翻じて成と為す」と説明している。(18)遊意の説明と同じである。仏陀、修多羅の異名を出し(19)「今上下生両経、胡漢両音と人法二種を挙ぐ」として『釈論』、『賢愚経』等に依り弥勒を説明している。

次の第三弁宗体における解釈が注意される一段で、上生経と下生経とを対比し、中仮を具足するか否かで両者を判別している点である。すなわち、

第三に宗体を弁ず。一往大判せば、上生経は大乗を以て宗体とし、下生経は小乗を以て宗体とするなり。故に上生経の内に具に六度四等の菩薩行を証し、亦た具に中仮詮る。故に大乗の因果等を宗とす。後の第九段中に簡ぶるが如し。下生経は、但だ戒定慧三品三蔵を弁ずるのみなるが故に、小乗を宗とす。故に三会説法し四果を証するのみ。亦た但だ仮を説き、中を明かさざるが故なり。(二六三下—二六四上)

とし、文中に指示するごとく、第九に教の大小を簡ぶ段でも、旧来の教判説を紹介し、『弥勒経』に対する諸師の見解を出して、最後に自説を述べ、右の主張を再説している。教判説は、吉蔵が他の著作において紹介する形と異なり次のようである。

旧の諸師云く、釈迦の一化、形を現わし教を致すに二途を出でず。一は是れ世教、二は是れ出世教なり。世教を

明かすに三種有り。一には三帰、二には五戒、三には十善なり。二には出世教、亦三種有り。一に頓教。利根大行人の為に説く、華厳大乗等の経是れなり。二には偏方不定教。中根人の為なり、夫人と金光明等の経是れなり。三には階漸次第教。此れ下根人の為に経を説く、即ち是れ五時と四時等の経教是れなり。（二六九上）

と言うのだが、この従来説は、劉虬の説[20]及び頓漸不定の三時教等を総合して述べたものであるが、吉蔵は『三論玄義』において慧観の五時教を説明批判するのみであるし、[21]『法華玄論』[22]では五時之説四宗之論といい、慧観の頓漸二教を出し、これに後人が無方教を加えて三種教相となしたものと説明し、北土の四宗判は江南の五時判の影響を受けて作られたものという。また『法華遊意』では[23]「南方五時説北土四宗論」と、同じような表現をして、これについてはかつて説明したので今は述べない、とする。吉蔵にとって従来の教判説としては南方の頓漸五時と北地の四宗判が代表として挙げられ批判の対照となっており、頓漸不定の三種教相として説明するところは見られないし、漸教に五時と四時の二説があることも述べない。ただし『大品遊意』では成実論師の説として頓漸不定の三種教相を掲げ、しかも漸教中に四時と五時の異説あることも詳しく述べている。[24]これは全く前引の説明と符合するものであるが、筆者は『大品遊意』に関しても吉蔵の真撰か否かにつき疑問を抱いているので、今はこれ以上触れない。ところで慧均においてはどうかと言うと、『四論玄義』の二智義において教判説に触れ、

論師の宗に漸頓偏三種の教有りて同じからず。今漸教に四時と五時の教有るに就いて二智義を弁ぜん。（続蔵一・七四・一、七三右上）

として以下開善寺智蔵の説などを紹介しながら解釈を加えている。遊意の説明と相応する。したがって本書の教判説の記述の仕方は、吉蔵の他の著作とは異なっており、『大品遊意』や『四論玄義』に一致する説明であることが指摘されよう。『弥勒経』については、偏方教や次第教中の初教に入れる説、または阿含中に含ましめ、それを小乗としあるいは大乗とする説などを紹介し、これらを否定して、上生経は大乗、下生経は小乗との見解を強調する。

また、第八の弥勒と釈迦とは同時涅槃不同滅度を弁ずるところで、『観弥勒経』の不修禅定不断煩悩を説明するに

際しても、「具に中仮を論ぜば不修禅定不断煩悩と言うべけんや。但だ優婆離は小乗の意を執して問うのみ」（二六八中）と判じ、『大品経』、『十住断結経』、『大経』、『華厳経』を引証し、そして発心位の無差別を論じて、

但だ諸論師等の義宗は、発心の位を定めて下とし、仮名を定めて前として、発心は即ち是れ真の凡夫の位次とせる故に、此の如き判を作すのみ。今発心位を明かさば、中仮を具して之を明かすが故に即ち斉しきなり。（同、二六八下）

としている。以上のごとく、中仮と体用を兼ね備えることを以て諸説の是非を判別し、自説を主張する態度は、他に見られないところであり、本書の特徴でもある。それに、上生経は大乗、下生経は小乗を宗とすると判断するのであるが、それは上下両経の宗旨を明らかにすることによって、大小乗を包括した中仮具足の根本立場が闡明され得るとの構想である。しかも中と仮とは不離不触であり、不二にして二の関係であるから宗と体を述べるについても究極は不二なるも一応両者は異なるとすれば、正法を体となし、因果を宗とすると結論している。

しからば、吉蔵の他の著作における『弥勒経』の扱いはどうであろうか。次に『観無量寿経義疏』により、それを窺ってみたい。

第三節　吉蔵における『弥勒経』の扱い

吉蔵は随文解釈に入る前に序王、簡名、弁宗体、論因果、明浄土、論縁起の六門分別をしているが、その第六論縁起において『観無量寿経』と『弥勒経』とを比較して述べている。まず初めに、

合わせて無量寿観と弥勒との二経の説を商略す。然るに聖心を考えるに息患を以て主と為す。教意を統べれば開道を以て宗と為す。所以に世に千車轍を共にし万馬案を同じくすと言うなり。如来の出世もまた是の如し。衆生をして同じく一道を悟らしめんと欲す。但し根性は一に非ざるが故に教門に殊致有るなり。所以に此に之の二経

有りて両種の教化を明かすなり。（大正三七、二三六上）

と二経の説かれた所以を如来の対機説法の趣旨に帰し、暗に両経の相違することを示唆している。しかるに第一に両者の総体的な相違を言うに、無量寿観は十方の仏化を弁じ、『弥勒経』は三世の仏化を明かすとし、前者を横化、後者を竪化とする。理由は、『弥勒経』は竪に過去七仏、現在釈迦、未来弥勒の三仏化を明かすが故であり、無量寿観は横に此方穢土釈迦の化、西方浄土無量寿の化、すなわち、十方の仏化を明かすからであると説明する。そしてこれを通別に分かち、通の立場からは共に大乗であるといい、それは大乗には具に十方と三世との仏化を明かすから、つまり、両者共に大乗中に明かすところなるを以て通じて大乗である、と言うのであるという。別の立場では、大乗は具に二化を明かすが故に満字教であり、了義とし、小乗は三世仏のみを明かし十方の仏化を弁ぜざるが故に半字教であり不了義なり、と両者を区別している。つまり『弥勒経』を小乗とし『観無量寿経』を大乗と判別するものである。そして通の立場からの説明を加えると共に、別の立場としては、縁に約すれば無量寿観は大乗であり弥勒成仏は小乗であると前置きして種々の角度から解釈している。両経の相違として、『弥勒経』は遠見仏縁・小乗衆生・福徳浅薄人のために説かれたものであり、『観無量寿経』は近見仏縁・大乗衆生・福徳深厚人のためと対比させている。

以上の説明に依り、吉蔵の本経に対する大よその見解を知るのであるが、大小乗の判別の基準、価値判断等において遊意とは異なっていると言えよう。両経の比較という点からかも知れないが、上生経と下生経とを内容上区別して述べるようなことはせずに、全体的に把握して判断している。あるいは「弥勒は亦た小乗の成仏あり大乗の成仏あり」（大正三七、二三六中）などと言うのは、下生経と上生経とを言ったものかも知れないが、吉蔵にとっては上下両経の相違などはあまり問題ではなかったようである。それに吉蔵においては大小乗の判別に際し、中仮の具不具などを持出すことは他の著作においても例のないことである。

第四節　仏滅年代等の記述について

一、『弥勒経遊意』の記述

次に問題となるのは、十門中第八の弥勒と釈迦とは同時涅槃不同滅度を弁じる段の冒頭の記述である。すなわち、

尋ぬるに仏は是れ周荘王十年夏四月八日辛卯の夜、恒星の現われざる時節、即ち是れ仏の生れたる日なり。仏は是れ恵王八年四月八日出家す。この時年十九なり。恵王十九年四月八日に至って成道す。この時年三十なり。匡王五年二月十五日に至り滅度す。この時年八十なり。仏の出世よりこのかた、周荘王より梁に至るまで合して一千二百四十年なり。具には大経遊意中に之を弁ずるが如し。（大正三八、二六八上、一部宝生院本により訂正）

と述べていることである。周の荘王十年は西暦紀元六八七年であり、仏滅度の匡王五年は紀元六〇八年に当たり、仏滅年代の現在の通説からすれば信憑性はないのであるが、十九出家三十成道八十滅度としており年号は合致していて、本書が著わされた当時の流布説の一つとして認めることができよう。それは費長房の『歴代三宝紀』の説と年号において全く一致する。相違点は、本書が八十歳説に対し『三宝紀』は七十九歳説なので、仏滅度を匡王四年としている点と出生及び成道の月を二月としている点である。[25]『三宝紀』の割註において、古来の異説を紹介し典拠を挙げているが、本書の説はこの『三宝紀』の説を参考としたか、陳から隋代の一般説に従ったのであろう。なお『三宝紀』の成立は隋開皇十七年（五九七）である。次に仏の出世つまり、周荘王十年より梁に至るまでで一千二百四十年としているが、それに当たる年は梁末の承聖三年（五五四）ということで梁元帝の歿年までを数えたことになる。要するに本書では具体的に仏滅等の年代を記し、十九出家三十成道八十滅度説を採用し、具には『大経遊意』中に述べたとしていることが注意されよう。しかし、吉蔵には『涅槃経遊意』（大正三八所収）があるが、右のような仏滅年代説は述

べられていない。ここで『遊意』としたのは大須文庫の写本に従ったものであるが、大正蔵経では「大経疏」（大正三八、二六八上）となっている。吉蔵に『涅槃経疏』があったことは相違ないが現存していない。この点については次項で述べることにしたい。

二、吉蔵の仏滅等に関する説

前項のごとく、本書では釈迦の十九出家三十成道八十滅度説を取るのであるが、第四に因果を論ずるの第三、始終の時節を弁ずるところでも触れ、釈迦の寿命は経論の出すところ同じからずとして、『中本起経』等を引用して次のように述べる。

如来の大期は八十なり。第七十九年に大経を説きたもう。若し爾らば法華に四十余年というは、此れ必ずや大経の所説ならん。更に一年を退いて是れ七十八年に法華を説きたもうなり。若し爾らば八十を以て定とするは、十九出家三十成道を正しく取るなり。（二六六中―下）

しかるに吉蔵の『法華義疏』巻七では、

旧に云く、如来は三十にして成道し、八十にして滅度す。その間の五十年は説法したもう。この経は涅槃に隣次す。故に寿量品に伽耶に於て成道し、今に至って四十余年なりと云うと。諸師並に云く、四十九年に法華を説きたまえりと。今明かさく、若し法華を説きたもうこと必ず是れ四十九年ならば、則ち仏は十九出家三十成道には非ず。何を以て之を知るとせば、若し十九出家三十成道ならば、則ち出家以後は十二年を経るなり。而るに経及び釈論に云く、城を踰えし夜に羅云を生ずと。若し爾らば何が故に十二年と知るや。又経に皆六年苦行すと言う。若し十二年ならば、その間復た何の為す所ぞや。此を以て之を推すに、十九に出家して三十に成道せるにはあらず。若し必ず十九出家なりとせば、即ち二十五年の成道なるべし。寿量品に応に五十余年と言うべし。四十余年とは言うべからざるなり。今釈論に依らば、経を引いて云く、我れ二十九にして出家せりと。若し爾らば、即ち三十五年にして成道せるなり。而るに寿量品に四十余年と云えるは、即ち其の文に会うなり。（大正三四、五五三上）

として、『智度論』等の文を根拠として、二十九出家三十五成道を主張して、寿量品の文を会通している。

また本書では先引の仏の年代を記したあとに、大正蔵本では「具には大経疏中に之を弁ずるが如し」として詳しい説明を譲っているが、南都の註釈書に引用されている吉蔵涅槃疏の断簡には相当文は見当たらない。[26] そして安澄の『中観論疏記』巻二末では、[27] 吉蔵の『中観論疏』巻一末において、仏滅を解釈する異説を列挙する文を説明するのに、[28]「今先に仏の生年並びに成道滅度の年月を定めん。然る後に部執の不同を顕さん」として、「述義」『歴代三宝紀』、法宝の『倶舎論疏』、『仏祖統記』、また吉蔵の『涅槃疏』及び上掲の『法華義疏』の文を引用しながらも、本書の記述には一言も触れておらず、また本書で指示するような内容に相当する「大経疏」の文も引いていない。このことは、安澄が、本書の存在を知らなかったのか、あるいは吉蔵の著作ではないために援引しなかったのか。そして少なくとも吉蔵の『涅槃疏』には、仏の出生成道等の年月についての記述はなかったものと考えられる。もし吉蔵疏中に、本書で示すごとき年代論があるなら、安澄は必ずや引用したであろうと思われるからである。したがって、この点から言っても、本書を吉蔵の撰述とすることには疑問が提起される。

第五節　用語の特徴――『四論玄義』との一致

次に本書の特徴もしくは吉蔵の他の著作との相違点として指摘できるのは、独特の言葉の用い方である。

語法としては、前にも触れたが、先に異解（従来説）を出して最後に自説を主張する際に用いるところの「具詮中仮」（二六三下）「具論中仮」（二六八中）「具中仮明之」（二六八下）と言った表現の仕方である。三論教学における中仮義の重要性はすでに述べたところであり、[29] 吉蔵も『中観論疏』等でその意義を認め散説するが、自己の基本的立場として強調することはなく、「中と仮とを具足する故に大乗である」等の語法は他にみられない。しかるに『四論玄義』の著者慧均は、自己の根本的立場、論理の依拠するところとして中仮を多用している。例えば、『四論玄義』の「二智義」では、七方便、四十四智、六十六智等を説明して、

今其の相を窮むれば、此の智は其れ中仮なり。此の十二因縁は浅に之を明かさば但だ仮上に明かすなり。深なれば則ち無明なるも畢竟無生無我にして即ち是れ中なり。而も成論等は但だ仮上に之を明かすのみにして、中に及ばず、復た性として有（所）得なり。今大乗は、意を明かして説けば則ち中仮の観を具するなり。仮に約して之を明かさば六十六智、中に就いて之を明かさば十一智、今中仮を明かすが故に七十七智なり。（続蔵一・七四・一、八三左下）

と述べ、大乗の立場は、中仮共に具足することを条件とすることを説き、三乗義においては大乗を説明するのに、

大乗に亦た二種あり。一には仮の有と不有、仮の無と不無を悟る修万行菩薩の大乗。二には有と不有、無と不無を悟り、円かに中仮を悟る、方に是れ実の大乗なり。亦た前は権大、後は是れ実大と言うことを得るなり。（続蔵一・七四・一、九八右上）

などと言うのがその一例である。

さらに注意されるのは自説を述べるのに「一家義宗」（二六四上）なる言葉を用いていることである。吉蔵は、「一家云」とか「三論一家」という言葉はしばしば用いるが「義宗」という語を附すことはしない。同様に「地摂両論成毘二家義宗」（二六五下）などの呼称もそうである。この二つの熟語は、共に『四論玄義』において口癖のように用いられているものであり、吉蔵の他の著作には例を見ない慧均独特の用例である。[30]

第六節　『遊意』を参照している例

一、基『観弥勒上生経賛』

『弥勒経』に対する註釈は、上述のごとく、本書が現存のものとしては最も古く、次が慈恩大師基（六三二―六八二）の『観弥勒上生兜率天経賛』二巻（大正三八所収）である。この書は沮渠京声訳出と伝えられる『観弥勒上生経』に対する註釈であるが随文解釈に入る前に⑴仏成権実、⑵慈氏所因、⑶時分有殊、⑷往生難易、⑸問答料簡の五門分別をしている。いわゆる玄論、玄義に当たる部分であるが、この中の⑵⑶⑸において本書、つまり『遊意』に順じて解釈し、また引用をしている。恐らく当時としては解釈するに当たって参考となる著作も少なかったのであろうが、引用経論などを見ても、本書に依るところが多かったものと推察される。次に相当部分を遊意の記述の順序に従って比較対照すると次のごとくである。

弥勒経遊意

第二釈名……次簡阿逸多与弥勒。阿逸多此云無能勝。故浄土経云莫能勝也。弥勒者亦弥帝礼或名弥帝隷迦也。……賢愚経十二巻云。弥勒生在波羅捺国劫波利村輔相之家。初生有三十二相。身紫磨黄金色。姿容挺特。輔相歓喜。召相師相之。相師善因爾立名。則問児生時凡有何相。答言其母素性不能良善。懐児以来慈矜苦見。相師喜言。是児者必慈

観弥勒上生経賛

第二慈性所因者依正梵本応云梅呾利耶。此翻為慈。古云弥帝疑或云弥勒者皆語訛也。依賢愚経第十六（二）巻云。生波羅奈国劫波利村輔相之家。即上生経云。劫波利村波婆利大婆羅門家。初生便有三十二相八十随好。身紫金色姿容挺特輔相歓喜。召相師相之。相師既見転讃其善。因欲立名。方問生時之相。父答之言其母素性不調。懐子以来慈矜苦厄。

心。因此為立名号曰弥勒。父母愛重。心無有量。其殊勝名相相称。令国土宣伝聞名。波羅捺国王名梵摩達。聞之心懐懼。恐奪王位。意欲未長大時方便除之。其父母知之。遣人遂与其舅。舅名波婆利。領五百弟子。在異国学道。舅得弥勒已教学問。学未□歳時。則通経書。其舅。後時聞有仏出世。則遣弥勒等十六人往至仏所。思念為四句。一問幾相。二問年寿。三問弟子。四問経性弥勒問已。如来歓喜答。仏更開化説法。其十五人則得法眼浄。各従坐起則索出家。仏言善来便髻自堕。重以方便為其説法。十五人成阿羅漢。弥勒七歳発心而已。弥勒後時従仏還迦維羅国。大愛道比丘尼為仏自手紡績。作一端金色縷之畳袈裟。繋心積想。以奉世尊。世尊不受之。還令供養衆僧。遂語則供養衆僧。衆僧之中行之。無有欲取者。弥勒前則取著之也。時仏過波羅捺国。身紫摩黄金色。又被金縷織袈裟。表裏相称。行乞食至大陥上。擎鉢住止。人民見之。視者無有足。雖皆敬重之。而無有人与食者。時有一穿珠師。将還家供養。其婦怒言失穿珠師之利共。弥勒則将此師還衆僧。衆僧広説法供養利重。仏為其人利。阿那律過去世一氈生生世世無貧。亦為説施弥勒未来果報事也。(大正三八、一一六二上―下)

相師占曰。此即児志因為立号名梅呾利耶。若釈此名応云梅呾利曳尼。梅呾利尼是女声母性慈故因名慈氏。父母愛重声誉。遠聞王梵摩達。心悩生懼恐奪其国。伺其未長方欲降之。内人既知潜報父母。私送舅氏避難習業。舅名波羅利領五百弟子。異方学道。舅甥師弟聡頴超群。数歳之間学通経典。舅後聞仏出世。遣慈氏等一十六人。往至仏所而為四問。一問幾相。二問年歯。三問弟子。四問種姓。慈氏問已如来具答。慈氏歓喜仏因更化余十五人。得法眼浄。倶従坐起並乞出家。仏言善来。衣厳髪落方便更説並成応果。唯有慈氏不預彼流。後従世尊遊迦維羅衛国。其大愛道。手自縵績。金畳袈裟。繋想奉持。世尊不受。令供養僧。僧中次行無敢取者。到慈氏所。尋為取之身披金畳。従仏遊化。身紫金色衣。貫金彩表裏相称。巡行乞食持鉢巷陌。観皆無厭。雖皆敬歓。無与食者。有穿珠師。将還供養婦来。嗔罵言失穿珠之利。慈氏得珠。持還問衆人。広説過去供養所生福利仏因無滅。説過去事便説未来慈氏之事。慈氏後作仏故。猶名慈氏。慶喜問仏慈氏名因。仏言過去此瞻部洲有大国王。名達磨流枝。此云法愛。爾時有仏号曰弗沙。有一比丘入慈三昧。身相安静放光照耀。王問此僧何定致此。仏言入慈定。王倍生欣躍云。此慈定巍巍。乃爾我当習之生生不絶。往法受王者今慈氏。是従彼発意常号慈氏。久習性成仏

第三弁始終時節。如賢劫等経云。有三世劫。劫有千仏。過去荘厳劫千仏。現在賢劫千仏。未来星宿劫千仏。此三千仏。往昔同修行勝因故。次第致果。在乎三劫。又賢劫仏千独為一類。然賢劫千仏中。前四仏已過。今弥勒是第五仏。当出世興也。

出世有前有後故。今具叙之。大論迦旃延子云。過三阿僧祇劫。是時菩薩百劫修業三十二相業自在遅速。遅則百劫。疾則九十一劫也。五華散供養仏故。後九十一劫当作仏。但直明之応百劫満足作仏。精進苦行故。超踰九劫。余九十一劫也。若不超者。応在弥勒後成仏故。経中往往云。弥勒発心行道在釈迦前。但不精進苦行故。成仏処後。故弥勒自念言。我千阿僧祇劫。生在兜率陀天。説法度諸天。不能暫捨身種種苦行也。釈迦精進苦行故。超之九劫。得成仏也。(同、一一六四中—下)

仏出世不同。如釈論第九巻云。前九十劫中有三仏出世。後十劫中有千仏。九十劫中初劫有毘婆尸仏。秦言種種見也。第三十二劫中有二仏。一名尸棄仏。秦言火。亦云頂髻。二称弥勒。(大正三八、一一七五上—中)

第三時分有殊者劫有多種。如別章説。……其初千人者花光仏為首下至毘舎仏。於過去荘厳劫中得成為仏。毘舎仏者即七仏中第三毘舎浮仏。此中千仏拘留孫仏為首下至楼至如来。於賢劫中得成為仏。後千仏者日光如来為首下至須弥相仏。於未来星宿劫中当得作仏。賢劫経亦云。過去荘厳劫有千仏出現世間。文皆同此。其三千仏復各自類同修勝業。倶時獲果。……依小乗説。菩薩百劫修相好業。釈迦買五花以供養定光。定光即燃灯也。遂為授記。汝於来世当得作仏。又由釈迦弥勒同事弗沙世尊入火光定。滅光恍曜釈迦讃歎。復超九劫故。先弥勒以得菩提。故経数説。弥勒自言。我寧千阿僧祇劫都史天説法度人。不能昔時捨身少分。以稽留故在後成仏。(同、一一七六上—下)

然釈迦仏百劫修相好中九十一劫中第一劫逢毘鉢尸仏。第三十劫逢尸棄仏鞞湿婆仏。第九十一劫逢賢劫千仏。有云。住劫中初五劫無仏出世。第六劫有倶留孫仏。第七劫有倶那含牟尼仏。

鞞怒婆附仏。秦云一切勝也。第九十一劫。劫初有四仏。一名迦羅鳩飡陀仏。亦名狗楼孫仏。大論不見翻。崑崙三蔵冠頂亦云帽仏。仏生時如珠有出也。二名迦那含牟尼仏。秦云金仙人。又云屈仙人。三名迦葉仏。四名釈迦牟尼仏。法四仏足前三仏。則是七仏。其前三仏在九十劫中仏也。初仏寿命八万歳。第二仏寿命七万歳。第三仏寿命六万歳。余有四仏。在第九十一劫。劫号為賢劫。初人寿命数千万歳。漸減漸減。五百万歳時。有転輪聖王。即出行化。従爾後稍稍減也。賢劫経云。至四万歳時。有第四狗那提仏。亦云狗楼孫仏。出世五濁。経六万歳至三万歳時。有第五狗那含牟尼仏。出世五濁。経云四万歳也。二万歳時。有第六迦葉仏出世。寿命二万歳。迦葉仏後漸漸減。人命至千二百歳時。釈迦始上兜率天。於天数四千歳。則人間五十六億七千万歳。人寿命百歳時。従兜率下。閻浮提作仏。正法五百歳。像法千年。過千五百歳。則釈迦法滅尽。別経云末法一万年也。唯有辟支仏行仏也。人命稍稍転促至十歳時。三災競起土地彫荒。諸悪人死尽。国界空疎。相見則相殺。時有仙人出世。名郭相。亦云郭智。勧戒云莫相殺因縁漸漸促短。勧須修善行慈之相。悪人等。改往修来。因縁経故。即復所生子。寿二十歳。如是子復生子。子孫寿四十歳。転増至百歳一万三万六

第八劫有迦葉仏。第九劫有釈迦。第十劫有弥勒。有云。四仏並第九劫。四已出訖并前即為七仏也。弥勒当賢劫第五仏也。即是第三時分有殊。（同、二七六下—二七七上）

賢劫経云。人寿一千二百歳釈迦始生都史。人寿一百歳出世作仏。都史天寿四千歳人間当五十六億七千万歳。正法五百年。像法一千年。不論末法仍云過千五百年後釈迦法尽。独覚行化。与諸経不同。人命転促。正法之時人寿不減。像末法中人寿便減至三二十歳。有飢饉疫病刀兵次起。人多死尽国界空疎。仙人相誡人懐其善。子年倍父漸漸長寿至八万四千歳。従増六万歳至増八万。皆有転輪聖王相次而出。八万歳時王名儴佉。弥勒方出。然論釈云。劫減仏興。劫増転輪王出。以此撿。弥勒

万歳時。有転輪聖王。出世行化。王王相次。経第七時。人寿八万四千歳時。弥勒仏出興世。于時安楽人民熾盛時下生也。大賢劫経云。慈氏仏光照四十里。梵志種。父名梵摩。母字梵経。大弥勒経意云。父是因縁有人主之徳。故言修梵摩。此云善徳。亦云善浄。母名梵摩抜提。此云徳主。亦云浄主也。賢劫経云。子曰徳力。多聞侍者曰海氏。智慧弟子慧光。神通弟子曰堅精進。仏在世時。人寿八万四千歳。正法八万歳。舎利共興一大寺弘法也。師子仏光照四十里。君子種父名勇師子。母名江音。子名大力。多聞侍者名善楽。神足弟子名雨氏。智慧弟子名智積。仏在世時。人寿七万歳。三会説法。正法億歳。舎利流八方上下也。従拘楼秦仏。至九十九仏。共出前半劫。後楼至如来。独用半劫。楼至仏滅後。更六十二劫中。空過無有仏出世。過爾与後。第六十三劫中。有一仏。号為浄光称王如来。出世寿命十小劫。化衆生。過此仏後。復三百劫。空無有仏出也。此雖有千仏。前後合言三千仏也。問楼至如来。何以独用半劫耶。答応是随機縁応如数耳。

問此何故賢劫中有千仏耶。答金力士経云。昔有転輪王出世。有千子具足。諸王子各発菩提心。願求作仏。父聖王欲誡。此千王子。雖前作仏。題取千王子名。対王子。以香汁洗之。

八万四千劫初減方出。厭生死故人寿百歳慈氏生天。人寿八万四千方始下生成仏。当人間五十六億七千万歳。以此而推劫減時長。劫増時短。慈氏光照四十里。梵志経云。父名梵手母名梵経。子曰徳力侍者曰海氏。智慧弟子曰慧光。神足弟子曰賢精進。正法八万歳収仏舎利。共興一大塔寺。賢劫経云従迦諸迦忖陀仏。至第九百九十九仏。共出一大劫。第一千楼至仏独出一劫後。更十二劫空過無仏。後有一仏名浄光補王。寿十小劫即是星宿劫中第一日光仏也。翻名有異体即一仏。過此以後三百劫中空過無仏。

楼炭経中明。楼至仏独出一劫。所由広如彼説。金剛力士経云。昔有輪王千子具足。各発勝心共求作仏。父王試子何者先成仏。香水浴籌令千子取。得第一者即最初成。最後得者即最後成。

令千王採取算。得第一者最初仏。如是至九百九王子。最後一王子。一名字第千仏。諸王子譏言。我成仏化已尽。汝復作仏何所処度。小王子聞此語。悲泣。復更思惟。世界無辺。衆生無尽。我今発願。願我作仏時。我在世界衆生寿命。具与諸王子等所度衆生数亦同之。於是地六種動。仏即与其授記。以是因縁故。最後一仏。独当半劫也。以泣啼故。名為啼泣仏。啼泣標仏。楼至者此啼泣。亦云光明。仏生時有勝光明故。於是諸王子。即発願。王子作仏時。我等金剛護楼至仏。但金剛護。此是五性執金剛護。此是五性中促金剛神護也。(同、一二六五上—下)

[1]又此既従阿含中出。阿含中是三蔵教。[2]此経理因是小乗教。若如大弥勒経別説。末必是阿含中出也。又一云是大乗教故。中阿含復釈是大乗。即此経文中。有常楽等語。[3]今謂不然。汝既言阿含経復是大乗等者。非正宗傍明大乗也。故今謂上生経是正是大教。故経文多具明六度四等菩薩行菩提心無上道也。(同、一二六九上)

其最後者為余者譏。我等成仏人已化尽。汝何所度。小子悲泣復思惟。世界無辺衆生無数。諸兄所度何能尽也。願我作仏度人寿命一等諸兄。岌然地動仏即咸記。由是因縁故後一仏独出一劫。以啼泣故名啼泣仏。和上解云。胡盧支故盧支者此翻云父愛。父小子偏所愛念故為名也。於是諸兄願作金剛。擁護小弟。(同、一二七六中—下)

[1]古徳或説。此経為小乗。従阿含離出説。慈氏仏猶是凡夫身故。[3]或説。此経為大乗。説初列菩薩衆等。復非阿含中出。……[2]古人解云。小巻者阿含中出。大者別坐所説。(一二七八上—中)

以上の対照に依り、慈恩は本経の大要を説明するのに、『遊意』の綱格を参考として、自己の解釈を展開したことが明らかに看取されるであろう。たとえば『遊意』の引用は経文の抄出であるが、慈恩の引用はその抄出文に一致していることからも知ることができよう。従って経典の諸説を引証する場合には示唆を得たであろうし、古徳とか古人とかの呼び方で述べる旧来の説なども『遊意』と合致しており、『遊意』に負ったものではなかったかと推察される。恐らく当時としては参考に値する註疏はなく、綱要を述べたものとしては『遊意』が唯一のものではなかったかと想像される。隋唐代は阿弥陀浄土の信仰が圧倒的であり、玄奘の帰国により弥勒信仰が再び盛んになるという時代的推移の過程にあり、慈恩の疏は、その指導的役割を果たしているからである。また博学な慈恩でさえも、その解釈において苦労した面が存するからである。[31] それは『弥勒上生経』自身に難点が存する故でもあるが、[32] 先人の註釈書が無かったことにも依るであろう。

二、澄禅『三論玄義検幽集』

中観澄禅の『検幽集』（大正七〇所収）は、弘安三年（一二八〇）の撰であるが、吉蔵の『三論玄義』を豊富な経論引用を以て註釈したものであり、またその裏書は資料的価値を有し、古来権威あるものとして認められている。しかるに裏書においては慧均の『四論玄義』を、吉蔵の著作と共に多く引用しており、当時の伝承の確かさを示しているのであるが、この裏書において「恵均師弥勒経遊意云」として本書の一文を引用しているのである。筆者の見た限りでは一箇所であるが、それは『三論玄義』において、上座大衆二部の分裂を述べるに際し摩訶提婆の五事を説明する文中の天魔女[33]に対する註である。次に対照する。

弥勒経遊意	検幽集巻五
第七魔波旬天者事。魔天宮。在欲色二天中間住也。魔者譬如石磨魔。破壊仏弟子。恐徳也。宮縦広六十由旬。城塹七重。広厳猶如第六天也。又有十法。一飛去無限数。二飛来無限数。	恵均師弥勒経遊意云。第七波旬魔天事。魔天宮在欲色二天中間住也〇身無不浄大小便利。（大正七〇、四五七下）

三去無礙。四来無礙。五天無身皮膚骨然筋脈血。六無身之有不浄大小便利。七身無疲極。……。（大正三八、二七一下）

『検幽集』は西紀一二八〇年の成立であり、一〇九四年撰の『東域伝灯目録』に慧均の遊意を記しているわけであるから、南都における慧均本の確かな伝承を知ると共に、この引用に依る限り、現行の遊意は吉蔵の著ではないということになろう。少なくとも南都においては、慧均の著として伝えられ依用されていたことを証する。

第七節　結　論

吉蔵にすれば『弥勒経』は、すでに『観無量寿経疏』の解釈を見たように、小乗の範疇に入るのであるが、しかし大乗は、小乗をも包括した総合性を有するが故に、しかも『観無量寿経』は十方の仏化を明かし、『弥勒経』は三世の仏化を明かすわけであるから、両経を並べて宣説することによって初めて大乗の趣旨が徹底されることになる。その意味から、吉蔵は『弥勒経』に対しても註釈を加え、その概要を遊意として著わしたであろうことが推察され、目録にも記載されている通りである。したがって、吉蔵が本経を小乗と判ずるが故に、それに対する註釈が無かった、あるいは必要がなかったとは言えず、むしろ阿弥陀浄土を明かす上は、弥勒成仏も明かす必要性があったと考えられる。ただ吉蔵の場合は、大乗の主旨徹底を、一経の中に求めるのではなく両経の上に、大局的に把握して展開させようとする姿勢であろうと思われ、この点が『遊意』の構想、主旨とは大きな相違である。

吉蔵の著作との比較及び慧均の学風を考慮して、一、二の問題につき考察を加えたのであるが、経名の音写語、中仮の強調、仏滅等の年代論及び撰述年時の推定、用語の特質等につき、明らかに吉蔵の撰とした場合に矛盾が存するであろう。しかも、それらは慧均の著作とした場合に傍証となる事項のみである。現行本は慧均の著であり、それが吉蔵の書と誤認されたと考える。

恐らく、本書が吉蔵撰とされるに至ったのは、南都における伝承の混乱ではなく、江戸時代の書写伝持の間か、あるいは続蔵経の原本にも大正蔵経で校合した大谷大学所蔵の写本等にも、内題に撰者名は記されていないようであり、筆録者か続蔵編纂の際の判断に由来するのではなかろうかと思われる。[34] 写本については後述したい。

第二章註記

（1）大日本続蔵経第一輯第三五套第四冊及び大正蔵経第三八巻所収。

（2）撰名が記されていないのは他に『大品遊意』がある。ただし底本に元来付されているものと、筆録者、編者が挿入したものとある。

（3）大正蔵経の脚註によると、大谷大学蔵写本は、恵均僧正となっている。

（4）『出三蔵記集』巻二（大正五五、八中）。

（5）『観弥勒上生経』のみ単訳で異訳経は伝えられていない。竺法護訳『観弥勒下生経』、羅什訳『弥勒下生経』『弥勒成仏経』、沮渠京声訳『観弥勒上生経』、義浄訳『弥勒下生成仏経』、失訳『弥勒来時経』を一般に弥勒菩薩六部経とする。他にも異訳あるいは疑偽経がある。

（6）『高僧伝』巻五道安伝（大正五〇、三五三中）、竺僧輔伝（同、三五五中）、曇戒伝（同、三五六下）参照。

（7）『法苑珠林』巻一六（大正五三、四〇七中）。

（8）『高僧伝』巻八（大正五〇、三八一下）。

（9）『続高僧伝』巻五僧旻伝（同、四六三中）、巻八法上伝（四八五下）、曇衍伝（四八七中）、『高僧伝』巻一三僧護伝（四一二上）参照。

（10）『続高僧伝』巻九霊裕伝（同、四九七下）、巻一二霊幹伝（五一八下）、善冑伝（五一九下）。

（11）『天台宗章疏』（大正五五、一一三六下）。

（12）『観無量寿経疏』（大正三七、二三三下）。

（13）「胡云阿耶羅此云観。観是観見亦是観行亦是観察」（同、二三四上）。

（14）月輪賢隆『仏典の批判的研究』（一九七一年、百華苑、四五頁以下）参照。また「説」に当たる般遮又は槃遮についても相当する原語は不明である。

（15）澄禅『三論玄義検幽集』巻六（大正七〇、四七五上）所引の成壊義の文。

（16）憬興『弥勒上生経疏』（大正三八、三〇五中）。

（17）吉蔵『金光明経疏』（大正三九、一六〇中）。

（18）澄禅『検幽集』巻三（大正七〇、四一七下）、及び巻五（同、四四一中）。闍那迦は janaka（産出する、生む）で、毘留は virūḍha であろう。

(19)「仏陀此云覚者知者見者等也。三蔵云清浄覚也。修多羅亦云修妬路、修吒羅、修林嵐、異名有四。三蔵云修多闌多含五異名也」(大正三八、二六三上―中)。三蔵は真諦のことと思われる。

(20)『出三蔵記集』巻九「荊州隠士劉虬作無量義経者」(大正五五、六八上)、及び慧遠『大乗義章』巻一(大正四四、四六五上)等参照。

(21)吉蔵『三論玄義』(大正四五、八中以下)参照。

(22)『法華玄論』巻三(大正三四、三八二中)。

(23)『法華遊意』(同、六四三下)。

(24)『大品遊意』(大正三三、六六中)。

(25)費長房『歴代三宝紀』巻一(大正四九、二三上―下)の説をまとめると、周荘王十年仲春二月八日出生(西紀前六八七)、恵王八年四月八日出家(同六六九年、十九歳)、同十九年二月八日成道(同六五八年、三十歳)、匡王四年二月十五日入滅(同六〇九年、七十九歳)となる。

(26)平井俊榮「吉蔵著『大般涅槃経疏』逸文の研究」(『南都仏教』第二七号、二九号、一九七一年及び一九七二年)参照。

(27)安澄『中観論疏記』巻二末(大正六五、四七中以下)。

(28)吉蔵『中観論疏』巻一末(大正四二、一七中以下)参照。

(29)本書第二部第一章第二節参照。

(30)吉津宜英「地論師という呼称について」(『駒澤大学仏教学部研究紀要』第三一号、一九七三年)。他に真諦三蔵のことを「崑崙三蔵」と呼ぶ例などがある。

(31)一例を挙げれば、先述の「観」の梵音については何も触れないし、したがって原語による正確な意味が把握されず説明も「心勤妙境欣趣日観」とするのみである。また「海此岸旃檀香」の説明も、「海此岸香六銖価、直娑婆世界」として、如何なる香であるかの説明はない。月輪前掲書一三三頁以下参照。

(32)月輪前掲書では経典内の矛盾を指摘し、本経を中国偽撰ではないかとする。

(33)『三論玄義』(大正四五、八中)「此偈有五事。一余人染汚衣者、提婆不浄出汚衣、而誑弟子言、我是阿羅漢、実無不浄、但是天魔女以不浄汚羅漢衣、故云余人染汚衣」。

(34)写本は筆者の知るかぎり大谷大、高野山大、京大、それに大須文庫の四点がある。当初この論考を発表した時点(一九七三年)では、大須文庫本の存在を知らなかった。その後存在が確認され、しかも均僧正撰とされていることが判明した。第三部で取り上げたい。

なお、当初の論考において、仏滅年代等の記述を根拠として本遊意の成立年代を推定したが、大正蔵本に文字の誤りがあることが判明し、成立年代の推定も誤っているので、本書では旧稿の該当部分を削除し、新たに修正文（第四節一項）としたことをお断りしたい。

第三章　『大品遊意』考

第一節　はじめに

隋の嘉祥大師吉蔵の撰述書は、諸目録によって数え上げると四十部以上を伝え、また現存のものも二十六部を数える。しかもほとんどが生存中の著作と見られ、浄影寺慧遠と共に、その量において南北の双璧とされる。しかしながら、その一一についての基礎的研究ないし思想的考察は、代表的な著作を除いてはなされておらず、また果たして吉蔵の真撰か否か疑わしいものも存する。ここに取り上げた『大品遊意』（続蔵一・三八・一及び大正三三所収、以下『遊意』と略称）もその一つである。各々に対する検討考察を加え、その真偽を判ずることは非常に困難な作業ではあるが、その問題点を多少なりとも明確にしておきたいと思う。

吉蔵には般若経関係の註疏として『大品経義疏』十巻、『金剛般若疏』四巻、『仁王般若経疏』六巻がある。その中で、第一の『大品経義疏』（続蔵一・三八・一所収）の第一巻は「大品経玄意」と内題され、次に「胡吉蔵法師撰　開皇十五年正月二十日記」（同上、九右）とあるが、後時の記入であろう。『遊意』と相似の性格を有するものであり、内容上からも近い関係にある。従って、『遊意』を検討するに際し、この「玄意」との比較考察は不可欠のものと考えられるし、筆者も、その方向で考察を進めて来たが、他の著作との対照を試みる間に、「玄意」に対する成立上の問題が派生するに至った。と言うのは、第一の経題釈は、般若系註釈のいずれよりも詳細であり（続蔵本で二二頁分・

遊意は三頁）独自の説明を加えていて、『大品経義疏』の巻頭に置かれるべき内容を備えているが、第二の序説経意以下第六の弁経宗及び第九の明伝訳の内容は、『金剛般若疏』の趣意略抄となっていること、また第七の明顕密と第八の弁教は、『法華遊意』の略出ないし全同となっているからである。これらの事柄に関してはここでは立入らないが、当面の問題としては、経題釈については「玄意」と比較検討をし、他の諸点は『金剛般若疏』に重点を置き、慧均の『大乗四論玄義記』なども参照しながら考察することにしたい。また本来ならば、各々の内容について逐一比較対照して検討を加えるべきであるが、今は一、二の問題に限って論述するに過ぎない。

第二節　内容構成

初めに『大品遊意』の構成を見ることにする。本書は、続蔵経所収本、その他の写本においても、最初に「大品経品目　胡吉蔵撰」として、第一巻から二七巻にわたる品名とその異称を列挙している。その品名は、大正蔵本（高麗本）と対照すると全同ではなく、また宋、元、明等の諸本とも一致しないものもある。[1] また吉蔵が『大品経義疏』中において用いている名称と一致するかと思うと、必ずしもそうではなく、はたして吉蔵の制作にかかるものかどうか疑わしい。[2] 異称は、割註の形で書かれているから、これは、後の人が諸本と比較して註記したものであろう。続いて「大品経義略序」なる一文（続蔵本で六行）があり、本経の始終は皆仏説なることを言い、本経を三段に大判している。[3] こ以上の品名と序は、大正蔵では省略されている。次に「大品遊意」と書し、撰名は記さず、序文が付されている。この序文は続蔵本で十行であるが、これと同文が末尾の本文に接続して再度記されているのは異例である。正安元年（一二九九）の聖然の奥書によれば、彼の手にした原本において、すでに前後雑乱し、文字の誤りも多いと言い、勝本を以て訂正すべしと述べているから、[4] 早くから原形態は失われていたと見るべきであろう。次に本文に入るが、まず「般若義有五重」と表わし、科目を提示する。内題を「大品遊意」とし、本文冒頭において「般若義」とする点、構成形態の上から注意されるが、内容の上からすれば、般若義としてもよいであろう。科目の列挙は、第一釈名、第二弁宗、第三会教、第四明縁起、第五出部儻であるが、実際の記述は、第四と第五が前後する。尾題は「大品経遊意一巻」である。

以上が外形上の大略であるが、科文について『金剛疏』等と対照すると多少の相違点が認められる。まず『大品経義疏』の序文に、

然山門已来道義、不作章段、唯興皇法師、作二諦講、開十重者、此是対開善二諦十重故作、其外並無、後人若作章段者、並非興皇門徒也、(続蔵一・三八・一、九右上)

と述べているが、これは、摂嶺相承の三論学派としては、経論の註釈や諸種の義を述べるのに、当時一般に行なわれていた章段を示して解釈する方法は、伝統的に用いなかったと言うものである。ただ興皇法朗が二諦を講ずるのに十重を開いたのは、開善寺智蔵が十章を設けて解釈したのに対して、例外的に科文を作ったのであって、もし後人が章段を設けて諸義を解釈するなら、それは興皇の門徒にはあらず、とまで述べている。この点は、吉蔵の最初期の撰述と見られる『二諦章』の序文においても言われており、(5)少なくとも法朗の生存中ないし吉蔵の習作時代には、この伝統が守られていたのであろう。従って『大品義疏』においても、始めに科文を提示することはしておらず、「今首釈此経題」という書出で始まる。しかし本文中においては、当然のこととして第一、第二等を付して項目を列挙する。また長安に移ってからの著作になると、初めに科目を列挙し、それに従って解釈をするようになるが、これは、当時一般の風潮に従わざるを得なかったためとも考えられる。しかし天台の五重玄義のごとき範疇は見られない。したがって、これらのことを考えると、『遊意』に見られる構成は、『大品義疏』よりも、かなり後世の作であるとの推察も可能である。あるいは、巻首の科文の列挙は、後人が、解釈本文の項目を摘出して加えたものとの推定もなし得る。その例は、後に対照する『金剛般若疏』のごとくである。それは、「金剛般若疏巻第一　胡吉蔵法師撰」と表記し、次に「玄意十重」として科目を列挙する。元来、撰名を自身が記入したかどうかは不明であり、「吉蔵法師」とするこ

とは、後人の付加であることは間違いなかろう。このような例は、他にも多く見られる。次に科文を対照させ、異同を明確にしよう。

金剛般若疏	大品玄意	大品遊意
第1　序説経意	第1　経題釈	第1　釈名
第2　明部儻多少（明般若多少）	1　摩訶	1　摩訶
第3　弁開合	2　般若	2　波若
第4　明前後（明二経前後）	3　波羅蜜	3　波羅蜜
第5　弁経宗	4　修多羅	4　修多羅
第6　弁経題（弁経名）	第2　序説経意	5　序
第7　明伝訳	第3　明部儻多少	第2　弁宗体
第8　明応験	第4　弁開合	1　明体
第9　章段（釈章段）	第5　明前後	2　明宗
第10　正弁文（正釈文）	第6　弁経宗	3　簡因果
（　）内は本文中	第7　明顕密	4　明長短
	第8　弁教	5　弁遠近
	第9　明伝訳	第3　会教
	第10　依文解釈	第4　波若部儻
		第5　明縁起

三者を比較すると、構成上の共通点、相違点が明らかであろう。第一に気がつくことは、先にも述べたごとく「玄

意」と『金剛般若疏』とが項目は前後するが多くは一致している点である。違うのは、第七明顕密と第八明応験、第八弁教と第九釈章段の二科であるが、前者は、経典の相違、つまり、二経の内容上から来るものであり、他は講成も内容も相応している。また『金剛疏』中に、「至大品中更当委釈」(大正三三、八七下)とか「至大品玄中広明」(同、九〇上)との記述があり、『大品義疏』あるいは『大品玄』[6]を指示しており、引用関係から撰述の前後等が問題となるのであるが、今は立ち入らない。ともかく、『大品義疏』の玄意の段は科文内容上『金剛疏』と密接であり、さらに『法華遊意』(大正三四所収)とも共通性を有しているということである。

これに対して、科文構成上から言って『遊意』は他の論著との共通点よりは、むしろ相違する方が多い。吉蔵の著作の傾向としては、同一主題を別々の論著で述べる場合、先に撰述した書を指示して省略するか、それの要略という形を取るのが普通であり、時として同文をそのまま用いる。しかし、『遊意』との共通主題である経題釈や宗体、弁教(会教)、明部儻、明伝訳(明縁起)など、後述のごとくいずれも相異する説相と内容を示している。『大品義疏』の経題釈は、巻頭を飾るものとして、その解釈は詳細であり、般若思想に関する諸問題についても要点を述べている。また『金剛疏』の玄意十重の段は、序論に当たるわけで、第一に般若経が説かれた理由から説き起し、経の玄意を周到に述べる。一方『遊意』は全く独立の一編であるから、その趣旨において異なると思われるが、撰述の意図としては経の宗旨(玄意)を簡潔に述べようとするものであり、性格としては同様のものと言える。しかし、『遊意』は科文から見ても、全体としては簡略である。ただ所によっては、『大品義疏』や『金剛疏』以上に詳細な説明を加える。以上構成は、『大品経』と『金剛経』という異なる経典を扱っているから、当然相違したものとなるとも考え得る。以上は一応の比較対照を試み、その共通点、相違点を指摘したにとどまる。

第三節　引用経論等——慧均との類似

次に『遊意』の引用経論等を調べ、上記の著作と比較をしたいと思う。しかし、『遊意』と同一の主題と言えるのは経題釈のみであり、他は共通するものの、各々異なる経典に対する解釈であるから、『遊意』全体と『金剛疏』の玄意段とを比較しても始まらないし、『大品義疏』の玄意は『金剛疏』等の略抄の部分が多いから全体的に対照するわけには行かない。したがって『遊意』と『大品義疏』（玄意）の経題釈の部分についてのみ一応の対照をすることにしたい。一般に経論、学説の引用は、自説の主張において、その根拠、謗証とするか、批判の対象とするかであるが、撰述年時の相違によって資料の所蔵状況は異なると考えられるし、また同じ主題に関するものであっても、引用文献、学説は多少の違いは生じるであろう。さらに、自己の思想的な変化、発展に依っても、当然のことながら常に同じ引用の様相、形態を示すとは限らないであろう。しかし、吉蔵の場合、著作相互の引用関係と同様、大体においては、同じ問題を論じる際には、経論や学説の引用は、ほぼ同じ傾向を示す。これは吉蔵に限らず言えることであろう。同時代であれば、南北の相違や専攻の違いによる常用の資料は異なるとしても、一般に提供されている文献資料、学説は限定されるであろうから。したがって一乃至二つの資料の撰者、時代等の異同を知る上で、引用経論等を比較検討することは、一つの方法として無意味なことではないであろう。次に経題の一句毎に整理対照すると次のごとくである。

『遊意』	『義疏』（玄意）
A 摩訶釈 涅槃経　大品経　十地経	金光明経　涅槃経　大品経

阿含経
大智度論　十二門論
招提涅槃師述荘厳義
龍光述開善義

B　般若釈
大品経　涅槃経　六波羅蜜経（欠）

大智度論　成実論
羅什　開善　荘厳　龍光　僧叡　慧観

道安『折疑論』
僧叡『大品序』

C　波羅蜜釈
賢劫経
大智度論

華厳経
大智度論　十二門論
僧叡『大品序』
開善　招提　招提後人　建初（宝瓊）
道荘　長干　霊観　興皇

大品経　涅槃経　仁王経
維摩経　法華経　放光般若経
金光明経　六度集経
大智度論　成実論　毘婆沙論
羅什　開善　荘厳　龍光　招提　道安　宗凞令
霊根令正　真諦　遠法師（慧遠か）
慧持　荘厳栄
明慶禅師　通法師　敷法師
興皇師
僧肇『註維摩』

賢劫経　涅槃経　大品経
大智度論　開善　荘厳

D 修多羅釈	関中釈法師
仁王経　涅槃経　雑心論	仁王経　分別功徳論
成実論	四分律　菩提流支

以上が経題釈に見られる両者の引用経論学説である。その共通相違の様相は明らかであろう。一見して感じることは、『遊意』が略釈で『義疏』が広釈しているであろうことである。この引用上の相違が撰述の目的と年時の差によるものかどうか。広略にしても、『遊意』が『義疏』をふまえた上で略述したか、あるいは逆に『義疏』は『遊意』より後にさらに詳釈を加えたものであるとするなら、両者の違いは了解出来る。しかし、それは両者の説明解釈の内容が一致している場合に言えることであって、後述するごとく、両者は種々の点で相違した状況を示しているのである。従って『遊意』が『義疏』の略出であるとは言えず、また『遊意』を基礎として、さらに経論学説を渉猟して異説を加え解釈したのが『義疏』の経題釈であるという関係は成立しない。そのような関係が成り立つのは、『義疏』の経題釈と『金剛疏』『仁王疏』との関係である。[7]『遊意』は、いずれとも相互の出入は認められない別個の著述と考えられる。さらに両者の特徴を挙げれば、『遊意』では経題釈に限らず、三論学派の人については全く関説しない。ところが、『義疏』においては、上記のごとく慧持や道荘及び長干寺智弁に触れ、道荘については、彭城の学士なるも長干に受学したことや、また法朗についても再度関説し、地論の学者とされる霊観との因縁や、小荘厳寺慧栄との東府城における講説の際の問答など、吉蔵と近時代の人々のことを述べている。さらに用語で注意されるのは、『遊意』における成実論師の多出、龍光述開善義とか招提述荘厳義等が注意され、これは、開善義や荘厳義を述べるのに、直接彼らの著作を参照したものではなく、各々の受学者である龍光寺僧綽や招提寺慧琰の著作を参照して記していることが明らかである。このようなことは、多分に『遊意』以外の著述においてもあったと思われるが、しかし吉蔵の

著書としては、『遊意』のごときは例外的と言える。このような書き方をするのは、吉蔵と同門たる慧均の著述において顕著に見られる。吉蔵の表記として気がつくのは、道荘のことを彭城学士と言い、龍光のことを開善学士龍光綽師と言うごとくであり、何々学士某という表現は、吉蔵の著作中良く見られる例である。[8] また『遊意』の成論師の語に対するものとしては、数人、論人あるいは従来、古来等の語を以て成論師等の学説に触れることであり、山中旧とか一家と師云を多用する点も『義疏』の特徴であり、吉蔵著作の通例である。

第四節　学説の引用——慧均との相応

次に学説の引用に関して一、二注意すべき点が存する。第一には、宗体を論じる一段である。『遊意』では「第二に宗と体とを弁ず」として、[9] 体と宗との各々につき異説を列挙しているが、『仁王疏』の巻頭にて経の玄意（玄義）を述べるところでは五門分別をし、第一釈経名、第二出経体、第三明経宗、第四弁経用、第五論経相としている。[10] これは自身も断っているごとく、天台智顗の『仁王疏』に倣ったものであり、ここで経体と経宗に分けて自説を述べるが、従来の異説には全く触れず、『遊意』との比較は出来ない。また『金剛疏』では、体には触れず、経宗についてのみ解釈している。『遊意』は経体を述べるのに六説を挙げている。内容については別に論じるつもりなので略すが、六釈とは、第一に龍光寺僧綽の説、第二は霊味寺宝亮の説、第三は霊耀（曜）寺僧盛の説、第四は太創（昌か）寺宗法師と白馬寺要法法師の説、[11] 第五は開善寺智蔵の説、第六が荘厳寺慧栄の説である。『大品経』の経体については、吉蔵の他の著作に述べるところはなく、『遊意』の引用が唯一である。次に経宗については、成論師の釈として三説を引用する。第一に新安耀（瑤）法師の説、[12] 第二に禍法師の説、第三に冶城道法師の説である。[13] このように『遊意』においては、各々個人名を挙げて関説している。これを『金剛疏』と比較すると、『金剛疏』は個人名を出さず、すべて「有人言」を以て、都合六説を紹介している。『遊意』説は、各々『金剛疏』の六説の中に含まれるものであるが、『金剛疏』は従来からの説を一一取り上げているのに対し、『遊意』は諸説を折衷止揚したと考えられる上の三者を、代表説として紹介したと思われる。宗体の段における両者学説の引用形態は右のごとくである。

第二に注意したいのは、『遊意』と『大品義疏』とが各々自身の他の著述に関説していることである。一つは、般若を解釈する一節において、両者共に中仮の断伏について触れるが、それぞれ異なる一章（義科）を指示して説明を譲る。先に『遊意』の記述を見ると、般若の名と義とについて翻訳の不同等を論じ、智と境との関係を従来説を引用して述べたあと、

而開善義、在東山時、説五方便、皆縁於仮理、故第一法与苦忍、不為習因也、還陽州時云、五方便皆縁於真、故縁仮解対退不伏進不断、而死時云、先説謂得、何者、成論四無礙品云、何者近法住位世諦智、論主答、懦頂是也、今解、有四句、仮伏中断、中伏仮断、中仮倶断、中仮倶伏、如断伏義中具説也。（大正三三、六四中）

と記して、中仮断伏の四句を指して、「断伏義の中にて具に説くが如し」としていること。これに対し『大品義疏』では、

次明断伏義、問有此断義不、今明、経中説為断伏、何言無、但一家有仮中伏、中仮断義、有中仮伏、（仮）中断義、今明、仮中伏中仮（断）者、与他碩反、至中仮義中当広述、云云。（続蔵一・三八・一、一八右上）

として、三論一家の断伏義については「中仮義の中に至って当に広述すべし」と言っていることである。この両者の記述について、吉蔵の他の著作を検索すると、現存の資料中には断伏義も中仮義も独立の一章としては存在しない。ただ、断伏に関しては、『浄名玄論』巻五において、二智を釈する第八が断伏門とされ、経論及び従来説を論じて、中仮の断伏にも触れている。次に示せば、

問、為中伏仮断、為仮中断、答、適縁取悟、無有定也、自有中伏仮断、如来性有無不可得、故名非有非無、目之為中、此但伏性有無、猶未断也、次明仮有仮無、則性有無始断、所以然者、既識仮有仮無、則知畢竟無有定性有無故、定性有無故、名仮名断也、次言仮伏中断者、対性有無、説仮有無、以伏性有無、故言仮伏、次明悟仮有不

有、仮無不無、非有非無、名為中道、前性有無始得永断、故云仮伏中断也。[14]（大正三八、八八九上）

とある。『浄名玄論』巻五の説明は、正しく中を伏とし仮を断とする等の三論独自の断伏義を説明し、『遊意』の言う四句に相当するのであるが、しかし『遊意』では『浄名玄論』に述べるとは言っていないのである。そして『大品義疏』においても、「中仮義」を指示し、同じ内容の事柄を、各々異なる一章に説明を譲るのは、どのように理解すべきであろうか。『遊意』にしても『大品義疏』にしても、その記述の仕方からすれば、断伏義なり中仮義なりの名を付した独立の一章があって、それを指示していると考えるのが普通であろう。『大品義疏』には、もう一箇所「中仮義」を示唆しているところがある。それは経題釈において、摩訶を釈する最後の所である。

問、有是不有義、有是無義、此両何者是疎、何者是密、解云、一往有以無為義、則是密、有以不（有）為義、則是疎、……

問、此是何物不有、解云、至中仮義広釈也。（続蔵一・三八・一、一三右下）

右の例に依っても、また『三論玄義』や『中観論疏』にも中仮義の一章に触れるから、吉蔵の著述中に中仮義なる一科を立てて論じたところがあったのであろう。それは、吉蔵と同門である慧均の『大乗四論玄義記』の巻一は、「初章中仮義」とされていること。しかも、吉蔵も慧均も共に三論伝統の教説であることを述べるから、疑いのないところである。その慧均の「初章中仮義」を参照すると、先の中仮断伏の義も、今の有と不有、有と無とに関する疎密の義も、三論独自の学説として、初章と中仮の基本的な考え方に立脚して論じられたものである。[15] 従って、吉蔵の著述は現存しないけれども、『大品義疏』に言うごとく、断伏及び有不有について中仮義の一章において広釈するところがあったということは推察し得る。ところが、問題は、『遊意』において指示する「断伏義」である。たとえ撰述の年時が異なるとしても、『大品義疏』で指示するごとく、「中仮義」の中ですでに論じているなら、それを指示しても良いと思われるし、また『浄名玄論』においても、断伏門として論じる一段があるから、それを示しても良さそうである。あるいは、中仮義を撰述したあとで、断伏義の一章を撰し、さらに広釈するところがあったために、『遊意』ではかく示唆したのであろうか。それならば、『大乗玄論』巻三の「涅槃義」の最後において、やはり中仮の断伏に関説するが、それは『浄名玄論』と同文である。[16] 断伏義なる別章があるなら、吉蔵最晩年の作と見られている『大乗玄論』において、なぜそれを引用し、あるいは指示しないのであろうか。現存の資料において、吉蔵に断伏義なる独立の一章があったかどうかは確認出来ないのである。

しかるに、慧均の『大乗四論玄義記』には「十地義」の第二として断伏義の一章があって、『遊意』の記述と全く相応するのである。因みに、慧均の「中仮義」中には、『大品義疏』で言うごとき断伏について論じるところはない。それは別章の一科を立てているからであって、『大品義疏』で言う中仮義と慧均の中仮義とは内容上、多少の相違があることを示している。つまり、作者の違いである。さて、慧均の「断伏義」を見ると、先に十地の断伏についての従来説を紹介し、それを批判解釈したあと、

今大乗宗一往論之、亦有此義、而要論之者、空有両境智双尽浄、名為空智、断一切煩悩蔵也、故一家宗、仮伏中断、中伏仮断、中仮倶断、中仮倶伏、亦得言、有解伏空解断、有解断空解伏、空有倶断、空有倶伏、至而論之、仮空有断伏、中即乖断恒伏、何故爾、解惑相除、正是仮故、而前論四句者、一往開中仮相也。（続蔵一・七四・一、四右上）

として『遊意』でいうところの四句及び空有の四句等を述べ、上記の文に続いて伏心と断心の説明を加え、さらに解惑の相並（同時）不相並について従来説を引用する。この解惑同時不同時については『遊意』にも関説している。先引の文に続いて、

成論師云、無始以来、所染煩悩、随心成就、如影随形、故修行十地、漸断諸結也、……但仏果断惑不断惑、以来有二、開善云、仏地即惑、此義難解、何者、若仏心起時、煩悩滅者、即応惑属仏地也。荘厳云、滅惑生解、如因滅果生、故仏地不即惑、（大正三三、六四中）

と記しているが、これに相当するのが、慧均の次の文である。

解惑相並不相並、解不同、一開善旧相伝云、解生惑滅一時、而同言解生故惑滅、不得言惑滅故解生也、……二報恩云、解生与惑滅、決定不得同時、只得言惑滅故解生、（続蔵一・七四・一、四右下―左上）

右の二説の中で、開善説は共通に引用し、解惑同時の説であるが、第二説は、共に解惑不同時の説なるも、一方は荘厳の説を伝え、他方は報恩の説を引用する。報恩と呼ばれる人は、不明であるが、慧均が良く関説する人物であり、彼の引用によれば、開善の門徒とされる。開善義や建初寺宝瓊の義を伝えたごとくであり、今の義については、荘厳の義を継承した立場で論じたものであったように思われる。慧均は、開善の旧義に対し、彼の義は大いに勝ると評価する。[17] 以上の二説を批評したあと、次に開善説を紹介して、

又論師開善云、於五方便与三十心中縁境、前後釈不同、法師在東山時釈云、並縁虚仮理也、中出陽州時云、縁真不称縁、近臨死時定云、是縁虚仮理、何以故、論四無礙智品云、外人問、何者近法位世諦知、論主答云、望煖頂法中是也、又論三三昧品云、共分修者、修定修慧、是世間三昧、世在煖頂法中是也、聖正三昧者、入法位即是苦忍已上是也、故知五方便与三十心、並縁虚仮理境也、虚仮理即是世諦故也。（同、四左下）

と述べていることで、これは、先引の『遊意』の一文と一致する。

厳密なる比較対照は紙数の関係で省略したが、『遊意』において断伏義を指示している点を手掛りとして検討すると、以上のごとく、『遊意』が『四論玄義』の「断伏義」を略述した形を取っていることが明らかである。

以上、『大品遊意』の構成及び引用経論学説について概説し、吉蔵の他の著作及び慧均の『四論玄義』を参照し、その問題点を指摘したのであるが、構成及び引用の関係のみで、真偽を判定することは出来ないが、『四論玄義』に一致するところが多いことが明らかであろう。さらに内容上、思想教学上からの比較考察が加えられなければならないであろう。

第五節　経題釈等の考察

前節において構成及び引用経論学説に関して、すでに問題点を指摘したが、それを要約すれば次のごとくである。現在伝えられている本書の構成が、内題を「大品遊意」としているが、次に「大品経品目　胡吉蔵撰」として品名の列挙、続いて「大品経義略序」があり、次に「大品遊意」と書し（これが一般的な内題に相当する）、序文が置かれ、そして「般若義有五重」として本文に入るという形態を示していることで、吉蔵の著書として異例であるばかりでなく、一般の写本の構成形態からしても特異である。従って、品名の列挙や義略序等も恐らくは吉蔵の制作ではなく南都における増補ではないかと思われるし、本文においても錯綜が見られ、原形態を留めていないことは確かである。また科目及び引用経論等については、吉蔵の他の般若系註釈書との比較対照を試みたが、『大品経玄意』、『金剛般若疏』及び『仁王般若経疏』の玄意に相当する部分は相互の出入が認められ、関係が密接なることが明らかであるが、『大品遊意』は科目及び引用経論において、共通性は指摘されるものの、上記論書との引用関係は皆無であって、別個の著述である感が強い。

次に学説の引用についても、同一の主題を論じるのに、他のいずれにも関説しない異説を列挙していること。やはり同じ内容を述べるのに、『遊意』と「玄意」で各々異なる自身の著作を示すなど、吉蔵の一般的傾向とは相違した特異な性格を有していることが明らかとなった。

そこで、本節では、特に経題釈を中心として、内容の一一について他との比較を試み、前節で指摘した問題点を、さらに明確にしたいと思う。特に経題釈を取り上げるのは、比較の対照が最も多く、検討し易いからである。本書の経題釈つまり、第一釈名の部分は、五段に分けられ、第一摩訶、第二波若、第三波羅蜜、第四修多羅、第五序となっている。この中で、第一の摩訶について比較し得るのは、「大品経玄意」と『涅槃経遊意』であるが、第二から第四までは、「玄意」『金剛疏』『仁王疏』の三書との対比が可能であり、第四については、『弥勒経遊意』及び『勝鬘宝窟』が加えられる。各々の異同広略については、適宜触れるであろう。

(一) 摩訶

摩訶の解釈は、最初に音写語及び翻訳の異名を挙げ、大義についての従来説を紹介し、次に自説を述べる順序になっている。

第一のマカの音写語として、摩訶・摩醯・優波の三を出す。「玄意」も同じである。[18] 次に翻訳の異名として、『大智度論』の解釈に従い、大・多・勝の三義を挙げる。「玄意」では、翻訳に関して三説を出し、第一は翻ずべからずという立場で、これは僧叡の『大品経序』において、羅什の本経翻訳の状況に触れ、原音を変ずべからざるものは、即ちその音を以て書したと言っている点、[19] そして、マカを翻訳して「大」とはせずに、音写して「摩訶」としていることから言ったものである。第二説は、『智度論』に依る三義を以て翻訳するとせるもので、『遊意』の紹介と同じ。第三説は、三義を以て翻ずるけれども、それに強弱の相違があるというもので、「大」が正翻で、他は義訓とする。これを証するものとして四種の例文を挙げている。[20] この第三説が「玄意」の所用と思われる。それは『涅槃経遊意』においても、

次翻名且明摩訶義、此是外国音、此雖有三義、正翻為大、金光明云、摩訶提婆此云大天、又今既標大意、何須更標。(大正三八、二三三上)

と述べており、『金光明経』の例文は「玄意」で引くところである。『遊意』は三義を挙げるのみで取捨選択、その差違については何も述べない。

次に『遊意』では「大」の意味せるものとして広博・苞容・莫先の三を挙げて、『涅槃経』中に説くがごとしとするが、「玄意」では従来の解釈として、上の三に「常」を加えて、四釈を出し、その出典や理由を説明する。『涅槃遊

意』にては、常・広・高・深・多・勝の六義を数える。(21)『涅槃経』に直接の典拠が求められるのは、広博と常であって、苞容（含）と莫先とは、広博と常の義を敷衍したものである。(22)従って『遊意』にて常を挙げないのは、誤脱であろうか。

次に大義に幾種あるかについて述べるが、『遊意』は二説を挙げ、「玄意」は三説を挙げる。前者は、招提寺慧琰が伝えるところの荘厳寺僧旻の十種説と、龍光寺僧綽が述べるところの開善寺智蔵の六種説とである。後者は招提寺慧琰の十種と招提後人の五大説と霊観法師の四種との三である。各々異なった説を紹介している。今、両者の所説を掲出すると次のごとくである。

『遊意』の所説（大正三三、六三中―下）

一、荘厳寺僧旻の十種説（慧琰の伝述とする）

1境―第一義境遍法界、故名境大。

2人―会此法者、名為人大、故十二門論云、世音大勢等大士所乗故、故名為大也。

3体―実相般若、是万行之本、容受万品、名為体大。

4用―所謂百華異色皆成一陰、万品体殊皆帰波若、波若能照第一義空、此用最勝、故名為用大、上句直謂智能、此句作用為異耳。

5因―菩薩修万行、名為因大。

6果―因既広大、所得弥博、故名為果大。

7導―二乗所道唯止於三、菩薩遍導万行、故名導大。

8利益―既導万品、利功最勝、故名利益大。

9断結―二乗唯断正使見諦思、不及習気無明、唯菩薩兼断、故名断結大、故大品経云、一念相応慧断無量煩悩及習也。

10滅罪―二乗唯滅軽罪、不及四重五逆、故阿含経云、阿闍世王堕毱毱地獄也、菩薩頓滅、故名滅罪大、大品云、若聞此経、即滅悪創癩病、釈論第五十九巻釈法称品云、悪創癩病者、謂四重五逆也、故経云、世王滅罪、謂此也。

二、開善寺智蔵の六種説

1人　2境　3体　4用　5因　6果

荘厳の十種中、後四を用大に摂入す。

「玄意」の所説（続蔵一・三八・一、九左下—一〇右下）

一、招提寺慧琰の十種説

1境—即是真諦無相境、亦名如法性、法性遍一切処、故経云、無有一法出法性者、所以為大也、如者一切皆如耳、故開善云、曠劫学於如、今得如提流天下遍、只是瓶処如也。

2人—此法是大人法、行行此法故、故名為人大也。

3体—此是何法謂忘相知、即是般若、故為大。

4用—説明ナシ。

5因—万行中般若最大、六度中般若最大、故是因大。

6果—此法能得大果報也。

7導—能導一切万行到仏果。

8離過—謂能滅四重五逆。

9力用—謂能出生人天五乗。

10教—此経通教三乗也。

二、招提後人の五種説

1境　2体　3用　4因　5果

招提説中の人等の余は因果所摂とす。

三、霊観の四種説

1果果—涅槃　2果—華厳　3果・果果—大集　5因—般若

以上のごとく両者相異なる説を紹介しているのであるが、恐らく参照している資料が相違しているものと考えられる。『遊意』で述べる荘厳の十種説は、招提の著作を参照して記したことを表明しているし、開善の説は、龍光の著作の伝えるところに依って記したものである。[23] このような引用の仕方は『四論玄義』に顕著で、[24] 吉蔵には見られない。両者の相違点として注意される。「玄意」の第三説は前説と異にして四大を経に配当したものであるが、霊観法師とは地論師とされるのみで、僧伝等の記載はなく不明である。[25]

以上が従来の大義の紹介である。次に両書共に従来説の批判を雑えながら自説を述べる。先に『遊意』を見ると、「今、仮に横門釈に就かば、義に於て亦た得、而も言は同じきも旨は異なる」と述べる。横門釈とは、四種釈の第三に当たり、互相釈、横論顕発、因縁釈、単に横釈とも言われ、[26]「大は小を以て義となす」とか「中は偏を以て義となす」等の解釈例であり、互いに因と縁との義が成立する相対概念を、並列的にながめて、その意義を解釈し合うというものである。[27] この立場からは、従来説もそれなりの意義が存するから認められ得るとする。そしてその横門について、「今、用いる所は、唯だ体・用両大を存す、何となれば、義は中仮を出でざるが故に。前家の明かす所の十種六種は、皆是れ用大なり」と言う。従来説に対し、実相論的立場から体大と用大のみを存す、とするのが三論の帰結であるが、その中間の説明は省略されている。『涅槃経遊意』においても、常・高等の六大を数えるが、その結論はやはり体・用二大を言い、また待・絶の二大を挙げる。

雖有六大名不出二種、一体大、二用大、体大者、則是法性也、涅槃者、則諸仏之法性也、用大者、八自在我、故名用大也、又有二大、一待大、二絶大、然此無二、只待則絶、因縁則空故也。(大正三八、二三三上)

そこで『遊意』の「義は中仮を出でざるが故に」という語が注意される。このような用例については慧均の「仏性義」や『弥勒経遊意』の真偽を論じた際に触れたのであるが、[28]『四論玄義』において頻繁に用いられる。中と仮とを体と用に配することは、「初章中仮義」や「仏性義」に述べられ、また吉蔵の『中観論疏』にも見られる。[29] つまり、体は一つで、用として諸種の大義が釈成されるというものであり、換言すれば、一実中道の理体は一つであるが、仮の働き（用）として、上来の諸説は収摂されるから、体大と用大との二大で充分であるとする。これは中と仮とに対する三論の考え方からすれば、当然帰結されるところである。しかし、『遊意』で言うごとき用語、すなわち「義不出中仮故」という表現は、吉蔵の著作には皆無と言ってよい。

さて、『遊意』においては、上述のごとく体大と用大の二大説を結論づけ、その上に立って、「大」と称する理由について三種を挙げる。

一、待小名大—謂大小小大因縁也。

二、対小名大—此破小乗狭劣之病以広大、上句直明因縁相、此句偏明除病之耳。

三、称讃名大—法絶離如大火聚、而大勝義趣、以大名称讃其本、此非大非小、強名為大耳。

この説明を見て想起されるのは、「中仮義」において説かれる対偏明中等の三種又は四種である。[30] 今一応略述して参考に供すると、一は対偏中で、彼の偏執に対して正中の義を説くことで、二は尽偏中で、ただ直に中を弁じて偏に対せるのみでなく、その偏を洗除する意、三は絶待中で、非偏非中のところを称嘆して、強いて中とするものである。この三種に成仮中を加えて四種となる。成仮中は、非有非無の中から有無の仮を成立させる意。これは慧均の「中仮義」のみならず、吉蔵の『三論玄義』『中観論疏』にも関説されるが、この解釈と趣旨とを、『遊意』の説明に当てはめると、第一の待小名大は、大と小との因縁相待の義による説明であるから、相待大であるが、この場合は、相待というよりも、相対の意に近い、つまり、対偏明中に通ず。次の対小名大の対は、説明によっても明らかなごとく、対破の意を含み、病を除く意味を有する。つまり、尽偏中の意に通ず。第三の称讃名大は、絶待中の趣意に同じである。つまり、絶待大を示す。このように見ると、先に「義不出中仮」と言ったことを承けて、解釈を加えたことが明らかになって来る。そして次に問答を設けて次のごとく言う。

問、若非大非小名為大者、亦応非偏非中名為中、何故非有非無為中耶、答、義有左右、何者、若相摂明者、亦応非有非無名為大、非大非小名為中、而互相避者、各有故生故也、何者、仏常行中道、為衆生説有説無、此有此無、非是令保、義在表理、故十地経云、従有無方便、入非有非無、故即非有非無名為中也。（大正三三、六三下）

ここで注意を要するのは、「相摂明」と「互相避」ということである。上記の体用両大を結論づけ、大と称するについて三種を開いたのは横門釈に従ったものと考え得るが、ここで言うところの「相摂を明かす」とは、前出の四種釈の第四無方釈に相当する。これは、『三論玄義』に依れば、「中は色を以て義となす」等の例文で示されるごとく、一法中に無量法を摂する義と、一切法は一法を以て義とせる意を以て解釈するもので、互いに相い摂することを言う。従って、この立場からは、非有非無を大とも名づけ、非大非小を中とも称し得る。次の「互いに相い避ける」というのは、第二の竪釈（理教釈）に当たる。[31] これは「中は不中を以て義となす」等の例文で示されるが、今の場合、「仏は常に中道を行じ、衆生のために有と説き無と説く」等の説明は、畢竟、この有無は、非有非無を表わさんがためであるから、つまり、有は非有を以て義となすこととなる。これは「義在表理」という点にも示される。従って竪釈を、別名「竪論表理」とも言う。そして先引の文に続いて、「理の極まるを讃ぜんと欲するがゆえに、強いて摩訶と名づく、還って著すること有るを恐るるが故に、非大非小と云い、名づけて大とするなり」と結んでいる。これは、絶待大を言ったものに他ならない。

以上のごとく『遊意』においては、「摩訶」を釈するのに、四種の解釈法をふまえて論じていることが看取される。名は単に横門釈を出すのみであるが、「大」を広博苞容等とする説は、依名釈であることが、次の「玄意」の説明によって明らかになるであろう。『遊意』の解釈は、従来説に比して、自説は、その要点を述べるのみであり、説明解釈として充分でない面も存する。次に「玄意」の解釈を見たい。

「玄意」では、従来説の紹介は上述のごとくであり、そのあと問難を設けて、十大等の三説を批判し、そして『遊意』に比して、かなり詳細に自説を展開している。今は紙数の関係で概説するに止める。先ず経論に依って大義を釈し、第一に『十二門論』の文に従い、六義を立てる。まとめると次のごとくである。

一、待小名大―摩訶衍於二乗為上、故名為大、二乗智慧名小、菩薩智慧名為大也。

二、得果名大―諸仏乗最大、此乗能到故名為大、謂能到仏果。

三、得人名大―諸仏大人乗故名大、此亦得果人乗故名大。

四、就得離明大―滅衆生苦、与大利楽。

五、就因名大―文殊等乗故名大、亦是約人明大。

六、就境智名大―尽諸法辺底、諸法辺底即是境、能尽即是智、雖有六大義、而無所不包。

この中で、初義は待の義、すなわち、相待の義により、後の五は人の義にて大を釈したものとしている。この六義は『十二門論』観因縁門の次の文に従ったものである。

(1)摩訶衍者、於二乗為上故、名大乗、(2)諸仏最大是乗能至、故名為大、(3)諸仏大人乗是乗故、故名為大、(4)又能滅除衆生大苦、与大利益事、故名為大、(5)又観世音、得大勢、文殊師利、弥勒菩薩等、是諸大士之所乗故、故名為大、(6)又以此乗能尽一切諸法辺底、故名為大。（大正三〇、一五九下）

これについて、吉蔵は『十二門論疏』巻上本（大正四二、一八〇中）において広釈しているが、初義の相待大に関して、絶待大との相違につき問答往反して、「玄意」と同趣意のことを論ず。しかし両者には趣意要略とか説明の流用は認められない。各々別箇の目的で、年時を異にしているからであろう。

第二に経に依って大を釈すが、それは『涅槃経』と『大品経』に依り、相待大と絶待大の二種を明かす。両経にこの二種が存することは、『涅槃経』の中の小涅槃、大涅槃等を相待義とし、王大王、空大空を絶待義とみる。『大品経』は、十八空等を相待とし、空独空を絶待義とせるものである。三論一家としては、この両経によって二種の大を説くと表明する。そして特に絶待大について解釈を加え、一家の主張としては、相待大は未だこれ好大にあらずして、絶待大を以て好大とすることを述べている。主旨は、体自ら是れ大にして、他に因待せずということ、しかも、大小双絶なるも強いて大の名を立つの二点に依って絶待大を言うにある。これは、一応絶待大を取ることを先に提示したものである。以下これを前提として絶の義を広釈していく。

そこで、絶待大は一応大小双絶であるから非大非小であるが、その非大非小について次のような四句を弁じている。

(1)非大非小―洗病と釈中義。

(2)非大非小結帰大小―双遊と体用の義。

(3)非大非小偏結帰大―嘆美引進の義。

(4)非大非小偏結帰小―昔の小乗、王宮の生の如し。

この中で第二の双遊の義、あるいは体用の義を弁ずとされるのが、『遊意』で言った体大と用大に当たる。つまり非大非小を体大とし大小を用大とする。また、第一の中の義に対し、仮の義と言える。そして次の嘆美の義というのが、非大非小なるも、強いて名づけて大となす、という絶待大の場合に相当する。『遊意』では「称讃名大」と言った。したがって両者の意趣は同じことが窺えるが、『遊意』は体用の二大及び中仮の義を正面に出して述べているが、「玄意」は、特にそれを強調することはせず、むしろ待大と絶大を正面に出して、絶大を前提として体用の二大を説く、それは、右の四句の一つとして述べるに過ぎない。この点が、両者説相の違いである。

次に待小明大という相待大を主張する立場からの問難を設けて、再び絶待大を好大とすることを師説に依って説明したあと、待と絶についてさらに四句分別をしている。すなわち、有方待と無方待の四句及び有方絶と無方絶の四句である。この有方、無方の用例は、後者は、四種釈の第四が無方釈とされるごとき、また、頻繁に用いられるものとしては、方言とか言方のごときに照らして、方言という場合の方は、一般的に方法、方域を言うものとされるが、今の例は原意のごとく、「ならべる」の意味と受け取って良いと思われる。相対的な概念、事項を並列的にならべて、その関係、かかわり合いを言うことを有方といい、必ずしも相対的な連関を有せぬ、二乃至三の事柄を取り出して論じる場合を無方という。有方という場合は、一つの限定が付され、無方は、不定の意ともなろう。その有方、無方の四句とは、次のごとくである。

有方の待絶─自有大待小、自有小待大、自有大絶小、自有小絶大。

無方の待絶─自有小待小、自有大待大、自有大絶大、自有小絶小。

この四句の意義については別に註釈は加えていない。有方は、一般論として、大小の相対を以て、待と絶とを言い、無方は、それをさらに徹底させたもの、一法上において待と絶とのパターンを示したものとも言える。そして、一師の言方に依って、三論一家に三種の絶義があることを述べる。一は究竟絶で言窮まり、慮絶するところを指す。「此即是究竟絶、尽心行、滅語言」という。これを波若絶、涅槃絶、第一義悉檀絶ともいう。[32]二は漸捨絶である。漸捨の語は、吉蔵の著作中散見するのであるが、[33]捨は仏教内外の人をして、顛倒横謂の見、その執著妄情を捨てしめることであり、漸次の段階を経て、真実の道理を得しめるを漸捨という。今は、二諦義の例を挙げて世諦は性を絶し、真諦は仮を絶すを挙げるが、真諦はなお仮の生滅を絶するのみであり、未だ不生不滅を絶するまでには行かぬから、これは漸捨絶であるという。先に述べた絶待大にしても、大小を絶して、なお大の名を存するから、これも漸捨絶に入る。第一の究竟絶とは言えないのである。『十二門論疏』においても、非大非小を強いて大と名づくとするも、究竟からみれば、なお相待に含まれることを言う。[34]名相、名言を以て説示するのはすべて相待との考えである。第三は待絶である。絶待と言う場合は、相待に待する。ゆえに大小の相待を究竟して絶する、これが待絶である。

上述のごとく、絶待大を主張するに関して、順次に自説を徹底させたのであるが、三種絶の第一において第一義悉檀絶といい、第二の漸捨絶にて、二諦の性と仮との絶義を述べた関係上、絶待大と四悉檀との関連を論じ、また、絶待大は、何物の大小を非するのであるかを論じている。後者は、性の大小を絶するのと仮の大小を絶するものとを言い、共に仮大を明かすとする。その仮大を、さらに相待仮大と絶待仮大に分ける。これは漸捨の二諦に関連することである。

以上が、「摩訶」を「大」とするにつき、従来説を背景として、その意義を追求して来たのであるが、最後に、「大」

は何を以て義とするのであるかを述べる。これは先に紹介したごとくであり、広博、包含等を義とせるという説明である。これは、古来から流布していた一般説であるが、これに対して一応の批評を加えたあとで、三論独自の解釈を示す。つまり四種釈をもって、四種の義を明かさんとしている。第一は依名釈により、広博・包含・常・莫先の四義を認め、さらに莫後を加え、無辺無量の義、無尽等の義を言う。第二は竪釈で、大は不大を以て義となす、小は不小を以て義となす等である。第三は横釈で、大は小を以て義となす等、空と有とに例して然りという。第四は無方釈で、大は空を以て義となし、小は有を以て義となすごとくである。この無方釈については、此の語は太だ通漫なりとしながらも、相関、相類、相待の義を言うものであると言い、『華厳経』の「一中解無量、無量中解一」の文を引用している。そして第二の竪釈の、不大を以て義となすという解釈は、疎密の義に関わると言う。つまり、有と無、有と不有との対論において、その浅深、疎密を論じるもので、この疎密の義は、横竪、隻双等と共に、よく用いられる概念である。慧均の「初章中仮義」にも疎密義が論じられており、吉蔵の著作中にも散見する。また有と不有については、やはり「八不義」にて広釈されている。今「玄意」においては前節で引用したように、「中仮義に至って広釈すべし」と説明を譲っているが現存の吉蔵書中に独立した「中仮義」はない。

(二) 般　若

「般若」については、最初に異名を挙げ、次に翻訳の不同を述べる点、両書とも同じである。異名については、『遊意』は般若の他に、波若、班若、鉢若、鉢羅若、蔓多羅、摩何蔓多羅の六種を挙げるが、後の二つは、同一原語に依るものかどうか不明である。しかも摩何（訶）蔓多羅を、あるいは毘曇とも言うとし、これを無比法と云うとしている。これは単に音写上の異名とは言えぬもののようである。これに対して「玄意」では、特に発音で区別して、「般」の一字に四音の相違あるをいう。今、発音上のことは明らかに出来ないが、記されている区別を言えば、鉢の音、波の音、般の密祥音と答祥音とである。現行の続蔵経本では、相当箇所に割註の形で記されているもので、元来は、梵字が当てられていたようにも考えられる。そして、異字としては、波若、班若、鉢若の三種を挙げるが、その相違は、結局発音上から来ていると言うものである。その各々の理由として、『仁王経』及び『涅槃経』の経題に依れば、鉢音であるが、『大品経』等の般若経に従えば波音であるとする。また『坐禅三昧経』に依るのが般の密祥音である。さらに、当時の仏教者に依って各々違いがあったごとくで、宗凞寺令法師は鉢音を用い、ある人は答祥音を用いたとする。そして班若とせるは、霊根寺慧令と招提寺慧琰の所用という。鉢若とせるは、真諦三蔵が、鉢音で読み、『金剛般若』を釈するに「跋闍羅修履迦鉢若波羅蜜修多羅」としたという。

次に翻訳の不同であるが、「玄意」の他に『浄名玄論』巻四（大正三八、八七六下）の記述を比較の対照に加えられる。先に「玄意」との対照を掲げておくことにしたい。順序は各々の記載に従う。
『遊意』

(1)慧—釈論第十八
　開善述者
(2)智慧—釈論第四十三
　及六波羅蜜経
(3)遠離—道安
(4)清浄—僧叡
(5)不可翻—三大法師
「玄意」

(1)清浄—道安
(2)遠離—敷法師
(3)明度—有師
(4)慧—釈論第十八
(5)智慧—釈論第四十三
(6)不可翻—招提
右の対照によって明らかなごとく、『遊意』において、明度と翻ずる例を挙げないのみで、他は共通する。ただし、その所用者が相違している。『浄名玄論』巻四にて二智を論じるところで、やはり翻訳の不同を述べて、「玄意」と同じ六種を出すが、その依用者の名が多少異なる。僧叡は智慧と言い清浄を用いたとされ、道安は『放光般若』に依り遠離を用いたという。この二つは『遊意』と一致する。不可翻は、招提これを用うといい「玄意」と同じである。今、『遊意』の順序に従って少しく説明を加えれば、慧と智慧は共に『大智度論』に依るが、慧を正翻とするのは、開善述者とされるが、智慧は『金剛般若疏』と『仁王般若疏』では、開善が用いたとされる。遠離については『遊意』は道安の折疑論を挙げ、経の無間品に依るという。しかし般若経類に無間品とするのは見当たらない。『浄名玄論』は『放光経』に出づとし、これは、巻五問観品（大正八、三六上）に相当文が存する。また「玄意」では、敷法師の説とし、『大品般若』巻六の無生品（大正八、二七〇中）を挙げる。無間品とは無生品の誤りかとも考えられる。敷法師とは、竺僧敷[35]のことであろう。次に清浄は、『浄名玄論』『遊意』共に僧叡の所用というが、『浄名玄』は『大品経』に出づ、としている。これ恐らく巻一二の歎浄品（大正八、三〇六下）を指すのであろう。「玄意」は道安を挙げ、『放光般若』の第二二巻と指示する。規行本の第一五巻に相当するが、清浄とするのは見当たらない。むしろ巻四の問出衍品第二二（大正八、三〇中）が、それに相当する。各々典拠を挙げて述べるから、道安は清浄と遠離の両方を説いたのであろう。あるいは前後の相違とも考えられる。不可翻については、『遊意』では梁の三大法師が用いたごとく述べる。これは、『大智度論』巻七一の成弁品（大事起品）の趣意に依って、軽薄の智慧を以て、深重の波若を翻ずべからずとするものであるが、この理由の他に二説を挙げる。一は「下地の智慧を以て上地の波若を翻ずるを得ず」とするもの。二は『成実論』巻一二の世諦品（大正三二、三三二上）の趣意に依るもので、「世諦心を縁ずるは浅、第一義諦を縁ずるは深、故に浅智慧を以て深波若を翻ずるを得ず」というものである。次に『金剛般若疏』と『仁王般若疏』では、荘厳寺僧旻が、この不可称説を取ったとされ、「般若の名は五義を含む、智慧は但だ是れ一条、正しき翻訳にはあらず」（大正三三、八九下及び三一四下）とする。『遊意』で三大法師とするも、あるいは、僧旻を指すものかも知れないが、典拠は同じながら説明は相違している。そして「玄意」及び『浄名玄』では招提寺慧琰の所用とする。招提は荘厳の義を承けた人であるが、「玄意」では三つの理由を挙げる。一つは、先の釈論に依るもの、二つは、波若は多、智慧は少なるが故に、三は、『涅槃経』巻二八師子吼菩薩品に、「般若者名一切衆生、毘婆舎那者一切聖人、闍那者諸仏菩薩」（大正一二、七九三上）とあるに依って、各々慧・見・智と翻ずるを言い、従来すでに各々の翻訳の例があるから、智慧を以て波若を翻ずべきでないと言うもので、結局、前の荘厳の説と同じく、波若は五義を含むが故に一義を以て翻ずるを得ずとしている。

以上が、諸種の論著が紹介する波若の翻訳に関する異説である。彼此比較すると、それぞれに異なった所用者を挙げるなどしているが、特に不可翻説についてみると、「玄意」と『浄名玄論』は説明の広略はあるにしても一致し、『金剛疏』『仁王疏』は同一系統の所用者名を挙げ説明も相応する。ただ『遊意』のみは、いずれとも異なる説明ぶりであることが知られる。

そこで、各々の著作において、自己の見解がどのように述べられているかを見る必要がある。『遊意』では、

今解、……波若非愚非智、論云、波若深重智慧軽薄、故不可翻、故正法波若、不得以一義翻訳。（大正三三、六四上）

と言って、『大品経』及び『智度論』の文を以て、第一に不可翻なるを言う。ここで正法波若と称するのが特徴である。さらに、

今解、正法波若、非愚非智、慧（愚か）智等法、是其末用、故不得以其末翻彼本体、正法是其源、仍授波若称、智慧是末、故与浅名多。（同上）

と述べる。これは前引の文を承けて、波若は本来非愚智であって、智慧等は、その用としての一面に過ぎない。従って、その末用の語を以て、本体としての波若を翻じ尽くすことは不可能である、正法こそが波若の称を得ると、さらに一歩を進めて解釈した。この正法とは、いわゆる正法実相との意であろう。本体論としては、不可翻を言い、用、すなわち、方便門として智慧と翻ずるを容認するとの趣意と理解されるが、その点は明確には打出していない。そして、僧叡の『大品経序』（大正五五、二七一中）の次の文に依拠すべきことを言う。

長安叡法師、与什法師対翻大品、其序云、胡音失者、正之天竺、秦言謬者、定之字義、不得翻者即而尽、是以異

名熾然、胡漢殆半、応述其言也。（同上）

またこの文に続いて、経論に智と言い慧と言うも、一義を挙げて信楽を生ぜしめんと欲するのみ、是れ正翻にあらず、と言うから、以上に依って、『遊意』の立場は、ほぼ明らかであろう。

次に「玄意」及び、その他の著述では、どのように説かれるか。

『遊意』においては、従来説に対する一一の批評はしていないが、「玄意」では、問答の形式を以て、六種の旧説に対して、一一批判の言葉をなしている。そして、先ず、波若と智慧とに各々深重と軽薄の二種あるを言い、深重の波若なれば、前の清浄等の五義を含み、深重の智慧もまた然りであるとする。文意を考えるに、やはり軽薄の智慧を以て、深重の波若を翻ずべからず、とするもののごとくである。さらに「我が智慧は亦た般若を含む、波若に非ずんば、何なる意にて重ならざらん」と結んで、翻不翻の説明を終っている。次に「今、翻じて智慧とす」ることについて、三種波若を説く。先に慧持の実相波若、方便波若、文字波若の解釈を挙げ、実相波若を波若道に、方便波若を方便道に配する見解を批判している。(36) 自らは、三種波若の義は、ただ波若道中について論ずべきであるとし、実相・観照・文字の三波若を説明する。その結論として、「波若は是れ外国の語、此に翻じて智慧とす、前の三種波若は通じて名づけて智慧となす」と言い、「然るに、波若は外国の語に在るも、方便して此の間の語を取り、互いに相い兼ねるなり」（続蔵一・三八・一、一四左下）としている。「玄意」では、方便門につき、智慧と翻ずるを認めること明確に述べている。

次に翻不翻につき「玄意」の述ぶるところを簡明に示したものとして『仁王疏』の説明が挙げられる。

且依論解般若有二種、一方便門、二実相門、所言翻者、約方便門翻為智慧、言不可翻者、般若非愚非智、故云不可翻也。（大正三三、三一四下）

この説明は三論一家の立場を示したものとして明解である。そこで、『浄名玄論』（大正三八所収）の説明に依って、吉蔵の解釈をさらに補うことにする。この書では、他の論著に比較して、最もまとまった形で解釈を加え、しかも江南人の解釈のみならず、北土人の釈を加えながら広釈しているのが特徴的である。最初に翻訳の異名を出すこと先述のごとくである。続いて「広略不同、体無異」として異名の一一について解説を加え、波若を翻ずるとすれば、慧を以て正翻としている。しかし通常の所用は智慧である。これは経中に多く六度を説き、智慧と称し、他もすべて複語（二字名）を存するから、それに従うということである。そして翻不翻の論は、当然不可翻説で絶観般若の名を出す。これ、『遊意』の正法波若に相当しよう。つまり、「般若の体は縁と観とを絶し、智慧の名は観を定む、般若の体は愚智を絶し、智慧の名は知を照らすを主とす、般若の体は名字を絶す、智慧は則ち猶し名言に渉る」（大正三八、八七七下―八七八上）と述べて、智慧と般若との軽重を論じ、般若の体は愚智を絶するも、智慧の名を立つるは、「何を以て之に目くるかを知らず、強いて智慧と名づく、智慧の名を立つと雖も、実に般若の体を称するにあらず」（同、八七八上）といい、さらに、

今依梵本、則云般若体深重、般若名軽薄、但用此音、則応云、智慧体深重、智慧名軽薄、恐此義難顕、故訳経之人、借此方智慧、不能称梵文般若也。（同上）

と記している。これ、「玄意」で述べたことを要約し、明解に説いたものである。そして「智慧の名は義として絶観般若と称することあたわず」と結ぶ。

以上で、波若の翻不翻に関する各々の解釈を概説した。以下は『遊意』「玄意」共に、上述のごとく基本的な考えをふまえて諸義に関説する。『遊意』では、成実論師の智と境、観照と実相波若に対する考えを媒介として、境智智境平等無二を言い、教行波若と正法波若を主張する。そして次に断伏義に触れる。「玄意」では、境智に関する説は出さず、智と慧との一異につき経論に従って解説するが、これと同様の説明を『仁王疏』『金剛疏』にも述べている。断伏義については、前節に触れたので省略するが、上来の『浄名玄論』において二智を釈する第八が断伏門とされ、まとまったものとしては、最も詳しい。「玄意」では中仮断伏の四句を出し、説明を「中仮義」に譲っていること前節に述べたごとくで、詳釈はしない。そして「波若義は多種にして、一時に具に述ぶべからず、今は、其の要を弁ず

れば、略して道義を述ぶ」（続蔵一・三八・一、一八右上）として、道義について解釈をしている。また波若は何を以て義とするかについて、両書共に『大智度論』に依って八家の異説を挙げることである。「玄意」では各々につき批評を加えているが、『遊意』では、「釈論」にて十九の「復次に……」の文を以て広くこれを弁じているとして、七つのみを略出する。十九の復次と言うのは、『大智度論』の巻一の縁起釈論（大正二五、五七下—六二下）にて、『大品経』を説示する理由を十九箇条にわたり釈していることを指す。『遊意』にては、これで、波若の解釈は終っているが、「玄意」では、さらに、「仏去世後人解、古今南北不同、今前出南土解釈」（続蔵一・三八・一、一七右上）として、南北の解釈を述べんと言うが、北土の釈は記されていない。その旧説をもとにして、波若の真と似との義を広釈している。今は紙数の関係で省略する。

(三) 波羅蜜

次に波羅蜜の解釈であるが、先に『遊意』と「玄意」との論述の内容を整理して掲げることにしたい。

『遊意』（大正三三、六四下—六五上）

(1)波羅の異名として波伽を出す。

(2)翻訳について二種。

(3)彼岸・此岸・度について異説。

①釈論にて三種　②成論師の三種　③自己の見解

「玄意」（続蔵一・三八・一、一九右上—二〇左上）

(1)異名三種と訳語。

(2)波羅蜜につき三翻を出す。

(3)三波若と三波羅蜜の関係。

(4)度彼岸と到彼岸の釈。
(5)度について水剋と究竟との二釈あり。
(6)波若と波羅蜜の同異。
(7)彼岸・此岸の異説。
①開善の二種　②荘厳の四種　③釈論に依る自説

両書の説くところは、概略以上のごとくである。対応する事項を述べれば、『遊意』で波羅の異名として波伽とするが「玄意」にては婆伽という。これは『智度論』に依るごとくである。また訳語について『遊意』は、波羅—彼岸、蜜—度とするのと、『賢劫経』に依り、波—岸、蜜—究竟との二つを出す。「玄意」は異名及び訳語として、波羅伽—度彼岸、波羅蜜—彼岸到、阿羅蜜—遠離の三種。そして波羅蜜にさらに事究竟と度無極を加える。因みに『仁王疏』『金剛疏』共に波羅蜜—彼岸到である。『遊意』は、いかにも簡略であるが、彼岸到とは明記しない。むしろ彼岸度とするを用いるごとくで、「玄意」とは相違する。

次に彼岸と此岸に何を配当するかにつき、両者の記述はかなり相違している。対照させると次のようである。

『遊意』

①釈論に依る
此岸—小乗・魔・世間
彼岸—大乗・仏・涅槃

②成論師説
此岸—有相・生死・衆惑
彼岸—無相・涅槃・種智

「玄意」

①開善説
此岸—生死・有相
彼岸—涅槃・無相

②荘厳説
此岸—二乗・生死・因・浮虚
彼岸—仏道・涅槃・果・無生

③釈論に依る
此岸─慳貪・有無見
彼岸─仏道・破有無見

この比較によって知られるのは、双方共に『智度論』に依る説を出すが、各々異なることである。そして、『遊意』の場合、中流としては檀波羅蜜と八正華を挙げるが、「玄意」は、二の対句共に布施とする。また『遊意』の成論師説の中で、有相・無相、生死・涅槃の説は、「玄意」に依って開善寺智蔵の所用なるを知る。さらに度と到とについて、『遊意』は龍樹云として、恐らくは『智度論』に依り、「海中に存るを度とし、已に彼岸に至るを到とす、亦た眼目の異名なり」（大正三三、六五上）とし、「玄意」も「到彼岸は必ず彼岸に到り竟って、始めて名づけて到とす、若し是れ度なれば、中流中に在るを亦た名づけて度となす、今江を度るが如し」として同説を述べる。そこで、自説は、と言うと、両者共に、一応『智度論』の説に従って釈するを以て、その所用としているごとくであるが、『遊意』では、

今則不然、無有一法以此到彼、唯遠我無我不二、名為度、度者水刻也。（大正三三、六五上）

と述べて、波羅蜜の釈を結ぶ。ここで言うところの、度を水剋と名づくについては、「玄意」では、水剋と究竟との二義によって度を釈している。ただ、続蔵本では、水剋ではなくて、永免としている。[37] この点は一考を要するのであるが、翻訳の当初から彼岸・此岸・中流（河中）と言い、善法の河、悪法の河等と称して、すべて「河」に譬えて解釈している伝統から言えば、永免ではなく、水剋が正しいと思われる。両者の説明からして、度は、今まさに河中を渡っていることを言うのであるから、つまり、水流に打ち勝って、彼岸に向って進行中なるを意味する。従って水剋が適当である。もし永免ということになれば、此岸の煩悩生死を永く免がると言うほどの意味であろうか。とすれば、度ではなく、むしろ到の意味に理解されるであろう。「玄意」の説明を見ると、

言永免者、此是去離以釈度、……究意釈度者、此者作事究竟満足称度、……若能如此究竟之施、則得名度、非是越度之度、此是究竟名度也、……若是前永免称度、此是越度煩悩、此就離以釈度、（続蔵一・三八・一、一九左上）

と述べている。

『遊意』の説明は、以上に述べたことで、すべてであるが、「玄意」は、始めに提示したごとく、三波若と三波羅蜜との関連や、波若と波羅蜜の同異、または善法と悪法との二河義などを広釈している。また『遊意』のごとく、一法として此を以て彼に到ることとなし、とか、不二を度とする、とかは説いていない。ただし、『金剛疏』では、

問、既有彼岸、云何為此岸及中流耶、答、聖人直仮名説彼岸、今其因此悟入、何必須作此岸彼岸中流耶、（大正三三、九〇中）

と言って、『智度論』に依り、「玄意」と同じく、有無見—此岸、破有無見—彼岸、檀—中流の一説を挙げている。

(四) 修多羅

修多羅に関しては、『勝鬘宝窟』『金剛疏』『仁王疏』『弥勒経遊意』に関説しており、比較の対象となるが、一言を要するのは、「玄意」の解釈と『勝鬘宝窟』の解釈とは、多少の文字の相違、出入があるのみで、全く同文である[38]。「玄意」において誤字と思われるものは、『宝窟』により訂正して用いることにしたい。

まず『遊意』では、修多羅に仏口説、神眼見、光明の三義あるを言い、その一分を経とすという。次に修多羅の異名として、修嵐林、修多懶の二名を出す[39]。そして翻訳不同として、次の四種を挙げる。

(1)仁王経——法本
(2)大経・雑心論——契経
(3)成実論——直説聖言
(4)諸経——経

これに対し、「玄意」では、

所言経者、自上已来明所詮之理、今明詮理之教、即理教一双也……言経者、天竺名修多羅、此方随義翻訳非一、伝者多用綖本二名、以翻修多羅。（続蔵一・三八・一、二〇左上）

と述べる。以上の波羅蜜までは、『大品経』所詮の理を明かしたもので、今「経」と言うのは、理を詮わす教を示すものという。この考えは、浄影寺慧遠の『勝鬘経義記』巻上（続蔵一・三〇・四、二七七右上）でも説かれている。翻訳については、引用文のごとく、綖・本の二名を出す。その典拠として、

(1)分別功徳論・四分律――綖

(2)仁王経・菩提流支――本

とする。そして、この「綖」とするについては、

所言綖者、以世間綖有貫穿摂持之用、諸仏言教亦有貫法相摂人之能、与綖大同、故従喩立称。（同、左下）

と述べる。この解釈も、恐らくは慧遠の説明を参考としたもののようである[40]。また「本」について、及び、綖本を経とするについて次のごとく述べる。

所言本者、以教能顕理、教為理本、教能起行、故為行本、今称為経、不言綖本者、蓋是翻訳之家、随方音便故、以経名代於綖本……若依根本翻名、以為綖本、応言涅槃綖法華綖等、是翻訳之家、以見此方先伝国礼、訓世教門為五経、是以仏法訓世教門、亦称為経……俗言経者常也、雖先賢後聖、而教範古今恒然、故名為常、仏法亦爾。（同上）

としている。「玄意」では、慧遠の解釈を参照しながら、本来の訳名を挙げ、それを経とするにつき、中国伝統の俗世間の訓例に従ったことを広釈している。以上の趣旨は、『金剛疏』及び『仁王疏』にも述べられるが、『仁王疏』には、さらに次のように記す。

小乗論有五義、一出生、出生諸義故、二涌泉、義味無尽故、三顕示、顕示諸義故、四縄墨、除邪得正故、五結鬘、

貫穿諸義、故俗訓為本、経者綖也、文経義緯、織成行者之心、故名経也。（大正三三、三一五上）

と、「玄意」等の説明を、さらに補足している。しかるに『遊意』の修多羅を釈す段では、綖とする説明を欠くが、第二に宗体を弁ずるところで関説し、次のように述べる。

善見毘婆沙中、阿難以七義、明修多羅、一発、二善語、三秀出、四経強、五涌泉、六縄墨、七綖也、凡為仏語、必有所詮之実、外道言詮之教無理、以内外相望者、仏有妙開之実、謂之微発、既有当之絶、名為善言、開発妙理、名為秀出、教理相開、謂之経強、南北為経、東西為強也、詮理無窮、詮之涌泉、裁形就正、名縄墨、以教持理、如糸補衣、謂之綖、且胡見売糸之肆、謂之修多羅也。阿毘曇以五義弁之、一云出生、二顕示、三涌泉、四縄墨、五結鬘、准可知也。（大正三三、六五下）

ここでは、『仁王疏』で引用する五義については、名を出すのみであるが、その前の七義にすべてが含まれるからである。両者の説明を対比すれば、その表現の違いは明らかであろう。『遊意』では、「玄意」等に見られるごとき、綖についての詳しい説明はしていない。全体的に『遊意』と他書との解釈の様相が相違していることが知られる。

(五) 宗体について

宗体の記述について、特に学説の引用形態について、前節に述べたのであるが、ここで記載の順に従って、その内容を窺いたいと思う。

先に触れたごとく、「玄意」の経宗を弁ずるところは、『金剛疏』の略出の形を取っており、両者の先後については、さらに考察を加えねば判断出来ないが、「玄意」が先とせば、『金剛疏』が、それを基としてさらに広釈したこととなり、その逆とせば、「玄意」は、『金剛疏』を略出流用したことになろう。

『遊意』の「第二に宗体を弁ず」る段は、五門分別がなされ、第一明体、第二明宗、第三簡因果、第四明長短、第五弁遠近である。この中で、『金剛疏』と比較し得るのは、第二の宗と第三の因果について明かすところであり、他は、相応する記述が見られず、『遊意』独自の解釈である。まず第一の体については、四釈ありとするも、都合六説である。第一説は、

第一家云、以理為正経、何者如拕多多羅長者、以五陰十二入十八界、検魔所説陰十三入十九界、故理是正、経文云是傍、如龍光云、理為能印、文為所印。（大正三三、六五中）

とするもので、理を以て経の体とする説で、龍光寺僧綽が採用したごとくである。第二説は、

第二霊味寺亮法師云、教理相合、因成仮為経、何者、文理相科合為経、偏即非経、故外道有教無理、如虫食木也、而成論云、異法一時、具曰因成仮、若如此釈、直是因成仮也。（同上）

とあり、これは霊味寺宝亮の説とされる、教（文）と理と相合するが故に、経といい、因成仮が成立する。故に因成仮を以て経体というものである。第三説は、

第三霊耀寺盛法師云、文是文経、理是理経、教理各是経耳、何者、文能詮理、理是所詮、教詮教能詮教理所、並是経也。（同上）

とあり、これは、霊曜寺僧盛（『梁高僧伝』巻八所載、大正五〇、三八一上）の説で、所詮の理、能詮の文（教）各々経と言うを得るという。第四説は、

第四太創寺宗法師与白馬寺要法法師、以教為経、此開善寺之師也、開善師云、十四種色中、色声両塵是経体也、後時営法師、加触也、何者、闇中摩石碑、即知字義、故声触皆是経体也、成論云、是音声性法入所摂故、五塵中唯是法塵、何者、詮弁之功、於行乃得、故摂入法塵也。（同、六五中―下）

とあり、この第四説は、教（文）を以て経体とする説であり、太創寺宗法師と白馬寺要法法師の説とされる。この宗法師は太昌寺僧宗（『梁高僧伝』巻八、大正五〇、三七九下）と考えられ、白馬寺の要法師は、『四論玄義』で引く白馬愛法師と同一人物と思われるが不明である。この説を承けて、開善寺智蔵は、色声を以て経体とし、さらに荘厳寺慧栄（『唐高僧伝』巻八、大正五〇、四八七下）は、触を加えて経体となしたという。以上が、経体に関する従来説の紹介

であるが、『金剛疏』で経を釈するところで、

　経有三種、或文為経、或理為経、或文理合為経、地論師云、三十心前人文為経、三十心文理合為経、初地已去用理為経。（大正三三、九〇中）

と述べるのは、前の第一、第二、第四の説を略出し、さらに、地論師の相摂説を加えたものである。

　そこで、自己の見解を見ると、前引の文に続いて、

　今解、一万法無非是経、何者、色表有（=非）色、心表為（=非）心、諸法例然、故縁覚悟縁、雖而得道、豈有教耶、方所須、各是所主、故香積仏香作仏事、釈迦化土、以音声作事、此化縁不同故也。（同、六五下）

と述べている。これは、実相論、本体論から言えば、万法これ経ならざるはなし、とするも、釈迦の化縁不同につけば、音声等を経体と見なし得る、との考えであろう。しかるに、この記述については、『弥勒経遊意』の考え方と一致するものである。すなわち、彼の宗体を弁ずるところで、

　一家義宗、而法無非経、色表非色、香表非香等、而法例無非経、但就釈迦教、色声等為経体、不二而二明之、十五色中、三色為経体得也、若言宗体異者、正法為体、因果為宗也、具如大経疏与大品疏等也。（大正三八、二六四上）

と言うのは、全く『遊意』の所説と等しいものである。そして、ここで言う十五（或いは四）種色中の三色と言うのは、『遊意』の開善説及び慧栄説に依って補足し得るであろう。『弥勒経遊意』が、吉蔵の著ではないということは、すでに論証を試みた。従って、この一致は、『遊意』の吉蔵撰なるを疑う、根拠となるのである。しかるに『仁王疏』に経体と経宗とを説くが、経体は、「五忍十地を体とす」（大正三三、三一五上）というものであるが、これは『仁王般若経』のことを言うものであって比較は出来ない。経宗、宗体の同異については、後に触れたい。『遊意』では上説の後に、すでに引用した、経の八義及び五義を挙げて、経体の項を終っている。

　次に経宗の説明を見る。前と同様に先ず成実論師の説を挙げる。

　成論師釈、若以色声為経体者、体異於宗、若以所詮為経体者、体之是宗、而以所弁為宗也、弁宗有三家、第一新

安耀（＝瑤）法師云、以境智為宗、何者、非境無以生智、非智無以顕境、境智於積、是聖義、故以境智合為経宗也、第二家鵠（＝稠）法師云、権実二智為宗、此法師只存四時、故般若維摩合為第二、故以二智為二宗也、第三治（＝冶）城道（＝通）法師云、唯実智為宗、何者、第一義空諸法之本、世諦是末、故以照一真智為宗、照末為傍、故実智為宗也。（大正三三、六五下）

最初に、前出の成論師の経体の考え方からすれば、体と宗とは異なるということであるが、所詮を体とした場合は、宗と同じこととなろう。しかるに今は、一応経にて、弁ぜられたところ、弁ずるところを以て宗とするという。その宗を弁ずる第一説は、新安寺法瑤（『梁高僧伝』巻七、大正五〇、三七四中）で、境智を経宗とする。第二説は、雲門寺僧稠（『唐高僧伝』巻一六、大正五〇、五五三中）の権実二智を宗とするもの。第三説は、冶城寺慧通（『梁高僧伝』巻七、大正五〇、三七四下）の実智を以て宗とする説である。以上の諸説に対して、『遊意』の見解は、

今経境智、皆従不二起、故非境非智、是体宗、是境智智境聖末用。（同上）

と述べている。この点については、先の波若を釈するところでも関説して、成論師が境と智とは、その相性実に異なるを言うに対し、

今解、境能発智、智能照境、境智智境、境智是空、境智即非境非智、平等無二、是有所弁之宗也、此不二為物所開、即名教行波若、開而不斷、即名正法波若也、既是空境空智、是以言智不失境、言境不失智、故知成論境智定異也。（同、六四中）

として、境智不二の立場を明らかにしている。これらは、経宗を境智に約して論じたものと考えられるが、次に因果に約した経宗論を述べる。これ第三に因果を明かす、というところである。しかるに、『金剛疏』では、『遊意』のごとく、境智と因果に分けて説くことはせず、両者を一括して述べている。次に略出すると、

問、此経以何為宗、答、釈者不同、有人言[1]、以無相境為宗、所以者何、明此経正遣蕩万相、明無相理、故以無相之理為此経宗、有人言[2]、此経以智慧為宗、自有二説、一説云、慧有二種、一者因中智慧、二者果中智慧、今正以

因中智慧為此経宗……③有人言、従初地以上終乎仏果、皆平等悉為経体、此則因之与果並為経宗、即開善旧用、因慧中復有二説、④有人言、但取無相実慧以為経宗、故勝鬘経云、金剛喩者是第一義智、⑤有人言、実智方便智悉為経宗、故大品二周之説具明二慧、⑥有人言、境之与智合為経宗、故瑤法師云、語経宗極、則以実相為宗、明聖心則以妙智為主、是故境智合為経宗。（大正三三、八七下）

とあり、この中で、前の『遊意』で紹介する説に相当するのは、④⑤⑥の三説で、④は前の慧通師の説、⑤は僧稠の説、⑥は、両者共言うごとく法瑤の説である。ただ両者の説明の仕方が異なる。そこで、『遊意』の次の説明を見なければならない。

第三明因果、荘厳云、波若唯止於因、不通於果、故経云、在因波若、至果薩波若、又云、般若有仏法、有二乗法、是菩薩法、又云、欲得一切種智果、当学波若波羅蜜、故知唯止於因也、開善云、波若通因果、所以通因果者、大経云、解脱之法、亦非涅槃、摩訶波若亦非涅槃、又勝鬘経云、明仏智所断、仏菩提智所断、羅漢悟波若、是胡悟、故智通因果也。（同、六六上）

この因果について経宗を論じるものとして、荘厳寺僧旻と開善寺智蔵の説を出している。これを『金剛疏』の説明と対照させると、②と③に相当する。『金剛疏』の②の説明文は、省略して引用したが、『遊意』よりも詳しい説明を加えている。開善説は、むしろ『遊意』の方が詳しい。『金剛疏』で挙げる第一の説のみが、誰のものか不明であるが、他はすべて相応して述べ、『遊意』は各々の名前を挙げて説明するから、その所用者が判明する。そこで、また以上の諸説に対する、両書の考えを窺う必要があろう。『遊意』では、

今解、波若非有智、非因非果、以因怗為因、以果怗為果、故在因名般若、至果名薩波若、因名十地、果名法界、因名仏性、果名涅槃、此皆随所弁説、更無異法、而或（＝惑）者迷名生法癡、有断争訟耳。（同上）

と述べている。このような自己の見解の表現は、首尾一貫している。前出の文に照らして明らかであろう。三論一家の基本的立場、『遊意』の言葉では、「正法」の立場から、このように言うのである。正法とは、いわゆる中道実相、

中道第一義ということであろう。次に『金剛疏』では、

今明、般若無有定相、随縁善巧、義無不通、而正般若未曾境与不境智与不智、乃至因与不因果与不果、方便随縁、在因名因、在果名果、在境名境、在智名智、故果因境智必得名悉得、如肇師云、原夫能境智因果者、豈境智因果之所能、良以非境非智能境能智、非因非果能因能果等耳、而今就文為論、一往方言、般若非因非果、正因果為宗。

(同、八八中)

と記している。趣旨においては、『遊意』と全く変らないと言って良いであろう。しかしながら注意しなければならないのは、その表現上の微妙な違いである。同一趣旨、主張であるから、同一人物であると判断するのは一般的であるが、もし、同一の学派に属し、同一の師承で、しかも、基本的立脚点が同じである、相異なる人物が同時代に存したとするなら、その両者の区別、相違点をどこに見出すか、ということである。今、問題にしようと言うのは、吉蔵と慧均の場合である。古くから両者は、同一の思想的基盤に立ち、しかも、微妙な点で異なると言われる。その微妙な点と言うのは、つまり、両者の記述の相違、表現の違いである。勿論、明らかに区別出来る主張見解を示す場合は問題とはならない。同様の趣旨を表明する場合の判断は、やはり、言語的表現の相違という点に求められるのではないだろうか。したがって、同一趣旨だからと言って一概に看過するわけには行かない。このことは、以上述べ来ったことすべてに対して通じることである。直前に引用した『遊意』の文中で注意したいのは、付点部分の表記である。つまり「非因非果、以因怙為因、以果怙為果」と記すことであるが、この言葉づかいは、管見によれば、吉蔵の著作中に用例はなく、『四論玄義』に見られることである。すなわち、「仏性義」において、「若非因非果結為正因、則将因怙正、謂為正因也」(続蔵一・七四・一、五二左上)とか「五性中正性、因怙名正因、果怙名正果」(同、五三右上)というような例で、怙は、たのむ、たよるの意にて恃・頼と同義の文字である。従って、『四論玄義』中においても、頻繁に用いられるものではないが、それだけに特殊な用語例であって注意をひく。

さて、所論を両者の主旨について戻すと、以上に依って、共に体宗不二の立場で論じ、波若の体は非因非果なるも、

因果を以て宗となす、との趣旨であることが知られる。『遊意』では、これを、「弁ずるところを以て宗とす」といい、「此れ皆な弁ずる所によって説く」といった。一方『金剛疏』では「般若は定相あること無きも、縁に随って善巧す」といい、『仁王疏』では「諸法は本来寂滅なり、何が宗、何が体ならん、今、縁の為に顕示せんと欲し、無名相中に名相を仮りて説き、分かちて異とするなり」(大正三三、三一五中)と説き、通門で不二をいい、別門で一応の異を立てている。両者の基本的な考えは等しきことが理解されよう。

第六節　結　論

本節は、経題釈と宗体について他の論著との比較対照を通して、『遊意』の特質を明らかにしようと試みたのであるが、内容が複雑多岐にわたっていること、諸著作間で、各々記述、表現に相違が見られることに依り、自ら彼此錯綜した論述となったことは、整理分析の不充分さに依るものと反省する。しかし、以上の比較検討によって、幾分なりとも、本書の特異性、というのは、吉蔵の他の撰述書とは趣きを異にする面が、かなりの比重を占めていることが明らかになったと思う。その中で、特に指摘し得るのは、一には従来説の紹介記述の仕方が相違していること。これは、一一に説者名を掲げ、詳しく述べることであり、これは『四論玄義』の特徴でもある。二には全体の説相、引用の形態が、「玄意」等とは異なること、同一の事項を述べる場合、吉蔵の著書では、ほぼ同じ表現及び同文を以てするか、いずれかに説明を譲るかであるが、『遊意』と吉蔵の他の著作では、この関係は一例も見出せないことである。三には、吉蔵の用例にはない、特殊の用語例が存すること。「招提涅槃師述荘厳義」等の例や、「義不出中仮」のごとくである。そして四には、『四論玄義』及び『弥勒経遊意』との共通点あるいは相応一致する説明が見られることである。この点は、これまで指摘した以外に、第二弁宗体の第四の弁寿命長短、第五明遠近、そして第三会教等において指摘し得る。それは逆に、吉蔵の他の著作との相違点ともなるのである。

このように考察を進めて来ると、本書は吉蔵の真撰ではなく、慧均の著述ではなかったか、との推論が提起される。さらに、『四論玄義』でいう「具般若義中説」という内容が本書に一致すること、逆に、本書中で「如断伏義中具説」が『四論玄義』に相応することを見る時、本書は、現在、『大品遊意』とはされているが、本来は『四論玄義』の「般若義」であり、それを『大品遊意』という単独の書として現行のような形態で流布したのではないかと推察したい。

第三章註記

（1）一、二の例を挙げれば、大正蔵本の第一〇の相行品を無相行品とし、元、明両本は行相品とする。また幻学品を幻品とし、宋、元、宮本は幻人品である。

（2）品名につき諸本及び吉蔵の用語を検討すると、吉蔵が疏中で表現する言葉、例せば、第一八の問乗品では明摩訶衍義以説般若とすることを取って、大乗品としたり、また第二〇の発趣品の釈中にて、今明大乗発趣般若と言うのに依拠して大乗発趣品とするごとき場合が多く見られ、一応吉蔵の用語例に習って品名を新作したごとくで、諸本の通称と相違する理由である。

（3）「此経始終皆名仏説、中間雖弟子有所説、以仏命言令説、復為仏所印可故、通名仏説也、大判区分、略有三段、一従初訖第六舌相品、仏自開宗対舎利弗、為上根人説也、二従第七三仮品訖四十四嘆度品、仏命須菩提、為中根人説也、三従聞持品初竟経更帰宗、重為下根諸天及人、更説波若也」（続蔵一・三八・一、二左下）。

（4）「正安元年十月十日、一見之次切句、凡前後雑乱、文字謬多、以勝本可直之而已、法園寺沙門聖然」（同、八右下）。

（5）『二諦章』巻上「所以為十重者、正為対開善法師二諦義、彼明二諦義有十重、対彼十重故明十重、一一重以弁正之、師唯導此義有重数、所余諸義普皆不開、若有重数者、非興皇者説也」（続蔵二・二・三、二四八右上）。

（6）大品玄と言うのが、果たして『大品義疏』巻頭の大品玄意を指すかどうか不明である。この指示は、般若の体に関するものであり「玄意」中に相当する記述はない。

（7）各々の比較対照は、経題釈の内容を考察する際に試みたいと思う。但し相当箇所を示すと、『金剛般若疏』巻一（大正三三、八九下—九〇中）と『仁王般若経疏』巻上の一（大正三三、三一四中—三一五上）である。

（8）『中観論疏』に例を求めれば、巻二本に「江南学士智泰、来至皇朝請述所聞」（大正四二、二〇上）とか、同じく「昔山中学士名慧静法師」（同、二七中）、巻三本に「山中大学士道安法師」（同、三五上）のごとくである。

（9）「第二弁宗体、有五重、第一明体、第二明宗、第三簡因果、第四明長短、第五弁遠近」（大正三三、六五中）。

（10）『仁王般若経疏』巻上の一「所集不同、随流各異、不能具出、天台智者、於衆経中闡明五義、今於此部例亦五門分別」（大正三三、三一四中）。

（11）太創寺宗法師とは、『高僧伝』巻八（大正五〇、三七九下—三八〇上）所載の僧宗（四四〇—四九八）であろう。伝にては「以従来信施、造太昌寺以居之」とする。また白馬寺要法とは不明であるが、『四論玄義』では白馬愛法師なる人を引く。

(12) 新安耀法師とは恐らく小山寺法瑤（四〇〇—四七五？）であろう。耀と瑶は音通。『高僧伝』巻七（大正五〇、三七四中）によれば、小山寺には十九年間程住したごとくであるが、大明六年（四六二）に新安寺に移り、そこで卒している。

(13) 鵅法師の鵅は、裯と同字にして、稠と音通。恐らく僧稠（四八〇—五六〇）であろう。『続高僧伝』巻一六（大正五〇、五五三中—五五五中）所載。また冶城道法師とするのは、道は通の誤写か誤植ではあるまいか。『四論玄義』では冶城通法師として引用する。

(14) 以下の説明を記せば、「問、亦得仮伏仮断、中伏中断次不、答、亦有此義、如識仮有無、則性有無永断、名為仮断也、自有識仮有無、但伏性有無、猶未断也、自有悟非有無、伏但(ママ)性於、自有悟非有無、性惑永断、不須説仮也」となる。『高僧伝』巻七（大正五〇、三七四下—三七五上）所載の慧通（四一五—四七八？）であろう。

(15) 吉蔵の説明を挙げれば、『中観論疏』巻二末（大正四二、二八上）において、初章と中仮を説明し、次のごとく言う。「問、初章中仮、明何物義耶、答、初章是伏、中仮是断、初明仮有無、是伏性有無、次明仮有無、入非有非無、即性有無永断也、故初章中仮為破性病、性病若去此語不留、若守初章中仮者、是中仮師耳、又云、初章是動執生疑、謂動性有無之執、令疑性有無、中仮即破性執釈疑、中破性執、仮為釈疑」。これと同様に慧均も「初章中仮義」において論述するが、その中に断伏義はなく別に論じられている。本書第二部第一章第二節及び第三節参照。

(16) 『大乗玄論』巻三（大正四五、四八下）。

(17) 『四論玄義』巻二「故開善門徒報恩等」（続蔵一・七四・一、二左上）、「此師於彼玄宗、大勝前解」（同、四左上）。

(18) 『大品経玄意』（続蔵一・三八・一、九左下）、但し優波を優婆と記す。

(19) 『出三蔵記集』巻八、僧叡「大品経序第二」（大正五五、五三中）に「胡音失者、正之以天竺、秦言謬者、定之以字義、不可変者即而書之、是以異名斌然、胡音殆半」とあることに依る。

(20) 『大品経玄意』（同前）「一者論釈摩訶比丘僧、摩訶言大、不言勝多、若勝多亦是正翻者、豈得独言大耶、次釈摩訶薩埵文云、摩訶言大薩埵、或道心或衆生、亦不言勝多也、三者第十八巻云、摩訶秦言大、波若言慧、又金光明経第二王子名摩訶提婆、偈中云大天、諸処文既並云大、不言勝多、故知大為正翻余是義訓也」。

(21) 『涅槃経遊意』（大正三八、二三三上）「但大有多義、依此経凡有六義、一常故大、……二者広故大……」。

(22) 『大品経玄意』（同、一二左上）に「四釈中、広博之与常出涅槃文、常者出涅槃第三巻名字功徳品云、所言大者名之為常、広博出四相品第五巻云、所言大者其性広博也、両釈無文、就此両釈還釈前両文、言包含者、還是釈成広博、故包含、包含故所以広博也、莫先還是常義、以無有在其前者、所以為常」とあることに依る。

(23)『大品遊意』にて「招提涅槃師述荘厳義」とか「龍光述開善義」（大正三三、六三中及び下）として引用する。
(24)現行の『四論玄義』（続蔵一・七四・一、一六右下等）で十以上の用例がある。
(25)「玄意」（続蔵一・三八・一、一〇右上）に次のごとく記す。「次有霊観法師、是地論師中好（始か）、手経至東陽後還都豊楽寺、帰興皇法師、仮停三日講、看之人疑其非是霊観、観恐其偸得霊観之名、彼師既知玄（意か）云、若言非者但難者也」。
(26)各著作間で、名称が異なる。『二諦章』では因縁釈といい、『三論玄義』では互相釈、『四論玄義』は横論顕発とする。また『大品玄意』は横釈、『法華玄論』では相資釈という具合で一定しない。
(27)『三論玄義』（大正四五、一四中）では「所言互相釈義者、中以偏為義、偏以中為義、所以然者、中偏是因縁之義、故説偏令悟中、説中令識偏」等とする。また『四論玄義』（続蔵一・七四・一、四五左下）では「開発釈名、即是仏以法義、法以仏義、横而明也」等の例がある。
(28)第一章第四節及び第三章参照。
(29)同第一章第三節参照。
(30)吉蔵の『三論玄義』（大正四五、一四中）、及び『中観論疏』巻一本（大正四二、二上）、また『四論玄義』巻一「初章中仮義」にても説かれる。
(31)これも著作間で名称を異にする。『三論玄義』では理教釈、『二諦章』は顕道釈、『四論玄義』では、竪論表理という。
(32)これを言うのに『大智度論』巻一八（大正二五、一九〇中）の「般若波羅蜜、実法不顛倒、念相観已除、言語法亦滅」を根拠として引用する。
(33)『二諦章』巻上に「此三種二諦並是漸捨義」（大正四五、九〇下）とか『中観論疏』巻一本に「中前仮即従有無入非有非無、従用入体、中後仮非有非無仮説有無、従体起用也、中仮義内具足明之、……後意明漸捨義」（大正四二、一一下）とする。また『百論疏』巻上（大正四二、二三八上以下）にて破と捨を区別し、広釈している。
(34)『十二門論疏』巻上本（大正四二、一八〇中）に「問、非大非小可是絶待、既猶称対小名大、云何是絶、答、亦如所問、拠其非大非小言窮慮絶、此是絶待、今非大非小猶称為大、此猶是待」とする。
(35)『梁高僧伝』巻五（大正五〇、三五五中）に依れば、放光及び道行般若を善くし、神無形論、放光・道行等の義疏を著わしたという。道安、道嵩、竺法汰と同時代の人である。
(36)「玄意」（続蔵一・七四・一、一四右下―左上）に「今且明三種波若者、持公解云、一者実相波若、二者方便波若、三者文字波若、彼以大論第百巻即文証云、波若有二道、一者波若道……二者方便道……波若道則是実相波若、方便道則是方便波若、文字通両処也、今明、作此判制者、大為失、他不見論」と述べる。持公とは『唐高僧伝』巻一四（大正五〇、五三七下）所載の慧持（五七五―六四二）である。

(37) 続蔵本の「玄意」では、すべて「永免」とし、『遊意』は「水勉」とし、頭註で、勉を剋とする。また『金剛般若経序』（大正三三、八四上）では、「永勉」とし、各々異なる。これは、恐らく筆写上の相違か、翻刻の際の異同であろう。

(38)『勝鬘宝窟』巻上本（大正三四、四中）参照。

(39) また『弥勒経遊意』では、修妬路、修吒羅、修林嵐、修多闌多を挙げる。

(40) 慧遠『勝鬘経義記』巻上（続蔵一・三〇・四、二七七右上―下）に、「経是能詮、外国正音名修多羅、此翻名綖、聖人言教、能貫諸法、如綖貫華、是故就喩名之為綖、何不名綖乃名経乎、綖能貫華、経能持理、其用相似、故号為経、名依俗訓、経者常也、教之一法、経歴古今、恒有曰常」とある。

第四章　『大乗玄論』成立の諸問題

第一節　『大乗玄論』「八不義」の問題

現行の『大乗玄論』の成立については、古くから種々の疑問が提起されている。その点について『大乗玄論』の国訳をされた宇井伯壽博士は、解題において次のように述べている。[1]

然るに又現存五巻本中の八不義は均正の作である為に五巻全部が必ずしも嘉祥大師の作でなく又二智義の如きは浄名玄論にあるものと全く同一である為に、大乗玄論は恐らく後人が要義を集めて一部を為したものであらうともいはれて居るし、更に又此論には広本二十巻と中本五巻と略本四巻とがあったともいふ。略本とは八不義を除いていふのである。然し現今としては二十巻本の存したことは之を明確にすることを得ぬ。

宇井博士は右のように述べた後に、坂本幸男氏所蔵の『大乗玄第二聴書抄』(読師道憲口授)という写本において、「八不義」が吉蔵の製作か否かの議論がなされていることを紹介されている。右の写本の年代は不明であるが、東大寺図書館に所蔵されている同様の写本は、十三世紀(鎌倉時代)から十五世紀の写本が多く、鎌倉時代の末期頃には[2]『大乗玄論』の「八不義」(「玄論八不義」と略称)が慧均の作であることは認められていたようである。そして「八不義」は慧均の作を取ったものであるから『大乗四論玄義記』(以下『四論玄義』と略称)の「八不義」(「玄義八不義」と略称)は省かれているのだという説も述べられている。実際に続蔵経所収の現行本には「八不義」を欠く。それが横超慧日博士によって、やはり欠文となっている「初章中仮義」と共に写本の存在が明らかとなった。[3] これによって古くから議論されていた問題の検討が可能となったのである。横超博士は両者はまま小異はあっても、組織文章全体が殆ど一致すると述べられている。そして、大谷大学の三桐慈海氏によって「玄論八不義」と新出資料である「玄義八不義」との詳細なる比較対照によって両者が同一の著作であることが検証されたのである。[4]

また、これより先に大正大学の村中祐生氏は、『大乗玄論』には先行する吉蔵の著作との重複が多いことを指摘された上で次のように述べている。

このように重複対応は極めて著しく、義科を以て各疏の要義要文を録して一書を編んだことは疑いえない。これについて、後人の編とするかの説を一概に立てた人はなく、さりとて嘉祥大師の真撰と直ちに認定することはにわかには決しかねる態のもののようである。けれど、嘉祥大師自身の一書の編著の意図はなかったとも断じえないのではあるまいか。[5]

さらに、平井俊榮博士はその著『中国般若思想史研究―吉蔵と三論学派―』（一九七六年、春秋社）第二篇第一章吉蔵の著作（三五六頁）において、特に『大乗玄論』について、

確定的に本書が偽撰であるという証明も現在不可能であることを思えば、内容的に吉蔵の他の著作との間に重複がまま見られたとしても、それは往々にしてあり得ることであり、一概に『大乗玄論』を吉蔵の著作目録から除外することはできないし、また、そうすべきではないと考えるものである。

と述べられて、慎重に取り扱うべきとの考えを示されている。その後暫くの間、この問題についての研究や意見表明はなかったと思われるが、近年になって創価大学の菅野博史氏が、吉蔵撰述説に疑念を表明し、その理由として『法華経』を七巻とするか、八巻とするかの問題で、吉蔵は一貫して七巻としているが、『大乗玄論』巻三「一乗義」（大正四五、四二中、四四上）では「八軸」としていることを指摘された。そして「わざわざ〝七軸〟を〝八軸〟に変えているのは、八巻の『法華経』が流行した、吉蔵より後の時代の影響を感じる」としている。[6] この指摘も踏まえた上

で、駒澤大学の奥野光賢氏は「一乗義」と吉蔵の他の著書との比較考察を行ない、吉蔵は『法華経』にも仏性が明かされているとする根拠として一貫して『法華論』の七処に仏性を明かしていることを主張しているのであるが、『大乗玄論』「一乗義」では次のように述べている箇所を指摘する。

問、此経未明正因仏性、此義何耶。答、此人不得経味。法華論云、七処明正因性。今略出四処。諸法従本来自寂滅相、此明自性住仏性。又云同入法性、此是仏性之異名。又云開示悟入之知見、論釈知見明仏性。普賢菩薩及授悪人記有正因性故。（大正四五、四三上）

右の文章について奥野氏は「ここで注意されるのは、『法華論』の〝七処〟といいながら、『大乗玄論』のみは『法華論』の文を指示しているのではなく、『法華経』本文をもってこれを指摘していることである。……『法華論』の七処といいながら、『法華経』本文をもって指摘していることはやはり奇異な感じが否めないことも事実なのである。またこれは伝写の段階でなされた可能性も完全には否定しきれないことではあるが、『法華経』に通暁していたはずの吉蔵が、〝常不軽菩薩〟を〝普賢菩薩〟と誤記することは考えられないことである」と述べる。そして論文の結びのところで「〝一乗義〟中には決定的証拠とは言えないまでも、かなりその著者性に疑念を抱かせるに充分な諸点も存することが明らかになったと思われる」としている。(7)

以上のように、現行の『大乗玄論』には様々な問題がある。そこで本節では「玄論八不義」（現在一般に参照可能な大正蔵本を使用する）と吉蔵の『中観論疏』との科門及び大意の比較によって、両者の相違を指摘すると共に、慧均の『四論玄義』と相応一致することを明らかにしておきたい。

一、科門と大意の比較

第一に『中観論疏』との比較であるが、吉蔵は八不を二度にわたって解釈している。「初牒の八不」と「重牒の八不」と呼ばれるもので、今は巻二本の「重ねて八不を牒して解釈する」という一章[8]の科門と大意とを比較対照してみたい。

両者の科門を対照すると次のようである。

八不義	中観論疏
第一弁大意	一大意門
第二明三種中道	二尋本門
第三論智慧中道	三得失門
第四雑問	四正宗門
第五論単複諸句	五浅深門
第六明不有有	六同異門
(大正四五、二五上)	七摂法門
	八次第門
	九料簡門
	十新通門
	(大正四二、二〇上)

『中観論疏』では「去る仁寿三年(六〇三)三月二日、江南の学士智泰が皇朝に来至して所聞を述べよと請うたので、委しく釈するために開いて十門としたのである」と言っている。『中観論疏』が最終的に完成したのは大業四年(六〇八)とされるから、[9]巻二本末の重牒の八不を著わしたのは右の仁寿三年以後のこととなろう。その時『中観論疏』を著わす意志はあったにしても、八不義なる別章を立てるつもりであったかどうかは分からない。その時すでに『大

乗玄論』のごとき、もしくは八不義という別章を制作する構想があり、また完成されていたとするなら、仁寿三年の要請の時に、それに基づいて解釈したであろうと思われる。それを用いなくとも科門等において一貫性、共通性があって良いと思われる。ところが右の対照の通り両者は、一目瞭然たる相違がある。勿論一方は『中論』一部の解釈としての八不義であり、他方は一つの独立した章であるから、その著作の意図や目的に差違があっても不思議はないし、科門の立て方が異なることも考えられる。しかし『中観論疏』の整理された科門に比して「八不義」のそれは趣を異にし、また六門分別で簡略といえよう。また『大乗玄論』の他の義科と比較しても、一貫した構想のもとに組み入れられた義科の科門としては不揃の感があり、同一人物の著作とは考えにくい。

次に両者の大意の冒頭文を対照すると次のようである。

八不義	中観論疏
八不者蓋是諸仏之中心、衆聖之行処也。故華厳経云、文殊法常爾、一切無畏人、一道出生死、更無異趣也。即是論初八不、故竪貫衆経、横通諸論。（大正四五、二五上）	八不者蓋是正観之旨帰、方等之心骨、定仏法之偏正、示得失之根原、迷之即八万法蔵冥若夜遊、悟之即十二部経如対白日。（大正四二、二〇上—中）

両者は、その底意において相通ずるものであろうが、説明は甚だ相違する。右の冒頭の文章以下の説明を要約してみると、「八不義」では右の引用文の最後に「竪貫衆経、横通諸論」とある横竪に約して以下の説明を展開しており、それは専ら八不が竪に深義の経に入り、横に諸論の破病の用を弁ずることを明かすのであり、また菩薩及び声聞の観行等広く衆行を明かすことを説いて、八不が諸仏の中心、衆聖の行処たることを明かし、『中論』の論初におく理由を説いている。

それに対し『中観論疏』では右に引用した文章についての更なる説明はない。そこで巻一本の初牒の八不の段において、論初に八不をおく理由を述べるところを見ると、吉蔵は論初に八不をおく理由について十義を挙げて詳しく説明している(10)。そして巻二本でその所由を結んで「即ち知りぬ。八不は衆教の宗帰、群聖の原本、但だ稟教の流、本を捨て末を崇む。四依出世して末を棄て本に帰せしむ。故に八不を標して論初に貫在せしむ(11)」としている。そこには八不に約して中観の旨帰を開顕し、また真実仏法の原本を顕示しようとする首尾一貫した姿勢がうかがえる。

以上のように両者の八不に対する基本的な考え方や説明の仕方を見ると、たとえ撰述目的や条件、成立時期が異なることを考慮したとしても、かなりの違いがある。また両者には所説の異なる点が見られること、逆に共通する部分や酷似している点もあるが、後者は摂嶺興皇の相伝説や成実論師の義で、両者を結びつける根拠とはなりにくい。さらに「八不義」の第五弁単複中仮義と第六料簡不有有の二科で論じられている内容と類似、もしくは一致する記述は『中観論疏』等吉蔵の著書には見られず「八不義」独自のものである。ただし、すでに論じたように、単複中仮義や不有有の思想は、「初章中仮義」で説かれる内容であり、吉蔵も初章と中仮の基本的説明は、『中観論疏』巻二末の八不解釈の「浅深門第五」（大正四二、二七下―二八上）においてなされている。

二、「八不義」と『大乗四論玄義記』との比較

第二に「八不義」と『大乗四論玄義記』との比較によって両者が相応一致することを指摘したい。まず現行の『四論玄義』中には、「三種中道如八不義中説」のように、「八不義」に説明を譲っているところが四箇所見られる。

次に対照すると以下のようである。

四論玄義	玄論八不義
(1)問、他有三種中道、応是三諦、今真俗表非真非俗道者、亦	第二明三種中道。成論師解八不不同。一云八不並是真諦中道、

応三諦耶。答、三種中道、如八不義中説。（続蔵一・七四・一、三〇右上）

(2)所言二智者、一者方便実智、二者実方便智也。如八不義中釈。実以審諦為義、法実審諦無所有無所説故。方便以善巧為義、亦得言方便以実為義、実以方便為義。亦言方便不方便為義、実不実為義也。（続蔵一・七四・一、六九右下）

(3)問、三十一菩薩、因二入不二、可摂入不二法門品。文殊入非二非不二。浄名入非非二非非不二。那摂入不二法門品耶。答、有両種勢。三十二菩薩此二不二、文殊是二不二非二非不二、浄名是非二非不二非非二非非不二、故皆摂入不二、故皆摂入不二法門品也。又三種転法、即如二諦、八不義中説。有破病意、有無窮転勢、有挙浅深門入中道正法義也。（続蔵一・七四・一、八六左上）

(4)龍光云、開善常云、此三仮待不待、即不善出応人之表。今無依無得宗定之。嘍嘍別別生於分別心、於入道道無益、如百草也。如八不義中破三仮也。（続蔵一・七四・一、九七

亦是真諦也。二云不生不滅是中道、即是真諦不有不無中道、余六不是俗諦中道也。今謂不然。彼不解大乗論意、小乗義意判如此耳。今云、八不具三種中道、即是二諦也。但成論師解三種中道。……。（大正四五、二五下）

第三明智慧中道。所言二智中道者、二智是方便慧及以実慧、亦具三中道也。実方便、豈可言方便、豈可言非方便。方便実、豈可言実、豈可言不実、則是二慧各明中道。実方便則非方便、方便実則非実、非実非方便名為二慧合明中道也。（大正四五、二九上）

問、此釈名以成論何異。答、名雖同其意大異。若以義釈名、有三種勢。一横論顕発、二竪論表理、三当体釈名。（『四論玄義』「二諦義」、続蔵一・七四・一、二〇左下）

作三種中道相多種勢、意終是同、但方言異耳。今二種方法作、如前所説也。問、何故世諦仮生仮滅、真諦仮不生仮不滅耶。答、有二種勢。一者世諦破性明性空、即是仮生仮滅。真諦破仮明因縁空故、即是仮不生仮不滅也。（「八不義」大正四五、二八下）

但成論師解三種中道。……世諦中道者、世諦不出三仮故、依三仮明中道。……

先破俗諦中道。汝因成中道、仮名不一一、実法不異異、且問、

……観百草之中、非関仏法之中、正是外道義也。……次破相続中道。……次破相待仮明中。……。（大正四五、二五下―二七中）

右下）

以上のように現行の『四論玄義』において「八不義」での説明を指示する四箇所について、いずれも「玄論八不義」に相応一致する説、あるいは同趣旨の記述が見られることが判明する。

また写本として現存していた「初章中仮義」には九箇所に「八不義」を指示するところがある。その指示された内容（テーマ）をまとめると次のようである。（　）内は写本の丁数である。

一、成論師の三仮説（八右）
二、中前仮・中後仮について（一八右）
三、二諦中道について（同右）
四、成実師の三仮明中について（二八右）
五、単複に中道を明かすことについて（三一右、二回）
六、体中と用中について（三二右、二回）
七、単複中仮の出入について（四三左）

今ここで「玄論八不義」の該当部分を対照することは繁雑なので省略するが、右のすべての内容に相応する論述が「玄論八不義」に存在することを確認できるのである。

次には逆に「玄論八不義」の中に他の義科を指示するところがあるが、これについて『四論玄義』を調べると、やはり相当する箇所を見出すことができる。次に対照する。

玄論八不義

第四雑問難。問、八不明中仮二諦、自心所作有出処耶。答、有文有理。文則八不処処経論散出。……問、八不是不生不滅等、教不生不滅、為理不生不滅之不生不滅等耶。答、具含両不生不滅等、但理為正教則傍也。問、何以知之。答、彼経中列八不竟云、而相即聖智無二、故是諸仏菩薩智母也。大経云、涅槃之体非有無、非亦有亦無也。大品経相行品、身子白仏、諸法実相云何有、仏云、諸法無所有如是有、如是有無所有、是事不知名為無明也。中論序大意云、聞不生不滅畢竟空便失二諦也。又四諦品云、諸法雖無生、而有二諦也。故知具含中仮、而中為正宗、二諦為傍。具如二諦中説也。（大正四五、三〇中―下）

四論玄義

問、二諦中道為体、出経論耶。答、菩薩瓔珞本業経下巻云、二諦義者、不一亦不二、不常亦不断、不来亦不去、不生亦不滅、而二相即聖智無二、故是諸仏菩薩智母也。又大経云、涅槃之体非有非無、亦有亦無。故今明不但二諦以中道為体。涅槃仏性等、悉以中道為体。中論青目序云、末世衆生、聞不生不滅畢竟空便失二諦。故知論主悟解不生不滅、即具二諦。又論四諦品云、諸法雖無生、而有二諦也。……。（「二諦義」続蔵一・七四・一、二八左下―二九右上）

両者は論述の目的が相違するので、全く同文とは言えないが、二諦は中道をもって体となす、その論拠である経論の引用文は一致している。

また「玄論八不義」の第六料簡不有有において、不有と有とを相待解釈するのに十六意を例しているが、その第一五の不有有の得失の意の部分と相応する説が『四論玄義』の「二諦義」に見える。一方は「五得」として述べ、他方は「五失」として述べるが、その内容は一致している。対照すると次のようである。

玄論八不義	四論玄義
第十五不有有得失意者、如経試問。答、言諸法不有有即為得、即具五義。一得不二義。二得不自仮名義。三得相得義。四得無所得空義。五得中道義也。若答者言諸法是有為有者、即失五義故、不有有判道非道義也。不無無亦類也。（大正四五、三四下）	今明中道義有両意。一論得失大意、二正明中道也。明得失大意者、……若迷中或仮、即有五失。一失諸法不二成二義。二失諸法仮名成性実。三失諸法相待成白性。四失諸法皆空成性有。五失中道成辺見。（「二諦義」続蔵一・七四・一、二六右下―二六左上）

以上の比較対照によって、『大乗玄論』所収の「八不義」と『四論玄義』とが相応一致することの証明は充分ではないかと思う。両者には思想的に中仮の考えがその基底にあることが明らかで、そのことが「初章中仮義」において九回も「八不義」を指示することに反映しているであろう。中仮の重視は、吉蔵とは異なる点でもある。

第二節　「二諦義」との重複について

『大乗玄論』「二諦義」には「八不義」と重複する部分があるので、ここでは両者の比較対照を行ない見解を述べておきたい。

『大乗玄論』における重複部分は、「八不義」の「第五に単複中仮義を弁ず」（大正四五、三二中―三三下）と「二諦義」の「中道を明かす第六」中の「第二に二諦に就いて中道を明かす」段（大正四五、二〇中―下及び二一下）で、両者は、ほとんど同文である。今、「八不義」を基準として、それに「二諦義」を対照させる方法で、その異同を記載したい。―線の上が「八不義」で、下が「二諦義」である。改行ごとの数字とａｂｃは「八不義」の大正蔵経における頁数と上中下段で、（ ）内の数字は行数を示す。「二諦義」の頁数等は省略する。(12)

32b、(15) 第五辨単複中仮義—第二就二諦明中道、有三意—此中有三意、明—(ナシ)、(16) 明—(ナシ)、辨二諦単複義—就二諦論単複、(17) 第一—初、第二論互得相入也—後明互相出入 (也ナシ)、(18) 若—(ナシ)、仮—一仮、(19) 也—(ナシ)、偏説仮無—偏説一仮無、(20) 是単中—即是単中、偏説一非無亦是単中—非無亦爾、(22) 也—(ナシ)、問何意明単複句耶答—次釈其所以、一往—(ナシ)、(23) 為鈍根—約鈍根、仮利—仮正言利、人—之、(24) 修行十—悟十故、則—即、悟—(ナシ)、(25) 則—即、有二—両 (有ナシ)、(26) 也—(ナシ)、不能懸—無有玄、故—(ナシ)、二義—両義、(27) (28) 単仮—(仮ナシ)、(28) 複仮—(仮ナシ)、以鈍根人—為鈍根之人、円教—受円教、説—且説、病—(ナシ)、堪聞—堪受、旨—教

32c、(1) 以説—以為説、仮—(ナシ)、能領持也—皆領受 (也ナシ)、互得相入出—互相出入、(3) 然也—例爾、明—(ナシ)、(4) 也—(ナシ)、(5) 明—(ナシ)、(6) 則是—(ナシ)、有無入—(ナシ)、非有非無—非有無、無亦然也—(ナシ)、明—(ナシ) (7) 明—(ナシ)、説—仮説 (7) (8) 非無非有説無有也—(ナシ)、(8) 明—(ナシ) (8) (9) 有入—仮有不名有仮有不名無従仮有入、(9) 無入非無非有也—仮無亦例爾、明—(ナシ) (11) 也—之、明—(ナシ)、則—即 (12) 無有則非無也—(ナシ)、明—(ナシ)、(13) 也—(ナシ) (14) 然者—(ナシ)、計遣—計随遣 (15) 成—有、也—(ナシ)、明—(ナシ)、融—神 (16) 滞—隔、(16) (17) 地持云従有無方便入非有非無也華厳経云—(ナシ) (17) 東方—眼根、三昧—(ナシ) (18) 具出—委釈、又—(ナシ)、経—(ナシ)、或散心—或従散心 (18) (19) 尽—受 (二箇所) (19) 散心中—散心中也、(19) (20) 則是迴転総持入出無礙方便也—(ナシ) (20) 複有二—亦有二 (21) 後明—二明、義—(ナシ) (22) 世—俗 (23) 也—(ナシ) (23) (24) 複仮—(ナシ) (24) 是俗—為真、複中二不二是真諦—(ナシ) (25) 是複仮—此是複仮 (26) 非二非不二尽有無非有非無—非二尽有無非不二尽非有非無 (26) (27) 正中也—是複中 (27) 明—釈、(28) 則—即 (二箇所)、也—(ナシ) (29) 単義之二—単家之二、還俗—還是俗

33a、(1) 止有無—正尽有無二 (2) 尽二復尽不二—尽不二 (3) 則—即、翻—悉 (4) 猶是単仮—猶是前単仮、

仮―中（5）也又―（ナシ）、中―（ナシ）（6）義―（ナシ）（7）止―只直、便―（ナシ）、止―只（9）略―劣、為劣也―有勝劣、後―次（10）得―（ナシ）、也―（ナシ）（12）（13）也（二箇所）―（ナシ）（15）（16）也（二箇所）―（ナシ）（18）（19）也（二箇所）―（ナシ）（21）也―中道（22）也―（ナシ）、第三就―第三階就（23）復有二―有両、明単複義―（義ナシ）（23）（24）論出入義―出入（24）俗単複二―俗諦明単複二、真単複也―真諦明複（25）俗単―俗諦、真単―真諦是単仮、複仮者―（仮ナシ）（26）複仮―複仮仮、是―（ナシ）、複非―複仮非（27）道是俗―道此是俗、非無―以非無、道是真―道此是真（28）是（二箇所）―此是（29）明互―（互ナシ）、明俗―就俗

33b、（1）明真三明―就真三（明ナシ）、約―就、（2）即従―即是仮（3）（4）仮非有―非有仮、（4）也―（ナシ）、俗複（二箇所）―俗諦複、非有―入非有（5）也―（ナシ）（6）云―（ナシ）、也―（ナシ）（7）（8）仮有非有仮有非不有也―仮有入非有非不有（9）説為一仮有也―仮説為仮有（10）於―（ナシ）（10）（11）也（二箇所）―（ナシ）（11）亦―（ナシ）（13）也―（ナシ）（14）云―（ナシ）（15）也―（ナシ）、云―（ナシ）（16）也―（ナシ）（17）也―（ナシ）（18）云―（ナシ）、也―（ナシ）（19）云―（ナシ）、無仮不―（仮ナシ）、一―（ナシ）（20）也―（ナシ）、云―（ナシ）（21）也―（ナシ）、第三約二諦―（ナシ）（22）云―（ナシ）（23）也―（ナシ）（24）云非無不乖有―（ナシ）、也―（ナシ）（25）云―（ナシ）（26）也―（ナシ）（27）云非有不乖無―（ナシ）、也―（ナシ）（28）云―（ナシ）、有不有仮不（29）也―（ナシ）、云―（ナシ）

33c、（1）～（10）也（六箇所）―（ナシ）（2）～（10）云（六箇所）―（ナシ）（2）不無非―不無入非（7）説為―説名為（8）云―（ナシ）、不無―非無、則―即（10）説為―説名為、也―（ナシ）

両者の対照によって知られることは、全体的に言って「八不義」が広釈で「二諦義」が略釈となっている。二、三の例を示せば、「八不義」に「偏に一非有を説くは是れ単中、偏に一非無を説くは亦是れ単中」（表32・b・20）とあるのを、「二諦義」では後半を略して「非無亦爾」としていることや、「八不義」で「問う、何の意にてか単複の句を

明かすや。答う、凡そ二義有り」（表32・b・22）として問答の形式で説明しているのに対し、「二諦義」では問を省略して「次に其の所以を釈す」としているごとくである。さらに「八不義」で「大士の観行は融通自在にして滞礙あること無きを明かす」とし、『菩薩地持経』、『華厳経』、『大品経』を引証しているが、「二諦義」では、『地持経』の文及び華厳の経名も省略していること等（表32・c・16以下）に明らかである。また「二諦義」における辞句の省略や脱落も多く、特に「也」「明」「云」の字は後半のほとんどが略されている。これは書写伝持の間の脱落というよりは、その数から言っても意識的に省略した感がある。その他、相互の出入や用いられている字句の相違、顛倒等は表記した通りである。

次に注意されるのは、「八不義」あるいは「二諦義」の論の構成及び論旨から言ってどうか、という点である。「八不義」では六章を立てて論じる第五章としているのに対し、「二諦義」では、十章中の第六章中道を明かす段の第二節として論じている点、全体の構成としての両者の扱いが異なっている。しかも「八不義」では「単複中仮を論ず」とし「二諦義」では「第二に二諦に就いて中道を明かす」と表記している。内容から言うと、有無の相対を基本として、肯定面を仮とし、否定面を中として相即相入することを単義（各論）と複義（双論）に約して展開したものであり、中と仮との相対による重層的構造をなしているもので、[13]表題としては、単複中仮義を論じるものとした方が適当とも考えられる。しかし根本的な思想乃至概念からすると、二諦分別、二諦的趣旨とは不可分のものであり、主旨は結局中道を成立せしめんということになるから、「二諦義」のごとく、二諦について中道を明かすとしても可である。ただ全体にわたり二諦を表に出して中道を論じようとしたものではなく、有無相待、中仮相待の種々の論理的バリエーションを示したものであることは確かである。したがって、この両者の扱い方の相違は、何を意味するか。また、この一段と前後の脈絡であるが、「二諦義」では、第六章の始めに、「中道を明かす第六。初めに八不に就いて中道を明かし、後に二諦に就いて中道を明かさん」[14]と断っているから、「二諦義」成立の当初から、この一節が組み入れられていたことは間違いなかろうし、「八不義」の方は、単複中仮義を論じたあとの「第六に不有が有を明かす」最初に、「若し単複諸句を了ずれば、則ち不有が有の義を解す。若し単複を了ぜざれば、不有が有も亦た解し難し。故に須らく広く弁ずべきなり」[15]と前を承けているから、章の次第を明示していると言える。そうなると、単複中仮義を論じた一文は、両者共に元来組み入れられていたものということになり、『大乗玄論』が同一人物による編著であるとした場合、明らかな重複であり、しかも両者の扱い方が基本的なところで相違しているから、一の矛盾である。吉蔵の最初期の著作とされる『二諦章』に、中道を明かす段が現存すれば、それとの対比において明瞭になるかとも予想されるが、それは不可能な状態である。したがって、今はこの点に関しては疑問の提示に止め、後に再び触れることにしたい。

第三節 『中観論疏』との比較検討

一、総 論

第一節では、八不そのものを解釈したものという観点から、『中観論疏』巻二の「重ねて八不を牒して解釈す」の一章との科門の対照と大意に関して比較検討したのであるが、吉蔵の八不に対する思想面での基本的な問題については、巻一本の「初めに八不を牒して造論の意を述ぶ」に示されており、「八不義」との相似の説も多いので、この点について更に両者の比較検討を試みることにする。

「八不義」は、言うまでもなく羅什訳『中論』の八不の偈に対する解釈であるが、『中観論疏』においては第一偈、つまり「不生亦不滅　不常亦不断　不一亦不異　不来亦不出」を教の体とし、またそれは二諦であるとし、「能説是因縁　善滅諸戯論」を教の用、また二智であるとし、最後の半偈「我稽首礼仏　諸説中第一」を、人を敬い法を美むるものとしている[16]。つまり三つに類別して以下解釈するが、教の体を明かすところで、師である興皇寺法朗の三種方言を出して三種中道を説き、教の用を明かすところで二智中道を説いている。したがってこの解釈の次第及び内容を「八不義」に比すると、第二に三種中道を明かす、と第三に智慧中道を明かす段が、それに相当しており、類似のものとなっているが、その内容としての説明解釈では順序や広略、説相に明らかな相違がみられる。

まず全体の説相をみると、「八不義」の三種中道を明かす段では、最初に成実論師の八不に対する理解を示すが、『中観論疏』では巻二の重牒の八不における第九料簡門の初めで触れている。[17] 次に「八不に三種の中道を具す、即ち是れ二諦なり」として成論師の三種中道を紹介するが、一一について詳細に説明し、さらに論破し、最後に地論師の中道説をも破している。しかるに『中観論疏』では、興皇法朗の三種方言に含めて触れており、成論師説とそれに対する批判は、第二方言において簡単に説明批判するに過ぎないし、地論師の批判はしていない。しかも「八不義」の方言は、僧詮の旧義と法朗の新義との二種である。また、先に対照した「二諦義」の「中道を明かす第六」の前半は、[18] 八不に就いて中道を明かすが、ここは明らかに『中観論疏』で示す三種方言とほとんど同文を引いて説明するにもかかわらず、「八不義」においては説相や内容を異にするのは、同一人物の著作とした場合には、甚だ疑問である。『中観論疏』と「二諦義」あるいは「八不義」との重複再説は、各々異なる主旨のもとに制作されたもので、その性格を異にするから許容されるとしても、『大乗玄論』内の二つの義科における重複、あるいは同一内容の趣きを異にする説明の仕方は、首肯出来ないものがある。大体において、同じ内容の説明をする場合は、いずれかに説明を譲るのが普通だからである。この点は、前述の重複部分についても言える。以下三種中道と二智中道についての各々の説明を見ることにする。

二、三種中道に関して

先に成実論師の三種中道説について対照し、次に三論学派の立場を窺う。三種中道とは、世諦及び真諦の中道と二諦合して中道を明かすとの三であるが、この説が、いかなる過程を経て成立したものであるのかを考えるとき、吉蔵の『二諦章』の構成展開からみると、二諦義の探求に依るものとみられ、二諦の体をどこに定めるかに関しての段階的な結論であったと思われるし、また『中論』の八不の解釈にも関連したものであって、空、仮、中道、八不、二諦等の各々の考察研究の上に成された総体的な一の帰結であったことは否定できない。しかもそれが梁代成実論師によって説かれていたもので、三論学派としても、従来の三種には出ないのであるから、成論師説の不備を批判するのみにとどまらず、理論的にも、体系的にも確固たる立場を宣明する必要があったと思われる。「八不義」で紹介される成論師の三種中道は次のようである。

(一)世諦の中道とは、世諦は三仮を出でず、故に三仮に依って中道を明かす。

(1)一には因成仮の不一不異なるに中道を明かす。何となれば、一柱は四微を攬(と)って一と為れば是れ不一にして一、四微は同じく一仮を成ずれば不異なるも、仮と実と殊なるが故に異なり。故に不一の一なるが故に、不異の異なるが故に不一不異なりとは、因成に中道を明かす。

(2)二には相続の不常不断なるに中道を明かす。但し相続仮同じからず。①一に云く、補処[19]に続仮を明かすもの。②二に云く、前の玄[20]と後の一とに続仮を明かすものにして、識心の終り、想心の初めとの中央に当たって仮と為るが如し。③三には、龍光が開善を伝えて云く、続仮を明かさば後起って前に接し、前転じて後と作る。即ち是れ生と至と共じて仮を成ずるなりと。三師の説同じからずと雖も、而も相ともに続くが故に断にあらず、滅するが故に常にあらず。不断不常に相続の中道を明かす。

(3)三には相待仮に中道を明かす。即ち是れ開避の相待有り、色心等の法の如し。名づけて通待と為し、亦は定待とも名づく。長短君臣父子等の法の如きは、短も自ら短ならずして長に形るが故に短なり。長も自ら長ならずして短に形るが故に長なり。此の如きは相奪待なり。乃至君子父子等は名づけて別待と為し、亦た不定待とも名づく[21]。通別殊なると雖も悉く是れ相待仮にして中道を明かす。仮にして真に非ず、理に称当するが故に虚に非ず。真に非ず虚に非ず、通じて世諦の中道を明かす。

(二)真諦の中道とは、名無く相無きも、名に寄せて相待す。真は真無に待するが故に、無は非無を表わす。また有に非ざれば、非有非無を真諦の中道と名づく。

(三)真俗合明の中道とは、俗諦を有と言うが如きの有は実有に非ず。真諦を無と名づくるも無は定無に非ず。非有非無を名づけて両合の中道と為す。(大正四五、二五下—二六上)

以上が、「八不義」における成実論師の三種中道説であるが、これは龍光寺僧綽の説であるとされる。[22] また(2)相続仮の①は光宅寺法雲、②は招提寺慧琰の説とされ、③は明示するごとく僧綽が伝えるところの開善寺智蔵の説である。したがって、この「八不義」の説は、いわゆる成実論師の説を、素直に列挙したごとくであり、用いられている辞句を見ると、それが固有の意味を付され、三論学派のテクニカルタームに改変されたものではないことからも窺われる。上説が僧綽の伝える諸師の説であるとされる根拠ともなるのであるが、次に開善が梁武帝の命によって『成実論』の義疏を作った事情を述べ、[23] その疏文を引いて開善説を別に紹介している。すなわち、

二諦中道は云何が物を談ずるや。(1)諸法が起るとは、未だ法性に契わざるを以てなり。(2)既に未だ契わざるが故に有あり、則ち此の有は妄有なり。(3)それ空なるを以ての故に是れ俗なり、虚体は即ち無相なり、無相は即ち真なり。(4)真諦は有に非ず無にも非ざれども而も無なり。其れ妄有に非ざるを以ての故に、俗は有にも非ず無にも非ずと雖も、而も有なるは、仮有を以ての故なり。

(一)与物は挙体即ち真なるが故に有に非ず、挙体即ち俗なるが故に無に非ず、即ち非有非無にして真俗一の中道なり。

(二)真諦は無相なるが故に有に非ず無に非ず、真諦の中道なり。

(三)俗諦は是れ因仮にして即因は即果に非ず、故に非有なり。果を作らざるに非ざるが故に非無なり。此の非有非無は俗諦の中道なり。(大正四五、二六上)

というものであって、ここには、三種中道を成立せしめる理論的な説明がなされており、これは、後に触れる三論学

派の三種中道の展開を考える上で注意されるところである。理論的にも、また言語的表現の上からも、精密さを欠き、難解な表現となっているが、三論学派ではこのような梁代成実論師の説を基盤として、それを自己の立場からの新たな論理と言語的表現を以て組織し直し、それに対する批判という形で自己の立場を明確にしていく。しかるに『中観論疏』にみられる成実論師の三種中道は次のようである。


㈠⑴実法滅するが故に不常なり、仮名相続するが故に不断なり。不常不断を世諦の中道と名づく。⑵因の中に未だ果の事あらず、故に非有と言う。得果の理あり、故に非無と言う。非有非無を世諦の中道と為す。

㈡真諦は四絶の故に名づけて中と為す。

㈢二諦合明の中道というは、謂く非真非俗を名づけて中道と為す。（大正四二、一一上）

「八不義」に比して、『中観論疏』の説は、非常に簡素化され、詳しい説明等は、すべて省略されている。これを「八不義」に対照すれば、世諦中道の⑴は前の⑵相続仮に中道を明かすに相当するし、⑵は、開善説の㈢に当たるであろう。また真諦中道を、前説では無相無名である、と言って有無等の四句を離れることを意味するから、『中観論疏』では四絶と言ったものである。このように、『中観論疏』では成論師の説は明らかな趣意要略の形で説かれ、一方「八不義」では、忠実とも言えるほどに詳細に説明している。そこで吉蔵の他の著作中ではどのように説かれているかを、『二諦章』に依ってみると、開善説として次のように説明する。


㈠世諦の中道とは三種有り。⑴一には因中に果の理有るが故に無に非ず。果の事無きが故に有に非ず。非有非無因果の中道なり。⑵二には実法滅するが故に常に不ず、相続するが故に断に不ず、不常不断相続の中道なり。⑶三には相待の中道なり。

㈡真諦の中道とは、非有非無を真諦の中道と為す。

㈢二諦合明の中道とは、非真非俗を二諦合明の中道と為す。（大正四五、一〇八上）

というもので、世諦中道の第三として相待の中道を出しているが、名を挙げるのみで説明はなされていないし、『中観論疏』の文と比較すると順序の相違と辞句の相違のみで同様の説明となっている。中でも注意されるのは、『二諦章』と『中観論疏』との成立時期が、かなり開いているにもかかわらず、同じ説明文で紹介していることは——勿論この一事のみで断言できないが——吉蔵において、経論の慣用句と同様に、頻繁に登場する成実論師等の説も、ある程度定型化され、簡略化されていたのではなかろうか。[24] しかもその定型化あるいは要略の仕方が、批判を加えそして自己の立場を宣明するに都合のよいようになされたのではないかと思われる。つまり自己の言語的表現と理論的方法を以て趣意要約する形である。それは、従来説の理解、吟味、吸収そして批判破斥の上に自己の教学を形成し、新たなる展開を求めて宗義を明確にすることにおいて、当然の処置であり方法でもあろうし、自己の術語で組み換えることは、その時点で、すでに理解吸収し、自己のものとする作業は終っているということでもある。したがって、このような吉蔵の著作にみられる傾向を考慮した場合、「八不義」の説相をどのように理解すべきか。あるいは説明に用いたソースが両者異なるからであろうか。例えば、「八不義」の「龍光は開善を伝えて云く」というのは、僧綽の著作を直接的には参照して、開善説を引用していることを示すが、この句は『四論玄義』では常用され、慣用句とさえなっている。また開善説は、彼と門下の人々による成実論義疏十四巻からの引用文であるが、一方『二諦章』では、開善の三種中道説として引用しながら、両者の説明が全く異なるのは、その資料となったものが違うか、あるいは今指摘した趣意引用の相違かのいずれかであろう。当然のことながら、以上に紹介した説明文を基にして批判を試みているわけであるから、自ら「八不義」と『中観論疏』では、批判の方法も説相も違ったものとなって展開している。この点は、両者の根本的な相違を示すものではなかろうか。

次に自己の立場からの三種中道説を述べるが、「八不義」では「今、大乗無所得の義は、八不に約して三種中道を明かす。方言[25]は新旧同じからざるも、而も意に異趣なし」として、初めに山中師、すなわち、僧詮の次のような方言を述べる。

(1)語は不語に待し不語は語に待す。語と不語と並に是れ相待仮名なり。故に仮の語なれば語と名づけず、仮の不語なれば不語と名づけず、不語と名づけざれば無と為さず、語と名づけざれば有と為さず、即ち是れ不有不無世諦の中道なり。但だ、相待仮なるが故に有るべきを生と説き、無かるべきを滅と説く、故に生と滅とを以て合して世諦と為す。

(2)真諦も亦然り。仮の不語なれば不語と名づけず、仮の非不語なれば非不語と名づけず、非不語と名づけざれば非不無と為さず、不語と名づけざれば非不有と為さず、則ち是れ非不有非不無真諦の中道なり。相待仮なるが故に有るべきを不滅と説き無かるべきを不生と説く、即ち是れ不生と不滅なるが故に合して真諦と為す。[26]

(3)二諦合明の中道とは、仮の語なれば語と名づけず、仮の不語なれば不語と名づけず、非語非不語即ち非有非不有非無非不無二諦合明の中道なり。生滅と不生滅とを合して明かすこと此れに類して尋ぬべし。（大正四五、二七中―下）

以上が僧詮の方言であるとされるが、他方『中観論疏』の場合は、「八不は文約かにして義豊かに意深くして理遠し、摂嶺興皇より経に随い論に傍りて病を破し道を顕す。此の八不を釈するに文を変え体を易からしむるに方言甚だ多し」とするも、実際は、師である興皇法朗の三種を述べている。したがって前の僧詮の方言は、理解しにくい辞句があり、古くから難解とされているが、これに比して、『中観論疏』の第一方言は、四重の階級を立てて順次に有所得心を除くことを示す。[27]論理的に言っても、法朗の方言は、僧詮よりも一段と進んだものであり充実していると言える。それは元来、『中観論疏』においても「八不義」においても、成論師の説を批判し、超克せんがために起ったものであることを明言せるごとく、[28]三論と成実との相克は具体的であったに相違なく、成論師あるいは他の学派からの反論に対処して、その批判の様相も必然的に、より以上の煩雑さを増したことが予想される。二諦説における三重の二諦から四重の二諦への展開は、吉蔵自身の言葉を借りずとも、そのことを物語る明らかなる例である。この方言においても、次第に趣旨を克明にし、徹底していることが窺われ、『中観論疏』における第一方言ないし第三方言は、いわば時と場との相違もあろうが、一の基本的方言に基づいて種々に展開したものであり、その基本とみられるのは、いわゆる他（成実学派）と今（三論学派）の相違を理論的に峻別した初章の語と呼ばれるものである。今、『二諦章』に依って記せば以下のごとくである。

［成実学派］

(1)有の有なるべき有れば、無の無なるべき有り。

(2)有の有なるべき有れば、無に由らざるが故の有なり。無の無なるべき有れば、有に由らざるが故の無なり。

(3)無に由らざるが故の有なれば、有は是れ自ら有なり、有に由らざるが故の無なれば、無は是れ自ら無なり。

(4)自ら有なれば、即ち有なるが故の有、自ら無なれば、即ち無なるが故の無なり。

［三論学派］

(1)有の有なるべき無ければ、無の無なるべき無し。

(2)有の有なるべき無ければ、無に由るが故の有なり、無の無なるべき無ければ、有に由るが故の無なり。

(3)無に由るが故の有なれば、有は自ら有にあらず、有に由るが故の無なれば、無は自ら無にあらず。

(4)自ら有にあらざるの有は、是れ無なるが有、自ら無にあらざるの無は、是れ有なるが無なり。（大正四五、三五上）

以上の初章の語は、『中観論疏』巻二末でも説かれ、第三節までは辞句共に同じであるが、第四節が多少異なり改変がみられる。すなわち、他については、「有は是れ自ら有なれば、有なるが故の有と名づけ、無は是れ自ら無なれば、無なるが故の無と名づく」とし、今の説は「有は自ら有にあらず、不有が有と名づく、無は自ら無にあらず、不無が無と名づく」としている。[29] 趣旨は同じで、辞句の相違のみではあるが、主語の転換を行ない、単に「無（なる）が有」あるいは「有（なる）が無」としていたものを、「不有が有」「不無が無」と変えて、誤解のないように注意を払ったごとくである。この初章の語は、中仮の語とも称され、一応の区別はなされているが、「一切の文字は皆な初章に摂められる」とし「初章は一切法に通ず」ともされるが、[30] また「一切法は中仮を離れざるが故に、皆な是れ中仮なり」[31] とも言われるから、初章と中仮は不離の関係であり、同体異名とも言える。よって三論学派における根本的な理論構造であり、他に対しては、体系的な批判を目指したことが窺われる。これを考慮して所論を元に戻すと、しからばいかにして自己の三種の中道が釈明されるかについて、先に他の所論を挙げ、次に今の立場を述べる。

「玄論八不義」

成実学派の立場

(1)有の有なるべき有れば、則ち生の生ずべき有り、滅の滅すべき有り。

(2)生の生ずべき有れば、生は是れ定生なり、滅の滅すべき有れば、滅は是れ定滅なり。

(3)生は是れ定生なれば、生は滅の外に在り、滅は是れ定滅なれば、滅は生の外に在り。

(4)生が滅の外に在れば、生は滅を待たず、滅が生の外に在れば、滅は生を待たず。

(5)生が滅を待たざれば、生は則ち独存なり、滅が生を待たざれば、滅は則ち孤立なり。

斯の如き生滅は、皆な是れ自性にして因縁の義宗には非ざるなり。

三論学派の立場

(1)有の有なるべき無けれども、空を以ての故に有なり、(故に)生の生ずべき無く亦た滅の滅すべき無し。但だ世諦を

『中観論疏』

(1)有の有なるべき有れば、則ち生の生ずべきあり。則ち生の生ずべき有れば、則ち滅の滅すべき有り。

(2)生の生ずべき有れば、生は滅に由らず、滅の滅すべき有れば、滅は生に由らず。

(3)生は滅に由らずして生なれば、滅が生に非ず。滅は生に由らずして滅なれば、生が滅に非ず。

(4)生は滅が生に非ざるが故に、生是れ自ら生なり。滅は生が滅に非ざるが故に、滅是れ自ら滅なり。

(5)自ら生なれば則ち是れ実生なり、自ら滅なれば則ち是れ実滅なり。

実生実滅なれば則ち是れ二辺なり、故に中道に非ず。

(1)有の有なるべき無けれども、空を以ての故に有なり。則ち生の生ずべき無く亦た滅の滅すべき無し。

以ての故に名を仮りて生滅を説く。
(2)仮生の生なれば、定生に非ず、仮滅の滅なれば、定滅に非ず。
(3)生は定生に非ざれば、滅の外に生無く、滅は定滅に非ざれば、生の外に滅無し。
(4)滅の外に生無ければ、滅に由るが故の生、生の外に滅無ければ、生に由るが故の滅なり。
(5)滅に由るが故の生なれば、生は独存にはあらず、生に由るが故の滅なれば、滅は孤立にはあらず。
此の生滅は皆是れ因縁仮名なり。（大正四五、二七下）

---

(2)生の生ずべき無ければ、滅に由るが故に生なり。滅の滅すべき無ければ、生に由るが故に滅なり。
(3)滅に由るが故に生なれば、生は是れ滅が生なり。生に由るが故に滅なれば、滅は是れ生が滅なり。
(4)生は是れ滅が生なれば、生は自ら生ならず、滅は是れ生が滅なれば、滅は自ら滅ならず。
(5)生は自ら生非ざれば、但だ世諦の故に仮に生と説く。滅は自ら滅ならざれば、但だ世諦の故に仮に滅と説く。（大正四二、一一上—中）

以上の説明によって、他との峻別の論点、あるいは主眼となる問題点が明らかになっているようであり、言語的な表現によって、両者の相違も看取出来るように思う。つまり、付点の部分である「八不義」の定生・定滅に対する『中観論疏』の不由滅・不由生、同様に在滅外・在生外と非滅生・非生滅、不待滅・不待生と自生・自滅、独存・孤立と実生・実滅の相違であり、これは単に言語的表現の工夫による相違のみであると簡単に見過ごして良いかどうか。例えば、自生・自滅の語は、前述の初章の語において、『中観論疏』、『二諦章』共に自有・自無の対照となっていて、『中観論疏』の別の所においても、[32]やはり同様の表現をして一貫しているが、「八不義」のみが相違している。また、今（自己）の立場を説明するところでは、「八不義」では、第一階において「世諦を以ての故に名を仮りて生滅を説くなり」の一文を付すが、これを最初に持ち出すか、最後に付すかは、前提としての、他の立場の、説明の仕方に依るものと考えられ、第二階以降の両者の説明は大分相違したものとなっている。例えば、『中観論疏』の第二階で、

「由滅故生・由生故滅」との表現をするが、「八不義」では、第四階に至ってこの表現を用いるあたり、これは、同じ趣旨を説くにも、当初の言語の表現形式によって、その論旨の展開及び明解さ、論理性が、かなり違って来ることを示しており、これは単に、方言の種々相による相違であるとしても、はたして、同一人物による時と場所と目的の相違のみであろうか。

以上が、成実学派と三論学派との根本的立場の差異を明らかにしたもので、続いて三種中道を説く。前記と同様に上段が「玄論八不義」で下段が『中観論疏』である。

(1)因縁の生は生にして而も起らず、所以に不生なり。因縁の滅は滅にして而も失せず、所以に不滅なり。故に不生不滅を名づけて世諦の中道と為すなり。余句は之に例して尋ぬべく復具には出ださざるなり。

(2)次に明かさく。①世諦の生滅有るに対するが故に真諦を不生不滅と名づく。②所以に空が有を世諦と為さば、仮生仮滅なり、有が空を真諦と為さば、仮不生仮不滅なり。③此の不生不滅は、自の不生不滅に非ず。④世諦の仮の生滅に待して、真諦の仮の不生滅を明かす。⑤世諦の仮生滅、既に生滅に非ず、真諦の仮不生滅、亦た不生滅に非ず。故に非不生非不滅を真諦の中道と為すなり。余句の不は之に例して知るべきなり。

(3)次に二諦合の中道を明かさば、①有を世諦と為れば生有り

---

(1)仮生なれば不生なり、仮滅なれば不滅なり。不生不滅を世諦の中道と名づく。

(2)①世諦の生滅に対して、真諦の不生滅を明かす。②空が有を以て世諦と為れば、世諦は仮生仮滅なり、有が空を真諦と為れば、真諦は不生不滅なり。③此の不生不滅は自の不生不滅に非ず。④世諦の仮生に待して真諦の仮不生を明かし、世諦の仮滅に待して真諦の仮不滅を明かす。非不生非不滅を真諦の中道と為す。

(3)二諦合明の中道とは、①無生滅が生滅を世諦と為し、生滅

滅有り、空を真諦と為れば不生不滅なり。②此の不生滅は即ち是れ生滅が不生滅なり、此の生滅は即ち是れ不生滅が生滅なり。③不生滅が生滅なれば是れ則ち生滅に非ず、生滅が不生滅なれば是れ即ち不生滅に非ず。故に生滅に非ず不生滅に非ず、是れ二諦合明の中道なり。生滅既に爾り、余句は応に例して解すべし。（大正四五、二七下）

が無生滅を真諦と為す。②無生滅が生滅なれば豈に是れ生滅ならんや、生滅が無生滅なれば豈に是れ無生滅ならんや。故に生滅に非ず、無生滅に非ざるを二諦合明の中道と名づく。（大正四二、一一中）

この三種中道は、先に対照した五段階の理論的展開を前提として成立されているわけで、したがって、最初の世諦中道を導く説明の仕方が両者異なっている。「八不義」では、先に「此の生滅は皆是れ因縁仮名なり」と結んだ関係上、次に「因縁の生は」と承けて展開し、『中観論疏』の方は、「世諦の故に仮に生滅を説く」と結んだから、次に「仮の生なれば」として前を承けている。第二の真諦中道の説明は、①―③までは同じで④は「八不義」の方が整理された形となり、逆に「八不義」の⑤に相当する文は、『中観論疏』では省略されている。しかるに、『四論玄義』「八不義」[33]では③以下が次のようになっている。

③仮の不生滅なれば、是れ不生滅に非ず。

④世諦の仮生に待して真諦の仮不生を明かし、世諦の仮滅に待して真諦の仮不滅を明かす。

⑤世諦の仮生仮滅は、既に生滅に非ず、真諦の仮不生滅は、則ち不生滅に非ず。

⑥故に仮の不生は不生に非ず、仮の不滅は不滅に非ず。

というもので、前二者を合した形であり、論理的な展開としては中間を省略せずに丁寧に説明しているが、かえって煩わしいものともなっている。したがって、『中観論疏』が④までで最後の帰結に持って行き、一方「八不義」が⑤あるいは⑥の説明を要したのは、第一の世諦中道の説明の仕方が関係しているようであり、『中観論疏』が単に説明の簡潔さを求めて省略したのではないと考えられる。つまり『中観論疏』が、⑤以下の説明を省略したのは、世諦中道の説明で、「仮生は生にあらず、仮滅は滅にあらず」としているから、真諦の仮不生、仮不滅なることを導き出せば、当然の理論的推量で「仮不生は不生にあらず、仮不滅は不滅にあらず」の結論が得られるからである。これに対し、「八不義」の方は、因縁による生と滅との理論的展開で世諦の中道を説明したために、⑥まで至るには前述のような手順を踏む必要があったと考えられる。[34] この相違は、前提となった「他と今」との峻別において、「世諦の故に」の一句の用い方に基因するであろう。「八不義」に比して『中観論疏』は、必ずしも論理の展開の仕方は精密ではないが明解である。これは第三の二諦合明中道においても言える。

三、二智中道に関して

次に二智中道説について、両者の比較を試みる。これは、先にも述べたように、吉蔵によれば、「能説是因縁善滅諸戯論」を教の用とし、二智中道として解釈するもので、「我稽首礼仏諸説中第一」は人を敬い法を美むるものと捉えて別に釈している。しかるに、「八不義」では、両者を明確には区別せずに、第三に智慧中道を明かすところで解釈する。最初に、二智について前と同様に三種の中道がそなわることを言うが、この一段は、『中観論疏』の説明とほとんど同文である。[35] 続いて広釈を加えて、八不の偈文を解釈する。この釈文は、両者かなり異なっているが、今は省略して、次の戯論についての説明を見てみたい。「八不義」では、「若し教を解し理を体せば能く戯論を滅す」と偈の釈文を結び、続いて「凡夫二乗の心の所行は、戯論に非ざるは無く、理外に行ずる心は戯論に非ざるは無し。応に須らく消滅して之を損ずべし」として、次に三種の相対によって戯論を説明する。これに対して『中観論疏』では、偈文の解釈に、師法朗の説を紹介して、自ら大要を述べ、『中論』観法品第十八の青目の釈[36]にもとづいて愛論と見論との二種の戯論を明かし、「今、此の八不を説いて二種の戯論を滅するなり」として、次に、法朗の五種の戯論を示す。この両者の説相は、甚だ異なっており、一見、全く違った説のごとくであるが、注意して比較すると、その内容は相通ずるものとなっている。以下、両者を対照させる。

「玄論八不義」

凡そ三種の相対有り、或時には四種なり。

(1)一つには善悪相対なり。悪は是れ堕墜す、経に乖いて出の功なし、故に十悪を戯論と為す。善は是れ清昇す。理を扶けて出の義有り。故に十善は戯論に非ず。成実論に亦云う、一等の四執を戯論と為すと。又言う三性中にて善と悪とは戯論に非ず、無記は是れ戯論なり。何となれば、善悪の二性には果の記すべき有るが故に戯論に非ず、無記は汎(ほん)淡にして得果の功無きが故に戯論なりと。今華厳経に依るに云く、唯善のみ戯論に非ず、悪と無記は並に是れ戯論なりと。悪も亦苦果を得と明かせど、但だ是れは趣向して理に帰りて仏を得るの義には非ざれば、故に名づけて戯論と為し、唯善法のみは能く仏果を得ればなり。……

(2)二には有相無相相対に之を明かす。亦た有漏無漏相対とも言う。有相は是れ分別あるが故に戯論と為し、無相は無分別なるが故に戯論に非ず。有相の善は還って戯論に属す。故に大品経に云く、相善は不動不出なれば乗と為さずと。

『中観論疏』

師、又漸捨の義に約(つ)いて五種の戯論を明かす。

(1)一には、仏に誡勧の二門有り。諸悪莫作を名づけて誡門と為し、諸善奉行をば名づけて勤門と為す。悪は理に乖くこと有りて痾墜す、他を損し苦を感ずるが故に戯論と名づく。善は是れ理に符うて清昇す、他を利し楽を招くが故に戯論に非ず。

(2)二には、善に二門有り。有所得の善は不動不出なれば、名づけて戯論と為す。無所得の善は能動能作なり、故に戯論に非ず。

故に仏蔵経に云く、人の為に有相法を説くは、是れ衆生の悪知識なり、衆生の為に無相法を説くは、是れ衆生の善知識なりと。有相は経に乖くが故なり。……有漏は即ち有相、無漏は則ち是れ無相なれば、有漏の善は唯三有の果報を得るのみにして、未だ生死を出離すること能わず、正しく是れ不動不出なり、故に戯論と名づく。無漏の法は生死を破裂す、故に戯論と名づけず。又、地摂成数等の師は、恐らくは相善を求める比丘の宗に落つ。彼之を聞いて驚怖せん。而も大乗無所得宗を聴く人、此の意を見るのみ。彼の師の徒は此の意を覚ることあるなし。

(3)三には一異相対なり。有相は是れ戯論、無相は戯論に非ずと雖も、若し是れ有相にして無相に異ならば便ち是れ戯論なり。相無相異ならずと見れば、乃ち戯論に非ずと名づく。乃至、善悪生死涅槃解惑等並びに類して然り。故に大経云く、明と無明とを凡夫は二と謂い、智者は其の性無二と了達すと。故に大品経三慧品に云く、諸の二有る者を有所得と名づけ、二有ること無き者を無所得と名づくと。又、大経に云く、有所得の者は道も無く果も無し、無所得の者は道有り果有りと。若し異を以て非と為し不二を是とせば、此れは則ち不二を識らず、還って戯論を成ず。復た須らく

---

(3)三には、得と無得との二を名づけて戯論と為す。明と無明とを云うに、愚者は二と謂えるが如し。諸の二有る者は道も無く果も無し。若し有得無得平等不二なる者は不戯論と名づく。智者は其の性無二なりと了達す。無二の性即ち是れ実性なり。

(4)第四には、二と不二とは是れ二辺にして並びに是れ戯論なりと明かす。若し能く二と不二とに非ざれば、中道にして即ち戯論無し。次に二と不二と非二と非不二と、並びに是れ名相なれば、皆な是れ戯論なり。言亡慮絶すれば則ち戯論に非ず。

之を遣るべし。一無く二無きが故なり。或時には四法に就いて四句を行ずることを弁ずるは、是れ戯論なり。四句を行ぜざるは則ち戯論に非ず。……

(4)四には、此の三に対するに出なく離なし。何となれば、諸の有所得は別に住処ありて其の出を論ずればなり。今は謂わく、本自ら住せず、今亦た出無し、住なく出なきが故に戯論に非ず。若し戯論の滅すべき有って是れ無戯論なりと言わば、亦た是れも戯論なるが故なり。今明かさく、八不の不戯論は、ただに戯論を滅するのみに非ずして、不戯論も亦た滅す。……。（大正四五、二九下―三〇中）

---

(5)第五には、若し戯論あり、若し不戯論あるは、並びに是れ戯論なり。若し戯論なく不戯論なき、方に是れ不戯論なり。（大正四二、一二下）

この対照によって、両者共に戯論と不戯論との相違を明解にしつつ、自己の立場を宣明させ、戯論を以て戯論をとどめ、次第に四句を絶した言忘慮絶、無名相の世界に悟入せしめんとするものである。したがって、その趣意において、両者は共通しているが、その説明の纏め方が相違している。『中観論疏』は、師法朗の五種戯論として、簡潔に述べるが、「八不義」では、四種の相対によって論じている。しかし、説明の文句や引証に用いる経文などは同じであり、共通の伝承あるいは資料に基づいていることは確かである。ただ『中観論疏』は、法朗の説として紹介する形を取るのに対し、「八不義」は、それを明示しないし、要点の説明のあとに各々経証をもって自己の見解による広釈ないし、他に対する批判の文を加えているのが注意される。また「地摂成数等の師」とか「大乗無所得宗」とかの用例は『大乗玄論』においては「八不義」のみの表現であり、第三の一異相対に論じるところでは、経典名を示して引証するが、前の「大経」は『涅槃経』なるも、後の「大経」は『大品般若』の文である。一般に、「大経」と言えば、

『涅槃経』を指すために、古くより、『涅槃経』にこの文なしと言われ、「大経」は「大品」の誤写であろうとも言われた。しかし、他の箇所では、『涅槃経』と『大品般若』を指して、「両の大経」と称しているから[37]、必ずしも、誤写とは言えず、著者固有の用語であったとも考えられる。これに対し、『中観論疏』では、経典名を出さずに本文中に含めて用いている点が注意される。

四、比較検討の要約

以上、「玄論八不義」と『中観論疏』との比較を、三種中道説及び智慧中道説を中心として、種々に試み検討を加えたのであるが、すでに明らかなごとく、単に述作の時期とか目的の相違としてのみでは解決出来ない問題が、多分に内在している。両者異同の要点をまとめれば次のようになろう。

一、全体の構成と展開は、共に『中論』の八不の偈に基づき、それを解釈する方法でなされるが、『中観論疏』はその性格からして当然ながら、首尾一貫したものであり、「八不義」は独立の義科であるから第一章に大意を述べ、八不の偈に添ったものは第二章と第三章である。しかも附随して導き出される諸問題は両者共通であり、その解決、帰結も同様である。ただ「八不義」の第四章の雑問難から第六章は独自のものである。また『中観論疏』の論旨説明は明解で、八不の趣旨を明かす上では要を得て充分である。少なくとも「八不義」の第二章と第三章は、同一人物の作としては重説であり、説明はむしろ繁雑である。

二、次に自説の根本的な依拠としているものは、『中観論疏』では終始法朗の説を基準としており、摂嶺興皇の始末として三論一家の相承説であることを言うが、実際は師である法朗の説なることを明示して用いる。これに対し「八不義」では、方言の説明で第一に僧詮の方言を引き、次に「今山門の意を明かさば[38]」として、『中観論疏』では法朗の言として述べると同様の他と今との峻別を行なう。同じように方言を中と仮の体用によって広釈するところも、

『中観論疏』は「一師の」と言って暗に法朗を示唆するが、「八不義」は「摂嶺師の云く」として、道朗の説として述べる。[39] 五種（あるいは四種）戯論についても同様の指摘が出来る。これは、明らかにソースは共通していても、その用いるところが異なっている例であり、著者が相違しているがためではなかろうか。つまり著者の意識の相違によるものではないか。吉蔵の立場としては、新三論学派の正統であるとの自負が強烈であり、師資の相承説を強調するから、すべて師法朗が前面に押し出される。したがって僧朗から次第して法朗に至る間には、教理的かつ思想的な展開充実がなされたはずであり、吉蔵が法朗説を用いるのは当然のことであり、にもかかわらず同じテーマの説明をするのに、両者異なる人を出すのはどういうことであろうか。種々の方言を示さんがためであろうか。

三、第三には両者の説明の方法あるいは説相の相違である。三種中道説のところで指摘した通り、『中観論疏』等吉蔵の他の著作では、趣意引用の形で成論師等の説を示すが、「八不義」では恐らく忠実に引用している。しかも『中観論疏』等は、開善説を批判の対象としていることに対し、八不義は龍光説を主とし、それに開善説を付記した形となっている。龍光は開善について学び、開善を継承した人ではあるが、その所説は多少異なる。[40] いずれが精密で妥当性を有していたかは、判断する者によって評価が分かれるであろうし、どの点を捉えて批判するかも違って来よう。したがって従来説の受け止め方とか表現の仕方が異なれば、批判をし、自説を明かす上で、その説明展開の様相は大きな相違となって来るが、それが「八不義」と『中観論疏』では明らかに現われている。[41] たとえ基本的な立場とか論旨とかが同じであるとしても、この表現の相違は、同一人物による諸条件の違いから来ているとは考えられない。

四、この点は、自己の立場から述べる説明においても顕著に現われている。恐らく「八不義」、『中観論疏』共に法朗の方言を伝述したと思われるが、用いている辞句の相違や結論に至るまでの手順としての論理的な運び方が基本的なところから異なっているのは、単に表現を変えただけではなく、両者の師の方言に対する受け取り方乃至理解表現の相違であると考えられる。これは二智中道を明かすところでも言えるであろう。

五、用語例では、地摂両論成毘二家とか大乗無所得宗などは、吉蔵の他の著作では用いる例はないが、『四論玄義』

では常用語となっている。

第四節　『大乗玄論』全義科の疑問点

以上の考察によって、現行『大乗玄論』を吉蔵自身の編著と見ることは困難であることが明らかになったと思われるが、さらに本論全体について吉蔵の著とすることへの問題点の指摘や成立の問題を考える必要があろう。そのためには、吉蔵の他の著書や慧均の書などとの全面的かつ詳細な比較研究を要する。また、日本古代の仏教界の状況や三論宗（衆）と他宗との関係・実態、三論宗文献（写本類）の研究が必要である。しかし、本書においてはそれらのことをすべて行なうことは不可能なので、ここでは『大乗玄論』の全義科に疑問点が存在することを指摘して、その上で仮説―日本編纂説を述べておきたいと思う。

巻一「二諦義」（大正四五、一五上―二五上）

吉蔵には『二諦章』三巻の著作があり、その冒頭文で二諦を解釈するのに十重の科門を開くのは、開善寺智蔵が二諦義を明かすのに十重を以てしたことに対応するからであると述べている。慧均も同様のことを述べており、両者の伝承は一致している。[42] この「二諦義」も十門である。しかし現行の『二諦章』は三つの科門（もし『四論玄義』と同じであったなら、立名・有無・観行の三）を欠く。また『四論玄義』の「二諦義」も第八絶名、第九摂法、第十同異の三を欠く状態で、完全な比較は出来ない。科門について三者比較対照すると共通の科門名が多いものの、相互に相違する名称もあって一致しない。吉蔵が「二諦義」を作るならば、先に著わした『二諦章』に準じて要約するのではあるまいか。しかし全体的に『二諦章』との論述の次第や内容の相違がある。そして本義科の決定的な問題点は、先に述べたように第六明中道の内容が、巻二の「八不義」の第五弁単複中仮義と同一であることで、「八不義」が慧均の作であることが明らかとなった以上、この重複は吉蔵によるものではなく、後人が「二諦義」に取り込んだものと考えられる。

巻二「八不義」（大正四五、二五上—三五中）

この義科についてはすでに論じたように、『四論玄義』の「八不義」をそのまま編入したものである。吉蔵自身が編入することはあり得ない。

巻三「仏性義」（大正四五、三五中—四二中）

吉蔵には他に独立して仏性義を論じたものはなく、他の著書との単純な比較研究は出来ない。本義科の全体にわたり『四論玄義』の「仏性義」（続蔵一・七四・一、四三左下—六八右下）を参照していると思われる。冒頭に掲げられる科門も順不同のところがあるが項目は対応しているし、「異釈第二」は『四論玄義』の「第三弁体」に該当し、そこで紹介される南北朝時代の学説は全く一致する。ただし慧均は仏性の体（正因の体）についての異説として紹介するのに対して、「玄論仏性義」では一貫して正因仏性についての異釈として扱う点が相違する。慧均の異説紹介は元暁『涅槃宗要』でも参照されており、[43]都合十三家の異説を列挙している文献は他にないと思われる。慧均は十三家のすべてに人名または地論師・摂論師といった名前を明示するが「玄論仏性義」では「就十一師皆有名字、今不復據列、直出其義耳」（三五中）としているのは、『四論玄義』を参照していることを暗に示しているように思われる。しかるに『四論玄義』第一大意には吉蔵説の引用と思われる文章がある。先に関説したことであるが、[44]内容は仏性を説く理由である。慧均は「蔵公は開いて八種と為し故に仏性を説くなり」（四四右下）として八種の理由を省略せずに引用していると思われ、最後に「今謂く大意は亦た前の八種説を出でず」（四四左下）として承認しており、この「蔵公」は吉蔵のことと筆者は判断するのである。したがって、吉蔵の仏性説も参考にしながら書かれた『四論玄義』を、しかも流布したのは顕慶三年（六五八）以後、つまり吉蔵寂（六二三）後のことと考えられる文献を吉蔵が参照するはずはないであろう。

次に、三論学派の特色である五種仏性や正性ということばを使用しない点である。『中観論疏』巻一本（大正四二、六中）や『浄名玄論』巻五（大正三八、八八四中）で説かれており、慧均も「仏性義」の第二釈名で説いている。[45]しかし「玄論仏性義」では簡正因第四「一には車輪と作して義を明かす無始終の検」（三七下）として、因・因因・果・果果の四仏性を説き、「第二に三世と作す有始終の検」の箇所で「非因非果即ち是れ中道なるを名づけて正因となす。故に中道を以て正因仏性と為す」（三八上）とし、前後分断して説き、五種仏性説としては述べていない。そしてこの第五の仏性を特に「正性」と名づけるのが三論学説の特色であるが、この点には全く触れない。

次に最も注目され、従来から吉蔵の仏性説、成仏説として取り上げられて、思想的にも重要視されて来たのが「草木成仏説」である。[46]吉蔵の他の著書においては「草木成仏」が説かれることはなく、「草木有仏性」でさえ説かない。つまり、吉蔵は南北朝時代からの無情のものに仏性を認めないという『涅槃経』に基づく説を守っているのである。[47]一方『四論玄義』はどうかと言うと、第四広料簡門中の第五論内外有無の一段において「亦た何ぞ但だ是れ衆生数のみ仏性有ることを得んや、依報草木等亦た仏性有り」（五八右下）として、「草木有仏性」を説いている。経証は『華厳経』入法界品の「善財童子、礼弥勒楼観、得爾許法門三昧」と『観無量寿経』の「宝樹説法、蓮花世界海水宝樹皆能説法」[48]の二経を引用して「故に亦た有仏性と云うことを得る。是れ波若の用なるが故に。此は是れ一往相対に義を明かすのみ」としている。しかし、その後の文章には依報と正報と共に仏性を認める考えを示しながらも、仏性は非有非無非内非外非依非正として「而るに誰か能く此の如く悟解せんとは、唯だ心のみ是れ能悟能迷の主なるが故に、経に云く、衆生等は有仏性、非衆生は則ち非なり。……草木を論ぜず、草木は無仏性の故に」（五八左上）と従来の無情無仏性説も述べるのである。

「玄論仏性義」における「草木成仏説」は右のような『四論玄義』の説を承けて、前に説かれた草木有仏性の考えを通門（大乗無礙の立場からの論述）とし、後の無仏性説を別門（有情と無情を区別する立場からの論述）として、さらに仏性の有無の段階から一段と発展させて成仏不成仏の議論を展開したと考えられる。成仏論への展開は、吉蔵や慧均の思想を大きく超えるものではなかろうか。中国での成仏論の例として天台の湛然（七一一―七八二）が取り上げられることが多いが、理論的に草木成仏を認める考えではあるが、『金錍論』（『金剛錍』大正四六所収）などで明確に成不成を、つまり成仏論を展開してはいないように思われる。(49)「玄論仏性義」における草木成仏説は、「弁内外有無第七」の中で「今次明仏性之有無」として問答を設けて釈明するが、その最初の問答は、明らかに『四論玄義』「仏性義」の広料簡の第五論内外有無（五七左上以下）の部分、特に「次明仏性有無者」（五八右上）以下に準じている。次の第二の問答において草木成仏説が述べられるが、その問と答の冒頭は次のようである。

問、衆生無仏性草木有仏性、昔来未曽聞。為有経文為当自作。若衆生無仏性衆生不成仏。若草木有仏性草木乃成仏。此是大事、不可軽言令人驚怪也。答、少聞多怪、昔来有事。是故経言、有諸比丘聞説大乗、皆悉驚怪、従坐起去、是其事也。今更略挙愚見以詶来問。（大正四五、四〇中）

右の問答は当然ながら以下に草木成仏説を述べることを前提として設けられたものであるが、問において草木成仏は「大事」であること、そして「軽言して人をして驚怪せしむべからず」と述べて思想的重大性を充分に認識していることを示している。答中の「経言」は言うまでもなく『法華経』方便品において一仏乗を説く場面に準えているが、傍線を付した文章「今、更に略して愚見を挙げて以て来問に詶えん」というのは、現実に議論が行なわれている状況を背景とした表現に思われ、果たして吉蔵の言葉遣いであるか疑わしい。

以下、この一段の終りまでが通門に義を明かし、すべて詶問としての答文となっている。この部分は思想的にも成立の問題からも重要な一段なので、文章を提示して見て行きたい。またこの一段は三つに区切ることができると思われる。前段は次のようである。

(1)大涅槃哀歎品中、有失珠得珠喩、以喩衆生。迷故失無仏性、悟故得有仏性。故云、一闡提無仏性、殺亦無罪也。

又呵二乘人、如燋種永絶其根、如根敗之士。豈非是明凡聖無仏性耶。衆生尚無仏性、何況草木。以此証知、不但草木無仏性、衆生亦無仏性也。(大正四五、四〇中―下)

この前段は先ず『涅槃経』巻二哀歎品(大正一二、六一七下)の琉璃宝珠の得失の喩をもって、迷うが故に珠を失うのは無仏性、悟るが故に珠を得るのは有仏性として、衆生の迷悟により仏性の有無を解釈している。次の「故云一闡提無仏性」は、『大般泥洹経』(法顕訳)の趣意であり、あるいは前の哀歎品も六巻経(大正一二、八六二中)を参照しているのかも知れない。「又呵二乘人」以下は、『維摩経』であるが、吉蔵は当然ながら羅什訳の『維摩詰所説経』を使用する。ところが、ここで使用されている「二乘人」と「燋種」の喩は、羅什訳になく、支謙訳にも見えない。該当文があるのは玄奘訳『説無垢称経』巻四菩提分である。

爾時尊者大迦葉波、歎妙吉祥、善哉善哉極為善説。実語如語誠無異言。一切生死煩悩種性、是如来種性。所以者何。我等今者心相続中、生死種子悉已燋敗、終不能発正等覚心。……我等漏尽諸阿羅漢、永無此能如欠根士於妙五欲無所能為。(大正一四、五七五下)

右の経文中に二乘人の語は含まないが、この文の前後に数回「声聞独覚」の語が見える。ただ右には「欠根士」とあって仏性義の引用語「根敗之士」と相違するが、この語については羅什訳(大正一四、五四九中)と支謙訳(同、五二九下)に存在する。ということは「仏性義」のこの一段は玄奘訳と羅什訳や支謙訳を参照していると思われ、吉蔵が玄奘訳を用いることはあり得ず、従ってこの一段は吉蔵自身が論述したものではないということになろう。『維摩経』の説は凡聖に仏性無きことを明かすものと解し、衆生無仏性・草木無仏性の説を示している。

次の中段の文は次のようである。

(2)又華厳明、善財童子見弥勒楼観、即得無量法門。豈非是観物見性即得無量三昧。又大集経云、諸仏菩薩観一切法無非是菩提。此明迷仏性故為生死、万法悟即是菩提。故肇法師去、道遠乎哉、即物而真、聖遠乎哉、悟即是神也。若一切諸法無非是菩提、何容不得無非是仏性。又涅槃云、一切諸法中悉有安楽性。亦是経文。唯識論云、唯識無境界。明山河草木皆是心想。心外無別法。此明理内一切諸法依正不二。以依正不二故、衆生有仏性則草木有仏性。（大正四五、四〇下）

右の文において先ず注意されるのは、従来は衆生と草木とに関する議論であったが、この部分からは傍線を付したように「物・性」「一切諸法」「万法」などの表現が用いられ議論の範囲が拡大されている点である。『華厳経』の文は先に慧均も引用して草木有仏性の根拠としていたが、慧均が続けて引用する『無量寿経』の文と共に、無情説法の根拠ともなる点で重要である。『大集経』によって一切衆生は菩提にあらざるはなしとの考え方を示し、万法も悟れば菩提となるとする。『不真空論』の語は中国古来の老荘思想の「道」の理念に基づき、万物に「道」（真理）が遍在しているとの考えで、後の天台学では「即事而真」として展開する。ここでは一切諸法に仏性があり、菩提となることを示すものと解釈している。『涅槃経』の文も一切諸法に菩提性ありとの意味に解しているのであろう。そして次の『唯識論』の「唯識無境界」をもって一切諸法依正不二を明かすものと解釈し、依正不二なることをもって衆生に仏性あれば則ち草木にも仏性ありとする。(50) ここまでの論述は、慧均が「衆生数に仏性あれば、依報草木等も亦た仏性あり」とし、経証として『華厳経』と『無量寿経』との二経のみを引用するのに対して、五種の経論を引証して草木有仏性を明確にしている。中国仏教における仏性思想の展開を充分に把握し、集約して示しているといえよう。ただ、ここで注目すべきは最後の『唯識論』の引用である。吉蔵が真諦三蔵の唯識思想を学び、世親唯識を高く評価していることは既に指摘されている。(51) したがって般若流支訳の『唯識論』を引証して依正不二を明確化することは可能性としては否定できないが、右の引用経論の中で最も重視されている印象であり、三論を所依とする吉蔵の引用としては少し奇異に思われる。特に釈明において「心外無別法」と述べることは、この言葉の用例は吉蔵の他の著作にはなく、慧均にも現存する文献中に見出せない。地論師や摂論師の境智の考えや心識の思想を破洗しなければならないというのが三論学派の立場であり、(52)「唯識無境界」や「心外無別法」を用いて唯心論の立場をもって釈明することは疑問である。この中段は草木有仏性を明確にして、次の段の前提としたのであるが、慧均も草木有仏性を説いており、ここまでは思想上共通の範囲である。経論に基づく主張は草木有仏性説が限界と思われる。この限界を超えるのが後段であり次のようである。

(3)若悟諸法平等、不見依正二相故、理実無有成不成相。無不成故、仮言成仏。以此義故、若衆生成仏時、一切草木亦得成仏。故経云、一切諸法皆如也、至於弥勒亦如也。若弥勒得菩提、一切衆生皆亦応得。此明以衆生弥勒一如無二故、若弥勒得菩提、一切衆生皆亦応得。衆生既爾、草木亦然。故知、理通故欲作無往不得。是故得名大乗無礙。此是通門明義也。(同上、四〇下)

中段までの経論に基づく従来の仏性の有無についての説と大きく相違しているのは、成仏不成仏の論に進展していることである。傍線を付した最初の「不見依正二相」というのは、慧均が「非依非正」としていたことと同じであり、三論学の立場からの表明である。つまり、草木成仏説は、諸経の説、僧肇の思想及び唯識思想を基盤として中国仏教における仏性思想の展開を背景としてはいるが、草木成仏の明言は三論学の論理に基づいてなされたのである。前段・中段においても仏性の有無を否定したり肯定したりの議論を示していたのであるが、相対する二つの考えを共に認める全肯定の考え方から草木成仏説は示されているであろう。

傍線を付した「理実」には成不成は認められない、というのは全否定の場合である。しかし、それを承けて「不成無きが故に仮に成仏と言う」というのは、正に三論学の論理であり、衆生が成仏するならば当然ながらすでに仏性を有するとされた草木も成仏すると言うことになる。「故経云」は『維摩経』巻上「菩薩品」の文である。[53]経文は一切衆生が菩提を得ることを述べるものであるが、これを根拠にして衆生が成仏すれば草木も成仏することを再説しているのである。「理として通ず」「大乗無礙」の立場からの立論である。吉蔵も慧均も「無方無礙」を強調する。しかし、先述のように慧均は草木有仏性を言うが、吉蔵は説かない。

以上によって、従来は『不真空論』の引用や『唯識論』の引用による依正不二の思想が注目されて草木成仏説の根拠とされているが、依正不二等は、草木有仏性の根拠であって、直接的に草木成仏と結びついてはいないことが明らかであろう。「玄論仏性義」の草木成仏説は、三論学の論理に依る学説である。そこで仏性義の全体にわたり『四論玄義』を参照していると思われることからも、『大乗玄論』の中でも思想的に突出している「草木成仏説」は、慧均の学説や玄奘訳の論書を参照するはずのない吉蔵の思想表明とは到底考えられないのである。(54) 吉蔵時代の周囲の仏教学の状況や文献上の精査等の必要を感じるが、今の段階では右のような見解とならざるを得ない。

「仏性義」の最後は「料簡第十」であるが、「料簡の中に応に得失の義を論ずべし」としながらも、『涅槃経』巻九菩薩品の「今此純陀猶有疑心」(大正一二、六六三下)を指示し「若し広く弁ぜば備に涅槃一部を挙げ来って解釈すとも、猶亦た尽くすべからず。此義は卒了すべからず、且らく後問を待たん」で結んでいる。つまり実際に料簡はなされていない。右の文章も吉蔵の言葉であろうか。「涅槃一部」というなら、自らの『涅槃経疏』を指示するなりするのではなかろうか。

巻三「一乗義」(大正四五、四二中—四六上)

この義科については、吉蔵の『法華玄論』を主として『勝鬘宝窟』や『法華遊意』の文章を用いて論述されていることが、既に指摘されている。また、これまでの義科と同様に『四論玄義』も参照されていると思われる。(55) 近年の研究において、いくつかの重要な指摘がなされた。それは、先にも述べたが菅野博史氏によって『法華経』を八軸としている点が指摘され、吉蔵は他の著書で一貫して七軸としていることと矛盾している点に疑念を呈し、しかも『法華玄論』と同文の箇所において、「わざわざ〝七軸〟を〝八軸〟に変えているのは、八巻の『法華経』が流行した、吉蔵より後の時代の影響を感じる」(56) としている。また、奥野光賢氏によって、『法華論』の七処に仏性を明かすとしながらも、実際には『法華経』本文を引用していること、しかも経には常不軽菩薩とあるのを普賢菩薩と誤記していること。さらに『法華論』を機械的に用いたためか、「晩見法華論」とあるのをそのまま本義科にも使用されているのは「いかにも奇異な感じがする」(57) としている。なお、『勝鬘宝窟』『法華玄論』『法華遊意』との対照一覧は、奥野氏の論文を参照されたい。

珍海（一〇九二—一一五二）の『一乗義私記』（大正蔵第七〇巻所収）と対比すると、珍海所用のテキストと現行本との相違が認められる。釈名第一と出体第二に文章の前後する部分があり、恐らく現行本に混乱があるかと思われる。詳細なる比較が必要であるが、この問題は今後の課題としたい。


巻三「涅槃義」（大正四五、四六上—四八下）

吉蔵には『涅槃遊意』（大正三八所収）があるので、それに従ってこの義科が立てられたように思われるが、実際に比較すると科門や論述において大いに異なっている。『遊意』は吉蔵の説明に従えば師である法朗の講説に基づいて著わされたようであり、科門は大意・宗旨・釈名・弁体・明用・料簡の六段を設けて説明する。『遊意』は経の要義を述べたものであるから、一概に「涅槃義」との比較はできないが、本義科の科門は釈名、弁体、八倒の三門のみで、釈名門の経題の解釈は簡単で「摩訶を大多勝と言う」という一般的な解釈を示し、「而して大に二種あり、教大理大なり。理大とは文に言く、言う所の大とは之を名づけて常と曰い、莫先を相と為す」（四六上）と述べるのみで教大の説明はない。これに対して『遊意』では摩訶を大と訳すのを正翻とし、大とする理由として、常・広・高・深・多・勝の六義をもって説明する。この六大は体大と用大の二種を出でないとし、また待大と絶大を挙げる。(58)「涅槃義」の教大・理大は説かれないのである。(59)次の涅槃の語について有翻と無翻の異説を述べる部分は『遊意』の要約と言えるが、後半の文章は吉蔵の著書には不明である。

弁体第二は『中観論疏』巻一〇本（大正四二、一五四下—一五五中及び一六〇上）や『四論玄義』巻二「断伏義」（続蔵一・七四・一、二右下）などを参照して書かれていると思われる。八倒第三は、『中観論疏』巻九末（大正四二、一四四下—一四五上）の抄出要約である。そして最後の「自有中伏仮断」（四八下六行目）からこの義科の終りまでの文は、『浄名玄論』巻五の「二智義」の八断伏門中の文（大正三八、八八九上）と同文である。ということは次の巻四「二智義」（大正四五、六〇下）と重複しているのである。なおこの八倒第三においても断伏義に関説して問答往復しているが、その部分は『四論玄義』「断伏義」と同じ『十住論』や『相続解脱経』を引用しており、これらを参照したのではないかと思われる。しかし問答は吉蔵や慧均の学説を踏まえた上でのものと思われ、機械的な依用ではない。

巻四「二智義」（大正四五、四九上―六三中）

この義科については、古くから指摘されているように吉蔵『浄名玄論』巻四・巻五の「二別釈二智」（大正三八、八七六中―八九一下の一四行目まで）を全面的に編入したものである。しかし、三箇所ほど疑問に思われる点がある。一つは前述の「涅槃義」に一部取り込まれている点。二つ目は、断伏門第九の冒頭に「先依中論疏、先立異家義、然後弁」（五九下）とあるが、この語は『浄名玄論』にはない。しかも全く内容とは合致しない文であり、吉蔵自らがこのような述べ方をするとは思えない。先行する著書に同じテーマで論述している場合には、既に他書で述べたことを明記する場合が多く、そこを参照するように指示するのである。『浄名玄論』巻四（今、玄論二智義も同文）の文を例示すると、

昔在江南著法華玄論、已略明二智。但此義既為衆聖観心法身父母、必須精究、故重論之。（大正三八、八七六中―下及び大正四五、四九上）

というように、二智については『法華玄論』で述べたが大切な問題なので重ねて論じるのだとしている。『大乗玄論』には他の多くの著作と相応する文が多いにもかかわらず、そのことを指示することは全くない。もう一つは「二智義」の最後は得失門第十二であるが、次の文をもって終るのである。

権実是聖（至）人之観心、真俗為衆聖之妙境。上已略明二慧。次広（須）論真俗。真俗之本若成、権実之末自正。故開十二門詳其得失。（六三上―中）

右のカッコ内は『浄名玄論』の語である。それで右の文のように吉蔵は以下に十二門、すなわち、一性仮門、二有

無門、三有本無本門、四顕不顕門、五理教門、六説不説門、七浅深門、八理内外門、九無定性門、十相待門、十一泯得失門、十二体用門を開いて詳論しているが、「二智義」においては右に引用した部分、つまり「故に十二門を開いて其の得失を詳かにせん」で終っていて、以下は省略しているのである。『浄名玄論』を指示することもない。

巻五「教迹義」（大正四五、六三中―六八上）

この義科は三門から成り、一、釈教不同門、二、感応門、三、浄土門となっていて、感応義と浄土義がここに収められている理由がよく分からない。また両者共論述は簡略である。

「一、釈教不同門」について

教迹義の中心テーマは、教相判釈であり十二部経の説明が入るが、中間に部派の分裂について述べるのは『三論玄義』での扱い方と相違する。『三論玄義』では造論の縁起を述べるところで部派の成立を述べているからである。むしろ論迹義で述べる内容ではなかろうか。それに部派名が『三論玄義』と相違する点は、大きな疑問点となる。吉蔵は真諦三蔵訳として認められている『部執異論』（大正四九）に依拠しているが、『大乗玄論』の「教迹義」では『十八部論』（同）に依っているのである。次に対照表を示しておこう。

一、大衆部

『大乗玄論』	『十八部論』	『三論玄義』	『部執異論』
1 摩訶僧祇部（大衆部）	摩訶僧祇部	大衆部	大衆部
2 一説部	一説部	一説部	一説部

3	出世部	出世間説部	出世説部	出世説部
4	窟居部	窟居部	灰山住部	灰山住部
5	多聞部	多聞部	多聞部	得多聞部
6	施設論部	施説（論）部	多聞分別部	分別説部
7	枝提部	支提加（遊迦）部	支提山部	支提山部
8	阿婆羅部	阿羅説部（仏婆羅部）	北山部	北山部
9	欝多羅部	欝多羅施羅部		

二、上座部

	根本多羯羅部（上座部）	他鞞羅部（上座部）	上座弟子部	上座弟子部
1	薩婆多部	薩婆多部	薩婆多部	説一切有部
2	雪山部	雪山部	雪山住部	雪山住部
3	犢子部	犢子部	可住子弟子部（犢子部）	可住子弟子部
4	達磨欝多部	達摩欝多梨部	法尚部（曇無徳部）	法上部
5	跋陀耶尼部	跋陀羅耶尼部	賢乗部	賢乗部
6	三弥底部	三弥底部	正量弟子部	正量弟子部
7	六城部	六城部	密林部	密林住部
8	弥沙塞部	弥沙部	正地部	正地部
9	曇無徳部	曇無徳部	法護部	法護部

10	迦葉唯部	迦葉惟部	善歳部	善歳部
11	修多羅論部	修多羅論部	説度（経）部	説度（経）部

以上の通りである。なぜ『部執異論』を用いずに『十八部論』に依ったのかを考えると、現行の『十八部論』は真諦訳とされているが、『開元録』巻一三では「新為失訳」（大正五五、六二一中）とし、註記して真諦訳とすることに疑問を提起している。『開元録』の時点で現行本と同じ構成となっていたようである。すなわち、冒頭に『文殊師利問経』巻下分別部品（大正一四、五〇一上—中）の全文が載せられて、次に「羅什法師集」とし、次の「正覚涅槃後」（大正四九、一七下）の語に始まる偈文からが本文である。『部執異論』『異部宗輪論』の異訳であろうが、文中に一箇所のみであるが「秦言上座部也」（同、一八上）の註記があり、右に示したように訳語からも旧訳に属すると思われる。しかるに『三論玄義』には「而文殊師利経、部執論、及羅什分別部論、此三皆明二十部」（大正四五、一〇上）とあって、羅什訳に『分別部論』があることに言及しているのである。つまり「教迹義」では、現行の『十八部論』（本論部分）を羅什訳『分別部論』と見て依用したと推察される。『三論玄義』を撰述する際に手元にあったと思われる羅什訳とされる『分別部論』を用いずに、真諦訳『部執異論』を使用した吉蔵が、この「教迹義」で敢えて『十八部論』の部派名を採用することは考えられないのではなかろうか。

「二、感応門」について

感応第二（大正四五、六六上—六七上）は、現存する『四論玄義』の「感応義」に比して簡略である。感応の体についての部分には多くの異説を出すが、すべて「有人言」として引く。一方、『四論玄義』（続蔵一・七四・一、三三右下—三四右上）では人名を示しており、『大乗玄論』は、それを参照して要点のみを記した感がある。吉蔵の著書では、『中観論疏』巻一末（大正四二、一七下—一八上）の仏身の滅不滅に関する従来説の引用、『浄名玄論』巻一（大正三八、八五六下）の文章によって不二法門の体についての異説を述べるが、『浄名玄論』では「有人言」となっているところを、逆にすべて「成論師」等の師名を表示する。そして注意されるのは、感応義の最後に二諦並観が述べられていることである。明らかに『二諦章』巻下（大正四五、一〇九中―一一〇上）の要約であるが、感応義では次のような質問を設けて、それに答える形となっている。「問、何位菩薩能真俗並観、応物顕形如水中月済度人耶」（六六下）とあり、二諦並観を応物済度の問題として述べているのである。この点は吉蔵や慧均の二諦並観の扱い方と相違しており、問題意識の相違、発展ではなかろうか。

「三、浄土門」について

吉蔵には『観無量寿経疏』（大正三七所収）があり、それを部分的に採用しているが、冒頭の部分（大正四五、六七上）は『維摩経義疏』巻二（大正三八、九二七中―下）の文章を用い、中段は『法華玄論』巻九（大正三四、四三三中以下）の抄出である。ただし、後段の「第二別論西方浄土有五之別」（六七下）以下は、『大無量寿経』（二巻経、大正一二所収、康僧鎧訳）を引用しながら論述するが、他の吉蔵の著書には不明である。『四論玄義』の「浄土義」は散佚していて比較できない。

巻五「論迹義」（大正四五、六八上―七七中）

この義科は、以上のすべての義科に比して最も整理されたもので、論述も理路整然としていて趣を異にしている。吉蔵の他の著書からの単なる引写しではない。破申大意、四論宗旨、経論能所、釈中観論名、論縁起の五門から成り、五門の名称は『三論玄義』と共通するが、その内容と論述の仕方は全く相違すると言ってよい。初めに序論が付されていて、そこには「大師読此論、遍数不同形勢非一、今略出十條」（六八上）とある。「大師」は吉蔵の用例からして法朗のことと思われるが、以下十箇条にわたり法朗の講説の仕方を列挙する。これは吉蔵の他の現存する著書に見出せず、『四論玄義』にも見えない。続けて「法師所以講論有多形勢者、略有三義」（六八中）とすることから見ると、法朗の講説を直接聴聞した者の書き方に見えるが、同様の記述を現存本に確認できない。吉蔵等の著書により後人が箇条書に整理したのかも知れないが不詳である。あるいは現在欠本の法朗『中論玄義』を参照しているのであろうか。

本義科の内容の要点を述べると、第一の破申の大意は、『三論玄義』の「四論破申不同門」（大正四五、一二上以下）や『中観論疏』巻一本の「破申門第四」（大正四二、七上以下）とは相違して、実際の内容は「破邪顕正論」である。つまり、吉蔵の他の著書を充分に踏まえた上で、発展的な議論を展開しているのである。ただ、この中で、馬鳴・龍樹・提婆を「三聖」と呼ぶことや、「故能剪彼兇醜、顕我皇威」（七〇上）などの用語は吉蔵が使用するかどうか疑問である。この義科全体に言えることであるが、問答往復の様相は実際の議論に基づく印象である。第二の四論の宗旨では、『三論玄義』にも見える破収の四句や因縁仮・随縁仮・就縁仮・対縁仮の「四仮」などを用いて論述を展開しているが、『三論玄義』の説明とは相違している。第三の科門列挙では経論の能所となっているが、実際は経論の破立と諦智の傍正を述べている。この中で些細なことではあるが、「偏円、円偏」（七一下）の義とか、「誰向君道三論不立而存破耶」（七二下）や「不師不弟而師弟、是仏菩薩経論師弟、因縁相成、並得名中也」（七三下）などの用語は気になるところである。

第四は中観論の名を釈す段である。『三論玄義』にも「次別釈中論名題門」（同、一三中以下）があるが、その解釈の仕方とは異なる独自の解釈を展開している。先に通釈をし、後に「中」「観」「論」に分けて解釈する。『三論玄義』でも最後に三字各別に解釈するのであるが、どのような理由に依るのか「中」の解釈の途中で終っていて、「観・論」の解釈を欠いているのである。ところが本義科においては「今問、山門所釈中義若為。有人解、道非有非無為中、而有而無為仮」（七四下）とあるが、この有人解は『三論玄義』の末尾の「中仮師云、非有非無為中、而有而無為仮」（一四下）に該当する。これを承けて本義科では中仮師と名指しはしないが、いわゆる中仮師批判を展開している。そして「観」と「論」の解釈も加えている。恰も『三論玄義』の欠を補うがごとくである。

最後は第五に論の縁起を明かす段である。その内容は羅什訳『龍樹菩薩伝』（大正五〇、一八四上以下）の要約であるが、伝にない記述もなされている。ただし、本義科の序論の最後に「五には論の縁起を明かして問答料簡す」（六八中）としていたが論の縁起も問答料簡も省略されている。この最後の部分のみが本義科の破綻している部分というべきか。『三論玄義』に従えば造論の縁起の内容を述べるべきであろうが、部派の分裂はすでに「教迹義」で述べたので、龍樹伝を要約して示すに止めたのであろう。

第五節　結　論――仮説としての日本編纂説

右に明らかなように『大乗玄論』の全体にわたり吉蔵の著とした場合、疑問点が存在するのである。つまり一人の著者が一論の構想を立て、一定の方針のもとに義科を選び自己の思想を表明したものとは到底考えられず、吉蔵自身の撰述とすることは不可能ではなかろうか。吉蔵の著書と比較して、あまりに不統一であり杜撰だからである。

吉蔵の撰述ではないとすると、どのように考えられるであろうか。どこで誰が編纂したのか、その理由・目的は何か、編纂の時期はいつか、など推定仮説にすぎないが私見を述べておきたい。

どこで誰が編纂したのかについては、日本において三論宗の人々が編纂したと推定したい。この種の論書が吉蔵以後の中国で編纂される可能性はないと思われる。なぜなら中国では三論学派としての伝統が途絶えており、吉蔵の学説をテーマ（義科）毎にまとめる必要性は考えにくいからである。朝鮮半島での編纂の可能性は否定できないが、内容から見ると宗派間による論争や議論を前提としていると考えられるところもあり、古代朝鮮半島の仏教の実態が不明なので判断できない。「論迹義」の文中に特異な用語と思われるものがある。たとえば問を受けて「答有例不例。言其例者、云云」（大正四五、六九上）や「答、大格為論、不出四人」（同）、また「経中弁諸法実録不生不滅」「如遣十一種色、共成色陰、実録如此」（同、七四上）や『中論』冒頭の生滅断常一異来出の否定を「八非不」（同）と称するなど、何か和臭を感じる。先にも触れた「不師不弟而師弟」（同、七三下）も同様である。

そこで、日本の三論宗の人々が編纂したのではないかという推測は、日本古代の仏教の状況を考えてのものである。彼の「三経義疏」のことも想起される。筆者は天平時代における「衆」及び「宗」の成立と関係があるのではないかと思う。「衆」は天平十九年（七四七）の法隆寺と大安寺の「資財帳」によって確認されており、資金配分の高い順に示すと次のようである。[60]

法隆寺　一、別三論衆　二、唯識衆　三、三論衆　四、律衆

大安寺　一、修多羅衆　二、三論衆　三、摂論衆　四、別三論衆　五、律衆

である。そして南都六宗は（三論・法相・倶舎・成実・華厳・律の各宗）天平勝宝三年と四年（七五一と七五二）に記録があり、従って西紀七四七年から七五一年の間に成立したのであろう。別三論衆は恐らく成実宗の前身と思われ、唯識衆や摂論衆は法相宗となり、新たに華厳宗が成立し、修多羅衆が消えている。修多羅衆は大安寺の「資財帳」では予算配分が一一一〇貫八五〇文と最も多い。これは一つには大勢の僧が所属していたからに相違なかろう。修多羅衆の実態は多少不明な点もあるが、一つの有力な説としては、一切経の転読や講説を行なう学業集団ないし指導集団との理解があり、時には個別の経—金光明・仁王・金剛・法華なども読み講じた集団ではなかったかとされる。[61]個別の経には『大般若経』も含まれるのではなかろうか。大宝三年（七〇三）に大官大寺（大安寺）、薬師寺、元興寺、弘福寺で大般若会が行なわれたとされる。後には宮中でも実施された。大部の経の転読・読誦には多くの僧衆が必要である。しかし六宗から修多羅衆が消えた理由は不明である。ともあれ天平時代は仏教が最も興隆せんとしていた時期である。宗派が成立し、各寺で経論及び宗義の研鑽がなされ、各種の講会・法会の場で議論・論争も繰り広げられるようになったと思われる。後に維摩会（七一四年から興福寺）、最勝会、仁王会、法華会などが定着する。

右のような状況が『大乗玄論』編纂の背景と思われる。すなわち、三論宗の宗義確立と僧衆の学習のためと、他宗との論争対抗の必要から三論宗の綱要書が要請されて編纂されたのではないかと推察したい。その時期は、安澄（七

六三―八一四）の引用が一つの目安となろう。すでに述べたように、安澄は『大乗玄論』を「大玄」「大乗玄」「大乗玄義」「玄義」といった略称・別称をもって引用する。引用文はすべて現行の『大乗玄論』に確認することができ、引用している義科は、巻一の二諦義、巻三仏性義・涅槃義、巻五教（経）迹義・感応義である。安澄は著者名は明示しないが、安澄の時代までに『大乗玄論』あるいは『大乗玄義』は五巻本として存在していたことは間違いない。智光（七〇八―七八〇？）の『浄名玄論略述』『般若心経述義』には引用しない。彼の現存書が少ないので、彼が『大乗玄論』を見ていたか否か分からないが、先述の衆・宗が成立した時代の人であり、彼の時代、つまり八世紀中頃には編纂されたのではなかろうか。

そして編纂の方法は、個人的に単独で編纂したのか、あるいは複数の人達が行なったのかは判別しがたい。安澄の引用やその後の流布の状況から見て、三論宗の人（達）が当時の仏教界の状況・議論等を考慮し、内容（義科）は吉蔵の著書において特にまとめて論述されているテーマを中心として、慧均の『四論玄義』の義科と内容も参照して選び、両者にまとまった論述がない場合（教迹義や論迹義）は新たに設けたと思われる。現行本からの類推であるが、吉蔵の著書からの引用抄出を主としながらも、『四論玄義』の義科や説明も相当に採用して、三論宗の教説教義をまとめて「三論宗」の「玄論」または「玄義」、すなわち『大乗玄論』・『大乗玄義』を編纂したと推察したい。したがって『大乗玄論』は第一に三論宗所属の僧衆のためであり、第二に他宗に対抗するためであるから、撰号の記載は必要ないと思われ、当初は現行本のような「胡吉蔵撰」という撰号は付されていなかったのではないか。あるいは権威づけのために宗祖とも言うべき吉蔵に初めから仮託したかも知れない。いずれにせよ恐らく安遠録（『三論宗章疏』九一四年成立）に「大乗玄論五巻　吉蔵述」（大正五五、一一三八上）と記されるまでの間に、吉蔵の著書として扱われるようになっていたことは間違いなかろう。(62)

以上、大変おおまかな推論ではあるが、『大乗玄論』は日本で編纂されたのではないかとの私見を、仮説として提示しておきたいと思う。

第四章註記

(1) 国訳一切経、和漢撰述部、諸宗部一所収『大乗玄論』「解題」(一九三六年) 参照。

(2) 拙稿「三論宗関係典籍目録(稿)」(『駒澤大学仏教学部研究紀要』第五四号、一九九六年)、及び本書付録参照。

(3) 横超慧日「新出資料・四論玄義の初章中仮義」(『印度学仏教学研究』第七巻第一号、一九五八年)、及び「四論玄義の初章中仮義」(岩井博士古稀記念『典籍論集』一九六三年) 参照。

(4) 三桐慈海「慧均撰四論玄義八不義について(一) ―大乗玄論八不義との比較対照―」(『仏教学セミナー』第一二号、一九七〇年)、及び「大乗玄論の八不義―慧均撰八不義について(二) ―」(『仏教学セミナー』第一七号、一九七三年) 参照。なお、筆者は「『大乗玄論』八不義の真偽問題(一)」として、一九七〇年度の印度学仏教学会で発表し、そのレジュメは『印度学仏教学研究』第一九巻第二号、一九七一年に掲載された。本節はそれを基礎として改稿したものである。

(5) 村中祐生「大乗玄論について」(『印度学仏教学研究』第一四巻第二号、一九六六年) 参照。

(6) 菅野博史「『大乗四論玄義記』の基礎的研究」(『印度学仏教学研究』第五七巻第一号、二〇〇八年) 参照。

(7) 奥野光賢「『大乗玄論』に関する諸問題―「一乗義」を中心にして―」(『불교학리뷰』05、二〇〇九年、金剛大学校仏教文化研究所) 参照。

(8) 吉蔵『中観論疏』巻二本 (大正四二、二〇上以下) 参照。

(9) 平井俊榮『中国般若思想史研究』三三七頁 (一九七六年、春秋社) 参照。

(10) 『中観論疏』巻一本 (大正四二、九下―一〇上) 参照。

(11) 同巻二本「即知、八不為衆教之宗帰、群聖之原本、但稟教之流捨本崇末。四依出世令棄末帰本。故標八不貫在論初」(大正四二、二〇中)。

(12) 対照の方法については、『四論玄義』八不義との比較を考慮し、註(4)の三桐氏の論文に準拠した。

(13) 単複中仮義をまとめて図示したものを、第一章第二節に記したので参照していただきたい。

(14) 『大乗玄論』巻一 (大正四五、一九下)。

(15) 同　巻二 (大正四五、三三下)。

(16) 『中観論疏』巻一本「就因縁品中自開為二。第一牒八不享造論意、第二重牒八不而解釈之。就第一又二。初牒八不、第二序造論意。

就牒八不分為三別。第一正牒八不明所申数体、第二半偈歎八不之用、第三半偈敬人美法。初明教体、即是二諦。次明教用、即是二智」（大正四二、九中）。

（17）『大乗玄論』巻二「八不義」では「成論師解八不不同。一云八不並是真諦中道、亦是真諦也。二云不生不滅是中道、即是真諦不有不無中道。余六不是俗諦中道也」（大正四五、二五下）とし、『中観論疏』巻二末では「成実論師云、無生無滅者此明真諦。此論二十七品皆明遣俗入真。故八不但是真諦。……復有人言、不生不滅明真諦義、不常不断等六明世諦義」（大正四二、三二中―三二下）とする。

（18）『大乗玄論』巻一（大正四五、一九下―二〇中）。

（19）国訳『大乗玄論』（一一五頁）の脚註によれば、前念の滅処に後念が代補するが故に補処という、とされる。この説明は、読師道憲の『大乗玄第二聴聞抄』（写本）に依ったものである。

（20）前に同じく、前念已に滅するが故に前玄といい、後一は後に一念を起す意とされる。一を「はじめ」と読むとすれば、後の初めに起る念との意味にもなる。

（21）この説は「二諦義」にも出ている。『大乗玄論』巻一「従来有通別相待。通是開避相待、別是相集〔奪〕相待。如人瓶衣柱、是通相待。長短方円等是別相待」（大正四五、一八下）。

（22）国訳『大乗玄論』（一一四頁）参照。

（23）『大乗玄論』巻二「八不義」「梁武帝勅開善寺蔵法師令作義疏。法師講務無閑、諸学士共議、出安城寺開公安楽寺遠子、令代法師作疏。此二人善能領語、精解外典。聴二遍成就十四巻為一部、上簡法師。法師自手執疏読一遍、印可言之、亦得去送之」（大正四五、二六上）。

（24）特に二諦説、空義、仏性説等において、それが認められる。

（25）方言とは、玄叡の『大乗三論大義鈔』巻二によると「所化の根機の方に随って、能化の聖の設くる所の言教なり」と言われる。また「能く方域に応じて随方の教を設け、階級を開きて以て機に示す」（大正七〇、一三二中）ともされる。

（26）世諦中道の説明において「不語と名づけざれば無と為さず、語と名づけざれば有と為さず」とあることに例して、ここは不無及び不有とすべきであるため古来会通に苦労したようであるが、『四論玄義』「八不義」では、非の字は付いていない。三桐氏前掲論文参照。

（27）『中観論疏』巻一本「故此論一部〔初階〕横破八迷竪窮五句、洗顛倒之病令畢竟無遺。即是中実故云不生不滅乃至不常不断也。然非生非不生即是中道。〔第二階〕而生而不生即是仮名、此仮生仮不生即是二諦。故以無生滅生滅以為世諦、以生滅無生滅為第一義諦。〔第三階〕然仮生不可言生不可言不生、即是世諦中道。仮不生不可言不生不可言非不生、名為真諦中道。此是二諦各論中道。〔第四階〕

然世諦生滅是無生滅生滅。第一義無生滅是生滅無生滅。然無生滅生滅豈是生滅。生滅無生滅豈是無生滅。故非生滅非無生滅、各二諦合明中道也」（大正四二、一〇下）。

(28)『中観論疏』巻一本では、第二方言を述べたあと「此是摂嶺興皇始末、対由来義有此四重階級」（大正四二、一一中―下）とし、巻二本には「一師語多対他而起」とする。『大乗玄論』八不義（大正四五、二七下）では僧詮の方言を述べて「今明、必須対他故起」（同、二二中）とする。

(29)『中観論疏』巻二末（大正四二、二八上）。

(30)『二諦章』巻上「初章者、学者章門之初故云初章。此語出十地経第一巻。明一切文字皆初章所摂。今亦爾、初章通一切法」（大正四五、八九中）。

(31)『中観論疏』巻二末「為初学之章門皆是初章。一切法不離中仮、故皆是中仮」（大正四二、二八上）。

(32)同　巻二末「他云有有可有則有無可無。故有不由無即無不由有。有是自有、無是自無。今無有可有即無無可無、無有可有由無故有、無無可無由有故無、由無故有有不自有、由有故無無不自無」（同、二七下―二八上）。

(33)前出の三桐氏の論文による。

(34)同　巻二本では世諦中道を次のように説明する。「他有有可有即有空可空。有有可有不由空故有、若有空可空不由有故空。今無有可有即無空可空。無有可有由空故有、無空可空由有故空。故以空有為世諦、有空為真諦。空有為世諦、世諦即是因縁仮有。因縁仮有即是因縁仮生因縁仮滅。因縁仮生不可定生、因縁仮滅不可定滅。不可定生故無性実之生、不可定滅故無性実之滅。故不生不滅為世諦中道」また真諦中道については「以空有為世諦、有空為真諦。以空有為世諦、世諦則是仮生仮滅。対世諦仮生明真諦仮不生、対世諦仮滅明真諦仮不滅。不生不滅為真諦中道」（同、二二中―下及び二四中）とする。

(35)「八不義」は、大正四五巻の二九頁上段四行目から一五行目。『中観論疏』は大正四二の一一頁上段二七行目から中段八行目参照。

(36)『中論』巻三、観法品第十八「戯論有二種、一者愛論、二者見論」（大正三〇、二五中）。

(37)「八不義」の第六料簡不有有の最初に「此意望両大経宗明之。一経無所有為宗、故経云、正法宝城善有。一経有所無為宗、故大品第三巻相行品云、身子白仏云、諸法実相云何」（大正四五、三三下）とある。

(38)『大乗玄論』八不義では「今明かさく」であるが、『四論玄義』八不義ではそのようになっている。

(39)『大乗玄論』巻二「又摂嶺師云、仮前明中是体中、仮後明中是用中、中前明仮是用仮、中後明仮是体仮。故非有非無而有而無是体中、仮有不名有、仮無不名無、故非有非無是用中。非有非無而有而無是体仮。仮有不名有、仮無不名無、是用仮。故用中仮皆属能表之教、無仮無中乃是所表之理也」（大正四五、一二八下）。また『中観論疏』巻一本では次のように説明する。「得此意者、解一師立中仮体用意也。又初非性有無以為中者、此是仮前中義。次而有而無名為二諦是中後仮義。次仮有非有、仮無非無、二諦合明中道者、此是仮後中義。問破性中此是仮前中。二諦表中道是仮後中。云何是中前仮中後仮耶。答中前仮者、未説体中、而前明於仮、則上而有而無是也。中後仮者、説体中竟方説而有而無是也。又中前仮即従有無入非有非無、従用入体。中後仮非有非無仮説有無、従体起用也」（大正四二、一一下）。

(40) 例えば「八不義」に依ると、両者の三種中道及び二諦の体につき次のように言う。「龍光作三種中道、与開善作三種中道、言方少異。綽師有二体、蔵師一体。而意趣是同、並是有所得、終恐不離断常。須一一破之也」（大正四五、一二六上）。

(41) 両者の破斥の様相については、別に論じたいと思うが、例えば『二諦章』において、吉蔵は、龍光の二諦異体説について「龍光明異体。此義自反経、不須更難。今且難荘厳開善二家」（大正四五、一〇五中）と評価し、批判するに足らないと言うが、「八不義」では、かく明言はせず、一一に破す。

(42) 吉蔵『二諦章』巻上「所以為十重者、正為対開善法師二諦義。彼明二諦義有十重。対彼十重故明十重、一一重以弁正之。師唯導此義有重数。所余諸義普皆不開。若有重数者、非興皇者説也」（大正四五、七八中）、慧均『大乗四論玄義記』巻五「二諦者実是非前非後、復非一時豈有重数。但対破開善寺十重、故無差別差別十重釈之」（続蔵一・七四・一、一八左下）とある。

(43) 元暁『涅槃宗要』（大正三八、二四九上—中）。なお、この点については本書第二部第一章第七節で述べたので参照願いたい。

(44) 第二部第一章の註(169)参照。

(45)『四論玄義』巻七「仏性義」（続蔵一・七四・一、四六右上）。なお、第一章第四節及び第五節参照。

(46) 草木成仏説についての従来の研究については、奥野光賢『仏性思想の展開』（二〇〇二年、大蔵出版）三七九頁以下及び註記にまとめて紹介されているので参照願いたい。

(47) この点は『勝鬘宝窟』巻下本に「又為断見衆生、謂衆生之性同於草木、尽在一期、無復後世。為破此故、是故今明如来蔵。必当作仏、不同草木、尽在一期。故涅槃云、仏性者非如牆壁瓦石也」（大正三七、六七上）とあることによって明らかである。

(48)『華厳経』巻五八「入法界品第三十四之十五」（大正九、七七三中）、及び『観無量寿経』（大正一二、三四二中—下）の趣意引用。

(49) 近年の『金錍論』に対する分析的研究として、末木文美士『平安初期仏教思想の研究』第五章草木成仏論（一九九五年、春秋社、三六八頁以下）がある。

(50) 以上の引用経論の該当箇所は次のようである。『華厳経』巻六〇「入法界品」（大正九、七八二中）『大方等大集経』巻九「海慧菩

薩品」（大正一二、五四下―五五上）、『肇論』「不真空論」（大正四五、一五三上）、『大般涅槃経』巻三「長寿品」（大正一二、六二〇上）、『唯識論』（大正三一、六三下）。

(51) 鎌田茂雄『中国仏教思想史研究』（一九六八年、春秋社）四五頁参照。

(52) 『四論玄義』巻九「二智義」に「地摂両論成毘二家釈云、真諦真如義即無所知、俗諦虚妄辺即有所知也。……今大乗明義、望彼家境智与心識、正是毒虫、故必須破洗地摂成毘四家境智心識」（続蔵一・七四・一、六八左上）とある。

(53) 『維摩詰所説経』巻上「菩薩品」（大正一四、五四二中）。

(54) 吉蔵の成仏思想は、『法華経』に基づき一切衆生皆成仏思想と思われるが、一つの説に執われないという離二辺中道の立場から、三車説四車説、一分不成仏を認めるところもある。しかし、草木等無情物の成仏は論外と思われる。なお、吉蔵の成仏論の一端については、拙稿「吉蔵の経典観と対機の問題」（『日本仏教学会年報』第四九号、一九八四年、『仏教における時機観』一九八四年、平楽寺書店）を参照。

(55) たとえば「一乗義」に「有人言、無二者無声聞縁覚二。無三者無偏行六度菩薩」（大正四五、四四上）とあるが、『四論玄義』巻一〇「三乗義」には「言無二者一大乗外無別声聞縁覚二乗也。言無三者一大乗外無別声聞縁覚二乗幷無有随縁化偏行所説大乗也」（続蔵一・七四・一、九八右上）とあり、『大乗玄論』において要約引用しているように見える。

(56) 菅野博史「『大乗四論玄義記』の基礎的研究」（『印度学仏教学研究』第五七巻第一号、二〇〇八年）参照。ただし、珍海『一乗義私記』を見ると、「言七軸者、即法華一部。今略以八文徴四車義也」（大正七〇、六四〇中）としていて、珍海所用のテキストは「七軸」となっていた可能性がある。珍海の註釈は「一乗義」の「評曰、三車四車、諍論紛綸由来久矣。了之則一部可通、迷之則八軸皆壅。今以八文徴之」（大正四五、四四上）に対するものである。

(57) 奥野光賢「『大乗玄論』に関する諸問題―「一乗義」を中心として―」（『駒澤大学仏教学部研究紀要』第七〇号、二〇一二年）参照。

(58) 吉蔵『涅槃経遊意』（大正三八、二三三上）。

(59) 『大般涅槃経集解』巻一「釈大字第五」に僧宗の釈として「僧宗曰、謂教大理大也。教大者、此説之前弁因果境行、並未周円。今日所明究竟了義。故言大也。理大者、昔日三乗涅槃、非実究竟、理中為小。今日身智解脱、在乎累外、理中為大、故言大也」（大正三七、三八一中）とある。吉蔵や慧均に用例は見出せない。『集解』の用例等は、奥野光賢氏のご教示による。ここに感謝したい。

(60) 「衆」「宗」に関する記述は、石田茂作『写経より見たる奈良朝仏教の研究』（一九三〇年、東洋文庫）六三頁以下を参照した。

(61) 新川登亀男「修多羅衆論」（『続律令国家と貴族社会』一九七八年、吉川弘文館）参照。

(62) 三論宗の文献で公刊されている書籍の他に、註釈書や講義録、聴書抄、論義書など、多くの写本類が東大寺などに所蔵されている。しかしそれら写本類に対する研究は未だなされていない。今後、写本の研究によって新たな知見が得られる可能性があろう。『大乗玄論』などの文献研究にとどまらず、三論宗の実態や思想の研究解明は今後の課題である。なお、現在知られている写本等の所在については、付録の「三論宗関係典籍目録」を参照されたい。

第三部　大須文庫所蔵の三論宗文献

はじめに

大須文庫（真福寺宝生院内）と所蔵文献の概要について述べておきたい。

北野山真福寺宝生院は、もと尾張国長岡庄大須郷（岐阜県羽島市大須）に元弘三年（一三三三）、後醍醐天皇の帰依により能信上人によって開山された。徳川家康の名古屋造営により慶長十七年（一六一二）に現在地（名古屋市中区）に移転された。この真福寺宝生院の文庫が「大須文庫」（真福寺文庫）である。開山能信上人の博学により止住する学問僧によって文献が収集蓄積されて立派な経蔵となるに至ったと思われる。三論宗を含む南都関係の古文献が多いのは、東大寺東南院聖珍法親王（？—一三八二）の高弟信瑜僧都が第二世として住職したためと推察されている。大須文庫は醍醐寺、根来寺の経蔵とともに三経蔵と称され、また仁和寺、根来寺のそれと合わせて本朝三文庫とも言われた。根来寺の経蔵は廃絶し、仁和寺の蔵書も多く散逸したが、大須文庫はほとんど旧蔵のまま保管されて日本随一の文庫である。所蔵する文献は一五〇〇〇巻に達し、仏教文献はもとより漢籍や国史の文献の重要なるものを蔵する。

この文庫所蔵の典籍については、昭和四年（一九二九）から十年（一九三五）まで黒板勝美博士による調査整理がなされ、その際目録が作成されたが、筆者が調査を行った頃（一九八〇年前後）に同文庫に備えられていたのは、いわゆる見出カードであった。黒板博士の調査に基づく主要文献の目録は『真福寺善本目録』（正続二冊）として昭和十年十月及び十一年五月に出版された。正編には二百四十一点、続輯には五百八十点が収録されている。その内続輯の中に二十七点の三論宗の文献が紹介されており、筆者の調査研究の手引となったのである。

筆者は一九七六年（昭和五十一）三月より調査を開始し、その後十年間ほど調査を継続した。確認された三論宗文献は五十四点であり、全体の量からすれば微々たるものであるが、その質においては現在公にされているものとしては東大寺図書館の文献に並び、むしろ貴重書が多いと言えよう。五十四点の内刊本が四点で、他はすべて筆写本である。刊本の四点はいずれも三論宗典籍として開版された初期のものに属している。『中論偈頌』は二種存するが、一は巻子本仕立てで一は折本で共に正応五年（一二九二）に素慶の開版である。『法華義疏』（吉蔵）は永仁元年（一二九三）から三年（一二九五）の刊本で、やはり素慶の力に依る。共に原摺に近いものである。また筆写本は、鎌倉末から室町時代にかけての古写本であり、現行の蔵経未収録のものも多く、収録されている文献（五十二点のうち二十八点）も校合等において参照されていない。その意味でも資料価値は大きい。さらに筆写本で注目されるのは、東大寺三論宗の学僧と考えられる憲朝（南北朝時代の人）の筆写本もしくは手沢本がまとまった形で所蔵されている点である。筆写の原本はすべて東大寺本であるが東大寺では失なわれている。東大寺と宝生院との関係を物語ると共に文献の資料的価値を高めている。

筆者の調査で判明した三論宗文献は以下に一覧を提示するが、文庫のすべての典籍を閲覧したわけではないので、さらに存在している可能性があることをお断りしておきたい。また、三論宗以外に多くの貴重書が蔵されていることは論を俟たない。

この第三部では従来未公開で内容上からも筆写本として良質である点からも重要と思われる四種の文献について、解題と本文を掲載して後学の研究に資したいと思う。

（補記）右における真福寺宝生院の歴史に関しては、宝生院刊の『大須観音真福寺略史』（昭和二十九年〈一九五四〉、非売品）を参照した。また五十数点の文献調査に十年という年月を要したのは、筆者の多忙さの故と、文庫の文献は写真撮影が一部に限られていて、必要な文献は筆録を要したためである。ここに収録した文献はすべて筆録したものであり、清書の上で再度文庫を訪問して校正するという手順を取っている。調査筆録に際して、鶴見良道氏（現長久手町、前熊寺住職）、奥野光賢氏（現駒澤大学教授）、伊藤良子（妻）の協力を得た。ここに改めて心から感謝申し上げたい。なお、本書口絵の写真は、昭和五十七年（一九八二）七月二十二日と昭和五十八年（一九八三）十一月十日に、当時の宝生院御住職岡部快円上人より撮影並びに掲載の許可を得たものである。

［文献一覧］

一、刊本

(1)三論本頌　一帖	(2)中論偈頌　一巻	(3)中論偈頌　一帖
(4)法華義疏　十二帖		

二、憲朝筆写本

(1)鳩摩羅什法師大義　三帖	(2)華厳遊意　一帖	(3)三論遊意　一帖
(4)勝鬘宝窟光闡鈔第一・二　一冊	(5)大乗三論師資伝　一帖	(6)大乗三論大義鈔第一・三　二帖
(7)大乗三論大義鈔第四　一帖	(8)大品経義疏　八帖	(9)大品経品目（大品遊意）　一帖
(10)中論疏聞書　一冊	(11)二諦義私記　二帖	(12)弥勒上下経遊意　一巻

三、その他の写本

A、中国撰述

(1)観無量寿経義疏　一帖	(2)三論宗肇論　一帖	(3)勝鬘経宝窟巻上末　一帖
(4)勝鬘疏第一末（宝窟）　一帖	(5)浄名玄論第七　一帖	(6)浄名玄論巻第八　一帖
(7)肇論集解　三帖	(8)肇論集解令模鈔　二帖	(9)大乗玄論巻第一　一帖
(10)大品義疏巻第一　一冊	(11)仁王般若経疏巻上　一冊	(12)仁王般若経疏下巻　一冊
(13)涅槃経遊意　一巻	(14)法花統略　六帖	(15)法華遊意疏　一帖
(16)法華論疏　二帖	(17)維摩経遊意　一巻	

B、日本撰述及び講義録等

(1)空観御房如実記　一巻
(2)三論家疏章　一帖
(3)三論家疏章　一帖
(4)三論玄義光然鈔　一冊
(5)三論玄義鈔（俊一記）　三帖
(6)三論玄疏拾文抄第二　一冊
(7)三論宗要文　三帖
(8)三論宗要文下　一帖
(9)三論疏章　一冊
(10)肇論聞書　一冊
(11)肇論鈔　一帖
(12)大乗義　一帖
(13)大乗玄論聞書　一通
(14)中論疏第三聞書集　一冊
(15)二諦章巻下聞書　一巻
(16)仁王疏引文第三　一冊
(17)涅槃経疏章　一帖
(18)法花義疏私示　一冊
(19)法花釈　一巻
(20)方言義私記　二帖
(21)論義三論戒事　一冊

（以上の文献は、付録の「三論宗関係典籍目録」に収録したので参照されたい）

第一　均僧正『弥勒上下経遊意十重』

解　題

本文献が『東域伝灯目録』等に記載されながら散佚に帰したものと思われていた慧均の『弥勒上下経遊意』であることが判明したのは、昭和五十一年（一九七六）三月二日の大須文庫の調査確認によってであった。本書の存在は黒板博士の調査によって知られてはいたが、目録では外題に従って『弥勒経遊意』とされ、撰者名も記されていないので、長年にわたり吉蔵の撰述書と考えられて特に注目されることはなかったのである。現在知られている写本において撰名を有するのは、この大須文庫所蔵本のみであり、東大寺（鎌倉時代写）、高野山大（江戸末期写）、京大（明治末写）、大谷大（大正三年写）所蔵の写本には、すべて撰号は記されておらず、その為と思われるが大日本続蔵経に収録される際に、吉蔵の撰述書と判断（誤認）され、大正蔵経に踏襲されたものであろう。しかし、ここに「均僧正撰」と明記された写本が存在する以上、そして現在知られる公刊本二種と写本の四種の内容が本写本と同一であることから、『弥勒経遊意』として伝わるすべては、慧均の『弥勒上下経遊意』であると判定される。本写本の筆者である憲朝（観応三年・一三五二年）が奥書で述べるように、この時点で吉蔵の『弥勒経遊意』は不明となっていたことが分かる。ここで改めて大日本続蔵経及び大正蔵経において「吉蔵撰」とあるのは誤りであり、正しくは「慧均撰」とすべきことを確認しておきたい。この点についての内容上のことは、すでに第二部第二章で述べた通りである。

一、大須文庫本の特徴

大須文庫本の書誌的状況は次のようである。

一、数量　一巻（全長一三二六・九センチ　縦二六・一センチ）
一、装幀　巻子本
一、紙数　三十三紙（押紙奥書含む）、一紙欠
一、行数　一紙二十三行（墨界）
一、字数　一行十七―二十四字
一、書写年　南北朝観応三年（一三五二）写
一、筆者　憲朝
一、外題　弥勒経遊意（本文と別筆）
一、内題　弥勒上下経遊意十重　均僧正撰

一、尾題　弥勒上下経遊意十重義　一巻
一、巻末裏　弥勒上生経遊意巻第一（別筆）
一、識語・奥書等
（中間押紙）弥勒上下経遊意巻末欠脱、別幸有巻末残本、請合両本而備足焉
（奥書）観応三年八月二十三日、於山城国綴喜郡田辺郷、令書写了。
同翌日、以東南院御経蔵御本、令校合了。載異本者彼御本也。両本共文字脱落惟多、僻字又不知数、
重尋証本可校定畢。
三論宗沙門憲朝
抑此書者、嘉祥均正両所之製作在之歟。而即所持聖教中二所釈共次闕之。仍平来雖有書写之志。御経蔵本者虫□之損失散散也。其外依不尋得写本閣之了。今適得一本令書写之処、文字散散、彼御経蔵本又虫□也。彼此共願指南尤以無止矣。

書誌的状態はおおよそ右のようであり、本文献は観応三年（一三五二）八月に山城国綴喜郡田辺郷（京都府京田辺市）において三論宗の学僧憲朝により筆写され、現状は巻子本である。前後同筆ながら一紙分の欠落があり、完本ではない。その欠落の部分に右に示したように押紙があり、それによって筆写の原本において、すでに欠落があったことが分かる。憲朝は恐らく多少の時間を費やして巻末の残本をさがしたのであろう。それで欠文を補っているが、それでも現行本に一紙分の脱落がある。料紙も押紙以前のものとは異なっている。現行本の欠落は後のことであろうというのは押紙では「備足」と言っているからである。これまでに何度かの点検補修がなされており[1]、前後の錯簡もあり、いずれかの時点で一紙不明となったとも考えられる。後の本文の翻刻では錯簡等は修正した。
大須文庫本の第一の特徴は、東大寺東南院の経蔵本との校合をしていることである。本写本の異本校註が東南院本

に依るものであることは、奥書によって知られるが、この東南院本は、現在伝えられていない。現在の東大寺所蔵本は、宗性（一二〇二—一二七八）の所持本であったと考えられるが、これは別本である。従って、現時点において、東南院の経蔵に収蔵されていた遊意の形態を知り得るのは、本写本の校註に依るのみということになる。この校註と、東大寺本等とを比較すると、脱文の箇所などがほとんど一致することから、宗性所持本は、この東南院本を転写したものであろうと推察されるが、表題、科文、一字一句の比較をするとき、かなりの相違が見られ、現在の東大寺本が必ずしも憲朝の見た東南院本そのままの転写であるとは思われない。その間に隔りがあるように考えられる。別に写本が存していたか、校訂が加えられた可能性もあろう。憲朝によれば、東南院本も、虫食等が甚だしく、やはり保存状態が極めて悪かったと言う。憲朝の見たものは、恐らく東南院に長く伝承されて来た一本であったと考えられる。それに対し、東大寺本は、憲朝以前の筆写であり、字体判別等より鎌倉時代写とされ、表紙に「宗性」と記されることにより、宗性の所持本であったろうと推察されるのであるが、保存状態は、非常に良い。そして高野山本（江戸末期写）等の諸本は、東大寺本によく一致し、現存写本の多くは、東大寺本の転写であることが明らかである。

そこで大須文庫本は、これらの系統とは異なる伝承を有することが知られるのである。また、確かに誤字脱字等が認められ、憲朝の慨嘆も首肯し得るが、従来知られていた諸本に比較するとき、その程度は、かなり良いと言える。つまり、より原形態を保存していることが確かで、現行本は、それ以上に誤字脱字脱文が多いことが判明するのである。特に脱文が多い。十字以上の脱落の箇所のみでも、十一箇所存する。その中で、最も字数の多いのは三百六十一字の欠脱である。これは大体一紙分に近い。これらの脱文は、本来無かったものが、後に付加されたということではなくて、前後の文脈、内容から元来あるべきものが、転写、虫損等によって欠落するに到ったと見られるものである。また逆に、本写本にも脱文が存する。一紙欠落を除いて四箇所であるが、多いもので三十一字である。このように相互に脱文が認められ、原形とはかなり相違していると思われるが、本写本の出現によって、より古形に近づくことが可能になったことは認められよう。

二、筆者憲朝について

次に、大須文庫本を筆写した憲朝についてであるが、今日までのところ、管見に入らない。また、筆写の場所も、田辺郷のどこであったのか。いずれかの寺院においてと思われるがそれも不明である。ただ、東南院本との対校は、後述のごとく他の多くの写本が、東大寺において行なわれていることから、多分東大寺に出向いて行ったものと考えられる。しかし、宝生院所蔵の三論宗関係典籍の多くが、憲朝の筆によるものか、憲朝が他をして写さしめたものであり、詳細な奥書の存在によって、その活躍の時期が知られるので、本写本以外のものにつき、次に列挙しておきたい。(2) 便宜上、西紀年号を（ ）内に示す。

(1)『中論疏聞書』の末尾

于時文永十一年（一二七四）八月二十六日於東大寺東室僧房筆功終了感得之至随喜有余是併為興隆仏法利益衆生矣

三論修行沙門憲朝春秋二十五

(2)『勝鬘宝窟光闡鈔』の末尾

嘉暦四年（一三二九）三月三日於東大寺東南院以中観上人自筆本書写了　此書有不慮之子細加一見之次自書教化而競寸陰之間頗文字形不見歟後日必必可書直而已

三論宗憲

(3)『大乗三論大義鈔』巻第四の末尾

康永三年（一三四四）十二月二十七日於東大寺三面僧房実相院勧他筆書写了

（朱書）同日誂子鶴松殿切句令校合了

三論宗憲朝

(4)『大乗三論師資伝』の末尾

康永三年九月十九日於東大寺西室実相院書写了　同二十二日一校了

三論宗憲朝

(5)『三論遊意』の末尾

貞和四年（一三四八）十一月十八日於東大寺三面僧房西室実相院勧他筆令書写了　同日以東南院御経蔵本一交了
三論宗憲朝

(6)『鳩摩羅什法師大義』巻上の末尾
貞和四年（一三四八）十一月□日於東大寺三面僧坊実相院以東南院御本誂人令書写了　同十一日一交了
三論宗憲朝

(7)『鳩摩羅什法師大義』巻中の末尾
貞和五年正月十日於東大寺三面僧房実相院申出東南院御本誂人令書写了　同十□日一交了
三論宗憲朝

(8)『鳩摩羅什法師大義』巻下の末尾
貞和五年正月十六日於東大寺三面僧房実相院申出東南院御本誂人令書写了　同十七日以御本令校合了
三論宗憲朝

(9)『華厳遊意』の末尾
貞和四年十一月之比於東大寺三面僧房実相院以他筆令書写了　同十二月二十三日以東南院御本一校了
三論宗憲朝

(10)『二諦義私記』上巻の末尾
貞和四年十二月九日於東大寺三面僧坊西室実相院申出東南院御本交点了
三論宗憲朝

(11)『二諦義私記』下巻の末尾
貞和四年十一月二十七日於東大寺三面僧坊実相院申出東南院御本令写之了　同二十八日一校了　三論宗憲朝

(12)『大品遊意』の末尾
貞和五年（一三四九）八月二十九日於東大寺三面禅室実相院以東南院御本□□（誂他）人令書写了　同日以彼御本自校合

移点了
三論宗憲朝

⒀『大品経義疏』巻三の末尾
観応三年（一三五二）九月十六日於山城国綴喜郡田辺郷勧他筆令書写訖写本東南院御経蔵本也僻字落字散散多多
不可思議之悪本也　同十九日一交了
三論宗憲朝

⒁『大品経義疏』巻五の末尾
康安元年（一三六一）九月十七日一校了誂同宿憲円阿闍梨雖令書写依忘刻閣之今日交之写本者東南院御経蔵本也
僻字落字繁多不可思議本也依不審尤多而已
権大僧都憲朝八八

⒂『大品経義疏』巻七の末尾
康安元年九月十九日一校了
権大僧都憲朝

⒃『大品経義疏』巻八の末尾
文和元年（一三五二）十月八日於東大寺三面禅室実相院令書写了　写本文字散散不可思議也同愚推之所不及一向
如本付墨斗也尋出別本可交之依以今写本不及交合而已
三論宗憲朝

⒄『大品経義疏』巻九の末尾
文和二年（一三五三）七月十三日一交了写本者東南院御経蔵本也以外落字僻字散散多多□□□□□（五字分欠）交合而已
三論宗憲朝

以上によって、憲朝は東大寺の三論宗の学僧であったことが知られ、特に康永三年（一三四四）以後の十年間は、三論宗典籍の筆写に専心したようであり、右以外にも、多くの文献を写得したものと推察される。『弥勒上下経遊意』の奥書にも、

抑此書者、嘉祥均正両所之製作在之歟、而所持聖教中、二所釈共次闕之、仍平来雖有書写之志云云。

と述べるごとく、三論宗典籍のほとんど全てを筆写し、所持したいとの志を常々持っていたことを窺わしめる。そして、その筆写の原本は、東南院経蔵本を中心とするものであったことも知られる。現在、東大寺所蔵の典籍には、多くの東南院旧蔵本も含まれていると考えられるが、また多くの散佚したものもあることは確かで、憲朝が筆写し、宝生院に伝わった文献の中には、そのような散佚本が含まれていることが認められ、その価値を高めている。(3)

そこで、憲朝の生没に関するものが、右の奥書に二箇所存する。一つは⑴の文永十一年（一二七四）のものであるが、「三論修行沙門」といい、「春秋二十五」とする。これから逆算すると一二五〇年の生れということになるが、他の奥書の年時を考慮した場合、百歳以上の長命を保ったこととなり、少し不自然である。次に⒁の康安元年（一三六一）の奥書で「権大僧都憲朝八八」とするが、この「八八」を年齢と見れば、八に八を掛けて六十四歳の意味と取るのが普通であり、これに従えば、一二九八年の生れということになり、他の年記との矛盾はない。先の年記に従うと、一三六一年は百二歳ということであるから、多少疑問である。今は、後者に従う方が妥当のように思われるが、没年は不明である。また権大僧都に補任されたのは、文和三年（一三五四）以降で、文和二年（一三五三）までは、単に「三論宗憲朝」と記し、康安元年の⒁と⒂の奥書のみ「権大僧都」としているところから、六十歳前後ではなかったか、なお『三会定一記』第二（日仏全、第四九巻威儀部一）には元弘二年（一三三三）の維摩会の東大寺分の研学として憲朝の名が見え、年代的に同一人物を指すものではないかと思われるが、確認は出来ない。

次に彼の所属もしくは学系であるが、東大寺の三論宗所属であることは間違いなかろう。その場合、東大寺の三論宗は、東南院がその本拠であり、東大寺のみならず、南都全体の中心となっていた。しかしながら、憲朝の時代は、その伝統も絶えんとする状況であり、恐らく、三論宗の僧もわずかで、細々と研究が続けられていたに過ぎなかったと考えられる。そのことは、『三論祖師伝集』や『三論祖師伝』の記載状況からも窺われる。(4) この時期に、東南院の院主に任ぜられていたのは、大僧正聖忠（―一三一六―）、聖尋（―一三二一―）、及び法親王聖珍（?―一三八二）であり、いずれも、第一代聖宝以来の伝統として、顕密兼学を旨とし、三論の長者であると共に、密教の長者でもあった。東寺長者や醍醐寺座主を兼任している。この中で、憲朝の写本では、聖珍の名が出ている。右に掲げた奥書(4)『大乗三論師資伝』の康安三年の自誌の前に、

建武元年六月一日写了　　三論末学聖珍

とある。聖珍(『本朝高僧伝』五六、『東南院務次第』参照)は、建武元年(一三三四)に東大寺別当となり、康永二年(一三四三)、文和元年(一三五二)にも再任され、第二三代の東南院務である。この聖珍が、憲朝と直接の関係を有するものかは、これのみでは分からないが、少なくとも、聖珍在世の時代において、聖珍の筆写本を以て、さらに写得したものであることが知られ、何らかの関係及び交渉があったことは推察されよう。また憲朝も、やはり顕密兼学の僧ではなかったかと思われる。というのは、憲朝の筆になる文献の多くが、一括して、真言宗に属する宝生院に伝えられているからである。宝生院所蔵の文献のほとんどは、開山である能信上人(一二九一―一三五四)が集められたものとされ、以後の住持が、さらに充実させたものとされる。能信の示寂は正平九年(一三五四)とされるから、憲朝の生存中である。従って憲朝の筆になる三論宗文献に関しては、能信の収集にかかるものではなく、第二代の信瑜(一二八九―一三八二)の時代に収蔵されるに到ったものであろう。というのは、信瑜は、能信に伝法灌頂を受け、野沢の諸匠に謁し、その後宝生院に住した。そして、その後嗣を定めるにつき、東南院の聖珍に聴許を得たという。この辺の間に聖珍、憲朝、信瑜の関係及び交渉が存したと考えられる。ただ、憲朝が真言宗の法系上に現われて来る人物かどうか、また住処等については、今のところ不明である。

三、翻印の留意点

翻印を試みるに際しての留意点を述べる前に、第一にお断りしておきたいのは、普通一般に行なわれている、写真撮影のプリントに基づくものではない点である。宝生院所蔵文献は、原則として写真撮影は認められていない(調査

当時）。従って、筆者は、数回の調査により、原本より直接手書に依って写したものを基にしている。一度筆写した後、写誤を正すためにさらに原本との校合を行ない、正確を期した。しかし、何分、手元に写真プリントがないこともあって、あるいは、筆写の際の誤りも存するやも知れず、その辺の事情を御理解願いたいと思う。

次に、本書には、先にも触れたごとく、異本が数種存する。当初、これらの異本との対校を行ない、大須文庫本との同異を明確にしたいと考えていた。しかし、比較対照の結果として、大須文庫本以外の諸本は、多少の辞句の出入があるのみで、同一系統であることが認められ、年代から言えば、東大寺本が元になっていることが明らかとなった。そこで、対校本としては、現在のところ東大寺本のみで充分であるということである。しかし、東大寺本と大須文庫本では、文字の出入が相当に激しく、一紙分（四百二十―四百五十字位）につき、大体三十箇所前後の相違がある。そこで、印刷の都合上、異本校合は省略し、宝生院本の紹介のみということにした。

凡例

一、原本で使用されている旧字体等は、常用漢字として認められているものは新字体に改めた。また、古字・異体字・略字等は、原則として活字用正字に改め統一した。また、適宜句点をほどこし、改行を加えた。

二、誤字・衍字と思われるものも、そのまま印刷したが、明らかなものには、文字の左傍に（・）を付した。

三、原本の行間等に付記されている異本校合の註記は、当該箇所、又は文字の右肩に番号（1、2……）を見開き毎に付し、頭註とした。註番号を付したものは、すべて原本に存する異本校註である。但し、原本の書式を次のように改めた。

例「第一。（明イ）序……」→「一」ノ下ニ「明」アリ。

「亦名経出（イ无）」→「亦名経出」ナシ。

「無（所イ）可得」→註番号の下に、異字のみを示す。

四、原本の書式・形態や諸本との対照上、特に注意される事項は、番号（一、二……）を見開き毎に付して、頭註に記した。

一 原本見返に「弥勒経遊意」とあるも後筆ならん。諸本共内題は「弥勒経遊意」とす。
1 「下」の下に「二」あり。
二 撰号を記すは、本書のみにして、他の諸本共に欠く。
2 「イ本虫食」とあり。
3 「一」の下に「明」あり。
4 「亦名経出」なし。
5 「与釈迦」なし。
6 所。
7 「率」の下に「天」あり。
8 「成」の上に「乃」あり。
9 「切」の下に「最」あり。
10 㒒。
11 なし。

弥[一]勒上下[1]経遊意十重

均[二][2]僧正撰

第一[3]序王　第二明名釈名　第三弁経宗亦[4]名経出　第四論因果　第五明出世久遠　第六論成道奢促　第七弁三会度人少多　第八論与[5]釈迦同時涅槃　第九明教大小　第十弁雑料簡

序王

諸仏出世為大事因縁故。居初発心不足之地。専学無可[6]得大乗修諸法万行故。或上兜率[7]。為諸天子。説般若波羅蜜。或五十六億七千万歳時。下閻浮提。成[8]種覚。故前仏後八相成道。紹位紹尊。皆是一生補処。故前記釈迦。次授弥勒。明此菩薩切[9]十地之最高。行踰三忍之上。方当改穢斯土。為彼浄国。人寿即八万四千。由即一種七獲。況乃名華軟草浮空満地。宝蔵神珠盈瞿[10]逸陌。三会説法。道樹天人。一切名字。悟無生忍也[11]。

第二釈名

此[三]経若具存胡音。応言[12]仏陀般遮阿耶[13]羅弥勒菩薩耨多羅修摩兜率[14]提婆修多羅。漢言。覚者説観慈氏大心衆生上生知足天経也。今簡異名不同。一名毗留。亦[15]名闍那[16]迦。此云成也。仏陀此云覚者[17]見者等也。崑崙三蔵云。清[18]浄覚也。修多羅亦云修妬路。修咤羅。修林嵐。異名有四。三蔵云。修多蘭[19]多含[三]五[20]異名之。今上下両[21]経。挙胡漢両音与人法二種。因[22]経。所以爾者。示修行之階[23]。是前生天後下[24]生人得成仏故也。次簡阿逸多与弥勒[25]。阿逸多此云無能勝。故浄土経云。莫能勝也[26]。弥勒[27]亦名弥帝礼。或[28]云弥帝隷迦也。婆須密経[29]亦言和修密経。云阿羅弥勒也。此云観慈氏。但相伝或云。阿逸多是名弥勒是性。或云。阿逸多是性弥勒是名。両釈未詳取捨也。此人曩劫行慈。久習慈因。修慈以立為名。挙徳標人。故言慈氏。故釈論云。阿難問仏。何因縁得弥勒字。仏答云。過去久遠。此閻浮提中有一仏出世。名曰弗沙。彼時有国王。名曇摩留枝。往仏所時。見一比丘入[30]慈三昧。形身安静。放大光明。王見即問仏。此比丘入何三昧光明。乃仏答云。此比丘入慈心三昧。王聞此語。信増欽仰[31]言。此慈心定魏魏乃爾。我亦修習此慈心三昧。爾時曇摩留枝王。今弥勒是。於彼世界発此慈心。自此以来常字弥勒。久習性故。至成仏時猶名慈氏。如燃灯仏。生時一切身辺如灯[32]故。名燃灯仏。初本乞油供養諸比丘因縁。為目[33]燃灯[34]。亦名錠光仏。如声類書曰。有足名錠。無足曰鐙[35][36]也。賢愚経十二[37]云。弥勒生在波羅捺国劫波利[38]補相之家。初生有三十二相。身紫磨黄金色。恣容挺[39]特。[40]補相歓喜。召相師相之。相師称善。因示立名。即問。児[四]生時凡有何相。答言。其母素性不能善。懐児以来慈矜苦見。相師喜言。是児者必[41]慈心。因此為立[42]名。号曰弥勒。父母愛重。心無有量。其殊美[43]称。令国土宣伝聞[44]。[45]波羅捺国王名梵摩遠[46]。聞之心懐懼。恐奪王位。意未長

三 原本は改行なし。
12 云。　13 那。
14 「率」の下に「陀」あり。
15 成。　16 「那」の下に「釈」あり。
17 「者」の下に「智者」あり。
18 「清浄覚……三蔵云」の二十五字なし。
19 羅闍。　三 以上第一紙。　20 果。
21 二。　22 具。
23 「之」の下に「人」あり。　24 生下。
25 「与弥勒阿逸多」なし。　26 なし。
27 「勒」の下に「者」あり。　28 名。
29 「亦言」なし。
30 「入慈……仏答云此比丘入」の三十四字なし。
31 欣。
32 燃灯。
33 曰。
34 「灯」の下に「仏」あり。
35 名。　36 錠。
37 「二」の下に「巻」あり。
38 「利」の下に「村」あり。
39 梃。
四 以上第二紙。　40 必。　41 成。
42 「為立」なし。
43 勝名相。
44 「聞」の下に「名」あり。
45 「波羅捺」なし。　46 達。

大時。方便除之。其父母知意。[1]遣人遂与其舅。舅名波婆利。領五百弟子。在異国学道。舅得弥勒已教学問。[2]学未[3]経歳時。即通経書。其舅後時聞有仏出世。即遣弥勒等十六人。往至仏所。[4]念為四問。一問幾相。二問年寿。三問弟子。四問種性。弥勒問已。如来歓喜答。[5]仏更開化説法。其十五人即得法眼浄。各従起索出家。[6]仏言善来。[7]便髪自堕。重以方便。為其説法。其十五人。成阿羅漢。弥勒七歳時[8]発心而已也。弥勒後時。[9]従仏還加維羅国。大愛道[10]為仏手自紡績。作一端金色縷之畳袈裟。繫心積想。以奉世尊。世尊不受之。還令供養衆僧。遂語[11]即供養衆僧。衆僧中行之。無有欲取者。至弥勒前即取著之地。一時従仏遊波羅捺国。身紫磨金色。又[12]披金縷織袈裟。表裏[13]相称。行乞食到大陌上。擎鉢住止。人民見之。観者無有足之。雖皆敬重[14]。而無[15]有人与食者。時有一穿珠[16]師之利。弥勒即将此師還衆僧。衆僧広説法供養利重。仏為其引阿那律過去施一氈。得生生世世無貧窮。亦為説施[一][17]弥勒未来果報[18]事也。問。[二][19]若華金縷袈裟者。是出家菩薩。弥勒経亦云。此阿逸多雖復出家。不修禅定不断煩悩等者。而観仏三昧経第八巻云。弥勒菩薩。脱瓔珞奉上如来。以此知出家人。永応華瓔珞等。答。法法師釈云。或是未出家時。奉上瓔珞等。為此経与賢愚経等。已出家時不意也。

[三]第三弁宗体

[四]一往大判。上生経大乗為宗体。下生経小乗為宗体。故上生経。具論六度四等菩薩行。亦具詮中仮。故大乗因果等為宗。如後第九段中簡也。下生経。但弁戒定慧三品三蔵。故小乗為宗。故三会説法証四果而已。亦但[20]論仮不明中故也。問。経中具明常楽等四徳。云何小乗為宗耶。答。常楽等四徳義。弁小乗涅槃四徳等。亦是対

1 心。
2 なし。　3 遥。
4 思念。
5 若。　6 座起則。
7 「便」の下に「髻」あり。
8 なし。
9 「従」の上に「能」あり。
10 比丘尼。
11 なし。
12 被。
13 稟。
14 「重」の下に「之」あり。
15 有無。
16 「珠」の下に「師将還家供養其婦怒言失穿珠」の十三字あり。
一 以上第三紙。　17 なし。
18 「報」の下に「之」あり。
二 諸本共に欠く。
19 「問」以下、この段の最後「已出家時不意也」までの百一字なし。
三 原本は改行なし。
四 右に同じ。
20 説。

台壊無常等。説常楽等。未必破三修皆[21]比丘説常楽等四徳。或傍明大乗。故下生経云。即此[22]出家日阿耨[23]三[24]菩提也。一家義宗。一切法無非経。色表非色。香表非香等。一切法例無非是経。但就釈迦教。色声等為経体。不二而二明之。十五色中三色為経体得也。若言宗体異者。正法為体。因果為宗也。具如大経疏与大品疏等[25]之[26]也。

[五]第四論因果

[六]有三。第一明因行。第二論果徳。第三弁始終。第一明因行。経与論釈不同。如摩徳楞伽蔵経云。於一一地中。経[27]百千[七]大劫。方成一地之行。不数軟根者也。若如大[28]智論。[29]迦旃延尼子云。三阿僧祇劫。修智果行也。問。迦旃延尼子。申半教而弁菩薩積劫解行者。何謂半教則是大乗満教也。答。亦難知之。但有傍有正。迦旃延雖正明小[30]教。而傍明大乗満教菩薩解行。何妨也。如成実論[31][32]云。正解三蔵中実義。而不妨。彼論大小利業品云。檀等[33]六波羅蜜得阿耨三[34]菩提果也。阿僧祇者。十十[35]百。十百名千。十千名万。十万名億。千万億名那由他。[36]名頻婆。千万頻婆加他名一阿僧祇也。就釈迦菩薩発心行者。第一阿僧祇中解行。而不自知我当作仏。第二阿僧祇中。雖自知我当作仏。而不敢発言[八]我当作仏。第三阿僧祇中行了。行了自知我当得[37]仏。自発言心無所畏。具足一切知[38]也。経云。弥勒発心在[39]釈迦前[40]。故仏蔵経云。弥勒昔時値善明仏出世。於彼仏所。最初発[41]菩提心。故経云。弥勒発心在釈迦前四十劫也。[42]大方便報恩経云。今釈迦前有一仏出世。名大釈迦牟尼。時於地獄中火車見受苦。方得発大心。従此過去大釈迦仏至罽那尸仏。名為初阿僧祇。是時釈迦菩薩。不離女身。従罽那尸仏至燃灯仏。名為第二阿僧祇。是時始得離女身。是時菩薩持五華供養。上燃灯仏。敷鹿皮衣。布髪淹泥。是時燃灯仏。坐為授記。汝於来

21 なし。
22「此」の下に「曰」あり。
23 得。
24 なし。
25 説。　26 なし。
五 原本は改行なし。
六 右に同じ。
27 遥。　七 以上第四紙。　28 なし。
29「迦旃延……問」の十七字なし。
30「小」の下に「乗」あり。　31 なし。
32 論師。　33 なし。　34 なし。
35「十」の下に「名」あり。
36「名」の上に「千万那由他」あり。
八「我当……自発言」の二十三字諸本欠く。
37「得」の下に「作」あり。　38 智。
39「在」の下に「前」あり。
40 発心在後。
41「菩提」の二字なし。
42「大」の上に「又」あり。

[一]世。過九十一劫。当得作仏。号釈迦牟尼。従燃灯仏至毘婆戸。名為第三阿僧祇。修種智満足作仏也。第二論果徳。有近果与遠果。[1]近果者。如経云。[2]後十二年二月十五日。還本[3]処捨命生於第四天。名為近果[4]。[5]遠果[6]有二[7]也。一[8]五十六億七千[9]歳時。下閻浮提成仏。即是応果。二若[10]積劫修行。金剛[11]発心後成仏。名為真果也。問。横竪論之。有可如此。竪密[12]正果。何不弁之。答。正果非近[13]与遠。非因非果[14]。故不弁之。若欲強明之亦得也。第三弁始終時節者。如賢劫等経云。有三世劫[15]。劫有千仏。過去荘厳劫千仏。現在賢劫千仏。未来星宿劫千仏。此三千[16]往昔同修行勝因故。次第致果在乎三劫。又賢劫千仏独為一類。然賢劫千仏中。前四仏已過。今弥勒是第五仏。当[17]出世与也。出世有前有後。故今其叙之。大論迦旃延子云。[18]三阿僧祇劫。是時菩薩百劫修行。三十二相業自有[19]。遅則百劫。疾則九十一劫也。既五華散[20]供養仏故。後九十一劫当作仏。但直明之。応百劫満足作仏。而精進苦行故。超踰九劫。[21]余九十一劫也[22]。若不超者。応在弥勒後成仏。故経中往往云。弥勒発心行道在釈迦前。但不精進苦行故。成仏処後。故弥勒自念言。我寧千阿僧祇劫。生在兜率陀天[23]。説法度人[24]。不能暫捨身種種苦行也。釈迦精進苦行故超之。九十一劫得成仏也。如大経中聞羅刹説偈超十二劫[二]。大論云超九劫。不同者。諸法師釈云。小劫超十二劫。大劫超九劫。三劫各超[25]一劫。故九劫也。問。大経云[26]何聞偈超十二劫。大論名為九[27]耶。答。大経云。雪山菩薩。聞羅刹為[28]説諸行無常是[29]生滅法生滅滅已寂滅[30]故。超十二劫。大論云。広解弗沙仏出世事。而不定説時節久遠。此但彼仏有二弟子。一名[31]釈迦。二[32]名弥勒。弗沙仏。観釈迦菩薩心未純熟。所[33]化弟子心已純熟。所以爾[34]者。釈迦心自心[35]傍化他為正故。又弥勒心已純熟。而所化弟子心未純熟。所以爾[36]者。自[37]

一以上第五紙。
1「近」の上に「言」あり。
2「後」の上に「劫」あり。
3「本」の下に「生」あり。
4「果」の下に「也」あり。
5「遠」の上に「言」あり。
6「果」の下に「者」あり。　7種。
8一者。　9「千」の下に「万」あり。
10者。　11なし。　12容。　13なし。
14与。　15「劫」の下に「劫」あり。
16仏。
17「出世与也出世有前有後」を「与出出有前後」に作る。
18「三」の上に「過」あり。
19「有」の下に「遅速」あり。
20「供養」の二字なし。
21なし。　22なし。
23なし。
24諸天子。
二以上第六紙。
25なし。　26なし。
27「九」の下に「劫」あり。
28なし。
29自。　30「滅」の下に「為楽」あり。
31者。
32者。　33為。　34然。　35行。
36然。　37弥勒自行。

為正心[38]。化他傍[39]故也。是時弗沙仏。作如是思惟。一人之心易可化度。衆人心難可調伏。故弗沙仏。欲便[40]釈迦疾得成仏。即上雪山於宝窟中。入火光三昧。是時釈迦菩薩。化外道仙人。上山採薬[41]。仍見弗沙仏坐宝[42]窟中身放光明。菩薩見以心大歓喜[43]。[44]敬信翹一脚立。叉手向仏。一心観仏。目未曾眴。七日七夜以偈讃仏。天上天下無如仏。十方世界亦無比。世界所[45]有我悉知[46]。見一列無有如仏者。七日七夜諦観於仏。目未曾眴。於是得趣[47]九大劫。於賢劫中成仏也。有人言。今超者。相好業中超。非種智超。今謂不然。超不超者[48]。並就波若業超。若得波若[49]即万事進也[50]。但此九十一劫。仏出世[51]不同。如釈論第九巻云。前九十劫中有三仏。後一劫中有千仏。九十中劫初劫有毗婆戸仏。（秦言種種見也。[52]）第三[53]劫中有二仏。一名戸棄仏[三]。（秦云火。[54]亦云頂髪吉[55]。）二[56]鞞怒婆附仏。（秦云一切勝也。[57]）第九十一劫劫[58]初中有四仏。一名迦羅鳩飡[59]附仏。亦名拘楼孫仏。（大論[60]云不見翻[61]。崑崙三蔵云冠頂。）亦云憎[62]仏。仏生時如意珠著出世。二名迦那含[63]尼仏。（秦云一口[64]金仙人。又云[65]屈仙人也。）三名迦葉仏。四名釈迦牟尼仏。此四仏足前三仏。即是七仏。其七仏[66]前三仏。在九十劫中也[67]。初仏寿命八万歳。第二仏寿命[68]七万歳。第三仏寿命[69]六万歳。余有[70]四仏。在第九十一劫。劫号為賢劫。劫初人寿命数[71]千万億歳。漸咸漸咸。五百万歳時。転輪聖王出化。従爾後稍稍咸也。賢劫経云。至四万歳時。有第四拘那提仏。亦名拘楼孫仏。出世五濁。経云[72]六万歳至三万歳時。有第五拘那含牟尼仏。出世五濁。経云。四万歳也二万歳時。始有第六迦葉仏出世。寿命二万歳。従[73]迦葉仏後転転咸。人寿至千二百歳時。[74]釈迦始上兜率[75]天。於天数四千歳。即人間五十六億七千万歳。人寿百歳時。従兜率下閻浮[76]提作仏。正法五百年[77]。像法千年[78]。過千五百年[79]。則釈迦法滅尽。沙門[80]尼戒経云。像正各万年。又別則経云。末法一万年也[81]。唯有辟支仏行化也。人命[82]稍稍転促

38なし。　39「他」の下に「為」あり。
40使。
41名花。　42なし。　43仏。
44「敬信」を「修」に作る。
45間。
46なし。
47超。
48非。　49者。　50近。
51「世」の下に「間」あり。
52傍註にて「イ本には注麁字」とあり。
53三十。
三以上第七紙。
54傍註「イ本麁字」。　55「吉」なし。
56「二」の下に「名」あり
57傍註「イ本麁字」。
58「劫初中」の三字なし。　59村。
60傍註「イ本麁字」。
61「翻」の下に「名」あり。　62唱。
63「含」の下に「牟」あり。
64「一口」なし。　65尼。
66「仏」の下に「中」あり。
67「中」の下に「仏」あり。
68「寿命」なし。　69「寿命」なし。
70なし。　71なし。　72なし。　73なし。
74「釈」の上に「方」あり。
75「兜率……閻浮」の三十一字なし。
76傍註に「已上イ無。イ本太不審也」とあり。　77歳。　78歳。　79歳。
80「沙門……又別」の十三字なし。諸本共に欠く。　81歳。
82「人」の下に「寿」あり。

至十歳時。三災競起。土地彫荒。諸悪人死尽。国界空疎。相見即相殺[1]。時有仙人出世。名郭相。亦云敦智[2]。勧[3]戒云莫相殺。為相殺因縁漸漸短促。須[4]修善行慈[5]之[6]。悪人[7]等改往修来因縁。[一]故即[8]復所生子。寿命二十歳[9]。如是子復生子。子孫寿命四十歳[10]。転増至百[11]歳一万二万三万乃至六万歳[12]時。有転輪[13]王出世行化。主[14]主相次経第七時。人[15]寿[16]八万四千歳時。弥勒仏出興[17]世。于時安楽人民熾盛時下生也。大賢劫経云。慈氏仏光照四十里。梵志種。名[18]梵徳。大[19]弥勒経意[20]云。父是国師。有人[21]主之徳。故言修梵摩。此云善徳。亦言[22]善浄。母名梵摩跋提。此云徳主[23]。亦云[24]浄主也。賢劫経云。子曰徳力。多聞侍者曰海氏。智慧弟子名[25]慧光。神通弟子曰竪[26]精進。仏在時。人寿[27]八万四千歳。正法八万歳。舎利共興一大寺弘法也。師子仏光照[28]四十里。君子種。父名舅[29]師子。母名江音。子名大力。多聞侍者名[30]善楽。神足弟子名両[31]氏。智慧弟子名智積。仏在世時。人寿七万歳。三会説法。正法億歳。舎[32]利流布八方上下也。従物楼秦仏。至九百九十九仏。共出前半劫。後楼至如来。独用半劫。楼至[33]滅度[34]後。更六十二劫中。空過無有仏出世。過爾而後[35]。第六十三劫中。有一仏。号[36]為[37]浄光称王[38]如来出世。寿命十小劫化衆生。過此仏後復三百劫。空過無有仏[39]世。訖此唯有千仏。前後[40]合言三千仏也[41]。問。楼至如[42]来。何故独半劫耶。答。応是随縁機応如斯耳。問。復[43]何知[44]賢劫中有千仏耶。答。金剛力士経云。昔[45]転輪聖王出世。有千子具足。諸王子[二]各発菩提心。願[46]求作仏。父聖王欲誡。此千王[47]子誰前作仏。題取千王子[48]。以香湯洗之。令千王子採取[49]。得第一者最初仏。如是至九百九十九王子。最後一王子。名[50]字第千仏。諸王子譏言。我等成仏化人已尽。汝後作仏何所度耶。小王子聞此語。悲泣更思惟。世界無辺。衆生不尽[51]。我今発願[52]。願我作仏時。我在世界衆生[53]。具如[54]

1なし。
2郭。　3観。　4勧。
5「慈」の下に「慈」あり。
6「之」の下に「時」あり。
7なし。　一以上第八紙。　8解。
9年。　10年。　11なし。　12なし。
13「輪」の下に「聖」あり。　14王。
15なし。　16寿命。　17なし。
18「名」の上に「父名梵摩母」あり。
19「大」の下に「経」あり。
20なし。　21「人主」を「聖人」に作る。
22名。　23聖。　24名。
25有。　26賢。
27「寿」の下に「命」あり。
28時。　29曾。　30なし。　31満。
32著。　33「至」の下に「仏」あり。
34なし。　35復。
36なし。　37名。
38「如来」を「仏」に作る。
39「仏」の下に「出」あり。
40復。
41なし。
42「如来」を「仏」に作る。
43此。
44故。
45「昔」の下に「有」あり。
二以上第九紙。　46何。　47なし。
48「子」の下に「名対王子」あり。
49「取」の下に「算」あり。
50「名」の上に「一」あり。
51無。　52なし。
53「生」の下に「寿命」あり。　54与。

諸王子[55]等所度衆生数亦同之。於是地六種振動。仏即与其授記。以是因縁故最後一仏[56]化。独[57]当半劫也。以啼泣故。名為啼泣仏。啼泣標仏。楼至[58]者此云啼泣。亦云光明。仏生時有勝光明故。於是諸王子即発願。王子作仏時。我等金剛護楼至仏。但金剛護。或是五性執金剛護。或是五性中捉金剛神護也。問。賢劫中千仏。可是聖[59]出世。千子具足。提所金剛神所名牽取得。次第出世作仏。去来両[60]二世二千仏。何因各千仏出世耶。答。諸法師云。不見経説因縁。或可有之。而類例得言。如現千仏因縁。如大品経云。此間天[61]主問須菩提答。釈般若者。十方恒河沙仏国中。亦天主問須菩提答。所以[62]爾者。諸仏道同故也。地摂両論成毗二家義宗。成仏之体更非異物。只是衆生神識相続不断。終成極果。若[63]濤治滓穢。則衆麁斯尽。種智円明湛然[64]常住。在因之日則広修万衆[65]行。若満以成万徳也。故金剛心謝。法身即起[三]。転無明以為明。故大経云。故無明転[66]変為明。若通論成仏。凡心識[67]之者。皆是其体。故大経云。一切衆生悉皆有心。凡有心者悉得三菩提也。別而為語。唯[68]精劫修行。金剛心後衆徳円[69]備。乃[70]名真成仏也。今大乗宗。横[71]論之。仮名説之。亦有此意。但一家義宗。彼諸家心神識成仏。云之心打破。洗尽浄仮名名為真成仏。而弥勒者。十住断[72]結経与諸仏下生経[73]云。久已成仏。但迹中一日出家。即此日成仏也。若論法身之体。名言心識倶絶。但慈悲満足。不違誓願。万徳荘厳。所以[74]爾者。為化物故[75]棄形。誰欲界応迹衆生。故種種応現。為欲引物令出有無与生死。故棄形不同。今七仏形寿等不同。如長阿含等云。第一毗婆尸仏。亦名維衛仏。仏性[76]是刹利王種。刹利種此云[77]分国主。性憍陳如。仏身長二千四百里。紫磨黄金色。諸金[四]色中第一。如世間上金。出閻浮提阿周那根下也。末利夫人頭上金釵是歳樹下金。夫人一時礼仏。


55なし。 56なし。 57番。

58なし。

59「出世」を「王」に作る。 60なし。

61王。

62然。

63傍註「鋳」とあり。 64修。 65善。

三以上第一〇紙。

66発。 67なし。 68積。 69満。 70なし。 71而言。 72而。 73意。 74然。 75なし。

76なし。 77なし。

四「色中……頭上金」の二十六字諸本共になし。

頭上金釵落地。都不見金釵下乎。横之仏光影不現[1]。故如仏色紫磨黄金色。復勝閻浮提金[2][3]。閻浮提[4]阿周那此云歳樹也。南閻浮提此樹表名也。此樹未直上四十由旬[5]。高四千里。毗婆尸仏。父名般頭摩多。母名槃摩底。子名方膺[6]。城名槃頭摩多也。[7]円光百二十由旬。寿命八万歳也。第二尸棄仏。亦成仏。亦是刹利王種[8]。性憍陳如。身長一千六百八十里[9]。一身色亦紫金磨黄[10]金色。通身光一百由旬。寿命七万歳。尸棄仏父名明[11]。母名光曜。子名無量也。第三毗婆舎仏。亦云鞞怒婆附仏。亦是刹種。性憍陳如。身長一千二百八十里。円光四十由旬。・通通身光六十二由旬。寿命六万歳也。毗婆娑云[12]。仏父名善澄[13]。母名称或。子名沙覚[14]。城名無喩。第四拘楼孫仏。亦名迦羅鳩湌駄仏[15]。此仏是婆羅門種。此云浄行。性迦葉。身長一千里。円光三十二由旬。通身光[16]五十由旬。寿命四万歳也[17]。毗婆沙第四十六云[18]。多聞弟子名散奢婆孫。仏父名礼徳[19]。母名善枝。子名上勝。城名安和也。第五拘那含牟尼仏。亦是婆羅門種。性迦葉。身長八百里。円光一千二百里。通身光[20]一千六百里。寿命三万歳。[21]多[22]聞弟子名蘇坦。仏父名女徳。母善勝[23]。子名導師。城名清浄也。第六迦葉仏。此云亀。亦是波羅門種。性迦葉。性為名也[24]。身長十六丈。寿命二万歳。亦云三万年也[25]。大経云。迦葉仏七日入涅槃[26]。此意釈[27]不同。一云。七日入涅槃。二云。七日説常楽我浄。非入涅槃。此意似応二万歳也[28]。仏父名梵徳。母名財主[29]。子名進軍[30]。城名婆羅捺也[31]。多聞弟子名葉婆蜜也。第七釈迦牟尼仏。此是刹利種[32]。性釈迦。身長一丈六尺。円光七尺。仏寿[33]八十[34]。而釈迦寿命経論所出不同。中本起経云。仏寿[35]八十[36]。双巻泥洹経云。七十九歳。八十胎経第三二[37]巻世[38]品云。釈迦寿命八十四也。阿含経云。仏寿八十五[39]。釈論第三十[40]四巻云。釈迦仏寿命百歳。婆沙云。仏三阿僧祇劫。

1「不現」を「下見」に作る。
2檀。 3なし。 4檀。
5「由旬高四」の四字なし。
6旧。
7「円」の上に「身」あり。 8なし。
9「里」の下に「也」あり。
一以上第一一紙。 10なし。
11「明」の下に「相」あり。
12「仏」の上に「此」あり。
13証。
14妙。
15村。
16なし。
17なし。
18「六」の下に「巻」あり。
19他。
20なし。
21「多」の上に「有」あり。
22「聞」の下に「十」あり。 23寿。
24「性為名也」なし。
25なし。
26なし。
27「釈」の下に「此意」あり。
28なし。 29なし。 30運。 31なし。
32「利」の下に「王」あり。
33なし。
34「十」の下に「歳」あり。
35「寿」の下に「命」あり。
36「十」の下に「歳」あり。
二以上第一二紙。 37二。 38三世。
39「五」の下に「也」あり。 40四。

寿命与他化自在天寿一種。万六千歳。但八十年受余年者。衆生機只堪八十。故入涅槃。余化衆生者。付諸声聞菩薩等也。如[41]此時不同。意或[42]是随物所宜。見応寿無定。如来大期八十。於第七十九年説大経。若爾者。法花云四十九年。此必[43]是大経之前者。更退一年。是七十八年上[44]説法花。若爾以八十為定者。十九出家三十成道正取一。上仍説法者。仏初説法時。有人年十[45]許。已能至仏所聴法。比[46]至堪聞法。至[47]仏涅槃去後。得年已[48]六十一。仏滅度去已後四十[49]許時。此人始一百一歳。即[50]具聞仏[51]説法。始終説法之。此人在世。由能説法行化。純風猶在世。盛行仏法也。此是諸法師説意也。釈迦父名浄飯[52]。母名摩耶。子名羅睺羅。城名迦毗羅跋提。□[53]多聞弟子等如居士経[54]説也[55]。毗[56]婆尸仏至釈迦[57]。初生之時。皆行歩挙手。而言[58]言三界皆苦。天上天下唯我為尊[59]。又皆遊四方。観見老病死。沙門学道[60]成道。皆趣鹿野苑。転四諦法輪。諸師説如此也[61]。又七仏並是上金色也。観仏三昧経第八巻云。弥勒身長千尺。若如成仏経云。身長十六丈。円光百由旬。寿命八万四千歳。是婆羅門種。性梵子。父名修梵摩[62]。此云浄徳。亦名善徳。母梵応[63]跋陀[64]。此云徳殊。子名徳力。[三]城名翅頭末。多聞弟子名海氏也。胎経第二巻云。釈迦従右脇[65]生。弥勒従頂上生[66]。我寿百歳。弥勒八万四千歳。我国是土。汝国是金。我国[67]苦。汝土[68]楽也。尋弥勒是賢劫第五仏也。若[69]三大劫三千次第出名者。過去名荘厳劫有千仏。最初[70]仏名花光仏。最後[71]仏名毗舎[72]婆如来也。現在賢劫有千仏。最初成仏名拘楼孫仏。最後[73]仏名楼至如来也[74]。未来名[75]星宿劫有千仏。最初[76]仏名曰光仏。亦名浄光称王仏。最後[77]仏名須弥相如来也。若依称揚諸仏三千仏経云。過去荘[78]厳劫千仏中。最初仏名人中尊仏。次仏[79]名師子歩仏。最後仏名金剛王仏[80]。賢劫千仏中。最初仏名拘那提如[81]来。次仏[82]伽那含

41「此」の下に「等」あり。
42時。
43経。
44なし。
45「十」の下に「一」あり。 46此。
47なし。 48至。
49「十」の下に「年」あり。 50なし。
51なし。
52「飯」の下に「王」あり。
53法。 54「経」の下に「中」あり。
55なし。 56「毗」の上に「説」あり。
57「迦」の下に「仏」あり。
58「言言」を「云」に作る。
59独。 60「成道」なし。 61なし。
62なし。
63摩。 64提。
三 以上第一三紙。
65「脇」の下に「得」あり。 66なし。
67「国」の下に「為」あり。 68国是。
69「若……名者」の十一字なし。諸本も欠く。
70「初」の下に「成」あり。
71「後」の下に「成」あり。 72善。
73「後」の下に「成」あり。 74なし。
75なし。 76「初」の下に「成」あり。
77「後」の下に「成」あり。
78「荘厳劫」なし。 79なし。
80「仏」の下に「也」あり。
81「如来」なし。 82名。

牟尼仏。最後仏名[1]楼至仏[2]。未来星宿劫中千[3]仏[4]。最初仏名王中王仏。最後仏名[5]曰輪場尊上徳[6]仏也。[7]問。諸論師等。依釈論第九巻云。於九十一劫中。最初劫仏名毗婆尸仏。第三十劫中仏名尸棄仏。第九十劫中仏名毗舎婆仏。此三仏是過去荘厳劫中仏。従拘楼秦仏以来仏是賢劫中千仏。此事定爾示。答。此意未必定爾。何者。九十劫中三仏。云何是過去千仏。限劫数過去云九十劫。非但三仏耶。若言中小劫。亦不番有三仏。釈論意。小乗明我。不論十方仏。故優婆塞戒経云。小乗宗不明十方仏等。直明仏出世化衆生。難遇難見。[一]末明三千仏出事。若大乗明宗。三大劫中出三千次第出世。如前既釈也。又七仏出世有二義。一明大小仏出有七仏。如大論第九巻所明。三千仏出世。亦如前経所釈也。故経論云。九十一劫中第九十一劫中賢劫有十仏。第二大劫例別之。小乗意。楼至滅後六十二劫中無有仏空過。第六十三劫中一仏出世。名浄光称王仏。十小劫方乃滅後過後三百劫。無有仏出世空過也。一・為伝云大乗意大異也。如小乗但第一四天下生。大乗言百億第四天下生等也。故百億補処弥勒也。三千大千亦是大乗言也。

第五明出世時節久近[8]

劫初人寿命数不同。或云千万億歳[9]也。或云四万歳也[10]。或云八万四千歳也。漸漸転減促[11]。止於百年乃至十歳。雑心亦同也。故楼炭経云。人寿命至十歳[12]時。有三小劫起。一者刀剣劫。二者穀貴劫。三者病瘦劫。刀剣者。人多貪麁。行十悪法。若善衆共誹[13]嘆[14]。推為愚。争共淩滅相。滅相斁[15]作悪。無一[16]善人[17]。爾時人民。亦寿十歳時。女徳五月日生児。人多非行法[18]。女嫁所有飲食羹味一切衣服。皆悉滅尽。天下山林谿谷崖[19]岸自然而生。所有七宝皆没地中。但有棘荊。于時人民。不孝父母。不承事

1なし。　2也。　3なし。

4「仏」の下に「中」あり。　5なし。

6「徳」の下に「王」あり。

7「問」以下三百六十一字なし。諸本も共に欠く。

一以上第一四紙。

8遠。

9なし。　10なし。

11「促止」を「従正」に作る。

12年。

13なし。

14咲。

15教。

16「一」の下に「言」あり。

17なし。

18「非行法」なし。

19岸。

20「見」の下に「値遇」あり。
21害。
二以上第一五紙。
22年。 23「点之」を「賢」に作る。
24なし。 25草。
26知。
27約。 28年。 29なし。
30年。 31「万」の下に「三万」あり。
32「万」の下に「六万」あり。
33「寿」の下に「命」あり。
34喪。 35是。
36「飢」の上に「二者」あり。 37なし。
38「多」の下に「作」あり。
39「水旱」を「于時天旱」に作る。
40糳。 41粮。 42糠。
43「落葉」を「葉落」に作る。 44自。
45「粃葉」を「糠棄」に作る。 46則。
47「之転」なし。 48処。 49捨。
50「飢」の下に「餓」あり。 51是。
52「疾」の上に「三者」あり。 53なし。
54なし。 55殖。 56なし。
57「撾打」のなし。 58堕。 59なし。
60病。 61「中」の下に「也」あり。
62「劫」の下に「中」あり。
三以上第一六紙。
63なし。 64病。
65「波惟」を「彼唯」に作る。 66劣。
67なし。 68「渇之」なし。
69「撰」の下に「之」あり。 70なし。
71「劫」の下に「也」あり。

沙門道人。人民相見[20]。但欲相殺害。譬如猟師見鹿獐便欲殺之[21]。于時草木瓦石。皆作為刀剣。展転相殺人既止寿十歳[二]中[22]。有点之者[23]。見此相殺。走入山林谿谷深河[24]。於中蔵遅。言無有能殺我者。我亦不殺汝。人便在山林。食殺諸樹根果[25]。相殺七日便止。又経云。十日方止。時人死者。皆堕泥梨中也。相殺既止。智者乃出[26]。相見共相釣勅[27]。不宜相殺害。於是天下人民更為善行。其後生子皆寿二十歳[28]。如是子[29]後生孫寿命四十歳[30]。稍稍増至八十。乃至百千一万二万[31]四万歳[32]。既約相戒。並為善行。其寿命稍稍増長。如是久久天下人民皆寿[33]八万四千歳。然後当有仏出名弥勒。天地興[34]襄其相如此[35]。是為刀兵劫也。飢[36]餓劫者[37]。人多[38]非法。愚痴邪見。慳貪嫉妬。守財不施。水旱[39]不節。田種無収。米穀[40]転尽。食粒[41]驚責。掃択粃粒[42]。街巷落葉[43]。以日[44]連命。粃葉[45]既尽。穿鑿地下。食草不根。在先而死捨[46]剔死人復共食噉。噉之転[47]飢渇。於屠殺之更[48]。乃至塚間。拾[49]諸骸骨。煮汁飲之。以此自活。飢[50]死尽者。生餓鬼中。名[51]為飢餓劫也。疾[52]病劫者[53]。人皆正見。修行十善。終不生三劫中也[54]。但人無福徳。値[55]悪時悪人故。疾病衆多。又無有他方。計少有医薬。雖行衆善。不能攘劫。遇[56]病輙死。生平在侵撓撾打[57]杖棰。既其心乱故。臨死時接其精神。直落[58]三悪道中。受無量苦也。故経云。一日一夜持不殺戒。終不生刀兵劫[59]疾病劫中也。又云。若以呵梨勒菓施僧。終不生疾[60]疫劫中[61]。若一食施僧。終不生飢饉劫[62]。此閻浮提[三]悪劫互起。余方則[63]少此間刀兵劫起。・波唯重嗔。此間疾疫[64]劫起。波惟[65]気力羸者[66]。此間飢饉劫起。・波[67]但小小渇之[68]耳。此三劫事。出長阿含経。三法度経。花厳経。及大論与雑心論等撰[69]也。経云。三劫者。時序改変悪時[70]為小劫。非是四十里方石等小中大三劫[71]。

第六弁成道

先[一]明七仏成道。次[二]明弥勒成道。先明七仏成道。坐樹不同。依長阿含経明之。第一毗婆尸仏。坐婆羅樹下成道也。第二尸棄仏。坐分陀利樹下成道也。第三毗[1]舎婆仏。坐[2]塼洛刃樹下成道也。第四拘楼孫仏。坐尸利沙樹下成道也。第五拘那含牟尼仏。坐優曇婆羅門[3]樹下成道也。第六迦葉如来[4]。坐拘律[5]樹下成道也。第七釈迦牟尼仏。坐貝多[6]樹下坐成道也。又十住毗婆沙。明前六仏樹名是同。唯釈迦一仏。坐阿輸陀樹下成道也。[7]又第八弥勒。坐龍華樹下[8]坐成道。但成道真応二種成道。略如第四重中説。今[9]文明之。一者理成仏。即是真成[10]也。二応迹成[11]也。言理成[12]者。従凡夫修行。乃至登十地。未有常住窮学。[13]後[14]心始有円明。斯則本無今有。故言理真成[15]也。言応迹成者。如弥勒大士。即出家日。坐龍華樹下。成等正覚。故言応迹成[16]也。惣談因果不出二種。一実行修因得実行之果。[17]即是凡夫依怖修行無所得。乃至十地。此等並是実行之因。金[18]心後仏果起時。此是実行之果[19]。二[20]迹中行因得応身之果。如釈迦六年苦行。此即是迹中修因。三十[21]成道。此意応身之果。今弥勒成道迹因応果也。[三]

第七明三会度人多少不同

依観仏三昧経明之[22]。七仏三会度人不同。第一毗婆尸仏三会説法。初会時度十六万八千人。第二会時度十万人。第三会時度八万人也。第二尸棄仏亦三[23]会[24]度人。初会時度十万人。第二会時度八万人。第三会時七万人也。第三毗舎婆[25]仏二会説法度人。初会時度七万人。第二会時度六万人也。第四拘楼孫仏。一会[26]度四万人也。第五拘那含牟尼仏。亦一会説法度三万人也。[四]第六迦葉仏。亦是一会説法度二万人也。第七釈迦牟尼仏。亦一会説法度一千三百五十人[27]。並[28]是善来得成人也[29]。諸法師[30]云。此観仏三昧経。未知何時[31]会時度千二百五十人。初度提謂波利人[32]等。不見多人。為五

一 原本は改行なし。
二 「次明……仏成道」の十二字は行間書きなり。あるいは「イ本」か。
1 「舎婆」を「婆舎」に作る。
2 「塼洛」を「将落」に作る。
3 なし。 4 「如来」を「仏」に作る。
5 「律」の下に「陀」あり。
6 「多」の下に「羅」あり。
7 次弥勒成道。 8 「坐成道」なし。
9 更。 10 「成」の下に「仏」あり。
11 「成」の下に「仏」あり。
12 「理成」を「真成仏」に作る。 13 復。
14 なし。 15 「成」の下に「仏」あり。
16 「成」の下に「仏」あり。 17 なし。
18 「金」の下に「剛」あり。
19 「果」の下に「也」あり。
20 「二」の下に「真」あり。
21 「十」の下に「得」あり。
三 以上第一七紙。
22 なし。
23 なし。
24 「会」の下に「説法」あり。
25 「舎婆」を「婆舎」に作る。
26 「会」の下に「説法」あり。
四 「第六……人也」の十六字は諸本に欠く。
27 「人」の下に「也」あり。
28 なし。 29 なし。
30 なし。
31 「会時」なし。
32 長者。

人説法。只見拘隣等五人。若合諸天明之。[33]経自云八万諸天悟道。故難解之。[34]又非是一会度人也。但是一坐異聞悟道。名一千二百五十也。[35]又云。優楼頻螺迦葉等三兄弟等為一千。舎利弗目連二人眷属為二百五十人。又云。身子弟子等六百五十人。目連有[36]六百人。合一千二百五十也。[37]釈迦一会説法者。備[38]就於鹿野苑中。為説四諦法輪明之也。此[39]七仏中三会或二会或一会[40]不同也。第八弥勒仏。三会説法度人多少不同。如[41]胎経。釈迦語弥勒偈言。[五]汝生快楽国。不如[42]我累苦。汝説法其易。[43]我説法甚難。初説九十六。[44]二説九十四。[45]三説九十二。[46]我初説十二。二説二十四。三説三十六。汝所三説人。是吾先所化九十六億人。受我五戒者。[47]九十四億人。受持三帰[48]者九十二億人。一称南無仏。汝父[49]梵摩浄。[50]将八万四千。非我先所化。[51]是汝所開度。[52]報恩経与[53]大本経亦云。三種人是釈迦先化人。[54]同此経説也。[55]又[56]胎経第三巻法住品云。[57]仏告弥勒。我今縁尽。無教化処。今所化[58]衆生。分作三分。一[59]分付阿難度。一分与難陀優鉢龍[60]度之。余一分付弥勒度脱之也。

[六]第八弁弥勒与釈迦同時涅槃不同

[七][61]時滅度。尋仏是周荘王十年夏四月八日辛卯夜。[八]恒星不現時。即是仏生之日。仏是恵王八年四月八日出家。于時年十九。至恵王九年四月八日成道。于時年三十。至迂王五年二月十五日滅度。于時年八十。仏自出世来。従周荘王至梁。合得一千二百四十年。具如大経遊意中弁之也。[62]菩薩処胎経集法品云。如来是二月八日成仏。二月八日転法輪。二月八日降魔。二月八日而般涅槃也。諸経説少少不同之。[63]次明弥勒入涅槃時節。故如弥勒観経云。優婆離[64]離[65]而仏言。世尊往昔於毗尼中及前後諸経。説阿逸多[66]常作仏。此人具足凡夫。未断諸漏。[67]其人今者雖復出家。不修禅定不

33なし。 34也。
35「十」の下に「人」あり。
36なし。 37「十」の下に「人」あり。
38偏。 39なし。 40「或一会」なし。
41「如」の下に「菩薩処」あり。
五以上第一八紙。
42「不」の上に「亦」あり。 43甚。
44「六」の下に「億」あり。
45「四」の下に「億」あり。
46「二」の下に「億」あり。 47なし。
48「三帰」を「我戒」に作る。 49又。
50得。 51なし。
52「度」の下に「人也」あり。
53「大本経亦」を「本業経」に作る。
54所。 55得。
56「又」の下に「処」あり。 57なし。
58なし。 59「一分」なし。 60なし。
六原本は改行なし。
七右に同じ。
61「時」の上に「先明釈迦涅槃先」あり。
八「辛卯……八日」の四十字は行間書きなるも筆写の際の誤脱ならん。
62「弁之」を「説」に作る。
63なし。
64なし。
65問。
66当。
67結。

断煩悩。仏説此人成仏無疑。此人命終生何国。仏[1]答言[2]。此人従今去十二年中命終。必得往生兜率天上。仍為諸天子広説法也。優波離[3]又問。今此大士。何時[一][4]於閻浮提生[5]彼天。仏答云[6]。却後十二年二月十五日。於波羅捺国[7]劫波利村。大波羅門問[8]家本所生処。結跏趺坐如入滅尽定[9]。而取滅度時。諸人起衆宝塔。供養舎利。於兜率陀天七宝台内摩尼殿上師子床上。忽然化生。於蓮華上結跏趺坐。身如閻浮檀金色。長十六由旬。有三十二相八十種好。昼夜六時[10]説法度諸天子。五十六億七千万歳。爾乃下[11]来生[12]此作仏也。言不修禅定不断煩悩者。旧諸師云。此観経同初教法輪。亦如釈迦。以凡夫身六年苦行。方得作仏為例也。今謂[13]。既応現為発心位[14]。故上生経中[15]六度四等菩薩行[16]。即不退転行。即[17]具論中仮者。可言不修禅定不断煩悩耶。但優婆離執小乗意聞耳[18]。半教之宗。真凡夫身成仏。都不論前名[19]証聖与成仏。故作如此問。自今大乗具足[20]論本迹故。仏答直明上天[21]兜率生[22]依正報事。都不明不断煩悩等事也。故大品経云。入法位人[23]得[24]被授記。又十住断経云。弥勒久已成仏。為慈悲[25]本願故。現身成仏。大品経夢行品云。弥勒久行六波羅蜜。無所得故。又如大品経第八巻云。昔於花厳城内。見燃灯仏。即得不雖六波羅蜜行。若爾豈得言不修禅定不断煩悩耶。大経第三十四巻云。発心畢竟二不別。如是二心先心難。自未得度先度他。是故我礼初発心。初発心心已為天人師。勝出声聞及縁覚[26]。如是発心過三界。是故得名最上道也。又[27][二]花厳経第四十七四十八[28]云。弥勒菩薩語善財云。我於閻浮提南界摩離国内拘提聚落婆羅門種性中[29]。為欲滅彼憍慢心故。化度父母及親属故[30]。於中受生。於此命終。生兜率天。化度彼故。於彼天上。寿終尽時。下生此間。成等正覚。汝及文殊師利。□[三]得見我。汝往詣文殊[31]処。問菩薩行学道[32]。何以。文殊師利。常為

1七仏。　2なし。

3「離」の下に「復」あり。　4なし。

一以上第一九紙。原本は「於」の次に「第九箇教大小乗」の文である「者三帰二者五戒……」に接続さる。錯簡なり。今はそれを訂す。紙数で言わば正しくは、第二二・二〇・二一の順序なり。

5没生於。　6なし。　7却。　8なし。

9なし。　10「時」の下に「恒」あり。

11「下」の下に「至」あり。

12なし。

13諸。

14なし。

15「中」の下に「具」あり。

16なし。　17之。

18なし。　19身。

20なし。　21生。　22天。

23なし。　24初。　25愍。

26「縁覚」を「辟支」に作る。

27なし。

二以上第二一紙。

28「八」の下に「巻」あり。

29「中」の下に「生」あり。

三虫食にて不明。諸本は「謂」なり。　30族。

31「殊」の下に「師利」あり。

32修菩薩。

諸仏之母。常為諸菩薩師也[33]。若爾諸経分明如説者[34]。可言不修定不煩悩耶。但諸論師等義宗。発心之位最下。仮名空前為発心位。即是[35]真凡夫位中安[36]。故作如此判耳。今明[37]発心位。具中仮明之故即高也。又尋検衆経。釈迦与弥勒滅度時節釈不同。一者地摂成毗諸家云。弥勒於人中。入[38]般涅槃。応是釈迦前滅度[39]。何以得知。説法華経時。猶[40]有弥勒。若至双林法席。不復見[41]列弥勒名。説法花在前年之末。説涅槃是今歳之初。若[42]弥勒在仏後生天者。便応在涅槃法席。而今無[43]。当如必是仏前入涅槃也。二云。大経云。弘広菩薩[44]通論諸菩薩。若爾弥類在弘広菩薩限中。無有一菩薩名弘広故也。三[45]今謂則不然[46]。如第一諸師説。第二云似有如此義。而釈論第一巻与第百巻親云。仏滅度後[47]涅槃。若爾[48]成略故[49]不列名。或是如第三[50]釈也。

第九簡教大小乗[51]

[四]旧諸師云。釈迦一化現形致教。不出二途。一[52]是世教。二[53]是出世教。明世教有三種。[五]一者三帰。二者五戒。三者[54]十善也。三者出世教。亦有三種。一[55]頓教。為利根大行人説。如華厳[56]大集等経是也。二者偏方[57]教。為中根之人説。如夫人経[58]及金光明等経是也[59]。三者階漸次第教。此[60]為下根[61]人説経[62]。即五時四時経[63]教是也。談此経。於二経[64]中是出世教。而三教中[65]師解不同。一云。是偏方教[66]。明未来因果成仏。浄土因果之事[67]。依正二果事事釈[68]畢。具如経文所説也。二云。此是次第教。五時教中此是初教。次補釈迦並論一生成仏事。亦是小乗。指授記事。如[69]本末経中説也。又此経既従阿含経中出。阿含是三蔵教。此経理自是小乗教。若如大弥勒経別時[70]説。未必是阿含中出也。又一云。是大乗教。故中阿含経復釈是大乗。即此経文中。有常楽等語。今謂不然。汝既言阿含経復是大乗等者[71]。非正宗。傍明大乗也。故今謂。上生[72]経是

33「薩」の下に「之」あり。
34「如」の下に「此」あり。 35なし。
36なし。 37なし。
38なし。 39なし。
40亦。 41なし。
42名。 43「無」の下に「者」あり。
44「薩」の下に「者」あり。
45王。
46なし。
47「後」の下に「阿難文殊師利弥勒三人結集大乗蔵故知仏滅度後」あり。
48「爾」の下に「者」あり。 49なし。
50二。
51「乗」の下に「者」あり。
四 原本は改行なし。
52「一」の下に「者」あり。
53「二」の下に「者」あり。
五 以上原本では第二一紙の終り。「者」以下が第二〇紙に当たる。
54 傍註「三者」の二字「イ本不明」とす。
55「一」の下に「者」あり。
56「厳」の下に「教」あり。
57「方」の下に「便」あり。
58なし。 59なし。 60なし。
61「根」の下に「之」あり。 62なし。
63なし。 64種。
65なし。 66便。
67中。 68精。
69具。 70なし。
71なし。 72なし。

正是大乗教[1]。故経文多具明六度四等菩薩行菩提心無上道等也。亦具論中仮故大乗因果。第三段明宗中説。下生経是小乗為宗。故三説文唯証四果而已也。問。若爾経文何意証常楽等四徳耶。答。尋常楽等語。亦漫如小乗滅度無為中。亦義説常楽等。大乗妙有亦得明常楽。仮令属大乗。可例如波若教。已上一例。或可是対台懐[2]無常楽[3]等事。何必是破三修比丘説常楽義[4]也。

第十明雑料簡

問[一]。此経既是大乗経。何故不安五事[二]。答。伝云。既従大成仏経出。故略爾不安五事。大経[5]既有五事[6]本[7]無。如観[8]言経不安五事。大本成仏経安五事。仏住在摩伽陀国[9]。遊[10]彼波沙山。此翻云孤絶山。過去諸仏常降魔処。夏安居中。与舎利弗共経行。山頂而[11]説経也。問。此経宗。浄土因果為宗。是何物[12]浄土。答。此国土穢土中浄土[13]。非是[14]如無量寿浄土等。何以知之者[15]。大論云。地居故非諸天[16]。無欲故非欲界。賢愚経云。弥勒出世時。五百歳行嫁有婦女等。寧得是好浄土也。問。釈迦何故十九出家三十成道。弥勒何以且[17]趣出家初夜成道耶。答。旧云。弥勒発心来久[18]故。所以少時成道。釈迦発心来近[19]故。所以久時成道[20]。問。釈迦発心来近故。不即成仏[21]者。発心来近故。在後成仏。何意前仏成仏[22]。答[23]。精進苦行故前成仏[24]。問。精進苦行故前成仏者。精進苦行故。即[25]日出家成仏。不応久久成仏也[26]。今[27]謂。未必然。終是随縁[28]機宜方便。久近不同示耳[29]。問。釈迦何故託生刹利性[30]。弥勒何以託生波羅門性[31]。答。釈迦所化衆生。剛強難化故。所以託生貴性化衆生也[32]。弥勒所化衆生。柔軟易化故。所以託生婆羅門性。故菩薩処胎経云。汝説法甚易。我説法甚難也。釈論云。諸仏八相成道。一上天。二下[33]胎。三住胎。四出胎。五出家。六成道。七説法。八滅度。

1 なし。
2 悟。
3 「楽等」を「説常」に作る。
4 我浄。
一 原本は改行なし。
二 「五」まで第二〇紙。「事」以下第二三紙。
5 「経」の下に「云」あり。
6 「事」の下に「所以小大」あり。
7 なし。 8 「観」の下に「世」あり。
9 優。
10 「彼波沙」を「婆婆娑」に作る。
11 なし。 12 名。
13 「浄」の下に「穢」あり。 14 なし。
15 なし。 16 語。 17 なし。 18 未。
19 「来近」を「不久」に作る。
20 「道」の下に「也」あり。 21 なし。
22 「仏」の下に「耶」あり。
23 「答」の下に「釈迦」あり。
24 「仏」の下に「也」あり。 25 得。
26 耶。 27 「今」の上に「答」あり。
28 なし。 29 也。
30 王種。
31 種。
32 なし。
33 天入。

大弥勒経云。七乞食。八尋迦葉。九滅度也。瑞応経云。乗白傷入胎[34]。雖処胞胎如[35]
遊天宮也。花厳経広説入胎事。殊絶不可思議也。弥勒仏出世時。田一種七獲。米[三]
長七寸。白如珂玉。甘甜如密。如劫[36]米四寸也。衣服等従樹生。自然而有。同如北[37]
欝単国[38]也。又明珠柱長。小本云。高[39]十里光[40]照八由旬。是三千二[41]里也。又云明珠柱。
一云用珠荘厳柱故。言明珠也。二云柱是明珠作。如金作柱也。又賢愚経云。爾時
人[四][42]長八丈也。此経云。人寿八万歳。若菩薩胎経与賢愚経云。人寿八万四千歳也。
又経云。歎[43]骨身者。大本云。迦葉入滅尽定。待弥勒出附三衣体[44]具已。仍永[45]入無余[46]
涅槃。有人言。骨身舎利故。放光想出入十八変瑞。故皆言骨歎骨[47]身耳。又云。入[48]
滅定骨身不朽壊。猶如骨堅[49]。故言骨身也。今謂応如後解[50]。阿含経云。仏声聞弟子
有四人。至今猶未[51]入涅槃。待仏法滅尽時。方入無余。一[52]摩訶迦葉。二[53]賓頭盧上坐。
三[54]君頭抜嘆。四[55]羅睺羅。比[56]丘若爾迦葉入滅尽定中。入無余耶。弥勒成仏已領大衆。
往至迦葉所。用三種法。発起迦葉。三種法者。一香油灌[57]。二打揵槌。三吹螺。于
時迦葉従滅定起。破衆生心故[58]。作十八変。如金翅鳥飛騰虚空須弥山。放金色光明。
破伏彼衆生心也。問。三種事従滅定起者。如阿難入第二禅。摩王打阿難頂。尚不
出定。云何三[59]事出滅定耶。答。迦葉昔有要期。於弥勒出時当出定故応起。須仮三
方便得発起也[60]。問。往耆闍崛山。復言狼迹[61]山。何意耶。答。狼迹山[62]。崛[63]山之小山。
如鍾山之有独龍山也。問。迦葉何時得仏大衣与八万四千法蔵。待弥勒来狼迹山時[64]。
[五]起滅尽定時。付嘱弥勒仏也[65]。答。釈迦入涅槃時。阿難迦葉後時[66]来至[67]仏。爾時従棺
中[68]起。実[69]為論法。爾時付迦葉。迦葉得此二種物[70]。後[71]時奉弥勒仏也。又[72]云。迦葉二
十年中。誦持如来一化所説。八万四千法。師仍入狼迹山中。爾時山石自為開。迦

34「入」の下に「胞」あり。　35身。
三 以上第二三紙。
36「劫」の下に「初」あり。
37なし。
38「国也」なし。　39なし。
40常。
41「二里」なし。
42身。
四「長……愚経云人」の二十三字諸本なし。
43「歎」の下に「屍」あり。
44鉢。　45承。　46為。
47「骨」の下に「観」あり。　48なし。
49賢。　50なし。
51得。
52「一」の下に「者」あり。
53「二」の下に「者」あり。
54「三」の下に「者」あり。
55「四」の下に「者」あり。
56「比」の上に「此四」あり。
57濯。
58なし。
59なし。
60なし。
61跡。
62跡。
63「崛」の上に「是」あり。
64なし。
五 以上第二四紙。
65なし。　66なし。　67なし。　68なし。
69「実為論」を「広説」に作る。
70なし。　71従。
72「又云……経蔵也」の百四字なし。諸本も共に欠く。

1「経」の下に「耶」あり。
2「何意」なし。
3「見」の下に「之」あり。
4「是勧」を「欲歓」に作る。
5「率」の下に「天」あり。　6乃。
7已。　8於。　9作。
10「迦」の下に「牟尼」あり。　11得。
12通。　13「仏」の下に「耶」あり。
14なし。　15なし。
16「等」の下に「亦」あり。
17「来」の下に「世」あり。
18「当」の下に「得」あり。　19云。
20「心」の下に「者」あり。
21「通」の下に「中」あり。　22王。
23なし。
24「身」の上に「釈迦仏」あり。
25「釈迦仏」なし。
26「十時時」を「肘」に作る。
―以上第二五紙。
27長。
28舊。
29なし。
30「丈四」を「四丈」に作る。
31然。
32なし。
33「人……下生」の三十九字なし。
34「数」の下に「如」あり。
35なし。
36「下」の下に「生」あり。

葉入已山石遠合。後時阿難迭仏僧伽裂。至石山迹山石更為開。阿難見迦葉立。奉仏大衣付嘱已。迦葉仍以法蔵八万四千付嘱阿難。阿難於摩竭提国。二十年等住持経蔵也。問。既有弥勒成仏経[1]。[2]何意無釈迦成仏経耶。答。道理応有之。但未見[3]。但現釈迦。是勧[4]人弥勒結因縁。故偏明之。三世諸仏出世。必前往生兜率[5]。方下生[6]成仏。故応有之[7]。彼諸仏久久説之。而通論授記。如大釈迦牟尼仏。汝未来世[8]当得[9]仏。名如我名釈迦牟尼。燃灯因五花授記釈迦[10]当作[11]仏。即是釈迦成仏経也[12]。問。弥勒但能成仏亦能壊仏[13]。答。義理備有此義。始生曰成。終滅名壊。[14]或如応作。魔壊仏法。亦[15]有壊仏義。或如挙本長存廃滅。迹身等[16]壊仏義。而今言成仏者。此是拠始標勝。故言成仏也。問。授記有通別不。答。有之。若記言汝未来[17]当[18]作仏。如大経言[19]。凡有心[20]皆当作仏。如是道理通[21]記。又如生法師所記。一闡提成仏等通記也。別記。曾其国土[22]寿命[23]等此是迹中別。如今経等為別記也。問。仏身形量応長云何。答。経説不同。成仏経観仏三昧経云。身[24]長釈迦仏[25]八十時[26]。時二尺。即是十六丈。又云一肘四尺。若爾則三十二丈。下生経云。身長千尺。即是百丈。一倍過人五十丈也。背広三十丈。面身[27]二丈四尺。身与面手掌旧[28]恪十分之一。背与身五分之一。如即[29]是身長八尺。面与掌並八寸。胸広六尺。釈迦身長丈六。面掌並一尺六寸。胸広三尺。此得相称。然弥勒身百丈。面長丈[30]四尺。諸法師云。恐[31]相伝経者[32]。悞可惑処所生。[33]人形不同。如此聞人鼻短。而胡人鼻則長。何如是悞也。観仏三昧経云。諸仏出世。無不黄金色。又下生経云。弥勒応生。亦作黄金色也。又弥勒未来成仏歳数[34]諸経不同。一如双巻泥洹経云。一億四千余歳。乃当有弥勒出世也。二如[35]賢劫定意経云。弥勒五億七十六万歳下[36]作仏。三如観経与一切智光仙人経同云。五十六億万歳而下作仏。四菩薩処胎与賢愚経[37]。及賢劫経同云[38]。五十六億七千万歳方下作仏也[39]。又弥勒云。釈迦滅後[40]。如閻浮提日月数。凡五十六億十千万歳方出世也[41]。問。補処菩薩。何意必生第四天中。不生下天与上天耶。答。補処菩薩。必生第四天者。大論与涅[42]槃経具説之。大経第三十巻云。下天中其心闇鈍。在上天者。其心放逸。唯第四天最勝故。必生彼天也。大論云。下天経使[43]厚濁[44]。上天結使利。唯兜率天不厚不利智慧安穏。又下地寿命短促。命終時仏未出世。機不合故。上天等寿命長遠。未尽時仏出世時過去。復機過度。故第四天時寿命機時故[45]。必生此天中也。如長阿含経与花厳[46]。大経。楼炭経。倶舎論。立世毗曇等。意合雑取明耳[47]。問。六欲天諸事同人問不。答。有同有不同者[48]。王四身皆半由旬[49]。衣長一由旬。其重二分。天寿五百歳。大而明之。以人間五十歳。天中一日一夜。亦以三十日一月。十二月一歳。彼五百年即人間九万歳也。若食浄揣食。洗浴衣服。為細滑食[50]。男天[51]娶女嫁[52]。身行陰陽。一一同人間。以昔三業善[53]根。今[54]生為天。自然化現[55]。在女天勝上生児天。形之大小如人間両歳児[56]。又伝云[57]。男無分別男女二天也[58]。又男女両異者。一頭上花等多与君衣著故。分男女也。又児[59]生夫久便[60]自智飢[61]渇。七宝好器盛百味食。若福多者。飯色[62]自白。若福中者。飯色自青。若福下者。飯色自赤。飯食味甘露蘇提。若食竟亦不[63]汚食器。器中食飯[64]不浄[65]。如蘇投火也。又諸天等入池沐浴[66]。諸香樹下枝條垂曲。取[67]者[68]塗身衣。荘厳具華髪[69]宝器菓[70]宝楽器[71]。各各有樹出。遍往詣之。随意所取。入諸園林。無数天女。鼓[72]楽絃歌。讃歎相向。深染染著。視西忘東。其[73]楽忘其東西等方所。又念識知承先世善業。得生天上。感歎池沼[74]清澄。花[75]果栄茂。其城七重。皆広六十由旬。欄楯羅網宮殿壚壁行樹。皆悉七重。毘沙門王。常有五大鬼神。一名那闍楼。


37「胎」の下に「経」あり。

38なし。

39なし。

40「滅」の下に「度」あり。

41七。

42「涅槃」を「大」に作る。

43結。

44渇。

45「命」の下に「処中合」あり。

46「厳」の下に「経」あり。

二以上第二六紙。

47也。 48身。

49「王四身」を「四王身長」に作る。

50なし。 51「天」の下に「嫁」あり。

52「女嫁」なし。

53「善根」を「菩提」に作る。 54令。

55「在」の上に「若」あり。

56「両歳児」を「二年子」に作る。

57「云」の下に「男生坐父天勝上如生坐母天勝上而既有男女天天何容男天勝上坐若爾則」あり。

58なし。 59「又児」なし。 60使。

61知。 62なし。 63行。

64「食飯」を「飲食」に作る。 65停。

66なし。 67身。 68沐。

69鬘。

70「器」の下に「葉」あり。 71実。

72なし。 73「其」の下に「戯」あり。

74浴。 75「花果」を「葉花」に作る。

二名檀陀羅。三名醯摩抜陀[1]。四名提独[2]羅。五名修逸跡摩。常随侍衛。半[一]月三斉。八日十四日十五日。四天王常以八日。勅諸使者。汝等安行世間。観察人民。出敬沙門及婆羅門長老。受持斉戒布施不。使者教具開善善悪。聞悪不説。言善則喜。十四日四王当遣太子。安行天下。十五日四三日行歴諸世界。得善悪事。然後諸善法殿致具啓。天帝釈。聞作悪則愛言善則楽。課偈歎勤受持斉戒人与我同行善法。具出長阿含与大智論。楼炭経等也。余三天大勢豈同意也。忉利天此云三十三天。此天居須弥山頂。有三十三天宮。王名釈提桓因。此云能作天王。身長一由旬。衣長二由旬。広二由旬。衣重六銖。寿六千歳。若欲臨命時。有五相現。一衣垢膩。二頭上花委。三身体臭穢。四腋下汗流。五不楽本坐。事現時心大愁。如地獄苦也。飢食嫁娶猶四天王也。身体相近抱。以気成陰陽。三法度経云。行欲如人間也。以身口意三業善根。生忉利天。自然化現。在天勝上。如三歳児也。天即恣言是我男我女。目識前世施特得身。若欲得欲食。理満金器。福有溶浅。食有差別。降如四天王天也。城縦広八万由旬。楼炭経云。広長各三百万也。其七重九百九十門。門有六十表。青衣夜叉守之。三十三天。金城銀門。城金門。如是七宝互為城門。楼閣台観。周匝囲繞。園林浴地。宝華開雑樹行列。花果繁茂。香風四起。悦者天心異類。寄青鳥無数和。

[二]鳴也。又園中有難陀池[3]。縦広百[4]由旬。其水清澄[5]。七重宝塹。生四禅花。青黄赤白。[6]白紅縹[7]雑色。香気普薫。聞一由旬。相如車轂。汁白如乳。味[8]甘如密。復有雑園。大歓喜園。中間有樹名尽度。園七由旬。高百由旬。枝葉四布五十由旬。其[9]香風逆聞[10]百由旬。内有忉利殿。南又有一樹名波利質多。高[11]四千里。枝[12]葉分布二千里。風

1提。　2謂。
一以上にて第二七紙終り。次に押紙ありて次のごとく記す。「弥勒上下経遊意巻末欠脱別幸有巻末残本請合両本而備足焉」。以下の文を補うも一紙分欠落あり。今は東大寺本に依りて一字下げに記す。

二以下第二八紙目。従来と料紙異なり。
3「イ不明」とす。　4「イ不明」とす。
5「清澄」の二字「イ本不明」とす。
6なし。　7なし。　8なし。　9なし。
10「聞」の下に「一」あり。　11一樹。
12なし。　13なし。
14「炎摩天事」なし。

吹花香。逆風行聞二千里。当樹花時諸[13]共坐樹下。以為歓喜。帝釈与三十二臣。故三十三天也。炎[14]摩天事。炎摩[15]梁云時。大[16]智論云。妙善天宮。風•転所持在虚空中。[17]在名時善。身長二由旬。衣長四由旬。広二由旬。衣重三銖。従樹而生出。明浄光曜。有種種色。身体光明。不須日月。三業善根生。或施灯燭明珠。等施持戒定等業。生此天。寿[18]天二千歳。飲食嫁娶成欲[19]。如下天[20]。法度経云。相抱成欲也。初生之時。形如人間四年児[21]。光明等下天[22]不及也。兜[23]率天事。兜率天此云知足天宮。風•転所持。在虚空中[24]。名善喜。後辺身菩[25]薩生在此天。身長四由旬[26]。広四由旬。衣重一銖半。寿命四千歳。食同下天。亦有嫁娶。執[27]手成欲。其[28]天初生[29]如人間五歳[30]。如[31]弥勒生。異余天生故。弥勒上生経云。兜率陀天。七宝堂[32]内。摩尼殿上。師子床坐。忽然化生也。故大経云。名色命三種。異余天生也。上[33]自知前世。如下天事也。衣冠歌儛身光明。勝[34]下天也。化[35]楽天事。化楽天宮。亦為風輪所持。在虚空中。王名善。自化五欲。以自娯楽[三]。身長八由旬。衣長十六由旬。広八由旬。衣重一銖。寿[36]八千歳。飲食等多[37]下天同。亦有嫁娶。熟[38]相者成欲。三法度経云。以深[39]染汚心。与天女共語[40]成欲。其天初生[41]。如人中[42]六歳[43]児。光明殊勝[44]兜率天[45]也。他[46]化自在天事。他化自在天宮。亦為風輪所持。在虚空中。天王名伝[47]茶他所化。以自娯[48]楽也[49]。又名愛[50]身長。於[51]欲界中。独得自在娯楽也。身長十六由旬。衣長三十二[52]由旬。広十六由旬。衣重半銖。寿命天[53]万六千歳。飲食如下天。亦有婚姻。□[54]相視成欲。楼炭経云。但念便成欲。三法度経云。共女各深[55]染著相視[56]成欲。若不染心不成欲。但楽而已。如人間相抱時楽心也。彼天初生[57]時。如人間七歳児[58]也。彼天見他人所化種種事。至至楽[59]。言他化自在天[60]也。第七波旬魔天者[61]事。魔天宮在欲色二天中間住也。魔者譬如

15「摩」の下に「天」あり。　16なし。
17王。　18命。　19「成欲」なし。
20「天」の下に「同」あり。　21子。
22「天」の下に「所」あり。
23「兜率天事」なし。
24イ本は「中」の下に一字あるも虫食にて不明。
25「菩薩」の二字「イ本不明」とす。
26「旬」の下に「衣長八由旬」あり。
27携。　28「其」の上に「即是」あり。
29「生」の下に「之形」あり。　30年子。
31「如」の下に「是」あり。　32台。
33亦。　34「勝」の下に「於」あり。
35「化楽天事」なし。
三以上第二八紙。
36「寿」の下に「命」あり。
37「多」の下に「如」あり。　38就。
39なし。　40惰。
41「生」の下に「之形」あり。　42間。
43「歳児」を「年子」に作る。
44「勝」の下に「如」あり。
45「天」の下に「同」あり。
46「他化自在天事」なし。
47「伝茶」を「自在転集」に作る。
48なし。　49なし。
50「愛身長」を「受楽」に作る。
51なし。　52三。　53なし。
54「相」の上に一字あるも不明。塹か。
55なし。　56なし。
57「生」の下に「之」あり。　58子。
59「楽」の下に「故」あり。　60なし。
61「者事魔天」なし。

1 なし。 2 なし。 3 なし。
4 「女」の下に「人」あり。 5 立法。
6 謂。 7 謂。 8 なし。 9 なし。
一 以上第二九紙。
10 「亦随白色」なし。
11 なし。 12 更。 13 人。
14 「出世」を「仏」に作る。
15 有。 16 滅。
17 出。 18 なし。
19 「不」の上に「釈」あり。
20 なし。 21 滅。
22 原本一字あるも虫食にて不明。「有」か。イ本はなし。
23 「曰地」を「越地広」に作る。
24 なし。
25 なし。 26 なし。
27 「臣」の下に「異」あり。
28 「疾」の下に「之」あり。
29 子。
30 国。
31 随。
32 なし。
33 「五」の下に「日」あり。
34 云。 35 「広」の上に「地」あり。
36 なし。 37 なし。 38 なし。
二 以上第三〇紙。 39 此。 40 なし。
41 「上広下狭也」なし。
42 「出」の下に「世」あり。
三 「海水」以下「其中也」までの百四字は、筆写の際の底本には欠けていた如くで、原本にては「処」の次に「弥勒出世時四城処海水……」として、イ本

石磨磨。破壊仏弟子功徳也。宮殿縦広六千由旬。城塹七重宝一切荘厳。猶如第六天也。又有十法。一飛去無限数。二飛来無限数。三去無礙。四来無礙。五天身無有皮膚骨体筋脈血肉[1]。六身[2]無有不浄大小便[3]利。七身無疲極。八無有女[4]故不産[5]。九天目不眴。十身随[6]意。好青色則青色。好黄色則黄色。好赤白等衆色。随[7]意而現之。此是彼天十法也。又有持十事特之。一飛行無極。二往還無極。三無諸盗賊。四不相説自行善事。亦不説他人作悪。五無有相侵損。六諸天牙歯等通是一切[8]刀刃也。七髪紺青色滑沢甚長也[9]。八諸[一]天等青色髪者。身亦随青色。九欲得白色亦[10]随白色十欲得黒色。身即随黒也。此七天諸事不同者。依長阿含。涅槃。楼炭。三法度。花厳等。並釈論[11]中意。平[12]有出入[13]不同。今取料簡之也。問。釈迦出時与弥勒出[14]世地水闊狭云何耶。答。闊狭有異。弥勒時水滅地増。今時人小。水広地狭。後時人多。水滅地増也。人即福徳人処処満。受楽無為[15]相損[16]之事也。水滅者。弥勒出世時。四海四面各減三千由旬十二万里也。是時閻浮提水少而地潤。人物多也。釈迦処[17]世。海広而地狭。地七千由旬。今弥勒時。地[18]広十千由旬。合四十万里也。問。四城中但南閻浮提地水増減。余三城地水二増減耶。答。不[19]同。一云但歳樹地増減。是仏出処。余三処非仏出処。不増[20]減也。二云四城処[21]並増減也。今同此説。釈迦所化処。四減四悪趣六欲及中間四禅四無色無相五阿那含二十五有也。又云。百億須弥山百億日月有故也。又諸法何依造天地。経云。須弥山王北□[22]欝単曰[23]地。此云最上地。各[24]広長各三十六万里。地形正四方。彼人面形遂地[25]勢。故正四方猶如方鏡也。以福徳故[26]自然衣食。無有君臣[27]。亦無有病疾[28]患等也。山東有弗于[29]逮地。此云初月[30]地。亦広長各三十六万里。地形周匝円如鏡。彼人面形遂[31]地勢。円[32]如十五[33]月也。山西有倶

耶尼地。此云隠月地。亦云貨牛地。彼処用黄牛為市易。故言[34]貨牛也。広[35]長三十二万里。地形如半月。彼[36]人面形[37]遂地。故[38]上平下円也。山南閻浮提地。此云歳樹。歳[39]樹洲上高四千里。地広長二十八万里。地形北広南狭。此人面逐地形[40]勢。上[41]広下狭也。弥勒出[42]時。四城処海水減少三千由旬。水足四処。地地則広千三由旬。地地如鏡而平正同琉璃。地唯平如鏡厳。而或是空地。故名花香樹充満荘厳。或是名花香荘厳。而未必城色銀舎人家故。又城色地次。鶏飛相及不相違也。雖復如此種種荘厳。而未必有人故。明福徳之人充満其中也[43]。問。誰出此経。答。羅什法師。偽秦時弘始四年二月十五日出翻。沙門道習筆受。現二秦録中出也。問。此経凡有幾種。答。略有五種。一大成仏経一巻十五紙[44]。有如是[45]五事。小成仏経伝云。従此[46]出[47]也。二[48]有弥勒本願経一巻。是竺法護以晋太安二年七月十[49]七日出[50]。三[51]弥勒観経一巻。是偽安陽侯。以宋孝建中[52]。四[53]弥勒問或経一巻。五[54]弥勒光身経一巻。復[55]有弥勒口教経[56]一巻。若爾合六経也[57]。問。白銀弥勒[58]出何経耶。答。一切知[59]光仙人慈心経云。弥勒金色[60]也。問。兜率陀天名凡有幾名。答。経論所出[61]有五名不同。一名兜率陀[62]。二名兜術陀[63]。三[64]名闘師陀[65]。四名[66]那兜率陀[67]。五名[68]中阿含三十巻云。兜率多[69]。此五名同翻云知足[70]。大論亦同也。

弥[71]勒上下経遊意十重義　一巻[四]

(奥書)[五]

観応三年八月二十三日。於山城国綴喜郡田辺郷。令書写了。

同翌日。以東南院御経蔵御本。令校合了。

により補っている。従ってその前の「弥勒出時四城処」までを「イ無」と註す。

43 傍註に「已上イ本在之」とする。

44 なし。

45 「是」の下に「我聞等」あり。

46 「此」の下に「経」あり。

47 「出也」なし。

48 「二」の下に「者」あり。 49 なし。

50 訳出也。 51 「三」の下に「者」あり。

52 「中」の下に「出世」あり。

53 「四」の下に「者」あり。

54 「五」の下に「者」あり。

55 「復有弥勒」なし。 56 なし。 57 耶。

58 「勒」の下に「経」あり。 59 智。

60 「色」の下に「而放白銀光明黄金校飾如白銀山唯有此又色有白銀色」あり。

61 「出」の下に「凡」あり。

62 「陀」の下に「天」あり。

63 「陀」の下に「天」あり。

64 「三」の下に「者」あり。

65 「陀」の下に「天」あり。 66 者。

67 「陀」の下に「天」あり。 68 者。

69 「多」の下に「天」あり。

70 「足」の下に「天」あり。

71 「大乗三論家弥勒経遊意巻一」とす。諸本は共に「弥勒経遊意終」と記す。又、巻末うらに「弥勒上生経遊意巻第一」とあり。

四 以上第三一紙終り。

五 奥書は憲朝自筆と認められる。本文と料紙異なり。

載□[1]本者彼御本也。

両本共文字脱落惟多。僻字又不知数。重尋証本可校定畢。

三論宗沙門憲朝

抑此書者。嘉祥均正両所之製作在之歟。而即所持聖教中二所釈共次闕之。仍平来雖有書写之志。御経蔵本者虫□(虫食)之損失散散也。其外依不尋得写本閣之了。今適得一本。令書写之処。文字散散。彼御経蔵本又虫□(虫食)也。彼此共願指南尤以無止矣。

1 異か、虫食不明。

『弥勒上下経遊意十重』註記

（1）原本の第一紙に、「尾張国大須宝生院経蔵図書寺社官符点検之印」の朱印がある。また補修の形跡も存する。

（2）宝生院所蔵の三論宗関係の文献調査は、一九七六年春以来進めているが、まだ終了していない。従って、ここに掲げたもの以外にも知られていない文献が存在するかも知れない。

（3）右に列挙した文献の中では、『勝鬘宝窟光闡鈔』『大乗三論師資伝』『二諦義私記』等の原本は、東大寺所蔵の文献であったろうと思われるが、東大寺には伝わっていない。これらの文献についての調査研究は、後日に期したい。

（4）憲朝の頃の東南院務までは、一応伝記も整っているが、それ以後は、中絶のため不明とされたり、単に名前のみが列挙されたりしている。『大日本仏教全書』史伝部一参照。

第二　香山宗『大乗三論師資伝』

解　題

一、写本の形態

一、数量　一帖
一、装幀　粘葉装
一、紙質　楮紙
一、大きさ　縦二十四・三センチ　横十五・二センチ
一、紙数　表紙共三十八枚
一、行数　一紙七行（押界）
一、字数　一行十八字～二十四字
一、書写年　康永三年（一三四四）写
一、筆者　憲朝
一、外題　大乗三論師資伝（表紙左上）

一、内題　大乗三論師資伝　香山宗撰
一、尾題　大乗三論師資伝
一、訓点　第一紙から第四紙まであり、第五紙以下なし
一、奥書等　本文参照

書誌的状態は右のようであるが、異本は存在しなかったようで対校の形跡はない。保存状態もよく、時折筆者による行間への文字の記入が見られるが、誤字脱字や虫損も少ない方である。

二、撰者について

本文献の内題下に「香山宗撰」と撰者名が記されているが、この香山宗とは誰であろうか(1)。これについて示唆を与えてくれるのが、珍海の『三論玄疏文義要』である。巻六の仏性義を論じるところで、

凡広論此義、如宝法師三乗仏性論（少可有、取捨）、並日本古徳西大寺玄叡大義抄、香山宗法師一乗仏性抄等也。五性仏性諍論事、一乗仏性恵日抄云（元興寺沙門宗撰）、夫入於一心、大有二門……。（大正七〇、二九〇中―下）

として三論宗の仏性論についての日本における代表的な書として玄叡の『大乗三論大義鈔』と香山宗法師の『一乗仏性慧日抄』の二つを挙げている。そして割注に示されるように、香山宗とは元興寺宗のことである。元興寺の宗法師は、日本の高僧伝や『聖宝僧正伝』（続群書類従第二一三）、『三代実録』『僧綱補任』『三会定一記』に見える元興寺円宗のことである。貞観十一年（八六九）に維摩会の講師となり、翌年正月の宮中での最勝会講師を勤め、已講の労により貞観十六年（八七四）十二月に律師に任ぜられ、元慶七年（八八三）十月に少僧都に昇任し、同年十二月二十二日に入滅したとされる。この入滅の年時は『僧綱補任』の記載に依る。これに従えば、年齢・俗姓・出自等不明なが

ら、貞観十年代に三論宗を代表する学僧として活躍した人物であることが知られる。また醍醐寺及び東大寺東南院の開山とされる聖宝（八三二―九〇九）は、この円宗と願暁（？―八七四）に三論を受学したとされている。従って、右の円宗が本文献の撰者と考えられるが、そのことは、本文献で関説する人物や文献によって確定されると思われる。

先ず関説する人物・文献で年代が明らかなのは、玄叡（？―八四〇）・道昌（唱）（七九八―八七五）・願暁（？―八七四）・実敏（七八八―八五六）である。西大寺玄叡は大安寺安澄（七六三―八一四）に三論を受学したとするのが大方の認めるところであるが、本文献では恵観―福亮―神泰の系統とし、道昌も同系としている。願暁は『本朝高僧伝』等では元興寺薬宝及び大安寺勤操に学んだとされるが、本文献では薬宝の後とするのみである。実敏については、道慈の系統を述べて安澄の入室であるとして、日本祖師の最後に記されている。さらに空海（七七四―八三五）の『故贈僧正勤操大徳影讃』と弘流（ママ）の『大仏頂経疏』の引用（三一紙裏）がある。前者は「高野大僧正製大安僧正影讃云」（二六紙裏）として勤操が紫震殿における論義で座主となって「三論は祖君の宗で、法相は臣子の教である云云」と述べたとされる有名な一文を引いて、無著や世親は法相宗において祖師とされる人々なのに、なぜ三論の師として数えるのかとの質問に答えている。この「影讃」は天長五年（八二八）四月に作られており、空海を「高野大僧正」と称しているが、大僧正を贈られたのは天安元年（八五七）十月のことである。後者の『大仏頂経疏』は、三論宗（兼真言）の常暁が、承和五年（八三八）に円仁らと共に入唐した際に将来したものである（『常暁和尚請来目録』）。

以上の人々への関説、言及は、円宗の年代とは矛盾しない。そしてさらに、本文献の撰者自身のことについて次のように述べる点は注目されよう。

次桂畏（ママ）八嶋聖皇、特降綸旨玄覚法師、遣唐請益、法師含忠訪道、帰朝伝灯、今吾三代之祖師也。（一四紙表―裏）

この記述は、三論宗の第三伝とされる道慈の系統を述べた後に続くもので、これに依れば、玄覚法師が八嶋聖皇すなわち、早良親王（七五〇―七八五）の命によって、請益僧として入唐したと言うもので、この玄覚をして「今吾三代の祖師」と称している。早良親王が遣唐使を立て、それに従って玄覚が入唐したということは、正史には見えないようであるが、本書の作者は、明らかに玄覚を自己の師と言っている。三代というのは、文脈からは明確でないが、智光—霊叡—玄覚と次第するので、この三者を三代の祖師と言ったのであろう。この玄覚について、本書では、元興寺智光の弟子である霊叡に受学した人で、東大寺の僧であるとしている。霊叡の弟子ということは、『本朝高僧伝』巻四の智光伝の後に、『元亨釈書』が「今の三論家は皆霊叡の子孫なり」と述べたのを批評して、「余按ずるに爾らず、智蔵の下に道慈・智光・礼光の三傑が出でて、智光の下に霊叡あり、霊叡の下に玄覚・漸安・薬宝あり」として、玄覚に触れている。この『本朝高僧伝』の説は、本書に一致するものである。そして『続群書類従』所収の『東大寺具書』には、本書とほぼ同様の記載が見られる。すなわち、

本元興寺仙光院智光受智蔵、同頼光受智蔵幷智光、本元興寺霊叡法師幷品意法師、神護寺一登法師受智光、本元興寺薬宝法師、東大寺漸安法師、玄覚法師同受霊叡、東大寺玄覚初受霊叡、後掛畏八嶋聖皇特降綸旨、遣唐請益帰朝之後、於東大寺伝通当宗、本元興寺隆応、願暁、円宗同受同寺薬宝幷東大寺玄覚。（続群書類従第七九四下、八三頁下—八四頁上）

と述べているもので、元興寺の円宗は、隆応・願暁と共に、薬宝及び玄覚に承けたと言う。従って、玄覚を師と呼び、しかも「宗」と名のつく人物は、現在知られる限りにおいて、右の元興寺円宗を措いて外にはないということになろう。『東大寺具書』は、鎌倉時代の末に醍醐寺と東大寺の間に起った論争の記録であり、三論宗の本拠とされて来た東大寺の伝承を述べたものとして、一応の信をおくことが出来よう。しかし、右の記述は、あるいは本書を第一の資料として書かれたものとも考え得る。その場合においても、本書の作者は元興寺円宗であることは、当時として周知の事実であったことを物語ることとなろう。

以上の考察によって、本書の作者である香山宗とは、元興寺円宗であることが認められるであろう。また本書成立の年代も、その寂年である元慶七年（八八三）を下らないということになる。

次に、香山宗法師の「香山」について一考しておきたい。この香山は、一般には、所住の地名か寺名であろうと考

えられる。もしそうであるならば、『大日本古文書』巻三の天平勝宝五年四月条（六二六頁）や巻四、同七年六月（六七頁）、宝字二年九月（三一三頁）、勝宝五年五月（九四頁）に見える香山寺・香薬寺・香山薬師寺（同寺異名）を指すものであろう。地名の香山は、春日山中香山（現在の花山か）がそれに当たり、そこに建立されていた香山寺に住したことに起因すると思われる。香山寺には写経所が設置されていたことが、右の古文書に見え、『三代実録』の元慶・貞観の条にも、その名が出ていることから、少なくとも円宗の時代までは現存していたことが知られる。従って、時代的に、香山宗と称することについては問題はない。ただ、円宗が、元興寺の他に香山寺にも住したか否かは不明であり、香山寺自体の由来、規模、住僧等も知られず、この点は単なる推測の域を出ない。しかし、智光は元興寺を本寺としながら、坂田寺に住していたし、道慈は、大安寺に出づる前は、竹渓山寺に遊び、勤操も大安寺を本寺としつつ石淵寺の勤操と称されている例がある。このようなことから、円宗も何らかの理由により、香山に住していた時期があり、その時に本書を著わしたものと考えることが出来よう。現行の『一乗仏性慧日抄』と本書との間には、特に相応一致する点として、比較対照すべき明文は見られない。しかし強いて言うなら、共に仏性義について、法相宗との同異を明かし、三論の立場を打出そうとしている点は、基底に流れる一貫した姿勢として受け取られる。また用語上共通するものとしては、梁宝唱の『名僧伝』と梁の『高僧伝』を「両伝」として用いることと、「具如別抄」「具如別述」「具如別章」の語が双方に見られる点である。従って、円宗には他に著書が存在したということであるが、『東域伝灯目録』には、香山宗の著書として、『開権顕実章』三巻を録している。

さらに香山について付け加えると、[2] 先に掲げた香山寺（大日本古文書）・香薬寺・香山薬師寺（この二寺は同寺異名）、そして『三代実録』に見える香山寺とは各々別の寺である。[3] 香薬寺と香山薬師寺は同じ寺であるが、円宗の時代には新薬師寺というのが通例となっていた。『三代実録』にみえる「香山の寺」は、大和国高市郡の香山寺（カグヤマデラ・コウサンジ・コウセンジ）のことである。この寺は現在橿原市戒外町にある興善寺であるという。円宗の活躍時期と香山という呼称との関係で考えた場合、この香山寺が円宗の住した寺と考えられよう。円宗が公の場で名を挙げたのは貞観時代であり清和天皇の時である。清和天皇は熱心な奉仏家であり、晩年は大和・摂津の名山を巡り、その時香山寺にも行幸されたという。在位中は、真雅（八〇一―八七九）が随待し、その後宗叡（八〇八―八八四）が常に待し巡幸にも随ったとされる。真雅は空海の俗弟で、空海の遺嘱により東大寺真言院と弘福寺を管し、承和十四年（八四七）には東大寺別当となった。この年に醍醐寺を開いた聖宝は、真雅に就いて東大寺で出家得度している。この頃から約二十年の間に聖宝は三論・法相・華厳を学び、三論は円宗・願暁に就いたのである。これら真雅と清和天皇と聖宝、聖宝と円宗との関係からすれば、当然円宗と真雅と清和天皇とのつながりも予想されよう。

三、内容について

次に内容について概観すると、表題の通り三論宗の人々の伝記と系譜を述べたもので、インドでは、文殊・維摩を祖師（高祖）とし、馬鳴・龍樹・提婆・無著・世親・青目・清弁・護法を聖師として列挙する。このインドの人々の因縁伝記は、後半の問答体の部分で述べられる。中国では、羅什・真諦三蔵を挙げ、以下、羅什門下（八宿）・曇済・道朗・僧詮・法朗・吉蔵と次第する。ただ、実際に伝記を述べるのは、羅什・道生・道融・曇影・僧叡・吉蔵である。ここで示している曇済から吉蔵への系譜は、日本の伝統説として定着し、近年まで用いられていた説である。また法朗門下に二十五師ありとして一字名を列する。この中には吉蔵・慧均も含まれるが、この説は、慧均の『大乗四論玄義記』に依ったもののごとくである。[4] さらに吉蔵の弟子としては、智凱・智命・智実・寂法師・慧遠の五人を数える。そして中国の三論学者の最後に、唐の法琳を挙げて、その伝記を述べる。以上、中国の法師は全て四十五人である。

次に日本への伝来を述べ、慧灌・智蔵・道慈の順で、その師資の相続を記している。日本の部は人脈の掲示のみであるが、従来凝然の伝えるものとして伝承されている三論宗の三伝説を明示していることは注目されよう。そして先に触れた円宗の師玄覚は、八嶋聖皇の命により入唐帰朝して灯を伝えたと言う。

後半の問答体の論述では、文殊・維摩・馬鳴・龍樹・提婆・清弁の伝を述べ、先に掲げた無著・世親・護法という法相宗所依の人々をも、三論の祖師と数える理由を述べる。龍樹は、諸宗（華厳・天台・真言）の祖師でもあり、三論は菩薩の論であるが、龍樹は仏勅を奉じて論を作ったこと。そして通じては華厳・法華・涅槃等の一乗経に依拠するが、別に般若経にも依っていること。法相宗において、般若を第二時不了義とする説を批判し、三論は、中道仏性を論宗とし、唯一仏乗悉有仏性を根本とすることを、法相宗との対論によって主張している。これらの主張と立場は、彼の『一乗仏性慧日抄』の、

此無所得一乗之宗、遠憑寂光文殊龍樹、近承提婆清弁等聖、依涅槃等経中観等論、顕於五種仏性、開示一切衆生悉有仏性。（大正七〇、一七三中）

と述べることと軌を一にする。

以上のことから、本書制作の背景には、恐らく法相・華厳・天台・真言の各宗、特に法相宗に対する意識が働いていると考えられる。諸宗の確執の中にあって、三論宗の立場を明瞭に主張せんとした書であることは間違いなかろう。しかも、現存資料としては、最も早い時期のものであり、三論宗では広く用いられ、南都諸宗に対しても、この種の主張の嚆矢であった可能性もあって、貴重な資料といえよう。

なお翻刻に際しては、全て通行の字体とし、使用の便を考え句点を施し改行を加え、簡単に項目を示した。また本文中の（1オ）（2ウ）等は、原本紙数の表裏の末尾を示し、頭註は、原本にある傍註、括弧書は筆者の補註である。

内題

大乗三論師資伝

香山宗撰

夫仏法伝来。必有縁由。諸宗分流。非無依憑。且就三論示其稟。初起天竺。文殊浄名。以為祖師。馬鳴龍樹提婆無著世親青目清弁護法。如此大士。次為聖師。故頌曰。

文殊浄名為高祖　馬鳴龍樹与聖天
無著天親及青目　清弁護法為聖師（1オ）

次在漢地。晋安帝世。天竺三蔵鳩摩羅什。秦言童寿。弘始年中。常安(ママ)大寺。訳出般若法花等経。中百等論。具伝無相之玄宗矣。所以天竺辰旦。皆礼無相仏也。故高名両伝。開元録等。皆云。羅什法師。父天竺人。母亀茲国白純王妹。什母羅什在胎之日。往詣天竺雀梨寺。設斎供養。天竺斎法。初夜令僧尼衆。以清浄音。歌四阿含。（1ウ）中夜令清信士女。讃説毗尼。後夜使白黒道。誦仏阿毗曇。什母忽然自解修環往[1]。復難問之辞。必窮渕致。衆咸歎異。其寺上座羅漢。達摩瞿沙曰。舎利弗在胎。其母得四無碍弁。此優婆夷。忽難訓杭(ママ)。壊聖子。故羅什年七歳出家。従師誦経。日一千偈三万五千言。年九歳。遇罽賓三蔵磐頭達多。受誦雑蔵中長二阿含。凡四百万言。罽賓大王。（2オ）請入宮裏。大集外道論師。令相攻難[2]。什乗瀬[3]而悉挫之。国王歓喜。即給外国之上供。粳米三斗。麺

1（深法）
2 古攻反撃也
3（隙）

三斗。蘇六升。差大僧五人沙弥十人。営視掃灑。年十二歳至月支。北山上有一羅漢。謂什母曰。汝子非常人也。大興仏法度無数人。進到沙勒国。喜見三蔵相遇歓喜。勧国王曰。此沙弥智徳。殆難測尽。共請令講。王甚相喜即設無遮大会。昇（2ウ）無畏座令講転法輪経。辞□清抜功難弥堅。国内称衆旧学恥励。羅什説法之暇。乃尋訪外道経書。善学業陀舎多論。多明文辞製作問答一等事。又博覧四韋陀典及五明諸論。陰陽星算莫不尽妙。草車王之子兄弟二人。捨国入道。兄字須利耶跋陀。弟字須利耶蘇摩。固師沙勒国羅漢。羅漢亦名蘇摩。什亦宗事既為同学。稚（3オ）相視厚。則聞蘇摩王子説阿耨達経。問答研覈方知理有所帰。広求義要。受初中百二論十二門論等。広弘大道。後往罽賓為其本師磐頭達多。具説一乗妙義。師咸悟心眼。即礼什為師。言我是和上小乗師。和上是[4]棄大乗師矣。西域諸国。眼什神俊。咸共崇仰。毎至講説。天竺諸王長跪座側。令什践而登焉。羅什既道震西域。声被東川。時府堅建（3ウ）元十三年正月。太史奏云。有星見外国分野。当有大徳聖人。入輔中国。堅曰。朕聞西域有鳩摩羅什。将非此耶。即発七万兵。追請羅什。弘始三年三月。有樹連理生于広庭慈夜反。逍遥園慈[5]変為痱[6]。以為美瑞。謂智人応入。十二月二十日至于長安。即以正月就於翻経所。経年数首尾五年。什毎為叡論西方辞体。商略同異云。天竺国俗甚重文藻。其宮商体韻。以入絃為（4オ）苦善歟。凡覲国王必有賛儀。見仏之儀。以歌歎為尊。経中偈頌皆其式也。但改梵為秦失其蔚藻。雖得大意珠[7]隔文体。有似嚼飯与人。非徒失味乃令嘔噦也。什嘗作頌贈□[8]門法和云。心山育明徳。流薫万由延。哀鸞鳴孤桐上。清音徹九天。凡為十偈。辞喩皆爾。名伝云。心山育徳薫。流芳万

4（我）

5（葱）

6 蒲罪反

7（殊）

8 欠字（沙）

1 （将何）

2 （陽）

3 （性）

4 幼

5 汰

由延。哀鸞孤桐。清響徹九天。什嘗歎曰。吾若著筆作大乗阿毗曇。非迦旃（4ウ）延子比也。迦旃延子者。造六足阿毗曇大論義師也。今在秦地深識者寡。析翮[1]時沙所論。乃博棲然而止。唯為姚興著実相論。注維摩。大乗菩薩三種入道観等。為遠法師作大乗義章三巻等。並皆□（欠字）定成章玉所刪改。辞喩婉約莫非玄奥。臨終之日。与衆僧告別曰。自以闇昧謬充伝訳。今於衆前発誠実誓。若所伝無謬者。当使焚身之後舌不燋爛。以七年八月二十日。卒于長（5オ）安。即於逍遥園。依外国法以火焚屍。薪滅形砕。唯舌不灰猶存。羅什之母第三果聖。王従女白純王女。即聖意阿羅漢。羅什正身天竺諸国。称言無相仏。無三十二相八十種好実徳之仏。故称無相仏。

次梁武帝末世。天竺三蔵婆羅末陀。梁言真諦。訳出順中論等。粗述（ママ）中宗。神異非一。故起論義林云。真諦或敷坐具跏趺水上。或居荷葉以渡大海。其例甚（5ウ）多。具如彼弁。

次羅什入室有八。

一宋尋[2]揚盧山西寺竺道生。対釈法顕闡提無[3]姓之隘執。造仏性当有等論。始開皆有仏性之妙旨。故高名二伝云。[4]約而穎悟聡哲若神。其父知非凡器。愛而異之。竺法[5]護為師以改俗。伏膺受業。既践法門俊思奇抜。研味句義即得解説。年在志学便登講座。吐納問弁辞清珠玉。当世名徳慮挫辞窮。莫敢抗敵。年至具（6オ）戒器鑑日深。性度機警神気清穆。周遊長安従什受業。関中僧衆咸謂神悟。依泥洹経。立一闡提皆得成仏。一時旧学以為邪説。遂顕大衆擯而遣之。生於衆中正容誓曰。若我所説反於経義。請於現身即表病疾。若共実相不相違背。願捨寿時授師子坐。言竟払衣而逝。後涅槃大本経。果闡提悉有仏性。与前所説令（ママ）。即盧山精舎昇于法坐。

視聴之衆莫不抗悟。法席将畢辞所願。遂墜塵尾率。顔（6ウ）色不異猶若入定。

京邑諸僧内慚白[6]〔疢〕（虫食）追而信眼[7]。其神鑑之至。

二[8]級[9]群林慮釈道融。頓降□讎隆興弘日。故両伝云。十二出家。厥師愛其神彩。先令外学。往村借論語竟不齎帰。於彼已誦。師更[10]供本[11]副之不[12]貴一字。内外経書闇遊心府。俄而師子国有一婆羅門。聡明多学。西土俗書罕不披読。為彼国外道之宗。聞什在関大行仏法。乃謂徒曰。寧可使釈氏之風独伝震旦。而吾等正化不治東国。遂駄負書来入長安。姚興見其口眼（7オ）便僻。頗亦惑之。婆羅門乃啓興曰。請与秦僧捔其弁力。随其優者。即伝其化。興即許焉。時関内僧莫敢当者。什謂融曰。吾徒外道捔言彼勝法輪摧軸。豈可然乎。〔如〕（虫食）吾所覩在君一人。融曰承旨。姚興自出。公卿皆会四遠妙集。融与婆羅門捔言論我。融弁翻玄。彼遂不及。心愧悔伏頂礼融足。徒然而去之。

釈曇影。什至長安即往従之。什謂興曰。昨見影公亦是風流標望之僧。興勅住逍遥園助什訳経。高徳如伝。

四魏群[13]長楽釈（7ウ）僧叡。悟在未然明通釈教。故両伝云。〔少〕（虫食）楽出家。依僧賢法師為弟子。謙虚内敏覚与時競。至年二十二。聴僧朗法師講経。屢有譏難。即謂賢曰。叡比格難。吾累思不能通。可謂賢弟子也。姚公問嵩。叡公如何。答。実鄴衛之松柏。即勅給俸卹吏力人挙。後謂嵩曰。乃四海之標領。何獨鄴衛之松柏。昔竺法護出正法花経。受決品云。天見人人見天。什至此曰。語異義同。但言過質。叡曰。将非人天妄接両得相見。什喜曰。実然。領悟標出皆此類也。

五京師東安（8オ）寺釈慧厳。


6（自）　7（服）　8（汲）　9（汲）　10（借）　11（覆）　12（遺）

13（郡）

六宗道場寺釈慧観。[1]

七藍田釈道恒。

八石羊寺釈僧肇。具美高法並如両伝。

次呉崇山[2]草堂寺曇斉[3]。

次摂山西霞[4]寺道朗。経於八宿以成業也。

次止観寺僧詮。

次興皇寺法朗。

次有二十五師。謂璀慧寂怖抜明盛亘哲持満開腹宝修羅実仲矩晶衡覚蔵均旻。

於中蔵公。広製章疏。盛伝於世。故碍及伝等伝。仏涅槃後像法之末。有一応真大士。厥号吉蔵。誕生震旦。独歩一人。斯乃四依之一士也。俗姓胡氏。是颯末建輔相之子。粤（8ウ）自齠齔之年。夙涉文徳。至于童子之辰更（虫食）表貞淳。聡叡絶倫。智弁有珠。仍以宿殖。早猒塵俗。梁代之初。詔度僧尼。時使人一見悟之。此子年歯雖幼。風骨甚奇。若住釈門。必為棟梁。因聴落髪。止興皇寺。堅守戒珠。威儀無欠。如ゝ為家。無貪為栄。凡有所説大小聖教。並一聞将尽。再覧之後無所遺。衆咸敬異。乃令覆述具竭所聞。不漏一言。即美聞芳声従茲発爽。興皇大師恒厝（ママ）志焉。大師年二十一受具。坐夏学律。五篇七聚之宗。亦一遍斯得平[5]。欣然遂（9オ）志修菩薩道。持戒如護浮嚢。行施不悋金玉。四事供具随時摂受。叵（虫食）不浄物不以近身。蓬門朱戸其意並斉。物我衆生心皆平等。外法俗典眼不復看。琴瑟箜篌耳不欲聴。鼻根功徳不嗅蘭葱之香。舌嘗於味不敢残宿之難[6]。雖復聴習大小諸宗。而常以無所得大乗之義為先。訪求真空。見不見於空有之問[7]。考察玄微。聞不聞於生

1（宋）
2（鍾か）
3（済）
4（棲）
5 乎
6（饌）
7（間）

8 （服）

9 （世）

10 次也

11 等也

滅之際。決衆叡於性海。建至覚於迷津。然即統括群経。無行言而不究。検察衆論凡一事而不了。及乎隋氏（9ウ）王天下也。長安営建日厳精舎。乃請大師止住重閣。四事供養随時備足。遂承揚光之請。製作浄名玄等。凡先後所製大乗玄疏八十余部。毎製一尽急〻然也恐不終訖。一部了已歓喜称慶云。用此報四恩。可謂法雷振於広沢。恵雲布於迷塗者也。大師常以国家等諸緇素所施財貨銭帛之流。営諸功徳兼給貧窶。一無貯畜随得即散。是以求法沙門高捐調御之（10オ）師。懐霊之類仰敬所憑之尊。大師年七十八。及将終日製死不怖論墜筆而卒。猶如入定。形色不及。弥復光顕。即天雨花。異香遍空。衆多偉人。皆眼[8]錦衣。種〻花宝。荘厳房宇。香花幡蓋。幷奏音楽。唯二日間。如此而已。至于三日。聞奏恩勅。葬事所須。並令官備。種〻飾具。不可称言。僧尼之徒。及諸公属。千万衆庶。相従葬送。至於墓所。即（虫食）積香木。以荼毗之。（10ウ）道俗欽慕。憂愁無数。其烟五彩（虫食）。高挙雲天。日月掩光。細雨灑地。已荼毗後。収取身骨。起率都婆。敬事如仏。於空中有声。唱言大衆。当知其吉蔵者。歴劫侍仏之上人也。具如碑及伝。幷仙光浄名玄法花玄記等。

有五入室。大惣持寺釈智凱。智命。智実。寂法師。慧遠師也。具如大乗四論玄等。後武徳年中。有釈法琳者。芸業優贍。憤素必該。立号詞林。時称学海。前（11オ）秘書監虞者[9]南者。集法師之文。為之叙引云。法師小学三論。名聞朝野。長該衆典。声振殊俗。威儀粛穆。介節淹通。習（ママ）連清輪。度摘微隠。北地方春。蔵用顕仁之量。如愚若納。外聞内明之巧。固然智周側海道亜[10]弥天。豈止操類山儔神侔[11]庾亮而已。爾其文情。乃典而不野。麗而有則。猶八音之並奏。等五色以相宣。道行則納正見於三空。極群生於八苦。既学（11ウ）博而心下。亦守早而調高。[1]実釈種之棟梁。善人之刖（ママ）儀者矣。加以賑乏扶危先人後已。重風光之払照林[牖]。愛山水之負帯煙霞。迴称巌崖則弊虧日月。空飛戸牖則然納風雲。採五芝而偃仰。遊八禅而寝息。餌松木於渓澗。披薜荔於山阿。畳嶂危岑長松臣壑。野老之所栖盤。古賢之遊戯。[2]莫不身至自視攀穴指帰。時大[3]史令伝奕。進止仏法事十有一条。法師（12オ）恐震布鼓窃比雷門。中庸之人頗成阻惑。撰破邪論一巻。李仲卿製十異九迷。劉進喜造顕正論。軽悔大聖。昏冒生霊。妄引典謨。飾非為是。法師慨其無識。製弁正論八軸。若披雲而見[日]（虫食）。同迷蹤而得道。邪弁巻舌住自閇仏法之鍵。琳是其人。具如別伝。

幷而可言四十五師唐興如是。故頌曰。

童寿真諦伝聖語　道生道融与曇影（12ウ）
僧叡慧厳及慧観　道恒僧肇為八宿
次斉幷宿子道朗　次子僧詮与法朗
後三十子及法琳　是四十五為人師

後伝日本。維人王第三十磯嶋金刺宮欽明天皇治天下天国押開広庭天皇之代。百済国献仏法。自爾以後経世七代。過年九十余歳。雖有仏法未有弘宣。第三十七難破長浦豊前宮孝徳天王[4]治下天万豊日（アメヨロツトヨヒノ）天皇。乃請元興寺僧（13オ）高麗国慧観法師[5]。令講三論。其講了日。天皇即拝任以僧正。是則日本僧正第二。同寺三論観陸[6]僧正其第一矣。凡於此朝仏法住持始。由先任僧正慧観（ママ）。従此以後福亮法師等九僧正。皆此元興寺三論宗也。神泰法師相次伝之。宣融法師。玄耀法師。西大寺玄叡律師。

1（卑）
2 践
3（太）
4（皇）
5（灌）
6（勒）

元興寺道唱律師。皆其裔也。私云西大寺玄叡律師。元興寺道唱律師。皆受習神泰師為其弟子。

次入唐学生呉智蔵僧正。亦此元興。業渉内外学道三蔵。於法隆寺伝三論。仙光院智光法師。礼（13ウ）光法師。相受伝之。霊叡法師。品恵法師。神護寺一登法師。受仙光伝。東大寺漸安法師。玄覚法師。元興寺薬宝法師。同受叡公。隆応法師。願暁律師乃其後也。

次遣唐留学道慈律師。学縁六宗三論為要。本是元興寺。自唐還来建大安寺。興三論旨。慶俊大僧都。善議法師。受律師教。勤操僧正。安澄法師。受議徳伝。西大寺実敏大僧都者。澄之入室也。

次桂畏（ママ）八嶋聖皇。特降綸旨玄覚法師。遣唐（14オ）請益。法師含忠訪道。帰朝伝灯。今吾三代之祖師也。自古于今。遍於諸寺伝者既多。恐繁不具。已上日本伝来也。


問。聖人甚多。何故文殊為無相祖師。答。智度論第六云。文殊白仏。大徳我念往昔于光明世界。師子音王如来。三乗渡（ママ）生。其国諸樹。出清浄法音。説空無相無作不生不滅空無所有。其仏滅後有二菩薩。一名喜根二名勝意。喜根法師。不別善悪。一切諸法但説無毒即道空理。勝意法師。持戒清浄。（14ウ）讃歎少欲常行頭陀。是時勝意聞説喜根経瞋即道。乃至諸法不生不滅空無所有。其心不悦。向道俗言。説外道語虚誑多人。時喜根念。此人愚瞋悪業所覆当堕大罪。我為説妙。今雖無益為作後世（虫食）仏道因縁。一心説偈。婬欲即是道。恚癡亦如是。如是三法中。無量諸仏法。説如是等七十余偈。三万諸天得無生忍。万八千僧不着諸法。皆得解脱。勝意菩薩。即陥地獄。受無量千万歳苦。出生人中七十四万世常被（15オ）誹謗。無量

1（畢）

2 雷

劫中不聞仏名。罪薄聞法入道捨戒。如是六万二千世常捨戒。無量世中作僧。雖不捨戒諸根闇鈍。爾時勝意即戒身是。若求三乗捨諸苦者。不応破諸法相而壊瞋恚。仏問文殊。汝聞諸偈得何等利益。答。我聞此偈得乎[1]衆苦。生〻得利根智恵。能解深法巧説深義。於諸菩薩最為第一。如是等名巧説諸法相。是名如実巧度云々。諸究竟教。皆説真空為至極宗。由是文殊恒拠真空中道（15ウ）妙宗。為伝灯主。

問。今検此文利害分別。何故慈恩師。云姪欲即是道者。是不了義。今之学者。随多生謗。答。無有恵眼致謗如是。仏蔵経云。舎利弗。若有比丘。於空無所得法。即自覚知無疑無悔。我説此人為浄梵行。雖現未得無余涅槃。我記是人。弥勒仏時当在初会。爾時弥勒歓喜三唱。是人能於釈迦牟尼仏法中。成就無所得忍。若在家出家成就此無所得忍。我記是人妙得涅槃。若有人聞空無所得法即時驚畏。是人（16オ）可愍。無有救者無有依者。直趣地獄。何以故。於仏教中驚疑畏者。是人即為具足悪道。我常自説。有所得者是悪道分已上。准此等教善応審耳。

問。浄名菩薩其事何耶。答。維摩経下巻云。国名妙善。仏名無動。是維摩詰於彼国没而来生此已上。疏云。外国称毘摩羅詰。羅什僧肇翻為浄名。浄徳内統嘉声外満。天下籍甚。故曰浄名。豈止降魔労怨。制諸外道。亦五百声聞（16ウ）自称不敏。八千菩薩失対当時。道生等翻為無垢称。真諦云。具応云阿毘摩羅詰利帝。此云滅垢鳴。鳴猶名義。此是在家菩薩。示同塵俗。而心栖累表。世所希有。故偏受名。仏喩経説。浄名姓王氏。別伝云。□[2]氏。父名那提。此云智纂。母性（ママ）釈氏名喜。思惟三昧経云。浄名即金粟如来已上（ママ）。浄名玄論云。浄名文殊往古如来。現為菩薩。首楞経云。文殊為龍樹尊仏。発跡経云。浄名即金粟如来云々。於無相宗。不二法門

為其主。故以為師也。（17オ）
問。馬鳴菩薩等本縁何。答。起信論疏云。馬鳴之名略有三種。一此菩薩初生時。感動諸馬。悲鳴不息故立此名。二此菩薩善根撫琴。以宣法音。諸馬聞了咸悉悲鳴。三此菩薩善能説法。令諸馬悲鳴垂涙不食七日。因此為名。仏滅度後付法蔵師。故摩耶経云。六百歳已。九十六種諸外道等。邪見競興。破滅仏法有一比丘。名曰馬鳴。善説法要。降伏外道。付法蔵経云。付法第十二師也。大乗起（17ウ）信論記云。月鏡者龍樹古称。曰珠者馬鳴古称。迦葉仏時。有一長者曰転香。女名珠池。各以七宝献迦葉仏。請其嗣息。爾時世尊。告二人言。速去。汝等所請十七日已当得成就。満日夢中彼珠池女日輪入腹。得此吉祥。経九月即生二子。兄名日珠。弟名日[3]鏡。随相立名。七歳出家随仏修法。常作是願。生ゝ処ゝ不相捨離。同学知識建立正法。以此事故此二菩薩。倶行出現。利益衆生。而能開暁猶如雨曜。金剛正智経云。馬鳴菩薩。大光（18オ）明仏。龍樹菩薩。妙雲相仏。大荘厳三昧経云。馬鳴遍照通達無辺如来。龍樹遍度初生如来。甚深道場経云。馬鳴日月星明如来。所造大乗起信論二巻。大荘厳論十巻。盛伝世也。
龍樹之名有四異。一智論云。童龍磨（ママ）者龍。馥力叉是樹遍（ママ）名。別名阿周那（ママ）。如此間梨李樹等。二順中論云。那伽夷離淳那。此云龍勝。三中論序疏云。那伽馥力叉。此云龍樹。四西域記云。那伽閼剌[4]樹那。此云龍猛。伝云。智恵日已頽。斯人令再（18ウ）耀。世昏寝已久。斯人悟令覚。外国為之立廟。事之若仏已上。楞伽経云。如来滅度後。誰当持正法。大恵海（ママ）諦聴。我乗内証智。妄覚非境界。如来滅度後。未来当有人。於南天大国中。有大徳比丘。名龍樹菩薩。為人説大乗無上法。能破

3 月歟
4 （利）

有無見。証得歓喜地。往生安楽国已上。摩耶経云。七百歳已。有一比丘。名曰龍樹。善説法要。滅邪見幢燃正法炬已上。付法蔵経云。付法第十四師已上。龍樹伝云。出家受戒。九十日中誦遍三蔵。雖知実義未得通（19オ）利。周遊諸国更求深経。於閻浮提遍求不得。遂入海宮。九十日中誦通方等。還出天竺造若干論。大弘仏教摧破異途已上。西域記云。憍薩羅国王。名曰引（虫食）正。為龍猛菩薩。鑿黒蜂山。建立伽藍。長廊歩擔。崇台重閣。閣有五層。層有四院。並建精舎。各鋳金像。量等仏身。妙窮工思。自余荘厳。唯飾金宝。人力疲竭。府庫空虚。功猶未半。心甚憂感。龍猛謂曰。大王何故。若有憂負。王曰。輒運大心。（19ウ）敢樹勝福。期之永固。待至慈氏。功続[1]未成。財用已竭。毎懐此恨。坐而待且。龍猛曰。勿憂。崇福勝善。其利不窮。有興弘願。無憂不済。今日還宮。当極歓楽。後晨出遊。歴覧山野。已而至此。平議営建。王既受誨。奉以周旋。龍猛神薬。滴諸大石。並変為金。王遊見金。心口相賀。廻駕至龍猛所曰。今日由遊。神鬼所惑。山之中時見金聚。龍猛曰。非鬼惑也。至所感故有此金。（20オ）宜時取用。済成勝業。遂以営建。功畢有余云々。具如彼弁。

阿梨耶提婆。此云聖天。又伽那提婆。此云小一目天。具如伝。故云。此菩薩者。南天竺人。博識渕攬。才辯紀倫。唯人不肯。信因其言。彼国之中有大天神。鋳黄金像坐二丈。号曰大自在天。人有求願。令現如意。提婆詣廟。求入得見。主廟者言。天像至神。見者迷悶。但（20ウ）門求願。何須見耶。提婆言。如汝所説。是令我見。若不如是。豈是吾見。主者開門。時人驚奇。追入廟者。数千万人。提婆既入。天像振動。怒眼視之。提婆問天神。則神矣。何其小也。当以精霊憾人。智

1（徳）

徳伏物。而仮黄金以自身多動。頗梨以縈惑非所望也。即便登梯鑿出其眼。時諸観者。感驚倚之。提婆暁言神明遠大。以近事試冷汝等去。吾不神辱而出。即其（21オ）夜求諸洪備。明日清旦。敬祠天神。其所発言。声之所及。無不嚮応。一夜之中。供具精饌。有物必備。大自在天。貫一肉形。高数丈。左眼枯没。而木在坐言。汝所供饌。尽喜美矣。豈我所須能以見与。真上施也。提婆言。唯命是従。神言。我所乏者。左眼能於我者便可出之。提婆言。敬如天命。則以左手。出眼与之。出而随生。索之不已。従旦終朝。出眼数万。眼遂不出。天（21ウ）神讃言。善哉摩納真上施也。欲求何願。必令如意。提婆言。我禀明於心不仮外。唯恨悠〻童矇不信我言。神賜我願必令我言不虚没之。唯此為請余無所須。神言。必如所願。於是而退。詣龍樹菩薩。出家受学。摧破外道。度千万人。造百論等。破神顕正。付法蔵伝亦同之。云付法第十五師云々。慈恩伝云。憍薩羅国。城南不遠。有故伽藍。龍猛止。此国王引正。珍敬龍猛。供（22オ）衛甚厚。時提婆菩薩。自執師子国来求論難。造門請通。門司為白。龍猛素弘其名。遂満鉢盛水。令弟子持出示之。提婆見水黙而投針。龍猛見已深加喜歎曰。水澄満以方我徳。彼来投針遂窮其底。若斯人者。可与論玄議道。嘱以伝灯。即令引入坐訖。発言往復此倶歓。猶魚水相得。龍猛曰。吾衰遇矣。朗耀慧日其在子乎。提婆避席礼龍猛足曰。某雖不（22ウ）敏敢承慈訓。乃至与上羅漢論議。至第七転羅漢杜口。窃還神通往都史天。請問慈導。即為釈之因告言。彼提婆者。植功曩久。当於賢劫成等正覚。汝勿軽也。還解前難。提婆曰。此慈氏菩薩義。非仁也自智所得也。羅漢慙服避席礼謝云々。西域記云。波吒釐城。請学大等辞屈外道。不撃揵稚。十二年矣。提婆菩薩。摧破異道。初撃揵稚。並具如彼造百部百論。（23オ）今現行者。百字論経。百論。広百論。破外道小乗涅槃論等。具如引伝。

婆毗吠迦。此云清弁。灯論云。分別明菩薩。仏滅度後千年間出世。本是常寂光土極尊。故基理趣分疏云。仏滅度後九百年中有応身大士。厥名清弁。身同数論之儀。示無朋党之執。心処釈迦之理宗。無偏滞之情。時人号為妙吉祥菩薩。神異聖徳広如別伝已上。（23ウ）妙吉祥者即文殊也。西域記云。南印度大安達国。城南不遠有大山巌。清弁論師。住阿素羅宮。待慈氏成仏之処。論師雅量弘遠至徳深遂。外示僧佉之服。内弘龍猛之学。聞摩掲陀国護法菩薩。宣揚法教。有懐談議杖錫而往。至婆吒釐城。護法菩薩在菩提樹。論師即命門人曰。汝行詣菩提樹護法菩薩所。如我辞曰。菩薩宣揚遺教。導誘迷徒。仰徳虚心為日（24オ）已久。然以宿願未承遂乖礼謁。菩提樹者。摂不空見。見当有証称天人師。護法菩薩謂其使曰。人世如幻身命若浮。渇日勤誠未遑談議。人信往復竟不会見。論師既還本士。静而思曰。非慈氏成仏誰決我疑。於観自在菩薩像前。論随心陀羅尼。従粒飲水時歴三歳。観自在菩薩乃現妙色身。謂論師曰。何所志乎。対曰。願留此身待見慈氏。観自在菩薩曰。人命危脆世間（24ウ）浮幻。宜修勝善願生都史多天。於斯礼対尚速待見。論師曰。志不可奪願不可弐。菩薩曰。若然者宜往駄耶羯礫迦国城南山巌執金剛神所。至誠誦持執金剛陀羅尼者当遂此願。論師於是往而誦焉。三歳之後神乃謂曰。何所願若此勤励。論師曰。願留此身待見慈氏。観自在菩薩指遣来請成我願者。其在神乎神乃授秘方。而謂之曰此巌石内有阿素洛宮。如法行請石壁当開。開即入（25オ）中可以待見。論師曰。幽居無観詎智仏興。執金剛曰。慈氏出世我当相報。論師受命専精誦持。復歴三蔵初無異想。見芥子以撃石巌壁。豁而洞開。是時百千万衆観覿忘返。論師跨其戸而告衆曰。吾久祈請待見慈氏。聖霊警祐大願斯遂。宜可入此同見仏興。聞者怖駭莫敢履戸。謂是毒蛇之窟。恐喪身命。再三告語唯有六人従入。論師顧謝時衆従容而入。入之既已（25ウ）右壁還合。衆皆怨嗟恨前言之過云々。所造掌珍論二巻。般若灯論十五巻。盛伝世也。

問。既知高祖之本縁起。無著世親護法菩薩。法相所依。何為今師。答。無著菩薩龍樹門人。世親護法提婆弟子。所以為師。問。何以知爾。答。無著釈龍樹中論。名順中論。即云。故師阿闍梨言（梵云阿闍梨耶。此云親教師也）。世親即釈提婆百論。護法注釈広百論云。稽首妙恵如日論。垂光破闇開（26オ）浄眼。遠布微言広百論。百聖随行我当釈云々。故高野大僧正。製大安僧正影讃云。公紫震殿。挙旗鼓曰。三論是祖君之宗。法相即臣子之教。何者無著[1]釈中観。護法注広百。並云帰命阿闍梨耶故。時敵宗名将刃衄旗靡。皇帝歎之即任少僧都。兼造東寺別当云々。故三大士以為今師。問。若爾玄奘亦伝真空妙門。何不為依。答。亦得為師。故翻広百畢造後頌曰。三蔵法（26ウ）師。於鷲嶺北得聞此論。随聴随翻。自慶成功。而説頌曰。聖天護法依智悲。為挫群邪制斯論。四句百非皆殄滅。其猶劫火燎繊毫。故我殉命訪真宗。欣遇随聞随譯訖。願此速共諸含識。倶昇無上菩提已上。故十住心論摠頭要云。三解脱門大般若等。顕諸法空無相等。皆是文殊三摩地法曼荼羅。故六波羅蜜経云。令文殊受持所説般若蔵。龍樹菩薩依此般若蔵。依中観十二門二小三解脱（27オ）中道正観。龍樹弟子提婆菩薩作百論。無著菩薩造順中論。世親菩薩作百論釈。清弁菩薩造中論釈。名般若灯。護法菩薩造広百論釈。唐三蔵玄奘法師譯伝大唐。羅什三蔵譯青

1 天親釈龍猛之中観護法注提婆之百論イ本。

1 （文殊の種子）

目作中観論釈。以為四巻。吉蔵法師。依中百十二三論。広造章疏。盛伝大唐。入唐学生智蔵道慈法師等受伝此間。是名三論宗。是此名人別。文殊師利菩薩約法曰大般若波羅蜜多経。如此経論等所詮無量教義等。悉摂文殊□[1]（27ウ）真言尽云々。問。既知為法相之祖師未明余家。答。如来滅後龍樹海宮誦出花厳。依之立宗如彼宗。弁天台一依中論三諦建立諸法。故止観云。帰命龍樹師乃至是高祖師已上。真言即依龍樹所造発菩提心論及摩訶衍論案立宗義。故真言云。普賢之次第三阿闍梨也。仍影讃云。況復祖宗是一法流昆季云々。故知龍樹諸宗之祖師乎。問。所明三論者何。答。一者中論。二者百論。三者十二門論。問。聖師（28オ）既多誰所造乎。答。唯前悉之。問。此菩薩論何為大宗。答。龍樹菩薩是如来使。既奉仏勅而作論故。問。何以得知。答。楞伽云。大恵菩薩白仏言。如来滅世後。誰当持正法。仏答言。大恵汝諦聴。我乗内証智。妄覚非境界。如来滅度後。未来当有人。於南大国中。有大徳比立。名龍樹菩薩為人説我乗。大乗無上法。能破有無見。証得歓喜地。往生安楽国。又摩耶経云。龍樹菩薩。灯正法炬。焼邪見憧已上。弥勒讃提婆曰。[彼]提（28ウ）者。曠劫修行賢劫之中当紹仏位已上。是故此説以為指南耳。問。若依何教製此論乎。答。通依花厳法花涅槃等諸一乗。別憑波若作中観等。問。聖経既多。龍樹何故別依般若造三論耶。答。是般若経。三世仏母顕至極理。故依般若造中論等。問。若言至極。何故法相宗。云般若是第二時不了義耶。答。此説近違自所依師玄弉三蔵。遠違弥勒無著等教及大聖説。故三蔵云。仏法（29オ）大乗般若為本。陶鈞妙相因不具□。西域以為鎮国重宇而多秒不伝已上。子師三蔵唯有此言。終無不了義之説也。弥勒菩薩。弁中辺論述至極中道云。有無及有故。是即契中道。長行釈言。亦善付順般若等経説一切法非空非有云々。無著菩薩般若論云。出生仏法無与等顕了法界最第一。広如論也。無量義経説三時教。即顕第三真実理。云摩訶般若花厳海宮。具弁如経。既違師説。亦害（29ウ）聖教不可依信。

問。般若中道。此即少分非多分。故為不了経。答。苦爾弥勒須順多分。何故付順少分中道。弥勒所説応是少分。唯自害也。

問。我亦依経為不了義。非自立耶。答。即以彼文非大般若故。深密説三時教云。若以供養修習不了義経功徳[比]修行了義経功徳。如爪上土譬大地土。又牛跡水譬四大海已上。修行般若実有此理。若許爾者。仏歎衆生何故深歎三世仏母。又修習此功徳無辺。自能審耳。具（30オ）如別述。

問。此論所宗何耶。答。既称中論。中道仏性為論宗也。

問。正文云何。答。論初八不即其文也。問。凡論仏性其二義。一少分仏性。三乗教義。二皆有仏性。一乗経義。今明何耶。答。唯一仏乗悉有仏性以為宗也。問。可称中道仏性引八不。故文既不言悉有仏性。何云爾耶。答。今云中道仏性者。即是涅槃悉有仏性。問。以何知爾耶。答。即次頌云。能説（30ウ）是因縁。善滅諸戯論。我稽首礼仏。諸説中第一已上。言因縁者。涅槃説十二因縁也。故経云。十二因縁一切衆生等共有之。不生不滅乃至不来不去。以是義故我常宣説一切衆生悉有仏性已上。敬此説云諸説中勝。問。深密等経。瑜伽等論。説二乗定性一分無性不成仏。何云悉有仏性。答彼拠三乗教之分斉。今明一乗究竟教義。故不相違。問。若爾定性二乗不成仏者有証。若成仏者有明文耶。答。大仏頂（31オ）経第四云。爾時世尊告富楼那。及諸会中。漏尽無学諸阿羅漢。如来今日普為此会。宣勝義中真

[1]実義性。令汝会中定性声聞。及諸一切未得二空。廻向上乗阿羅漢等。皆獲一乗寂滅場地。真阿練若正修行処已上。弘流法師疏第三云。此経分明為定性声聞。及諸一切未得二空諸阿羅漢。皆獲一乗寂滅場地。故知了義大乗。有人執定性声聞不得作仏者。是不了義教。乃至有人作一乗章。但取（31ウ）法相枝葉。以広其文竟。不識一乗之意。以加水故。乳酪醍醐一時俱失。阿練若者。此云無喧。誰処即究竟涅槃寂滅場也。豈唯悉成仏智常住亦分明也。故経云。世尊如果位中。菩提涅槃真如仏性奄摩羅識空如来蔵大円鏡智。是七種名称謂雖別。清浄円満体性堅凝。如金剛王常住不壊已上。疏云。大円鏡智者。離倒円成垢浄唯真。鑑周万有。大円鏡転第八識以為其体。既云七種体堅凝（32オ）常住不壊。故智不同。唯識所説四智菩提。有為無漏是相続常。非堅凝常。問。悉成不成同俱仏説。何是何非。答。非凡所知唯依聖教釈。故涅槃云。我滅度後依四依説為此子師。世親菩薩仏性論云。故経中説。一闡提人。有二種身。一本性法身。二随意身。乃至復有経説。闡提衆生決無般涅槃性。若爾二経便自相違。会此二説。一了二不了。故不相違。故云有性者。是名了説。言無（32ウ）性者是不了説。又云。仏為小乗人。説有衆生不住於性。永不般涅槃已上。故知諸有定性二乗。及無性者。皆不了也。

問。三論常説第一義空及畢竟空。故慈恩師名曰勝義皆空宗也。何言中道仏性為宗。答。彼第一義空者。即是中道仏性。故涅槃云。仏性者。謂第一義空。空者不見空与不空。又云。仏性是三菩提中道種子已上。法花等云。究竟涅槃。常寂滅相。終帰於空。不知此旨。軽彼真（33オ）空。如五百部。聞畢竟空。如□破心。仏懸記之。故仏蔵経云。舎利弗。於未来世当有此丘。不修身戒心恵。是人軽笑如来所説所行。

[1] 勝

当於第一義空。恭敬供養常楽是行。是諸比丘。軽笑如来所説所行。真際畢竟空法。爾時有苦行比丘。亦共軽笑。爾時有行空者。我讃其善。当爾之時。咸共不能護持重戒。而言諸法自相空何所能作。如那羅戯人種々変現。無所知者見之大笑。何以故。（33ウ）不解戯法其術隠故。生希有心驚怪大笑。如是舎利弗。爾時真実比丘説空寂法。求活命者咸嗤笑。何以故。是人不知仏法義故。聞説空法驚疑怖畏。舎利弗。汝観此人。於安隠処生衰悩心。於衰悩処生安隠心。広説如彼。為此般若四百四云。慈氏菩薩言。不応為彼新学大乗菩薩。宣説諸法自相空。若不退地久発大願為彼応説云々。三達之記。良無違真空之□。亦在誰矣。

問。誰言経説。（34オ）今約三論真空諸法。故楞伽等皆云。勝義空者是悪取空。答。彼約偏空。龍樹菩薩豈悪取空。若爾釈迦即成大過。何指悪空令伝内証。故暁公云。若謂俗有真無悪取空者。即諸経論無非悪取。為此汝師護法菩薩。広百第六引彼教云。若爾諸法空無我理。隣近険趣。聖不応説。劣慧者前実不応説。而勝慧者随此修行獲大義利。故為頌曰。空無我妙理。諸仏真（34ウ）境界。能怖衆悪見。涅槃不二門。論曰求解脱者除妙空観。無別方便能証涅槃。乃至第十云。衆善荘厳成無上道云々。

問。今除菩薩約末講者云悪取空。答。花厳伝第三云。唐嚢州神足寺釈恵眺。姓荘氏。小出家以小乗為業。馳誉江漢。承勝象王哲公。在龍泉講三論。心生不忍曰。三論明空。講者著空。言訖舌出三尺。鼻眼両耳並皆流血。七日不語。有伏律師。聞之曰。（35オ）汝大癡也。一言毀経罪過五逆。可信大乗方得免耳。乃令懺悔。舌還故入。便挙往哲所。唯聴大乗。哲之云。亡為建七処八会方広斉。百日既満。

即往香山神足寺。足不踰閫。常習大乗。四時毎講花厳経。用陳懺謝。貞観十一年四月。在松林坐禅。見有三人。形眼郁雅。詳受菩薩戒。受訖白曰。禅師大利根。若不改心。必信大乗者。千仏出世猶在地獄。聞此重厲涕洫（35ウ）交流。大笑還寺。在講者房前。宛転嗚咽不能得言。以水洒醒。乃更大笑。繞仏懺悔。用此為常。又勧化士俗[1]。造花厳大品等各一百部。至十三年三月。仏前礼懺安然坐化。因此而終。春秋八十余矣。終後七日。林樹白色。過此方復焉。斯亦知過能改。誠可喜也已上。人身難得豈不慎耶。広如別抄。（36オ）

大乗三論師資伝

写本云

天永二年七月廿三日書了

為弘法利生及老後写訖　快覚

建武元年六月一日写了　三論末学聖[2]—

一校了（36ウ）

康永三年九月十九日於東大寺西室実相院書写了　三論宗憲朝

同廿二日一校了

裏表紙

1 侶

2 珍イ

『大乗三論師資伝』註記

（1）拙稿「香山宗撰『大乗三論師資伝』について」（『印度学仏教学研究』第二七巻第二号、一九七九年）。

（2）以下の「香山」については、日本女子大学（一九八一年当時）の新川登亀男先生の御教示に負うものである。

（3）福山敏男「新薬師寺と香山寺」（『日本建築史研究』一九六六年、墨水書房）参照。

（4）本書第一部第一章第二節参照。

第三　実敏『二諦義私記』

解　題

一、写本の形態

一、数量　二帖
一、装幀　粘葉装
一、料紙　斐紙
一、大きさ　縦二十四・五センチ　横十五・五センチ
一、紙数　上六十二紙、下五十紙（表紙共）
一、行数　一紙十四行（押界）
一、字数　一行十六字〜二十二字
一、書写年　貞和四年（一三四八）写
一、筆者　憲朝
一、外題　（上）中央　二諦義私記上（朱書）

左上　二諦義私記（墨書）
（下）中央　二諦義私記下（朱書）
左上　二諦義私記下巻（墨書）

一、内題　（上）二諦義私記　（下）二諦義私記下巻

一、尾題　（上）二諦義私記巻上　（下）二諦義私記下巻

一、奥書等　本文参照

写本の形態は右のごとくであるが、上冊には異本による書き込みと返点や送り仮名が時折同筆で墨書されている。

二、撰者について

本文献は、奥書によれば貞和四年（一三四八）十一月二十七日（下冊）と同年十二月九日（上冊）に東大寺三面僧坊実相院において書写されたもので、書写の原本は東大寺東南院所蔵本である。そして本書の内題下等に撰者の記載はないが、奥書に「此者実敏僧都記云云」（上冊）「実敏僧都私記云〻」（下冊）とあることによって、実敏（七八八―八五六）の著であることが推察される。しかし上下冊共に冒頭に撰号を欠くので、著者が実敏であることを他の文献によって確認しておきたい。

幸い三論宗関係の註釈書には、「敏僧都記」あるいは「二諦義私記」等として引用されており、それを調査して、本書と比較することによって、一応の確認はなし得ると考えられる。本書に関説する文献としては、珍海（一〇九二―一一五二）の『三論名教抄』『三論玄疏文義要』『大乗玄問答』及び、中観澄禅（一二二七―一三〇七）の『三論玄義検幽集』等が挙げられる。珍海の『名教抄』では一回の引用があり、

敏僧都記云、大判二諦有三種、一所依於諦（亦名本於、亦名通迷）、二教二諦、三迷教於諦（亦名学教於、亦名別迷）。（大正七〇、六九三中）

とするものである。右の文と同一の文章は、本書には見られないが、冒頭の次の一文は、相応するものと見られる。

　問、宗意立二諦有幾種耶。答、略有三種也。問、何耶。答、本於二諦、教二諦、末於二諦也。（上冊一丁右）

従って、珍海が趣意によって述べたと理解すれば一応、一致すると言えるであろう。珍海の所依の於諦、迷教、別迷等の表現は、吉蔵の用語に従ったものながら、本書においても、すべて用いられている。

次に、『大乗玄問答』では二回関説するが、巻一（大正七〇、五七二下）にて、単複中仮に触れ、交絡出入に十二句のみを明かすことに関し、「実敏僧都記云、未決也」とするが、これについては、本書には相当文が見出せない。しかし、巻二における、

　私記云、問。何以復知本於有四重乎。答。法花玄第四巻末、明立四重二諦之所以、取有六義中、第二依諦説法義云本、於亦有四重。……。（大正七〇、五七九下）

という文は、本書の次の一文に一致する。

　問、何以得知本於有四重耶、答、法花玄第四巻末、明立四重二諦之所以、取有六義中、第二依諦説法義云本、於亦有四重……。（上冊一四左）

また、『文義要』では四箇所「私記」に関説するが、いずれも、相当文は見出せなかった。ただ、「文義要」では、『私記』の引用について、次のような裏書がある。

　裏書云、醍醐有此私記、表紙銘尊徳（疑書主名歟作者歟）、二諦私記一巻、名義集不知作者、又別有実敏僧都私記一巻之。（大正七〇、二四〇中）

これに従えば、「文義要」で引用する「私記」は、実敏の書ではなく、表紙に尊徳と銘のある別の「私記」からの引用であることが判明する。従って、本書と相応しないという矛盾は解決出来よう。次に、『検幽集』における引用は、作者名を言わず、「二諦義私記」として七回関説する。この中で、巻六に見られる最初の引用文（大正七〇、四七六中）のみが一致し、あとは、すべて相当文が見出せない。

以上の調査の結果、珍海が『名教抄』及び『大乗玄問答』で引用する「敏僧都記」「私記」と言うのは、実敏の『二諦義私記』であることは間違いなく、本書と相応することから、宝生院の写本は確かに実敏の書であると認めて良いであろう。また澄禅の引用も、実敏の書からであると判断される。しかし、右のごとく、相当文が見出せるものと、そうでないものとがある、というのが、第二の問題となろう。

この点は、本書の内容とも関連して考える必要があろう。本書の内容は、吉蔵の『二諦章』を中心的な依拠として、吉蔵の他の著書や法朗、慧均の書、及び元興寺智光の書などを援引して、三論宗の二諦義を明らかにしようとしたものであり、問答体で述べられている。大要から言えば、従来、本書は、吉蔵の『二諦章』あるいは『大乗玄論』二諦義の註釈書であろうとの推察は当たっていたことになる。しかし、所謂の随文解釈ではない。次に本書の主要な論点は、第一に於諦と教諦の問題、その中で、本於（所依の於）と末於（迷教・学教の於）、及び教諦について、『二諦章』で説かれる得失、通別、前後等について釈し、第二に、『二諦章』の科文についての問題。第三に、三節（重）の二諦について。第四に、二諦と四悉檀の問題。第五に、四仮と四悉檀の問題を取り上げ、問答往反している。これらの内容と、吉蔵の『二諦章』とを対比すると、上巻で言及されている問題について、紙数の三分の二を費やしており、第五の四仮と四悉檀の問題のみが、『二諦章』巻下の相即義のところで関説されるもので、本書では、吉蔵の言及する内容に応じて、外道及び成実師の説を批判することで終っている。従って、その後の部分で言及されるところの、二諦の体に関する問題、及び出入観と並観についてや、二諦絶名の問題等は、何ら取り上げるところがない。

右のような内容上の問題と、『検幽集』の引用文が相応一致しないということを考え合わせると、大須文庫本は、本来の姿のままで伝えられているのかどうか。現存のものがすべてなのか否かの疑問が起る。『検幽集』の引用が、間違いなく実敏の書からの引用であるとすれば、大須文庫本は完本ではないという推定が成り立つ。しかし、本書が、随文解釈ではないということからすれば、必ずしも、吉蔵の『二諦章』の内容と相応一致しなくとも不思議はない。また、『検幽集』における引用が、必ずしも実敏の書のみからの引用ではないとすれば、これも当然のことながら、相応しない文章が出て来ることになろう。しかしながら、『二諦義私記』の名称で、本書と同文を引用している例があることを重視すれば、やはり、他の引用も、本書からの引用と見るのが妥当のように思われる。本書の内容としては、右に述べたごとくであるが、三論宗の立場からの相即義につき、何ら言及せずに終っていることが、やはり不自然にも思われる。

翻って、『検幽集』の引用文中、相当文が見当たらないものを例示すると次のごとくである。

(1)二諦義私記曰、問、先云一名一義者、一真之名、一俗之名、名為一名也、今疑真与俗即是二名、何称一名耶、答、一箇真名、一箇俗名、故為一名、問、若爾一義無量名亦応名一義一名耶、何者、俗諦真諦世諦第一義諦凡諦聖諦有諦無諦、如是等名亦是一箇、俗諦一箇真諦等名故、答不例也。……。(大正七〇、四八五中)

(2)二諦私記曰、問、第二門拠相即義言、俗以真為義等、第三門亦約相即義言、俗以不俗為義、此二何異耶、答、第二相即横約用門、真与俗相即、第三門相即竪拠体用、真俗与不真俗相即、相即言雖同、所望各異。……。(大正七〇、四八七下)

(3)二諦私記曰、問、第二因縁釈義門、為但約相即義、名真以俗為義、俗以真為義耶、若復約理教義、得言俗以真為義等耶、答、亦有此義、所以章文引大経云説世諦者令識第一義之文、而釈俗以真為義等義也。……。(大正七〇、四八八下)

(4)二諦私記曰、第四無方釈義、前第三門即悟無礙道故、今於此第四門示起無方用、所以云真以一切法為義、俗以一切法為義也、問、言無礙道又言無方用者、是何等義耶、答、非真非俗不二之理是無礙道、不二之理通融而無彼此隔礙、故名無礙也。……。(大正七〇、四八九中)

右に明らかなごとく、(1)の文は、二諦の釈名に関するものであり、(2)以下は、四種釈義を媒介としてすべて相即義を扱ったものであることが知られる。これらの内容は、『二諦章』では巻中で言及されるものである。これらの文章が、すべて実敏の書からの引用であるとすれば、大須文庫本には、脱落している部分が相当紙数存するということになろう。実敏が、『二諦章』を中心的な依拠として論述を進めていることから判断して、恐らくは、吉蔵の記述に順じて二諦義を解釈したものではなかったか、と推察される。とすれば、『二諦章』の巻中と巻下の相即、二諦体等後半の部分に相当する内容が、大須文庫本では欠けているということになろう。

三論宗において二諦義は、中心問題であり、日本においても、早くから注目され、註釈書も著わされたものと考えられる。珍海や澄禅の時代に、先にも引用したごとく、醍醐寺には三種の註釈書があったごとくである。つまり、尊徳と銘のある私記と、義集と称される私記と、そして、実敏の私記である。また時代は下るが、東大寺英訓（—一五二一—）の書いた『大乗玄論二諦義私示』では、「東南院の義林章」「光明山の私記」及び「実敏の私記」に関説する。特に、「東南の私記」を頻繁に引用するが、これは、自己の学系に直接連なるからであろう。東南というのは、東南院の某師の意味である。この私記は「義林章」とも呼ばれているから、あるいは、醍醐寺に伝えられていた「義集」と呼ばれるものと同本かも知れない。また光明山は、東大寺別所とされ、三論系浄土教の本拠となったところで、禅林寺永観や珍海の師覚樹、重誉等が住した。右の各々の私記の作者等については、今後の検討を俟たねばならないが、実敏の書の他に、二種ないし四種の私記が著わされていたことが知られる。

以上のごとく、多少の問題点を含みながらも、実敏の『二諦義私記』が伝承されていた事実、それが憲朝によって筆写され、宝生院に襲蔵されていたことが明らかとなった。そして、実敏の私記が、三論宗の二諦義の註釈書としては、恐らく最初に位置づけられるのではないかと考えられる。しかも、その後の三論学に、長らく影響を及ぼしている点、現存の文献としては、安澄の『中論疏記』に続くものとして、貴重な存在であろう。

三、実敏の伝記

実敏（七八八—八五六）の伝記としては『文徳天皇実録』や『元亨釈書』『本朝高僧伝』等があり、その他『僧綱補任抄出』等に関説される。[1] この中で、『文徳天皇実録』が最も信頼されるものであろう。今、これらの文献によって、実敏の伝記を述べておきたい。

実敏は、姓物部氏、尾張国愛智（知）郡の人である。母は、室中に三重塔を建立する夢を見て、実敏を孕んだという。延暦七年（七八八）出生（逆算）したが、その両眼には各々二つの瞳があり、左右の耳孔は相通じていたとされる。十三歳の時、すなわち、延暦十九年（八〇〇）、伯父の中安法師に従って都に趣き仏教等の手ほどきを受けたが、生来の聡明さを発揮して、その進展ぶりは日毎に倍したとされる。「聡明日倍受持経論」（『文徳実録』）とされ、「就読経論強記功倍」（『本朝高僧伝』）とされるから、諸経論を次々に読破し、その義理を探求して行ったもののごとくである。このような実敏の姿を見た中安は感歎して、玄叡に実敏を預けたとされる。玄叡はその法器なることを察し、摩頂して誨誘したという。

さて、以上の経過については諸伝共に一致しているが、その後の事蹟については、多少の相違が見られる。『文徳実録』では、その後、「更に入唐大僧都永忠に従って、経論の所滞を学び、二十にして具足戒を受く」としており、『元亨釈書』も同様である。[2] ところが、『本朝高僧伝』では、「玄叡は、さらに実敏を安澄に付属せしめた」といい、「二師の室に侍して審問饜飫し、二十にして東大寺戒壇に登り、満分戒を受け、後梵釈寺の永忠に従い」と述べている。[3] つまり、問題となるのは、実敏が安澄（七六三―八一四）にも師事した、ということである。そこで、安澄・玄叡・実敏三者の師資関係が考察されなければならない、ということになる。

今、関係の諸説を先に提示して、その問題の所在を検討しておきたいと思う。諸説というのは、右の『文徳実録』及び『元亨釈書』と『本朝高僧伝』の他に、『三国仏法伝通縁起』（『伝通縁起』と略称）、『東大寺具書』、『東大寺要録』、『東国高僧伝』があり、以上は、公刊されている文献である。また未公開の写本ではあるが、すでにその所在が明らかにされている元興寺円宗（？―八八三）の『大乗三論師資伝』（『師資伝』と略称）、及び東大寺崇憲（一七五一―一七八八）の筆写による『大乗三論宗嗣資記』（『嗣資記』と略称）と『大乗三論宗嗣承伝』（『嗣承伝』と略称）がある。[4] そこで、右の諸文献に記されたことを列挙すると次のごとくなる。
①実敏は、玄叡に受学したとするもの（『文徳実録』・『元亨釈書』・『東国高僧伝』）。
②実敏は、安澄の弟子であるとするもの（『師資伝』・『伝通縁起』・『嗣資記』・『嗣承伝』）。
③実敏は、玄叡・安澄の二師に受学とするもの（『本朝高僧伝』・『嗣承伝』の註記）。
④玄叡は、東大寺玄耀の弟子とするもの（『師資伝』・『東大寺要録』・『嗣承伝』）。
⑤実敏と玄叡は、共に安澄の弟子とするもの（『東大寺具書』・『嗣資記』・『本朝高僧伝』）。

さて、右の諸説をながめると、実敏については、①②③の三説があることになるが、この中で、文献成立の年代からすると、①の玄叡に受学とする説と②の安澄の弟子とする説が、最も古い伝承ということになろう。『文徳実録』（八七九成立）と『大乗三論師資伝』（八八三以前成立）は、全く同時代の文献であり、いずれも事実を伝えたものと考えざるを得ない。ただ、両者の撰述の立場、背景が異なることによる評価の差異として捉えられるのではなかろうか。これについては、三者の関係を考えながら、さらに吟味しなければなるまい。

次に玄叡については④⑤の二説がある。つまり、④の玄耀の弟子とする説と、⑤の安澄の弟子とする説である。この中で、前と同様に成立の年代を考慮すると、④の説が、⑤よりも古い伝承を有する。すなわち、『師資伝』は先述のごとくであり、『東大寺要録』は、元永元年（一一一八）には完成されていたとされるからである。(5) この点からすると、④の説を採りたいが、⑤の説も捨てがたい。それは、『本朝高僧伝』において、玄叡は「安澄に随って大安寺に在りて空論に達し、西大寺に補せられて英博名顕る」として、はじめは、大安寺に住し、後に西大寺に移った、と考えられる記述をしているからである。崇憲の『嗣承伝』は玄叡を玄耀の弟子としているが、その下に註記して「西大寺、初住大安」としている。これは、時代的に言って、あるいは『本朝高僧伝』を参照しての註記かも知れないが、もしこの点が事実であったなら、安澄受学説も可能性ありと考えられる。そして、先に述べたごとく、実敏が安澄・玄叡の二人に師事したとすれば、安澄と玄叡の関係も、また密接なものがあったと言わざるを得ない。三者の中で、実敏は最も若年であったと考えられ、彼が安澄に受学するに到った因縁は、玄叡にあったと見るのが妥当であろう。安澄と玄叡の師資の関係に言及するのは『本朝高僧伝』に先行するものとして『東大寺具書』（鎌倉末期）がある。この書は、成立の性格上、当時東大寺に伝承されていた説を取捨しつつまとめられたごとくであり、すでに指摘したごとく、一方では円宗の『師資伝』の記述をそのまま採用しながらも、[6] 右の点については、多少異なる説となっている。従って、ほぼ同時代の凝然が安澄と玄叡の関係を言わないことは、円宗の説を承けたものと思われるが、[7] 一方東大寺の伝承には、安澄と玄叡の師資関係を認める説もあったものと考えられよう。それは『嗣資記』において具体的に示されている。[8]

以上、少しく錯綜した記述になってしまったが、事の真相を証するには、いずれの伝記類も、甚だ不充分である。よって総体的に判断して推察を試みるとすれば、実敏が、中安に連れられて玄叡に出会った時には、玄叡は安澄の下にあった、すなわち、大安寺に住していた時ではなかったか。そして玄叡は西大寺に移るに及び、実敏を安澄に預けたのではないか。つまり、玄叡・実敏共に安澄に師事したのは大安寺においてであった、ということである。そして実敏は恐らく安澄が弘仁五年（八一四）、五十二歳で遷化するまで、彼に就いて三論を学び、他方梵釈寺の永忠（七四三―八一六）にも新知識を問うたのであろう。[9] 円宗の『師資伝』では、実敏を「安澄の入室なり」としている。この「入室」という表現について、当時いかなる意味を有していたのか明確ではないが、伝記類において、弟子という表現と併列的に使用されており、同一人物が甲師の弟子とされ同時に乙師の入室というようにも記される。歴史的に見て、主として付法印可を示す表現として入室と称する使用例が適用されるとすれば、実敏の本師は、安澄であったという意味となろう。円宗が特にこの語を用い、凝然がこれを承けて実敏を評価していることからすれば、決して軽いものではあるまい。実敏は安澄の示寂後西大寺に移り、再び玄叡の門下として、さらに師事したのではなかろうか。

他方、玄叡については、示寂の年（承和七年・八四〇）が知られるのみで年齢は不明であるが、安澄よりは後輩であろう。しかし、安澄が五十二歳で示寂し、その二十六年後に彼も遷化していることよりすれば、それほどの開きはなかったようにも思われる。従って、玄叡が安澄に受学したのは、あるいは東大寺の玄耀に就いて、ある程度仏教を学んでからではなかったか、とも考えられる。つまり、玄耀受学の事実の方が、安澄受学よりも先ではなかったか、ということである。このことも又、推測の域を出ないが、一つは、法諱の相似である。これは遇然かも知れないが、得度の師資関係の存在を窺わしめるものがある。しかし玄耀については、『師資伝』において、三論宗の第一伝とされる慧灌の弟子福亮の系統として、福亮—神泰—宣融—玄耀と位置づけられる人で、安澄とはその系統を異にする。この説は、『東大寺要録』『東大寺具書』そして崇憲筆写の『嗣承伝』『嗣資記』の二書に継承されているもので、彼が、元興寺系の三論学を東大寺に伝えたことにより、東大寺の伝承として重んじられたものであろう。そして玄耀の弟子とされるのは、玄叡の他に福（布）貴の道詮（—八五四—）がある。[10]

右のような推測による諸事情が、仮に存在したとするならば、先の諸説に見られる混乱の理由が自ずから明らかになるように思われる。逆説的には、実敏・玄叡共に二人の師があったということにより、その受学の前後のいずれを師として評価し、位置づけるかによって、伝承の相違となったのではあるまいか。最も古い伝承と考えられる円宗の記述は、彼の示寂の年（八八三）より数えて、玄叡よりは四十三年、実敏よりは二十七年後ということであり、むしろ同時代に生きた人物である。従って彼は、玄叡・実敏の三論学の事実上の師として各々玄耀と安澄を記録したのではないかと推察される。一方、先にも言及した『文徳実録』は、正史であり、それは公の機関によって編纂されたものであり、実敏については、玄叡の門下にあって、彼の示寂後も西大寺の三論学僧として活躍したその実績によって記述したものではなかったか、と考えられよう。

さて、実敏の伝記について思わぬ停滞を余儀なくされたが、彼の事蹟を先に進めたいと思う。彼は安澄の遷化に先立つ大同二年（八〇七）、二十歳の時、東大寺戒壇において具足戒を受けた。[11] そして弘仁十年（八一九）、三十二歳の十月、興福寺維摩会の講席に預り、研学竪義を勤めている。その時、列席の諸寺の学僧は、彼の竪義を聴いて、驚聳せざるものなし、と伝えられる。[12] この時の講師は、諸記共に欠落しており不明である。さらに『本朝高僧伝』の玄叡伝によれば、天長四年（八二七）九月に、禁中において、薬師仏像を慶讃する法会が営まれ、四日八座にわたり教義が講演された際、玄叡は、豊安・載栄・空海・泰演・明福と共に講主となり、実敏は聴法衆二十人のうちの一員として、その講説を聴いたとされる。実敏はこの時四十歳であり、南都仏教界において、徐々に頭角を顕していることが察知される。また、この頃には、すでに西大寺にあって、玄叡門下の代表人物となっていたことも推察されよう。そして、この時期までが、彼にとっては自己の修学の期間であったと考えられ、以後は、西大寺の実力者として、また三論宗の代表者として最も充実した活躍期に入る。

先ず、承和五年（八三八）十二月十九日に、清涼殿において、初めて仏名懺悔が三日間修行され、元興寺の静安等と共に、その導師を勤めた。[13] そして、承和八年（八四一）、五十四歳の時、興福寺維摩会の講師に任ぜられ、それを無事勤仕し、続いて翌年正月の太極殿の御斎会において『最勝王経』を講じた。その時の様子を『文徳実録』では、「皇帝、実敏の問答を臨聴し、警策するに、唇舌紛紜たり。疑滞を分決すること毫毛も必ず剖す。帝、称歎すること久し。明年、擢かれて律師を拝す」と述べている。この当時、未だ明確な形での三会制度は成立していないが、『続日本後紀』第八の承和六年（八三九）十二月の勅に、

勅以経于興福寺維摩会講師之僧、宣為宮中最勝会講師、自今以後、永為恒例。

とあって、実敏の場合も、この詔の通りに二会の講師を遂講したものであった。また、右の両会が、三月七日の薬師寺の最勝会と並び、三会として僧官への登龍門としての意義が形成されつつあったと言える。そして実敏においては、正に承和十年十一月九日、五十六歳の時に已講の労として律師に任ぜられたのである。[14]『僧綱補任』等を見る限りにおいて、已講の労として三綱に登ったのは、実敏が初例である。しかし、実敏の伝記にも述べられていないように、御斎会のあと薬師寺の最勝会の講師をも遂講したか否かは不明である。それは、三会として正式に定められたのは、貞観元年（八五九）正月八日の詔に依るからである。[15] その後、嘉祥元年（八四八）の七月十五日に清涼殿において『法華経』を講じ、同年の九月二十日に律師から少僧都へと転任された。[16] 続いて、嘉祥三年（八五〇）二月二十二日、清

涼殿において、法相宗の明詮等と共に三論宗の代表者として座主となって『法華経』を講じた。[17] そして仁寿三年（八五三）、六十六歳の十月二十五日に、大僧都に任ぜられ、斎衡三年（八五六）九月三日、六十九歳で遷化している。[18]『文徳実録』では、実敏の講説の姿を評して「実敏は言詞羨むべく、音声は和美たり、願を発して教誨すれば、聞く者涙を流す」と褒め讃えて結びとしている。

四、本書成立の意義

実敏の生涯は、およそ右に述べたごとくであるが、師に当たる安澄や玄叡の生涯と比較するとき、かなり違った様相を呈している。それは、正に南都仏教界におけるエリートとしての道を歩んだ、ということである。そのことは、承和十年に已講の労として律師に補任されたことに、象徴されているように思われる。彼は、承和六年の維摩会の講師であった興福寺法相宗の恩教や、翌七年の講師泰縁の二人を差し置いて僧綱となったのである。[19] つまり、承和六年十二月の詔によって三会制度確立の機運が熟していたのであり、恐らくは二人共、二会ないし三会を遂講したと考えられ、実敏と同等の資格を有していたであろう。しかし、彼らは、ついに僧綱に任ぜられることはなかった。勿論、実敏には、玄叡亡き後の西大寺三論宗の統率者としての責任が負わされていたかも知れない。このような実敏の華々しい活躍と恵まれた境遇に対し、安澄は大安寺三論宗の正系を継承し、一流の学僧としての名を馳せながらも、[20] 僧官として表立って活躍することはなく終った。それは五十二歳で示寂したということが、自ずからその道を閉ざしたと言うべきかも知れない。彼の示寂の前年に当たる弘仁四年正月には、同門の先輩である勤操（七五四―八二七）が律師に補任されている。[21] しかし反面彼は学究者として最大の功績を残し、彼の『中論疏記』は、奈良時代より平安時代初期の註釈学、特に文献考証の白眉と言える。また玄叡も、その伝記は不明であるが、律師に補任されたものの、その後の昇進はなく、実敏のような活躍はなかったごとくである。ただ『大乗三論大義鈔』を、三論宗を代表して撰述し、朝廷に奉ったことは、その実力を充分に窺わせるものがある。

実敏の活躍は右のような勝れた師の下にあって、その陶誘に依るところ多大なるものがあったと考えられるが、それは、三論学の面でも大いに発揮されたであろう。それは、後世に影響を及ぼしている『二諦義私記』を著わしたことによって、端的に示されている。しかしながら、本書は、前二書とは、その成立事情、内容において趣きを異にしていると考えられる。一つは、「私記」という名によって示されているのであるが、その著述の形態において、前者とは明らかに相違しているということである。二つは、撰述の意図である。安澄の『中論疏記』の成立は、奈良時代の経論に対する註釈的研究の成果が遺憾なく発揮されたものであり、安澄の書は、当時代における有終の美を飾るものと評価して良いであろう。そして玄叡の書になると、それは勅撰という性格もあるが、安澄の註釈的研究とは異なる宗義の書としてまとめられた。ここに時代の推移ということが察知される。そこで、これら二書に対して実敏の書は、いかなる位置にあり、いかなる意義を有するのか、次に少しく考えてみたいと思う。

第一の「私記」ということについては、結城令聞博士の有益な論文がある。[22] 博士は、日本の唯識研究の視点より論じられて、唯識研究史上における私記時代の設定を提唱された。筆者は、この考えと同意見であり、単に唯識研究の面においてのみならず、南都北嶺の仏教界における、一つの大きな特色として捉えられるのではないかと思う。先ず、博士の論証と指摘によると、私記時代というのは、「興福寺喜多院の空晴（八七七—九五七）以後、鎌倉唯識の論議的研究、方法が台頭する頃まで」と設定され、その私記と称される著述の形態については、「私記は既存の著述に対する解明であり解読であって、既存の著述を離れては存在しえない」とされ、さらに「特に解明解読と称したのは、註釈ということではない」と述べられている。そして、その特徴を「総て問答体を以て義の解明をすすめ、それも自問自答して自己の見解を出すことをむしろ避け、古人先輩の見解を能う限り多く出し、それをして問答せしめ、出来るだけ多くの説を出すようにつとめている」とされる。この結城博士の指摘は、そのまま実敏の『二諦義私記』にも当てはまるのである。

右の博士の時代設定は、唯識研究の現存文献よりなされたものであるが、実敏の書は、その前駆的存在ということになり、丁度、音羽の明詮（七八八―八六八）の『唯識義私記』十巻と同時代に当たる。また既存の著述に対する解明、解読という点においても、実敏の書は、吉蔵の『二諦章』に対する解明解読であり、その形態は、正に問答体でなされている。そして、古人先輩の見解を能う限り多く出す、ということにおいても、本書は、吉蔵の『中観論疏』『百論疏』『浄名玄論』『大品経疏』『法華玄論』『法華経疏』『涅槃経疏』『大乗玄論』を引用し、また興皇法朗の『山門玄義』、慧均の『四論玄義』、浄秀の『中論疏』、元興寺智光の『法華玄論述義』等を援引している。このような著述形態が、唯識研究史上のみならず三論研究史上においても、本書の例があったということは、少なくとも従来は知り得なかったことである。しかし、他にも同様の文献を指摘することによって、南都仏教界の特異なる学風を形成していた、と言うことが可能となるであろう。今、それらの一つ一つについて検討を加える余裕はないが、一、二の例を示すならば、三論宗においては、東大寺東南院の第三代院務とされる観理（八九五―九七四）に、

『方言義私記』　二帖（真福寺文庫・大谷大所蔵写本）

『因明四種相違私記』　三巻（大正六九所収）

『唯識義私記（唯識章）』　十五巻（僧伝等記載）

があり、最後の書は確認不可能なれど、前二者は、正に「私記」の形態を取っている[23]。また、天台宗の著述を拾ってみると、

円仁（七九四―八六四）　『三身義私記』

良源（九一二―九八五）　『名別義通私記』

千観（九一八―九八三）　『十二因縁義私記』

源信（九四二―一〇一七）　『三身義私記（二種）』

『即身成仏義私記』

『三観義私記』
『三周義私記』（以上、日仏全所収）

等があり、やはり、いずれも問答体による義理の解明である。さらに天台宗には、『二諦義私記』と名付けられた著述が、最澄、安然（八四一―九〇一?）、千観、源信等に存したことが目録によって知られる[24]。

以上のごとく、私記と称される著述形態が平安時代の日本仏教界に流行し、仏教研究の一形態を形成していたと見られる。それでは、このような著述形態が取られた意味、理由は何であったか、ということが問われなければならないが、一応次のように考えられるであろう。

その第一は、奈良時代までは、インド・中国仏教の伝播研究の時代と称されるごとく[25]、註釈的、文献考証による研究が中心であった。それが平安時代の初期頃に到って、一応の成果を収め、次の段階へと進んだ。それは、先行の著述を原拠としながらも、その一つ一つの文々句々を離れて、その宗旨を問答往反によって解明して行くということではなかったか。これは教義の理解が深まり、それを消化することによって、初めて展開され得ることであろう。これを内的な理由とすれば、第二には、そのような学風が起った外的な理由はなかったであろうか。平安以後は、学派から宗派へという転換期であり、政教相資時代とも称されている[26]。つまり、考えられることは、当時の仏教界のあり方が、仏教研究のあり方にも大きく影響を及ぼしたのではないか。その一因は、諸種の法会、講会の隆盛ではなかったか、ということである。その代表たるものは、宮中の最勝会（御斎会）や藤原一族によって営まれて来た維摩会等であったと思われる。それらが国家的法会となり、年中行事として定着するに到り、それは官製のものながら、仏教界にとっては、各宗の教義、宗旨について発表し、意見を出し、議論をする場であった。そして、その際には、講説や竪義の内容を中心にして、質疑応答がなされ、その義理が追究された、と考えられる。このことは、たとえば維摩会の実際によって知られるであろう。すなわち、維摩会においては、『維摩経』の経義を講説する講師があり、講説された経義より論題を選定して出題する探題があり、その出題に対して義を立てて答える研学竪義の者があり、さらに、その論義の可否を評価する精義の役があって、いずれも勅任されるものであった[27]。そして、このような講会の定着と隆盛が、いつ頃から起ったかと言えば、先にも触れたごとく、本書の著者実敏の前後頃であった。維摩会のみならず、その他の法会の定着、制定等についての例は、『類聚三代格』等により指摘出来るであろう。しかも、それらの法会に参加し、竪義や講師を勤仕することが、僧界進出への登龍門の意味を持つに至って、私記的学風（今便宜的に使用）は、一層助長されたのではなかったかと思われる。私記と称される著述形態は、そのような状況の中より形成されたものではなかったか。つまり、内的な仏教研究の進展と相俟って、現実的な要請によって作成された、と見ることが出来るであろう。その点は、結城博士の指摘されたごとく、清範の『五心義私記』下巻には「是則為允当年研学立義也」と、その著述の目的を記しているとされ、観理の『因明四種相違私記』の奥書にも、筆写の理由として「有法華会執行、由内外相調故、為第二夜竪義稽古」（大正六九、二九一中等）と述べているし、『方言義私記』の大谷大学蔵本では、はじめに、その内容項目を、たとえば「一方言有先徳伝事」等と三十八箇条にわたり数え上げていることなど、伝持の状況を推察すると、私記撰述の目的の一つに、諸法会のため、ということがあったとすることは、大きな誤りではないと考えられる。

勿論、私記と名のつくものが、すべてそうであったとは考えられない。実敏の書にしても、以上のような背景のもと、講会のためにという理由で制作されたものか否か、現写本には著者自身の奥書は見られず不明である。したがって、成立の年時も分からない[28]。しかし、私記的学風の盛り上がりつつあった時代にあって、その気運をいち早く察して、三論宗の中心テーマである二諦義の解明を行ったことだけは間違いない。その点、実敏の『二諦義私記』は、三論宗における、この種の著述の嚆矢であったと言えよう。

凡例

一、本文の印刷に当たっては、すべて通行の字体とした。また、適宜句点（。）を施し、改行を加えた。

一、頭註には引用文献の出典、ならびにイ本等との異同とそれによる本文訂正を註番号(1・2……)を付して記し、筆者による訂正や段落の説明は原則として*を付して示した。また(表紙外題)等の文字は、筆者の補足である。

一、原本の紙数及び表裏は、(3オ)(4ウ)等として本文中の各々の末尾に示した。

(表紙外題)

二諦義私記上

(内題)

二諦義私記

問。宗意立二諦有幾種耶。答。略有三種也。問。何耶。答。本於二諦。教二諦。末於二諦也。問。何名本於二諦等耶。答。仏未出世前。凡謂瓶衣等実有。名俗諦。諸賢聖謂瓶衣等法性空。名真諦。是名本於。仏出世。依前二諦而還説空有之教。名教二諦。禀教之類。禀空有教不了悟教意。作空有解。名末於。問。且(1オ)就本於。何仏未出世前。空有二諦名本於。答。仏未出世時。本有此二諦。故云本於。問。若言仏未出世前。本有此二諦。故名本於者。仏未出世前。本有故名本可爾。何名於耶。答。先徳有多伝。有云。於訓為也。有為凡実。空為聖実。故云於也。有云。於字訓望也。有望凡為実。空望聖為実。故云於也。有云。於者迷失之異名。諸法未曾空有。而凡夫謂有聖人謂空。故(1ウ)云於也。均正師義也。故均正章二諦義釈名門言。問中論四諦品云。仏依二諦説法。若俗諦於俗俗諦。真諦於真真諦。為二於諦者。此両於並是病不。答悉是病迷也。何者道未曾有無。作性実有無解故。有無悉乖道。故是病迷。問若皆病迷者。並応是俗是凡。答望道為論亦得悉是凡俗。已上也。問。若爾此三伝中。今意用何。為当双用。為当取捨耶。答。

1 慧均大乗四論玄義記巻五、二諦義「問中論四諦品云。仏依二諦説法。若俗諦於俗俗諦。真諦於真真諦。為二於諦者。此両於諦並是病迷不。答悉是病迷。問若為是病迷。答並乖道。道未曾有無……亦得悉是凡是俗也」(続蔵一・七四・一、二二右下—二二左上)。

先徳所伝。不敢取捨。但依大乗玄。二諦章文者。後二伝為勝。問。大乗玄等文何耶。答。[2]大乗玄第一巻二諦義初云。本於是通迷。学教於是別迷。又本是前末是後迷。[3]又玄次文及二諦章中巻並云。（2オ）於諦有三句。一皆得。二皆失。三亦得亦失。釈二句云。皆失者。一皆是於故。二皆失。又二諦章処々多云。[4]学教成於。[4]又云。学教成失。以失字代於処。以此等文。証知於是迷失之義也。又二諦章。中論四諦品疏。百論空品疏等。処々皆云。[5]有於凡為実。空於聖為実。又云。有於凡是実。空於聖是実等云々。明知於者是相望之義。即訓望也。既言有於凡為実等。於字訓為時。即有擲（2ウ）重失。故又百論空品疏。[6]一棕望瓜実小。[7]望棗実大。以此喩顕本於諦。又中論疏。[8]引大論以無名指形中指実短。[9]形小指実長。以此喩顕本於二諦。准此等文。明知於是相望之名。即訓望也。問。若於者是迷失之義者。大経云。[10]一切世諦。若於如来即是第一義諦云々。此於亦是失耶。答。於之言通得失。是故大乗玄云。[11]仏於是得凡於是失也。（3オ）問。約本於二諦分二諦何。答。中論四諦品云。[12]諸法性空。而世間顛倒謂有。於世間実。名為俗諦。諸賢聖真知顛倒性空。於聖是実。名為真諦。問。爾此本於二諦。為当仏出世時。始有此二諦。為当無仏時。亦有此二諦耶。答。俗於諦有仏無仏常有。真於諦有二。一云有仏時有。無仏時無。二云有仏無仏恒有也。問。何言爾。答。仏出世仏不出世。凡夫常謂瓶衣等（3ウ）法実有。故云有仏無仏恒有也。於真諦性空者。若約迹身為言。仏出時有。仏不出世時無。若就本身為談。仏出世時仏不出世時。法身常照性空故。云有仏無仏恒有。問。且就真諦。彼性空者。但取本迹二身所照性空耶。若亦取小聖所知性空耶。答。通取大小聖性空。問。

2 大乗玄論巻一「本於是通迷……本是前迷末是後迷」（大正四五、一五中）。

3 大乗玄論巻一「於諦有三句……二皆失者。二皆是於故二皆失」（同、一六下）。また二諦章巻中「仏説於諦有三句。一皆得一皆失三亦得亦失。……二皆失者。二皆是於。故二皆失。於凡有。有既失。於聖空。空亦失。……然此三句。有両種諦。前二句即於諦。後一句即教諦」（同、九三下―九四上）。

4 二諦章巻上「今明。於諦皆失者。非是所依於諦皆失。乃是禀教成於。」また「有両種人失二諦。一者不学二諦失二諦。二者学二諦失二諦。凡失二諦不出此二種也」等（大正四五、七九上及び八三中）。

5 二諦章巻上「今明。如上有於凡為実。名俗諦。空於聖是実。名第一義諦」また「有於凡是実有。空於聖是実空」（同、七八中及び下）。中観論疏巻一〇本「世俗体非真実。但有於凡是実」とし「賢聖了六道顛倒本性空。故於聖為実是諦」（大正四二、一五〇下及び一五一上）。百論疏巻下余「二諦義者。如前有於凡是実為諦。空於聖為実是諦」（同、三〇九中）。

6 百論疏巻一〇余「如奈望瓜実小。形棗実大」（大正四二、三〇九上）。

7 原文「依」とするも百論疏本文により改む。

8 中観論疏巻一〇本「智度論引無名指形有名指皆実也」（大正四二、一五〇下）。

若爾小聖所知性空。為当有仏時有。無仏時無耶。為当有仏無仏恒有耶。答。小聖之空。有仏（4オ）無仏恒有。問。何言爾耶。答。声聞所知之性空。在仏出世時。独覚所知之性空。在無仏世之時。声聞縁覚合言故。云有仏無仏恒有也。問。何言声聞之性空。有仏時有等耶。答。声聞聖人。必値仏得道故。声聞所知之性空。無仏世無。若縁覚多分出無仏世故。云無仏時有也。問。若爾釈迦未出世前。於此三千界中。声聞縁覚之聖。若有耶若無耶。答。有学（4ウ）声聞与有学無学縁覚倶有也。問。何以得知爾耶。答。無有一声聞。無仏時。得第四果之人。故無有無学声聞。以義推之。可有七生。須陀洹人第七生満。値釈迦得第四果。又身子等六十劫学小乗人。釈迦未出世之前。皆有於此三千界門故。知有有学声聞也。又以義推之。釈迦未出世前。又有有学辟支仏。値釈迦出世。方得果。故無量義云[13]。仏四十余年。（5オ）常為衆生説諸法苦義空義無常義無我義。聞者得須陀洹果乃至阿羅漢果辟支仏道 注曰得二乗五果。已上。言五果者四果与辟支仏果也。 又云[14]。仏説是無量義経時。四衆八部得須（陀）洹果乃至阿羅漢果辟支仏果 已上。 既値釈迦得辟支仏果。明知釈迦未出世時。有有学辟支仏。又仁王会[15]八百万大仙縁覚。在会席而聞波若。注 嘉祥疏云[16]。三種辟支仏中。是大辟支仏也。以大仙人在雪山中*。悟因縁以得道。今聞如来放光尋光而来。已上。故知釈迦未（5ウ）出世時。亦有無学大辟支仏也。 問。若言声聞人。無有無仏世得四果者。釈迦滅度後。諸声聞人不得四果耶。答。雖仏滅度後。而不名無仏世。何者。釈迦正法五百年内。得果故。既受学釈迦遺教。而得果故。若仏与遺教倶無時。自悟而得道。方名無仏世得果耳。

問。本於二諦中。真諦性空。為是大聖所照之性空之耶。為小聖所知性空耶。答。通大小聖也[17]。問。何以得知（6オ）爾。答。論云[18]。諸賢聖真知顛倒性空。既云諸

9 大智度論巻二六「如無名指亦長亦短。観中指則短。観小指則長。長短皆実。有説無説亦如是」（大正二五、二五四上）。

10 大般涅槃経（北本）巻一七梵行品「善男子。一切世諦若於如来即是第一義諦。何以故。諸仏世尊為第一義故説於世諦」（大正一二、四六五中）。

11 大乗玄論巻一「問於諦為失。教諦為得不。答凡夫於為失。如来於為得。聖人於亦得亦失」（大正四五、一五中）。

12 中論巻四観四諦品「世俗諦者。一切法性空。而世間顛倒故生虚妄法。於世間是実。諸賢聖真知倒性。故知一切法皆空無生。於聖人是第一義諦名為実」（大正三〇、三二下）。

13 無量義経「自従如来得道已来四十余年。当為衆生演説諸法四相之義。苦義空義無常無我……若有聞者。或得煖法頂法世第一法須陀洹果斯陀含果阿那含果阿羅漢果辟支仏道」（大正九、三八六上）。

14 同「其諸比丘比丘尼優婆塞優婆夷。天龍夜叉乾闥婆阿修羅迦楼羅緊那羅摩睺羅伽……及諸眷属百千衆倶。聞仏如来説是経時、或得煖法頂法世間第一法須陀洹果……阿羅漢果辟支仏果」（同、三八七上）。

15 仏説仁王般若波羅蜜経巻上序品「復有八百万億大仙縁覚。非断非常。四諦十二因縁皆成就。……此三界中大衆十二大衆。皆来集会坐九劫蓮華座」（大正八、八二五上—中）。

賢聖故。通大小聖也。問。何云諸賢聖故。通大小也。答。言諸賢聖者。大乗五十二位賢聖。小乗七方便四向四果等故。云諸賢聖也。問。言諸者。大聖中五十二位賢聖。衆多故云諸。是有何妨耶。答。不爾。若小聖於真諦処不椅者。何処摂耶。問。若爾嘉祥意。真諦聖人通大小聖[19]。何以得知耶。答。四[20]諦品疏。釈真諦（6ウ）性空処。挙大小聖而釈也。又二[21]諦章云。本於是通。末於是別。言通者。本於俗諦。通取一切世間流俗汎爾類。及学教凡。末於俗諦。但取学教凡。本於真諦。通取大乗因果位大聖。本迹両身。及小乗学無学賢聖。故云通。末於真諦。但取小乗禀教学無学聖人。及有所得小菩薩。故云別也。明知通取大小聖也。問。若言通大小聖者。此大小聖。為是他仏世界（7オ）大小聖耶。為是釈迦所王三千界内大小聖耶。答。通於此土他方也。問。意何。答。釈迦未出世時。此土中但有小聖而無大聖。他方世界中。大小聖倶有。故云爾。問。若爾本於真諦。所之大小聖所知性空。以此為説法本者。為当通此土他方。為当但取此土耶。答。通取此土他方也。問。何以得知通取自他土耶。答。二[22]諦章中巻。明本於真諦云。一於有二。是以得知取（7ウ）他方大聖所照性空。又釈迦出世随此土凡聖。亦説有無故。亦云取此土。問。章意何。答。言一於者。真諦聖人於也。言有二者。此聖人性空之於。若約迹身者。有仏時有而無仏時無。若就本身者。有仏無仏恒有。約本与迹故。各有二。所言迹身者。釈迦未出世之前他方浄穢土中。応化二身名迹身。明知取他土大聖也。問。何約迹身而言有仏時有無仏時（8オ）無等耶。答。応化身出世。照諸法性空。亦説諸法性空時。始有性空。若応化身不出世時。無此性空故。云有仏時有無仏時無也。若本地法身。於法身地常照諸法本性空。此本地法身。若迹身

16 吉蔵仁王般若経疏巻上一「三種辟支仏中先者最大従因縁以得道故名大仙縁覚。……答諸大仙人在雪山中悟因縁以得道今聞如来放光動地尋光而来。故阿難即列為同聞也」（大正三三、三一八中）。

＊原本「香山」とするも右により「雪山」に改む。

17 イ本「乗」。

18 前出註12に同じ。

19 イ本「乗」。

……………………

20 中観論疏巻一〇本「問能依有異不。答依第一義説此是真実説。依俗説者此是方便随宜説也。問説人天及二乗是方便説。今説大乗人法等。云何依俗説法皆是方便。……又三句、一但失非得。謂凡於也。二但得非失。謂仏於也。……三亦得亦失。即二乗之聖形凡為得。望大士為失也」（大正四二、一五〇下）。

21 二諦章巻上「言通別者。所依於諦則通。迷教於諦則別……」（大正四五、七九中）。

22 二諦章巻中「問清智二於諦何因得有耶。解云。一於但一。一於有二。……一於二義者。即是諸賢聖。真知諸法空為第一義。言二義者。就本迹両意以釈之。本迹義。則諸仏出世故有。諸仏出世。知向顛倒諸法性空也。迹本義。則諸仏法身。本知顛倒性空」（大正四五、九三上）。

出世。若迹身不出世。常照性空故。云有仏無仏恒有也。問。本於真諦。取他方応化爾也。釈迦未出世時。此三千内有小聖。何以得知耶。答。釈迦未出世時。（8ウ）必有三生六十劫踈*根声聞。知瓶衣等性空。釈迦出世時。始値釈迦各証四果。即身子等是也。又仁王会有八百大辟支。此釈迦未出世時。先在雪山*中已得果。釈迦為説仁王波若。放光照有縁。時尋光来至会席。明知釈迦未出世前。此土内有二乗聖者。問。若言通取自他土者。釈迦出世依此土。衆生謂空有。而可説空有。何依他土大聖等。為此土衆生。（9オ）説空有也。答。仏未必依此人謂有無。為此人説有無。依彼人謂有無。而為此人説有無。若爾依他方能化所化王(ママ)有無等。為此土衆生説有無等。是有何妨耶。問。何以得知依彼人有無。為此人説有無耶。答。[23]二諦章中巻末云。両随但為一縁。明知爾也。問。意何。答。随凡説有為凡。随聖説空亦為凡。故云両随一縁。既言随随聖説空為凡。若爾随他土（9ウ）聖人。為此土凡説。是有何妨也。問。本於二諦。為得為失。答。通得失。問。通意何。答。凡有是失。聖空是得。問。若爾仏依此得失二諦説法時。所説二諦教。亦通得失耶。答。言爾是有何妨。問。[24]十八不共中云。仏所言皆無過失。今何言仏所説是失耶。答。仏所説雖通得失。而皆無過失故。云無過失耳。問。既所説通得失。何言無過失耶。答。為利衆生（10オ）故。説得失二諦。是故仏雖説於失而無過失。問。何言説得失而利生耶。答。仏説得失二諦者。衆生示是得是失。而欲令捨失従得。改凡成聖也。問。若言捨失従得者。真諦処聖人者。為是大聖耶。為是小聖耶。答。通大小聖。問。若爾仏説凡有是失。聖空是得。而令捨失従得時。為是令従大聖空。為当令従小聖空耶。答。任所化機也。若所化凡是大乗根性者。（10ウ）即令従大

*原本「練」とするも意によりて改む。

*原本「香山」とするも註16により改む。

23 二諦章巻中「而言二諦者。善巧方便随順衆生。説有二諦。随凡有説有。随聖空説空。随両縁故説二諦也。然此両随但為一縁。両随不同也。両随但為一縁者。随凡説有為凡。随聖説空亦為凡也」（大正四五、一〇三上）。

24 大智度論巻二六「十八不共法者。一者諸仏身無失。二者口無失。三者念無失……」（大正二五、二四七中）。

聖空。若是小乗根性者。令従小聖空。問。若爾此是捨失還令従失。何言令従得耶。答。難意何。問。小聖之空既是失。是故言爾。答。小聖之空。望大聖雖名失。而形凡夫是即得。今約凡聖相対而言捨失従得。非是大小相対故無失也。問。若爾是但転凡有。令悟小聖空。於何時令悟大聖空耶。答。転凡有悟小聖空時。即為説云此空是於汝空時。所化（11オ）之人悟是空但於我是空。非実是空。是時空即悟大聖所知不可得空也。問。何有無名本於耶。答。此有無是説法之所依根本故。云本於也。問。若爾何仏依有無而説法耶。答。欲顕仏所説。実而不虚故。問。意何。答。仏随凡有而説有。是故仏説有是実不虚。仏随聖空而説空。是故仏説空是実不虚也。問。先約所依於諦。為有倒不倒耶。答。爾也。（11ウ）凡有是顛倒。聖空是不顛倒。問。若爾依聖不顛倒空説空故。仏所説即不顛倒。若依凡顛倒有而説有故。仏所説即応顛倒耶。答。不爾也。説法所依之当。但取皆実辺。不取倒不倒辺故。問。其意何。答。若凡有与聖空相望時。凡有是虚妄故名顛倒。聖空是真実故名不顛倒。若於凡与聖而各論時。各皆有実義故名皆得。今取皆実辺為説法（12オ）本。不取倒不倒。問。何但取皆実。而不取倒不倒耶。答。諸仏説法。依於二諦。所以欲顕所説皆実。若所依有虚有実。何得顕所説皆実耶。是故不取虚妄義辺。但取皆実義辺為説法本也。問。何言皆実耶。答。有於凡是実。空於聖是実故。云皆実也。問。何以得知本於二諦。有此皆実耶。答。[25]中論四諦品疏。明本於二諦処云。於諦有三句。初皆（12ウ）得。謂有於凡是実名為得。空於聖是実名為得。故名為皆得（皆失亦得亦失如彼明。）問。若爾何[26]二諦章上巻初云。言於諦失者。有於凡是実有。空於聖是実空。此空有於凡聖各実。是故為失（已上）耶。既云於凡聖各実故為失。何言

25 中観論疏巻一〇本「問二於諦為是失為是得。答一往二於俱是得。於凡是実故於凡為得。於聖是実故於聖称得。若以凡聖相望則凡失聖得也」（大正四二、一五〇下）。

26 二諦章巻上「言於諦失者。有於凡是実有。空於聖是実空。此空有於凡聖各実。是故為失也」（大正四五、七八下）。

於凡是実。於聖是実。皆実故皆得耶。答。約凡聖皆実。有得有失。若以凡聖両実。望於教諦時。此両実皆是失也。若不望教諦（13オ）而望凡聖而論時。凡聖両実皆是得也。章意望教諦為言故云失也。問。章既云此空有於凡聖各実。故名各失云々。此是但望凡而実与望聖而実。[27]此之当名失故。云於凡聖各実故失。非是望教諦。何言望教諦名失耶。答。章意云於凡聖各実。此之各実。望於教諦時是皆失。所以不違。問。若言皆得者。本於者。若爾何大乗玄及二諦章。[28]云皆得者教諦。皆（13ウ）失亦得亦失者本於等耶。答。疏三句与玄章三句具意異。何以玄章文難[29]疏文也。問。意異何。答。玄与章。於諦与教諦合論三句。中論疏但於本於諦明三句。所以異也。問。若爾疏約本於諦。具三句之意何。答。皆得如前言。皆失者凡有小聖空。望於大聖皆是失也。言亦得亦失者。小聖空形大為失。望凡為得故。名亦得亦失也。問。本於二諦。但有為俗空為真耶。若（14オ）復有空有為俗。非空有為真等二諦耶。答。若有為俗空為真者。此是初重二諦。亦有後三重二諦。問。後三重二諦何。答。空有二為俗。非空有不二為真。此第二重。二不二為俗。非二非不二為真。此第三重。二不二非二非不二為俗。言忘慮絶為真。此第四重也。問。何以得知本於有四重耶。答。[30]法花玄第四巻末。明立四重二諦之所以。凡有六義中。第二依諦説（14ウ）法義云。本於亦有四重 玄[30]云。二者為釈如来常依二諦説法。若言如来常依二諦説法者。若説空説有応依二諦。今説非空非有乃至非二非不二。応不依二諦。是故釈云二諦三門。説此三門皆依二諦。若説有為俗。説空為真。依初門二諦説法。乃至説二不二為俗。非二非不二為真。依後門二諦説法也。已上。問。若所依於諦与能依教諦。倶具四重者。彼四重有何別耶。答。四重体不別。但能所義異。問。何言四重体不別等耶。答。於諦四重与教諦四重。同是初重。有為俗空為真。乃至第四重名言為俗無言為真。故云体不別也。言能所義異者。（15オ）於一四重二諦。以所依義名於諦。

27「聖」イ本なし。

28 大乗玄論巻一「問於諦為失教諦為得不。答凡夫於為失。如来於為得。聖人於亦得亦失。而師云。於諦為失教諦為得者。乃是学教成迷」また「於諦有三句。一皆得二皆失三亦得亦失。……二皆得者。只知於二即知不二。既非二非不二。五句皆浄。然此三句。前二句即於諦。後一句即教諦」（大正四五、一五中及び一六下）。二諦章巻中「今明。仏説於諦有三句……言亦得亦失者……二皆失者……両皆得者。只知於二即知不二。此下五句皆浄。……従来只云二於諦皆失。不知有此三句。然此三句。有両種諦。前二句即於諦。後一句即教諦」（大正四五、九三下―九四上）。

29 イ本「雑」。

30 吉蔵法華玄論巻四「問何故用三種二諦耶。答略明六義是故説之。……二者為釈如来常依二諦説法。若言如来常依二諦説法者。若説空説有応依二諦。今説非空非有乃至非二非不二。応不依二諦。……乃至説二不二為俗。非二非不二為真。依後門二諦説法也」（大正三四、三九六中）。

以能依義名教諦。問。何言所依能依等耶。答。就一四重而説法之所依義辺名所依。是四重還依前四重之義辺名能依也。問。何所依之義名本於。能依之義名教諦耶。答。所依四重。仏未出世之前。本有是四重故名本於也。仏依是四重而還説四重。能詮顕道理故。後四重名教諦。問。若言仏依前四重。還入説四重名教諦者。（15ウ）約教諦有言説教諦。有表理教諦。而今言仏説四重名教諦者。是何教諦也。答。此是言説教諦。問。何故非表理而是言説教諦耶。答。如来誠諦之言。名言説教諦。因縁有無能表不有無理。名表理教諦。今依前四重還説四重。此是如来誠諦言教故。名言説教諦。問。若爾如来誠諦言教。不表不二理以不。若言不表理者。不可名教諦。若言能表理者。是（16オ）亦表理。何言但言説教諦而非表理耶。答。言説与表理。倶能表理。但二名有通別異。言説之名是別。但在誠諦言上。而不通因縁有無上故。表理之名是通。非但在因縁有無上。亦能在言説教上故。而今以通名与因縁有無。以別名与誠諦言教耳。問。若爾此二教諦若有仏無仏常有耶。為当有仏時有。無仏時無耶。答。言説教諦。有仏時有。無（16ウ）仏時無。表理教諦。有仏無仏恒有也。

問。章云[31]。約於諦。有所依於諦。迷教於諦。今疑也。何名所依於諦等耶。答。釈迦未出世之前。凡謂有為俗。聖知空為真。是所依於諦。釈迦出世。依前空有二諦。還説二諦時。稟教流聞説有為俗。而謂俗諦是有。聞説空為真。而謂真諦是空。是名迷教於諦。問。所依於諦。迷教於諦。同有為（17オ）俗空為真。此二種於諦有何異耶。答。所依与迷教有三異。問。何異也。答。前後異。能所異。通別異也。問。三異意何耶。答。言前後異者。所依於諦是前也。迷教於諦是後也。能所異者。

31 二諦章巻上「若爾此則有二種於諦。一者所依於諦。二者迷教於諦」（大正四五、七九中）。

＊原本「非」とするもイ本により改む。

32イ本「依」。

本於是能化。末於是所化。言通別異者。本於是通也。末於是別也。問。且就前後。何言本於是前等耶。答。本於二諦。是在釈迦未出世之前故云前。末於是在釈迦出（17ウ）世後故云後也。問。若爾但在釈迦出世前故名本於耶。為当説法之所依本故名本於耶＊。答。抑也。問。若言説法之所依本故名本於者。迷教二諦亦応名本於。問。難意何耶。答。仏初成道時説有無教。禀教之流。禀有無教還作有無解。不悟非有無道理。由是仏更依禀教流有無解。而還説有無。破彼有無解。令悟非有無理。若爾迷教有無既成（18オ）後時説法本故。可名本於也。答。不然也。凡得本於末於名者。約釈迦一代為論。可在釈迦出世前名本於也。在出世後名末於。設使所化有無雖成説法所依。而猶在出世後故名末於也。問。若爾不可言説法所縁[32]故名本於。但可言在出世前故名本於。答。得本於之名凡有二義。一在出世前故。二為説法本故。此具二義故名本於也。迷教於諦。設雖有（18ウ）説法之所依義。而闕無在出世前之義故。不名本於也。問。禀有無教作有無解時。仏為令悟非有無理。更為説法時。為当説有無。為当説非有非無也。答。任所化機。若受就縁仮教。可悟之機者。為説有無教。令悟非有無理。若受対縁仮教。可悟之機者。為説非有非無教。令悟非有無理。問。若爾為就縁仮機。説有無教何耶。彼亦然。答。若作有解之人。（19オ）仏先同彼人解。検求彼有執。畢竟令無遺。是時即捨有悟非有。約作空解之人亦然也。是名就縁仮教也。若約対縁仮機。若執有之人。為説非有破有執。令悟非有理。約執空之人亦然。是名対縁仮教也。問。且就対縁仮機。凡依二諦説法之意者。執有之人。依彼有而為説有。約空亦然。而今対縁仮機。本来不執非有。何為此人説非有耶。若彼人不執（19ウ）非有。而為説非有者。仏所説非有之教可不実。如言依凡有為凡説有故。説有之教是実。今既不然。是故非有教応不実耶。答。随彼人非有而為此人説非有。彼人既知非有。仏随彼説非有。故仏所説非有教実而非虚也。

問。本於与末於異凡有三義中[33]。第二第三義意何。答。第二義云。本於是能化。末於是所化。第三義云。本（20オ）於是通。末於是別。問。且就第二義。本於中有真俗。俗即是凡。何名能化。末於中有凡聖。聖即是能化。何名所化耶。答。言本於是能化者。就真諦為言耳。末於中雖有聖。而稟教故名所化也。問。本於真諦中。有大小聖。今何名能化耶。又末於中稟教之聖。為是二乗聖耶。為是菩薩聖耶。答。約大聖辺名能化。不約小聖。又彼通二乗及有所得小*聖菩薩。但除（20ウ）無所得大士。問。二乗聖人。亦随分為他説法。何不名能化耶。又仏為普賢文殊等大菩薩説法。若爾無所得大菩薩亦是所化。何除此大士耶。答。小*聖雖随分化他。而能化辺小故名所化。又小*聖雖随分能化下。而亦能随仏受化。不実能化故。不名能化也。仏但是能化。全無所化義故。但大聖名能化。又彼普賢等大菩薩。能聞仏語有無。而悟非有無。聞二而悟不二（21オ）故。末於不摂也。但有所得小*菩薩。聞二而作二解。方名末於耳。問。若言仏一向能化。無所化義者。何有仏話経却除諸菩薩。而仏与仏話耶。既此仏話於彼仏。彼仏豈非所化耶。答。仏与仏話者。但為衆生不為仏。是仏都無所化義。問。梵網経[34]云。台上盧舎那。為千百億釈迦。説心地戒品云々。此文分明。何言仏不所化耶。答。此亦為衆生不為（21ウ）仏。是故無妨。問。於真諦有因果位。大聖取果位。大聖為能化者。如上所明因位大聖。為是能化為所化耶。答。名能化。若不名能化者。即違大品経[35]。云菩薩住二諦中。為衆生説法故。

33 二諦章巻上「又有三異。謂前後能所通別。従後釈之。言通別者。所依於諦則通。迷教於諦則別。……言能所者。所依於諦則是能化。迷教於諦則是所化」（大正四五、七九中）。

＊原本「少」とするも改む。以下、＊付きの「小」は同じ。

34 梵網経「時蓮華台蔵世界赫赫天光師子座上盧舎那仏。放光光告千花上仏。持我心地法門品而去。復転為千百億釈迦及一切衆生。次第説我上心地法門品」（大正二四、一〇〇三中）。

35 大品般若経巻二五「舎利弗。菩薩摩訶薩住二諦中。為衆生説法世諦第一義諦」（大正八、四〇五上）。

問。若爾*小聖亦可名能化。何者菩薩下雖化生。而亦上随仏受化。同於二乗不定能化。若不定能化之菩薩名能化。二乗亦応名能化耶。答。普賢文殊等大菩薩。随仏受化者。為化衆生（22オ）故。但是利他非自利。不同二乗但自行非化他故。菩薩名能化。二乗簡除也。問。地上大菩薩。名能化諦無疑。於地前位有四十心。此四十心菩薩。為能耶為所化耶。答。[36]涅槃経（疏）第七云。四依必取師位。三十心是師。十信為弟子云々。以此為言。三十心已上菩薩皆成能化。問。何十信為弟子。三十心為師。答。[37]涅槃疏下云。師位必取不退。十信是退位。三十心不退故為師位也云々。問。第三通別異（22ウ）意何。答。本於是通。末於名別。問。言意何。答。本於凡聖。通於一切凡聖故名通也。末於凡聖者。但是禀教凡聖故云別。問。本於凡聖。通一切等之意何。答。本於処俗諦凡。通取学教不学教之凡夫。其真諦聖。亦通取大小聖故。云通一切凡聖也。末於処凡。但是学教之凡。聖亦是禀教聖。不取不学教凡与大聖故。云別也。問。何故本於処通一切凡聖。末於但（23オ）学教凡聖耶。答。釈迦未出世前。凡聖所知空有名為本於。此未出世前。於凡聖中。有学教之凡夫。有流俗汎爾之凡夫。又有二乗小聖。有因果位大聖小聖。是故有於凡聖通一切也。釈迦出世後。為凡夫小聖等。説有無教。禀教之凡夫不識仏意。如言取解而作有無解。是名末於。是故末於凡聖但是学教之凡聖也。問。何以得知本於凡聖。通一切凡（23ウ）聖耶。答。[38]涅槃経疏。本於二諦云世人所知名俗。出世人所知名真諦。[39]中論云。世間顛倒謂有名俗。諸賢聖知性空名真。既云世人出世人。世間諸賢聖。明知通一切凡聖。問。何言世人出世人等故。通一切凡聖耶。答。言世人者。世間流俗汎爾凡。及学教凡夫。未出三界世間。名為世人。言出世人者。

36 大般涅槃経（北本）巻六「善男子。是大涅槃微妙経中有四種人。能護正法建立正法憶念正法。能多利益憐愍世間。為世間依。安楽人天。何等為四。有人出世具煩悩性是名第一。須陀洹人斯陀含人是名第二。阿那含人是名第三。阿羅漢人是名第四」（大正一二、三九六下）。ただし、この引用は、吉蔵涅槃経疏巻七の引用と考えられる。珍海三論玄疏文義要巻一〇に「涅槃疏第七云四依品。問小乗有四果。大乗有十地。既将後三依配十地可見。小乗有五方便。大乗有三十心。初依作若為配当体。答且依一種大乗二空判。……若爾。四念処唯大乗初十心。此是弟子。四善根唯後二十心。是師位。而一途為言非定説也」（大正七〇、三七七中―下）とあるを参照。

37 同じく吉蔵涅槃経疏巻七の引用。三論玄疏文義要巻七「涅槃疏第七云。今明為依要是師位。此必取不退。如華厳所明……今時所判。十信初心未是初依師位也。十信三十心並是初依」（大正七〇、三二四中）。

38 吉蔵涅槃経疏の引用ならん。珍海三論名教抄巻二「涅槃疏十一云。初苦集二諦是有為有漏。滅諦則是無為無漏。道諦是有為無漏。……若約世出世判者。苦集是世間因果故是世諦。滅道是出世因果故是第一義諦也……」（大正七〇、七〇六中―下）。

39 前註12に同じ。

三乗聖人既出三界世間故。名出世人。言世間者。如前言。諸賢聖者。三乗賢聖(24オ)衆多故。云諸賢聖。明知本於凡聖通一切也。問。二諦章上巻初[40]。引興皇師語云。我出山以来。以二諦為正道。二諦凡有二十余種勢云々。言二十余勢者何。答。有人云。興皇法師。著(シルシテ)玄疏釈二諦義。凡有二十余種勢。謂或時処々散在而釈之。或時於一処取束而釈之。或時分章段而釈之。或時不分章段而直爾釈。如是釈二諦之形勢。凡有二十余種。興皇法師(24ウ)玄疏。未来此方ニ。難取定二十余種勢也。問。爾彼章次文。述[41]二十余種勢中一勢云。或時分章段乍作十重。所以為十重者。正為対開善法師二諦義十重ニ云々。彼開善法師十重者何。答。彼師大義記[42]第八巻二諦義云。釈二諦十重。一序意。二釈名。三出体推有無義。四即離。五摂法。六真理無階級。七会衆経。八惑神絶累。九寂照非無俗。十遍融通已上。(25オ)問。今興皇法師。対此開善十重。而所立之十重何。答。即此章文所引之十重此也。問。何以得知此章所引十重。即是興皇師十重耶。答。章文上。述興皇師語云。或時分章段乍為十重等云々。次即云。言十重者。初二諦大意。最後二諦同異云々。明知章主所引之十重。即是興皇師之十重也。問。若爾章主十重名字何。答。此章文但引七。略無余三。言七者。一者(25ウ)二諦大意上巻。二釈名中巻。三相即。四二諦体。五二諦絶名。六二諦摂法。七二諦同異下巻。問。若爾七名爾矣。自余三名何。答。二諦章文。但列七名如前。大乗玄[43]第一巻二諦義云。二諦義十重。一大意。二釈名。三立名。四有無。五二諦体。六中道。七相即。八摂法。九弁教。十同異。[44]山門玄義第四巻二諦義上云。二諦義十重。一大意。二名義。三明体。四明有無。五名中道。六相即。(26オ)七絶名。八摂法。九是非。十摂教已上。均正章第三巻

40 二諦章巻上「然師臨去世之時。登高座付属門人。我出山以来。以二諦為正道。説二諦凡二十余種勢。或散或束。或分章段或不分。分時或開為三段。乍作十重」(大正四五、七八上―中)。

41 前註の文に続けて、「所以為十重者。正為対開善法師二諦義。彼明二諦義有十重。対彼十重故明十重」(同、七八中)。

42 この文は珍海も引用する。三論名教抄巻一「義集又云。開善大義第八巻二諦義云。釈二諦有十重。一序意。二釈名。三出体性有無義。四即離。五摂法。六真理無階級。七会衆難。八夷神絶果。九寂照非世俗。十遍融通」(大正七〇、六九三中)。

43 大乗玄論巻一の冒頭の文。(大正四五、一五上)。

44 山門玄義とは、興皇寺法朗の中論玄義を指す。安澄が多く引用する。

45 大乗四論玄義記「二諦義有十重。第一明大意。第二明釈名。……第一明大意。二諦者実是非前非後。復非一時。豈有重数。但対破開善寺十重」(続蔵一・七四・一、一八左下)。

二[45]諦義云。為対破開善等十重故立十重。一大意。二釈名。三論立名。*四明有無。五弁観行。六明相即。七弁体相。八明絶名。九弁摂法。十明同異已上。以大乗玄十重比校二諦章。大乗玄所明第三立名。第四有無。第六中道。第九弁教。此四是章文所無。二諦章所列第五二諦絶名。玄文所無。然案於*二諦章第（26ウ）二釈名門。初釈立名。何以得知者。中巻釈名門入三紙許云。所来明立名意今次釈名等云々。章所列第五絶名。於玄第三立名門中釈之。自余有無与中道幷弁教三門。章文略而不釈之。問。章文既云為対開善十重故立十重。何但立七而略三耶。答。章中巻末云々。二諦雖有十重。余重不可要急。今遂要急者弁之已上。若爾可言七重是要急故釈之。自（27オ）余三是不要故略之。問。若爾応不対破尽開善義。云尽者。何但対破七義。而不対破余之故[46]。答。非不対破尽。何者。中[47]論疏浅深門。浄名玄第六末。広開十二門明得失中。広明有無之義。破開善等。又大乗玄中。広釈余三門故。此章文略可。問。若爾立十重一ゝ対破開善十重耶。答。山[48]門玄義第四二諦義上云。四論及諸経。恒導此義多途形勢。或時散説（27ウ）或時対他家十重。雖相対立十重。未必一ゝ相主已上。既云未必一ゝ相主。若依此者。未必相配開善十重而立十重。以一ゝ対破也。問。若爾何章文云対開善十重故明十重。一ゝ重以弁正之耶。答。此是興皇師語。非是嘉祥自語。問。雖非嘉祥自語。而嘉祥師立興皇師十重也。興皇師既一ゝ重以弁正開善。嘉祥豈不爾乎。答。実爾也。然検開善所列十重名与今家所列十（28オ）重名。非是一ゝ相当開善十重而立十重。雖一ゝ相当不立十重。而重ゝ中皆破開善等所明義。故云一ゝ重以弁正耳也。問。所依於諦為是得耶。為是失耶。答。通得失也。問。通意何。答。凡於是失。

＊原本「名」とするも四論玄義本文により改む。

＊原本「山」とするもイ本により改む。

46 イ本「三」。

47 中観論疏巻二末の浅深門第五を指す（大正四二、二七下以下）。また、浄名玄論巻六の十一得失門に、「故開十二門。詳其得失。一性仮門。二有無門。三有本無本門。四顕不顕門。五理教門。六説不説門。七浅深門。八理内外門。九無定性門。十相待門。十一泯得失門。十二体用門」（大正三八、八九一下）。

48 三論名教抄巻一「又引山門玄義第四巻二諦義云。雖相対立十重。未必一一相主」（大正七〇、六九三中）。

聖ノハ於是得。故通得失。問。何言凡於名失等耶。答。凡於是謂情故名失。聖於是悟知故名得。問。若言所依於諦通得失者。即違（28ウ）興皇師語。何者。師云二於諦皆是失故。答。興皇師意云。両情之於諦名為皆失。非是情智之於諦。問。何名両情於諦而名皆失耶。答。稟教流稟有無之教。凡作有解。聖作空解。是空有二出自両情故。名両情於諦。既是両情不悟非有非無理故。名皆失也。問。若言所依於諦。不名皆失者。何大乗玄云本於是通迷[49]。又云本於是前迷（29オ）耶。既言本於是通迷前迷。何言不名皆失耶。答。玄意云。且就本於俗諦。名通迷名前迷耳。非謂本於真俗二諦。俱名通迷名前迷。所以不違。問。若爾違中論疏。彼疏名本於二諦為皆失故。答。不違也。何者。彼疏文[50]。本於二諦合具二種三句故。問。其二種三句者何。答。一者皆得一句 皆失二句 亦得亦失三句。二者但失非得一句 但得非失二句（29ウ）亦得亦失三句。問。其二種三句意何。答。約初三句言皆得者。彼疏云[51]。一往二於俱是得。於凡是実故於凡為得。於聖是実故於聖為得也。言皆失者。疏云[50]。一色未曾空有。空有出自両情故。凡聖俱皆失也。言亦得亦失者。疏云[52]。凡聖相望則凡失聖得也。後三句者。疏云[53]。言但失非得者。凡於也。言但得非失者。仏於也。亦得亦失者。即二乗ノ於形凡為得。望（30オ）大士ニ為失已上。問。若爾中論疏皆得皆失等三句与二諦章中巻。大乗玄第一巻二諦義所引之皆得皆失等三句[54]。為同為異耶。答。語言雖同其心即異也。問。異意何。答。二諦章言皆得者。教諦也。言皆失亦得亦失者。情知於諦。疏三句但約情知二於諦為言也。章三句通二種二諦為言。是故異也。問。若爾章文但云後句皆得（30ウ）是教諦。前二句皆失与亦得亦失也。章文初列云。皆得皆失亦得亦失也。次釈文自第三亦得亦失。至皆得也。初釈亦得亦失。次釈皆失。後釈皆得。今依釈処次第故。皆得句名後句等。是於諦。今何言皆失等二句。是情

49 前註2に同じ。

50 中観論疏巻一〇本「問曰有凡聖皆失不。答若言一色未曾空有。空有自出二情。則凡聖俱失。今文是総判凡聖。故以凡為失。以聖為得。又三句……」（大正四二、一五〇下）。

51 前註25に同じ。

52 前註25に同じ。

53 前註20に同じ。

54 前註3及び28に同じ。また次註も参照。

知於諦耶。答。章云[55]。皆失者。二皆是於故二皆失。於凡有既失。於聖空亦失。何者。未曾空有。於凡謂有。於聖謂空故。亦得亦失者。是前於二諦（言前者。一云於上所明本於諦也。一云即本於名前。如云本於是前。末於名後。如上[56]巻初明也。）諸法於凡是有為失。諸賢聖真知諸法空為得等云々。唯章（31オ）文所釈。可言情知二於諦。問。且就章。皆失亦得亦失之二句。此二句並是本於諦者。与中論疏皆失亦得亦失之二句。意為同異耶。答。皆失句意疏与章不異。何者。疏章同釈皆失云。空有出自両情故。名皆失故。其亦得亦失句意。疏章名異。何者。章文約凡為失聖為得。而釈亦得亦失。疏但約小聖釈亦得亦亦失故此（二種三句。依後三句釈之。若依初三句中。亦得亦失者。与章意同。見上注文也。）（31ウ）問。本於二諦処空有。若初言凡有於聖是空。聖空於凡是有以不。答。得云爾也。問。何以知爾。答。論[57]云。諸法性空。而諸世間顛倒謂有。於世人実名為世諦云々。既云性空而世間謂有。明知聖空於凡成有。又云[57]。聖真知顛倒性空名真諦云々。既云知顛倒性空。明知凡有於聖成空。問。若爾分明。有仏経中説聖空於凡成有之文耶。答。涅槃経[58]云。一（32オ）切世諦。若於如来即是第一義諦是也。問。大経直言世諦於仏即第一義。不言第一義於凡即世諦。何以此文得為証耶。答。経既言一切世諦。若於如来即是第一義。亦得言一切第一義。若於凡夫即是世諦也。問。何以得大経意。世諦於仏第一義諦。凡[59]世諦耶。答。大品[60]云。諸法無所有如是有。如是有無所有。既言無所有如是有。明知第一（32ウ）義於凡是世諦。問。大品意何。答。無所有者。性空之異名。即真諦。如是有者。謂情有之異名。即世諦。意云諸法無所有如是有者。第一義諦於凡是世諦有也。如是有無所有者。世諦於聖是第一義諦也。涅槃経文易知。問。大品[60]文云。諸法無所有如是有。如是有無所有。是事不知名無明已上。今何言無所有如是有。如

55 二諦章巻中「今明。仏説於諦有三句。一皆得二皆失三亦得亦失。言亦得亦失者。即是前二於諦。諸法於凡是有。此有為失。諸賢聖真知諸法空。此空為得。示其空有。令識得失。令其捨有学空改凡成聖也。二皆失者。二皆是於。故二皆失。於凡有。有既失。於聖空。空亦失。何者諸法未曾空有。於凡謂有。於聖謂空……」（大正四五、九三下）。

56 同巻上「言前後者。与本末不異。所依於諦是本是前。迷教於諦是末是後」（同、七九下）。

57 中論巻四の文。註12に同じ。

58 註12に同じ。

59 イ本「凡」の上に「第一義諦」あり。

60 大品般若経巻三「舎利弗白仏言、世尊。諸法実相云何有。仏言。諸法無所有。如是有如是無所有。是事不知名為無明」（大正八、二三八下）。

是有無所有耶。答。大品正文。実如所言。（33オ）然嘉祥大師得経意。而章疏中引其文[61]。云無所有如是有。如是有無所有云々。今[*]述章疏所引之文了。問。若爾涅槃大品所明二諦。為是本於為是教諦耶。答。二諦章為証[62]本於二諦。空有於凡聖互成空有。而引大経及大品文。以此為言。可謂大経大品所明二諦是本於也。問。大品所明。名本於可爾。大経所明。此約釈迦一代事為言。若爾可（33ウ）謂教諦。何得言本於耶。答。於与教無二体故。雖是釈迦一代事而名本於有何妨。又大経所明是教諦。大品所明是本於。然章文引大経証本於二諦者。此是引教諦為証本於。是有何妨也。

問。常途云。凡有為俗。聖空為真。若亦有凡与聖。各具真俗二諦以不。答。有。問。何。答。大判二諦有三節。一凡有名俗。聖空名真。二就聖中更開真（34オ）俗二諦。三就凡亦開真俗二諦。問。其三節二諦意何。答。凡顛倒謂有名俗諦。聖真知顛倒性空故為真諦。言就聖開真俗者。聖悟有是空有。空是有空。聖所照空有名俗諦。有空名真諦。言約凡開真俗者。凡謂空与有是実有。所謂空有。以有為俗。以空為真。是故凡亦有二諦。問。此三節二諦与本於等三種二諦。為同為異。答。方言雖異。而其意即（34ウ）同。問。何故言爾。答。初凡有為俗。聖空為真者。此本於二諦也。約聖所照因縁有無判二諦是教諦也。約凡所謂空有判二諦。此末於二諦也。方言不同者可知。問。何故如是相配耶。答。章文釈凡聖二諦[63]云。凡所縁為世諦。聖所縁為真諦。此約倒不倒知性空不知性空判二諦云々。明知是本於也。釈聖二諦[63]云。聖了因縁空有。此二諦是聖二諦云々。既云因（35オ）縁空有。明知是教諦也。釈凡二諦[63]云。成論等三仮七実（因縁仮。相続仮。相待仮。名三仮。五塵為五。心為六。無作為七。）為俗。四絶百非為

61 二諦章巻上「次更簡一句。前云諸賢聖真知顛倒性空。於聖人名第一義諦。如涅槃経。一切世諦。若於如来是第一義諦。問既云一切世諦於如来是第一義諦者。亦得言一切第一義諦若於凡夫是世諦不。解云。……如大品云。諸法無所有如是有。如是有無所有。如是有於聖人無所有。即世諦為第一義諦。無所有於凡如是有。第一義諦為世諦也」（大正四五、七九下）。浄名玄論巻六「大品経毎挙我人喩。又十六知見畢竟無所有。故五眼不見……一師有二種無。一者有所無故称無。二者無所有故称無」（大正三八、八九三上）。

＊ 原本「余」とするもイ本により改む。

62 イ本「説」。

63 二諦章巻上「然二諦大判有三節。一者凡聖就倒不倒判二諦。二者就聖中自判二諦。三者就凡中自判二諦。就凡聖判二諦者。凡所解為世諦。聖所解為第一義諦。此判凡聖者。就知性空不知性空判凡聖。……就聖中自判二諦者。聖人了有是空有。空是有空。此之二諦。皆是聖二諦也。……就凡中自判二諦者。一切皆是。只従来所釈二諦是也。彼云。三仮七実為世諦。四絶百非為第一義諦」（大正四五、八〇上―中）。

64 同巻上「解云。如般若四摂品末所明。自有時情転千開。有時須文義明抛。今宜須文義分明也。彼文云。凡夫若知世諦。応是須陀洹乃至於仏……就聖中復

真云々。明知是末於二諦也。問。且就聖二諦。此所言聖者。為是大聖耶為是小聖。答。案章文。可言通大小聖。問。爾意何。答。章証但聖知二諦。引大品[64]三十五四摂品。説大小聖倶知世諦之文。以知通大小聖也*。問。若言小聖亦知二諦者*。何大経[64]三十六云五百声聞不覚不知世（35ウ）諦。何況甚深第一義諦耶。答。彼経意云二乗通力。但知八万劫已来。不知已去世諦事。此約不知久遠世諦事云爾。非謂不知因縁空有。問。何以得知爾。答。嘉祥涅槃疏。釈[65]五百声聞不知世諦文云。法花経中説智勝仏久遠事。及如来寿量久遠事時。二乗但知八万却事故。不能知久遠等云々。問。若爾智勝仏久遠事等。何名世諦事耶。答。智勝仏等是迹身。迹（36オ）身即世諦摂。是故名世諦。問。若依涅槃疏者。可知所通。今依章文者不然。章文引大経文。証二乗不知因縁空有。不同涅槃疏意。何引彼通此。答。何以得知章文引大経文。証二乗不知因縁空有。問。章文引大経三十六巻云二乗不知二諦文。釈[66]云。二乗断常心不行中道故。不知因縁空有等云々。由是得知爾。答。有縦奪二義。若約縦門。云二乗亦知因縁空（36ウ）有。若約奪門。二乗不知因縁空有。章文約奪門不知也。

問。依二諦為衆生説法。所言為衆生説法者。何等名衆生凡夫為聖。答。興皇師云[67]。為凡説有。為聖説空。為凡聖両人説空有。是名為衆生説法也。問。興皇師意何。答。嘉祥釈興皇語云[68]。師此語即以三節明二諦義。問。三節明二諦意何。答。為凡説有。為（37オ）聖説空一節。為凡説空有第二節。為聖説空有第三節。問。且就初節。何言為凡説有。為聖説空耶。答。凡謂有是故為凡説有。令悟不有。聖謂空是故為聖説空。令悟不空。問。云為衆生説法。而不云為聖説法。何今言為聖説法耶。答。

有無量種。如大経云。我一時与弥勒在耆闍崛山。共論世諦。五百声聞不覚不知。何況甚深第一義諦」（同、八〇上）。大品般若経巻二四「仏告須菩提。於汝意云何。凡夫人為知是世諦是第一義諦不。若知是凡夫人応是須陀洹果乃至阿耨多羅三藐三菩提。須菩提。以凡夫人実不知世諦不知第一義諦……須菩提。聖人知世諦知第一義諦。有道有修道」（大正八、三九七中―下）。なお、本書で示す巻数は聖語蔵の四十巻本に一致する。大般涅槃経（北本）巻三六「善男子。我往一時在耆闍崛山。与弥勒菩薩共論世諦。舎利弗等五百声聞於是事中都不識知。何況出世第一義諦」（大正一二、五七四下）。

65 吉蔵涅槃経疏の引用なれど不明。

66 二諦章巻上前引の文に続けて、「約此而論。二乗不知二諦。唯菩薩知於二諦也。……何者。二乗生滅断常心。不行中道不見仏性。……何者。彼有不得無。無不得有」（大正四五、八〇上―中）。

67 同巻上「次釈依二諦為衆生説法。問既云依二諦説法。為何人説何物法耶。諸人領大師語云。為凡説有法。為聖説空法。為凡聖両人説空有二法。名依二諦説法。問師有此語不。答然師実有此語」（同、八〇中―下）。

68 同「然師復明。為凡説有為聖説空。為凡聖説空有。此都三節二諦義」（同、八一上）。

若以迷悟能所義為言。可言但為衆生説法。不得言為聖説法。若以所化稟教義。亦為凡聖説法無妨。今約後義故。云為凡説有。（37ウ）＊為聖説空。問。二義意何。答。迷悟義者。凡迷有無義。未悟有無故。為凡説有説無。聖已悟有無故。不更為説也。若以能所義者。凡是所化故。為凡説有説無。聖是能化故。不為聖説有説無。若以所化稟教義者。若凡若聖皆是所化縁。而稟教故為凡聖説有無。問。若爾迷悟聖与能所門聖。及所化稟教聖。為同為異。答。異也。何者。迷悟門聖。能所門聖。是大（40オ）聖。所化稟教聖是小聖也。問。何以得知爾。答。章[69]文釈迷悟聖云。聖已悟故不稟教。明知非小聖。小聖稟教故。釈能所門聖云。[69]言能所者。一切世諦若於如来即是第一義諦。既言於如来第一義故。是能化。豈為能化説法耶云々。明知大聖也。釈所化聖此聖是稟教故。此所化。是故為聖説空等云々。明知小聖也。問。若言為大聖不説法者。若具大聖名衆（40ウ）生以不。答。言衆生者。所化之名。是故仏不名衆生。問。爾何[70]法鼓経。四分律等。云仏名衆生耶。彼経律既仏名衆生。而今[71]中論云為衆生説法云々。豈非為仏衆生説法耶。答。衆生之名有通別。若以通義。仏亦名衆生。若約別門。但所化名衆生。能化大聖不名衆生。問。通別義意何。答。凡有心之流。皆名衆生。仏菩薩等皆有心霊。不同木石故名衆生。此是通門。（41オ）若約別門者。六種（地水火風空識）之衆多因縁和合而生故名衆生。又五衆和合而生故名衆生。仏無如是義故不名衆生。問。若言仏不名衆生故不為仏説法者。何[72]梵網経云花台上舎那。為千百億釈迦。説心地法門耶。答。此為衆生不為諸仏。是故無妨也。問。興皇三節二諦中。為凡説空有為聖説空（41ウ）有之意何。答。凡夫迷空有二諦故。為凡説空有。聖悟空有二諦故。為聖説空有。問。為迷空有人説空有者。此

＊原本に錯簡あり。第三八紙、第三九紙の二紙は、第五五紙に続く文なり。今訂正して掲ぐ。但し紙数は原本に順じて示す。

69 二諦章巻上「問此就何義判為衆生説二諦耶。解云。此就迷悟能所。判為説不為説……若是聖人已悟。何須為説。以凡未悟故。須為説二諦。凡未悟故稟教。聖已悟故不稟教也。言能所者。一切世諦。若於如来皆是第一義諦。既於如来是第一義諦故是能化。豈能化為能化説法耶」（大正四五、八〇下）。

70 大法鼓経巻下に「如我有衆生界。当知一切衆生。皆亦如是。彼衆生界無辺明浄……迦葉。如是不楽一乗者。為説三乗。所以者何。此是如来善巧方便。是諸声聞悉是我子」（大正九、二九七中―下）等とあるの趣意か。

71 中論巻四観四諦品「諸仏依二諦。為衆生説法。一以世俗諦。二第一義諦」（大正三〇、三二下）。

72 前註34に同じ。

＊原本「故」とするもイ本により改む。

73 二諦章巻上「但聖人聞我無我。即解我無我故。為説我無我。大論引天問経中説。羅漢最後辺身。能説我無我不。……以聖解我無我故。為聖説我無我。此為益凡。利他不自利。如阿難称我聞。為益衆生也」（大正四五、八一上）。

74 大智度論巻三八「問曰。是般若波羅蜜中。衆生畢竟不可得。如上品説。……又此経中説。菩薩但有名字無有実法。今

還増病。何名破病耶。又為悟空有菩薩説空有者。已悟為説空有。有何益耶。答。凡不能悟性空故。謬謂瓶衣等法実有。是故仏為説。云於汝凡是有。於聖性空。於是所化凡念但於我諸法有。実非有。即捨有入空。改*凡成聖。不得言増病（42オ）也。聖雖悟空有。而為説空有。為令化凡。非是為聖。問。為凡迷説空有。令悟非空有者爾也。聖已悟者已悟故仏不為説。而自能化凡。何仏更為説法耶。答。欲知上受仏下能利生故。若不仏為説者。何以顕師資義。是故必仏為説。然後化凡小耳。問。言聖悟空有故為説空有之聖。為是大聖為是小聖耶。答。可言通大小聖。言大聖者。是因位大菩薩。非（42ウ）是仏也。問。何故如是言。答。章[73]証聖悟空有故為説空有。引天門経。説羅漢後辺身。能講我無我。又引仏命阿難称我聞令利衆生。以知聖者小聖也。大乗菩薩能解空有者。不言可知。問。若言為凡説二諦。為聖亦説二諦。何以得知。答。大[74]論釈往生品云。為凡説有去来。亦説無去来。為聖説有去来。亦説無去来。中[75]論法品長行云。為凡説我無我。為聖（43オ）亦説我無我。所言去来及我者是世諦。言無我無去来者是真諦。問。何以得知去来及我等是世諦等耶。答。大[76]論云。人等世界故有。第一義故無。又成[77]論云。世諦有我真諦無我。又大[78]論云。世諦有去来真諦無去来。由是等文知去来等是世諦。問。若爾中論法品云。為聖説我無我者。聖能解我無我故云々。大論為聖説有去来無去来。（43ウ）亦得言聖能解去来無去来故。為説去来無去来耶。答。爾也。是故章[79]云。中論聖能解我無我故。説我無我。大論釈往生品類亦可知云々。問。興皇師三節中。後二節意爾也。初節為凡説有。為聖説空者。若必言而為凡説有。為聖説空故云爾。若依凡説有依聖説空。名為凡説有為聖説空。答。興皇師初節語。凡有二意。一者必前

舎利弗何以作此問。答曰。仏法中有二諦。一者世諦。二者第一義諦。為世諦故説有衆生。為第一義諦故説衆生無所有」（大正二五、三三六中―下）。二諦章巻上「大論釈往生品云。問云。前習応品。明無菩薩則無去来。今何故説有菩薩有去来耶。釈云。不相違。為凡説無去来。為聖説有去来。為聖説無去来。為凡説有去来。然去来無去来還是二諦」（大正四五、八一上）。現行の智度論中には同文不明。章文の引用ならん。

75 中論巻三観法品「諸仏以一切智観衆生故。種種為説。亦説有我亦説無我。若心未熟者。未有涅槃分。不知畏罪。為是等故説有我。又有得道者。知諸法空但仮名有我。為是等故説我無咎」（大正三〇、二四下）の趣意。二諦章巻上「中論観法品云。諸仏或説我。或説於無我……長行中釈。為凡夫説我説無我。又為得道聖人説我説無我。我無我即是二諦」（大正四五、八〇下）とあるの引用ならん。

76 大智度論巻一「人等亦如是。世界悉檀故有。第一義悉檀故無」（大正二五、五九下）。

77 成実論巻三「所以者何。以二諦故。……我今説第一義諦故無。世諦故有。是故無咎」（大正三二、二五九中―下）。

78 前註74参照。

79 二諦章巻上「以聖人能解我無我故。為聖人説我無我也。中論既然。往生品類爾可知也」（大正四五、八一上）。

所言。二者必後所言也。(44オ) 問。後意何。答。後意云。由来[80]云。三仮為世諦理。四忘為真諦理。道理有二諦。今破此云。随凡説有随聖説空。但随凡聖両縁説空有。是故涅槃[81]経云。以善方便随順衆生説有二諦。何得言道理有二諦耶。問。論云。為衆生説法也。言説法者。説何等法。答。説二諦法。問。若爾双説二諦。為当互説一諦耶。答。或有処云。具説二諦。或有処云。但説第一義諦。(44ウ) 或有処云。但説世諦。問。若爾何言具説二諦等耶。答。大論[82]釈往生品云。前時無菩薩無波若者。就第一義門説波若。今説菩薩往生者。就世諦門説波若。此具説二諦。又涅[88]槃経云。莫入深空定。当以世諦説。此亦具説二諦。大[83]論云。欲釈第一義悉檀故。説摩訶波若。此但説第一義諦。涅槃[84]云。我与弥勒共論世諦。五百声聞不覚知。此但説世諦。問。且就大経(45オ)云。莫入深空定者。当以世諦説者。此是但説世諦。何云具説二諦耶。答。瑠璃光菩薩先説六句不可説(六句者。不生〻不可説。生〻不可説。生不生不可説。不生不生不可説。生不可説。不生不可説。有因縁故。亦不得説。已上大[85]*経文。)此六句不可説。是第一義諦。是故仏今試云汝莫入深空定。当以世諦而解釈也。問。若爾第一義何名深空定耶。答。第一義理。非是凡小之所知故名深空。無断常等諸辺故名空。体寂静故名定也。(45ウ) 問。若如所引経論文者。但大品往生品。具説二諦。自余諸品不説二諦耶。* 約涅槃経等亦有此疑。答。無有一経而不二諦。一代所説大小乗教。皆是二諦。而今引分明述二諦名之文耳非理。但所引文説二諦。自余不説二諦。問。若言一代大小乗経。皆是二諦者。仏説二諦教時。為当次第説為当一時説。答。抑有何妨。問。意何。答。如来以口密一時説二諦。又大[86]経云。仏説世(46オ)諦時衆生謂第一義。仏説第一義諦時衆生謂世諦。依如是義。可言一時説二諦。又或時先説世諦。後説第一義。或時先説第一義。後

80 同「若是由来人二諦即有礙。三仮為世諦。四忘為第一義諦」また「由来云。真俗是天然之境。三仮是俗境。四忘是真諦境」(同、八五中及び八七下)。

81 大般涅槃経(北本)巻一七「善男子。如来普為諸衆生故雖知諸法説言不知……善男子。如来雖無虚妄之言。若知衆生因虚妄説得法利者。随宜方便則為説之。善男子。一切世諦若於如来即是第一義諦……善男子。如来有時演説世諦。衆生謂仏説第一義諦。有時演説第一義諦。衆生謂仏説於世諦」(大正一二、四六五中)。

82 共に二諦章巻上の引用ならん。「大智論釈往生品云。問曰。前習応品。明菩薩習応波若。不見菩薩。不見波若。無菩薩無波若……就第一義諦門説波若。今説菩薩往生者。就世諦門説波若。此就二諦説波若也。又涅槃経云。善男子。莫入甚深空定。何以故。大衆鈍故。当為世諦而解説之。此亦就二諦説涅槃不聞聞義」(大正四五、八一中)。

83 大智度論巻一「復次仏欲説第一義悉檀相故。説是般若波羅蜜経」(大正二五、五九中)。

84 前註64参照。

85 大般涅槃経(北本)巻二一「仏言。善哉善哉。善男子。不生生不可説。生生亦不可説。生不生亦不可説。不生不生亦不可説。生亦不可説。不生亦不可説。有因縁故亦可得説」(大正一二、四九〇中)。*原本は「大論」とするも右

説世諦。問。且約前後説二諦。何先世諦後真諦。又何前真後世耶。答。嘉祥仁王[87]疏下巻云。前説世諦後説真諦。此明従浅入深。先説真後説俗。是明宗帰有本 已上。

問。仏何故不増減而必*説二諦耶。(46ウ) 答。嘉祥中論玄云[88]。有二義。一欲示仏法是中道故。二欲顕仏法漸深。問。二義意何耶。答。初義意云。有世諦故不断。有真諦故不常。是故仏法中道。後義意云。先説世諦因果浅近法。後説非因果甚深法也。

問。一代大小乗教。不出乎二諦也。今疑也。一代仏経不出乎二諦之所以何因耶。答。一代仏経不出乎四悉旦。(47オ) 四悉旦即二諦。是故一代大小乗教。亦不出乎二諦。問。二四既異。何言四悉旦即二諦耶。答。開即四悉旦。合即二諦。開合異故二四不同。其体即同。問。四悉旦即二諦之所以爾也。何言仏所説不出四悉旦耶。答。仏之所説不出十二部経八万法蔵。今四悉旦摂於此十二部経八万法蔵。所以云如来所説不出四悉旦。問。何言四悉旦摂於十二部経等耶。答。約四悉旦。有能詮教法。有(47ウ) 所詮行徳。能詮教法即十二部経。所詮行徳是八万四千法蔵也。問。前云二諦即四悉旦。若言四悉旦摂十二部等。亦二諦亦摂十二部経八万法蔵耶。答。言爾無妨。問。若爾二諦能詮非所詮理。何得摂八万法蔵耶。若言二諦所詮理者。即同旧所説二諦是理耶。答。所詮行徳亦是教。是故摂於二諦亦無妨。問。既言所詮何名教。答。所詮行徳望能詮言教。雖名所詮。而望(48オ) 於不二理。是能詮教。与所詮行徳還成於二。以二望於不二理故名為教。問。若爾所詮八万四千行徳。為是体為是用。為当通体用。答。可言用而非体。何者。為治八万四千塵労病故。説八万四千行徳。由是得知但用而非体。若是体者。何名治病耶。問。

により「大経」に改む。

＊原本「耶」なきもイ本により補う。

86 前註81に同じ。

87 吉蔵仁王般若経疏巻中四「如来説法前後不同。先説世諦後明真諦。此明従浅入深。自有先説真諦後明俗諦。此明宗帰有本」(大正三三、三三九下)。

＊原本「諦」とするも改む。

88 三論玄義「問経何故立二諦耶。答此有両義。一者欲示仏法是中道故。……又仏法漸深。先説世諦因果教化。後為説第一義」(大正四五、一一下)。

何名八万四千塵労病亦名八万四千行徳耶。答。言八万四千塵労者。六十[89]花厳第三十三巻（如来小相海品）云。内有五百菩薩解有（48ウ）五百煩悩。貪与瞋及癡。幷等分各有二万一千。都合八万四千煩悩也。言八万四千行徳者。賢劫経[90]云。従初修行光耀度訖乎分舎利度。凡有三百五十度。一度中各有六度。合二千一百度也。二千一百度各有十善。合二万一千。以四善根分之。即八万四千諸度（言四善根者無多貪善根。無多瞋善根。無多癡善根。等分善根。名四善根也。上四各有二万一千。故成八万四千也。）又報恩経[91]第六巻云。仏一生説法名為一蔵如是八万。又云。仏説塵労有八万法薬。亦八（49オ）万。名八万法蔵。問。且就花厳経。其経意何。答。恵苑師釈経[92]云。衆生有十根本煩悩。一ゝ各復有十。即成百煩悩。此百煩悩為五品。謂上ゝ。上中。上下。中。下也。此五品各一百即成五百也。後於内境（自五塵）外境（地五塵）各起五百煩悩。合成一千。以此為根本。又内五塵与外五塵。此十塵各起五百煩悩。即成五千也。又迷四諦各有五千。四五二十。即成二万。幷本一千成二万一千也。又多貪多（49ウ）瞋多癡。及等分此四各有二万一千。即成八万四千也。問。此八万四千煩悩。以八万四千波羅蜜*。而為対治者。何以得知。答。賢劫経[93]云。以八万四千諸度。除八万四千塵労。又報恩経[94]云。仏説塵労有八万。説法薬亦有八万。名為八万法蔵。問。若爾以八万四千諸度。一ゝ対治八万四千塵労耶。答。未必然。但対而説耳。例如対四生立四摂。対六通立六度。対十二因縁立十二部。（50オ）問。二諦与四悉旦為同為異。答。不別也。問。爾何言爾。答。三悉旦即世諦。第一義悉旦即真諦。所以云爾。問。何三悉旦名世諦等耶。答。仏住世諦中為化物故。先同其語名世界。次随根性不同。而説教名為人。次対病与薬。治其執病名対治。是故三悉旦是世諦也。仏住第一義諦人法倶寂薬病倶浄。畢竟清浄名第一義悉旦。是

89 大方広仏華厳経巻三二「於色声香味触。内有五百煩悩。其外亦有五百煩悩。二万一千欲行煩悩。二万一千恚行煩悩。二万一千痴行煩悩。二万一千等行煩悩」（大正九、六〇六中）。

90 賢劫経巻二諸度無極品第六（大正一四、一一下―一三上）の趣意。

91 大方便仏報恩経巻六「仏為衆生始終説法名為一蔵。如是八万。……又云。仏説塵労有八万。法薬亦八万。名八万法蔵」（大正三、一五六上）。

92 慧苑華厳経疏（刊定記）巻一三「此八万四千煩悩。但有都名而非巨細。致使昔来諸徳種々安立。初一云。衆生根本煩悩有十。然一惑力復各有十。即為一百計。応分為九品、但上品重故。開為三品。中下軽故。各為一品。合為五品。即是五百。復於外内境起。謂以自五塵為内。以他五塵為外。一一各五百。即為五千。別迷四諦。即成二万。幷本一千。則有二万一千。依多三毒及等分故。為八万四千」（続蔵一・五・三、二五七右下―左上）。

＊原本「密」とするも改む。

93 賢劫経巻六「仏告喜王菩薩……不奉行斯八万四千諸度無極。欲為百千種人除八万四千衆垢塵労」（大正一四、四四下）。

94 前註91に同じ。

故第一義諦即（50ウ）第一義悉旦也。問。若言三悉旦是世諦。第一義即第一義悉旦者。亦如二諦名二悉旦耶。答。亦得也。問。何以得知。亦但立二悉旦耶。答。[95]成実論第二巻論門品云。有二種論門。謂世界門第一義門（言世界門者。此論翻悉旦為門也。又大経亦爾。故大経[96]云常閑観諸対治門。）又均正師。報恩師[97]同云。就二諦教判之但有二悉旦。謂世界与第一義。問。世諦中既有世界為人等三不同。何合名世界耶。答。大論[98]云。三悉旦可（51オ）破可壊。第一義不可破不可壊云々。而今於世諦中。三悉旦不同。而同是可破可壊。故合名世界門也。問。若以悉旦約二諦立二悉旦者。亦以二諦約悉旦亦立四諦耶。答。未見文証。以義推之亦得言爾。謂世界[99]諦為人諦対治諦第一義諦。問。若言二諦与悉旦無二体故。互立二悉旦立四諦者。亦得言互依二諦説悉旦。依悉旦説二諦以不。答。有例不例。問。何耶。答。若依（51ウ）通門者。互得言爾。若約別門者。但言依二諦説悉旦。不言依悉旦説二諦。問。二門意何。答。既云二諦与悉旦無二体。二諦即悉旦。悉旦即二諦。故通得言依二諦説悉旦。依悉旦説二諦*。若約別門者。二諦与悉旦其義門別故。不得言依悉旦説二諦。問。義門別之意何。答。於一体性上有二義。謂実而説義。説而実義。今以説而実義名為二諦。以実而説義（52オ）名悉旦。既義門別。不言依悉旦説二諦。問。言説而実義。実而説義之意何。答。為衆生説法。而所説実義名二諦。故云説而実義。所説実而為衆生説法義名悉旦。故云実而説義也。問。何言説而実義名二諦。実而説義名悉旦耶。答。言二諦時既名諦故。其名主実。若言悉旦時其名不主実。是故実義名二諦。説義名悉旦也。

（52ウ）

問。二諦与悉旦。有何異耶。答。其体無二。但約合離為異。問。其体何物而言無

95 成実論巻二「論有二門。一世界門。二第一義門」（大正三二、二四八上）。
96 大般涅槃経（北本）巻一「深楽観察諸対治門……常楽観察如是等法対治之門」（大正一二、三六六中）。
97 慧均四論玄義の引用ならんも現行本に相当文不明。
98 大智度論巻一「第一義悉檀者。一切法性一切論議語言。一切是法非法。一一可分別破散。諸仏辟支仏阿羅漢所行真実法。不可破不可散。……除第一義悉檀。諸余論議諸余悉檀皆可破」（大正二五、六〇下）。
99 「界」イ本なし。
＊原本「説」なるもイ本により改む。

二。又合離異何。答。二諦与悉旦同是教門故。云体不別也。離二諦為四悉旦。合四悉旦為二諦故。云合離異也。問。且就合離。何合四悉旦離二諦耶。答。二諦是実義。悉旦即究竟義。悉旦之実義不出二。是故合悉旦為二諦。二諦之究竟義莫過四。是故離二諦為四悉旦。問。何言（53オ）爾。答。悉旦之実義。不出凡実与聖実二故。合四為二諦。二諦之究竟義。不出同語与随機幷随病及示因縁之四門故。離二諦為四悉旦。問。何言悉旦之実義。亦言二諦之究竟義耶。答。依凡有説有故説有是実。依聖空説空故説空是実。所以云悉旦之実也。依二諦而説法時。破病顕道已周。所以云二諦之究竟義。問。且就究竟義。何言悉旦名為破（53ウ）病顕道周義耶。答。三悉旦破病已尽。第一義悉旦顕道既周。四悉旦破病顕道義究竟。故云爾也。問。若言為顕破病顕道究竟義故。離二諦為四悉旦者。於二諦中離何諦耶。為当倶離耶。答。但離世諦為三悉旦。不離第一義。問。何離世諦合第一義耶。答。世諦是空有。是不二二。亦是無差別差別。是故離而不合。第一義諦而是有空。是二不二。亦是差（54オ）別無差別。是故今而不離也。問。何不二二離而不合。二不二合而不離耶。答。不二二是用。用門衆多故。離而不合。二不二是体。体即無二故合而不離。問。且就離世諦。何於世諦中離三耶。答。仏住世諦中。為衆生説法。不出三種門。是故離世諦為三。問。意何。答。仏将化物時。先同其語為顕此義故。於世諦離世界。既同其語。次正随根性不同。而説法為顕（54ウ）此義。亦於世諦中離為人。若禀教已悟不更故破病。禀教生迷由是亦対治。其病為顕此義故於世諦中亦離対治。是故離世諦為三。問。若不同其語而直爾説法。是何妨必須同其語耶。又随根性不同説法。与随執不同説法。是有何別。第二与第三各別立耶。

答。若不先同其語而直爾説法。仏所説言虚妄而不実。所説言不実故。所化之流不信。是故将欲（55オ）化物時。必先須同其語。又二悉旦圜者。随物根機之辺名為人。対破執病之辺名対治也。問。何言不同其語即所説不実耶。又若随物根機時。為破病耶。又若対破執病時。為随物機耶。答。世界人言瓶衣車乗。仏若不同其世界人語。言瓶衣車乗者。其世界人即謂仏所言不実而不信受。仏所説若仏同其言瓶衣等車乗等時。其世界人即謂仏所言実而不（55ウ）虚故即能信受。是故仏須同其語。又随根機能破病。破病時能随根縁也。問。且就後義。若爾二悉旦応無差別。何者。随根縁時破病者。為人即対治故。若対治破執病時随根縁者。対治即為人故。答。為人処雖有対治。而以其対治義摂於第三也。対治処雖為人。而取其為人義摂於第二也。是故二悉旦[100]□異也。問。悉旦者何言耶。答。此是梵語。此方翻訳不（38オ）同。問。不同何。答。或翻言宗。又言成。又言理。或言法門。或言黙。或言成就究竟。或言事究竟。或言印。或言法印。或言教門。或言時也。問。如是異説。若有出処以不。答。皆有出処。非是私語。問。若爾言宗者出何処。余亦爾。答。言宗成理此三者。出宋代[101]智厳師注楞伽経也。法門者。出[102]均正師章。及[103]大論恵影師疏。[104]浄秀師章也。黙与印成就究竟者。出均正章。法印及（38ウ）時者。出恵影師大論疏也。教門与事究竟者。出浄秀師章也。問。若爾梵語是一。何如是異翻。誰是誰非。答。一梵語中合衆多義。諸師随義翻訳。有如是衆多名耳。問。若爾以何義名宗等耶。答。均正章釈、注楞伽意云。宗者。本義。以此四法為仏。衆経大意之本故名宗也。成者謂顕。顕四種説法。[105]遠法師章云。対法弁宗。法宗無量。宗要在此四。故云宗。若対教（39オ）弁宗。教雖多。宗帰有此四。故名為宗。言理

100 虫食不明なるも「当」か。

101 智厳楞伽経註の引用なるも現行本不明。

102 恐らくは四論玄義巻一一の四悉檀義の引用ならんも現行本にては不明。

103 慧影大智度論疏の引用ならんも現行本不明。

104 浄秀師章とは、安澄等が引用する浄秀の中論疏であろう。

105 慧遠大乗義章巻二「所言宗者。釈有両義。一対法弁宗。法門無量。宗要在斯。故説為宗。二対教弁宗。教別雖衆。宗帰顕於世界等四。故名為宗」（大正四四、五〇九下）。

者。理趣也。仏教万差。而理趣但在此四故云理。言法門教門者。是一意。言門者。開通之義。仏教由此四而開通。無擁塞故。云法門教門也。言黙者。均正師云。黙亦名理云々。若爾黙是理。理即理趣。如上釈之。言成就竟究事究竟者。亦是一意。破病顕道之事。成就究竟在此四故。云事究竟等。言印法印者。亦是一意也。（39ウ）言印者。印定之義。以此四印。定於仏教故。云印法印也。言時者。時是決定義。即与印定同也。問。若此衆多翻訳中。有勝劣以不。答。若依衆説者。法門之訳勝也。何者。成論及大経等。皆訳言門故。問。其成論等文何。答。[106]成論云。世界門第一義門（[107]大論云。世界悉旦。第一義悉旦也。）又[108]大経云。常閑観察諸法対治門（大論云対治悉旦）依此経論文者。法門之訳勝也。問。翻訳悉旦爾矣。（56オ）何名世界等耶。答。世者代謝之義。又差別之義。界者性別之義。竪代謝横性別之義名世界也。各々者根性不同之名也。為人者各設之義。根性不同故各設教。名為各々為人也。対者離対之義。治者療治之義。離対衆病而授与薬。病治名対治也。第一者最上莫過之義。義者所以之義也。諸法実相。最大莫過而有深所以故。名第一義也。（56ウ）

問。列四悉旦名。若有次第。若無次第。答。必有次第。謂初世界次為人次対治後第一義。問。何故如是列而不相濫*。答。此是化儀之次第（言化儀者。化物之儀則之次第也。）是故初世界乃至最後第一義。問。何故約化儀如是列耶。答。儀者仏欲化物時。先同彼語。是故初世界也。既同彼語故次正須随根性不同。而為説教故次有為人也。約稟教之徒。利根之人。稟教悟理時。不更（57オ）須破病。鈍根之流。稟教既生迷因。茲更破彼病故。次有対治。既破病訖将可示因縁正義故。後有第一義。問。若爾何二[109]諦章文。初世界次対治次為人後第一義耶。答。章意。欲顕以為人会対治相違之義

106　前註95に同じ。
107　大智度論巻一（大正二五、五九中）。
108　前註96に同じ。

＊原本「監」なるも意によりて改む。

109　二諦章巻上（大正四五、八一下―八二上）の趣意。

故。前置対治後列為人。望義異非是列。四悉旦之次第意。問。若爾以為人会対治相違之意何。答。対治中有多相違。謂或時説三。或時（57ウ）説一。或時説常。或時説無常。如是前後所謂乖違不同。今述為人悉旦而会。云仏説三説一説常説無常等者。随衆生根性不同故。如是異説不同。此是根性不同。非是仏教有前後相違。是故初述対治後列為人也。問。若言四悉旦必初列世界。最後列第一義者。此四悉旦。若必世界但世界而非為人等。亦為人但為人而非世界等以不。約余亦然。答。此四亦有相通（58オ）義。問。何。答。四皆是世界。四皆是為人。四皆是対治。四皆是第一義。是故云四皆相通也。問。若爾四悉旦応無差別耶。又相通之所以何耶。答。四雖相通。而宗途各異。是故四悉旦当異也。言四皆世界者。仏有所説皆是随世界故。若不随世界仏教無所是。故説第一義亦随世界而説故。名世界。所以云四皆世界也。言四皆為人者。仏応以世界門。得度人為説世（58ウ）界門。乃至応以第一義門。得度人為説第一義門。是故云四皆為人也。対治之言。随世界故名世界。随人根故名為人。能対執病故名対治。亦説第一義治病故亦名対治。是故云四皆対治也。第一義亦随世界説。随人根而説。為治異故説。是故亦通四也。問。既云相通何云宗途各異耶。又四皆相通者。為是義推。為当有文証。答。雖四倶通。而於三悉旦処。随世界之（59オ）義皆名世界悉旦。於三悉旦処。随人根之義皆名為人悉旦。於三悉旦処。破病之義皆名対治悉旦。於三悉旦処。顕体之義皆名第一義悉旦。所以云宗途各異也。彼師玄疏皆有文証。不敢義推。問。且就後義。若爾師玄疏文何。答。法花玄第四云[110]。仏有所説者。皆是随世界故有言説。仏若不随世界。都無所説已上。明知四悉旦言皆是世界也。法花広疏第十云[111]。応（59ウ）機授薬。

[110] 吉蔵法華玄論巻四「十二部経八万法蔵皆是随順俗。故有此言説。若不随俗則一無言無不言。故有所言皆随俗説。謂世界悉檀……第三名為対治悉檀。如来所以説各各為人。説八万法蔵及塵沙法門。皆為対治衆生煩悩故也」（大正三四、三九一中―下）。

[111] 吉蔵法華義疏巻一〇「今弁応機授薬。広而言之応八万四千病授八万四千薬。略授四悉檀。応以世界門得道為説世界。乃至応以第一義門得道而説第一義悉檀。然一一悉檀中有無量門。……第一義悉檀亦有無量。如浄名経。三十余菩薩説入不二法門也」（大正三四、六〇六中）。

広授八万四千薬。略与四悉旦薬。応以世界得度為説世界。乃至応以第一義得度為説第一義。又[112]山門玄云。仏赴縁説四悉旦教故。四皆為人云々。明知四悉旦皆為人也。又[110]法花玄云。随順世界故説対治言云々。[111]法花疏第十云。第一義悉旦亦無量。如三十余菩薩説不二法門云々。此説第一義悉旦之不二。対治二病。以知対治亦通四也。[113]大品疏第一云。絶待大亦世界（60オ）悉旦。[114]何者[115]仁者世間知者[116]涅槃第三十五文疏云。仏名智者也。説絶我亦説絶故云々。[111]法花疏云。第一義悉旦無量。如三十余菩薩説不二法門云々。三十余菩薩。随物根機故説不二。是為人也。説不二破二病故。是対治。明知第一義亦通四也。（60ウ）

（尾題）

二諦義私記巻上

（奥書）

貞和四年十二月九日於東大寺三面僧坊西室
実相院申出東南院御本　交点了
此者実敏僧都記云々　三論宗憲朝

112 興皇寺法朗の中論玄義の引用。
113 吉蔵大品経疏巻一「絶待大是何悉檀所摂。……世界摂者。世智説分有。亦説有世智説無我。亦説無世智説待分。亦説待世智説絶我亦説絶也」（続蔵一・三八・一、一二右上）。
114 イ本「何者」なし。
115 イ本「智」。
116 吉蔵涅槃経疏の引用ならん。

（表紙外題）

二諦義私記下

（内題）

二諦義私記下巻

問。四悉旦体是何物耶。答。均正章云[1]。有通別二義。若通者。以教境行三為体。若別者。但教為体。問。言教境等者是何物耶。答。教者十二部経也。境者四双八隻法也。行者聞思修三慧也*。問。四双八隻法者何耶。答。均正章直云。境即八法為体。法花玄述義第四云[2]。境者四双八隻之法云々。不分明列其名。（1オ）有先徳伝云。有作四諦無作四諦名為八法均章。亦名四双八隻法花玄述義。有先徳伝云。分段因果一双。有余無余涅槃因果一双。変易因果一双。無住涅槃因果一双。是名四双八隻也。問。若爾此先徳伝有何異耶。答。言方不同而其意不異。何者分段因果。即有作苦集諦。有余無余涅槃因果。是有作滅道諦。変易因果即無作苦集諦。無住涅槃因果（1ウ）即無作滅道諦故。問。若爾何言通以三法為体。別以教為体耶。答。大論云[3]。四悉旦摂十二部経八万法蔵云々。若爾無有一法而是四不摂故。通以教境行為体也。別而為言是四悉旦。是仏為縁取説之教門。亦能表ス不四理ヲ。是故別但以教為体。問。以是通別二門判悉旦体者。此是報恩師義[4]。今何用此耶。答。均正章。明四悉旦体処。述此師義而用之。是故今（2オ）亦用之。問。若就別義。四悉旦以教為体者。何不言十二部悉旦九部悉旦。而但言四悉旦耶。答。均正師云。並得言爾。而今言四悉旦不言十二部九部者。是教門設而不論耳已上。問。若就別門以教為体者。前三悉旦為教者可爾也。第一義悉旦是言忘慮絶之理。何名教耶。答。約教有二種。

1 大乗四論玄義記のことと思われるが、現行本不明。恐らく、散佚した巻一一の四悉檀義の一文であろう。以下同。

* 原本「恵」とするも改む。

2 智光法華玄論略述五巻のことならん。

3 大智度論巻一「四悉檀中総摂一切十二部経八万四千法蔵。皆是実無相違背」（大正二五、五九中）。

4 大乗四論玄義記に多く関説される。

一言於言之教。亦名二教。二言於無言之教。亦名不二教。今第一義名教。（2ウ）
此是言於無言之教。亦是不二之教也。問。若言以不二為教者。二教能顕不二理也。
*不二之教顕何物理耶。若言以不二教顕不二理者。二之不二。不二之二故。二教与
不二理是可因縁。而今教与理倶不二者。理与教倶是可自性耶。又以不二教顕不二
理者。可以月示月耶。答。以理教帯（ママ）不二故亦是因縁。理教之不二。理之不二。是
則教理〻教豈非因縁哉。又為鈍者。以二為教（3オ）而顕不二理。為利者。以不
二教還顕不二理。例如小児因指識月。大老子直見月識月也。

問。大論云[3]。四悉旦総摂十二部経八万法蔵。皆是真実。無相違背已上。今疑也。為
具四ヲ時摂十二部八万法蔵耶。為当一〻皆摂十二部等耶。答。一〻皆摂十二部八
万法蔵也。問。若爾以一悉旦摂十二部八万四千法蔵已尽。何煩用四耶。答。十二
部八万法蔵。（3ウ）具有[5]四門。若以世界門。但摂世界十二部八万法蔵。而不摂
余三門十二部八万法蔵。以為人門。但摂為人門十二部八万法蔵。而不摂余三門十
二部等。由如是義故具立四門耳。問。十二部八万法蔵。所具之四門者是何。答。
十二部八万法蔵。具四門。一随世界為言門。二随根性不同門。三対治執病門。四
薬病倶浄門。若以世界門。即摂随世界門之十二部八万法蔵也。（4オ）若以為人門。
摂随根性不同門之十二部八万法蔵也。若以対治門。摂対治執病門之十二部八万法
蔵也。以第一義門。摂薬病倶浄門之十二部八万法蔵也。問。何以得知如是四門各
摂十二部等耶。答。法花玄第四[6]。一乗義云。十二部八万法蔵。皆随世界言。故是
世界悉旦也。十二部八万法蔵中。三一常無常等並相違。如大経三十余諍論。如是
不同者。是如来各〻為（4ウ）人悉旦門。又仏説十二部八万法蔵。対治衆生煩悩

*原本「不不」なるもイ本により改む。

5「有」イ本なし。

6吉蔵法華玄論巻四（大正三四、三九一中—下）の趣意引用。

病。故十二部八万法蔵是対治悉旦也。上来三門。是為衆生有如是方便。若論正道。未曾有一言説。有八万心行語言。倶寂名第一義已上。明知爾也。問。若爾第一義悉旦処既*泯十二部八万法蔵。而令心行語言倶離。何言第一義悉旦。亦摂十二部八万法蔵耶。答。約十二部八万法蔵。有能表教。有所表理。第一義悉旦。（5オ）十二部八万法蔵。之所表理摂也。理不離教故。云第一義悉旦処。摂十二部八万法蔵耳。問。言第一義悉旦是所表理者。此第一義悉旦体。此何物耶。答。第一義悉旦体。非境智因果。無名無相。心行語言倶絶。但為衆生於無名相中。以強名相故。亦名境。亦名智。亦名因。亦名果。亦名第一義。亦名中道。問。何故如是名耶。答。能起正観故名境。即体照了故名智。在纏名（5ウ）因。出纏名果。対三悉旦名第一義。対偏名中道。如是皆是随縁随義立名字耳。問。何以得知如是義耶。答。[7]中論余文疏如是言故。

*問。何名世界悉旦耶。答。世者代謝義。界者界別義。衆生所居土。竪代謝。横界別不同。故名世界也。悉旦者此言宗也。四宗中今是世界宗故。云世界悉旦也。問。何以得知四悉旦中世界。是衆生所栖之土耶。答。[8]法（6オ）花広疏第十云。世界悉旦亦有無量。如花厳十仏世界乃至無量浄土不同已上。以知爾。問。何立此世界悉旦用耶。答。此是化物之由漸。将化物時先同其語。然後方化物故。立世界也。問。若不同其語而直化物。是有何妨。必須同其語耶。答。如来所言皆是同衆生語。故有所説耳。若不同衆生語者。仏即無所説。問。若言如来語皆是同衆生者。如来黙亦同衆生以不。（6ウ）答。如来未曾語。未曾黙。而有語黙者。此是随衆生故。問。若爾随何等衆生而黙然耶。答。仏在娑婆世界時。随娑婆衆生而[9]語言也。若在無言

*原本「免」なるもイ本により改む。

7 中観論疏巻三本「問第一義悉檀是何等法。答……第一義悉檀非縁非観非因非果。乃至非虚非実。故論云。一切言語道断心行処滅。但無名相中為衆生故強名相説。随義目之対三悉檀故名第一義。待偏称中。形虚為実。能発観智称之為境。生観智之果。是故名因」（大正四二、三四下）。

*以下、四悉檀各々についての釈は、二諦章巻上（大正四五、八二上）の部分についてのものである。

8 吉蔵法華義疏巻一〇「如世界悉檀有無量世界。如華厳云十仏国土乃至無量浄穢不同」（大正三四、六〇六中）。

9 「而」イ本なし。

世界時。随無言衆生而黙然。問。若爾随衆生而語時。応利益衆生。随衆生而黙時。約衆生有何益耶。答。娑婆因語言悟道。故随縁而語時利物。無言世界因黙然而悟道。故随彼而黙。亦能利縁也。問。若言仏随言カト（7オ）無言トノ二世界故。名世界者。今言世界悉旦者。為是所依世界耶。為是能依世界耶。（問意云世界名所依也。仏随世界而言説名能依。）答。通能所也。何者。仏随世界語而説世界語故。問。若爾約世界語有二種。一者世間語。謂瓶衣車乗牛馬等也。二者出世間語。謂苦集滅道。生死涅槃。空有。二不二。非二非不二等也。釈迦未出世之前。此三千世界内。具有此二種語以不。答。前語有之後語無之。問。（7ウ）何言爾。答。前語有仏無仏常有之。後語但有仏時有。而無仏時無故。問。若爾釈迦出世時。此界中既無後語。随何世界語而語二不二等耶。答。随他仏世界語而為語無妨也。

問。何名各〻為人悉旦耶。答。各〻者。根性不同義。為人者。各設之義。仏随根性不同。各設教名各〻為人。言悉旦者。此言宗。四宗中是為人宗故云爾。問。（8オ）若随根性不同而為説教時。為破其執病以不。答。能破也。問。若爾与対治有何異耶。答。対治与為人非是前後。随根性時即破病。破病時即随根性。雖同一時。而随根性之義。破執病之義。此二別故。分為二悉旦耳。問。検大論文。釈為人云。[10]於一事或聴或不聴。為断見人。説有因果。故破無見。為常見人。（説）*無因果。破有見。釈対治云。[10]為貪説不浄。為瞋（8ウ）説慈悲。為痴説縁起云々。今検論意。以病為薬以薬為病。薬病互為而破病名為人。病但病而非薬。薬但薬而非病。薬病各別破病名対治。今何言随根性義名為人等耶。答。論意不然。若言薬病互為而治病名為人。薬病各別而治病名対治者。薬病各別治病。豈非随根性耶。

10 大智度論巻一「各各為人悉檀者。観人心行而為説法。於一事中或聴或不聴。……欲抜彼断見。是故説雑生世間雑触雑受。是破群那計有我有神。堕計常中。……以是故不説有受者触者。……対治悉檀者。……不浄観思惟。於貪欲病中名為善対治法。……思惟慈心。於瞋恚病中名為善対治法。……因縁観法於愚痴病中名為善対治法」（大正二五、六〇上―中）の趣意。

* 原本になきも意により補う。

若許爾者。与為人何別耶。論文釈為人処。雖挙対治。而（9オ）意取随根性不同義耳。問。若言為人処。雖挙対治。而意取随根性不同義者。若爾四悉旦皆応為人。何者仏為縁説四悉旦教故。答。爾也。於為人中。開前一後二耳。是故[11]法花玄第四云。随根縁広授八万法蔵。略授四悉旦。以世界門応得度。為説世界。乃至以第一義門応得度。為説第一義云々。問。若爾但応有為人悉旦。何故煩立三耶。答。於為人（9ウ）中義門不同故。第二与通余三受別名耳。

問。何名対治悉旦耶。答。対者対敵也。治者療治也。対敵於衆病。以薬療治故。名対治也。悉旦此云宗。四宗中今此対治宗故。云対治悉旦。問。以何薬療治何病耶。答。薬病衆多。而不出四種。問。四種何。答。[12]法花広疏第十云。一対治。二増治。三転治 亦名□治。四総治。問。何名対治等耶。答。言対治者。以不浄観治（10オ）貪病。以慈悲治瞋病。以因縁治痴病。例如以冷薬治熱病。以熱薬治冷病。言増治者。貪増其貪而治貪。瞋者増其瞋而治瞋。例如多酒人増其酒令断酒也。言転治者。為貪者説慈悲観。云一切衆生皆是我父母眷属等。可慈愛何反於彼起染愛心。於是時彼貪欲即止。瞋者説不浄観。云一切衆生皆不浄。設方便可捨離。何横於（10ウ）彼生瞋心耶。於是彼瞋心即止。如是等也。言総治者。以一薬而総治多病。総以多薬而治一病。故云総治也。問。且置初就後。以貪増貪此是増病。何名治病耶。又以一薬而総治多病等之意何。答。貪者増其貪。貪極時即発厭心。厭心起時即其貪止。通於瞋等亦然。是故能治病也。以一無常観薬。能治貪瞋痴等多病。謂諸法無常何可（11オ）貪。諸法無常何可瞋。諸法無常何可痴。如是説時彼貪等即止。言以多薬治一病者。諸法無常苦空無我不浄。何可貪耶。如是説時貪病

11 吉蔵法華義疏巻一〇「今弁応機授薬。広而言之応八万四千病授八万四千薬。略授四悉檀。応以世界門得道為説世界。乃至応以第一義門得道而説第一義悉檀」（大正三四、六〇六中）。法華玄論巻四に相当文なし。

12 同法華義疏巻一〇「対治中亦有無量対治。謂有対治門。増治門。転治門。総治門」（大正三四、六〇六中）。

即止。於瞋痴等亦然。

問。何名第一義悉旦耶。答。第一者最上莫過義。義者所以也。実相理最上莫過。有深所以故。名第一義也。悉旦此云宗。四宗中是第一義宗故。云第一義悉旦。問。是第一義悉旦。為是空為(11ウ)是有為是非空有耶。答。至談第一義理。非空非有。心行語言倶絶。若於縁為談。亦是空亦是非空有。亦是心言倶絶。問。何以得知第一義亦空亦非空有等耶。答。大論云[13]。第一義者諸仏二乗所行真実法。不可破不可壊云々。若爾於小聖是空也。於大聖是非空有。心行言語倶絶也。問。若言大小聖所行名第一義者。亦得言凡夫所行名三悉旦以不。答。名爾無(12オ)妨。問。若爾凡夫所行三悉旦。於聖即是第一義悉旦以不。答云。爾也。問。若爾亦得言第一義悉旦。於凡即是三悉旦耶。答。爾也。如言一切世諦若於如来即是第一義諦。一切第一義諦若於凡夫即是世諦也。問。論云[13]。三悉旦可破可壊。第一義悉旦不可破不可壊云々。既可破不可破別。何得言三即第一義第一義即三耶。答。不可破壊法。於凡成可破可壊。可破可(12ウ)壊法。於仏成不可破不可壊。但於迷悟成可破不可破。諸法未曾破不破。問。若言三悉旦可破可壊。第一義不可破不可壊*者。以四悉旦亦得為因縁二諦以不。答。爾也。三悉旦是世諦。第一義悉旦是第一義諦。問。若爾三悉旦既是因縁世諦。何名可破可壊耶。答。以世諦為教。以真諦為理。依教悟理。教是非究竟法。故名可破可壊。非謂破折世諦因縁法。(13オ)故名可破可壊也。問。立四悉旦之所以何。答。凡有二意。問。何。答。一為摂一代聖教。二為破外道四邪。問。其意何。答。一代聖教万差。不出四悉旦。是故以四悉旦摂仏教。言破外道四邪者。釈迦未曾出世時。外立四悉旦。為破外四故立今四悉旦。問。

13 大智度論巻一「第一義悉檀者。一切法性一切論議語言。一切是法非法。一一可分別破散。諸仏辟支仏阿羅漢所行真実法。不可破不可散」(大正二五、六〇下)。

* 原本「破」なるも意により改む。

何言一代聖教不出四悉旦。又外道四悉旦何耶。答。仏従得道夜至涅槃夜。二夜中間所説大小乗経。莫出十二部八（13ウ）万四千法蔵。今四悉旦亦摂十二部八万四千法蔵。是故云四悉旦摂一代仏教也。言外道四悉旦者。一平等悉旦。二不平等悉旦。三依止悉旦。四自証悉旦。問。何以得知四悉旦摂十二部八万法蔵耶。又何名平等悉旦等。答。[14]大論云。四悉旦摂十二部八万法蔵。皆実不違背已上。以知爾也。僧佉衛世勒沙婆三外道。同立有神我。名平等悉旦也。僧佉立二十五諦。（14オ）衛世立六諦。勒沙婆立十六諦。三外道所立不等故。名不平等悉旦又云。一切衆生同有神我故名平等悉旦。六道差別貴賤不同故名不平等悉旦。各依止自所立義。而行望得解脱故名依止悉旦又云。衛世云求那依陀羅驃。如万物依止大地。故名依止悉旦。以出入息観眴等。得知有神我者。名自証悉旦。問。若言四悉旦摂十二部経八万法蔵者。為是一〻悉旦摂十二部等耶。為是具四方摂十二部等耶。又立四悉旦破外道（14ウ）四邪何耶。答。一〻摂十二部八万法蔵。且如上問答也。立四悉旦破外道四。凡有二義。問。二義何。答。一云立世界破平等。立為人破不平等。立対治破外後二。立第一義示因縁正義也。一云総破外四。未必一〻相対破之。問。且就初義。何言立世界破平等悉旦等耶。又約後義。既言未必一〻相対破。何須立四耶。答。三外道云。有神我是常住亦真実。今立世界。（15オ）破云。世界故有仮。我是無常是仮有。何処有常住。亦真実我耶。又三外道云。道理有二十五諦及六諦等法。今立為人。破云。諸法但随衆生機縁故有。既随縁有故是因縁仮名法。何処有道理二十五諦等法耶。又立対治破後二云。汝所立既是虚妄法。何依此法而得解脱耶。既無真実常住我。何以出入息等得証有神我耶。破外道四邪。然後方示（15ウ）第一義之因縁正義也。彼不一〻相対破。而対彼邪四而立今正四時。彼邪四自然所破耳。

14 前註3に同じ。

問。以興皇師四仮。相配[15]四悉旦何。答。就縁仮是世界悉旦。随縁仮是為人悉旦。対縁仮是対治悉旦。因縁仮是第一義悉旦。問。何名就縁仮等。答。就者同也。将化前縁時。必先同其前縁故。名就縁仮也。随縁仮者。既同前縁故。次正欲化彼。是故随彼縁根機。而為（16オ）説有説空説非空非有等。是名随縁仮也。於縁若稟教得悟即不更須破之。執教迷理故須破彼病。故名対縁仮也。既破執病訖即示仏因縁正義。故名因縁仮也。問。就初仮。言同前縁者。何等縁耶。答。世間人云瓶衣車乗等。能化之聖。若欲化物時。即先同彼縁亦言瓶衣車乗等。是名同縁也。問。若爾仏直爾応為説法。何必須同前縁（16ウ）語耶。答。聖人之説法。必在物信語。若不同物語而直爾説法時。所説之言虚而不実。所説既虚故所化之流不信受。不信受故於物無益。是故必須同縁語也。問。何言不同縁語者語虚不実耶。答。世間人云瓶衣車乗。若仏不同世人而言瓶衣車乗者。仏語与世人語異故。世人即謂仏語是虚妄不実。若同世人語而言瓶衣車乗時。世人即謂（17オ）仏語与吾語同故。所言是実而不虚。即於仏所説教。生信敬心。是故必須同縁語也。問。若爾翻物応治物病。例如水能滅火。若既同物是即増病。何名破病之教耶。例如以火加火時。弥増炎而無所滅也。答。化物之儀。必初同而後翻之。若不初同者。語成虚妄。若不後翻者。於縁無益。既後翻之是故無増病之過。問。若爾後翻之体何耶。答。（17ウ）初同物語云瓶衣車乗。後翻之云瓶衣等法畢竟空也。問。若爾後翻時。若直爾説瓶衣等畢竟空。為当説於汝有瓶衣等。於聖是畢竟空耶。答。随前縁所宜而為説也。或有縁為説瓶衣等畢竟空。或有縁為説於汝是有於聖是空也。問。何故如是言耶。答。或有縁聞直説畢竟空而信悟。或有縁不信云。既有瓶衣車乗等法。何得言畢竟

15 二諦章巻下「大師約四悉壇明四仮義。四仮者。因縁仮。対縁仮。就縁仮。随縁仮」（大正四五、一〇六上）。三論玄義検幽集巻七「四論玄第十一。四悉壇義云。問三論朗師立四仮義釈経論意。……又三論師四悉壇与四仮結会。彼云。世界悉壇即是就縁仮。各各為人悉壇即是随縁仮。対治悉壇即是対縁仮。第一義悉壇即是因縁仮。通称仮者用法雲師語。不自為義也」（大正七〇、四八一下―四八二上）。

空。而不（18オ）生信。是故説云於汝有瓶衣等於聖是空時。即生信必而悟性空道理。問。興皇師立四仮之所以何由。答。有二意。問。何。答。一為釈仏経故立四仮。二為対破他四仮故立四仮也。問。二意何。答。仏従得道夜至涅槃夜。其二夜中間所説大小乗経。雖万差而統其大要不出四仮。所以立四仮釈仏経。何又旧所明四仮不正。為破此四仮故立今四仮。同立四仮釈大小乗経。問。又旧（18ウ）所立四仮何。答。二夜中間所説十二部八万法蔵中。凡有四門。一者随世界衆生。同其縁語而為語義。為釈此故立就縁仮。二者十二部八万法蔵中。随根性不同。而或説有或説空或説二或説不二。為釈此故立随縁仮。三者十二部八万法蔵中。対衆生執病。或説空破有病。或説有破空病。或説不二破二病。或説二破不二病。為釈此故立対縁仮也。十二部八万法蔵中。又（19オ）有因縁正義。為釈此故立因縁仮。又開善荘厳立三仮[16]。云因成仮。相続仮。相待仮。光宅師。云前三是ノ。第四因生仮ヲ。以為四仮也。問。且就破旧四仮。何名因成仮等。答。開善等云。五陰成人。四微成柱。名因成也。前念滅而後念生。両念接連不絶等。名相続仮也。長短方円等相待。名相待仮也。光宅云。一刹那中七種実法（五塵及心幷無作名七。）不為異因成故。不因成仮。亦不接（19ウ）連故。非相続仮。亦不可待奪故。非相待仮。一刹那七実法。既三仮所不摂。此既為昔因所生故。名因生仮。三仮所不摂故。立之為第四。故有四仮也。問。興皇師破意何。答。興皇破光宅因生仮云。汝宗云世諦但有体有用有名（因成世諦体。相続是世諦用。相待是世諦名。見開善義記也。）若汝言因生仮。世諦体用名三仮所不摂者。即出世諦外。若言因生仮不出世諦者。何得言因生仮。世諦体用名三所（20オ）不摂耶。是故汝三仮外不立四仮也。問。若言興皇師立四仮破他四仮者。一〻相対〻破以不。答。

16 大乗玄論巻一「常途所明凡有三種仮名。一者因成仮。以四微成柱。五陰成人。故言因成。二者相続仮。前念自滅続成後念。両念接連。故言相続仮。三者相待仮。如君臣父子大小。名字不定、皆相随待故言相待仮」（大正四五、一八中）。

不一〻相対。但対彼四仮不正。而立正四仮耳。問。若爾立正四仮破邪四仮者。興皇師所立四仮。依何経論文立耶。答。光宅等所立四仮。全無所依。為破旧無所依而所立四仮義不成故。仮成立四仮。旧四仮既責。今四仮亦不留。又大論所明四悉旦。即是四仮本文。問。依四悉旦立（20ウ）四仮何。答。依世界立就縁仮。依為人立随縁仮。依対治立対縁仮。依第一義立因縁仮。

問。仏依二諦説法之所以何為。答。仏依二諦而説法。凡有三意。問。何。答。一令捨有悟空故。二令離有無二見故。三令悟非有非無故。仏説法雖多。而不出此三種意也。問。何言捨有令悟空等耶。答。仏説二諦者。令所化徒捨有入空。改凡成聖。是故云捨有悟空也。仏説二諦者。令著（21オ）有人捨有見。令著*空人捨空見。故云令離二見也。仏説二諦者。令所化徒由因縁有無之二教。而悟入非有無不二理。故云令悟非有無也。問。何以得知仏依二諦説法。有此三意耶。答。大経[17]云。欲令衆生深識第一義諦。故説世諦。仮使衆生不悟第一義。仏不説世諦（此初義証。）又大品[18]云。菩薩住二諦中。為衆生説法。大論釈経意[19]云。為著*有見衆生故。説第一義諦。令捨有見。（21ウ）為著*無見衆生故。説世諦令捨無見（此第二義証。）又花厳[20]云。一切有無法了達非有無（此第三義証。）以此等文得知爾証。問。且就初意。何仏説二諦。令捨俗有悟真空耶。答。仏説得失二諦。言凡顛倒謂有為俗。聖真知顛倒性空為真。俗是失真是得。如是説時。所化之流。捨失従得。改凡成聖也。問。何必説得失二諦。令捨俗悟真耶。答。中論[21]云。若不得第一義。即不得涅槃也。若不捨俗（22オ）悟真時。即不得涅槃。今令所化徒得涅槃果。故開得失二諦。令捨俗悟真也。問。何悟真諦時得涅槃耶。答。証真諦性空理時。性空智起。性空智起故。衆累咸浄。衆累咸浄処。名為

*以下は二諦章巻上「今次明依二諦就二諦門説法。……就二諦門説法者。大有三意。一者説世諦説第一義諦。令衆生悟第一義諦。二者説二諦令離有無二見。三者説有無令悟非有非無。説二悟不二也」（大正四五、八二上―中）等についての釈明。

*原本「着」とするも改む。以下、*付きの「著」は同じ。

17 大般涅槃経（北本）巻一七「諸仏世尊為第一義故説於世諦。亦令衆生得第一義諦。若使衆生不得如是第一義者。諸仏終不宣説世諦」（大正一二、四六五中）。

18 大品般若経巻二五「舎利弗。菩薩摩訶薩住二諦中。為衆生説法世諦第一義諦」（大正八、四〇五上）。

19 大智度論巻九一「為愛著衆生故説空。為取相著空衆生故説有」（大正二五、七〇三中）。

20 大方広仏華厳経巻五「一切有無法。了達非有無。如是正観祭。能見真実仏」（大正九、四二六下）。

21 中論巻四観四諦品「若不依俗諦。不得

涅槃。故云爾。問。若言依第一義諦理生般若。般若能滅煩悩故得涅槃者。涅槃与第一義諦有何異耶。答。中論四諦品疏云[22]。涅槃品云。亦名如法性実際涅槃。即知涅槃是第一（22ウ）義異名耳。但対世名第一義。対生死故名涅槃已上。又大経第十七巻梵行品云[23]。第一義諦亦名道亦名菩提亦名涅槃也 吉蔵涅槃疏第十三巻云。第一義与涅槃。随義作異名。其体無二。

問。若言第一義与涅槃。是一体異名者。何故中論四諦品疏云[22]。以見第一義諦生般若。般若能滅断煩悩時得涅槃已上耶。既言依第一義諦生般若。般若能断滅煩悩時得涅槃。何言第一義与涅槃。是一体異名耶。答。今（23オ）言第一義諦与涅槃。一体異名之涅槃。是非彼有余無余二涅槃也。此是体涅槃。即真如之体性名涅槃。亦名第一義。如涅槃品云[24]。亦名如法性実際涅槃*已上。有余無余是用涅槃。不可以用難体也。問。章云[25]。依仏二諦説法。凡有三意云々。其第二意云。説二諦令離二見。故依二諦説法。其意何。答。説有離有見。説空令離空見故云爾。問。若爾仏説得二諦。破有無二（23ウ）見耶。為当説失二諦。破有無二見耶。答。説皆失二諦破有無二見。問。何以得知説皆失二諦耶。答。章釈第二節能破二諦云[26]。借有破無。借無破有。此有無並是凡夫諦已上。以知爾。問。既是迷失之有無。何能破有無二見耶。答。迷失之有無。而能破二見。例如提婆借僧佉一[27]。破勝論異。借勝論異破僧佉一也。問。若爾是皆失之教。為能表理耶。為当不表理耶。答。約一往義。（24オ）為言倶令離二見不表理。若約再往義。亦能表理。問。二義意何。答。初一往義意云。既言皆失。何得表理耶。若言皆失二諦。而能表理者。謂情有無亦応能表理。故皆失二諦。不能表理也。若再往義意云。仏之所説。無不顕道。若失若得皆能表理。故皆失之教。亦能表理。問。且就再往義。既言皆失何表理耶。答。皆失

第一義。不得第一義。則不得涅槃」（大正三〇、三三上）。

22 中観論疏巻一〇本「今明。以見第一義生波若。滅諸煩悩故得有余涅槃。滅報身得無余涅槃。問涅槃与第一義何異。答不敢信人慢語。涅槃品云。亦名如法性実際涅槃。則知涅槃是第一義異名耳。但対世故名第一義。対生死故名涅槃也」（大正四二、一五一中）。

23 大般涅槃経（北本）巻一七梵行品「迦葉復言世尊。第一義諦亦名為道。亦名菩提亦名涅槃」（大正一二、四六五下）。

24 中論巻四観涅槃品「従因縁品来。分別推求諸法。有亦無。無亦無。……是名諸法実相。亦名如法性実際涅槃」（大正三〇、三六中）。

＊原本「性」とするも右に依り改む。

25 二諦章巻上「就二諦門説法者。大有三意。一者説世諦説第一義諦。令衆生悟第一義諦。二者説二諦令離有無二見。三者説有無令悟非有非無。説二悟不二也」（大正四五、八二中）。

26 同「第二二諦、並是凡諦。為著有衆生説空。為著空説有。借有破無。借無破有。此之有無並是凡夫諦也」（同、八二下）。

27 提婆百論二巻を指す。就中巻上破一品と破異品（大正三〇、一七三中以下）等。

之教。能表皆不失之道。亦得亦失之教。能表亦（24ウ）不得亦不失之道。故云皆能表理。問。若爾皆失之教表理者。若是義推耶。為当有文証耶。答。像[28]法決疑経云。如来所説立像表意指近表遠已上。言指近表遠者。如仏随世間人語。而説瓶衣等是也。明知皆失亦得亦失等教。皆能表理。問。若爾与因縁有無教。有何別耶。答。因縁有無是皆得之教。此皆得之教。能表皆不得之理。皆失之教。能表皆不失之理。亦得亦失之教。能表亦不得亦不失之理。（25オ）所表理未曾得失亦得亦失非得非失。而対能表教仮名非得非失耳。問。若爾何章文処〻云。皆失二諦為失。不表理等云々耶。答。皆失之二諦有二種。一者縁両情之二諦。二者仏随縁二諦。若縁両情之皆失。一向不表理。若仏随縁之皆失。有表不表二義。若約一往不表理。若約再往義亦能表理。章処〻文。約両縁皆失二諦為言。問。仏依二諦説法。（25ウ）有三意中之第三意何耶。答。仏説二諦者。令所化徒悟非有無理故也。問。若爾仏所説之有無。為是因縁有無。為是両情之有無耶。答。三節中第二節有無。是両縁有無。今是第三節有無。是因縁有無也。問。何以得知第三節有無是因縁耶。答。章[29]釈第三節能破二諦云。此二諦並得。何者因二悟不二。二是理教。不二是教理。乃至此二諦並是聖二諦已上。以知因縁有無也。（26オ）問。若爾以此因縁有無。令悟非有無理之体何。答。有是無有。無是有無。無有非有。有無非無。是故依此有無。而能悟非有無理也。問。若云因縁有無故。能顕非有無理者。此二諦亦得言凡有為俗。聖空為真以不。答。不言爾也。問。何故不言爾耶。答。既云因縁有無。是故不得言凡有為俗。聖空為真也。問。若爾此第三節。取誰有無為二諦耶。答。取仏権智所照之因（26ウ）縁有無為二諦。問。若爾仏権智為照凡有是俗聖空是真耶。為当

28 仏説像法決疑経「善男子。諸仏説法常依二諦。説二諦法時。不違第一義諦。旨近以標遠。立像表玄」（続蔵二・乙二三・四、三九三左下―三九四右上）。右の「旨」「玄」は誤りならん。

29 二諦章巻上「次説二悟不二。此二諦並得。何者。因二悟不二。二即是理教。不二即是教理。……第三二諦。二悟不二仮中義。此二諦並聖」（大正四五、八二下）。

不照縁之有無。而照道理有〻無。道理有為俗。道理無為真耶。答。亦照於凡有為俗。於聖空為真也。不照道理而有有無二諦也。問。若爾可謂此第三節。亦以凡有為俗。以聖空為真。何不言爾耶。答。所依之有無。実是凡聖之有無也。而今但取仏権智。照凡有是無有。聖無是有無之所（27オ）照之有無為二諦。不取所依之凡聖有無也。問。若爾第二節有無。亦応名因縁有無。仏権智所照故。答。不例也。所望別故。問。所望異之義何。答。仏照凡夫有是失。小聖空亦是失。而借凡夫有為俗。借聖失空為真。是故第二節有無。皆是失也。仏照於凡有是不有〻。於聖空是不空〻。取此権智所照不有〻不空〻。為第三節二諦。是故雖同仏智所照。（27ウ）而所望義別也。

問*。中論[30]四諦品云。若人不能知分別於二諦。即於深仏法不知真実義 已上。此偈意何。答。此偈明外人不識二諦。故失二諦也。問。若爾外人不知二諦。何故名為人不能知等耶。答。外人不能知分別大小乗有所得無所得二諦。即於甚深仏法中。不知二諦真実義故。故云爾也。問。若爾彼論文云若人者。是何等人耶。又不知分別二諦者。不知何等（28オ）分別二諦。又言真実義者。何物名真実義耶。答。云若人者。内外大小乗。不識二諦而失二諦之人是也。云不知分別二諦者。内外大小乗人。不能如実分別。此是毘曇理事二諦。終不可学此二諦。此是成実析法空二諦。終不可学此二諦。此是有所得大乗有礙二諦。終不可学此二諦。此是諸仏菩薩無所得大乗無礙二諦。此二諦可学。故云若人不能知（28ウ）分別於二諦也。言真実義者。二諦也。二諦是於仏*法中真実之義。問。且就能迷人。言内外大小乗不識二諦。而失二諦之人者。的為言之此誰耶。答。不知[31]二諦而失二諦。雖有内外大小不同。而総

*以下、二諦章巻上「問何故就二諦説法。説二諦有何利益耶」（大正四五、八二下）等の部分についての釈明。

30 中論巻四観四諦品第九偈（大正三〇、三二下）。

*原本「仏仏」とするも改む。

31 二諦章巻上「問何人失二諦耶。解云。大而為言。有両種人失二諦。一者不学二諦失二諦。二者学二諦失二諦。凡失二諦不出此二種也……」（大正四五、八三中）。

為言時不出二種。問。二種人者何耶。答。一者不学二諦失二諦人此外道。二者学二諦失二諦之人此内道大小乗。問*。不学二諦失二諦人者。是誰耶。約学二諦人亦爾。答。（29オ）言不学二諦失二諦者。是僧佉衛世等外道也。学二諦失二諦者。是小乗薩衛等。大乗成論等也。問。且就外道。何言僧佉等不学二諦失二諦耶。答。僧佉等外道。本不学仏法二諦。故不知二諦。不知二諦故失二諦也。問。何云外道不学二諦故不知二諦耶。答。外道不学仏教。故不知諸法性空。不知諸法性空故。不得真諦。亦謬執邪見空。不知諸法（29ウ）於顛倒因縁是有。故不得俗諦也。問。検百[32]論外道計。諸外道立有罪福因果。亦有六情六塵。又破常品[33]。立有常住涅槃也。罪福等是生死法。常住涅槃是涅槃法。既立有生死涅槃。豈是非世諦耶。又破空品[34]。外道立義云。諸法自性空故無作。無作者故不可有破。既云諸法自性空。豈非真諦耶。今何言外道不得二諦耶。答。彼外道所立之有。是性実之有。彼所（30オ）立之空。是邪無之空。此皆二諦之所離空有。故不名二諦。不名二諦故。名為不得二諦也。問。何以得知彼外道所有無。皆是二諦之所離耶。答。論主従捨罪福至破常。破彼性実之有。破空品破彼邪無之空。然後始示仏法因縁二諦。明知外道所計空有。皆是性実空有。即是二諦之所離也。問。何故外道所計空有。名性実耶。答。仏法正義云。罪福等諸法。従衆（30ウ）縁而生。如幻如化非実有。名俗諦。不壊因縁罪福等法。而罪福等法宛然空。名真諦也。外道謂罪福等諸法。従微塵世性等生。而是実有。故名為性実有也。又云罪福等一切法畢竟空。如兎角亀毛。而撥無世諦諸法。故名為性実空也。問。百[35]論破不学二諦之外道執。為是迴破耶。為是申破耶。答。可云迴破也。問。何故迴破而不申破耶。答。論主借僧佉一破（31オ）衛世異。

*以下、右の文の第一不学二諦失二諦人について釈明す。

32 百論巻上捨罪福品第一（大正三〇、一六八上以下）、及び破情品第五と破塵品第六をいう。

33 同巻下破常品第九「外曰。有涅槃法常。無煩悩涅槃不異故」（大正三〇、一八〇下）。

34 同巻下破空品第一〇「外曰。破不然。自空故修妬路。諸法自性空。無有作者。以無作故。不応有破」（同、一八一下）。

35 二諦章巻上「如百論借一以破異。借異以破一。中論亦爾也。此之二種各示一勢。前申破後迴破……後迴破者。借有破無。借無破有。此有無並是衆生有無。皆須破洗。一無所留。借無破有。有去無亦除。故是迴破」（大正四五、八三上―中）。

借衛世異破僧佉一。此一異皆是外道一異。故皆破洗。無一所留。空有亦然。借有破空借空破有。此空有皆是外道空有。悉破洗無一所存。故迴破也。問。何故破而無所存。名為迴破耶。答。凡論[36]破申各有二門。言破二門者。一迴破門。二帯申破門。言申二門者。一迴申門。二帯破申門。今但約迴破門為言。故云破而無所存也。問。破申二門意何。答。直破邪迷（31ウ）而不申正義。名迴破。申正義而破邪執。名帯申破也。直申正義而不破邪迷。名迴申也。破邪執而申正義。名帯破申 見中論涅槃品疏文。問。若爾提婆破外道時。但破其邪迷。而不申仏法正義耶。答。[37]亦申仏法正義二諦也。即破空品末。破外道邪迷竟。示仏因縁二諦是也。問。若爾可云帯破申。何云迴破耶。答。百論宗多分迴破。小分亦有帯申。今多分為言故言迴破也。問。多（32オ）分迴破何以得知耶。答。従捨罪福至破空品。但洗彼邪迷。而更無所申故。問。若爾百論釈仏教応不尽。何者。但邪執而不顕正道故。答。破洗一切邪迷。而言無所住。心無所得。無病不破。無道不顕。故[38]肇法師序論旨曰。言而無当。破而無執。儻然無拠。事不失真。蕭焉無寄。理自玄会。反本之道。茲著矣。問。既破而無所申。何得顕道耶。答。言道者。不住無（32ウ）得之異名。上窮涅槃。下斉生死。悉破洗而心無所寄。言無所住。是即正道。何更待申明耶。問。若爾何得言破病而顕道耶。答。根性不同受悟非一。是故設教之方亦異。或有縁直破洗邪執。而無所依寄時即悟正道。為此縁故但破而不申。或有縁破邪迷。而猶未悟道。後申明道理時始得悟。為此縁故破而申也。問。百論破外道不学二諦（33オ）失二諦之迷。為具令悟二諦。為当但令悟俗諦。答。具令悟二諦。問。若爾違論文。何者論文但云。令悟俗諦故。答。何得知論主但説俗諦。令悟俗諦耶。問。検論文。[39]外道

36 中観論疏巻一〇本「此論破有二門。一迴破門。二破邪即申正門。申正門中亦有二門。一迴申門。二申正即破邪門」（大正四二、一五六上）。

37 百論巻下「内曰。随俗語故無過修妬路。諸仏説法。常依俗諦第一義諦。是二皆実。非妄語也」（大正三〇、一八一下）。

38 僧肇百論序「言而無当。破而無執。儻然靡拠。而事不失真。蕭焉無寄。而理自玄会。返本之道。著乎茲矣」（大正三〇、一六七下―一六八上）。

39 前註37及びその後文に「外曰。俗諦無不実故。俗諦若実。則入第一義諦。若不実。何以言諦。内曰。不然。相待故。如大小修妬路。俗諦於世人為実。於聖人為不実。譬如一㮈」（大正三〇、一八二上）とある。

難論主云。汝若説諸法性空者。不応説善悪法。教化衆生。論主答曰。随俗語故無過。乃至以大小相待譬。広説俗諦之諦非諦義。明知論主但説俗諦令（33ウ）悟俗諦。答。不然。彼是説俗諦之文也。論主上破外道性有性無。而説非有非無者。此為外道説非有非無中道。令悟真諦。次言随俗説有無故無過者。此是為外道説因縁有無。令悟世俗諦也。問。若言具令悟二諦者。約二諦有開合二諦。今令悟何二諦耶。答。可謂令悟合門二諦。問。何故云爾。答。論主上説人法非有非空故離言説。外人難云。無説法大経所無。（34オ）何言非空非有離言説耶。論主即外道経之説無説法之旨。令信前所説非空非有理。此是合門真諦也。外道雖信悟非有非無真諦理。而亦未悟＊俗諦名義。是故難論主云。俗諦応無。不実故。由此論主広説有無俗諦之諦非諦義。而令信俗諦道理。此是合門俗諦。問。若言以非有無為真。以有無為俗。故是合門二諦者。約此合門二諦。有得二諦有（34ウ）失二諦有亦得亦失二諦。今論主令悟外道之合門。是何二諦耶。答。皆得二諦也。問。何故云爾。答。論主示因縁二諦。令悟之因縁二諦。是皆得故云爾。問。此亦有疑也。何以得知論主令外道悟因縁二諦耶。答。外道先時執性実有無。論主従初捨罪福至破常。破彼性実人法有執。破空品。破彼性実人法二空執。破洗定性有無二執訖。故示因縁有無之有無而非有非無。非（35オ）有無而有無之道理。故是因縁二諦也。問。若云示皆失二諦令捨有無二見。亦云得失二諦令捨失従得。是有何妨。必云示因縁二諦耶。答。論主示皆失二諦及得失二諦。皆不便。何者。外道本不学二諦。故不執定性二諦。是故説皆失二諦。而不能令離定性二諦之二見。亦為説得失二諦。而不能令捨外道失俗諦従今得真諦也。外道直執神我実有。神我之所云（35ウ）用諸法実有。

＊原本「俗俗」とするも改む。

*原本「着」とするも改む。

40 二諦章巻中「解云。百論明相待義。論文云。相待故如大小。言相待如大小者。如一㮈望苽為小。望棗則為大。㮈亦大亦小。俗亦爾。望凡為諦。望聖則非諦。俗亦諦亦非諦也。……将㮈釈俗既然。将㮈釈真亦爾」（大正四五、九八中）とある。

論主破此外道実有人法二執時。外道還著*人法二空見。論主亦破彼人法二空執。而次示因縁二諦。而令悟入仏法。因縁二諦故。不得説皆失及得失二諦也。問。論主為外道説二諦時。外道難論主俗諦云。俗諦無。不実故。彼意何。答。論主説二諦時。外人懸知俗諦名義相違。是故難論主云。俗諦応無。何者不実故。問。難之意何。答。外人難意。若（36オ）言真諦時。名義府順故無疑也。何者。真諦有三実義故。真是応諦故。若言俗諦時。名義相違。何者。俗是有三不実義故非諦。若名俗何名諦。若名諦何名俗耶。是故難云。俗諦応無。是不実故也。問。若爾彼真諦之三実義。及俗諦之三不実義者。是何耶。答。言真三実者。一境実。謂実相空理是実故。二解実。謂聖如実観悟性空故。三名実。謂（36ウ）既名真。真是実義故。言俗三不実者。一境不実。謂凡有之境。非是実境故。二解不実。謂凡知有之解。是顚倒而非実解故。三名不実。謂既名俗。俗是不実之名故。問。論主所明俗諦。既有此難。論主何通此難耶。答。論主通云。相待故。如大小。是故所難無用。問。論主通意何。答。俗待於凡聖両縁故。有諦非諦義。例如㮈形苽（ママ）棗有大小。是故汝俗諦応無是不実（37オ）故之難無用也。問。通難之意未分明。何以大小相待譬。而顕俗有諦非諦。以通外人難耶。答。外人本難意。俗応非諦是不実故。今論主通此難云俗通諦非諦。若望凡是諦。若形聖是非諦。如一㮈望棗是大。形苽（ママ）是小。既俗望凡是諦。何汝難我。而得言俗応非諦是不実故耶。問。若爾以大小相待譬。為但顕俗之諦非諦耶。為当後顕真之諦非諦義耶。（37ウ）答。外人但難俗諦。不難真諦。是故論主挙大小相待譬。但答俗之諦非諦義。不答真諦亦有諦非諦義也。問。若爾何二諦章[40]云。如以㮈譬俗釈諦非諦義。亦以㮈譬真以応釈諦非諦義耶。答。有通別二義。若約別。但顕俗諦之諦非諦義。不得言真亦有諦非諦。若約通門。約二諦亦有諦非諦也。問。通門義意何。答。俗於凡是諦。望聖是非諦也。真亦望聖（38オ）是諦。形凡即非諦。是故真亦有諦非諦義。問。百論破外道性有性無所。令悟之二諦。為是教諦。為是於諦。答。教諦。問。何云爾。答。論主為外人。説非有非無而有無。有無而非有非無之因縁二諦。令悟故。問。若爾彼論[41]釈俗之諦非諦処云。俗於凡是実。於聖是不実。又云。諸仏説法常依二諦。此二皆実不虚妄已上。此亦教諦耶。答。此是所依於諦。論主依此二諦。為外道（38ウ）説二諦。所依是於諦。能依是教諦。問。若言依二諦為外道説二諦者。是能依之教諦。為但菩薩知之。為当二乗凡夫等。亦知此二諦以不。答。二乗凡夫不知此教諦。問。何故二乗等不知耶。答。因縁有無但是諸仏菩薩境界。非二乗凡夫所知。故云爾。問。何以得知爾。答。大経[42]云。仏云。我一時与弥勒。於耆闍屈山。論世諦時。五百声聞不覚不知。況甚深第一義諦。又大品[43]（39オ）云。凡夫不知世諦。若爾知即須陀洹乃至仏也。以知爾。問。若爾何大経[44]云。世人所知名世諦。又中論[45]及百論皆云。有於凡是実名俗諦。又天問経[46]云。羅漢能解二諦。為他説二諦耶。答。二乗凡夫不知者。約因縁教諦。若言世人所知名世諦等者。約於諦為言。所以不違。問。若言二乗不知因縁二諦者。何涅槃経等[47]云。二乗亦知諸法従衆縁生。是不有之有。又百論疏[48]下（39ウ）云。須陀洹等亦知。不有〻耶。既云知俗有。是不有有。何言不知因縁二諦耶。答。涅槃疏[49]云。二乗有得有無得云々。無所得二乗亦能知因縁二諦。言不知者。約有所得二乗為言耳。問。若言二乗名無所得者。若所得者不応名二乗。名二乗者不応言無所得。本名有所得名為二乗。何今得言無所得二乗耶。答。保執三乗究竟

41 前註37及び39に同じ。

42 大般涅槃経（北本）巻三六「善男子。我往一時在耆闍崛山。与弥勒菩薩共論世諦。舎利弗等五百声聞於是事中都不識知。何況出世第一義諦」（大正一二、五七四下）。

43 大品般若経巻二四「仏告須菩提。於汝意云何。凡夫人為知是世諦是第一義諦不。若知是凡夫人応是須陀洹果乃至阿耨多羅三藐三菩提」（大正八、三九七中）。

44 大般涅槃経（北本）巻一三「善男子。若随言説則有二種。一者世法。二者出世法。善男子。如出世人之所知者名第一義諦。世人知者名為世諦」（大正一二、四四三上）。

45 中論巻四観四諦品「世俗諦者、一切法性空。而世間顛倒故生虚妄法。於世間是実」（大正三〇、三二下）、及び百論は前註39参照。

46 大智度論巻一（大正二五、六四上）所引「天問経」の趣意。

47 大般涅槃経等の趣意引用ならん。

48 百論疏巻下之下「問大品云。凡夫不知世諦。若知則是須陀洹。今云何言凡夫有俗諦。答今文就二於論之。……聖人達有無所有即知無所有有。故聖人知世諦也」（大正四二、三〇九上―中）。

49 吉蔵大般涅槃経疏ならん。

名二乗。知有不有〻故。亦名無所得。是有（40オ）何妨。問。若約有無二諦無所得者。約三一亦応無所得。若約三一是有所得者。約有無亦応有所得。何故約彼是有所得。約此独無所得耶。答。二乗知一不知二。是有何妨。若知二皆無所得名菩薩也。

問。百論破空品疏云[50]。有四種義。一二諦義。二依二諦説法義。三説二諦義。四二諦説義已上。此四句意何。答。彼疏釈云。二諦義者。有於凡実名諦。空於聖実名諦是（40ウ）也。説空是実依真諦説故。説有是実依世諦説故。是名依二諦説也。依二諦還説二諦故。名説二諦也。一往言於無名説真諦。言於言名説世諦*。故名二諦説也。問。爾此四句。於諦教諦中是何。答。通於教。問。通方何。答。初句本於。後三句教諦。問。何云爾。答。疏釈初句云。有於凡是実。名世界等云々。明知是所依本於諦也。第二句已下是能依教諦。何者。疏釈云。依二諦（41オ）説知所説実等云々故。問。若爾何於教中開三句耶。答。於教諦中有依二諦説故。所説実不虚妄義。又有依二諦還説二諦義。有二諦俱言説義。以此三義。如次為三句。問。且就第四句。二諦俱有言説者。二諦可不別。同是言説故。答。雖同言説。而世諦言於言。真諦言於無言。言与無言異故二諦亦別。問。何言於言等耶。答。中論四諦[51]品疏云。有二種言。一言於言。（41ウ）如瓶衣等也。二言於無言。如為第一義立名。名為第一義等云々。問。何説瓶衣車乗等名。為言於言等耶。答。世俗中瓶衣等法。皆是名言之法。以言而言於名言法故。名為言於言也。第一義諦是無言之法。以言而言於第一義無言法故。云言無言也。問。何須言於言。言於無言耶。答。皆為顕於第一義無言之理也。問。二言同顕無言之理者。所顕之理既無二。能顕之言何分

50 百論巻下之下「又有四種義。一者二諦義。二依二諦説法義。三説二諦義。四二諦説義。二諦義者。如前有於凡是実為諦。空於聖為実是諦。依二諦説者。若説空是実依真諦説。説有是実依世諦説。説二諦者。依二諦還説二諦也。二諦説者。一往言於無言名説真諦。言於言名説世諦」（大正四二、三〇九中）。
＊原本「二」なるも傍註及び右の原文により改む。

51 中観論疏巻一〇本「問有幾種言耶。答有二種言。一者説世俗中言如瓶衣等。亦表第一義無言之道。……二者以言言於無言。即為第一義立名名為第一義」（大正四二、一五一上）。

二耶。答。（42オ）二種之言雖同顕無言理。而近遠不同。故開二言耳。問。近遠何。答。言於言。是顕無言理稍遠。言於無言。是顕無言理即近。問。言於無言。而顕理無言者。爾矣。言於言亦顕無言理。何以得知。答。涅槃経[52]云。欲令衆生。深識第一義諦。故説世諦。中論十二門[53]同云。因世諦得第一義諦。此経論皆説言於言。能顕第一義無言理也。問。第一義無言之理。必因此二種言而得顕。（42ウ）若後無言於無言得顕無言理以不。答。顕無言道凡有三種教。一者言於言。二者言於無言。三者無言於無言。即浄名三階不二教是也。問。若爾以言為教。而顕無言道可爾。既無言於無言何以為教。又何能顕無言道耶。答。以黙然相為教。顕無言理也。

*問。二諦章[54]云。失二諦人不出二種。一不学二諦失二諦人。二学二諦失二諦人云々。言学二諦失二諦人者。是何等人（43オ）耶。答。学二諦失二諦之人。雖衆多而不出二種。一者不識二諦失二諦人。二者学二諦失二諦人。問。不識二諦失二諦等。是何等人耶。答。不識二諦失二諦者。小乗薩衛方広等也。学二諦失二諦者。有所得大乗師等也。問。前云学二諦失二諦有二種云々。大乗小乗同学二諦。而何小乗名不識二諦。大乗名学二諦耶。答。仏教不出二諦。大小乗人同学仏教（43ウ）故。大小乗人同名学二諦也。雖同学仏教。而小乗不知二諦義故。失二諦。大乗雖知二諦義。而有所得故失二諦義。是故小乗名不識二諦。大乗名学二諦也。問。小乗之人亦立二諦。謂逼迫等事為世諦。十六諦理名真諦等。何言不知二諦耶。又大乗既知無所得二諦。何名有所得。若名有所得者。小乗亦是有所得。同小乗可名不識二諦耶。答。（44オ）仏二諦是因縁空有。小乗人雖言立二識。而不能知因縁空有二諦。故名不識。謂数人但云有名無実名世諦。有名有実名真諦。而不識空有為俗。有空

52 前註17に同じ。

53 前註21及び十二門論観性門第八「因世諦得説第一義諦。若不因世諦則不得説第一義諦」（大正三〇、一六五上）。

＊以下、第二学二諦失二諦人について釈す。

54 前註31に同じ。また後文に「破学二諦失二諦者、復有両種。一者正破大乗。二者傍破小乗。大乗学二諦失二諦。小乗不識二諦失二諦……」（大正四五、八三下）等とあり。

為真也。方広執邪空。不識空有為俗。有空名真。是故小乗名不識二諦。大乗人雖知空有名俗。有空名為真。而或析法説空。或存有説空。或説心空不説色空。故失二諦也。小乗全不知二諦。故名不（44ウ）識二諦也。大乗小分知二諦。是故名学二諦不名不識。又大乗但得俗有真空之二諦名。而失二諦旨。故云学二諦也。小乗不得俗有真空二諦名。亦不知二諦旨。故名不識二諦也。問。言小乗不識二諦者。薩衛方広等者。薩衛名小乗爾也。何方広名小乗耶。既名方広即是学方広之人。何名小乗耶。又若言方広者。此小乗十二部中方広者。何[55]三論玄云。（45オ）次学大乗者。名方等道人。執邪空不知仮有耶。又[56]十二門疏下巻云。大乗学者。名方広道人耶。答。方広道人。未詳聖[57]人之所学。不可定判大乗人。亦不可定判小乗人。若学小乗者。可謂推尽起邪見。若学大乗者。即聞大乗経説畢竟空。不知何因縁故空。悞撥無世諦因果也。問。於小乗中但説諸法有。何学三蔵教起邪見耶。答。於外道中尚起（45ウ）邪見云。無黒業無黒業報等。況学三蔵不起邪見哉。問。若爾俗人謂有不知性空。故可言得世諦而失第一義。方広執空不知有。故可云得第一義而失世諦。今何言二人倶失二諦耶。答。若以一往為言。如所問。若以再往為談。倶失二諦。何者。空有為俗。有空為真。俗人既失有空故亦不得空有。方広不得空有故亦失有空。所以二人倶失二諦也。（46オ）

問。章[58]文云。学二諦失二諦有二種人。一者不識二諦失二諦人。二者学二諦失二諦人也。今其第二人是何等人耶。答。学二諦失二諦者。是大乗人。此亦有二種。問。何。答。[59]一者学二諦成性二諦。而失二諦。二者学二諦成一諦。而失二諦。問。何言学二諦成性二諦失二諦等耶。答。言成性二諦失二諦者。聞説有住有。聞説無住

55 三論玄義「次難二諦。迷失二諦凡有三人。一者毘曇……二者学大乗者、名方広道人。執於邪空。不知仮有故失世諦」（大正四五、六上）。
56 吉蔵十二門論疏ならんも、現行本不明。
57 傍註に「其カ」とあり。
58 前註54に同じ。
59 二諦章巻上「然大乗失二諦。復有二種。一者学二諦成性二諦。二者学二諦成一諦」（大正四五、八三下—八四上）。

無。而失因縁有無之人是也。言成一諦失（46ウ）二諦者。此亦有二人。一者学二諦成一空諦。而失二諦人。二者学二諦成一有諦。而失二諦人也。問。且就成性二諦失二諦人。何言聞有無住有無。故失二諦耶。答。俗諦有是空有。真諦空是有空。就成論師等。聞説有作有解住有。而不知此有是空有故有即空。聞[60]説空作空解住空。而不知此空是有空故空即有。既成自性有無。而失因縁有無故。云（47オ）成性二諦失二諦。問。成論師明二[61]諦云。三仮為俗。四忘為真。即三仮常四忘。即四忘常三仮。即三仮常四忘故有不自有。即四忘常三仮故空不自空。既言不自有自空。即是因縁有無。何名自性有無耶。答。今審定彼宗二諦。彼宗云。三仮有為俗諦。三仮空為真諦。今問。彼世諦有。為待真諦空以不。若言世諦有待真諦空者。汝二諦即是相待仮。（47ウ）若相待仮者。即是俗諦。何有真諦耶。（48オ）

二諦義私記下巻

御本云

貞和四年六月之比令写之了

同十一日校之了　　実敏僧都私記云〻

貞和四年十一月二十七日於東大寺三面僧坊実相

院中出東南院御本令写之了

同二十八日一校了　　三論宗憲朝

60 イ本「可」。

61 二諦章巻上「彼云。三仮七実為世諦。四絶百非為第一義諦」（大正四五、八〇中）、また「若是由来人二諦即有礙。三仮為世諦。四忘為第一義諦。三仮不得為第一義諦。四忘不得為世諦。第一義不得有名相。世諦不得無名相」（同、八五中）。

（尾題）

（奥書）48紙ウラ。

『二諦義私記』註記

(1) 上掲の資料以外で関説するものとしては、『三会定一記』『三国仏法伝通縁起』『日本高僧伝要文抄』『日本高僧伝指示抄』『東国高僧伝』『続日本後紀』『東大寺具書』『東大寺要録』がある。

(2) 『文徳天皇実録』巻八(国史大系第三巻、五三七頁)に「玄叡察其法器、摩頂誨誘、更従入唐大僧都永忠、学経論所滞、二十受具足戒」とし、『元亨釈書』巻三(日仏全〈鈴木本〉第六二巻、八二頁)でも「叡称其法器、摩頂誨誘、又随入唐沙門永忠、益智解、甫二十受具足戒」とする。

(3) 『本朝高僧伝』巻六(日仏全〈鈴木本〉第六三巻、五〇頁)に「睿又称褒、属安澄師、侍二師室、審問饜飫、二十登東大寺戒壇、稟満分戒、後従永忠于梵釈寺、益瑩智解」とある。

(4) 以上の三書については、拙稿「三論宗系譜の資料三種」(『宗教研究』第五一巻第三輯、No.二三四)、及び本書第三部の第二参照。

(5) 筒井英俊校訂『東大寺要録』の凡例参照。

(6) 本書第三部の第二参照。

(7) 凝然の歴史的事項に関する記述は、彼が直接的に見聞したもの、及び当時東大寺等に伝承されていた諸文献に基づいてなされたことは言を俟たない。その中で、三論宗の日本への伝来について凝然の説は、恐らく円宗の説に依ったと考えられる。本書第一部第一章参照。

(8) 崇憲の筆になる『大乗三論宗嗣承伝』は、「専寺三論正流、法師位崇憲述」とされており、自己の系譜を明示するために書かれたものとも考えられるが、もう一つの『大乗三論嗣資記』は、最後に「右者、金珠院経蔵以御本出令書写了」とあって、東大寺金珠院に伝承されていた系譜を写したものである。この書においては、安澄の弟子として玄叡・寿遠・実敏の三人を出し、これは、『望月仏教大辞典』に掲げるものと一致する。なお『本朝高僧伝』の説③は、前二説を合わせたものと思われる。

(9) 永忠についての詳細は不明であるが、空海の『性霊集』巻九の「永忠和尚辞少僧都表」(真言宗全書、性霊集便蒙所収)や『七大寺年表』『僧綱補任』『続日本後紀』及び『元亨釈書』『本朝高僧伝』に関説立伝されている。しかし、入唐帰朝の年次と、僧綱補任の年次に二説あって、いずれが正しいのか明確でない。ただし正史に従えば延暦二十四年(八〇五)に帰朝し、大同元年(八〇六)に律師となり、弘仁六年(八一五)に大僧都となっている。従って、実敏が永忠に教えを乞うたのは、帰朝後であって、具足戒を受ける前後であろう。

（10）筒井本『東大寺要録』巻五の「諸宗章第六」に述べられる三論宗の条（一五八頁）、及び『東大寺具書』（続群書類従第二七輯下、八四頁）参照。また『嗣承伝』では、玄耀の下に玄叡と道詮を出し、道詮の下に真如を出す。『嗣資記』では、玄耀の下には道詮のみを出す。

（11）具足戒を受けた際の戒師は、『東大寺要録』巻五所収の「戒和上次第」（筒井本、一九七頁）に依れば、第五代に当たる、興福寺の長恵になる。

（12）今の文は『文徳実録』に依る。『元亨釈書』では「儕輩嘆其堅義」とする。

（13）『続日本後紀』巻七（国史大系第三巻、二五〇頁）、及び『僧綱補任抄出』（日仏全〈鈴木本〉第六四巻、一二四頁）参照。また『本朝高僧伝』編纂者の註記によると、この年東大寺別当に補された、とする説を示しているが、『東大寺別当次第』（『東大寺要録』巻五所収本）では、この時に任ぜられたのは円明であるとし、「私勘云、或日記実敏大徳、承和五年任云云」とし、「裏書云」としてさらに「承和五年六月八日、起首五十箇日間、修理毘沙門天、寺工従八位上神氏勝助等、率廿余人修補、于時別当大法師円明。如此記者、実敏非別当歟」と述べて、実敏別当説を否定している。また日仏全（鈴木本）第六五巻所収の『東大寺別当次第』では、第二十一代として実敏を挙げるが、やはり註記して、否定している。

（14）『元亨釈書』では、太極殿における最勝会の講師のあと、すぐに僧都に任ぜられたごとき記載をし、『本朝高僧伝』では、承和九年に太極殿で講師となり、「明年従律師転少僧都」とする。承和九年に最勝会の講師となった点はよしとしても、明年、すなわち、承和十年に少僧都となったとするのは、何かの誤りと思われる。今は、『文徳実録』『続日本後紀』『僧綱補任』に従う。

（15）『三代実録』巻二（国史大系第四巻、一七頁）の貞観元年正月八日の条参照。ただし、『僧綱補任』（日仏全〈鈴木本〉第六五巻、九頁下）に依れば、承和元年の講師寿遠は、三会の講師を初めて一人で修した、とされており、それ以後、慣例化し、承和六年の詔となり、さらに貞観元年の詔となった、とすれば、実敏の已講の労は、正に三会遂講の労ということになろう。

（16）嘉祥元年の講経と少僧都の補任は、『続日本後紀』及び『僧綱補任』に依る。

（17）『法華経』を講じた、というのは『続日本後紀』巻二〇に依る。『本朝高僧伝』の実敏伝も同じ。ただし、四宗の法師の名前が相違する。『続日本後紀』（国史大系第三巻、四二九頁）では、三論宗実敏、法相宗明詮、天台宗光定、華厳宗円鏡の四人としているが、『本朝高僧伝』の実敏伝では、天台宗円修、華厳宗正義としている。また、『本朝高僧伝』巻六の明詮伝では、同年二月に『金光明経』を講じたとし、法師名は実敏伝と同じである。この『本朝高僧伝』の説は、恐らく、宗性の『日本高僧伝要文抄』巻三（日仏全〈鈴木本〉第六二巻、五〇頁上—中）の明詮伝に従ったものであろう。ここでは、『金光明経』を講じたとし、『本朝高僧伝』と同人を記している。

(18) 遷化の日については、『本朝高僧伝』では九月五日としているが、今は、『文徳実録』及び『僧綱補任』の九月三日に従う。

(19) 『三会定一記』巻一（日仏全〈鈴木本〉第四九巻、二〇五頁下）の承和八年の講師実敏の下に、「同十年十一月九日任律師、超恩教泰縁二人」とする。

(20) この点は『元亨釈書』巻二の安澄伝（日仏全〈鈴木本〉第六二巻、七九頁）に「以弘法為己任、為人敏給、議論絶倫、唯西大寺泰演時為匹敵」とし、『本朝高僧伝』の安澄伝、泰演伝（同第六三巻、四五頁及び四六頁）にも同様のことが記されることによって知られる。

(21) 『僧綱補任』第一（日仏全〈鈴木本〉第六五巻、八頁）に依る。

(22) 結城令聞「日本の唯識研究史上における私記時代の設定について」（『印度学仏教学研究』第二三巻第二号）参照。

(23) 『方言義私記』は、真福寺文庫所蔵写本は上下二帖であり、嘉暦四年（一三二九）に東南院において頼済が筆写したもので、冒頭の内題下に東南権大僧都作とある。また大谷大学所蔵本は、一冊であるが、大正三年一月に、大谷大学図書館が、福岡県山門郡満福寺の蔵本を転写したものであり、本文に入る前に、初方言について十八箇条、第二方言について九箇条、第三方言については十一箇条の項目が抄出されており、初方言の項目を列挙する最後に「宗要抄上」とあり、その下に、明海の名があって、次に「三論宗寛乗之、在判」とある。明海（一一〇五―？）は、『維摩講師研学竪義次第』（宮内庁書陵部蔵）、及び『三会定一記』では、第九代東南院務である覚樹（一〇八一―一一三九）の弟子とされ、珍海等と同門である。また寛乗は、聖守（一二一九―一二九一）のこと（前名）である。さらに初方言の最後には、永正六年（一五〇九）に快憲（一四八一―？）が筆写した旨の記録がある。大谷大本の冒頭の目録は、後の付加であることが明らかであるが、両本とも内容は一致しており、同一の書である。

(24) 謙順『諸宗章疏録』第二（日仏全〈鈴木本〉第九五巻所収）、及び『山家祖徳撰述篇目集』（日仏全〈鈴木本〉第九六巻所収）参照。

(25)(26) 島地大等『日本仏教教学史』（一九七六年再刊）二二頁等参照。

(27) 宮内庁本『維摩講師研学竪義次第』が、それらの人々の補任、経歴等の記載において、『三会定一記』等の類本に比して最も詳しく信頼が置けるものである。

(28) もし講会のため、ということで本書が撰述されたとすれば、弘仁十年（八一九）、三十二歳の時に、維摩会の竪義を勤めた際であろうか。

第四　観理『方言義私記』

解　題

本文献は、大須文庫所蔵写本の他に、大谷大学図書館所蔵があるので、初めに両者の形態や伝承等について述べておきたいと思う[1]。

一、両写本の形態

	大須文庫本	大谷大学本
数量	端末二帖	一冊
装幀	粘葉装	和綴本
寸法	縦二十五・五センチ 横十六センチ	縦約二十八センチ 横約十九センチ
紙数	端五十二紙（表紙共）	七十二丁

	末四十四紙（同右）	
行数	一紙八行（押界）	半葉毎十一行
字数	一行二十五～二十七字	一行二十字
書写年	嘉暦四年（一三二九）	大正三年（一九一四）
筆者	頼済	大谷大学図書館
外題	（端）方言義私記端 （末）方言義私記末	内外題共　方言義私記
内題	同右	
撰号	東南権大僧都作	なし
尾題	なし	方言義私記
奥書	あり（後述）	あり（後述）

以上が両本の大よその形態である。右に関して大谷大学図書館所蔵本（以下、谷大本と略称）は一冊となっているが、中間に後述のように「写本云」として古い奥書を記し、それに続いて「方言義私記」という尾題と思われるもの、そして次の丁に再び「方言義私記」と書いていることから判断するに、谷大本の底本においては、恐らく大須文庫本と同じ帖分けをしていたのではなかろうか。つまり、二冊あるいは二帖本を大正三年の筆写の際に一冊にまとめたと思われる。

二、大須文庫本について

先ず大須文庫本の奥書は、次のようである。

（端）嘉暦四年七月廿四日於東大寺東南院院主坊学窓出写之

同廿八日加交点畢

三論宗末学頼済

（末）嘉暦四年九月三日夜時於東大寺東南院院主坊学窓之灯下馳筆畢

三論宗末学頼済 八廿

同七日子尅加交点畢

筆写された嘉暦四年（一三二九）は、八月二十九日に改元されて元徳元年となった年で、南北朝の対立が激化していた時期である。筆者である頼済についての伝記等は不明であるが、末帖の奥に二十八歳と年齢を記しており、逆算すると乾元元年（一三〇二）の生れとなる。鎌倉末期から南北朝時代の学僧である。大須文庫には本書以外にも彼の筆写した文献が伝えられており、[2]『有法差別短釈』の奥書には、

康永三年七月廿四日於東室之学窓、為当年維摩会竪義之稽古、書写之訖

末学三論宗頼済

とあり、康永三年（一三四四）十月の興福寺維摩会の際に研学竪義を勤めることになっていたのであろう。先の推定年代からすると四十三歳の年となる。いずれも東大寺における筆写であり、彼は東大寺の三論宗学僧であったと思われる。

そこで、彼の筆写本が真福寺宝生院に伝承された理由を考えてみると、その頃東南院の院務（院主）に任じられていたのは、大僧正聖尋（―一三三一―）と、次の法親王聖珍（?―一三八二）である。そして先に述べたように宝生院の第二代住持信瑜（一三八二寂）は、南都遊学して東南院の聖珍に師事したとされる。聖珍が院務に補任されたのは、元徳二年（一三三〇）から建武元年（一三三四）頃と推察され、頼済はこの時期に東南院に居していたことは相違なかろう。また信瑜も年時不明ながら同時期に東南院で学んだと思われる。恐らく両者は対面したのではなかろうか。そして事情、理由は分からないが、頼済が筆写した文献を持ち帰ったものと推察される。大須文庫には他にも東大寺

で写された文献が多く伝存する。それらの筆写年代から見て、かなりの文献が信瑜によってもたらされたと考えられる。今の『方言義私記』が東南院に伝承されていたものを筆写原本としたことは間違いないであろう。

三、大谷大本について

谷大本の特色は、本文に入る前に「宗要抄」と名付けられた内容項目が列挙されていることである。これは大須文庫本にはなく、そこに記された人名により伝承の相違などが推察される。内容項目は次のようである。

初方言

一、方言有先徳伝事
二、三種方言依経論否
三、初二方言有破病顕道否
四、三種方言有漸捨平道二門否
五、初方言釈八不否
六、変文易体有先徳二ヶ伝事
七、初方言三中作法
八、初二方言世諦破性執寛狭事
九、何有中実否
十、中実偏虚事
十一、伏断永断事

十二、性断異
十三、中実体用事
十四、中実利鈍事
十五、中実重広体用事
十六、中実初章四句用否
十七、初階有中実破性中否
十八、立三諦二諦否
宗要抄上

第二方言

一、三中作法
二、可破可壊
三、唯識無境
四、四種性空
五、不自離辺倶名中事
六、所対治人体
七、漸捨事
八、合弁用中
九、九倶無生事

三論宗寛乗之 在判
明海

第三方言

一、相即事　一諦歟二諦歟初方言ニモ有也
二、相因事
三、作三中法
四、階漸義
五、第三方言所明義同広明相即相因階漸
六、重広三中
七、各中処明体中歟初八世諦次真
八、中仮出入事
九、破病有無
十、階漸義訓
十一、相即義

右の初方言の最後に「明海」とある人物は、『三会定一記』に依ると、東南院第一〇（九）代の覚樹（一〇八一—一一三九）の門下とされ、長治二年（一一〇五）の維摩会に竪義者となっている。(3) この明海が内容項目を抄出したことが知られる。あるいは研学竪義のためであったかも知れない。また、寛乗は東大寺聖守（一二一九—一二九一）の前名である。聖守は智舜（—一二五七—）と同じく東南院樹慶（?—一二八二）に三論を受学し、醍醐寺の憲深より密教を受けた。また東大寺戒壇院の円照上人の俗兄でもある。彼は多方面で活躍したが、智舜と共に東大寺を中心とする三論宗の興隆にも尽力し、彼が開山となった法園寺や新禅院において、盛んに三論の講義が行なわれた。明海の宗要抄が付された形態のテキストを聖守が所持していたと考えられ、先の大須文庫本である頼済が筆写した原本とは相違するものと思われる。同じ東大寺においても何種類かのテキストが存在していたのであろう。

さて、谷大本に関する伝承の記録はしばらく止絶えるが、「初方言」（大須文庫本の端帖に該当）の最後に次のような記録がある。

写本云、永正六年己巳閏八月七日子尅於金蔵院写畢。志者偏為令法久住、久住興隆弘法也。三宝冥衆哀愍納受、現当二世心中大願速成円満。

東大寺学三論末学　快憲廿九

宝永七寅七月朔日校合加朱点畢

右の筆写の記録によって、聖守が所持していたと思われるものが、その後も東大寺に伝承されて、永正六年（一五〇九）に至って快憲が筆写し、さらに快憲の写したものに宝永七年（一七一〇）に校合し加点したことが分かる。そして谷大本の最後には、

本書ハ福岡県山門郡満福寺ノ蔵本ヨリ転写セシメタルモノ也。

大正三年一月　真宗大谷大学図書館

と書かれている。右の快憲（一四八一―?）は『中観論二十七品別釈』（大正六五所収）の著者で東大寺の三論学僧である。東大寺には彼の筆写した文献が数点保存されている。

四、両本の相違

以上によって、両本の伝承の系統はほぼ明らかであろう。大須文庫本は、本書成立後、東南院の院主に代々伝承されたものであり、谷大本は、東南院覚樹の弟子である明海の手を経て、院主以外の系統に伝承されたものということになる。大須文庫本は、一三二九年の筆写で、谷大本は一五〇九年に快憲の筆写したものを、さらに転写したものの

写しと考えられ（谷大本の中間の奥書に写本云とあることからの判断）、両者には年代的な開きがある。その間、種々の相違が生じることは予想されよう。

そこで両本を比較対照した場合の相違を指摘しておきたい。

一つは、谷大本に大幅な欠落が見られる。それは上冊に当たる「初方言」後半の部分で、大須文庫本の紙数にして十七枚余に及ぶ。この初方言の本文は五十紙であるから、約三分の一の欠落である。この脱落は谷大本の形態からすると、永正六年に快憲が写す際の原本において、すでに失われていたと考えられる。さらに谷大本には五字以上の欠落部分が十七箇所存在する。逆に谷大本にあって大須文庫本にない部分というのは、一字の出入を除いて見当たらない。

二つ目は、訓点の相違である。大須文庫本の訓点は、後の本文をご覧いただければ分かるように鎌倉時代末期の付点の仕方や読み方を伝えていると思われる。他方谷大本は、後に定着する返り点の付し方と送り仮名である。句読点の相違は、内容の読解において重要な点であろう。両者共筆写の時代を反映したものとなっている。文字の読み方や送り仮名などの違いは、筆者あるいは加点者がどのように読んだのかを示しており、学習の状況が推察されよう。なお、谷大本の第四八丁右六行目から六一丁左までの部分は白文である。

以上、書誌的な面より両本の相違を指摘した。両者共、南都特に東大寺における三論学の実際を伝える重要な文献であることに相違ない。そして谷大本が福岡の寺院で写されていることも興味があるが、詳細は不明である。ただ、資料としての価値からすれば大須文庫本の方が推されるであろう。

五、撰者について

本書の撰者である観理（八九五—九七四）について述べておく。(4) 最初に示したように、撰号は大須文庫本のみに存し「東南権大僧作」とされる。筆写をした頼済以前の東南院住僧の中で、権大僧都に補任された人物は、第四（三）代の観理と第八（七）代の有慶（九八六—一〇七一）の二人である。そして有慶には諸伝共に著書のあることを伝えない。とすると観理が本書の著者であると考えられるが、正しく諸伝共に彼の著書として『三論方言義』を掲げている。この『三論方言義』が本書『方言義私記』であろうと考えられる。彼には他に『唯識章（私記）十五巻』（欠）『因明四種相違私記』（大正六九所収）『諸経論指事文集』（欠）等があったとされる。

観理は姓平氏。幼くして時の摂政藤原忠平に認められ、興福寺において得度し、初め法相を学んだ。後東大寺東南院の延敒（八六一—九二九）について三論と密教を受学し、恐らく東南院を本拠としていたと考えられる[5]。一説では、彼は延敒の次の第三代院主とされる。しかし、延敒が延長七年（九二九）十二月に寂した後、即座に彼が院主に就任したか否か分からない。延敒は九二五年に東寺長者、醍醐寺座主となっている。延敒が示寂した時、観理は三十五歳であり僧界にも未だ顔を出しておらず、三論宗の長者を院主とするという、その資格を具備していなかったように思えるからである。他の説では延敒の後には済高（八七〇—九四二）が院主に補せられたことになっている。ただし、済高は密教を主とした人物で、その時期は東寺長者と金剛峯寺座主及び山科の勧修寺を兼ねた身であった。実際上、観理が東南院を領していたかも知れない。その後観理は、天暦六年（九五二）の維摩会講師を勤め、天徳四年（九六〇）に已講の労として権律師となり、同年醍醐寺座主となっている。また、南都北嶺の対論として有名な応和の宗論の際に隣席している。この対論は応和三年（九六三）八月二十一日から二十五日に至る五日間、南北の名僧各十人を選んで清涼殿において『法華経』を講ぜしめ、各々宗義を論決せしめたものである。南北交互に導師（講師）を勤め、それに対して問難するものであった。この時の延暦寺良源と興福寺仲算の活躍が大きく伝えられているが、観理は証誠律師（『僧綱補任抄出』）あるいは発願導師（『仏法伝来次第』）と言われ、講会の首席にあったことは確かである。実際第一日目の朝座には導師となって、法華の開経たる『無量義経』を講じた。それに対する北嶺の問者は、余慶であったが、観理の弁釈無礙にして僧徒嘆伏傾聴したとされる。そして第六日目の満散の導師をも勤めている。その後観理は権大僧都（一説に大僧都）にまで昇任し、安和二年（九六九）二月から二年半東大寺別当を勤め、その後東南院に帰住し天延二年（九七四）三月に示寂したとされる。東南院は、聖宝の開創後、第二代延敒によって南都における位置はかなり明確なものとなっており、興福寺法相宗に対抗し得る実勢を有していた。応和の宗論に顕れた観理の立場は、彼自身の実力も勿論ながら、東大寺を代表する程の勢力を有しつつあった東南院主という地位も、大きく作用していたと推察される。そして開山以後の歴代院主の中で、著書が伝えられているのは観理のみということも、彼の功績の大きな点であり、当代一流の学僧であったと思われる。

六、「方言」について

本書は『方言義私記』と題されるが、その「方言」というのは三論教学独自の術語である。それは吉蔵が『中観論疏』巻一本において、

然八不文約義豊、意深理遠。自摂嶺興皇随経傍論破病顕道。釈此八不変文易体方言甚多。今略撰始終以二條解釈。一者就初牒八不略釈解之。後重牒八不広料簡也。就初牒八不述師三種方言。（大正四二、一〇下）

と述べられていることに明らかであり、『中論』の八不を解釈するのに様々な「方言」を用い、それは摂山三論学派の鼻祖たる道（一説僧）朗以来のことであるとし、初めに八不を解釈するに就いては、師である興皇寺法朗の「三種方言」を述べるとしている。本書はこの「三種方言」についての議論を私記の形でまとめたものである。

「方言」の意味は、本書の冒頭において先徳の解釈を二つ紹介していることで理解できよう。すなわち、

問、方言者何謂。答、云此有先徳多伝。此中且有伝云、方者方域也、言者教也。有伝云、方者宜方也、言者言教也。問、爾此二伝意何。答、初伝意、方言随衆生所縁方域、破病顕道言教言也。後伝意、方言者随衆生執病不同、宜所設之言教言也。（第一紙表）

と述べられるごとくである。すなわち、所化の衆生の方域、執病の不同に随順して適宜に施設される言教ということである。先に吉蔵が述べているように、三論学派において『中論』の八不を解釈するのに、成実学派への対抗上からも様々な解釈が行なわれたようであるが、吉蔵は師の「三種方言」を代表せしめているのである。この三種方言の解釈には、三論宗の立場を示す基本的かつ重要な学説が示されており、吉蔵の思想教学形成の基盤ともなったと思われる。『中観論疏』の該当部分は、巻一本（大正四二、一〇下―一二上）を参照していただきたい。また詳細な議論は本書を参照願いたいが、一応簡単に内容を要約すると次のようになろう。

三種方言は、いずれも各々に世諦中・真諦中・二諦合明中の三種中道を明らかにするのであるが、それぞれにその目的・主旨が相違する。初方言では、八不の解釈の基本を示し、有所得の徒、たとえば小乗人は生滅断常等の八計（八迷）に堕し、また生滅・不生不滅・亦生滅・亦不生滅・非生滅非不生滅の五句に執着するのに対して不生不滅ないし不常不断の八不を説くのであるとし、また、いわゆる理（性）の二諦に対して因縁仮名の二諦と三種中道を示すのである。第二方言では、八不に就いて三種中道を明らかにする意義を述べて、成実論師等を「他」とし三論学の立場を「今」として対比して、両者の相違を明らかにする。ここには三論教学の特色である「初章語」や「中仮義」「体用義」などが盛込まれて、発展的解釈が提示される。吉蔵は第二方言について次のように述べている。

此是摂嶺興皇始末、対由来義有此四重階級。得此意者、解一師立中仮体用意也。（大正四二、一一中―下）

そして第三方言は、相因義と階漸義によって二諦と三種中道を釈し、『涅槃経』『維摩経』『華厳経』を引用して経証としている。(6)

『中観論疏』における「三種方言」は、三論学派の形成過程において三論教学の基本思想を示すものとして伝承され、説かれたものであり重要な意味をもつが、これを重視して「方言義」として単独に取り上げて論究したのは日本の三論宗においてである。それは吉蔵の『中観論疏』研究の成果といえよう。二諦義や仏性義などと並ぶ重要なテーマとして論じた最初の例は、現存資料に依る限り西大寺玄叡（?―八四〇）の『大乗三論大義鈔』である。彼はこの書の中で八不義・二諦義など十箇条に分けて三論宗義を明らかにしているが、その第四に「方言義」を設けている。そこでの「方言」の解釈は次のようである。

> 所言方者、是方域也。域是所縁域、衆生所縁域名之為方域。言即是言教。能化随縁教、称之曰言教。総而為言、随方之言名為方言。謂随所化根機之方、而能化聖所設言教、是故名為随方之言。（大正七〇、一三二中）

理解しやすい説明をしている。先の本書の冒頭で引用していた先徳の説の第一は、恐らく玄叡の右の説を指すのではなかろうか。玄叡は中国ですでに論じられていた論題の他に、不二義・容入義・三身義を取り上げており、南都における新たな問題意識の中で、また他宗との対論において課題になったものであろう。

観理の『方言義私記』は、奈良平安初期以来の仏教研究の伝統を継承し、「三種方言」について問題点をより詳細に解明しようとしたものである。本書はすべて問答体で書かれ、先に紹介した実敏の『二諦義私記』と同様に、平安時代に多く著わされた「私記」の形態を取っている。

凡　例

一、本文の印刷に当たっては、すべて通行の字体とした。

一、大谷大学図書館所蔵本（谷大本と略称）と校合をし、また原本にある校註（傍註）などにより誤字訂正をし、疑問がある場合は頭註に示した。

一、原本に付された筆写時代（十四世紀）のものと思われる返り点や送り仮名、読み仮名も印刷し、新たに句読点と改行を加えた。改行は原則として解題に示した内容項目に従った。また（外題）等の文字は、筆者の補足である。

一、原本の紙数及び表裏は、（3オ）（3ウ）等として本文中の各々の末尾に示した。

（外題）

方言義私記　端

（内題）

方言義私記　端　　東南権大僧都作

問、方言者何謂。答、云此有先徳多伝。此中且有伝云、方者方域也、言者教也。有伝云、方者宜方也、言者言教也。問、爾此二伝意何。答、初伝意、方言随衆生所縁方域、破病顕道言教也。後伝意、方言者随衆生執病不同、宜所設之言教言也。問、爾此二伝、有何所由。答、初伝依嘉祥法華広疏意伝。即方便品疏云、方者衆生所縁方域也。便者如来適化之法也云々。後伝字書云、方者宜方也等云々。依此等文伝也。問、且就初伝、方者衆生所縁方域者何（1オ）謂。答、言衆生所縁方域者、所化衆生機縁根機不同言也。

問、三種方言者何。答、初方言、第二方言、第三方言也。問、此三種方言依何経論文立耶。答、通而言之、依一代方等経論立。別而言之、依瓔珞経中論立也。問、何言通依一代方等経論立、別依瓔珞経中論立。答、通義意八不散在諸方等経論故、云通依一代方等経論立。別義意瓔珞経説此八不、今中論條此瓔珞経八不故、言別依瓔珞経中論立。問、約通義一依一代方等経論八不立三種方言、約別義依瓔珞中論八不立三種方言意何。答、意約此通別（1ウ）経論所説八不、有破病顕道義、顕道破病義。依破病顕道義立初二方言、依顕道破病義立第三方言云也。問、先其破病顕道義、顕道破病義立何。答、破病後顕道理云破病顕道義。顕道理自然病所破、是云顕道破病義也。

問、且除第三方言就初二方言同約破病顕道義立初二方言有何差別。答、同約破病顕道義、雖立初二方言、而其意少異也。問、爾何異。答、初方言二諦共破性執、而顕道理。第二方言世諦破性執、真諦破仮執顕道理、故意異也。問、約第二方言、世諦破性執、真諦（2オ）破仮執、故二諦所治異。初方言二諦共破性執、故二諦所治可無差別。答、雖初方言二諦共破性執、而所破性執生不生別故二諦所治非無差別。問、約所破性執生不生別故二諦所治非無差別者、世諦破何執、真諦破何執。答、世諦破性生執、真諦破性不生執也。問、何云性生執、云性不生執。答、一切有所得生心動念、執諸法有実生名性生執、執諸法無実生名性不生執。問、執諸法有実生、名性生執、執諸法無実生、名性不生執者、名生執不生執爾。何此生不生執共名性執。答、言性者、有所得自性義。生執（2ウ）不生執皆是有所得自性執、故共名性執也。問、立三種方言若有所以為当不爾耶。答、立三種方言必有其所以。問、爾其所以何。答、通釈一代教、別釈瓔珞経中論也。問、且就通義三種方言各々別々釈一代教、為当三種方言合釈一代教。答、三種方言各々別々釈一代教尽也。問、若爾只可立一種方言、何労立三種方言耶。答、約一代教以有破病後顕道理義立初二方言釈此義、亦約一代教以有顕道理、自然病所破義立第三方言釈此義。故直不立一種具立三種無過。問、三種方言各々別々釈一代教（3オ）尽者、亦言三種方言各々別々破病顕道尽耶。答、爾各々破病顕道也。問、爾三種方言各々別々破病顕道尽者、直可立初方言、何労立二三方言、亦直可立第二方言、何労立第三方言耶。答、雖三種方言各々別々破病顕道尽、而其破病顕道体各別、

＊「約」谷大本により補う。
＊原本「従」、谷大本により改む。
＊「云」谷大本により補う。

故具立三種方言無過。問、爾其三種方言破病顕道体何別。答、初方言二諦共破性執顕道理。第二方言世諦破性執、真諦破仮執顕道理。第三方言顕因縁道理、性仮二執自所破、故三種方言破病顕道体各別也。問、爾第（3ウ）二方言性仮二執双破故、言破病顕道尽可爾。初方言直破性執不破仮執、何可言破病顕道尽耶。答、約破有縦破奪破。今初方言約奪破門破病、故云破病顕道尽無過。問、約*奪破門破病者意何。答、欲言初方言仮執奪名性執而破、云約奪破門破病。問、以何義奪仮執名性執。答、凡一切有所得生心動念、皆是自性執故雖仮執奪名性執。問、初方言奪仮執名性執破故言奪破可爾、性執任有名性執破何云奪破。答、雖奪破而非無縦破義、今且約奪破義辺初方言云奪破。問、初方言雖奪破而非（4オ）無*縦破義者、約第二方言亦云*雖縦破而有奪破義耶。答、約第二方言亦云雖縦破而有奪破義。問、爾約第二方言何当縦破何当奪破。答、性執任有名性執世諦破、仮執任有名仮執真諦破是縦破。約性執雖有生執不生執、奪名性生執世諦破、約仮執亦雖有生不生執、奪名仮生執真諦破是奪破也。問、約第二方言奪破義、直有奪不生執名生執破義。若亦無奪仮執名性執破義耶。答、有古徳伝云、大安寺安澄大徳等也約第二方言亦有奪仮執名性執破義云々。問、爾約第二方言何当云奪仮執名性執。答、於世（4ウ）諦所治有四種人之中、破第四大乗人之執、是云奪仮執名性執破也。言四種人者一世間、二外道三小乗、四大乗是也。問、何破其第四大乗人執、云奪仮執名性執破。答、第四大乗人雖知諸法仮名、而執定有生可生、故名性執破所以是云奪仮執名性執破也。

問、三種方言、有漸捨門平道門之中約何門立。答、初二方言約漸捨門立、第三方言約平道門立。問、＊何故初二方言約漸捨門立、第三方言約平道門立。答、漸捨門者破病之義。初二方言約破病門立。平道者顕道之義。第三方言約顕道門立所以云初二方言約（5オ）漸捨門立、第三方言約平道門立。問、漸捨者破病之義、平道者顕道之義者意何。答、凡約一切執病有麁有細。初令捨麁執、次漸令捨細執、従麁至細故云漸捨。所以云漸捨者破病之義。平者平等無差別義、道者虚通無礙道理故云平道。所以云平道者顕道義。問、言初二方言約漸捨門立、第三方言約平道門立者、初二方言但釈一代漸捨之教、第三方言但釈一代平道之教、若不爾耶。答、先何等教云漸捨教、何等教云平道教。問、法花涅槃等教云漸捨之（5ウ）教、花厳勝鬘等教云平道教。答、其不言初二方言但釈法花涅槃等漸捨之教、第三方言但釈花厳勝鬘等平道之教。一一方言釈一代漸捨平道教也。問、一一方言各釈一代漸捨平道之教者、可云三種方言倶約漸捨平道二門立。而何言初二方言約漸捨門立、第三方言約平道門立。答、漸捨門非復無平等之義、平道門亦非無漸捨之義、所以三種方言雖倶釈一代漸捨平道之教、而言初二方言約漸捨門立、第三方言約平道門立無失。問、漸捨門亦有平道門義、平道門亦有漸捨門義何。答、初二方言先（6オ）破病後顕道理、所以漸捨門亦有平道義。第三方言顕道理自病所破、所以平道門亦有漸捨義。問、且除平道門之第三方言、就漸捨門之初二方言、第二方言始世諦令捨麁執、次真諦令捨細仮執、故漸捨之義顕也。初方言二諦共破性執、何云漸捨。答、約性執亦有麁細。始世諦破麁性執、次真諦令捨細性不生執、従麁至細

＊「問」文脈より補う。

故是亦漸捨也。問、何故性生執云麁執、性不生執云細執。答、生者麁顕之法、不生者微隠之法也。所以於麁顕法執実有故云麁執。於微隠法執実有故云細執。問、初（6ウ）方言世諦以令捨麁性生執、真諦令捨細性不生執。故此且漸捨者初方言非釈八不方言。難意何。答、難意重條云若世諦破実生、真諦破実不生者、此則破八不非釈八不云。問、今初方言既世諦破実生執、真諦破実不生執者、何可云釈八不。答、其重條意、約第二方言二諦倶無生之義云爾。今初方言約二諦倶無生之義不釈八不、所以無過。問、初方言約二諦倶無生義不釈八不者、約何義釈八不。答、世諦説不生、真諦説非不生釈八不。問、世諦説不生故是釈八不、真諦既説非不生、是破八不（7オ）何成釈八不。答、執有生有不生猶是生義。所以雖真諦説非不生而成釈八不。問、何故云執有生有不生猶是生義。答、生是有義、既執有生有不生、所以云執有生有不生猶是生義也。

問、三種方言初変文易体方言甚多者、先其変文易体者何謂。答、云此文意有二伝。即一伝変文易体。一伝変文易体。問、此二伝意何。答、初伝意三種方言文種々相変。故云変文。三種方言破病顕道体各異。故云易体。後伝意変三種方言文令易体破病顕道之理言也。問、且就初伝、何云三種方（7ウ）言文種々相変、云三種方言破病顕道体各異。答、初方言二諦各中竪作、後二方言二諦各中横作。所以云三種方言種々相変。初方言二諦共破性執顕道理、第二方言世諦破性執真諦破仮執顕道理、第三方言顕因縁道理自一切執病所破、故云三種方言破病顕道体各異。問、且何云初方言二諦各中竪作、云後二方言二諦各中横作。答、初方言世諦仮生上遣性生不生等五句竪作中、真諦仮不生上遣性不生非不生等五句竪作中、所以云初方言二諦各中竪（8オ）作。第二方言世諦因縁仮生仮滅上遣性生滅執横作中、真諦因縁仮不生仮不滅上遣仮生滅執横作中。第三方言世諦約因縁仮生仮滅宛然不生不滅横作中、真諦約因縁仮不生仮不滅宛然非不生非不滅横作中、所以云云後二方言二諦各中横作也。問、且就初二方言、初方言之二諦各中竪作、第二方言二諦各中横作者、初方言但有竪破義無横破義耶。又第二方言但有横破義無竪破義耶。答、初方言不但有竪破病義亦有横破病義、第二方言但有横破病義無竪破病義。問、何（8ウ）故云爾。答、初方言横破八計故有横破病義、破一々計各竪窮五句、故有竪破病義。所以云初方言有横竪破病義、第二方言横破八計故有横破病義、無破一々計各竪窮五句。所以云第二方言但有横破病義無竪破病義也。問、何初方言横破八計竪窮五句、第二方言但有横破八計、而不竪窮五句。答、初方言不約二諦倶無生之義釈八不、所以横破八計竪窮五句。第二方言約二諦倶無生之義釈八不、所以但横破八計不竪窮五句也。問、何故初方言不約二諦倶無生義釈八不、故云横破八計竪窮五（9オ）句、第二方言約二諦倶無生義釈八不、故但横破八計不竪窮五句。答、第二方言約二諦倶無生義釈八不、故竪窮五句不得言非非生非非不生等。若爾破八不故初方言約二諦倶無生義不釈八不、故竪窮五句雖言非非生非非*不生等、而能成釈一八不。問、何以知初方言有横竪破病之義、第二方言但有横破義無竪窮義*。答、初條説中実処云、竪五句横破八迷洗顛倒之病令畢竟無遺即是中実云々。以知初方言

＊「非」一字、谷大本にて補う。
＊「義」の次に「無」の一字あるも、衍字と見て除く。

＊「生亦非」三字、谷大本により補う。

＊原本「云」とあるも谷大本により改む。

有横竪破病義。亦重條説二諦俱無生義処云若世諦説実生真（9ウ）諦説実不生者、即破八不不釈八不々云。准知第二方言但有横破義無竪窮義。問、言五句者何、又八迷者何。答、約五句有世諦所離五句真諦所離五句。言八迷者即八計也。問、其世諦所離五句真諦所離五句者何、又其八迷者何。答、世諦所離五句者、生・不生・亦生亦不生・非生非不生・非非生非非不生也。真諦所離五句者、非生・非不生・＊亦非生亦非不生・非非生非非不生・非非非生非非非不生也。八計者生滅断常一異来出也。約此破不生滅断常一異来出云横破八迷、窮生・不生・亦生亦不生・（10オ）非生非不生・非非生非非不生云竪窮五句也。

問、初方言説幾中。答、説三種中。問、即何。答、世諦中・真諦中・二諦合明中也。問、世諦中作法何、余亦爾。答、仮生不可云生不可言不生、名世諦中。仮不生不可言不生不可言非不生、名真諦中。無生滅生滅名世諦、生滅無生滅名真諦。無生滅生滅豈是生滅、生滅無生滅豈是無生滅、故非生滅非無生滅名二諦合明中。問、仮生不可言生不可言不生名世諦中者、約此何仮何中、余亦爾。答、仮生者世諦仮、不可言生不可言不生者世諦中。仮不生者真諦仮、不可（10ウ）言不生不可言非不生者真諦中。約二諦合明中云非生滅非無生滅、此即仮此即中、更中仮非異。問、除二諦合明中、就二諦各中何云仮生名世諦仮、云不可言生不可言不生名世諦中。約真諦亦爾。答、約世諦有不自義離辺義。仮生者世諦不自義故名世諦仮。不可言生不可言不生者、世諦離辺義故名世諦中。約真諦亦有不自義離辺義。仮不生者真諦不自義故名真諦仮。不可言不生不可＊言非不生者真諦離辺義故名真諦中。問、何云仮生云世諦不自義云（11オ）不可言生不可言不生云世諦離辺義、約真諦亦爾。答、世諦仮生非自仮生、相待於真諦仮不生、故仮生云世諦不自義。此仮生離性生不生等五句故云不可言生等、云世諦離辺義。真諦仮不生非自仮不生、相待於世諦仮生、故仮不生云真諦不自義。此仮不生離性不生非不生等五句故云不可不生等、云真諦離辺義。問、且就二諦不自義、世諦仮生与真諦仮不生相待何。答、世諦仮生宛然不生云真諦仮不生、離世諦仮生外別無真諦仮不生、故云仮生与仮不生相待。問、云仮生即（11ウ）仮不生、既是一体法、何云相待。答、仮生仮不生其体雖一、其生不生義異故云生不生義相待無過。問、約二諦各中具中仮、約二諦合明中何。答、云此二種師説不同。問、何不同。答、均正師興皇弟子、云恵均僧正。吉蔵大師同相弟子。恵均僧正作無依無得大乗四論玄義十二巻也。約二諦合明中只中而無仮。嘉祥師共具中仮。問、均正嘉祥同受興皇師、何別々言。答、二師雖同受一師、各挙一義故無妨也。均正師作無依無得大乗四論玄十二巻。亦云均正章。四論者中百十二智論也。出十二巻章第一巻中仮義。均正嘉祥倶法朗師弟子也。問、爾此二師御意何。答、均正師意用二体不二。用二故共具中仮、体不二故只中無仮。嘉祥御意体雖不二、既有（12オ）不自義離辺義故約体亦具中仮。問、爾今意此二師御義欲共用、若欲取捨耶。答、敢不取捨、但就嘉祥御意云也。約二諦合明中亦具中仮。問、爾約二諦合明中具不自義離辺義何。答、約一非生滅非無生滅之言、世諦生滅真諦無生滅相待不自義、是云不自義。泯世諦生滅真諦無生滅二辺、是云離辺義。此言泯者泯寂也。待言泯破也。問、約二諦各中中仮異、今何約二諦合明中一非生滅非無生滅之言亦名中名仮。答、用二故中仮別々立、体不二故亦名中亦名仮。問、何以知約一非生滅非無生（12ウ）滅之言、有不自義離辺義。答、重牒云非真非俗名中云々。又次云是非真非俗非自非真非俗、故是亦仮云々。又大乗玄第二云、有無是用仮用中、非有非無是体仮体中云々。以知約一非生滅非無生滅之言、有不自義離辺義。問、言非真非俗即是体仮者、何大乗玄不言以非有非無為体仮、言以而有而無為体仮耶。（大乗玄云非有非無、而有而無、即是体中体仮也云々。意云非有非無体中、而有而無体仮。非有非無而有而無是体仮体中、而有而無非有非無是用仮用中。非有非無体中、而有而無体仮。而有而無用仮、非有非無用中云也。）答、其大乗玄意、而有而無用従非有非無体起仮、故且名体仮。非正体仮所以不違。問、従体起用仮非正体仮者（13オ）以何為正体仮。答、如前以非有非無為正体仮。問、以非有非無為正体仮者、何大乗玄云非有非無是用仮。答、其大乗玄意、且約三節二諦云爾故、故不違。問、先其三節二諦者何。答、有俗空真者初節、空有俗非空非有真者第二節、二不二俗非二非不二真者第三節。是云三節二諦。問、爾非有非無是用仮者、約三節二諦者意何。答、云三節二諦凡有六義。（言六義者、経説不同義、依二諦説法義、漸次化物義、順機得道義、陶凡接聖義、亦云導凡接聖義、暁喩浅学義也。）且約漸次化物義、初二節二諦皆是用、第三節二諦正是体。故約三節二諦言之、非有非無是用仮也。問、爾何（13ウ）約漸次化物義言之、初二節二諦皆是用、第三節二諦方是体。答、為遣有病説有為俗空為真。時捨有着空。次為遣空病説空有為俗非空有為真。時捨空着非空非有病説二不二為俗非二非不二為真。時方悟体中理。故約漸次化物義言之。初二節二諦皆是用、第三節二諦方是体也。（三節二諦者、三重二諦。又立四重二諦時二不二非二非不二為俗、言忘慮絶為真。此即第四重二諦。亦名絶言真。譬如有食油鳥、実非食油鳥言食油鳥。和言也燕似食油、色*如有耶*蛇床虎杖、非実蛇床虎杖、言蛇床虎杖。真性道理亦爾。道理不応言真俗非真非俗、寄言強有名真名俗、強名沽名。沽者寂静義也。）問、初二方言世諦同破性執有何異。答、初二方言世諦雖同破性執、於所破性執寛狭少異也。問、何異。答、初（14オ）方言世諦所治性執寛、第二方言世諦

＊「色」谷大本は「毛」。
＊「耶」谷大本は「邪」。

所治性執狭、故寛狭異也。問、何故云爾。答、初方言世諦奪破。奪仮執名性執破故寛。第二方言世諦縦破。只破性執不奪仮執故狭也。問、直有初方言世諦所治性執寛、第二方言世諦所治性執狭義、若亦有第二方言世諦所治性執寛、初方言世諦所治性執狭義耶。答、亦有爾義也。問、約何義初方言世諦所治性執狭、第二方言世諦所治性執寛。答、初方言世諦直破性生執、而不破性不生執、所以狭。第二方言世諦性生不生執共破、(14ウ)所以寛。問、第二方言世諦破性生執、真諦破仮生執、説二諦倶無生義方言。今何云世諦破性生不生執、若世諦破不生執者、非説二諦倶無生義方言耶。答、第二方言世諦奪不生執名性生執破故、能成説二諦倶無生義方言。問、第二方言世諦奪性不生執名性生執破者、可言真諦亦奪仮不生執名仮生執破耶。答、亦云爾。問、嘉祥既云第二方言世諦破性生執、真諦破仮生執、云説二諦倶無生義。今何違師御言云世諦破性不生執、真諦破仮不生執。答、其師御意約奪破義云爾故不違。若第二方言世諦不(15オ)破性不生執、真諦不破仮不生執、此性仮不生執於何処破、若二諦用中不破此性仮不生執者、不言第二方言二諦用中破尽性仮執。出重牒。問、有人云第二方言性不生執真諦破者、是用耶是不用耶。答、是不用也。問、何故不用。答、若性不生執真諦破者、乍名性不生執破耶、為当名仮執破耶。若名性不生執破者、第二方言真諦破仮生執云々。何云破性不生執。若性不生執名仮生執真諦破者、可言仮不生執名性生執世諦破有如是難故不用也。問、初方言説何義。答、説四重階級。問、先其階級者何義。答、階級(15ウ)者次第義也。問、何故云爾。答、説従深至浅次第故云階級、所以是次第義也。

問、其四重階級者何。答、一中実、二二諦仮（亦云而有而無）、三二諦用中、四体中也。問、何云中実、余亦爾。答、外人（即外道也）執性有無、論主以就縁仮求性有無不得立、令非有非無、是云中実。外人聞成云非有非無之断見、所以論主説而有而無、接彼断見、是云二諦仮。外人聞而有而無謂与我前有無何別、所以論主次説此因縁中道無有不同汝前性有無双弾両性。（即性有性無也。）是云二諦用中。外人既悟因縁二諦理中道理、故論主次泯二帰不二、令体悟用（16オ）中理。是云体中也。（就縁仮者興皇師四仮中初仮也。四仮者就縁仮、随縁仮、対縁仮、因縁仮也。此均正師浄秀師列次第也。嘉祥列因縁・対・就・随、相配四悉檀、就縁仮者世界悉檀、随縁仮為人悉檀、対縁仮対治悉檀、因縁仮第一義悉檀也。就者同義也。同前縁仮言即言。何等者同内外大小乗云有言無、言仮有仮無故此同。前縁又義同前縁、推求彼有無令非有非無。随縁仮者、随可機縁悟道、宜説教文。対縁仮者、為対治有病、仮説空、為対治空病、仮説有等。因縁仮者、説因縁中仮体用理也。）

問、就中実何以就縁仮求外人之性有無不得立、直令非有非無名中実耶。答、約一性有無、有偏邪義虚妄義離性有無偏邪、故云中離性有無虚妄、故云実。（中者正義也。故中論亦云正観論也。）問、何以知離性有無偏邪虚妄故名中実。答、重牒疏云、八計是偏邪、無八計偏邪故名中。八計是虚妄、無八計虚妄故名実云々。以知爾。問、以重牒疏云離八計偏邪虚（16ウ）妄故名中実、何引此文証離性有無偏邪虚妄故名中実。答、雖有八計不出有無。八計中生常一出、此四有義。滅断異来、此四無義。亦八計中初生滅二是有無義。所以引此文証無過也。問、離性有無偏邪虚妄故名中実、此中実中即実耶、為当中与実別体耶。答、中即是実中与実体非異。問、此中実其体何物　云中即実。答、中実之体性有無之無処。是即一性有無之所無対偏名中対虚名実、所以云中即実。問、中実之体性有無之所無者、若是義推耶。若有所依文耶。答、此非私義推。均正師幷先徳

＊「各」谷大本傍註に「開歟」とある。

（17オ）伝如是。問、爾其均正師何説、又先徳伝何。答、均正師云、仮前中是尽性中、尽性有性無故名中是強名中。又先徳云 中論述義云也、言世諦中与中実異、不性生是名世諦中、於仮生上性生無 故性生無 即是中実。以知性有無之無 所名中実也。問、爾均正師言幷先徳言爾。今嘉祥御意何。答、嘉祥説中実云、横破八迷竪窮五句、洗顛倒之病令畢竟無遺、即是中実云々。是性有無等病無所名中実。又維摩玄云、又云浄名玄 有所無是二諦之外無、二諦不所摂云々。依此等文可言嘉祥亦性有無之所無名中実。問、爾其維摩（17ウ）玄云有所無是二諦之外無。二諦不所摂不云是名中実、何以此等文証性有無之所無名中実。答、四重階中第三階是因縁。既第二第三階因縁二諦之外殊立初階破性中。是維摩玄云有所無二諦之外無、二諦不所摂 有所無無所有、有所無者有所得有所無、是二諦中真諦所摂、非断滅無、故云妙無。簡断法空而云妙無。是即本性空。何以知涅槃是妙無。涅槃経云、伽毘羅城空、大涅槃空云云。以知大涅槃妙無也。具出二諦義也。有人云、中実体是因縁有無也。問、何故中実体云因縁有無。答、於因縁有無上性有無無 是名中実。所以云中実体因縁有無。問、因縁有無上性有無無 名中実者、与第三階何異。答、其開合異也。問、開合意何。答、（18オ）初階合因縁有無此上立中実名。第三階開因縁有無此上立真俗名。所以開合異也。問、爾今意中実体因縁有無 之義用耶不用耶。答、不用。問、何故不用。答、中実体因縁有無 者、受此四重階鈍根之人初階之処若悟 因縁有無若不悟耶。若悟者不可言起断見、若不悟者不可言因縁有無。若初階処不 悟因縁有無而初階体是因縁有無 者、可言亦初階処不 悟体中而初階体是体中。亦合各＊異 不成、初階処 無二諦双説、何云 合、第三階処二諦双説、是合 何可言各。有如是難故不用之。（18ウ）問、何云中実。答、論主以就縁仮求外人性有無不得立、令非有非無云中実。問、爾其論主以就縁仮求性有無、若言有無而求耶、若言非有非無而求耶。答、既言以就縁仮求性有無、所以同前縁言有無求之。問、爾同前縁言有無求有無云中実、為当如何。答、此不爾。言有無即求彼有無不得立、令非有非無云中実。問、有無不名中実非有非無名中実者、此非有非無若論主非有非無耶、若外人非有非無耶。（論主非有非無者、論主非有非無教也。外人非有非無者外人念非有非無解也。）答、論主非有非無与外人非有非無合名中実。問、何云爾。答、論主以就（19オ）縁仮求外人性有無不得立時、論主方説諸法非有非無物、是時外人成非有非無解、伏性有無執此上立中実之名、所以云爾。問、爾聞論主説非有非無外人成非有非無解者、是成悟何言起断見。（此説初階処疏云、彼聞云非有非無断断見云云。依此文如是言耳。）答、約外人成一非有非無解、進有伏性有無執之義、退有起断見之義。所以彼聞説非有非無雖起断見亦不相違。問、何外人成一非有非無解、進有伏性有無之執之義、退有起断見之義。答、外人聞論主非有非無之言、念諸法非有非無物時、已性有無執謂無故、云進有伏性有無執義、非直已前有無執謂（19ウ）無、而撥無因縁有無、故云退有起断見義。問、爾外人聞論主説非有非無伏性有無者、外人此中実所直伏而不断耶。答、直伏不断。*問、爾伏不断者、何説中実処云横破八迷竪窮五句、洗顛倒之病令畢竟無遺、既云令畢竟無遺何云直伏而不断。答、其令畢竟無遺者、約伏非約断。（意畢竟無遺者約伏言也。）問、令畢竟無遺者約伏非約断者、何亦説中実疏引瞿曇大聖主、憐愍説是法、悉断一切見、我令稽首礼之文証。（中論第四巻窮後文也。）既云悉断一切見、何云伏非断。答、彼悉断一切見者、是伏断非永断、所以不相違。問、言悉断一切見者、約伏非約断

＊「問爾伏不断」五字、谷大本により補う。

者（20オ）此中論一切見直伏不断耶。何者此一偈挙中論一部意説故也。答、其約言悉断一切見有伏断永断。今取伏断義辺証中実、非謂永断義、所以無此難。問、爾中実処所伏断執於何処永断。答、維摩玄云、伏断四句中中伏仮断云々。依此文可言中実処伏執、二諦仮処断也。言伏断四句者中伏仮断、仮伏中断、中伏中断、仮伏仮断也。問、何言中実処伏執第二階断。答、第二階説仮有仮無時、悟有仮有仮無無性有性無時、前性有無執永断。故云中実処伏執第二階断。問、中実処伏執二諦仮処断者、何中論疏説第三階双弾両性、依此文可立中実処伏執第三階断、何言第三階断、既玄与（20ウ）疏相違何通会。答、会此相違、先徳有多伝。云有伝玄約正断云第二階断、疏約遮断云第三階断、玄与疏各挙一義所以不相違。是善議大徳伝也。有伝云、約一性執有自性執偏邪執、玄約断自性執云第二階断、疏約断偏邪執云第三階断、玄疏各挙一義所以不相違。是安澄大徳伝也。問、且就初伝何第二階云正断第三階云遮断。答、聞第二階説仮有仮無時、先性無永断、所以第二階云正断。此人聞説仮有仮無念我先性性無何異、至第三階処説是因縁中道有無、不同汝先性有無、但遮彼性有無所以第三階云遮断。問、第二階云正断約一性執有自性（21オ）執偏邪執、此二執第二階共断。答、爾断。問、爾何重牒云能障惑有自性執偏邪執、所障世諦中仮亦爾也。悟仮断自性執、悟中断偏邪執、依此文可言自性執第二階断偏邪執第三階断。意能障一惑有自性執偏邪執等者、自性執障仮、偏邪執障中。悟仮時断自性執、悟中時断偏邪執也。所障世諦中仮亦爾者、仮自性執所障、中偏邪執所障言也。答、此機根不同。有縁聞仮自性執偏邪執共断。初牒示此縁有縁聞仮断自性執聞中断偏邪執。重牒示此縁所以不違。問、且就後伝、玄約断自性執云中伏仮断。此中伏仮断之人直断自性執不断偏邪執耶。答、中伏仮断人自性偏邪執共伏共断。問、爾此中伏仮断人自性偏邪執共伏共断何（21ウ）先云玄断自性執中伏仮断。答、先徳伝未明。然先徳意但約断自性執辺云中伏仮断云爾歟。問、中実所伏執於何処断。答、第二階断。問、中実所伏執第二階断者、何中論云説而有而無接彼断見。答、夫接断見時即断性執、所以無妨。問、云接断見時即断性執。答、断見者悪取空異名。撥一切法都無名断見。此人令悟有仮有仮無云接断見。悟有仮有仮無時、先性有無執永断所以接断見時断性執。

問、爾接断見時即断性執者、其断見性執若異為当如何。答、此異。断見者悪取空異名、性執者執諸法実有等。問、爾性（22オ）執与断見異者、今此断見与性執異故不名性執若名仮執。答、此断見亦名性執不名仮執。問、爾此断見亦名性執者、何先云断見性執異。答、断見者悪取空異名也。前所起性執非悪取空、所以性執断見異也。今此断見性仮二執中可名性執不可名仮執云爾。問、爾何断見名性執不名仮執。答、此方言直破性執不破仮執、所以此方言所治断見亦名性執不名仮執。問、執諸法実有与断見異、爾、執諸法実無与断見有何異。答、有所得大乗云依他法上無遍計所執故空、執是空道理実無、小乗人空道理実無。有外道（22ウ）執無君臣父子等、是云実無。撥依他法体都無云断見、所以執諸法実無与断見異也。（撥者除也。）

問、中実若体中若用中耶。答、体中用中。問、何云爾。答、此中実望利根体中、望鈍根用中也。所以云爾。問、何望利根云体中望鈍根云用中。答、利根人初階所破洗一切執病悟体中理、所以望利根人云体中。鈍根人直伏性有無執不悟解体中理、所以望鈍根人云用中。問、爾望利根人直体中無用中義耶。答、約利根人体中用中。問、爾何先云望利根人体中、望鈍根用中。答、彼望利根人体中用中。然今利鈍根対故望利根人体中、望鈍（23オ）根人用中。問、何望利根人体中用中。答、利根人初階一切執病所破洗、先悟因縁二諦中道理、次泯因縁二一帰不二悟体中理、所以云望利根人体中用中。約利根人先悟用中、次悟体中。今挙終中故云体中也。

問、何以知中実処有利鈍人。答、重牒疏云、為利根人説初二八不、為鈍根人後二八不云々。受八不既有利鈍、今四重階釈八不豈受四重階人無利鈍耶。又碩法師疏云、対偏説中未是妙中、偏与中双浄方是中実云々。此利根人悟体中。又有師中論疏云 其名非明白也。 分別明中実所有利鈍人云々。即疏正文説云、利根人破性病時悟経中説因縁二諦、故為此人更不説中仮。鈍根（23ウ）人破性病時無二諦、為此人説二諦接彼断見云々。以知中実処有利鈍人也。問、中実処有利鈍人者、有人云中実処真有鈍根人無利根人用耶不用耶。答、不用。問、何故不用。答、初方言遠釈如来出世破病顕道旨、近釈龍樹出世破病顕道旨。今四重階処只有鈍根人無利根人者、仏与菩薩只令鈍根人破病顕道、不利根人破病顕道耶。若共令利根人*破病顕道者、有何妨四重階処有利鈍人。又唐倭法師云、中実処有利鈍人違此等理故不用之。問、龍樹所破縁有利鈍人者、何中論云仏滅度後像法中人根転鈍。答、夫仏在世時仏滅度（24オ）後相望大判利鈍。非仏在時*無鈍根仏滅度後無利根。若仏滅度後無利根何言受龍樹所説八不有利鈍耶。

*傍註に「鈍歟」とある。

*「在時」谷大本は「在世時」。

問、中実体中耶用中耶。答、体中用中。問、爾中実用中者、約用中有世諦中真諦中此二用中之中何。答、非世諦中非真諦中。問、非世諦中非真諦中、此二用中之外有何用中、今中実云用中。答、夫性有無所無云中実。是属用中故亦是用中也。問、何故云属用中。答、性有無所無因縁有無顕、是名二諦用中。所以云性有無所無属用中。問、爾性有無所無属用中者、世諦中真諦中、此二用中之中属何用中。答、（24ウ）共属二諦用中。問、何云共属二諦用中。答、性有無所無因縁仮有世諦中道顕。又性有無所無因縁仮無真諦中道顕。所以云性有無所無属所顕二諦用中也。問、初階名中実、為当名中実中。答、約此有師只名中実、有師名中実中。問、何師只名中実、何師名中実中。答、嘉祥只名中実、均正、碩法師等名中実中。問、嘉祥何処只名中実、約均正師等亦爾。答、初牒説初階処云即是中実。有本云、即中実中云云。述義師牒此文釈有本只云即是中実。今且可依此云也。又重牒云初牒八不説中実云云。又大乗玄以八不故是中実等云云。依此等文知嘉祥只名中実。均正章及（25オ）碩法師遊意亦名中実中亦名中仮中等云云。依此等文知均正師等名中実中。問、以何義嘉祥只名中実、均正師等亦爾。答、嘉祥御意欲言離八計偏邪故名中、離八計虚妄故名実只名中実。均正師意初中実者、与嘉祥御意同。後中者中円正義也。所以名中実中。又中実後云中之中、中仮中、中通名。例如云対偏中、尽偏中等中。四中者対偏中、尽偏中、絶待中、成仮中。先者誦、後訓釈也。問、何中名円正義。答、只中無実時偏、只実無中時亦偏。中実円備時義始円正　中実之後更置中言。問、約一八計有偏邪義虚妄義。故離一八計時中実二義共備。而何言只中無実時偏、只実無中時偏。（25ウ）答、夫約体言之離一八計時中実二義共備。然今約言教而欲言只説中不説実

＊「第四巻」とあるも現行巻一「二諦義」の文なり。

時偏、只説実不説中時偏。中実並説時義始円正云爾。問、何以知具中実時義始円正故中名円正義。答、第三方言説世諦中処云、只中而無仮時偏、只仮而無中時偏。具中与仮時義始円正。准知爾。問、爾今云中実中、云中仮中有何別。答、碩法師遊意云、此二中無別、若爾同是体中也云々。問、同体中何云中実中云中仮中。答、一体中有薬病共浄、浄薬所顕故云中仮中、浄病所顕故云中実中。（言薬者二諦用中也。病者二諦用中所遣病也。）問、浄病所顕故云中実中爾。何浄薬所顕故（26オ）云中仮中。答、用中用仮所表中故云中仮中。（意遣用中用仮所顕中故云中仮中言也。）問、何体中云用中用仮所表中。答、三種方言体中皆泯用中仮所顕、故用中用仮所表中。問、爾泯其用中仮云何所顕。答、無生滅生滅名世諦、生滅無生滅名真諦。無生滅生滅豈生滅、生滅無生滅豈是無生滅。故非生滅非無生滅名二諦合明中也。問、中実所用初章四句不用耶。答、用。問、何以知中実所用初章四句。答、大乗玄（胡吉蔵大徳所造。理可有二十巻、此土只五巻度来。此第四巻＊文也。）説初階云、以初章四句求性有無不可得、故非有非無名中実云々。以知中実所用初章四句。問。中実所用初章四（26ウ）句者、約初章四句有初節四句後節四句、二共用為当何。答、云二共用何妨。問、若爾二共有難。何者若用初節四句者、初節四句性有無、是所破病非能破薬、何言以所破性有無還求性有無。若用後節四句者、後節四句是対縁仮破、非就縁仮破。今中実就縁仮破、何言用後節四句。答、雖二共用無此難。問、且云用初節四句既有所難、何可免。答、夫大乗玄意就初節四句求性有無、非以初節四句求性有無、所以無前難。問、何謂。答、外人所計性有無不出初節四句。今論主就此初節四句性有無、以就縁仮求性有無。非以（27オ）初節四句為薬

求　外人性有無。問、云用後節四句既有前難何可免。答、雖用後節四句無前難。何者後節四句第一無可句両望。一対縁仮破義、二就縁仮破義。今中実所用就縁仮破義、不用対縁仮破義。所以無前難。（言両望者、中実望対縁仮破義、望就縁仮破義言也。）問、爾其中実所有対縁仮破義、就縁仮破義何。答、欲対他自性有無、有有有而可有、無有無而可無。而今説因縁有無、有無有而可有、無無無而可無、是云無可。今中実所無対縁仮破義。就縁仮破者就他自性有無、以就縁仮求令有無有而可有、無無無而可無。是云無可。中実（27ウ）所用此就縁仮破義、不用対縁仮破義、所以雖用後節四句無前難也。問、仮前中等四句相配四重階何。（言仮前中等四句者、一仮前中、二仮後中、三中前仮、四中後仮也。中二句者仮前中、仮後中。仮二句者中前仮、中後仮。是云中仮四句也。）答、初階是仮前中、第四階是仮後中、第二第三階是中前仮。中後仮四重階中無也。問、何故初階云仮前中、余亦爾。答、初階二諦仮前中故云仮前中。第四階二諦仮後中故云仮後中。第二第三階体中前仮故云中前仮。中後仮者、体中後方説而有而無是也。今第四階後更不説而有而無、所以云中後仮四重階中無也。問、且就第三階、第三階是二諦仮後中故取第三階一可（28オ）言仮後中、何越取第四階云仮後中。答、第二第三階既名中前仮、所以更取第四階名仮後中。問、第二第三階体何物其云体同。答、第二第三階体同因縁有無也。問、若爾第二第三階応無差別。答、取因縁有無之上不自義名第二階、取因縁有無之上離辺義名第三階。故非無差別。問、第二第三階其体雖同因縁有無、既取因縁有無、既取因縁有無上不自之義名中前仮何不取因縁有無上離辺之義而名仮後中。答、体用相対時体名中用名仮。今第二第三階同因縁有無故共用也。所以同名中前仮。問、何以知体用相（28ウ）対時

* 「三」谷大本により補う。

* 原本「品」とあるも谷大本により改む。

体名中用名仮。答、中論云、因縁所生法、我説即是空、亦為是仮名、亦是中道義 云々。此偈説体用中仮理尽偈。然此偈花手経文也云云。此経有十二巻。引彼経見此偈無。又目録有名花首経、本此土未度来。疑若出彼本歟。既云亦為是仮名、亦是中道義。是体用相対時体名中用名仮也。問、一法上立両名云亦。今体用二法之上立中仮名何云亦。答、今家意体用其体無二体即用、用即体也。所以此亦成一法上立両名。問、体用相対時体名中用名仮、故可名中前仮何名仮前中。答、此非例、中実雖名用中非正用中、是用中之所離。故然名用中所以体用相対不云中前仮。意第二第三*階正用中言也。問、此亦不爾。中実用中之所（29オ）離故名用中、亦用仮之所離故名用仮、猶体用相対可云中前仮、何云仮前中。答、中実用中用仮之所離故、雖仮名用仮体用相対不云中前仮。問、既云用中用仮所離故名用仮、何言体用相対不云中前仮。答、夫中実用中用仮之所離故雖仮名用仮、此用不標体不二。故体用相対不云中前仮。問、既名用何不表体不二。答、中実雖名用中非正用中故不表体不二。問、爾何用表体不二。答、第三階用中二能表不二。問、其第三階中二能表体不二何。答、第三階用中真俗、俗真之俗、真俗之真。真俗非俗俗真非真、非真非俗云体中。是云第三（29ウ）階用中二能表第四階体不二也。問、大乗玄第二巻説八*。不義処文引摂嶺師御言所挙仮前中等四句与疏所説仮前中等四句有何異。答、言雖同而意亦同亦異也。問、何爾。答、言同者玄疏共名仮前中、仮後中、中前仮、中後仮。所以云言同。意亦同亦異者、二句意同、二句意異、所以云意亦同亦異。問、爾其二句意同二句者何二句、約異亦爾。答、二句意同二句、中前仮中後仮、此二句也。二句意異二句、仮前中仮後中、此二句也。問、何故云爾。答、二句意同者、

＊「破」谷大本により補う。

玄疏共用仮名中前仮、体仮名中後仮。所以云此二句意同。従用起体仮用仮。従体起用仮体仮。二句意異者、玄体中名仮前中、疏破性中名（30オ）仮前中。玄用中名仮後中、疏体中名仮後中。所以云二句意異。問、且除同二句就異二句、何玄用中名仮後中、疏体中名仮後中耶。又何玄体中名仮前中、疏名仮後中。答、玄意用中、用仮後中故名仮後中。疏意用中用仮同名中前仮。所以更用中不名仮後中、取体中名仮後中。玄意体中体仮前中故名仮前中。疏意第四階後更不立体仮、所以体中只名仮後中、不名仮前中。玄四句者而有而無、非有非無、非有非無、而有而無。疏四句者非有非無、而有而無、非有非無、非有非無也。問、玄所挙中仮四句、摂嶺師言也。今疏所挙中仮四句亦同師御言耶。若嘉祥師私御言耶。答、疏所挙中仮四句、亦嘉祥引師御（30ウ）言。所宜非私御言。問、何以知疏所挙四句亦嘉祥引師御言。答、疏云悟是四重階悟一師立中仮体用意云。既云悟一師立中仮体用意、出此中仮四句。以知疏所挙亦引師御言也。問、爾玄疏所挙四句同述一師義者、何一師言如是相違。答、先難意云何。問、意疏捨従体起用仮立中仮四句、玄加従体起用仮立中仮四句。何一師語如是相違言也。答、約一師立中仮四句有多義門。今玄疏各挙一義。所以不相違也。問、初階只名中実、若亦名破性中耶。答、亦名破性中。問、何名破性中。答、破*性有無名中故名破性中。問、破性有無名中故名破性中（31オ）者、此破性中体中耶用中耶。答、用中也。問、何名用中。答、用中薬病相対、体中共浄。今破性中薬病相対、所以用中也。問、破性中是用中者、何常言中実通体用、破性中只属用中。若中実通体用者、破性中亦可通体用。若破性中不通体用、中実亦可不通体用。答、有人依有此難云中実只用中、非体中也。問、有伝中実只用中者、爾今意顕何言。答、今意如常道義。云中実時通体用、云破性中時只用中也。問、云破性中云中実者、是亦名也。初階亦名中実亦名破性中、而今云中実時通体用、（31ウ）云破性中時只用中者、不可言亦名。答、夫有何妨。雖亦名、云中実時通体用、云破性中時只用中言也。問、何一初階云破性中時只用中、云中実時通体用。答、今此初階処有利鈍二人稟教。所以云破性中時亦用中也、云中実時通体用。問、云爾意何。答、一初階処有利鈍二人以就縁仮薬所破性有無執、非有非無所成名中道、故破性中是用中也。此破性中亦望利鈍二人名中実。此義故中実用中。鈍根人只悟用中不悟体中理、利根人進悟体中理、是亦名中実。此義故欲言中実体中云爾。問、何以知中（32オ）実通体用。答、重牒初牒八不説中実、初牒八不通体用、以知中実通体用。問、若中実通体用者、何義故此体用共云中実。答、用始離八計偏邪虚妄故云中実、体本来寂八計偏邪虚妄故云中実。所以体用共云中実也。問、八不通体用何。答、体者二諦合明中也。用者二諦各中也。即八不具此体用三中、故言八不通体用。問、爾八不通体用三中何。答、世諦非性生滅等、真諦非仮生滅等、合明中諦非因縁真俗生滅等、世諦生真諦滅、非世諦生非真諦滅等、八不備体用三中。問、爾八不備体用三中者、為今（32ウ）家意若立二諦為当立三諦。答、立三諦立二諦。

問、先其二諦三諦者何。答、二諦者真諦俗諦也。三諦者此加非真非俗諦云三諦。問、爾如是立依何仏経文立。答、大品云菩薩住二諦中為衆生説法云々。依此文立二諦。仁王経云有諦無諦非有非無中道第一義諦云々。依此文立三諦。問、且約二諦有開門二諦、合門二諦耶。答、有爾。問、云何。答、有俗空真者是開門二諦也。空有俗非空有真者合門二諦也。問、何故云爾。答、開門二諦開合門二諦俗、立二諦、故云開門二諦。合門二諦合開門二諦為俗諦、故云合門二諦。問、（33オ）爾約開合二諦有浅深耶。答、有爾。問、爾何浅何深。答、開門二諦浅、合門二諦深。問、何云爾。答、開門二諦用故浅、合門二諦通体用故深。何者開門二諦唯此空有用故浅、合門二諦開門二諦空有用為俗、非空有体為真、故通体用深也。*〔智度論釈大品経菩薩住二諦中為衆生説法文云、為著有者説空為著空者説有云云。釈仁王経有諦無諦等文云、若有若無皆是世諦、非第一義諦等云云。此文未定其経文一一勘之。〕問、初階破性有無執故名破性中、第三階亦破性有無執故名破性中耶。答、第三階亦名破性中。問、何以知第三階亦破性有無執故名破性中。答、初牒説第三階処云是破性中、以知云爾。問、爾初階名破性中第三階名破性中、有何異。答、雖同名破（33ウ）性中其意異也。問、爾其意異何。答、初階名破性中是約伏、第三階名破性中是約断、所以意異。問、何云爾。答、初階伏性有無執故云約伏。第三階断初階所伏性有無執故云約断。問、何以知云爾。答、初階云伏更無疑、但約第三階初牒説第三階云双弾両性、以知第三階約断也。問、約四重階分体用何。答、三階用第四階体也。問、何約用立三階約体只立一階。答、用二門所以約用立三階、体不二門所以約体立一階。問、且就用用二門故立三階、約用以何義立第三階。答、約用有中仮義、二諦仮立第二階二諦用中立第三階、是用中之上所離性有無所（34オ）無立初階、所以約用立三階。問、二諦仮立第二階、二諦用中立第三階者、先其云二諦仮云二諦用中物何。答、云二諦仮云二諦用中物同是因縁有無也。問、何一因縁有無名二

＊谷大本の上巻部分は以上で終り、割註以下は欠落。

諦仮名二諦用中。答、約一因縁有無有不自義離辺義。不自義名二諦仮、離辺義名二諦用中也。仮生仮不生相待不自義、是云不自義。此仮生仮不生之上所離性生性不生所無云離辺義。云仮生仮不生時所離物性有無也。問、不自義名二諦仮、離辺義名二諦用中者、何説初方言二諦仮処云仮生仮不生。答、其仮有即仮生、仮無即仮不生。言異意同也。所以無妨。問、何仮有云生仮無云不生。答、既云仮有有故有生、既云仮（34ウ）無無故有不生言也。所以仮有云生仮無云不生。問、先云体中不二故只立一階意何。答、既云不二所以不開立二階只立一階。問、開立時何立。答、開立時可立体中体仮。問、今開立時可立体中体仮者、今四重階中立体中、為当立体仮。答、立体中。問、何以知四重階中只立体中不立体仮。答、初牒云中後仮者体中後乃説而有而無是也云々。今第四階後更不説而有而無、以知四重階中只立体中不立体仮也。問、用仮用中体仮体中相配四重階級。答、爾相配也。若有人答不相配、問爾何初牒云悟是四重階、悟一師立中仮体用意耶。又大乗玄云悟是四重階、悟一師立中仮体用四重意耶。問、爾相配何。答、第二階用仮第三階（35オ）用中第四階体中也。問、後三階相配爾、初階若用中若用仮耶。答、非用中非用仮。問、非用中非用仮何常云望鈍根中実是用中。答、夫中実用中之所離故是名用中非正用中、正用中是因縁二諦。問、爾何以知中実非正用中用中所離。答、維摩玄云、有所無是二諦外無二無、二諦不所摂云々。以知中実非正用中。問、何引維摩玄云有所無是二諦外無二諦不所摂之文、証中実二諦不所摂。答、維摩玄云、有所無者有所得有無無所、今中実亦有所得有無無所故二諦外無二諦不所摂云々。所以引此文証無妨。問、爾中実二諦外無二諦不所摂者（35ウ）何涅槃経所明十番二諦中云、有名無実名世俗諦。依此文可言中実世俗諦摂。言有名無実者二諦章云、答蛇床虎杖等云云。答、対有名有実名勝義諦、此有名無実名世俗諦、非謂因縁二諦。今中実二諦外無故因縁二諦不所摂。問、爾不言因縁二諦耳、言有名無実二諦耶。答、言有名無実而不名二諦。問、何不名二諦之名。答、論主以就縁仮検求性有無是云中実。此門時未立二諦名、至第二階乃立二諦之名、所以云爾。問、以就縁仮推求性有無而彼立二諦名、応有何妨。答、以就縁仮求性有無時非唯伏性有無為撥無因縁有無、既撥無因縁有（36オ）無、何物上立二諦名耶。問、用中用仮第二第三階者、体中体仮四重階中何。答、第四階体中、約体仮有二義。問、其二義者何。答、一義云第四階亦名体仮。一義四重階後乃説而有而無是。問、此二義意何。答、初義意一不二之理上有不自義離辺義。不自義名体仮、離辺義名体中。所以第四階中含体仮義言也。後義意第四階体中、此体中之理上起仮有仮無之用、是即体仮也。今欲言四重階中無此体仮云爾。問、何以知約体仮有二義。答、初義出重牒、後義出大乗玄。問、爾其玄并疏文何。答、重牒云非真非俗非自非真俗、由真俗故（36ウ）非真非俗、此非真非俗即仮云々。大乗玄云引摂嶺師言非有非無体中、而有而無体仮云々。以知約体仮有二義也。問、就第二階而有而無者何謂。答、有先徳伝云、善議大徳也。而者乃也、欲言即有即無云而有而無。浄秀師云、非有而有、非無而無也。浄秀師章三巻也。問、此人師言、若有経説文耶。答、有爾。問、即何。答、大集経云、不生於生不滅於滅云々。於者而也。広百論云、妄智所証非有非無而有而無云々。問、経論文爾。嘉祥御語而何処云而有而無。答、初牒説第二階処云非生非不生是中道、而生而不生是仮名云々。問、第二階而有而無見何非有非無云而有而無。答、見初（37オ）階非有非無第二階云而有而無。

問、見初階非有非無第二階云而有而無者、初階非有非無見非性有無、望彼第二階云而有而無、若見非因縁有無、望彼第二階云而有而無耶。答、初階非有非無見非性有無、望彼第二階云而有而無。問、道理非因縁有因縁無、望彼成因縁有無者、非有非無一成、今況非性有無然言因縁有無、非有非無而有而無義不成。答、夫約非有非無而有而無義有二義。一道理非因縁有無望縁因縁有無義。一非性有無然因縁有無義。所以非性有無然云因縁有無。望初階非有（37ウ）非無第二階云而有而無、無妨。問、非性有無然言因縁有無云非有非無而有而無者、今云而有而無時止断見心、若止性有無執。答、云抑無妨。問、若断性有無執者、何初牒云説而有而無接断見心、若止断見心者、初階処伏性有無執何処断。答、其接断見心即断性有無執。問、何云接断見心即断性有無執。答、外人聞云非有非無成断見。今悟有仮有仮無時断見心永止、亦悟有仮有仮無時先性有無永断。所以云接断見心即断性有無執也。問、爾接断見心即断性有無執者、此断見心名性執為当名仮執。答、名（38オ）性執。問、爾同性有無、何云接断見心即断性有無執。答、夫約性執有多種。今此断見性執、所以与前性有無執異也。（約性執有多種者、一断見名性執、一性有無執名性執也。）問、爾先起性有無執後起断見、雖同性執其体異者、何言説而有而無接断見時性有無執永断。答、其而有而無有二功能。一接断見心能、二断性有無執能也。所以説而有而無接断見時性有無執永断。問、爾約而有而無何義接断見能、何義断性有無執能。答、而有而無此云仮有仮無。悟仮有仮無時接一切法都無断見心、今悟仮有仮無時実有実無念永断、此即二功能也。

＊文脈より「断」を補う。

＊『涅槃経』巻一九光明遍照高貴徳王菩薩品（大正一二、七三二上）によれば如来、涅槃、慈悲などが該当するが、原本草体にて不明。

問、爾悟仮有仮無時亦（38ウ）云接断見亦云断有無執者、悟仮有仮無時何智生。答、悟仮有時権智生、悟仮無時実智生。問、若爾此権実二智共断性有無執為当簡断。答、二智共断*性有無執。何者権智悟仮有断性有執、実智悟仮無断性無執故也。問、爾実智知空智故云断惑可爾、権智是知有智何断惑。答、此宗云、二智断惑有四句。実智断惑権智不断惑、権智断惑実智不断惑、二智倶断惑、二智不断惑。所以云二智共断惑無妨。問、爾先其二智倶断惑者意何。答、権智照因縁有、実智照因縁空。権智照因縁有故断自性有執、実智照因縁空故断（39オ）自性無執、所以云二智共断惑。問、爾実智断惑者多出諸経論。権智断惑者出何経論。答、大品経云、以一切種智断惑云々。言一切種智者是権智也。依此文立権智断惑。問、為此宗意直立智断惑不云境断惑耶。答、為此宗意立六塵境共断惑。問、爾云智断惑可爾、何云境断惑。答、観六塵境不生不滅時境如智智如境境智無二、所以智断惑即境共断惑也。問、爾此宗依何経文立境断惑。答、涅槃経云、光明名智慧光明是□□*云々。既云光明智慧是□不断惑耶。問、爾宗意非唯智断惑境断惑者、直悟仮有仮無二智不断性有（39ウ）無執、可言而有而無二諦亦断性有無執耶。答、爾立。境智共断惑故。言実智断惑権智不断惑者、実智是空智故断惑、権智是有智故不断惑言也。言権智断惑実智不断惑者、権智是用智故断惑、実智是体智故不断惑言也。二智倶断惑者、如前。言二智倶不断惑者、権実二智倶是因縁故非権非実離言離虚、所以二智不断惑言也。用智断惑体智不断惑者、此意出合門二智。知空有故実已知非空非有実智也。所以云用智断惑体智不断惑也。是維摩玄二智義章説之。問、為宗意境智無二故境智断惑者、有無知境智各別義耶。答、（欠文）問、就第三階説二諦中双弾両性者、其両性者何物。答、性有性無也。問、爾性有無執二諦仮断、為当二諦用中断。答、其二諦仮断二諦用中断之。問、何云共断。答、約一性執有自性執偏邪執、自性執第二階断、偏邪執第三階断、所以云爾。問、何以知云爾。答、重牒云一能障惑有自性偏邪（40オ）二義。所障世諦中仮亦爾。自性故障仮名、偏邪故障中道云々。以自性執第二階断、偏邪執第三階断之。又有伝云自性偏邪執第二階断、然第三階双弾両性者、約断有正断遮断。第二階約正断云断自性偏邪二執。第三階約遮断云双弾両性。言両性者如前即是性有性無也。言性者自性也。問、爾約能破薬一有不自離辺二義故分立二階。約所破病亦有自性偏邪二執。何故直名性有無執。答、四重階但是論主能破教名也。不別立所破名、所以不開立自性偏邪二執。問、爾約能破薬亦伏断永断異、約永断既開不自離辺二義立二階、何伏断処直立一階。即中実也。答、伏断処合不開。永断処開不合。一中挙開合。問、第三階双弾両性者、双断性有無執、言第二方言破性執有無執、当名本性空。答、名破性空名本性空。問、何名爾。答、破性空者破性執時始成空故破性空。本性空者性執断本空故名本性空。問、爾今第三階名本性空、何有此二義。答、約一途義、且約破性空故名破性空。若約再往義亦通本性空。問、何云爾。答、今第三階正破外人性執説空、故云破性空。又為所破性執本空故有本性空義。問、何以知第三階名破性空。答、大乗玄第三階名破性空、以知爾。問、第二方言破性執唯云破而不取。今約此初重言破性執何欲言。答、約此方言亦云破而不取。問、何今初（41オ）方言世諦破性執、唯云破而不取。答、欲言破其能迷心、不取所迷性実法云破而不取。問、何故云破能迷心不取所迷法。答、能迷心是迷故破、所迷性実法是永無故不取。問、何以知破性執唯破而不取。答、維摩経云、但除其病不除其法云々。問、此文意何。答、釈此文有二意。一者約破性執、唯破其能迷性執病不除所迷性実法永無故。二者若約破仮執、唯破其能迷仮執病不除所迷仮法、所迷法是因縁仮有、今且依初義引此文証。問、何以知初方言破性執、唯破而不取。答、大乗玄云、初方言破定性生但破而不取。以何知爾。問、爾第二方言破性執但破而不取可爾。何云初方言（41ウ）破性執但破而不取。答、二方言所破同是性執故同破而不取、性実法永無故。言性実法永無故者、目有眩翳人見大空有空花、此翳故見有空花、実空花都無。如是性実法亦体都無也。問、就第四階何云体中。答、疏云、泯因縁真俗二為非真非俗不二之体中云々。問、爾破因縁真俗二云泯、為当何為云泯。答、約泯有二義。一泯寂義、二泯破義。今言泯者是泯寂義。所以不言破因縁真俗。問、爾何以知約泯有二義。答、初牒説合論用双破性仮者、此泯破義也云々。又初牒説三境三智已云泯、然無際者此泯寂義也云々。以知約泯有此二義。今泯者泯離義也。此泯離義通泯寂、而泯離二義也。問、爾云（42オ）破因縁仮法顕不二中道、有何妨而今諱此。答、若破因縁仮法者違大品経中論、所以不云爾。問、爾其文何。答、大品経云、不壊仮名而説実相云々。非空非有実相、又空実者是真如亦名也。中論云、因縁所生法、我説即空云々。違此等文。問、爾体中処離辺義是泯寂義、非泯破義者、不言体中破病。答、爾不云体中破病。問、爾何不云体中破病。答、体中薬病共浄、所以不言体中破病。言薬者因縁真俗也。言病者性有性無也。問、何云爾。答、今体中此薬病共離。是体中処無薬無病、所以不云体中破病。問、爾体中不破病者、何重牒云為破二見一説体中、即亦重牒文説合明中云、所以須此一重者（42ウ）稟教之流聞説二諦便作二解即成二見云々。以此文言体中既破二見、故可有泯破義、何云泯寂非泯破。答、其約体中有教有理。其疏文為破二見説体中者、此約説体中教云爾。以此義言亦有泯破義。但不破病者約体中理可爾、理薬病共浄故無破病義。以此義云泯寂義名泯。問、何以知体中破病者、是約□言。答、維摩経三階不二皆破病。此三階不二皆是説体不二教云々。以知爾。

問、就初方言中実伏第二階断者、先一家云伏断有幾句。答、有四句。問、即何。答、中伏仮断、仮伏中断、仮伏仮断、中伏中断也。此出維摩玄第五巻伏断門也。問、此四句意何。答、中伏仮断（43オ）者、有人中所伏性執、仮所断性執、此云中伏仮断。有人仮所伏性執、中所断性執、此云仮伏中断。有二人、有人仮所伏性執、有人仮所断性執、此云仮伏仮断。亦有二人、有人中所伏性執、有人中所断性執、此云中伏中断。問、爾何為云有人中所伏性執、仮所断性執、約後三句亦爾。答、初句意、有人以就縁仮求性有無成非有非無、故此中所伏性執。次説仮有仮無時性有無執永断、此云有人中所伏性執、仮所断性執。第二句意、対性有無説仮有仮無時伏性有無執、次説以仮有非有以仮無非無時性有無執始永除、是□有人仮伏性執、中断性執。第三句意、説仮有仮無時有（43ウ）人伏性執永断、此云有人仮伏性執有人仮断性執。第四句意、説非有非無時有人伏性執有人性執永断、此云有人中伏性執中断性執。問、爾今立此四句、約階漸門立四句耶、約無階級門立四句耶。答、其約階級無階級門立此伏断四句。若約無階級階級門伏断位異。此文在重牒。問、爾約無階級階級有五十二位、此中何位伏何位断。答、地前三十心位是伏、十住十行十廻向、十信十住中初□心住摂、所以云三十心。初地以上是断也。問、何以知爾。答、仁王経云、三十心名伏忍、以地前伏初地已上断。問、爾地前伏地上断者、地前菩薩中伏仮断、地前只観中不観仮、亦仮伏中断、地前只観仮不観中。約（44オ）地

*原本「復」とあるも通常「複」が使用されているにつき改む（以下、*付きの「複」は同じ）。

上亦爾。答、夫地前地上菩薩常共観二諦中仮。此家意従初発心立二諦並観故也。問、爾地前地上菩薩二諦中仮共観者、何故有人地前可中仮共観只仮伏中不伏、亦地前中仮共観何故只中断仮不断。答、夫地前菩薩中仮共観、只仮伏中不伏、仮所勝解起故伏惑、中処勝解不起故不伏惑。地上亦中仮観、中処勝解起故断惑、仮処勝解不起故不断惑也。問、先既云仮処勝解起、中処勝解不起。今何云中所勝解起、仮所勝解不起。答、先指地前相似解云勝解。今指地上無漏智云勝解。所以先後雖異不違也。問、爾約中伏仮断等四句、略今（44ウ）四重階級此四句中当何句。答、四重階且当中伏仮断、中伏中断二句。問、何云爾。答、若約之中実伏第二階断、是中伏仮断也。若約云中実伏第三階断、是中伏中断也。問、爾云中実伏第二階断時、自性偏邪執中実共伏第二階共断。亦云中実伏第三階断時、自性偏邪執中実共伏第三階共断。答、依一伝自性偏邪執共中実伏、但約断自性執第二階断偏邪執第三階断之。問、爾約云自性執第二階断、云中伏仮断、約元偏邪執第三階断、云中伏中断者、其維摩玄云中伏中断中伏仮断等四句意、只約断自性執云中伏仮断、只約断偏邪執云（45オ）中伏中断耶。若並約断自性偏邪執云中伏仮断中伏中断耶。答、是如後。問、爾自性偏邪執並断云中伏仮断中伏中断者、今何約第二階断自性執、言当中伏仮断句、約第三階断偏邪執、云当中伏中断句。答、其四句意約自性偏邪執仮断中断、云中伏仮断云中伏中断。今且挙諸故云自性執仮断、偏邪執中断也。問、就初方言三重、約此三重中仮有出入義。答、有爾。問、約其三重中仮有出入義何。答、准大乗玄四十四句。世諦従俗単仮入俗複*中。真諦従真単仮入真複*中。合明中従単複*仮入単複*中。問、何云世諦従俗単仮入（45ウ）俗複*中等。答、初方言世諦仮生者、是俗単仮不可言生不可言不生者、是俗複*中也。所以是云従俗単仮入俗複*中。約俗有単仮単中、復仮複*中、単云仮生名仮、単云仮滅名仮者是単仮也。単云不生名中、単云不滅名中者俗単中也。双生与滅名仮者是複*仮也。双不生不滅名中者複*中也。約真諦仮不生者是単仮也。不可言不生不可言非不生者複*中也。所以此云従真単仮入真複*中。約真諦亦有単仮単中複*仮複*中。単云不生名仮、単云不滅名仮者是単仮也。単云非不生名中、単云非不滅名中者是単中。双（46オ）不生不滅名仮者是複仮也。双非不生非不滅名中者是複*中也。約合明中仮生仮不生者是単複*仮。非生滅非無生滅者是単複*中。所以此云従単複*仮入単複*中也。問、先何云単単複*云複*単複。答、唯云有唯云無此云単単仮。唯云非有唯云非無此云単単中。双云有無云単複*仮、双云非有非無此云単複*中、双云有無云複*単仮、双云非有非無云複*単中。此即先単複*仮複*中□複*義時成複*単仮単中、二不二複*複*仮、非二非不二云複*複*中。問、爾此単単複*、複*単複*等具四十四句何。答、約単単複*有八句、約複*単複*有八句、（46ウ）世諦有八句真諦有八句、二諦交絡有十二句。問、其四十四之句作法何。答、如大乗玄第一巻具説。（後細可勘。）問、爾二諦各論中仮出入既各有八句云々。（中仮出入者従仮入中従中出仮等也。）若爾二諦交絡論中仮出入可有十六句、今何言唯有十二句。答、理二諦交絡論中仮出入可有十六句、而今闕後四句、所以云直十二句。問、爾何故不具挙十六句略後四句。答、其准二諦各中所中仮出入可知。二諦交絡中仮出入是則欲令学者研心略後四句。問、爾前十二句玄顕説、今其後四句闕者何。答、今此闕後四

＊文脈より「答」を補う。

句者、第十三従複仮*入真単中、第十四従真単中出俗複仮*、第十五従真（47オ）*複仮入俗単中、第十六従俗単中出真複仮*是也。合可有四十八句。問、爾今以四十四之句説中仮出入何。答、云此大乗玄有二義。問、即何。答、一者為破衆生執病、二者為顕大士観行也。問、爾其二義意何。答、初義意衆生執病各々不同、随執病不同伏断有四十四句言也。後義意菩薩観行種々差別、中仮出入作観心有此四十四句言也。問、初方言内外大小乗執共破、為当簡破。答、一切内外大小乗執共破。問、何以知爾。答、既一々方言破病顕尽無不共破。又説初方言処々有所得徒所得所行所学無不堕此八計之中云々。以知一切内外大小乗執共破。問、爾初方言一切（47ウ）内外大小乗執共破者、何故大乗玄云初方言破外道。即玄正文云、第一方言破性外道八迷、破性明中、但出諸師計亦有性義也。云云。可見之。答、其玄意世間外道小乗大乗共名外道、所以雖初方言破外道非不破内外大小乗。問、既内外大小乗異、何言共名外道。答*、然同共外道。問、何□。答、此有所得大小乗及世間凡夫、然同外道同名外道言也。問、先其然同者何□。答、然同者是傍同。以有所得大小乗傍同於外道共名外道。所以疏文云、然同者有所得小猶是外道、有所得大猶是小乗。疏文者疏云然同破者有所得小猶是外道、有所得大猶小云云。述義云（以下欠文）問、其疏文以有所得小乗然同外道名外道、以有所得大乗然同小乗名小乗。今何言以大小乗（48オ）然同外道名外道。答、其疏文約一途義説然同之義。以有所得大小乗然同外道非無同名外道義。問、爾約何以有所得大小乗然同外道同名外道。答、外道計性実生滅、有所得大小乗同外道計実生滅、以此義有所得大小乗然同外道同名外道。問、爾今此方言諸内外大小乗皆破者、約此若有傍正耶。答、有爾。

問、云爾意何。答、正破外傍破内。問、何以知爾。答、大乗玄第一云、初方言正破外破内云々。以知爾。問、爾何言初方言正破外傍破内。答、以外道起性執今云初方言破性執、所以正破外、内道未必発性執、所以破内道名傍破。問、爾初方言正破（48ウ）外傍破内、□何故中論玄云、中論正破内傍破外。今三種方言欲釈中論八不所立、若爾可正破内傍破外何言正破外傍破内。答、其中論玄意、約中百二論相望百論正破外傍破内、望此中論云正破内傍破外。今大乗玄意、約中論有二義此一往非正破外傍破内之義。各分一義所以不相違。問、爾中百二論相望中論正破内傍破外非所疑、今約大乗玄一途義、中論云正破外傍破内意何。答、於三種方言初方言破性執、性執外道所起執也、所以云正破外。今内道大小乗執亦奪同外道所起之性執名性執破、所以云傍破内。今約此義門中論云正破外（49オ）傍破内也。（49ウ）

嘉暦四年七月廿四日於東大寺東南院々主
坊学窓出写之
同廿八日加交点畢
三論宗末学頼済

（奥書）
第五〇紙裏

（外題）

方言義私記　末

（内題）

方言義私記　末

東南権大僧都作

第二方言

問、第二方言作法何。答、仮生仮滅 不生不滅 名世諦中。待世諦仮生明真諦仮不生、待世諦仮滅明真諦仮不滅名真諦中道。合明中如初方言也。問、分中仮何。答、約世諦者仮生仮滅云世諦仮、不生不滅云世諦中。約真諦待世諦仮不生不滅説真諦。仮不生不滅是真諦仮、不生不滅是真諦中也。問、就世諦何仮生仮滅 名世諦仮、不生不滅 名世諦中、又就真諦何中仮倶云不生不滅、中（1オ）仮有何別。答、世諦仮生仮滅是因縁仮生滅 不自義 所以名仮。不生不滅是仮生仮滅離辺義 所以名中。真諦仮不生不滅是因縁仮不生不滅 不自義 所以名仮。真諦中不生不滅是仮不生離辺義 所以名中也。問、就此方言何云破病仮不云破 因縁仮生滅。答、因縁仮生滅是不仮之仮、而謬謂仮故仮。所以云破 病仮不云破 因縁仮生滅。亦破因縁仮者違経論故不破也。問、且就後意違何等経論。答、違維摩経大品経亦中論。問、爾違何文。答、如常。例如悟非有非無理時有無教止也。問悟非有非無理時有無教可止何。金剛般若経云、不応取法者得月捨指悟理止教。次非不取法者得月由指由教悟理也云云。論牒経文也。既云止教何与二諦章相違。答言止者非必止二諦有無、但受有無教不（1ウ）留有無、是云止也。意悟非有非無理時有無思止故也。例如述義師云、三悉檀可破可壊者、約三悉檀不究意義。言不究竟者、有無非是究竟故也。　問、爾破仮生滅者違経論文、不破因縁仮生滅亦違論。答、違何論。

問、智論云、三悉檀可破可壊云々。今違此文言也。答、言三悉檀可破不壊者、是末於諦、所以不違此文也。興皇師意、三悉檀此末於、第一義所有因縁二諦。約吉蔵師有二義、一義如興皇師義。一義云三悉檀世諦、第一義悉檀是真諦也。問、爾
二諦章云、三悉檀是世諦、第一義悉檀是真諦云々。何依此文通会。答、約世諦仮
生滅不究竟義云三悉檀是可破可壊。世諦仮生滅、第一義諦所破故非可破可壊、
所以不相違。碩法師調度中何処云三悉檀末於等、約興皇師亦爾。答、経文云三悉檀倶名第一義、三諦倶有深所以故名第一義。云云。既云三悉檀摂第一義、以知三悉檀是末於也。又三悉檀是世諦等者、出維摩
玄、二諦章等。又（2オ）法花玄述義第一引興皇師因縁仮義云、三悉檀末於、第一義悉檀所有因縁二諦。云云。問、不破因縁仮有無但破病仮者、世諦
破性生滅与真諦破仮生滅有何異。答、異。世諦破性生滅但破而不取、真諦破
仮生滅破而取、所以異也。問、何云性実生滅但破而不取、仮故生滅亦破亦取。
答、本無性実法。然外人謬謂有性実法、所以破而不取。外人謂因縁仮有法仮故
仮、所以破其能迷心取其所迷法、所以云亦破亦取。問、先其所迷法者何等法。答、
不破因縁仮有法亦不破性実法也。問、何故不破。答、因縁有無是仮有故不破、
性実法永無故亦不破。問、爾約因縁仮有（2ウ）法、破能迷心不破所迷法者、
約性実法亦破能迷心不破所迷法耶。答、云爾。問、爾約因縁仮有法破而取、
今約性実法亦云破而取。答、不云爾。問、何故不云爾。答、因縁之法是仮有
故破亦取。性実法是永無故但破而不取。問、爾因縁仮有法是有法故破而取、性
実法是永無故破而不取者、今何故破能迷心、若有法故破若無法故破。答、能迷
之心是有法故破。法花玄義云滅能迷心是因縁仮有法。言因縁仮有者従因縁生故。云云。問、爾能迷心是有法故破者、因縁仮有
亦是有法故応破。答、言破能迷心者、但破其心上迷、彼心体是因縁仮有故不
破。問、若能（3オ）謂之心是因縁仮有故不破者、何金剛般若疏云能謂之心如
所謂陽炎永無。答、其疏正文何。問、疏云、他云能謂心是有法、所謂陽炎是無
法。今不然、能謂之心如所謂之陽炎云々。答、其疏文他唯遣境存心為破此心

境俱空。問、爾心境俱空者同撥無。答、不同。何者、世諦故心境俱有、真諦故心境俱空故也。

問、何為破他遣境破心、而云心境俱空。答、維摩玄第八云、唯識論師遣境留心。今心境俱空云々。問、爾破唯識論師者、破無著世親耶。答、不爾。無著世親御意与龍樹提婆御意同。今破唯識論門徒後学不得無著世親御意而遣境留心之執。問、何云爾。答、世親（3ウ）等御意、為仮唯識遮外境□去心亦不留。但有心無境此一成印、心境俱有此二成印、心境及空有此三成印。今此一成印義耳。然門徒不得世親御意而遣境留心。所以云破其門徒。問、爾世諦破性執但破不取者、何中論玄破内外有四句中云取而不破、亦破亦取。答、中論玄惣挙、今別、所以不相違。問、意何。答、中論玄約大小内外所執同障於二諦破故有四句、所以総挙。今約障世諦破、所以云別挙。問、爾今世諦破性但破而不取者、外道計世間常楽我浄法則性執。是若世諦破若真諦破。答、設言真俗共破有何失。問、若真諦破者、世諦所治不是外道、亦真諦所治是仮執、（4オ）今何可言真諦所治。若世諦破者、中論玄云、外道邪心推画冥慧与内同、譬如虫食木偶成字、是取而不破、望之取而不破云々。今何言世諦破性但破不取。答、今意世諦破。問、若爾如前違中論玄文。答、彼約破性生但破而不取、約破外道常楽我浄取而不破、所以不相違。問、若爾其外道計常楽我浄名性破、若名仮破。答、名性破也。問、既云破性破而不取、何破外道邪心云名性破、取而不破耶。涅槃経云外道所計我、如虫食木偶成字耳。云云。意外道仏未出世前、謂世間常楽我浄、雖然不知常楽我常之所以、譬如虫食木偶成字耳。是為求食食木、雖然不知吾成文字言也。言不知所以者、不知生死涅槃不二、然生死亦常楽我常、涅槃亦常楽我常故言也。冥慧与内同者、仏亦説常楽我浄故也。答、外道以邪心横計（4ウ）常楽我浄、是但破而取。彼論常楽我

浄冥慧与道理相符、是取而不破。各挙一義所以不相違。問、爾約世諦破性
但破而不取者、彼世諦破性名性空。答、名爾。問、爾破性名性空者、若
名中道仏性。答、不名爾。
問、若爾何重牒云、性空者仏性法性之異名。答、約性空有四意。一執有空性
故云性空。言性者体義、是執空有体也。是即方広師也。即断見也。二破外道性実故云性空。三性実性本空故云性空。
四因縁本性本空寂故云性空。今世諦破性名性空者、約第二第三義、仏性法性
等名性空約第四義、所以不相違。此四空義、重牒意幷大乗玄意也。問、爾就第二第三義世諦破性
名性空（5オ）者、此性空若破性空、若本性空耶。答、言破性空、云本性空。問、
云爾意何。答、因縁仮生上本無性実生。然横計有実生、破此性実生不可得
故云破性空。已上第二義意也。又其世諦所離性実本其性空、非今始空。是故云本性空。問、
爾破性空亦名本性空者、此性空名中道耶。答、名爾。問、既云性空何応名
中道。答、空無性実有無二辺故名中道。問、其二辺者何。答、性実有無二辺
也。問、何此性実有無名二辺耶。言遠離二辺者、仮有法故非無、性実無故非有、故云遠離二辺也。答、有所得徒定有者
是常、定無是断。今此断常二見故云二辺。
問、爾約世諦離性実有無二辺故名中道（5ウ）者、約世諦有不自義離辺義、
但離辺義名中道、不自義不名中道。答、離辺義不自二義倶名中道。問、何離
辺不自二義倶名中道。答、仮是非無、中是非有。此此非有非無合名中道。所以
中仮倶名中道。
問、爾仮是非無即是有、中是非有即是無。既是有無、何有無名中道。答、中
是正義也。云世諦是仮非性時、世諦始成正。所以合明有無名為中道也。問、

何以知合有無名中道。答、涅槃経云、有無明合名為中道云々。疏云、亦有亦無名為中道云々。

問、此方言世諦所治性執誰所起。答、云此有四人。問、即何。答、一者世間、二者外道、三者小乗、四者大（6オ）乗也。問、其世間等者亦誰。答、大乗玄説世間云世俗沈爾徒云々。説外道云邪見推画之類云々。小乗者是薩婆多等。大乗者方広人等也。問、約俗諦所治性執起人爾。今真諦所治性執誰所起。答、於此有二人。問、即何。答、空仮名人、不空仮名人也。問、其空仮名人等者亦誰。答、空仮名人者小乗、不空仮名人者大乗也。問、何故空仮名人名小乗、不空仮名人亦爾。答、空仮名人説析法空、故是小乗也。不空仮名人余文云不空仮大乗人。

問、爾指誰人。答、二諦捜玄論云、釈顕亮師立不空仮義、于道邃立空仮名義云々。

問、爾何重牒云隠士周顒（6ウ）造三宗論。言三宗論者謂空仮名、不空仮名、仮名空也。答、周顒者本造三宗論人也。顕亮道邃者依学周顒所造論人也。所以不相違也。

問、此第二方言説幾義。答、説漸捨義二諦倶無生義。問、且漸捨義何。答、如常。且維摩玄述義云、為計性者明俗諦仮、為計俗仮者為真俗所以漸捨云々。問、爾世諦捨性、真諦捨仮名漸捨者、世諦所治人誰、約真諦所治亦爾。答、如前。真諦所治有二人、俗諦所治有四人。問、言漸捨者、約人漸捨耶、約病漸捨耶、約薬漸捨耶。答、約人漸捨即約病漸捨。今意且約病漸捨*也。問、何云約病漸捨、約薬漸捨。答、世諦所治第四大乗人、真諦所治（7オ）不空仮名人、世諦捨性真諦捨仮、是為病漸捨。一因縁薬世諦捨性真諦令捨仮、是為薬漸捨。

問、爾世諦破性真諦破仮云漸捨者、一二諦各中破執尽耶不尽耶。答、破執尽也。

＊原本「病」とあるも谷大本により「捨」に改む。

問、若二諦各中破執尽者、合論用中応無用。答、合明中破偏執病故非無用。問、何以知合論用破偏執病。答、重牒云、但明世諦破性而不明真諦破仮者、堕偏、但明真諦破仮、而不明世諦破性者亦堕偏。所以明合明用中性仮倶破、不世諦生滅非真諦仮生滅為二諦云々。問、爾合論用中破偏病者、不応云二諦各中破執尽、何言二諦各中破執尽、若二諦各中破執尽者、何（7ウ）言合論用中破偏病。答、約性執仮執有麁執細執。麁執二諦各中断尽細執猶残。今合論用中破此細執也。述義意也。問、何二諦各中彼麁執、合論用中破細執。答、二諦各中偏遣、合論用中円遣所以云爾。問、爾彼麁執細執者何。答、二諦所治性仮之執是麁、於此因縁二諦上更所起之偏病是細也。問、爾且就後重偏病何有。答、有人初説世諦破性、次説真諦破仮時、謂前説世諦破性次説真諦破仮、而生偏見是云細執也。問、何是名性執。答、有人各明二諦破性仮時、謂前説世諦破性、次説真諦破仮、而生前後二見堕所以執。前説世諦而破性之心名性執。次（8オ）説真諦破仮之心名仮執耳。重牒云。問、世諦絶性真諦絶仮合明二諦治何偏。答、但明世諦絶性不明真諦絶仮則名為偏等云々。問、何名合論用中。答、並説空有而説中道名合論用中。問、爾何双説空有名合論用中。答、各明二諦互説空有故偏非中、合説二諦双説空有故此等非偏。問、爾各説二諦是偏非中、合明二諦是中非偏者、亦応言双泯二仮説合論用不応双泯性仮耶。疏云、各明二諦中道已竟何説用中等乃至今合明二諦離此二辺故名中道云々。既云離此二辺故名中道、是不双泯二仮耶云々。答、合明二諦時倶遣前所起空有二見故是中也。問、爾互説空有時互堕偏者、並明空有時亦堕空有之辺。今（8ウ）何云並説空有為中道。答、仏立二諦諸法具空有、具空有故是中非偏。何者有故非無無故非有、即是非空非有中道、故名中道。此答意、疏之大朗法師周顒二諦等云々。問、猶是前問意未出、互説空有時是偏非中、並説空有時是中非偏者、互論断常時堕偏、並説断常時不応堕偏言也。若互説断常時是堕偏者、並説空有時亦応堕偏耶。答、諸法具空有二諦。世諦有故是常非断、真諦空故是断非常、是非常非断所以空有二諦名中道。問、爾世諦有是常、真諦空是断是即還断常何名中道。答、世諦有是仮有、仮有故非定有所以不常。真（9オ）諦無是仮無、仮無故非定無所以非断、是即非断見非常見所以名中道。問、爾並明空有故名中道者、今合論用中名中道。若並明空有故名中道、若並泯於性仮偏邪故名中道耶。答、並説空有遣空有二見、及並泯性仮偏邪名中道也。有人云並論空有故名中道也云々。即可難、若爾二諦各中亦指仮即名中道。若爾双泯二仮応名各中也。問、爾今既云因縁空有上性仮偏邪無所是名中道。何先云互説空有時互堕偏、合説空有時離二辺所以名中道。答、共有二義。所以無過。問、爾合論用中具如是二義。答、爾也。所以如前。問、爾泯性仮偏邪名合論用中者、二諦各中離性仮偏邪故名中。今此別有何性仮偏（9ウ）邪云泯性仮偏邪名合論用中。答、二諦各中偏遣、合論用中円遣、所以云爾。問、何云二諦各中偏遣等。答、二諦各中但説世諦破性不説真諦、破性時不説仮故是偏。但説真諦破仮而説真諦破仮時不破性故是偏、所以云偏遣。今合論用中性仮偏泯、所以云円遣。問、何云爾。答、疏云。問、世諦絶性真諦絶仮、今合論用中治何偏耶。答、如常云々。又方但説世諦破性不説真諦、破性時彼破性是偏。但説真諦破仮不説俗諦、破性時彼破仮是偏。今合論用中並泯性仮所以云中道。問、何以合論中名中道。答、重牒云、合明離二辺故名中道云々。*今並明離（10

＊原本「問」とあるも異本傍註により「今」に改む。

オ）性仮二辺時、前二諦各中所起偏病亦随離。離此偏病之処立中道之名也。問、受二諦各中処起偏病若名性執悉名仮執耶。答、可名仮執。問、何故可名爾。答、二諦仮上起迷故名仮執。問、何故是云二諦仮上起迷。答、言二諦仮之上起迷者、此人説二諦破性時不説真諦破仮等之病、世諦仮生真諦仮不生之上起迷故也。問、若爾不可言漸捨。答、何故不可云爾。問、真諦亦破仮、合論用中亦破仮故。答、能成漸捨。何者真諦所治之執是麁、合論所治之仮是極細。此即初令捨麁、次令捨細故云漸捨。問、約合論用中亦有名中之義耶。答、有爾。即重牒初問答。（10ウ）意也。何者、二諦各中之処空有互挙故此互堕偏。合用中之処並明遣前空有二辺所以名中道。問、亦有中仮俱名中之義。答、有爾。重牒説世諦処云世諦此仮法有故非無、遠離性実故非有即是中仮合遠離有無二辺故名中道。故涅槃経云、有無合故名為中道云々。准此言之。二諦仮有故非無離性仮生滅故非有、即此二諦中仮合遠離二辺故名中道。問、中仮俱名中、此方言正意耶。答、非正意。正意云、詺仮為仮詺中為中。而今仮詺名中者是傍義非正意。前義非也。今以上義為正意。問、互説空有時互堕空有二辺、其義何。答、前（11オ）説世諦次説真諦時、禀教之流前説世諦次説真諦偏執之病。此人雖悟因縁二諦、二諦而堕前後辺見。故今説二諦遣彼二辺故、故名中道。故重牒云、合明二諦離此二辺故名中道云々。問、合論用中二義故名中道、一者離前後説真俗之偏病故。二者離前後説性仮之偏病故者、約其合論用中分中仮何。答、世諦非性生滅、真諦非仮生滅、豈前説世諦後説真諦哉、故非前非後名中道。言世諦非性生滅真諦非仮生滅者是仮。豈前説世諦後説真諦者、待作与*中而泯二見故

＊「与」傍註に「仮歟」とある。

非前非後名中道者、正非中*但常途伝作法（11ウ）必謬伝。言豈前説世諦後説真諦者有二意、謂遣前後説二諦之偏及前後泯性仮之偏、随如作法而合論用中義非失。何者不泯真俗二諦並合説用中故也。

問、爾何此方言明二諦倶無生。答、此方言明倶無生義有多意。然今依一意為対由来義明二諦倶無生義。問、何為対由来義明二諦倶無生義。答、由来云（成実師也。）世諦生滅真諦不生滅、所以今対此明二諦倶無生。問、爾対由来云世諦生真諦無生説二諦倶無生者意何。答、由来但云世諦生、而不云不生。所以今対此明世諦不生。（由来云四忘為真諦、是即空三仮為真諦、是即空仮為真、所以真諦無生是世諦以外云云。）由来云世諦已外別有真諦（12オ）無生、所以今対此明生即不生為真諦無生。問、爾由来云三仮為世諦。若由来世諦今世諦破即是世諦破仮。而何云世諦破性。又由来云真諦是無生。若由来真諦今真諦破即是真諦破無生。而何云真諦破仮生。答、雖由来世諦是三仮、而猶有生而可生。所以名性世諦破。亦雖由来真諦是無生、而定有此無生。所以名生真諦破也。（第二方言有縦奪。言縦破者世諦破性真諦破仮。言奪破者如今答也。初方言亦有縦奪。言縦破者世諦破実生、真諦破実不生、倶生不生故云縦也。言奪者一切有所得生心動念是皆性、無所依皆是中道也。即同無得為奪破、是即正意也。）　問、爾由来真諦無生名生者、若名実生若名仮生。答、名仮生。問、爾何故重牒云問真諦破実以不。答、取其義意即是有之（12ウ）以計実無生是有所得猶生義耳云々。言真諦不破実生之人、以此文亦破。人即可難。*問、若爾不応言第二方言明漸捨義。答、亦有名実生義、然今第二方言説漸捨義、故名仮生真諦破耳。問、若対由来義名漸捨耶。答、不明漸捨。問、何故不名爾。答、既云就一人前後受二諦之義。今此一人並受二諦故不名漸捨。問、云爾意何。答、言一人前後受二諦者、為計性人説俗仮遣其性執、為計

＊「非」傍註に「作歟」とある。

＊文脈により「問」を補う。

俗仮人以説真諦遣其俗仮病。由此義立漸捨義言也。言為一人一並説二諦者、由来云世諦生真諦無生。所以為此人並説二諦。説汝世諦是生者定生故名実（13オ）生、今世諦是仮生而遣其実生執。明汝真諦是無生者此実無生故名仮生、今真諦是仮不生而遣其仮生執。今約此義真諦破仮生。問、何以知一人前後受二諦為一人並説二諦。答、二諦章云、為凡説空有為聖説空有云々。以知為一人並説二諦。又維摩玄述義云、為計性者説俗仮為計俗仮者説真仮名漸捨云々。以知為一人前後説二諦。問、就一人前後受二諦之義、云漸捨即倶無生義。答、不云爾。何者漸捨之時狭、倶無生之時広故也。言倶無生義広者、二諦倶無生義之上、無漸捨義故也。常途義云、就一往義不云真諦破実、約再往義真諦亦破実也。云云。問、何云漸捨義狭、倶無生義広。答、雖為一人説二諦為二人説二諦、而明二諦倶是無生、（13ウ）所以云倶無生義広。就一人前後受二諦義云漸捨。所以云漸捨之義狭也。問、奪他真諦無生名生、若名実生若名仮生。答、名仮故仮生不名実生。問、何故云爾。答、此方言意約離性仮立漸捨義及倶無生義故也。問、何故然名仮執。答、迷仮故名仮執。言迷仮者此人之三仮権析為無生、故迷仮人耳。但漸捨与倶無生義異者、漸捨義約一人立、倶無生義約一二人立。所以寛狭異也。問、説二諦倶無生義重牒有四意云々。即其何。答、初意約二人立倶無生義。第二義約一人前後受二諦義立倶無生義。第三義此漸捨之倶無生義、此義倶約一人前後受二諦之義立倶無生義耳。第四義（14オ）可後勘之。問、約一人前後受二諦立漸捨義者有幾義。答、有二意。一者有人但起性執、論主説世諦破其性執。此人即捨性更起仮執、論主為此人説真諦。即如述義云。為計性説俗仮等。二者釈倶無生義有四意之中

＊原本「執」なるも谷大本により「解」に改む。

第三義是也。問、何云爾故成漸捨義。答、従来云、世諦生真諦無生。其従来所立之生名性生、世諦破、其従来所立無生名仮生、真諦破。是即前説世諦捨重性執、後説真諦捨軽仮執、故云漸捨也。重牒各中而説倶無生四意故応言前後説破其執。問、約同一時破不立漸捨義耶。答、設言立爾有何失。問、若同時破者、既同時所破何処可立其漸捨義。答、即雖一（14ウ）時破而能成漸捨義。初刹那捨性執第二刹那捨仮執故也。問、就初義明真諦無生遣大乗偏空者、其偏空若名仮執耶。答、名爾。何者撥仮法迷仮故也。問、爾明真諦無生遣偏空病何。答、明因縁生宛然不生時、此人生解＊悟此不生是仮生宛然不生非失仮生而不生、故言遣偏空也。（重牒云従来云以三仮為世諦、今以無所得望之、猶是性義故猶名性執、而於世諦破之。）問、重牒説倶無生義有四意者何。答、一者説世諦無生除小乗性有病、説真諦無生除大乗偏空病。二者世諦無性生有内仮生、故未中道、真諦無仮生有因縁仮無生、故未中道。所以説（15オ）二諦倶無生。三者為対破従来一諦不生計故明二諦倶無生。四者欲令示一切法畢竟無生令一切衆生悟無生忍、故明二諦倶無生。問、此義各意何。答、中論玄云、次難二諦。迷失二諦凡有三人、一毘曇執定性之有迷仮有失世諦、亦不知仮有宛然而無所有、故復一真空。次学大乗者名方広道人。執於有空不知仮有故失世諦有、執有空迷於正空亦喪真矣云々。又初義意世諦小乗者、大安記云、薩婆多及五百部。真諦大乗者（此義意為二人説二諦倶無生。）大安記云方広道人偏空病。第二義意直顕因縁仮空及仮不生離生滅義耳。第三義（15ウ）意大安記云、今言一諦生者世諦三仮、三仮是有義故云生、一諦無生者真諦四絶、四絶即空義故云無生云々。第四義意顕前第一及第三義之悟道辺、前二義挙破病辺。今此義挙悟道辺。問、第二方言二諦用中、破従来三仮為世諦四絶為真諦者、此即其世諦三仮名生世諦破、其四忘真諦名仮生真諦破。若爾何重牒説世諦破仮真諦破実之句、出成実師三仮四忘真俗。答、其正文何。問、重牒云、三世諦破仮真諦破実、此正対由来義。由来世諦是三仮、真諦四絶、即非仮、故今明世諦破此有所得仮、始得弁世諦為仮至乃真諦（16オ）破実者真不自真名為俗真、直非俗真即真不成真、因縁仮真破彼性真云々。答、破彼三仮四忘真俗有如是多種義、故無妨也。問、空仮名人但仮執所破而性執不所破者、先第二方言世諦所治成実人若破不破耶。答、爾破。故重牒正玄門世諦具八不処云、又如毘曇計木有火性、従於性火以成事火為内出義。成実明木無火性但仮縁生為外来義。若計内有火性復仮外縁即具計来出。今明如此来出皆壊世諦因果、是故次明不来不出云々。又合論用中具八不処云、若対破立者、開善謂真俗一体故名為一。龍光寺釈慧琳*謂（16ウ）真俗異体名為異。今倶斥之、故云不一不異。所以天親釈大品明十種散動、而一異是二種散動云々。故知真俗不可一異云々。又為対従来一諦生一諦不生故説二諦倶無生也云々。問、若爾可言空仮名人性仮二執倶所破。何者二諦章下巻末云、開善用三宗不得意猶是学頻之類也云々。大乗玄第一巻末云、次周顒明三宗二諦、一不空仮二空仮三仮名空。空仮開善等用云々。但二諦章下巻末云、野城寺光大法師用仮空義、開善亦用。已上。既云空仮名開善用、何言空仮名人但仮執所破耶。即第四大乗人即是成実師。故又均正章、成実師執二家義不同。一者空有二諦、山門（17オ）等名安瓜二諦、二空不空二諦、山門等名鼠嘍栗二諦云々。又就世間等三人何云此三人但性執所破仮執不同破。答、此三人是

＊「琳光」とあるも傍註に従い「光」を削除。

利根故性執所破㆒。倶捨性執㆒悟因縁道理㆒。所以更不尽仮執故不破㆒。問、爾此三人倶利根者、何二諦章云開善用三宗㆒不得意㆒、且除第三仮名空義㆒就第二義㆒既有失㆒義。若能如師旨生解㆒何言不得意㆒。此当利根㆒。答、開善若解二諦道理㆒、唯彼空仮義本是有失㆒。而得二諦大意㆒学故応成得㆒、不得大意㆒故学失成不得㆒。例如醜人学西施顰㆒転益醜拙㆒、彼知義顰㆒不知顰之所美㆒。開善用三宗㆒不得意㆒猶是学顰之類也。問、若爾得意（17ウ）学人誰。答*、出大乗玄第一末云々。

第三方言

問、色即是空者、若明一諦ノ相即㆒、若明二諦相即㆒。答、言明一諦相即㆒言明二諦相即㆒。問、云爾㆒意何。答、欲言㆒色有是世諦、色空是真諦、言色即是空㆒者是二諦相即。若言世諦色即世諦空㆒者是一諦相即也。問、色即是空之言、通一諦相即二諦相即㆒者、約言生即不生㆒亦爾通耶。答、云爾。問、応云爾。答、言世諦仮生即世諦不生者是一諦相即、若欲言仮生是世諦不生是真諦㆒、言生即不生㆒者是二諦相即也。問、若生即（18オ）不生者通一諦相即二諦相即㆒者、何疏但世諦上立相即㆒不明二諦相即㆒。答、明一諦相即㆒自二諦相即顕。故更不出㆒耳。問、爾引色即是空之文㆒証何相即㆒。答、証一諦相即㆒証二諦相即㆒。問、何云爾㆒。答、所対之縁若解俗色即真空㆒、不知世諦生即世諦不生㆒、為此以彼所悟二諦相即㆒、而令悟㆒如俗色即真空㆒世諦生即世諦不生。約此㆒証一諦相即㆒。或縁聞世諦生即不生㆒只知世諦仮与中相即㆒、未知二諦相即㆒。為此㆒如世諦色即真空㆒世諦生即真諦不生。是証二諦相即㆒。問、爾世諦生即真諦不生、故生即不生亦是二諦相即者、約初方言㆒亦言世（18ウ）諦生即真諦仮不生㆒立相即義㆒耶。答、云爾㆒

＊「答」谷大本により補う。

有何失。問、爾世諦仮生真仮不生故約二諦仮立相即、亦言世諦中即真諦中約二諦中立相即耶。答、且不立爾。又云爾宜悉。問、何不立爾。答、世諦中非是性生之不生、真諦中非仮生之不生。故不云爾。問、爾約中不立相即約仮不可相即、中与仮不別体故。答、中仮不別体者、世諦仮生滅随不性生滅之功能、名不生滅中故云爾。此不性功能非不仮功能、自即不性功能故且不言中与中相即。問、爾世諦中与真諦中不相即爾。今世諦仮与中相即。答、其爾云相即。問、云爾意何。答、中与仮不別体故（19オ）云相即。約真諦亦爾也。問、既初二方言有相即。何疏師只第三方言明相即余方言不明。答、通論時漸捨之中有平道義、平道之中有漸捨義。然而漸捨門明破病義隠因縁義。平道門明因縁義隠破病義不説耳。

問、何名相因義。答、彼世諦生有真諦不生是也。問、先相因者何義。答、不自義也。問、何云爾。答、世諦仮生待真諦仮不生、真諦仮不生待世諦仮生、而不自故是不自義也。問、爾世諦仮生待真諦仮不生不自故名相因者、亦言世諦仮待世諦中不自、於出世諦明相因義耶。答、明爾。問、爾何疏云相因義於二諦仮、又明相即義於世諦中仮上明之。何今相（19ウ）即義名相因義。答、疏挙略顕方。如世諦中仮相即乃至体用相即、亦二諦仮相因世諦中仮相因乃至体用相因也。今略挙二諦仮顕余相因耳。問、爾世諦仮即中者是相即義也。而今是名相因義、相即相因二義可無異。答、一諦中仮有二義。一謂体不二義即名相即義、二謂中与仮相待不自義即名相因義故異也。問、二義不成。何者両体者以彼即是可是即彼。既無二相何名相即相因。答、爾。約体不可言相即相因。但於縁故立相即相因義耳。

問、就第三方言作三中何。答、仮生仮滅、仮生不生仮滅不滅、不生不滅名世諦中道。仮不生仮不滅、仮不生 非不生仮不滅 非不滅、非不生非（20オ）不滅名真諦中道也。第三中如初方言。問、且就二諦各中分中仮何。答、仮生仮滅是世諦仮也。仮生不生仮滅不滅是世諦中也。仮不生仮不滅是真諦仮也。仮不生非不生仮不滅 非不滅 是真諦中也。問、且就世諦中仮、仮生滅是世諦仮、無生滅是真諦中 者、与第二方言世諦中仮何異。答、語言雖同其意即異。問、云爾意何。答、第二方言第三方言 同仮生仮滅為世諦、仮不生仮不滅為世諦中故語言同。第二方言世諦中 破性生云不生、第三方言世諦中 言仮生即不生、故云意異。問、第二方言世諦之中仮与第三方言世諦之中仮、語（20ウ）言雖同、其意有 異 者実爾。今第三方言世諦中与真諦仮有何異。答、非異。真諦仮即是世諦中也。問、若爾仮者是不自義、中者是離辺義。既不自仮離辺中異、何可云真諦仮即世諦中。答、言真諦仮即是世諦中 者、非謂不自仮即離辺中。故真諦仮世諦中無二体、故然為言 耳。問、真諦仮即世諦中 者、何故大乗玄第二巻八不義云問曰世諦中之不生不滅与真諦之不生不滅為何異耶、答曰於仮簡異於中之不生等故也。已上 答、彼大乗玄意、於不自義離辺義異云爾。今意雖不自義離辺義異、而不生不滅（21オ）之体無二、故云真諦仮即世諦中也。問、約此方言且就二諦各中分 中仮何。答、仮生仮滅是世諦仮也、不生不滅是世諦中也。非不生非不滅是真諦中也。

問、何故於世諦具挙中仮、於真諦唯挙中不挙仮。答、為顕階漸之義故也。

問、何故以世諦中為真諦仮為階漸義。答、説世諦令悟真諦時、此世諦入真諦之階漸義。故以世諦中為真諦仮云階漸義耳。問、言階漸者是何謂。答、階漸者是階級義、亦進入義也。問、云階漸義意何。答、依世諦悟真諦仮、依真諦仮以悟真諦中、依二悟不二。此是悟入（21ウ）之階級也。依世諦進入真諦仮、依真諦仮進入真諦中、故階漸者即進入義耳。問、就云階漸者階級義、何依世諦悟真諦中、依二階級悟不二。答、意猶如是。依世諦悟真諦中、依二階級以悟不二。故階漸者名階級義言也。

問、第三方言説幾義。答、説三義。問、其三義者何。答、一者相因義、二相即義、三者階漸義。問、此三義皆是興皇師正御意耶。答、云此先徳有二伝。一伝云、相因相即此二義為師正意、階漸義為師傍義。一伝云、相因相即是興皇正意、階漸義是嘉祥新加義也。問、此二伝中何応疏意。答、初牒説階漸義之処云、師云（22オ）語以無住為端、心以無得為主。故説世諦為令悟真云々。依此疏文二意並是興皇師御意也。若引興皇他処説義来、嘉祥証階漸義者、言階漸是嘉祥新加無妨。問、且就相即義生即不生者、若於世諦中仮言生即不生、為当約二諦仮言生即不生耶。答、於世諦中仮言生即不生。問、何故但約世諦中仮立生即不生之義、於二諦不立。答、約世諦中仮相即是即約二諦仮相即也。問、若約真諦中仮相即、若約二諦仮相即、但言生即不生不言不生即生耶。答、亦得言不生即生。問、若爾何故疏云但言生即不生而非言不生（22ウ）即生。答、疏略挙諸耳。具可言生即不生、不生即生。如言色即是空、空即是色。又凡方言門約自仮入中、自用入体之門、作三中軌則。故言生即不生不言不生即生。問、爾於中仮相即者、若是一諦相即耶、若是二諦相即耶。答、一諦相即、二諦相即也。問、何故云爾。答、若約中仮相即是一諦相即也。若約世諦中為真諦仮是二諦相即也。問、若生即不生者是一諦相即者、所証引色即是空文、若是一諦相即耶、若是二諦相即耶。答、是二諦相即也。問、何以知二諦相即文。答、此文俗有即真空言也。以知爾。問、爾何以二諦相即文証一諦相即義。答、常途云、（23オ）引二諦相即文例顕一諦相即義。今意約生即不生既具一諦相即義二諦相即義。約色即是空文亦爾。問、約言生即不生、具中仮義二諦仮義。今色空是但二諦名非中仮名。何以此文為証。答、色是仮有義、空是性実空義。又仮有之即空義、色之仮有義、空之性実空義、此是中仮義也。仮有即空義是二諦仮義也。所以約色即是空文、亦有中仮義二諦仮義。問、色仮有義、空性空義、以此為中仮者、今第三方言約世諦中仮相即者、約此色空中仮相即。答、第三方言意不爾。仮生即不生為世諦中、約此生不生中仮相即。不約（23ウ）空性之空相即也。問、何故云爾。答、空性為中者、此破性為中。今第三方言仮生即不生為中、不破性為中故也。問、於相即義云世諦生即不生為相即義者、但於世諦中仮立相即義耶。答、於真諦中仮立相即義、於体中仮無相即義。若体用之二不二相対論、中仮亦有相即義。問、約真諦中仮立相即義何、亦約体中仮不立相即義。答、仮不生不滅為真諦仮、非不生非不滅為真諦中。此仮不生不滅即非不生非不滅也。故於真諦中仮立相即義。体之中仮説中仮文無二、故不立相即義。若二不二相対二即不二者、又有相即義。問、疏（24オ）但於世諦中仮立相即義、於真諦中仮等不立。今何離疏文約真諦中仮等立相即義。答、疏挙世諦中仮相即之義例令悟自余。云爾故非謂但約世諦中仮有相即義自余無也。問、云相因者是不自義、相即者是何義。答、相即者是不二之義也。問、何故是云不二義。答、生与不生体無二、故言生即不生。故相即者是即不二之義也。問、何以知爾。答、嘉祥大品疏第二奉鉢品、相即者是不二義云。問、爾相即是不二義者、約相即有即是即、不相離即。今言生即不生者是何即。答、非即是即非不相離即、是離四句即也。問、先言即是即、不相（24ウ）離即者、誰所立耶。答、即是即是開善智蔵師所立。不相離即是荘厳旻法師所立也。問、爾何故非即是即非不相離即、而是離四句即。答、即是即是一諦家所立。不相離即是二諦家所立也。此二即並不用、故云離四句即耳。問、言相即即是即不相離即。不過此二、而何離此二即可有離四句即。答、今一家所立離四句即者、不可言即不可言不即不可言亦即亦不即不可言非即非不即。為縁仮説一、故云離四句即。問、爾此離四句即、若是一諦即耶、若是異諦即耶。答、若一諦即者同開善。若異諦即者同龍光。故非（25オ）一諦即非異諦即。此是強名之即、故云離四句即。問、若爾前後言相違。先言生与不生体無二故生即不生、以此見既是一諦相即。而何可言非一諦即非異諦即。答、不相違。先既言為縁仮説一、今言非一非異非定一定異言也。故都不相違。問、爾為縁仮説一者、亦言為縁仮説異耶。答、且不云爾。問、何故不云爾。答、凡夫小乗言生異不生、而不言生与不生不二。所以不言異也。問、何彼凡夫小乗不可言生与不生不二。如聞説有生有解聞説無生無解、亦有聞為縁説一応生不二之執。若爾為此縁可説異、而何言不執一故不説異。答、（欠文）。問、何者言階漸（25ウ）義。答、以世諦中為真諦仮、是階漸義也。問、何以世諦中為真諦仮名為階漸義。答、云此階漸有三意。一者階進漸入、階漸進入。（玉篇廿二阜部曰階古階反。鄭玄曰階進也。又十九水部云、漸仙斂反。尚書曰漸入也。云云。今取此訓也。謂聞説世諦悟世諦時、亦出進悟入真諦、故云進入義言也。）此意謂論主説世諦時、亦能進入於真諦、故云階漸義也。二者階級漸進入。（玉篇廿二之野王案所以登堂之道謂階也。又曰官爵之階級曰階也。又十九云周易曰漸進也。尚書漸入也云云。今用此訓也。謂品品爾次次爾言故曰階漸也。階猶階級也。漸猶進入也。意悟俗時亦進悟不俗、悟真時亦進悟不真故。又品品爾入故曰階漸也。亦同前意也。）意謂論主説世教時悟世諦亦進入真諦、説真諦時亦進入体中。如是階級進階級入故曰階漸也。三者階漸猶方便。（法花広疏譬喩品疏云、方便与随宜二事各別也。方便者階漸為義、如七方便之流謂教有大小、而近者説法自有階漸、説小応先明大（26オ）随宜後。為作宜爾即名随宜、云云。二諦捜玄論云、道安本無謂中。泰法師破安法師本無義云、経意若欲為明五陰因縁、未令前本性是無者。此是即為未能即有解真空者、本性是空者以遣存着之病、為入真空之階漸耳。非即真空、云云。浄名経上巻仏国品什注云、上章雖広説浄国行事、未明行之階漸、此更明之、云云。意云初明発心次明修行後明深行、従浅至深名階漸也。広疏云階漸者方便為義。玄論云本性空遣着以為入真空之階漸也。又亦得言入真空之方便也。以此等文推之、階漸者方便之義也。）此義意謂世諦是悟入真諦之方便。方便者由序之義由漸之義也。問、此三義意何。答、初二義意云説俗諦時亦進悟入不俗、説真諦時亦進悟入不真、説真俗二時亦進悟入非真俗不二、故云階漸言也。後義意云説俗諦是令悟不俗之階漸、説真諦是令悟不真之階漸、説二是令悟不二之階漸言也。階漸者即是方便故也。問、此三義中何是何非。答、若以義准言之、三義倶無失。若依師（26ウ）誠文後義為正。問、若以世諦中為真諦仮名階漸義者、亦言以真諦仮為世諦中＊、亦是階漸義耶。答、初牒疏云、問云何乃取真諦之仮為世諦中耶。答師云方等大意言以不住為端、心以無得為主。故説世諦為令悟真、故以真諦仮為世諦中。故涅槃経云欲令衆生深識第一義故説世諦云々。乃至広引浄名花厳等明階漸義。以此文言以世諦中為真諦仮、以真諦仮為世諦中、並是階漸義也。問、何云爾。答、

＊「真」とあるも傍註に従う。

*以下に「俗以真為義」五字あるも衍字とみて削除。

世諦中真諦仮与仮義門雖異、而其体同是一不生滅法故、得言以世諦中為真諦仮以真諦仮為世諦中。所以云爾。問、若以世諦中為真諦仮、以真（27オ）諦仮為世諦中、並是為階漸義者、説俗令識真既名階漸義、亦説真令識俗亦得言階漸義耶。答、二諦章中巻釈因縁釈義云、因縁釈義者真以俗為義俗以真為義。*又云、涅槃云欲令衆生深識第一義故説世諦。既云説世諦令識第一義、即俗為真名真為俗義也。俗諦既爾真諦亦爾云々。問、文意何。答、言欲令衆生深識第一義等者、言欲令衆生深識第一義説世諦、亦得言欲令衆生深識俗諦故説第一義言也。所以此即真為俗名俗為真義也。故云俗諦既然、真諦亦爾。

二諦章文釈因縁義云、因縁（27ウ）釈者明俗真義真俗義、何者俗非真即不俗、真非俗即不真、不真即不俗、俗不礙真、非俗即非真、真不異俗、俗不礙真、俗以真為義、真不礙俗、真以俗為義。乃至、若俗浮虚義、真真実義、此是凡夫二乗有所得解義。今明菩薩無得無礙義故、明俗是真義、真是俗義也。他家無此義。他俗是俗、真是真、三仮定俗不得真、四忘定真不得俗、是故真俗有礙。今明真是俗義、俗是真義。真俗無礙菩薩、乃至、問何俗是真義、真是俗義、空是色義、色是空義耶。解云大品経自釈、彼経〈奉鉢品文〉云色即空空即色、真即俗俗即真。既云真即俗、真豈非俗義。又中論云因縁所生法、我説即是空。因縁生法即是有、有既是空、真豈非俗義。又義如名所以、真是俗之所以、故真為俗義。経云欲令衆生深識第一義故説世諦。既説世諦令識第一義、即俗為真義、真為俗義也。俗諦既然真亦爾。云云。

諦既然真亦爾者何謂。答、此文意説世諦令識真故名為以真為俗義、亦説真令識俗故亦名為以俗為真義。故云俗諦既然真亦爾言也。問、言既云説世諦令識真諦、俗説俗令識真名為以真為俗義、亦欲言説真令識俗為真（28オ）義。此二並是階漸義。若但以説俗令識真名階漸義、以説真令識俗不名為階漸義者、今此方言不明因縁平道義。何者即成有礙故。又約相即義但得言生不生而不得言不生即生。若言此亦但行相即者、此第三方言成義即多有有所得義也。問、説俗令識真説真令識体、是自浅入深故応為以浅入深之階漸。今説真令識俗説体令識用、是自深出浅、何得為以深出浅之階漸。答、若約顕道門、以俗顕不俗以真顕不真以二顕不二。若約因縁門、以俗顕真以真顕俗以真俗顕不真俗以不真俗顕真俗。故二諦章解因縁（28ウ）釈義云、以俗為真義以真為俗義。章云俗為真名、真為俗義。云云。言名者能詮教也。言義者所詮理也。今此第三方言約因縁門顕三中道理、是故非但説俗令識真亦説真令識俗、既説真令識俗、真是悟俗之階漸。説不二令識二、不二是悟二之階漸也。問、今此如是言階漸上所明三義中何義。答、（欠文）。問、爾以世諦中為真諦仮、以真諦仮為世諦中、此二並為階漸義者、若取世諦為階漸耶、為当取真諦仮為階漸耶。答、若以初二義言之以真諦仮名階漸。何者聞説世諦悟世諦時、亦進悟真諦名階漸。若以後義言之世諦者階漸。何者説世諦令識真世諦是（29オ）令識真之階漸。故階漸之名在世諦也。問、若爾説世諦令識真時、以世諦名階漸者、約世諦有仮有中以何為階漸耶。答、以世諦仮名階漸也。問、何云爾。答、説世諦仮生滅為令識世諦中不生滅。是故以仮生滅為悟中不生滅之階漸。世諦中即是真諦仮故名説世諦令識真諦。問、何以知以世諦仮名階漸。答、疏云説不生為明非生非不生。故非生非不生是不生義。又云説苦者令捨楽亦不住苦故也。空為苦義云。以知爾。問、此文意約真諦説不生仮令悟非不生中之文也。何以此文証以世諦仮為階漸。答、約真諦既説不生仮令悟非不（29ウ）生中。明知約世諦亦説生滅仮令悟不生滅中。問、疏証此階漸義、凡引三経文。一涅槃経四十云、欲令衆生深識第一義説世諦故。二浄名経上巻云、五陰洞達名苦義。三花厳経第五云、一切有無法了達非有無。此三経文証階漸義。*問、彼三文有何異。答、初二経文証世諦階漸義、花厳文証体中階漸義、是故異

*「問」文脈により補う。

也。問、何故云爾。答、涅槃経説世諦令悟真諦、故浄名経説苦令識空、故此二経文並証以世諦仮生滅世諦仮苦、是入真諦不生滅真諦空之階漸也。花厳経説二令悟不二故此証二用此入体不二之階漸。問、就経文明階漸義何。答、説苦令捨楽亦不（30オ）住苦、故五陰空為苦義云々。此意云仏説苦者令捨楽倒亦不留苦為令悟不苦、故言五陰空為苦義。仏説生滅無常令捨常倒、亦不留生滅無常為令悟不生不滅。故云不生不滅是無常義。又仏説不生不滅令悟生滅、亦不留不生不滅為令悟非不生非不滅。故疏云説不生為明非生非不生故非生非不生是不生義也云々。所以応言仏説世諦仮生仮滅令捨性生滅、亦不留仮生滅為令悟不生不滅。是故世諦仮是令悟世諦中之階漸、真諦仮是令悟真諦中之階漸、真俗二是令悟非真俗不二之階漸也。問、若言説仮生仮滅令悟生（30ウ）滅、亦不留生滅為令悟不生滅者、既云説仮生滅令捨性生滅、此即破性生滅執、若爾此方言亦応言破病。若破病者疏文何得言五陰空名苦義者説苦為令悟不苦等。答、仏説仮生仮滅乃至説五陰等有二。一漸捨破病義、二因縁顕道義也。破病義可知。言因縁顕道義者此仮生滅本来捨離性生滅之義。又此生滅本来即不生不滅之義。顕此義理故云顕道。今此第三方言顕末後義是故不破病也。

問、第三方言三中何。答、疏云世諦仮生仮滅仮生不生仮滅不滅為世諦中道、非不生非不滅為真諦中道。二諦合明中道者、非生滅（31オ）非不生滅名合明中道云々。大乗玄第一巻顕中道門第六、全与疏作法同也。問、且就各中分中仮何。答、仮生仮滅是世諦仮、不生不滅是世諦中、非不生非不滅是真諦中。於此真諦不挙其仮。問、初二方言二諦各

＊「答」は不要か、問の文なし。

中並挙中仮、今此方言二諦各中何故世諦具挙中仮於其真諦唯挙中。答、世諦中即是真諦仮、故不更挙仮。問、中是離辺義仮即不自義。是不自離辺其義既異、何今得言離辺義即不自義。答、爾、不自離辺其義既異云爾。故非以離辺義為不自義。今以世諦中為真諦仮者、離辺不自二義所依不生不滅体無二故而云以世諦中為真諦仮。問、若言世諦中即（31ウ）為真諦仮者、大乗玄第二八不義云、問仮生不生仮滅不滅、不生不滅名世諦中、仮不生非不生仮不滅非不滅、非不生非不滅名真諦中道者、世諦不生不滅中与真諦仮不生仮不滅如何異耶。答、仮生不生等簡異中不生等、故即別也。（已上此挙第三方言各中之中仮而問答也。）答＊、大乗玄意、約不自仮義離辺中義異而答殊也。今就仮中其体同一不生不滅之義、而言世諦中即真諦仮、所以不相違。問、中仮異而其体是同一不生不滅故、以世諦中為真諦仮者、約第二方言言世諦中真諦仮同一不生不滅、亦言以世諦中即為真諦仮。答、此不例。第二方言世諦中真諦仮同（32オ）名不生不滅、而其体各異。何者世諦中非是性生滅、故名不生滅。真諦仮非是仮生滅、故名不生不滅。不生不滅之言雖同、而其体異故不得言以世諦中為真諦仮也。

問、若第三方言世諦中是真諦仮、生滅即不生滅故亦世諦中名真諦仮、不同第二方言各中中仮者、若爾今此世諦中若是用中若是体中。答、通体用両中。問、云爾意何。答、世諦仮生滅即不生滅故名世諦中是用中。何者此即真諦仮故。若世諦仮生滅本来寂滅非生非不生等故名不生滅者、是体中。何者此不生滅是怗故也。問、何以知世諦中通体用。答、初牒疏云、欲示階（32ウ）漸明義故以世諦中為真諦仮云々。既云以世諦中為真諦仮、明知是用中也。大乗玄八不義云、問仮不仮寧異耶、答対仮生滅明仮不生不滅、此仮不生等皆是不二中之用。除仮生仮滅与仮不生仮不滅、不生非不生不滅非不滅方是正中也。故仮不生仮不滅如仮生仮滅、悉是仮亦是用亦是末也。不生不滅中如非不生非不滅中、皆是中亦体亦是本云々。明知世諦中亦是体中。問、就階漸義以世諦中為真諦仮名階漸義者意何。答、説世諦仮令悟世諦中世諦仮是悟世諦中之階漸、故云爾。問、若爾以世諦仮為世諦中、是可言階漸義、何言以世（33オ）諦中為真諦仮名階漸義。答、疏意欲顕世諦中即真諦仮悟世諦中即是悟真諦仮、故云以世諦中為真諦仮耳。正可言説世諦仮令識真諦仮是階漸義。故疏引階漸義証文云、涅槃経云欲令衆生深識第一義故説世諦云々。引此経文意欲顕説世諦仮令悟真諦仮故也。亦可言説世諦仮令悟世諦中是階漸義。故疏云、説不生為明非生非不生也。此意云、説真諦仮為令悟真諦中言也。以此真諦准之、世諦亦可言説生為令悟無生也。此是説世諦仮令悟世諦中也。問、説世諦仮悟世諦中、若是令悟用中若是令悟体中。答、亦令悟用（33ウ）中亦悟体中也。問、何故云爾。答、世諦中不生不滅通体用故也。問、唯是一不生不滅、而何言通体用。答、此不生不滅有浅有深、深称体浅名用。問、其言浅深意何。答、浅者世諦仮生滅宛然不生不滅、此是浅故名用中也。世諦仮生滅本来寂滅非生滅非不生滅、而対彼生滅強称不生滅、此是深故称体中也。悟前浅義名悟用中、悟後深義名悟体中。問、若宛然不生浅故名用者、宛然之言但用言応非体。答、宛然之言亦通体用。何者有宛然空、生宛然不生、此等皆属用。問、何以知世諦中不生不滅通体用。答、大乗玄第二八不章云、仮不生仮不滅如仮生仮（34オ）滅、悉是仮亦是用亦是末也。（此明真諦仮如世諦仮、悉名仮名亦是用亦是末也。）不生不滅中如非不生非不滅中、皆是中亦是体亦是本也云々。（此明世諦中如真諦中、即中道亦是体亦是末也。）以此玄文得知世諦中是体中。又初牒疏云、以世諦中為真諦真諦是用、於真諦中所泯此不生、而顕非不生体故。故知世諦中亦是用也云々。問、若世諦中通体用者、真諦中亦言通体用。答、亦爾亦不爾。問、何故云爾。答、若約一性真諦中唯是体中。何者泯真諦仮不生不滅、而顕非不生非不滅体義故。若約再往亦得言是用中。何者或有縁受真諦但悟用中故。又真諦中処但泯不生不滅、而未泯非不生非不滅故。離言方是体中故也。問、若爾（34ウ）合明中亦応名用中、未泯不二未明離言故。答、釈云、於合明中処双泯二仮、而離不生不滅二辺心行語言倶寂滅。而強称不二中故但是体中也。但其真諦中属二属用、未泯心言故亦有用義也。問、若爾於世諦中処真諦中処、既顕体中処、明合明中何。答、各中処既顕体中処、明合明体中凡有二意。一者随義門、二者随根門也。問、二門意何。答、若約随義門、世諦中処泯片生滅二、云顕不生不滅片体中。於真諦中処泯片不生不滅不二、顕非不生不滅片体中。於合明中処双泯生滅不生滅二、円顕非生滅非不生滅不二理。若約随根門、或有縁於世諦中処即悟体（35オ）中、或有縁於真諦中処即悟体中、或有縁合明中処即体中。是各合倶并体中也。問、約随義門何故各中処偏顕体中合中処円顕体中。答、世*諦中泯片生滅辺顕片不生滅理、真諦中泯片不生滅辺顕片非不生滅理、故各中処偏顕体中。合明中双泯二仮顕不二理、故円顕体中。問、若約随義門各中是用、合中方是体。初用中、用中之中初浅後深、用中之後方弁体中是故名随義。若各中処皆顕体中者

*原文「体」とあるも谷大本により「諦」に改む。

＊「悟」とあるも傍註に従う。

何名随義門。答、初用後体、是一種随義門次第也。然此方言約因縁平道門明三中。是故世諦仮生滅即無生滅、真諦仮無生滅即非無生滅。然（35ウ）世諦中無生滅有用有体。約真諦中亦然。因縁平道門義故如是耳。各中処亦顕体中、而各中処泯片顕片、合明中処更双泯円顕。此偏円亦是一種随義門次第。是故名随義門。問、約因縁平道門亦有各中処但顕用中、至合中方顕体中之義。答、亦有此義。何者世諦中即真諦仮、真諦中泯不生滅明非不生滅、是唯是泯真諦仮不生滅、而未顕本来寂滅心言倶絶之体中、故猶名用中耳。是故約因縁平道門、亦有各中是用、合中方是体中之義。問、若真諦中非不生滅名用、合明中非不生滅豈是体哉。答、難意何。問、意真諦中非不生滅、合（36オ）明中非無生滅同泯真諦仮、真諦中非不生滅名用中、合明中非無生滅亦言用中、彼此同泯真諦仮、真諦中非不生滅名用中、合明中非無生滅豈是体中哉。答、夫各中処泯真俗二、而顕非真俗不二、合中之処対真俗生滅無生滅、強名非生滅非無生滅、是＊強名耳。是故雖同泯真諦仮而各中是用合中是体也。問、就随根門、但有三中皆体中義、若亦有各中是用中、合中是体中義耶。答、亦有此義。何者或有機縁於各中処唯悟用中、故於合明中処双泯二仮時方悟体中故也。問、若爾此人受世諦仮而滞仮生滅、於世諦中処説不生滅破彼仮（36ウ）生滅執。受世諦中亦滞不生滅、於真諦中処説非不生滅而破彼仮不生滅執。若爾此方言亦可破病、何言不破病。答、設有如是起執之人者、顕世諦仮生滅宛然不生滅之道理、真諦仮不生滅宛然非無生滅之道理時、彼執病自然所破。非説破執病旨方説不生滅等也。問、就随義門、各中処亦顕体中者、若偏顕若円顕。答、円顕。問、何有爾。答、或有縁於世諦中処悟体用因縁道理、亦不更受後真諦及合中。故就真諦亦爾。問、若爾言世諦中処但泯生滅片過、於真諦中処亦但泯不生滅片過。何今言得円悟体中。答、此人利根故聞片教即悟円理耳。所謂為利根（37オ）人説単仮単中是也。問、若爾就随根門、於三中処皆悟体中者、若約三人立三中、若約一人立三中。答、一往平道因縁故為利根菩薩説。（大智論云爾。）勝鬘為七地已上大菩薩説也。若爾可言第三方言但為利根人説。故但為三人立三中。然約再往義於菩薩中亦有利鈍。故亦可言通為一人三人説三中。（為一人者鈍人也。為三人者利根人也。）

問、此第三方言二諦各中分中仮約中仮有出入。今此各中中仮是何。若是出若是入耶。答、此従仮入中即是入句也。問、大乗玄明約中仮出入。今此方言中何故但有入句無出句。答、三種方言三中作法、皆約悟入門作法。所以有入句無出句。問、若三種方言但約悟入門明中仮（37ウ）作法者、大乗玄但応弁入句。何故出句。答、雖約悟入門解三中作法、而有出用義。為顕此義故大乗玄文亦有出句。問、若爾三種方言三中亦具出句耶。答、爾亦具。即大乗玄所明出句也。問、唯明入句有何妨更須弁出句。答、悟入門是自利、出用門即利他。若但明入句不弁出句、即闕利他用。是故双明出入。又入句是観入、出句即出観。若但明入観不弁出観、菩薩観行更成有而為顕菩薩観行無具弁出入観。問、且就悟入門、大乗玄弁中仮入句凡有二十二句。今此各中之中仮彼二十二句中是何句。答、此当従単之複仮入単之複中句。問、何故云爾。答、世諦仮生仮滅是世諦単複仮也。仮生不生仮滅不滅不（38オ）生不滅是入世諦単複中也。真諦

＊「滅」とあるも傍註に従う。

仮不生仮不滅是真諦単複仮也。仮不生非不生仮不滅非不滅是入真諦単複中也。問、且就世諦中、言仮生者挙世諦仮、言不生者不於何生。約仮滅不滅亦爾。答、世諦仮生未簡生、世諦仮滅未簡滅、故説不生不滅非是不於生滅而説不生不滅。

問、凡夫二乗等謂生異不生、今於此方言説仮生不生＊時、可言不彼何言非不生説不生。若許爾可言第三方言破病。答、仮生雖生而不起、仮滅雖滅而不失。此即生滅未簡生滅、故名為不生不滅。此但彼生滅宛然不生滅之道理、非是破病。問、若爾凡夫二乗執生異不生之病即不得破。（38ウ）答、顕因縁生滅宛然不生滅之道理時、彼執病自然所破。問、若云仮生不生時不破執病者、亦云色空時応不破病。若此亦不破病者、即違二諦章下巻云色即是空者破凡夫二乗等、謂色異於空析色方得空之病。答、約色即是空之言具破顕道二意。章文挙破病義、今疏文述顕道義、是故不相違。問、後二方言同以生滅為世諦仮、以不生滅為世諦中、而何第二方言世諦破病、第三方言世諦不破病。答、不生之言雖同而其意即異。故有破病不破病異。問、其意何異。答、初方言破定性生而明不生。第二方言破仮生明不生。第三方言約平道門明本来不生。此三意異（39オ）故於第三方言世諦中不生不滅不破病。

問、若爾違疏第二巻云有仮生不生即不於仮生為世諦中道、既云不於仮生何可言不破病。答、有人云不有両義訓。謂破片之義名不、泯寂之義名不。今疏第二巻文意約泯寂義名不、是故破病也。問、爾今意何。答、今意言不者、若仮生本来不生之義名不、非是破病。問、爾本来不生之不与泯寂之不何異。答、泯

寂義属体中、不生之不用中。即是真諦仮 異故異也。問、云階漸之訓何。答、云
階漸応訓節級。問、何故如是訓釈。答、節級説義故云階漸、故云爾。問、何
言節級説義。答、疏云欲示階漸明 義故以世諦中為真諦（39ウ）仮云云。准之
今以真諦中為体仮。如是節級而明義故云階漸。問、何以世諦中為真諦仮等
名階漸明義。答、世諦仮生滅即不生不滅名世諦中。此世中不生滅即是真諦仮不
生滅。真諦仮不生滅即非不生滅、是名真諦中。此真諦中非不生非不滅 即是体中
非不生非不滅。如是節級 明義故名階漸明 義。問、若以世諦中為真諦仮、以
真諦中為体仮名階漸義者、亦以真諦仮為世諦中、以体仮為真諦中亦名階
漸義耶。答、常云様言不 名爾。何者自世諦而入真諦、自用而入体名為階級
明義。今既自真諦而出世（40オ）諦、自体而出用、何得名階漸明義。問、爾
今意何。答、今難云若言節級而明義名階漸義者、自体而出用、自真諦而出
世諦、此亦節級而明 義何不 名階漸。若言自俗入真、自用入体、此是節級
而明 義。自体出用自真出俗、此是非節級而明義者、自俗入真等是悟入之
節級、自体出用等是出用之節級。実悟入与出用*雖異、而節級而明 義是一、
何不名階漸。若此不名階漸彼亦可不*名階漸。若彼名爾此亦応名爾。
問、亦就此方言相即義、其云相即実何。答、世諦生即不生故云相即。問、爾
此相即若是一諦相即耶、若是二諦相即耶。答、且是一諦相即也。問、若二諦相
即 相即義可 成。既是（40ウ）一諦、於何物相即。答、於世諦有中仮、今此
中仮相即、所以云一諦而有相即義。問、世諦仮生即不生者、即是真諦仮。若爾
可言於二諦仮相即、何言於一諦相即。答、此第三方言世諦中 即真諦仮。所

＊「等」とあるも傍註に従う。
＊「不」は谷大本により補う。

以於世諦中仮相即者、是一諦相即也。問、於世諦中仮生即不生者、亦言不生耶。答、云爾。何者平道門之相即故也。問、生者是世諦、不生者是真諦。而若今言不生即生者、何故二諦章云涅槃経但云世諦即第一義諦、不云第一義即世諦。既不云第一義諦即世諦、何言不生即生。答、其意異。涅槃経釈諦義故不云第一義即世諦。今約因縁平道門云（41オ）生即不生、不生即生。問、於世諦中仮相即、於真諦中仮亦相即耶。答、爾相即。問、於各中中仮是相即、若於体中用中亦相即耶。答、約体用亦相即。問、何等相即。答、二即不二、不二即二相即也。問、若此方言相即是一諦相即者、色即是空之文亦一諦相即耶。答、常途云一諦相即。問、既引色即是空之文証第三方言相即之義。爾時色即是空之文二諦相即、此方言生不生之言亦二諦相即。若此一諦相即、彼亦一諦相即。答、此引二諦相即之文証一諦相即之義。何者相即同故無妨。問、何相即義同、彼二諦相即義、此一諦相即義、既異物耶。答、於言生即不生（41ウ）有一諦相即之義、亦有二諦相即之義。今於色即是空之文亦爾。所以云相即義同。問、先於色即是空之文、具一諦相即二諦相即二義何。答、於空若性実色之無名空者、与初二方言世諦中此同。若因縁仮色即世諦空名空者、与第三方言世諦中此同。約此為一諦相即、若因縁仮色約真諦性空是名空者、与世諦仮此同。約此言時色即是空之文是二諦相即也。問、何以知於色即是空文具此二義。答、二諦章相即門之大品経約平道門説相即云。既云約平道門説相即。明知此文具二義。問、爾此第三方言相即之義、具一諦相即二諦相即。答、爾。*問、何前言（42オ）離四句即時言若約一諦相即者同一諦家、若二諦相即者同二諦家。答、（以下欠文）（42ウ）

＊「問」は文脈により補う。

（奥書）
（裏表紙見返）

嘉暦四年九月三日夜時於東大寺東南院院主坊学窓之灯下馳筆畢
三論宗末学頼済
八廿

同七日子尅加交点畢

(1) 大須文庫の『方言義私記』は、昭和五十一年（一九七六）三月の第一回目の調査でその所蔵を確認し、昭和五十四年（一九七九）六月及び七月に筆録をし、昭和五十六年（一九八一）八月と翌五十七年（一九八二）七月に校正をしたものである。大谷大学所蔵本は、図書館を通して複写の依頼をし、昭和五十四年に大須文庫本との対校をしている。右の調査結果を昭和五十四年九月に立正大学で開催された日本印度学仏教学会において「『方言義私記』について」と題して発表した（『印度学仏教学研究』第二八巻第二号、一九八〇年所収）。この「解題」は右の発表を基本として大幅に改訂したものである。

(2)『肇論聞書』一冊、『因明講用意要文集』一帖、『因明秘要抄』一冊などがあり、金剛仏子頼済と記しているものもあるので、三論（顕教）と密教を兼学していたのであろう。

(3) 覚樹の門下としては、凝然（一二四〇―一三二一）『内典塵露章』などに依ると慧珍（次の東南院務）・珍海（禅那院）・寛信（東大寺）などがあった。崇憲（江戸時代中期）が東大寺金珠院経蔵本を筆写したという『大乗三論宗嗣資記』では、明海は覚樹の門下寛信の弟子とされている。恐らく先に覚樹に就き、後に寛信より嗣法したのであろう。

(4) 観理の伝記は、『本朝高僧伝』巻九、『三論祖師伝集』『三論祖師伝』『東南院務次第』等に出ている。

(5) 観理の学系は、道慈―善議―勤操―願暁―聖宝―延敒―観理と次第する。この次第は諸伝共に一致している。

(6)『中観論疏』巻一本「如涅槃経云、欲令衆生深識第一義故説世諦。又云五受陰空名為苦義。……華厳云、一切有無法了達非有無。即其事也」（大正四二、一二上）。右の引用は、『涅槃経』（南本）巻一五梵行品之二（大正一二、七〇八上）、『維摩経』巻上弟子品（大正一四、五四一上）、『華厳経』巻五如来光明覚品（大正九、四二六下）の趣意引用。

付　録

三論宗関係典籍目録

凡　例

一、この目録は、三論宗関係の典籍について平成七年（一九九五）の調査に基づき五十音順に配列したものである。

二、本稿は、研究調査の手控として作られたもので、下記の通り調査・収録の範囲も限られており、現存する典籍を網羅したものではない。

また、各文献の所在をすべて確認したわけではないので、函・号数や記号・番号の誤りも皆無とはいえないし、現時点で所在不明となっているものもあると予想される。これらのことを承知願いたい。

三、この目録を作成するにあたり調査した箇所及び参照した文献は次の通りである。調査には駒澤短期大学助教授石井公成氏と同講師奥野光賢氏、駒澤大学講師大西龍峯氏（肩書は調査時）のご協力を得た。

(1)調査した図書館等

東大寺図書館　　大須文庫（宝生院）　　醍醐寺三宝院　　大谷大学図書館

駒澤大学図書館　　大正大学図書館　　金沢文庫　　東京大学東洋文化研究所

(2)参照した文献

東大寺図書館蔵書目録　真福寺善本目録　東寺観智院金剛蔵聖教目録
醍醐寺文書記録聖教目録　高山寺経蔵典籍文書目録　大谷大学図書館和漢書分類目録
龍谷大学和漢書分類目録　国書総目録（岩波書店）　仏書解説大辞典（大東出版社）
大正新脩大蔵経　大日本続蔵経　日本大蔵経
大日本仏教全書　仏教大系

四、略称、略号等は次の通りである。

略称	略号	所蔵	備考
東大寺	一〇四-一一一	東大寺図書館	函号一〇四番号一一一
宝生院	三三-四	大須文庫	函号三三番号四
醍醐寺	二二一-三	醍醐寺霊宝館	函号二二一番号三
東寺	一七-七	東寺観智院金剛蔵	箱一七番号七
京大	一-二四サ-二	京都大学図書館	整理番号
高大	寄一-一四	高野山大学図書館	記号寄一番号一四
駒大	二五二·四-二〇	駒澤大学図書館	分類番号
正大	一一九一-四五	大正大学図書館	整理番号
谷大	宗大-二七二	大谷大学図書館	記号宗大番号二七二
龍大	二六四一-四	龍谷大学図書館	整理番号
東文研		東京大学東洋文化研究所	
大正		大正新脩大蔵経	
続蔵		大日本続蔵経	
日大蔵		日本大蔵経	

日仏全　大日本仏教全書

【イ】

No.	書名	巻数	著者	所蔵
1	一乗義私記	一巻	珍海	東大寺一〇四-一一一（一三四七写）、大正七〇
2	一性義私記巻下	一巻		東大寺一〇四-一一二（鎌倉時代写）
3	一乗仏性慧日抄	一巻	円宗	東大寺（一三〇七写）、龍大（写）、大正七〇、日大蔵六二
4	一念成仏	一巻	延順	東大寺一一三-二一四A（一四七五写）
5	一念成仏	一巻		東大寺一一三-二一四B（写）
6	一念成仏	一巻		東大寺一一三-二一四C（写）
7	一念成仏	一巻		東大寺一一三-二一四D（写）
8	一念成仏	一巻		東大寺一一三-二一四E（写）
9	因見法身	一巻	興定	東大寺一一三-二四三A（一五三二写）
10	因見法身	一巻		東大寺一一三-二四三B（写）
11	因明四種相違私記	三巻	観理	大正六九
12	因明四種相違上下	二冊	観理	東大寺一一一-一五九（一五一三英訓写）
13	因明大疏四種相違抄	一巻	珍海	東大寺一一一-一六（一五〇二英憲写）、大正六九

【ウ】

No.	書名	巻数	著者	所蔵
14	有色無色（秀義抄）	一巻	晋英	東大寺一一三-一七五（写）

【エ】

15	依他空有	一巻		東大寺一一三-二一五（写）
16	恵日十題引文	一巻	融尋	東大寺一一三-一八八（写）
17	閻王断罪	一巻		東大寺一一三-二六六（写）

【オ】

18	黄金白銀	一巻		東大寺一一三-二六三（写）

【カ】

19	可破可壊	一巻	晋英	東大寺一一三-二一六Ａ（写）
20	可破可壊	一巻		東大寺一一三-二一六Ｂ（写）
21	夏季別宗談義不審二諦義十重下	一巻	庸性	東大寺一一三-一〇八（一六九三写）
22	夏季別宗談義不審	一巻	庸性	東大寺一一三-一〇九（一六九四写）
23	夏季別宗談義	一巻	庸性	東大寺一一三-一一〇（一六九五写）
24	嘉祥講式	一巻		東大寺一〇四-七九五Ｂ（写）
25	嘉祥講用意抄	一巻	晋英	東大寺一一三-一四七（写）
26	嘉祥大師講式	一巻	訓秀	東大寺一〇四-七五九Ａ（写）
27	開山堂論義（三論方）	一巻	公周	東大寺一一三-一七二（写）
28	勧学抄第三	一巻		東大寺一一三-一二四（写）
29	勧学抄（上・下）	二巻	実快	東大寿一一三-一二七（一六三三写）
30	勧学奉神抄	一巻	興定	東大寺一一三-一二六Ｂ（写）

31 勧学論問答抄 一巻 英憲 東大寺一一三－一一五（一五二六写）

32 観無量寿経義疏 一巻 吉蔵 宝生院二五－一三（写）、龍大二四一五－五九（刊）、谷大宗大二七二（刊）、正大一一五三－三五・三六（刊）、高大 寄一－二三（刊）、京大 蔵一一カ－三（刊）、大正三七、続蔵一－三二－四

【キ】

33 忌日講問 二巻 東大寺一一三－一七一（写）

34 義章問答 一巻 東大寺一〇四－一三二（藤原時代写）

35 拱論通別 一巻 東大寺一一三－二二九（写）

36 教理具足 一巻 東大寺一一三－二一九A（写）

37 教理具足 一巻 東大寺一一三－二一九B（写）

38 教理具足 一巻 東大寺一一三－二一九C（写）

39 経宗十講論義 二巻 東大寺一一三－一六八（写）

【ク】

40 久証法身 一巻 東大寺一一三－一三一

41 鳩摩羅什法師大義（大乗大義章） 三巻 宝生院三二－四（一三四八―一三四九写）、龍大（明治時代写）、正大一〇七－三二（刊）、京大 蔵二四七－三（刊）、高大 寄一－一四（刊）、民国十九（一九三〇刊）、大正四五、続蔵二－一－四

42　空観御房如実記　一巻　宝生院八〇-一〇五（一三五七写）

【ケ】

43　華厳三論両宗論題　一巻　東大寺一二一-五五五（写）

44　華厳遊意　一巻　吉蔵　東大寺一一一-五四（藤原時代写）、大正三五、続蔵一-三-五

45　華厳遊意巻第一　一巻　吉蔵　宝生院七〇-九（一三四八写）、龍大二四一四-五二（写）、高大　寄一-一六（写）、谷大　長保一一二（写）、京大蔵九ケ-一〇、一〇ケ-一九（写）

46　見有得道　一巻　東大寺一二三-二三八（写）

【コ】

47　五種仏性　一巻　東大寺一二三-二四二A（一五一五頼賢写）

48　五種仏性　一巻　東大寺一二三-二四二B（写）

49　五種仏性　一巻　東大寺一二三-二四二C（写）

50　五味相生　一巻　東大寺一二三-二五三（写）

51　公慶八講論義　二巻　東大寺一二三-一八三（写）

52　金光会三　一巻　東大寺一二三-二二〇

53　金光明経玄枢　一〇巻　願暁等　東大寺（写）、大正五六、日大蔵九

54　金光明経疏　一巻　吉蔵　京大　蔵一四コ-五（刊）、龍大研仏（刊）、正大一一七二-一〇（刊）、哲学堂ゐ二　左一三（刊）、大正三九、

55　金剛経義疏（金剛般若疏）　四巻　吉蔵　続蔵一-三〇-五　高大　寄一-一五（刊）、正大一一二六-一二、一三（刊）、京大　印哲P-四〇（刊）、谷大　余大一七六九・三三七六（刊）

56　金剛心断　一巻　東大寺一一三-二一七A（一五三三英訓写）

57　金剛心断　一巻　東大寺一一三、二一七B（一四九一英憲写）

58　金剛心断　一巻　東大寺一一三-二一七C（写）

59　金剛心断　一巻　東大寺一一三-二一七D（写）

60　金剛心断　一巻　東大寺一一三-二一七E（写）

61　金剛心断　一巻　東大等一一三-二一七F（写）

62　金剛般若義疏巻第四　一冊　吉蔵　東大寺一一一-七七（一五一〇英訓写）

【サ】

63　西方声聞義　一巻　東大寺一一三-二五五B（写）

64　最勝第二巻問答　一巻　東大寺一一三-一九五（一三二四範宗写）

65　三車四車　一巻　東大寺一一三-二二七A（写）

66　三車四車　一巻　東大寺一一三-二二七B（写）

67　三種方言略抄　一巻　東大寺一一三-三二〇（英算写）

68　三乗通教　一巻　東大寺一一三-二四七（写）

69　三論円宗四種釈義略抄　一巻　東大寺一一三-一八四（一五一八快憲写）

70　三論方倶舎方論義章　二巻　東大寺一一三-一八一（写）

71　三論家疏章（抜書）　一帖　宝生院九八-二五〜二七（写）

72　三論勧学抄（上・末）　一巻　東大寺一二三-一二三（延営写）

73　三論勧学抄（中・下）　二巻　東大寺一二三-一二六A（—一六二五実訓・英憲写）

74　三論玄義　一巻　吉蔵　東大寺一二二-二四・二五（刊）、正大一一九一-二（刊）、龍大二六四一-四（一六六七刊）、正大一一九一-四五（一七〇一刊）、谷大　余大三九〇（同上）、京大一-二四サ二（同上）、龍大二六四一-六（一八七七刊）、京大六サ-二（同上）、高大　寄一-一四（同上）、哲学堂（同上）、東大寺一二二-一二六〜一二八（室町時代刊）、谷大　余大一一〇七（清光緒二五、一八九九刊）、京大蔵六サ-一（同上）

75　三論玄義科玄譚　二巻　東大寺一二三-一二二B（一七九一栄天写）

76　三論玄義科註　七巻　尊祐（一六八五撰）　日大蔵六一、仏教大系一五

77　三論玄義科判　一巻　Cf.仏教大系解題

78　三論玄義開顕　?　太空　Cf.仏教大系解題

79　三論玄義開講説要　一巻　東大寺一二三-一二三

80　三論玄義頭書（首書）　一巻　鳳潭（一七〇一刊）　仏教大系一五

81　三論玄義肝要抄　四巻　東大寺一〇四-一〇三（巻一末・二・三・五、鎌倉時代写）

82　三論玄義肝要抄巻第二　一巻　東大寺一二三-三九A（盛賢写）

83　三論玄義肝要抄巻第一本末　二巻　東大寺一二三-四〇（一六九四—一六九五秀覚写）

84 三論玄義肝要抄（末） 一巻 東大寺一二三-四一

85 三論肝要抄第二 一巻 東大寺一二三-四二A（写）

86 三論玄義肝要抄 一巻 東大寺一二三-四二B（写）

87 三論玄義肝要抄巻一～五 三冊 龍大二六四一-一〇（一三四九以前写）、谷大 長保二六四（写）

88 三論玄義抄（肝要抄） 三巻 龍大二六四一-一一（写）

89 三論玄肝要抄 四巻 高大蔵（一六八四道憲写）

90 三論玄肝要抄 五巻 高大蔵（一六八四道憲写）

91 三論玄義記 二巻 龍大二六四一-一二（一七九一—一八四七宝雲写）

92 三論玄義記（聴記） 二巻 龍大二六四一-二五（一七六九—一八四一曇龍写）

93 三論玄義見聞下 一巻 東大寺一二三-三七（庸性写）

94 三論玄義懸談（譚） 一巻 龍大二六四一-一四・一五・一六（一七三〇—一七八二慧雲写）、上野図書館 宗-八（一八九七刊）、谷大 余洋一八一（刊）

95 三論玄義懸譚纂解 一巻 谷大 長保二六五（一七三五写）

96 三論玄義懸談及随聞記 一巻 谷大 余大四〇〇七（—一九〇五山本儼識写）

97 三論玄義玄談 一巻 宜然（—一八一七写） Cf.仏教大系解題

98 三論玄義玄談略抄 一巻 龍大二六四一-一七（写）

99 三論玄義検幽集巻一 一巻 澄禅 東大寺一二三-三四（一四三二延海写）

100 三論玄義検幽集巻二、三 二巻 澄禅 東大寺一二三-三六（一六三三実訓写）

101 三論玄義検幽集巻四～七 四巻 澄禅 東大寺一二三-三五（英訓写）

102　三論玄義検幽集　七巻　澄禅　正大一一九一-七~九（一六六一刊）、龍大二六四一-二七（刊）、谷大　余丙六四（刊）、高大　寄一-一四（刊）

103　三論玄義光然鈔　一巻　宝生院三二-二九（写）

104　三論玄義甲申記（筆記）　一巻　僧朗　龍大二六四一-二九（一八二四写）

105　三論玄義講説　一巻　安休寺講（一七七五）

106　三論玄義講述　三巻（一九一一竟悟刊）

107　三論玄義講録　二巻　谷大　余大四六四〇（暁〔竟〕悟写）

108　三論玄義講録　四巻　高大　寄一一-四（常明写）、龍大二六四一-一九（写）、谷大　余大一七五七（写）

109　三論玄義講録　一巻　道空（—一六九三—）　高大　寄一-一四（一八八九写）

110　三論玄義講録　一巻　蜂屋良潤（一八二七—一九〇五）　龍大二六四一-二〇（写）

111　三論玄義講録　一巻　深総（—一八三九—）　谷大　余大二一三四（写）

112　三論玄義講録　一巻　谷大　長保二六六（一七三五慧雲門人写）、哲学堂や一中一三、や一　右三（写）

113　三論玄義私　一巻　東大寺一二三-三八B（一四八四盛賢写）

114　三論玄義私考　一巻　谷大　長保二六一（一七九六写）

115　三論玄義秀義抄　八巻　東大寺一二三-一一四（訓秀写）

116　三論玄義秀義抄巻一、二、三、六、八　五巻　東大寺一二三-一一五（一四一五—一四一八光祐写）

117　三論玄義秀義抄第二　一巻　東大寺一二三-一一六A（一四三一賢祐写）

118　三論玄義秀義抄第二　一巻　東大寺一二三-一一六B（一四六一春若丸写）

119　三論玄義秀義抄第三　一巻　東大寺一二三-一一七（一五三〇快憲写）

120　三論玄義秀義抄第六　一巻　東大寺一一三一一一八（一四九五実訓写）
121　三論玄義秀義抄第六　一巻　東大寺一一三一一一九（写）
122　三論玄義秀義抄第七　一巻　東大寺一一三一一二〇（一四三三実俊写）
123　三論玄義秀義抄第八　一巻　東大寺一一三一一二一・一一二二（写）
124　三論玄義秀義抄　八巻　秀海（一三五七―）谷大　余大二五六二（一九一四写）
125　三論玄義鈔（桂宮鈔）　三巻　貞海（一三四二）谷大　余大一〇九六、一七五八（写）、高大　寄一-四一（写）、龍大二六四一-一三（一七三五写）、大正七〇
126　三論玄義鈔（桂宮鈔）　三帖　宝生院三二一-三九（一四一九写）
127　三論玄義桂抄上中下　一冊　東大寺一一三一一九七（一七四八写）
128　三論玄義抄　二巻　貞海講尭円記（一三四七写）Cf.仏教大系解題
129　三論玄義辛丑録　二巻　円琛（一八四一）Cf.仏教大系解題
130　三論玄義随聞記　一巻　高野山三宝院（写）Cf.国書総目録
131　三論玄義湌受記　一巻　玄智（―一七九四）写（存否不詳）Cf.仏教大系解題
132　三論玄義大氏記　四巻　栄天（一七三七―一七九四）写（存否不詳）Cf.仏教大系解題
133　三論玄義大例　一巻　道空（―一六九三―）写（存否不詳）Cf.仏教大系解題
134　三論玄義聴記　四巻　慧雲（一七三〇―一七八二）龍大二六四一-二六（写）
135　三論玄義聴聞集　一巻　東大寺一一三一-三九B（興定写）
136　三論玄義丁卯記　一巻　智明（一八〇七）写（存否不詳）Cf.仏教大系解題
137　三論玄義抜出記　八巻　如実　谷大　余大一一一三、龍大二六四一-二八（一～四欠）、高大　寄一-一四（一八九〇、一八九二写）
138　三論玄義別録　一巻　谷大　余大一六四六（写）

139　三論玄義旁通　五巻　斉中　東大寺蔵？（写）、斉中は東大寺僧

140　三論玄義誘蒙　三巻　聞証（一六八六）　谷大　余大九九（刊）、正大一一九一-一〇・一一（刊）、龍大二六四一-二二・二三（刊）、高大　寄一-一四（刊）、哲学堂や一　中七（刊）、大正七〇、仏教大系一五

141　三論玄義誘蒙講義　一巻　谷大　余大三五四六（写）

142　三論玄義要集　一巻　明真（一七七七）（写）Cf.仏書解説大辞典

143　三論玄義要録　一巻　円了（写）　Cf.仏書解説大辞典

144　三論玄義録　一巻　谷大　余大四一二〇（一八九二蓮元慈広写）

145　三論玄聞書　一巻　東大寺一一三三-三九D（写）

146　三論玄聞書　一巻　東大寺一一三三-四二C（英訓写）

147　三論玄私考　一巻　東大寺一一三三-四三（一六八三公慶写）

148　三論玄私示　一巻　東大寺一一三三-三九C（一五七五浄実写）

149　三論玄私　二巻　龍大二六四一-三〇（一四八四清涼院写）

150　三論玄疏文義要　一〇巻　珍海（一〇九二―一一五二）　龍大二六四一-二一（写）、高大　寄一-一四（写）京大二一六サ-一六（写）、正智院（天保年間写本蔵）、大正七〇、日仏全三三

151　三論玄疏問答　三巻　頼超（―一一八四―）　日大蔵六一

152　（三論）玄疏問答　三巻　頼超（―一一八四―）　東大寺一〇四-一一一（一一八四自筆本）

153　三論玄疏拾文抄第二　一巻　宝生院三二-一八（写）

154　三論玄要　一巻　太虚　谷大　余大三八〇三（刊）、民国（刊）

155　三論古論草（首欠）　一巻　東大寺一〇四-一三三（一三三二写）

156　三論興縁　一巻　聖守（一二一八―一二九一）　東大寺一〇四-一三三（一三三二写）、大正七〇、日大蔵六一

157　三論綱要　一巻　東大寺一一三-一〇（元禄時代写）

158　三論宗　一巻　東大寺一一三-一二A（写）

159　三論宗嘉祥忌祭文　一冊　成宥　東大寺（一八〇六写）

160　三論宗覚　一巻　東大寺一一三-一九一（写）

161　三論宗経論章疏目録　一巻　寛盛　東大寺一一三-一A（写）

162　三論宗経論章疏目録　一巻　京大　蔵二一サ-一（写）、龍大二〇一一-四（写）、高大寄一-一四（写）、日仏全九五

163　三論宗見聞　一巻　日向（一二五三―一三一四）　日蓮宗宗学全書金綱集第二

164　三論宗綱要　一巻　霊雄・義観　龍大二六四二-一（写）

165　三論宗綱要　一冊　前田慧雲（一九二〇）

166　三論宗講師初心抄　一巻　頼賢　東大寺一一三-一四一（写）

167　三論宗響影章　一巻　法実（一七八九）谷大　余大三一九四（一九一七写）

168　三論宗始学抄　一巻　東大寺一一三-一四九（写）

169　三論宗初心初学抄　一巻　東大寺一一三-一一（一八一一隆英写）

170　三論宗初心初学鈔　一巻　大正七〇

171　三論宗初心初覚抄　一巻　東大寺一一三-九（一六九二公祐写）

172　三論宗初心抄　一巻　東大寺一一三-一四六（写）

173　三論宗章疏　一巻　安遠（八四四―九二四）　大正五五

174　三論宗定講　一巻　真英　東大寺一一三-一三一（写）

（三論宗肇論→肇論の項をみよ）

175 三論宗通途所用名目 一巻 東大寺一二三-三（一八〇九隆英写）、龍大二〇一二-一四（写）、高大 寄一-一四（写）

176 三論宗通途所用名目 一巻 東大寺一二三-二（一七二六浄俊写）

177 三論（宗）判断集 三巻 高大 寄一-一四（写）、龍大二〇一二-四（写）

178 三論宗要（諸経抜書） 一巻 東大寺一二三-一二B（写）

179 三論宗要抄 三巻 高大 寄一-一四（一七二五写）

180 三論宗要文 三帖 宝生院七四-九八～一〇〇（一三〇八写）

181 三論宗要文下（尾欠） 一帖 宝生院七九-七七（写）

182 三論宗濫觴 一巻 薬師寺蔵（一五三四写）、正智院蔵（写）、大正七〇

183 三論宗類聚目録 一巻 高野山三宝院蔵（一七七七写）

184 三論宗論義 一巻 東大寺一二三-一三五（英祐写）

185 三論宗論義 一巻 東大寺一二三-一三六（英憲写）

186 三論宗論義 一巻 東大寺一二三-一四八（弘観写）

187 三論宗論義 一巻 東大寺一二三-一五〇（公胤写）

188 三論宗論義 一巻 東大寺一二三-一五一（一六八九浄俊写）

189 三論宗論義 一巻 東大寺一二三-一五三（英経写）

190 三論宗論義 一巻 東大寺一二三-一五四（性覚写）

191 三論宗論義 一巻 東大寺一二三-一五六（寛盛写）

192 三論宗論義 一巻 東大寺一二三-一五七（良叡写）

193 三論宗論義第二 一巻 東大寺一二三-一五八（一七三六庸訓写）

194　三論宗論義　一巻　東大寺一一三一-一六二（写）

195　三論宗論義　一巻　東大寺一一三一-一六三（写）

196　三論宗論義雑抄　一巻　東大寺一一三一-一六〇（写）

197　三論宗論義集　一巻　東大寺一一三一-一三〇（一八一〇成宥写）

198　三論宗論論抄　一巻　東大寺一一三一-一四二（興順・英覚写）

199　三論宗論義草　一巻　東大寺一一三一-一八二（重順写）

200　三論宗論義古草目録　一巻　東大寺一一三一-二二〇（一七六四公祥写）

201　三論宗論義問用抄　一巻　東大寺一一三一-一四三（宗助写）

202　三論宗論草　一巻　東大寺一一三一-一三九（写）

203　三論宗論草　一巻　東大寺一一三一-一四四（写）

204　三論宗論草　一巻　東大寺一一三一-一四五（写）

205　三論宗論草　一巻　東大寺一一三一-一六一（公俊写）

206　（三論宗事）名義集　一巻　東大寺一一三-三二一（写）

207　三論章疏　一巻　東大寺一一三一-一B（写）

208　三論真如縁起事　一巻　慈光・貞然再治　日大蔵六一

209　三論祖師伝（上・中・下）　一巻　高大　寄一-一四（一七二五写）、日仏全六五

210　三論祖師伝（下）　一巻　東大寺一一三-五（江戸時代写）

211　三論祖師伝集　三巻　東大寺一〇四-一〇一（写）、日仏全六五

212　三論祖師伝集巻下（尾欠）　一巻　東大寺一一三-四（写）

213　三論祖師伝集（上・中）　一巻　龍大二九六・二一-一・三（写）

214　三論雑々名目拾連　一巻　東大寺一一三一-一〇三（真鏡写）

（三論大義鈔→大乗三論大義鈔の項をみよ）

216 三論本頌　一帖　宝生院九〇-三二（刊、素慶開板か）

215 三論伝来由来（三論宗初心初学抄付箋）　一巻　東大寺一一三-六（江戸時代写）

217 三論名教抄　一五巻　珍海（一〇九二—一一五二）　高大　寄一-一四（一八九〇写）、大正七〇

218 （三論）名教抄　一〇冊　珍海（一〇九二—一一五二）　東大寺一一三-一一三（英憲筆）

219 三論遊意　一帖　碩法師　宝生院三一-四〇（一三四八写）

220 三論遊意義　一巻　続蔵一-七三-三

（三論要鈔→三論宗要抄の項をみよ）

221 三論要心鈔　一巻　龍大二〇一一-四（写）、高大　寄一-一四（写）

222 三論略章　三巻　高大　寄一-一四（写）、続蔵二-二-三

（大乗三論略章の項をみよ）

223 三論々義草（五種仏性・因見法身・金光会三）　一巻　東大寺一一三-一四〇（頼賢写）

224 三論論義草　一巻　東大寺一一三-一九二（写）

225 三論論義草　一巻　東大寺一一三-一九三（写）

【シ】

226 四種釈義　一巻　東大寺一一三-二五〇（写）

（四論玄義→大乗四論玄義の項をみよ）

227 自宗論草　一巻　東大寺一一三-一五九（一八四九寛海写）

228 七法不住　一巻　東大寺一一三-二一三（写）

229 奢劫不同　一巻　東大寺一一三-二四八A（一五四四宗弘写）

230 奢劫不同　一巻　東大寺一二三-二四八Ｂ（写）

231 衆生正因　一巻　東大寺一二三-二四六（写）

232 宗（菩薩索車・唯識無境）　一巻　東大寺一二三-一三七（英訓写）

233 宗論義　一巻　東大寺一二三-一五二（盛賢写）

234 周顒三宗　一巻　東大寺一二三-二〇七（写）

235 十二聴聞撰出抄上巻　一巻　東大寺一二三-五二（一三一六住心写）

236 十二門論　一巻　龍樹　谷大　余大三八五（一六六四刊）、龍大二三三-五（同上）、高大　寄一-一四（同上）、正大一一九一-三一（同上）、谷大　余大六〇（一七一一刊）、京大　蔵一シ-一〇（一八九五刊）

237 十二門論（疏）挙要　一巻　義範　龍大（写本）

238 十二門論宗致義記　二巻　法蔵　京大　蔵六シ-五（一七一一刊）、高大　寄一-一四（同上）、谷大　余大六一（同上）、龍大二四三三-一（同上）、正大一一九一-三五（同上）、京大　蔵六シ-四（一八九五刊）、大正四二

239 十二門論宗致義記玄談　一冊　宜然述　龍大二〇三-四七（写本）

240 十二門論疏　三巻　吉蔵　大正四二、続蔵一-七三-五

241 十二門論疏一巻（首欠）　一冊　東大寺一二三-五一（写）

242 十二門論疏　三巻　吉蔵　京大　蔵六シ-二（写）、高大　寄一-一四（写）、高大　寄一-一四（刊）、永観堂（一二〇七写）

243 十二門論疏挙要　一巻　義範　龍大？（写）

244 十二門論疏抄出上 一巻 聖然説・尋恵記 東大寺一〇四-一一九（一三二〇写）、谷大 余大一三五〇（写）、日大蔵五三

245 十二門論疏註釈（首欠） 一巻 東大寺一〇四-一三〇（鎌倉時代写）

246 十二門論疏問答 一冊 高大 寄一-一四（写）

247 十二門論疏聞思記 一巻 蔵海（一二九一） 大正六五、日大蔵五三

248 十二門論疏聞思記上 一巻 蔵海 東大寺一〇四-一二七（一三〇五写）、高大 寄一-一四（写）、谷大 余大二四二五（写）

249 十二門論疏聞思記末 一巻 蔵海 東大寺一〇四-一二八（鎌倉時代写）

250 十二門論抄 一巻 延海 東大寺一一三-五四（一四七五写、順憲相伝）

251 春季談義不審（二諦義） 一巻 東大寺一一三-一〇四（一六三五実慶写）

252 春季談義不審 一巻 東大寺一一三-一〇五（一六三五実快写）

253 春季談義不審義疏 一巻 東大寺一一三-一〇六（一六三八浄慶写）

254 春季別宗談義不審有無門下 二巻 東大寺一一三-一〇七（一六四〇―一六四六実延写）

255 春期大乗講論義 七巻 東大寺一一三-一三三（写）

256 春期大乗講論義（着到） 九巻 東大寺一一三-一三四（写）

257 初業不愚 一巻 東大寺一一三-二六七（写）

258 諸講問論義 一巻 東大寺一一三-一五五（一七一六英範写）

259 生仏増減 一巻 東大寺一一三-二五六（写）

260 性宗戒体分別篇 一巻 東大寺一一一-一六四（崇憲写）

261 性浄万徳 一巻 東大寺一一三-一二一Ａ（英訓写）

262 性浄万徳 一巻 東大寺一一三-一二一Ｂ（写）

263 性浄万徳　一巻　東大寺一二三-二二一C（写）

264 勝鬘宝窟（上・中・下）　六巻　吉蔵　東大寺一一一-七二（一二六三智舜写）、大正三七、続蔵一-三〇-三

265 勝鬘経宝窟巻上末　一帖　吉蔵　宝生院三二-四四（写）

266 勝鬘経宝窟　六巻　吉蔵　京大　蔵九シ-四（一九〇〇刊）、谷大　余大一三一八（同上）、龍大二四一五-二一九（一七〇四刊）、谷大　余大六八〇（同上）、京大　蔵九シ-四（同上）、高大　寄一-二三（同上）、正大一一七一-七〜九（同上）

267 勝鬘経宝窟科　一巻　正大一一七一-一〇九（写）

268 勝鬘宝窟光闡鈔第一、二　一巻　宝生院三二-三一（一三二一憲朝写）

269 勝鬘経宝窟校正　一巻　龍大二四一五-二二一（一七六五刊）

270 勝鬘疏第一末（宝窟）　一帖　吉蔵　宝生院三二-四五（一二九五写）

271 定業都滅　一巻　東大寺一二三-二二八A（写）

272 定業都滅　一巻　東大寺一二三-二二八B（写）

273 定性在座（聞経）　一巻　東大寺一二三-二〇九（写）

274 浄土八講論義　一巻　東大寺一二三-一七〇（写）

275 浄名玄論　八巻　吉蔵　神田喜一郎氏蔵（七〇六写、横超・石塚氏翻刻出版）、高大　寄一-二四（一七二四写）、京大　蔵五シ-四（写）、龍大研仏（写）、大正三八、続蔵一-二八-五

276 浄名玄論巻第七　一帖　吉蔵　宝生院二五-一二（写）

277 浄名玄論巻第八（首欠）　一帖　吉蔵　宝生院八一-二四（写）

278	浄名玄論略述（巻四欠）	七冊	智光	東大寺一一一-六八（一二五一顕慶筆）、日大蔵一四
279	浄名容入	一巻		東大寺一二三-二三二（写）
280	肇論	一巻	僧肇	金沢文庫（折本、素慶開板本?）、大正四五、続蔵二-一-一
281	三論宗肇論	一帖	僧肇	宝生院三二-四二（一三二六写）
282	肇論聞書	一冊	貞海	宝生院三二-二七（一三四〇写）
283	肇論疏	三巻	慧達	京大　蔵一四チ-一（写）、続蔵二-乙二三-四
284	肇論疏	三巻	元康	大正四五、続蔵二-一-一
285	肇論疏（上・中・下）	三巻	元康	東大寺一一一-六六（鎌倉時代写）、京大　蔵一〇チ-二（写）、永観堂（鎌倉時代写）
286	肇論疏（又は鈔）	三巻	慧澄	大正一切経刊行会（写、現在不明）
287	肇論疏科	一巻	遵式	京大　蔵一九チ-三（写）、続蔵二-一-一-二
288	肇論疏序科文	一巻	暁月	京大　蔵一〇チ-三（写）、続蔵二-一-一-二
289	肇論鈔（抄）涅槃無名論	一帖		宝生院三二-三五（一三二二写）
290	夾科肇論（残欠）	三巻	暁月	金沢文庫（一三〇六刊）、身延山文庫（下巻のみ）
291	夾科肇論序注	一巻	暁月	京大（写）、続蔵二-一-一-二
292	注肇論疏	六巻	遵式	続蔵二-一-一-二
293	肇論中呉集解	三帖	秘思説・浄源記	宝生院三二-二七（一三四三写）、宸翰楼叢書（刊）
294	肇論集解令模鈔	二帖	浄源	宝生院三二-三五（一三四三写）
295	肇論集解令模鈔巻下	一冊	浄源	東文研四五八六（一九三四写）（欠多）
296	肇論集解令模鈔巻下	一帖	浄源	高山寺（写）

297	節釈肇論	二帖	夢庵	尊経閣文庫（一二九九写）、『肇論研究』影印
298	節釈肇論	二帖	夢庵	宝生院三二-三七（写）
299	肇論新疏	三巻	文才	龍大二六四二-五（一六六六刊）、高大　寄一-二四（同上）、高大　寄一-二四（一六七四刊）、正大一一九一-三七（同上）、哲学堂や一　左九（同上）
300	肇論遊刃	三巻	文才	正大一一九一-三八（一六七四刊）、龍大二六四二-七（同上）、続蔵二-一-三
301	肇論遊刃記抜粋	一巻		龍大二六四二-八（一七七五純識写）
302	肇論略注	六巻	徳清	京大　蔵一〇チ-四（一八八八刊）、続蔵二-一-四
303	物不遷正量証	一巻	道衡	続蔵二-二-四
304	物不遷正量論	二巻	鎮澄	続蔵二-二-四
305	物不遷正弁解	一巻	真界	続蔵二-二-四
306	真応寿量	一巻		東大寺一一三-二〇二（写）
307	真如縁起（法身説法）	一巻		東大寺一一三-一七七（写）

【ス】

308	酔入無余	一巻		東大寺一一三-二六七B（写）
309	雖復勤精	一巻		東大寺一一三-二六四（写）

【セ】

310	浅深無異	一巻		東大寺一一三-二三六A（写）

311　浅深無異　一巻　東大寺一一三―一三六Ｂ（写）

312　浅深無異　一巻　東大寺一一三―一三六Ｃ（写）

【ソ】

313　草木成仏　一巻　東大寺一一三―一四九Ａ（一四四九厳海写）

314　草木成仏　一巻　東大寺一一三―一四九Ｂ（写）

315　草木成仏　一巻　東大寺一一三―一四九Ｃ（写）

316　草木成仏　一巻　東大寺一一三―一四九Ｄ（写）

317　草木成仏（非情成仏）　一巻　東大寺一一三―一四九Ｅ（写）

【タ】

318　躰中破病　一巻　東大寺一一三―一〇五（写）

319　大乗義　一帖　宝生院九一―一九三（写）

320　大乗義章（首欠）　一帖　慧遠　宝生院八一―一〇（写）

321　大乗義章　二六巻　慧遠　東寺二四―一（平安時代写、一二巻存）、高大　寄一―一〇～二四（刊）、哲学堂（刊）、大正四四、続蔵一―一―四～二―一―三

322　大乗義章巻五雑々抄　一冊　慧遠　宝生院三三―一九（一一九五写）

323　大乗義章問答巻第十　一巻　慧遠　醍醐寺四六六―八（一一六一写）

324　大乗玄論　五巻　吉蔵　金沢文庫（一二九五刊）、高大　寄一―一四、二四（同上）、龍大研仏（同上）、東寺（同上）、龍大二六四一―三三（一

六二九刊)、哲学堂や一　中二(同上)、谷大　余大八一七(一七一〇刊)、大正四五、続蔵二-二-四

325 大乗玄論巻第一　一巻　吉蔵　東大寺一二三-五五(写)

326 大乗玄論巻第一　一巻　吉蔵　東大寺一二三-五六(実快写)

327 大乗玄論巻第一(前欠)　一巻　吉蔵　宝生院三三-一三(一三一一写)

328 大乗玄問答　一二巻　珍海(一一四六撰)　大正七〇

329 大乗玄問答巻一~九　三冊　珍海　東大寺一二三-八〇(一四三七—一四三八英祐写)

330 大乗玄問答巻一~六　六冊　珍海　東大寺一二三-八一(写)

331 大乗玄問答巻七~十二　六冊　珍海　東大寺一二三-八二(一五〇九—一五一四英訓筆)

332 大乗玄問答巻三、五　二冊　珍海　東大寺一二三-八三(訓秀筆)

333 大乗玄問答巻三~十二　一四冊　珍海　東大寺一二三-八四(快憲他写)〔巻三〕、東大寺一二三-八五~八八〔巻四のみ四冊〕、東大寺一二三-八九~九〇〔巻七のみ二冊〕、東大寺一二三-九一~九二〔巻八、巻九〕、東大寺一二三-九三〔巻五、巻一〇〕、東大寺一二三-九四〔巻一一〕、東大寺一二三-九五〔巻一二〕

334 大乗玄聞思記八不(首欠)　一巻　蔵海(一二八七撰)　日大蔵六〇

335 大乗玄聞思記八不義　一巻　蔵海　東大寺一〇四-一〇七(鎌倉時代写)

336 大乗玄聞思記八不義　一巻　蔵海　故坂本幸男氏蔵(一七七二写)

337 大乗玄論第三聞思記八不義　一巻　蔵海　東大寺一〇四-一〇八(鎌倉時代写)

338 大乗玄論論文集抄　五巻　東大寺一〇四-一〇二(鎌倉時代写)

339 大乗玄論第三注釈　三巻　東大寺一〇四-一〇四(鎌倉時代写)

番号	書名	巻数	著者	所蔵
340	大乗玄論第二巻聴聞抄	二巻		東大寺一〇四-一〇五（鎌倉時代写）
341	大乗玄論聞書	三巻		東大寺一〇四-一〇六（鎌倉時代写）
342	大乗玄論聞書	一通		宝生院七八-一〇六（写）
343	大乗玄聞書	一巻	相伝英算	東大寺一一三-六七（昌英写）
344	大乗論聞書抄	一巻		東大寺一一三-六八（写）
345	大乗玄論第二決疑鈔（首欠）	一巻		東大寺一〇四-一〇九（一二九九樹叡写）
346	大乗玄論決疑鈔	一巻		東大寺一〇四-一一〇（鎌倉時代写）
347	大乗玄論巻第一注釈	一巻		東大寺一〇四-一一三（住心写）
348	大乗玄論注釈	一巻		東大寺一〇四-一一四（鎌倉時代写）
349	大乗玄科門	一巻	永倫	東大寺一一三-三二A（一八三四写）
350	大乗玄桂林鈔二諦義	二巻	相伝盛賢	東大寺一一三-五七（一四三五英祐写）
351	大乗玄一乗義桂林鈔本末	二巻	相伝頼賢	東大寺一一三-五八（一四三七聴海写）
352	大乗玄八不義桂林鈔本	一巻	相伝快憲	東大寺一一三-五九（一四三五英豪写）
353	大乗玄論引文抄	三巻		東大寺一一三-六〇（一三二五—一三二六澄賢写）
354	大乗玄論引文之私抄	一巻		東大寺一一三-九六（宗覚写）
355	大乗玄論私記上	一巻	相伝英訓	東大寺一一三-六一（一二五七写）
356	大乗玄論第一抄第七相即下	一巻		東大寺一一三-六二（英算写）
357	大乗玄論巻第一抄末	一巻		東大寺一一三-六三（写）
358	大乗玄論第一二諦義聞書	一巻		東大寺一一三-六四（一四七九良曄写）
359	大乗玄第一私示	一巻	智舜草	東大寺一一三-六五（一四九九秀芸筆）
360	大乗玄第一下	一巻		東大寺一一三-六九（一五四六写）

361　（大乗玄第一）二諦義私示　三巻　英訓（一五四二）谷大　余大二六〇一（一九一四写）
362　大乗玄論第一、二抄　六冊　東大寺一二三-七〇（一五四二―一五四七英訓写）〔第一抄四冊、第二抄二冊〕
363　大乗玄論第一抄　一冊　東大寺一二三-七一（英訓写）
364　大乗玄論第一、二諦義不審　一巻　東大寺一二三-七二A（写）
365　大乗玄二諦義聴書　一巻　東大寺一二三-七二B（一七六七崇憲写）
366　大乗玄論第一、二諦義抄　二巻　澄賢　故坂本幸男氏蔵（一七七二崇憲写）
367　大乗玄論二私　一巻　東大寺一二三-七三（一四八〇延営写）
368　大乗玄論第二抄本末　二巻　東大寺一二三-七四（写）
369　大乗玄第二八不義聞書（表裏四枚のみ）　一巻　東大寺一二三-七五（写）
370　大乗玄第二聞書抄本　一巻　故坂本幸男氏蔵（道憲写）
371　大乗玄八不義抄　一巻　谷大　余大二五六一（一九一四刊）
372　大乗玄仏性義引文抄末　一巻　東大寺一二三-七六（写）
373　大乗玄第三仏性義、内外有無門　一巻　東大寺一二三-七七A（英訓写）
374　大乗玄第三生疑抄　一巻　澄賢　東大寺一二三-七七B（写）
375　大乗玄第三抄（決疑抄）　一巻　故坂本幸男氏蔵（一七七二崇憲写）
376　大乗玄一乗義抄　一巻　故坂本幸男氏蔵（一七七三写）
（大乗玄論一乗義私記→一乗義私記〈珍海〉の項をみよ）
377　大乗玄論涅槃義　一巻　東大寺一二三-七八（英訓写）
378　大乗玄論教迹義聞書　一巻　東大寺一二三-七九（一五一二英海写）
379　大乗三論師資伝　一巻　円宗　宝生院三二-四三（一三四四写）

380 大乗三論宗嗣承伝 一巻
東大寺一二三-七（一七七二—崇憲写）

381 大乗三論宗嗣資記 一巻
東大寺一二三-八（一七七二—崇憲写）

382 大乗三論大義鈔 四巻 玄叡
大正七〇、日仏全三二

383 （大乗）三論大義鈔 四巻 玄叡
東大寺一一一-七三（藤原・室町時代写、巻一・二・三・四）

384 （大乗）三論大義鈔 四巻 玄叡
東大寺一二三-一九六（一一七五写、巻一後欠）

385 大乗三論大義鈔 一冊 玄叡
東大寺一二三-九七（興慶写）

386 大乗三論大義鈔巻第四（後欠） 一冊 玄叡
宝生院八一-二一（一三四四憲朝写）

387 大乗三論大義鈔巻第一、第三（尾欠） 二冊 玄叡
宝生院三三-一〇（写）

388 大乗三論大義鈔巻第四（後欠） 一冊 玄叡
宝生院二五-一〇（一三四四写）

389 大乗三論大義鈔 （四巻） 玄叡
東寺観智院（一二四一写）、高大 寄一-一四（一七四一刊）、龍大二六四一-三五（同上）、谷大 余大一一八〇（同上）

390 大乗三論略章 一巻
東大寺一一一-七六（一二一一写）、龍大二六四一-三六（写）、京大 蔵六サ-四（写）

391 大乗四論玄義 一二巻 均正
続蔵一-七四-一

392 （大乗）四論玄義 一二巻 均正
龍大二四三四-九〇（六冊、新写）、京大 蔵六シ-一、六サ-四（写）、哲学堂や一 左一三（写）

393 大乗正観略私記 一巻 珍海
谷大 余大一九八六（一九〇九写）、薬師寺（一七三八写）、正智院（古写本）

（大乗大義章→鳩摩羅什法師大義の項をみよ）

394 大乗法門章（第二、第三） 二巻 願暁（？—八七四） 日大蔵六一

395 大乗法門章第二、第三 二巻 願暁 東大寺一一一-七四（一三五三写）、谷大 余大二五五九（写）

396 大智度論巻五十七、七十三 一巻一帖 東大寺一〇一-一五一（天平時代写）〔石山寺旧蔵西暮点〕

397 大智度論疏 （現存七巻） 慧影 龍大二四三一-二九（写）、高大 寄一-二四（写）、京大 蔵六タ-一～二（写）、続蔵一-七四-三、一-八七-三

398 大白牛車 一巻 東大寺一一三-二四四（晋英写）

399 大般若経疏二 （現存九巻） 吉蔵 龍大二四一二-二五（写）

400 大品経義疏 （現存九巻） 吉蔵 谷大 長保二六七（写）、京大 蔵五タ-六（写）、続蔵一-三八-一～二

401 大品経義疏 八帖 吉蔵 宝生院一四-二六（吉野時代写）

402 大品経義疏品目 一帖 宝生院一四-二五（写）

403 大品義疏巻第一（前欠） 一冊 宝生院八三-六（写）

404 大品般若経遊意 一巻 吉蔵 龍大二四一二-二六（写）

405 大品経遊意（大品遊意） 一巻 吉蔵 高大 寄一-二三（写）、谷大 長保二六三（写）、京大 蔵五タ-四（写）、大正三三、続蔵一-三八-一

406 提婆達多 一巻 東大寺一一三-二二三（写）

407 提婆品訳 一巻 東大寺一一三-一七八（一五三六頼賢写）

【チ】

408 中観論疏 二〇巻 吉蔵 大正四二、続蔵一-七三-三～四

409 中論疏 二〇巻 吉蔵 正大一一九一-五六、二一(刊)、高大 寄一-一四(刊)、京大 蔵六チ-二(刊)、龍大二〇四三-一一(刊)、谷大 余大三八七(刊)、哲学堂や一 右一三(刊)、東寺

410 中観論疏記(巻第一本、二、三、五、七、八) 現存六巻 安澄 日大蔵五一

411 中観論疏記巻第六末 一巻 安澄 東大寺一一一-六二(鎌倉時代写)

412 中論疏記(巻第一本、二、三、五、七、八) 現存六巻 安澄 龍大二四三三-一三(智舜写)、大正六五

413 中論疏記巻第二 一巻 安澄 東大寺一一〇-六〇(一二八八蔵海筆)

414 中論疏記巻第三末、七本 二巻 安澄 東大寺一一〇-六一(一二〇二—一二〇三写)

415 中論疏記巻第五末、八本末 三巻 安澄 東大寺一一〇-六三(南北朝時代写)

416 中論疏記 八巻 安澄 谷大 余大一三四四(一八九四写)、高大 寄一-一四(一九〇三写)

417 中観論二十七品別釈 一巻 快憲 東大寺(一七六九写)、大正六五

418 中道宗論義講師草 一巻 東大寺一二三-一二九(写)

419 中論 四巻 龍樹 正大一一九一-一八〜一九(一六六四刊)、谷大 余大三八六(同上)、正大一一九一-二〇(黄檗版)、高大 寄一-一四(同上)、大正三〇

420 中観論巻第三 一巻 東大寺一〇一-四二(写)

421 中論偈頌 一巻 東大寺一一二-四四、四五(一二九二刊、大安寺版)、東大寺一一二-一五五

422 中論偈頌 一巻 宝生院(一二九一写、巻子本折本)

423 中論疏巻上註釈 一巻 東大寺一〇四-一二〇(鎌倉時代末写)

番号	書名	巻数	著者	所蔵
424	中論疏聞書	一巻		宝生院三二一-三二（一二七四憲朝写）
425	中論疏玄指第二	一巻		東大寺一〇四-一一七（一三〇五道暁写）
426	中論疏挙要	三巻		京大（義範写）
427	中論疏抄（自第一至第五）	一巻		東大寺一〇四-一一八（鎌倉時代末写）
428	中論疏第一（末抄）	一巻		東大寺一〇四-一二一（鎌倉時代写）
429	中論疏第一補闕抄（末分）	一巻	澄賢	東大寺一一三-四四A（一三三〇写）
430	中論疏	一巻	澄賢	東大寺一一三-四四B（一七七二崇憲写）
431	中論疏第二（抄）	一巻		東大寺一〇四-一二一（一二八七写）
432	中論疏第三聴聞集	一巻		宝生院三二一-三三（写）
433	中論疏聞思記第一	一巻	（蔵海）	東大寺一〇四-一一五（鎌倉時代写）
434	中論疏聞思記第六、七、八	一巻	蔵海	東大寺一〇四-一一六（一一五B）（一二九一写）
435	中論疏要文	一巻		東大寺一一三-四六A（一五二七快憲写）
436	中論疏輪縄	二巻		東大寺一一三-四五（寥海写）
437	中論開解抄草案（巻一、二、六、七）	四巻		東大寺一一三-四八（一七七四—一七八一崇憲写）
438	中論考第六	一巻		東大寺一一三-四九（一七七四衆宝写）
439	中論第一中疏抜書	一巻	庸性	東大寺一一三-五〇（写）
440	中論品釈（中観論二十七品別釈）	一巻		東大寺一一三-四六B（一五三七写）
441	中論通別	一巻		東大寺一一三-二五一A（写）
442	中論通別	一巻		東大寺一一三-二五一B（写）
443	中論聞薫抄	五巻		東大寺一一三-四七（一七七四崇憲写）

【ツ】

444 通明空有　一巻　東大寺一一三-一一〇（写）

【ニ】

445 二月堂論義　二巻　東大寺一一三-一六七（写）

446 二乗聖者　一巻　東大寺一一三-一六一（写）

447 二乗通力　一巻　東大寺一一三-一六二（写）

448 二乗本空秀義抄第七　一巻　東大寺一一三-一五八（写）

449 二蔵判教　東大寺一一三-一四五A（写）

450 二蔵判教　東大寺一一三-一四五B（写）

451 二蔵判教　東大寺一一三-一四五C（写）

452 二蔵判教　東大寺一一三-一四五D（写）

453 二蔵判教　東大寺一一三-一四五E（写）

454 二諦為宗　東大寺一一三-一一六A（写）

455 二論為宗　東大寺一一三-一一六B（写）

456 二諦為宗　東大寺一一三-一一六C（写）

457 二諦為宗　東大寺一一三-一一六D（写）

458 二諦義　三巻　吉蔵　正大一一九一-四（一六九七刊）、京大　蔵一五二-一（一七〇九刊）、大正四五、続蔵一-二-三

459 二諦義私記　二帖　実敏（七八八―八五六）　宝生院三二一-三八（写）

460 二諦章（上・中・下）　三巻　吉蔵　東大寺一一一-六四（鎌倉時代写）

461　二諦章巻中　一巻　吉蔵　東大寺一一一-六五（鎌倉時代写）

462　二諦章（上・中・下）　一冊　吉蔵　東大寺一一一-九八（写）

463　二諦章　三巻　吉蔵　龍大二六四一-三七（一七〇九刊）、高大　寄一-一四（同上）、谷大　余大四五三（同上）、哲学堂や一　左二一（同上）

464　二諦章巻下聞書　一巻　宝生院七九-四八（写）

465　二諦聴書　一巻　東大寺一一三-九九（一七五七慧存写）

466　二諦並観　一巻　東大寺一一三-一二四（写）

467　二智断惑　一巻　東大寺一一三-一三五（写）

468　如来鶱除　一巻　東大寺一一三-一八五（英胤写）

469　仁王性種　一巻　東大寺一一三-二〇三（写）

470　仁王天王　一巻　東大寺一一三-二六五（写）

471　仁王般若経疏　六巻　吉蔵　正大一一二七-七～八（一六六一刊）、谷大　余大六八（同上）、京大　蔵五二-八（同上）、大正三三、続蔵一-四〇-三

472　仁王般若経疏　三帖（巻）　吉蔵　醍醐寺二三八-九（一一九八写）、東寺一七-七

473　仁王般若経疏巻上　一巻　東大寺一一三-一七九（写）

474　仁王経疏下　一巻　東大寺一一三-一八〇A（英賢筆）

475　仁王般若経疏巻上　一巻　吉蔵　東大寺一一一-七八（一二〇二澄円写）

476　仁王般若経疏巻中　一巻　吉蔵　東大寺一一一-七九（室町時代写）

477　仁王疏中　一巻　東大寺一一三-一九四（訓秀写）

478　仁王拾玉抄（上巻勘文を含む）　五巻　東大寺一一三-一八〇D、E（訓秀写）

479　仁王聴聞記上・中　一巻　東大寺一一三-一八六（一五四六浄実写）

480 仁王疏中巻聞書　一巻　東大寺一二三－一八七（一三八九写）
481 仁王疏不審上　一巻　東大寺一二三－一八七（快乗写）
482 仁王引文第三　一巻　宝生院三二－二四（写）
483 仁王経問答　一巻　東大寺一二三－一九〇（写）

【ネ】

484 涅槃経疏章　一帖　宝生院九八－六八（写、天台か）
485 涅槃経遊意　一巻　吉蔵　宝生院三二－二一（写）、高大　寄一－二三（徳川時代写）、龍大二四一－六－一六（同上）、京大　蔵一四ネ－二（同上）、大正三八、続蔵一－五六－二

【ハ】

486 八識義章研習抄　三巻　珍海　東大寺（写）、谷大　余大一九七二（一九〇九写）、大正七〇、日大蔵六〇
487 八不安処　一巻　東大寺一二三－二四一（写）
488 八不偈釈迦讃、等　一巻　東大寺一一三－三五一（一五六六浄祐写）
489 八不偈略記　一巻　東大寺一二三－一〇〇（写）
490 八不妙法　一巻　東大寺一二三－二三九（写）
491 八幡宮勧学講問答抄　二巻　実快　日大蔵六二
（三論宗判断集、→勧学抄等の項目もみよ）
492 八幡宮勧学講論議　一帖　宝亀院（写）

493　八幡宮勧学抄　一巻　東大寺一二三-一三二（一七五一賢朝写）

494　般若心経述義　一巻　智光　東大寺一一一-八〇（一五一二写）、駒大二五二-四-五〇（一七二〇写）、谷大　余大三九五二（一六六六刊）、駒大二五三-四-一二八（一七一七刊）、龍大二四一二-六七（同上）、高大　寄一-二三（同上）

【ヒ】

495　眉見寺最勝十講論義　七冊　東大寺一二三-一六五（写）

496　百論　二巻　谷大　余大三八四（一六六六刊）、高大　寄一-一四（同上）、龍大二四三三-一一、一二（同上）、正大一一九一-二二（同上）、大正三〇

497　百論勘文集　一巻　東大寺一〇四-一二六（室町時代写）

498　百論下巻聞記抄　一巻　東大寺一〇四-一二五A（一三一〇珍憲写）

499　百論下巻聞記抄　一巻　東大等一〇四-一二五B（鎌倉時代写）

500　百論疏　九巻　吉蔵　大正四二、続蔵一-八七-二

501　百論疏（上・中・下）　六巻　吉蔵　東大寺一〇一-一一五（鎌倉時代道智写）、京大　蔵六ヒ-二（写）

502　百論疏　九巻　吉蔵　正大一一九一-二六（一六八〇刊）、龍大二四三三-一四（同上）、谷大　余大一五一七（同上）、高大　寄一-一四（同上）、京大　蔵六ヒ-一（同上）

503　百論疏中巻抄　一巻　東大寺一〇四-一二四（一三二四住心写）

504　百論疏註釈上・下（巻首欠）　二巻　東大寺一〇四-一一三（鎌倉時代尋恵房写）

【フ】

505　仏性縁起　一巻　東大寺一一三-一一五Ａ（一五三七興定写）

506　仏性縁起　一巻　東大寺一一三-一一五Ｂ（写）

507　仏性縁起　一巻　東大寺一一三-一一五Ｃ（写）

508　仏智常住　一巻　東大寺一一三-一一二（写）

509　分身応化　一巻　東大寺一一三-一三〇（写）

【ヘ】

510　別宗談義不審一乗義　一巻　東大寺一一三-一一一（一六九八庸性写）

511　別宗談義不審一乗義　一巻　東大寺一一三-一一二（一六九八普賢写）

【ホ】

512　方言義私記　二巻　観理（八九五—九七四）　宝生院三二-四七（一三二九写）、谷大　余大二五五六（一九一四写）

513　報応同異　一巻　東大寺一一三-一〇八（写）

514　報応不起　一巻　東大寺一一三-一五七（写）

515　法華義疏（法華経義疏）　一二巻　吉蔵　東大寺一一一-一九、三〇、三一（一一九三刊、欠あり）、宝生院特一六（折本）、比叡山天海蔵（一一九五刊）、醍醐寺二二一-三（同上）、比叡山別当（一六九九刊）、京

大　蔵七ホ-七（同上）、高大　寄一-一五（同上）、正大一一四二-一〇三（同上）、谷大　余大九二（同上）、龍大二四一三-七七、七八（同上）、大正三四、続蔵一-四二-四、五

516　法華義疏巻第四　一巻　吉蔵　東大寺一〇一-一七（写、白点あり）
517　法華義疏巻第八～十二　（一巻）吉蔵　東大寺一二三-二二（写）
518　法華義疏巻第十本　一巻　吉蔵　東大寺一〇一-一九（写）
519　法華義疏巻第九　一巻　吉蔵　東大寺一〇四-四五五（写、朱点あり）
520　法華義疏巻第四～九　六巻　吉蔵　東大寺一一一-一三七（鎌倉時代写）
521　法華義疏巻第十二（首欠）　一巻　吉蔵　東大寺一〇一-一五（写）
522　法華経義疏　一二巻　吉蔵　高大　寄一-一三（一二八一写）、宝寿院（写）
523　法華義疏抄巻第二　一巻　東大寺一二三-二〇（一一五二澄恵写）
524　法華義疏第三末抄　一巻　東大寺一〇四-四五一（室町時代写）
525　法華義疏聴聞抄第一、二　一巻　東大寺一二三-二一B（一二七九玄空写）
526　法華義疏第三末　一巻　東大寺一二三-二一C（写）
527　法華義疏第一巻愚聴聞抄　一巻　東大寺一二三-二一D（実訓写）
528　法華抄出三之末、理抄　一巻　東大寺一二三-二一A（藤原時代末写）
529　法華義疏抄　九巻　東大寺一二三-二四（一七八四―一七八五崇憲写）
530　法華義疏抄第五、六　二巻　定賢　東大寺一二三-二三（一五七四英訓写）
531　法華義疏抄　四巻　英訓述　不詳
532　法華義疏私示　一巻　宝生院八九-二九（写）

533　法華経玄論（法華玄論）　一〇巻　吉蔵　谷大　余大八一八（一六八三刊）、龍大二四一三-九〇（同上）、高大　寄一-一五（同上）、京大　蔵八ホ-二（同上）、正大一一四二-一〇〇、一〇一（同上）

534　法華玄論巻第四、五、九（首欠）　三巻　吉蔵　高大　寄一-一五（一二八一写）

535　法華玄論巻第三、四、五　三巻　吉蔵　東大寺一一一-一四〇（鎌倉時代写）

536　法華玄論巻第三、十　二巻　吉蔵　石山寺蔵（院政期写）

537　法華玄論　一〇巻　吉蔵　大正三四、続蔵一-四二-三

538　法華玄論標條　一巻　正大一一四二-一〇二（一六八九刊）

539　法華経統略　六巻　吉蔵　谷大　余大一三九五（写）

540　法華経統略鈔略　一巻　龍大二四一三-一一七（写）

541　法華統略　六巻　吉蔵　宝生院三九-一九（写）、京大　蔵七ホ-一九、二〇（写）、哲学堂の五　左二一（写）、続蔵一-四三-一

542　法華統略巻上　一巻　吉蔵　東大寺一〇一-一〇（貞観時代写、国宝）

543　法華統略巻中本　一巻　吉蔵　東大寺一二三-一八B（写）

544　法華教主　一巻　東大寺一二三-一七三（一五二六快憲写）

545　法華教主　一巻　東大寺一二三-二〇六A（写）

546　法華教主　一巻　東大寺一二三-二〇六B（写）

547　法華遊意　一巻　吉蔵　宝寿院蔵（平安時代写）、高山寺蔵（一〇七七写）、龍大二四一三-一四（一六九一刊）、高大　寄一-一五（同上）、京大　蔵七ホ-二二（同上）、正大一一四二-八（同上）、谷大　余大六九二（同上）、大正三四、続蔵一-四二-四

548 法華遊意疏 一帖 吉蔵 宝生院三二-四六（写、遊意と同本）
549 法華遊意私示 一帖 宝亀院蔵（一二九三写）
550 法華遊意鈔第一 一巻 東大寺一二三-一三（一二八五快算写）
551 法華遊意聞書上 一巻 東大寺一二三-一四（興定写）
552 法華遊意私第一 一巻 東大寺一二三-一五（一五四二英訓写）
553 法華遊意聞書 一巻 東大寺一二三-一六（一五四三公雅写）
554 法華遊意抄 三巻 東大寺一二三-一七（訓秀写）
555 法華遊意鈔 四巻 中観真空 不詳
556 法華遊意抄聞書 一巻 東大寺一二三-一八A（一七七四崇憲写）
557 法華遊意講録 一巻 谷大 余大三二四一（常明写）
558 法華遊意詮要抄（首欠） 一巻 東大寺一〇四-一三一（鎌倉時代写）
559 法花釈 一巻 珍海 宝生院三二-一二一（一三二八写）
560 法華経二十八品幷開結二経問答抄 一巻 東大寺一一三-三五五（一六一三実英写）
561 法華経註釈 一巻 東大寺一二三-二五（一六一二―一六一五訓秀写）
562 法華三十帖問答 一巻 東大寺一二三-二六（一七七三崇憲写）
563 法華諸品論義着到 一巻 東大寺一二三-二七（写）
564 法華諸品論義着到 一巻 東大寺一二三-二九（一六八九秀覚写）
565 法華問答 一巻 東大寺一二三-二八（一七四〇写）
566 法華経幷開結二義論義 二巻 東大寺一二三-三〇（一六〇八真英写、一七八七慶親写）
567 法華経諸品論義 一巻 東大寺一二三-三一（写）
568 法華論疏（上・中・下） 三巻 吉蔵 東大寺一一-一三八（一一一三写）

569 法華論疏　三巻　吉蔵　高大　寄一-一五（一七一四刊）、龍大二四三六-一二二、一二四（同上）、哲学堂や三　右一（同上）、大正四〇、続蔵一-七四-一

570 法華論疏　二帖　吉蔵　宝生院二八-五（写）

571 法華論義抄　一巻　東大寺一〇四-四五二（鎌倉時代写）

572 法身有色無色事　一巻　東大寺一二三-二四〇A（一四一四盛賢写）

573 法身有色無色事　一巻　東大寺一二三-二四〇B（写）

574 法身有色無色有　一巻　東大寺一二三-二四〇C（写）

575 法身説法　一巻　東大寺一二三-二一一A（英豪写）

576 法身説法　一巻　東大寺一二三-二一一B（写）

577 菩薩索車　一巻　東大寺一二三-一七四（一四四〇公基写）

578 菩薩索車　一巻　東大寺一二三-二三三（写）

579 菩薩索車引文・初章中仮　一巻　東大寺一二三-一七六（一五四二―一五四三頼賢写）

【マ】

580 万善成仏　一巻　東大寺一二三-二〇四A（一五四四宗弘写）

581 万善成仏　一巻　東大寺一二三-二〇四B（写）

582 万善成仏　一巻　東大寺一二三-二〇四C（写）

583 万善成仏　一巻　東大寺一二三-二〇四D（写）

【ミ】

584 弥勒経遊意　一巻　東大寺一一一-七〇（鎌倉時代写）、高大　寄一-二三（写）、京大　蔵一一ミ-二（写）、谷大　余大一五八五（写）、大正三八、続蔵一-三五-四

585 弥勒上下経遊意十重　一巻　宝生院三二-二〇（写）

【ム】

586 無相宗論義上下　二巻　東大寺一一三-一二八（晋懐写）

587 無明依正　一巻　東大寺一一三-二五四A（一五二二英訓写）

588 無明依正　一巻　東大寺一一三-二五四B（写）

589 無明依正　一巻　東大寺一一三-二五四C（写）

590 無量寿経義疏　一巻　吉蔵　高大　寄一-二三（一六七五刊）、正大一一五二-一六（同上）、谷大　宗大三〇二（一六九五刊）、京大　蔵一一ム-二（同上）、龍大二四一五-一九（同上）、高大　寄一-二三（一七〇一刊）、大正三七、続蔵一-三二-二

【モ】

591 文殊講評定記　一巻　東大寺一一三-一六四（一六九九写）

592 聞一悟三　一巻　東大寺一一三-二一二（写）

593 聞上略説　一巻　東大寺一一三-二五六（写）

【ユ】

594 唯識無境　一巻　東大寺一二三-一三七（写）
595 唯破不立　一巻　東大寺一二三-一三四（写）
596 維摩詰経遊意　一巻　吉蔵　京大　蔵五ユ-一（写）
597 維摩経遊意　一巻　吉蔵　東大寺一一一-六九（写）龍大二四一七-一三五（一七六八刊）、谷大　余大八七二（同上）
598 維摩経遊意（首欠）　一巻　吉蔵　宝生院三三-二（写）、高大　寄一-二三（写）
599 維摩詰所説経疏（略疏）　五巻　吉蔵　京大　蔵五ユ-三（一六九八刊）、続蔵一-二九-一
600 維摩経疏（又、維摩経嘉祥疏）　五巻　吉蔵　谷大　余大八二五（写）、駒大二五八・三-二二（一六九八刊）、高大　寄一-二三（同上）、高大　寄一-二三（一九〇五刊）
601 維摩経疏会本（略疏）　五巻　吉蔵　谷大　余大一六三一（一六九八刊）、龍大他
602 維摩経義疏（広疏）　六巻　吉蔵　宝寿院蔵（平安時代写）、龍大二四一七-一二（写）、京大蔵五ユ-五、六、一五（写）、大正三八、続蔵一-二九-一

【リ】

603 梨耶真妄　一巻　東大寺一二三-二五二A（写）
604 梨耶真妄　一巻　東大寺一二三-二五二B（写）
605 梨耶真妄　一巻　東大寺一二三-二五二C（写）
606 龍樹地位事　一巻　東大寺一二三-二六〇（写）
607 龍池八講々問用意抄　一巻　東大寺一二三-一六九（一七五三晋懐写）

608　龍女発心　一巻　東大寺一一三-二一八（写）

【補遺】

609　三論宗論義　一巻　東大寺一一三-一三八（英訓写）

610　三論宗論義草目録　一巻　東大寺一一三-二〇一（一八一七康弁写）

611　仁王経疏上（上・下）　二巻　行信　東大寺一一三-一八〇B（一五八二覚秀写）

612　仁王経疏中下　二巻　西明　東大寺一一三-一八〇C（覚秀写）

613　大乗菩薩入道三種観　一巻　羅什　七寺（写）

〈著者略歴〉

伊藤隆壽（いとう　たかとし）

1944年　山形県高畠町に生まれる。
1967年　駒澤大学仏教学部仏教学科卒業。
1972年　駒澤大学大学院博士課程（仏教学）満期退学。
2010年　駒澤大学退職。
現　在　駒澤大学名誉教授。曹洞宗自性院住職。
　　　　博士（仏教学）。
著　書『中国仏教の批判的研究』（1992年、大蔵出版）
　　　　『肇論集解令模鈔校釈』（共著、2008年、上海古籍出版社）
論　文「道・理の哲学と本覚思想」
　　　　「漢訳仏典における霊魂不滅説」など。

三論宗の基礎的研究

2018年1月20日　第1刷発行

著　　者　伊　藤　隆　壽
発 行 者　石　原　大　道
発 行 所　大蔵出版株式会社
〒150-0011　東京都渋谷区東2-5-36
TEL. 03-6419-7073　FAX. 03-5466-1408
http://www.daizoshuppan.jp/
装 幀 者　CRAFT 大友
印 刷 所　三協美術印刷株式会社
製 本 所　東京美術紙工協業組合

ISBN 978-4-8043-0594-3 C3015